武漢大學中國三至九世紀研究所 編

魏晉南北朝隋唐史資料

Journal of the 3-9th Century Chinese History

（第四十九輯）

上海古籍出版社

U0107361

目　　録

"吐魯番學研究"專題

Contents

Special Issue: Turfan Studies

《魏晉南北朝隋唐史資料》第四十九輯

2024 年 5 月,1—1 頁

引　言

劉安志

　　爲總結百餘年來中國吐魯番學取得的業績,展望新時期中國吐魯番學的前景,推動中國敦煌吐魯番學向前發展,2023 年 3 月 25—26 日,由中國敦煌吐魯番學會、武漢大學歷史學院暨中國三至九世紀研究所聯合主辦,"吐魯番出土文書再整理與研究"課題組具體承辦的"吐魯番學的回顧與展望學術研討會",在武漢大學歷史學院召開。會議共收到來自全國各高校與科研機構與會學者提交的學術論文近七十篇,内容涉及吐魯番學的各個方面。我們從中選出若干論文,根據《魏晉南北朝隋唐史資料》的刊文體例與要求,約請作者進一步修改完善(個別作者更換了論文),形成一組"吐魯番學研究"專欄文章,在本輯《資料》刊發,希望能推進中國吐魯番學的發展,助其與敦煌學比翼雙飛!

《魏晉南北朝隋唐史資料》第四十九輯

2024 年 5 月,2—13 頁

魏晉南北朝漢文化在西域的傳播

裴成國

　　漢、唐是中國歷史上大一統的王朝,都建立了專門的機構經營西域。伴隨着人員往來,漢文化也在西域傳播。魏晉南北朝時期因爲分裂割據,這一時期中原王朝的西域經營,很難與兩漢時期相比。然而,如果我們放眼西域,就會發現這一時期漢文化在西域的傳播非但沒有停止,反而取得了諸多的成果。這一時期漢文化在西域的傳播有什麼特點,與之前的漢代相比有何不同,值得我們特別關注。

一

　　爲了給魏晉南北朝時期的情況作參照,有必要先對兩漢時期的情況作一梳理。兩漢經營西域,爲保障絲綢之路和中西交通的暢通,采取了諸多的措施。從長安到敦煌的絲路東段,在大致固定的路綫上,建立連綿不斷的驛站館舍作爲停靠站點;在西域南北兩道,設置西域都護,並在南面的伊循和北面的車師駐軍屯田,保證綠洲各國在相對穩定的環境中履行中西交通停靠站點的義務。[①] 這些保障措施也爲人員往來帶動的文化交流創造了條件。西漢武帝之後在西域地區建立起朝貢體制,以質子和客使爲穩定的媒介,溝通了漢朝和西域國家之間的交流,並且使這種交流常態化。

　　漢代是漢文化在西域初傳的時期,對此已有學者進行了研究。余太山先生主編的《西域文化史》第二章《兩漢時期》有專門的小節討論塔里木盆地綠洲國家文化與中原文化的關係。首先即强調綠洲諸國納質內屬,這些質子對傳播中原文化起到不小作用,作者列舉了鄯善王尉屠耆、龜兹王絳賓和莎車王延。認爲兩漢在西域的屯田引進了中原先進的農業技術,如鑿井技術、犁耕技術、冶鑄技術,于闐將漢字運用到自鑄貨幣"漢佉二體錢"中,漢文典籍以及織有隸書漢字的漢錦也傳到西域,尼雅所出的函札中"臣

---

　　① 張德芳:《從出土漢簡看漢王朝對絲綢之路的開拓與經營》,《中國社會科學》2021 年第 1 期,第 143 頁。

承德”的名字和其他胡名不同，明顯受到漢文化影響。① 林梅村先生以《漢文化在塔里木盆地的初傳》和《漢文化的西傳》爲題曾經有過專門的論述，②但論述的時代不限於漢代。林先生指出樓蘭尼雅出土漢簡爲研究漢文化初傳塔里木盆地提供了重要標本。漢代的西域國家没有自己的書寫文字，漢字則開始被西域國家學習和使用，林先生根據斯坦因第四次中亞考察在尼雅發現的漢簡中涉及“大宛”和“大月氏”，認爲中亞文字傳入塔里木盆地以前，漢字實際上是塔里木盆地乃至帕米爾以西諸國與漢朝交往的通行文字。③ 在尼雅 N14 所出的八枚函札，研究者均認爲是漢代書法筆迹，充分説明當時的精絶王室成員可以使用漢文，同一地點出土的《倉頡篇》木簡則進一步提供了當地人學習漢文的直接證據。④ 不僅如此，史樹青先生認爲函札式樣的這種木簡與 1951 年湖南長沙西漢後期劉驕墓出土的“被絳函”木札不但字體相近，而且用途相同，是在木簡的凹缺處縛繩，而繫在致送禮物的箱函之上。這種函札的使用及其背後反映的尊卑秩序證明很可能當時中原的禮制已經傳入精絶國。⑤ 賈叢江根據斯坦因第四次中亞考察在尼雅發現的簡牘中的官府文書有漢朝主理西域事務的官員下發給作爲下屬的精絶王的公文以及精絶國本地官員用漢文書寫的官府檔案，認爲漢語是漢代精絶國的官方文字，精絶官府中人不但可以用漢文書寫，而且文意清楚，用詞準確，語法符合漢代文言文的規範;他還統計了東漢時期西域内屬諸國的人名，其中可以確認是漢字（漢式）名字的占到總數的 54.55%，這些人名的證據更加形象和具體地反映了漢語文在漢代西域的流行情況。⑥ 殷晴進一步指出東漢時期西域除了漢式王名之外，各國的職官設置也在仿效中原並進行革新，如東漢時期西域新設的職官包括于闐國相蘇榆勒、莎車相且運、龜兹的左將軍劉平國、扜彌主簿秦牧和疏勒的守國司馬臣勳，也都是學習和仿效中原的政治體制。⑦ 筆者認爲還有可以補充的例證，如 1995 年尼雅一號墓地的八號墓出土的破口

① 余太山主編:《西域文化史》，第二章吳焯、余太山執筆，北京: 中國友誼出版公司，1995 年，第 86—90 頁。

② 林梅村:《尋找樓蘭王國》，北京大學出版社，2009 年，第 80—84 頁;林梅村:《絲綢之路考古十五講》，北京大學出版社，2006 年，第 170 頁。

③ 林梅村:《尋找樓蘭王國》，第 81 頁。

④ 王樾:《略説尼雅發現的“倉頡篇”漢簡》，《西域研究》1998 年第 4 期，第 55—58 頁。

⑤ 史樹青:《談新疆民豐尼雅遺址》，《文物》1962 年第 7、8 期合刊。王炳華先生指出尼雅遺址墓葬中級別較高的墓主人袍服大多右衽，符合漢制;墓葬中發現有 Y 形木叉，與《禮記》所載之“楎椸”制度相合。王炳華:《楎椸考——兼論漢代禮制在西域》，《西域研究》1997 年第 2 期，第 50—58 頁。

⑥ 賈叢江:《漢代漢語文在西域的流行》，余太山、李錦繡主編《歐亞學刊》第 9 輯，北京: 中華書局，2009 年，第 31—39 頁。

⑦ 殷晴:《漢代西域人士的中原憧憬與國家歸向》，《西域研究》2013 年第 1 期，第 6 頁。

的帶流陶罐上有一個墨書的"王"字,也說明當時的精絶上層懂得漢文。又比如這一時期留存的重要漢文遺存還應該提到拜城縣黑英山鄉的《漢龜兹左將軍劉平國作亭誦》,刻於關口的這方亭誦,必定以過往行人爲閲讀對象,應當有不少人可以理解。漢朝在吐魯番盆地設置的戊己校尉和鄯善的伊循屯田基地,因爲漢朝屯田士兵的到來和駐扎,成爲傳播漢文化的更爲穩定的媒介,他們不僅會帶來農業技術,也會帶來漢語和漢文。

從宏觀上考察漢代漢文化在西域的傳播情況,儘管可以找到很多例證,但對當地社會到底造成了哪些影響,似乎尚需正確評估。容易想到的是,儘管漢文在西漢時期已經傳入樓蘭和精絶,在當地沒有土著文字的情況下被當地人使用;後來魏晉時期佉盧文從中亞傳來,漢文讓位給佉盧文,佉盧文最終成爲鄯善國的通行文字。這似乎説明漢代傳入塔里木盆地的漢文化根莖尚不够深厚。

魏晉南北朝時期漢文化在西域的傳播,黄烈先生也曾有專門的論文《魏晉南北朝時期西域與内地的關係》發表。黄先生從政治關係並未中斷,經濟關係有新的發展,文化關係更加緊密三個方面進行了考察。政治關係,黄先生認爲各朝統轄的形式和統治的程度與範圍隨着王朝力量的消長有所不同,自東漢到前涼都曾設置西域長史,史籍記載不明的曹魏應當也應設置過西域長史;前涼在吐魯番盆地設置高昌郡,這是歷史上新疆設郡的開始;北魏設置鄯善鎮,又置西域校尉管轄西域。經濟關係方面作者指出由於絲綢之路貿易的活躍,内地和西域有物資交流,如絲綢等;經濟發展出現了愈來愈多的一致性,如西域圓形方孔錢幣的鑄造,西域開始植桑養蠶和織造絲綢,屯田還在一定範圍存在。文化方面,西域各族發展了本民族的文化,新疆發現的多種文字可爲證明;漢地佛教及譯經也傳入西域,道教也西傳到西域,佉盧文的封檢形式也受到漢簡的影響;吐魯番出土的大量漢文文書也是證明。① 黄先生的論述比較宏觀,以西域出土的文書和文物爲材料支撐,結論大都可以成立。② 不過隨着今天更多考古資料的出土和研究的深入,這一時期漢文化在西域傳播的情況具備了進行更深入分析的條件,尤其與漢代比較,更能看出這一時期的特點。

---

① 黄烈:《魏晉南北朝時期西域與内地的關係》,氏著《中國古代民族史研究》,北京:人民出版社,1987年,第400—430頁。

② 黄烈先生利用吐魯番出土高昌國時期文書討論道教,但缺乏對道教概念的清晰界定,尤其如何區分道教和方術,今天看來還有進一步討論的必要。

二

　　魏晉南北朝雖然是分裂的時代,但漢文化向周圍地區的傳播却並未停止。在東亞的朝鮮和日本,秦漢時期中國輸出的以冶鐵、耕作和養蠶等技術爲主,到魏晉南北朝轉變爲朝鮮和日本開始學習中原王朝的思想文化如儒家經典和中國化的佛教等内容。[①]西域方向也仍然在持續地受到中原漢文化的影響,但情況也有不同。

　　魏晉時期中原政權對西域的管理也並未中斷,魏晉和前涼都延續了東漢的做法,在樓蘭設置西域長史。這一時期西域國家向中原朝貢,政治聯繫也沒有中斷。樓蘭出土這一時期漢文文書數量不少。斯文・赫定首次考察樓蘭 LA 城,發現大批魏晉木簡殘紙,計 150 多件。稍後而來的英國的斯坦因和日本的大谷光瑞探險隊的橘瑞超,他們也在同一古城挖出數百件魏晉十六國時期的文書。其中有《左傳・昭公》《戰國策・燕策》《孝經》《急就章》《九九章》以及各種醫方殘簡,是研究魏晉十六國時期古典文獻的重要材料。LA 城被認定是魏晉時期西域長史的治所,這些漢文簡紙文書應當是駐扎在當地的漢人官吏使用過的留存。出自樓蘭遺址的"李柏文書"是西域長史李柏和焉耆王之間的往來信件,這説明焉耆國的上層人物熟諳漢字並在生活中運用。[②] 魏晉時期漢文化在西域傳播也獲得了墓葬考古資料的證明。南疆且末境内的扎滚魯克第三期文化的年代在公元 3 世紀中葉到 4 世紀初,除沿用豎穴土坑墓外,墓葬形制還出現此前不見的偏洞室墓。此外,營盤和樓蘭兩地魏晉墓還出現彩繪木棺。隨葬陶器則以漢式灰陶取代手製黑衣陶。此外,墓中隨葬的漆器、木耒(墾田工具)等,説明魏晉時期的鄯善文化受中原文化强烈影響。[③] 此外,尼雅墓葬中隨葬品值得注意的還有器形與敦煌所出類似的黑色陶瓶,表面有朱書文字的痕迹,應當也是魏晉十六國時期河西走廊墓葬中常見的鎮墓瓶。[④]

　　這一時期漢文化在西域傳播和發展的最重要成果,是吐魯番盆地以漢人移民爲主體建立起了高昌郡和高昌國政權。這一政權自 5 世紀中葉建立一直存在到 640 年,歷時兩百年之久。在傳世史籍的記載之外,吐魯番地區的晉唐墓地自 19 世紀末葉以來出

---

①　參閲夏應元《相互影響兩千年的中日文化交流》、楊通方《源遠流長的中朝文化交流》,周一良主編《中外文化交流史》,鄭州:河南人民出版社,1987 年,第 307—312、361—372 頁。

②　殷晴:《漢代西域人士的中原憧憬與國家歸向》,第 6 頁。

③　林梅村:《絲綢之路考古十五講》,第 168 頁。

④　[日]關尾史郎:《もうひとつの敦煌》,東京:高志書院,2011 年,第 146 頁。

土的大量漢文爲主的紙文書也可以證明高昌國的文化性質。①

如果比較漢代和魏晉時期漢文化在西域的傳播,可以看出顯著的差别。首先,從樓蘭出土古典文獻的豐富程度以及墓葬葬俗的情況來看,漢文化的影響比漢代更加深入,影響的人群也擴及王室成員之外更多的人;其次,就傳播媒介來説,與漢代質子、客使和屯田戍卒爲主要媒介不同,魏晉南北朝時期移民人口成爲重要的媒介。②

前涼在公元 327 年在吐魯番設立高昌郡是基於移民的到來使得人口大量增加,442年沮渠無諱和安周兄弟基於此前從河西帶來的一萬多人在高昌建立了高昌大涼政權。陳國燦先生將高昌漢人移民的到來總結爲四批:最早到來的漢代士卒、流徙的刑徒、眷屬及其後代;接着是魏晉及西晉末年中原戰亂,出現西遷移民潮到來的避難者;第三批是前秦苻堅攻滅前涼,河西居民的西遷;第四批是北涼被北魏滅亡後,沮渠無諱帥臣民數萬,輾轉移徙來到盆地的河西居民。③ 當時涌入大量移民的還有吐魯番盆地南邊的鄯善國和龜兹國。尼雅發現的與敦煌器型類似的鎮墓瓶以及 2007 年庫車發現的西晉十六國時代與敦煌類似的有畫像磚的磚室墓就是河西走廊移民留下的遺存。④ 尼雅佉盧文書中多處可見的如"税監波格那之牛跑到漢人處"(685、686),"……之牛跑到且末之漢人處","……之牛跑到尼壤漢人處"。之前論者認爲這些記載反映鄯善、精絶等地的漢人和當地人交錯雜居的情形,參加當地生産開發的漢人,不完全是有組織的屯田士卒,不少是散居各地的民户。⑤ 佉盧文文書的整體年代應當在 3 世紀中期到 4 世紀中期,⑥即魏晉十六國時期,當時在鄯善活躍的漢人可能有漢代屯田士卒的後代,尼雅鎮

① 參閲陳國燦:《從吐魯番出土文獻看高昌王國》,《蘭州大學學報》2003 年第 4 期,第 1—9 頁;孟憲實:《漢唐文化與高昌歷史》,濟南:齊魯書社,2004 年,第 8—21 頁。

② 這一時期充當漢文化傳播媒介的還有佛教僧侣。兩漢之際傳入中國的佛教在魏晉時期爲大衆所接受,漢地的佛教也開始回傳西域。由《涼王大且渠安周造寺功德碑》可知高昌大涼政權時期當地已經存在彌勒信仰,而北涼是中國内地彌勒信仰流行的最早地區,高昌的彌勒信仰來自北涼,當由僧人從河西傳來。參閲杜斗城:《試論北涼佛教對高昌的影響》,《西域研究》1991 年第 4 期,第 82—86 頁。又參見姚崇新:《北涼王族與高昌佛教》,《新疆師範大學學報》1996 年第 1 期;收入氏著《中古藝術宗教與西域歷史論稿》,北京:商務印書館,2011 年,第 170—171 頁。

③ 陳國燦:《從吐魯番出土文獻看高昌王國》,第 1—9 頁。

④ [日]關尾史郎:《もうひとつの敦煌》,第 146—150 頁。關於庫車發現的磚室墓,參閲新疆文物考古研究所:《新疆庫車友誼路魏晉十六國時期墓葬 2007 年發掘簡報》,《文物》2013 年第 12 期;《新疆庫車友誼路魏晉十六國墓葬 2010 年發掘報告》,《考古學報》2015 年第 4 期。

⑤ 殷晴:《絲綢之路與西域經濟》,北京:中華書局,2007 年,第 147 頁。

⑥ 孟凡人:《樓蘭鄯善簡牘年代學研究》,烏魯木齊:新疆人民出版社,1995 年,第 383 頁。

墓瓶的發現則證明其中還有新來的河西移民。實際上,元嘉十九年(442)四月北涼王族沮渠無諱將萬餘家,就是棄敦煌占據了鄯善,九月北上據高昌。鄯善和高昌地當河西走廊進入西域的孔道,應是當時河西移民優先選擇的綠洲。

移民的到來不僅增加了大量勞動力,還帶來了中原和河西地區的先進生產技術;[①]就吐魯番盆地而言,大量到來的河西移民導致當地耕地不足,進而出現了土地開發的熱潮。

移民群體的到來帶給綠洲社會的影響是多方面的。鄯善國雖然在 3 世紀之後開始使用佉盧文作爲官方文字,但大量漢人移民的到來帶來了漢地的文化。王國維指出佉盧文的簡牘的獨特的封檢方式受到漢簡封檢方式的影響,這一點早爲學界所熟知。另外當時鄯善國的佉盧文中"cozbo"據研究實際上就是"主簿",乃是從中原的職官系統引入的。[②] 另外,佉盧文文書中的單詞"hasta-lekha",以前被譯爲"手書信函",段晴先生認爲不合乎邏輯,實際上"hasta-lekha"是個仿譯詞,所效仿翻譯的正是漢語的"尺牘"。[③]進而由此確定了之前經濟文書中用來描述織物尺寸的"hasta"也是"尺"。鄯善國在尺寸的單位上采用了中原的"尺",應當是基於鄯善和内地密切的經濟聯繫所做出的選擇。

不僅如此,鄯善國吸收的中原文化還有其他一些證據。斯坦因所獲的 565 號佉盧文書是一件占書,早期的研究者認爲這是一件來源於西方的占星術文獻,林梅村先生則認爲是典型的中國文化產物,來源於先秦兩漢流行的中國日書,甚至可能是《日書》的犍陀羅語譯本。[④] 劉文鎖先生更爲細緻地分析了該件文書,認爲從文書的結構上來説它的主體是《日書》式的,即從文本到占卜義理兩方面體現出《日書》的特徵,但其中十二生肖與星宿綴合的方式較爲特殊,實際上是一種十二星宿、十二生肖與擇日吉凶宜忌相結合的占卜術,與傳統《日書》和西方式黃道十二宮占星術都不相同,體現爲東西方文化結合的形式。[⑤] 可以肯定的是,此件佉盧文的占書受到了秦漢《日書》的影響,這當

---

① 中原和河西走廊也主要是旱作農業,尤其河西走廊也是典型的綠洲農業,與鄯善、高昌相同,先進生產技術的傳入可以直接推動農業的發展。

② 之前日本學者榎一雄曾提出佉盧文中的"cozbo"應該是漢語中的"主簿",市川良文、山本光郎先生續有論證,最新的研究參見段晴:《公元三世紀末鄯善王國的職官變革》,段晴、才洛太《青海藏醫藥文化博物館藏佉盧文尺牘》,上海:中西書局,2016 年,第 37—52 頁;段晴:《關於古代于闐"稅"的辯考》,榮新江主編《絲綢之路上的中華文明》,北京:商務印書館,2022 年,第 256 頁及頁下注釋。

③ 段晴:《關於古代于闐"稅"的辯考》,榮新江主編《絲綢之路上的中華文明》,第 255 頁。

④ 林梅村:《犍陀羅語文學與古代中印文化交流》,《中國文化》第 17、18 期,2001 年,第 232 頁。

⑤ 劉文鎖:《沙海古卷釋稿》,北京:中華書局,2007 年,第 336—342 頁。

然是以《日書》流傳到了鄯善並且爲當地人所瞭解爲前提的。需要説明的是,這種融合中西方於一體的占書的出現是爲了滿足鄯善國自身的現實需求,也反映了鄯善國在接受東西方文化時能够創造性地加以改造的能力。

在鄯善社會受到漢文化深刻影響的背景下,一些當地人也必然開始學習使用漢語漢文。斯坦因在樓蘭 LA 遺址發現的佉盧文書的背面寫有"敦煌具書畔毗在拜",顯然是一名叫"畔毗"的樓蘭人從敦煌寫給樓蘭家人的書信,寫這封信的畔毗及收信的家人應當都懂得漢文,由此可知到魏晉時期普通的鄯善人也有人開始使用漢語漢文。

魏晉時期由於西域長史的存在,漢文化在西域的傳播仍得以繼續,考古資料顯示更多的漢文典籍傳入了西域。鄯善國采用了漢地的長度單位,引入了中原政權的職官,創造性地借鑒了漢簡的封檢形式,並對秦漢的《日書》進行了改造。儘管這時的鄯善采用了中亞傳來的佉盧文,中原政權漢文化的影響也仍得以維繫。大量移民群體的到來帶來了更多方面的漢地文化,如墓葬形制和隨葬鎮墓瓶這種葬俗;也使得更多的當地普通民衆也有機會接觸和學習漢文化。

三

上文談及魏晉南北朝漢文化在西域傳播和發展的最重要成果是高昌郡和高昌國的建立,本節對此進行更深入細緻的分析。

吐魯番盆地自 327 年前涼設置高昌郡以來,一直到 640 年麴氏高昌滅亡爲止,長達三百多年的時間,一直是一個以漢人移民爲主體的綠洲社會,也是整個西域受漢文化影響最爲深刻的地區。高昌郡時期因爲受十六國政權的直轄管理,當地從郡縣鄉里組織、軍府機構到文書行政制度都與中原内地郡縣相一致。[①] 460 年柔然扶植闞爽爲高昌王,經歷五世紀末六世紀初馬儒、麴嘉等人數次向北魏求内徙未獲成功之後,高昌國政權轉而立足當地以謀求發展,至 7 世紀中葉被唐朝攻滅之前,國家體制和文化都已經很完備,自身的文化特色也非常明顯。高昌從郡到國無疑是一個非常大的跨越。在文化逐步完善的過程中,中原王朝一直是高昌最重要的學習對象,這也決定了高昌文化的基本特徵可以概括爲漢文化。以下舉例論證。

---

① 相關研究參見唐長孺:《吐魯番文書中所見高昌郡縣行政制度》,《文物》1978 年第 6 期;收入氏著《山居存稿》,北京:中華書局,1989 年,第 360 頁;柳洪亮:《高昌郡官府文書中所見十六國時期郡縣官府機構的運行機制》,《文史》第 43 輯,北京:中華書局,1997 年,第 86 頁。

　　高昌義熙十二年(521)，暨北魏正光二年，麴嘉遣使奉表，"自以邊遐，不習典誥，求借五經、諸史，並請國子助教劉燮以爲博士，肅宗許之"。① 孟憲實先生推測劉燮西來，大約相當於王肅北奔，强調劉燮對於高昌國政制完善的重要意義。② 高昌當時不僅向北朝學習，也通過與南朝的通使向南朝學習。章和十年(540)，暨梁武帝大同六年，麴堅遣使向梁朝貢。使者携回梁朝佛教寫經及《論語鄭氏注》，並從梁移植"儒林參軍"一職。③ 在制度文化完善的 6 世紀中期之後，高昌國向中原王朝學習的進程也並未停止。如延和七年(608)四月《張叔慶妻麴太明墓誌》中，中原新式"墓誌"的寫法代替了高昌傳統的"墓表"，這是因爲當時高昌國與隋恢復交通，中原文化流入高昌，高昌國的墓誌書寫因而受到影響。④ 研究者認爲高昌城至 7 世紀之後開始分區設坊，應當是當時與隋、唐王朝恢復交通之後向中原王朝學習的結果。⑤ 隋大業元年(605)、大業六年(610)高昌依古制創制衣冠；⑥麴伯雅延和十一年(612)自隋返國，頒令進行衣冠發服及車輿等多方面的改革，後遇阻失敗。⑦ 目前所見文書顯示，自義和五年(618)開始，高昌國在賦税徵收中使用條記文書；研究者認爲這是高昌國受中原王朝影響的結果。⑧ 重光元年(620)麴伯雅開始用定朔來安排大小月。按，唐朝從武德二年(619)開始使用定朔。此年，麴伯雅復辟，七月遣使向唐朝貢。高昌使者有可能就在這次把宣布使用定朔的

　　① 《魏書》卷一〇一《西域傳》，北京：中華書局，1974 年，第 2244—2245 頁。

　　② 孟憲實：《漢唐文化與高昌歷史》，第 113 頁。

　　③ 王素：《麴氏高昌職官"儒林參軍"考略》，《文物》1986 年第 4 期，第 34—36 頁；王素：《高昌史稿·交通編》，北京：文物出版社，2000 年，第 398—404 頁。

　　④ ［日］白須淨真：《アスターナ・カラホージャ古墳群の墳墓と墓表・墓誌とその編年(一)——三世紀から八世紀に互る被葬者層の變遷をかねて》，第 43—44 頁；［日］白須淨真：《トゥルファン古墳群の編年とトゥルファン支配者層の編年——麴氏高昌國の支配者層と西州の在地支配者層》，《東方學》第 84 號，1992 年，第 116—118 頁。王素：《高昌史稿·交通編》，第 421 頁。

　　⑤ ［日］關尾史郎：《高昌国の坊制に関する二、三の問題》，《唐代史研究会報告 第Ⅷ集 東アジア史における国家と地域》，東京：刀水書房，1999 年，第 304 頁。

　　⑥ 相關研究參見［日］關尾史郎：《"義和政變"前史——高昌國王麴伯雅の改革を中心として》，《東洋史研究》第 52 卷第 2 號，1993 年，第 157—159 頁。

　　⑦ 關於麴伯雅改革的頒令時間、改革失敗原因等問題的學術史梳理，參見王素：《高昌史稿·統治編》，北京：中華書局，1998 年，第 365—372 頁。王素之後的研究成果參見［日］片山章雄：《中央アジア遊牧民の社会と文化》，［日］間野英二主編《中央アジア史》(アジアの歴史と文化 8)，東京：角川書店，1999 年，第 32—41 頁；張銘心：《"義和政變"與"重光復辟"問題的再考察——以高昌墓磚爲中心》，《敦煌吐魯番研究》第 5 卷，北京大學出版社，2000 年，第 117—146 頁。

　　⑧ ［日］關尾史郎：《"義和政變"前史——高昌國王麴伯雅の改革を中心として》，第 155 頁；［日］關尾史郎：《西域文書からみた中国史》，東京：山川出版社，1998 年，第 50 頁。

《戊寅曆》帶回國。①

需要特別提示的是,《梁書·高昌傳》記高昌國“姻有六禮”。② 高昌與西魏(535—556)交通,西魏因而得到高昌伎樂。高昌伎樂的形成必定不晚於和平年間(551—554)。③ 至晚在和平年間,高昌已經完成制禮作樂。禮樂文明是中華文明的核心内容,制禮作樂的完成無疑標誌着高昌漢文化水平的躍升。

從上文列舉的冠服制度、“墓誌”書寫、曆法引入、都城分區設坊到具體的經濟領域的納税證明書,涉及的領域不可謂不寬。與中原王朝通使是高昌國向中原王朝學習的主要途徑,這與高昌國的主體居民係漢人移民的背景密不可分。同一時期的中原王朝始終是高昌國制度和文化的主要來源,這當是不容否認的事實。

當然高昌也逐漸形成了自身的文化特色。具體比較中原王朝和高昌國的各方面制度,我們又發現兩者之間的差異不可謂不大。高昌國具有國土面積狹小、人口族屬多元、長期臣服於周邊遊牧政權等特點,因此對中原制度的學習必須結合高昌國的實際,而不能照搬。具體而言,如中央機構設置、地方行政制度、文書制度等無不具有其自身的特質和獨特性。④ 這種獨特性的形成與高昌國的國情有關,也是高昌主觀能動性的體現。在此舉職官和墓葬文化的例子加以説明。

建昌元年(555),《高昌新興令麴斌芝造寺施入記》中有高昌令尹、縮曹郎中並諸號將軍,高昌令尹和縮曹郎中都是中原王朝没有的職官,這説明當時高昌國通過學習中原以及結合自身實際獨自創制等方法完善了國内的行政及職官系統。⑤ 研究麴氏高昌國時代墓葬文化的學者指出,6世紀中期立足本地、顯示自身張力、具有諸多新鮮元素的麴氏高昌國文化登場。反映在墓葬文化方面,高昌繼承了敦煌流行的聚族而葬和用礫石堆壘塋圈的葬俗,却又較之要更規範,塋區也往往規模更大,延續使用時間更長;繼承了斜坡墓道單室土洞墓的漢式墓葬形制,却又不用覆斗頂或穹窿頂,而使用中原

---

① 王素:《麴氏高昌曆法初探》,國家文物局古文獻研究室編《出土文獻研究續集》,北京:文物出版社,1989年,第173頁。

② 《梁書》卷五四《西北諸戎傳》,北京:中華書局,2022年,第811頁。

③ 馮承鈞:《高昌事輯》,原載《國立華北編譯館館刊》第2卷第9期,1943年;收入氏著《西域南海史地考證論著匯輯》,北京:中華書局,1957年,第72—73頁。王素:《高昌史稿·交通編》,第404—407頁。

④ 關於高昌國政治制度的研究已有深厚的積累,參見孟憲實《漢唐文化與高昌歷史》之第四章《麴氏高昌的政治制度》,第93—208頁。孟憲實在該章中亦強調高昌國的制度特色,認爲高昌國以彈丸小國而得以長期存在,其制度特色,應是不可低估的内在因素(《漢唐文化與高昌歷史》,第146頁)。

⑤ 侯燦:《麴氏高昌王國官制研究》,《文史》第22輯,北京:中華書局,1984年;收入氏者《高昌樓蘭研究論集》,烏魯木齊:新疆人民出版社,1990年,第37頁;孟憲實:《漢唐文化與高昌歷史》,第112—113頁。

同類墓葬基本不采用的平弧頂結構;隨葬陶器大多繼承了河西西晉十六國以來的器類、器形,却又別出心思地將其紋飾與佛教的蓮花圖案聯繫在一起;伏羲女媧畫像雖與漢代中原、魏晉河西一脉相承,却又不是簡單的承襲,而是在佛教再生觀念下所做的特意選擇。①

這一時期高昌與内地的交流,佛教和典籍是非常重要的方面。大涼承平三年(445)沮渠安周造《涼王大且渠安周功德碑》反映這一時期彌勒信仰由河西走廊傳入高昌。② 當時,南北新譯佛教經卷迅速被傳寫,可見當時當地佛教文化的先進性。③ 由南朝的"吳客"帶到高昌的,不僅有帶有南朝年號的江南寫經,還有傳統典籍寫本,如時代稍早一點的東晉流入高昌的五種《三國志》的寫本。④

與鄯善的情況相類似,高昌不僅學習和吸納了中原文化,還結合自身實際改造和發展了中原傳來的漢文化,形成了較爲完善又自具特色的高昌文化。

四

儘管魏晉南北朝這種連稱已經約定俗成,實際上就漢文化在西域的傳播而言,魏晉時期和南北朝時期實際上有明顯的差別。在前涼從樓蘭撤離西域長史府之前漢文化對西域的影響還是非常強勢的。不過3世紀開始鄯善使用純粹外來的佉盧文作爲自己的

---

① 倪潤安:《麴氏高昌國至唐西州時期墓葬初論》,《西域文史》第 2 輯,北京:科學出版社,2007 年,第 15—74 頁。按,倪潤安的研究依據的主要是交河溝西墓地的資料,其時代上限是麴氏高昌時代,但高昌國的歷史並不自麴氏始。倪潤安在文章中對前麴氏高昌國時代的墓葬形制的發展也有概要介紹,很具參考價值。此前劉文鎖將吐魯番地區先秦至唐代的墓葬歸納爲三種基本形制:第一種是豎穴土壙墓,第二種是豎穴偏室墓,第三種是斜坡道墓道土洞墓。根據它們之間相互形成的早晚關係,可分爲四期:第一期是豎穴土壙墓的時代,第二期是豎穴土壙墓與豎穴偏室墓並存的時代,第三期是豎穴偏室墓與斜坡墓道土洞墓並存的時代,第四期是斜坡墓道土洞墓的時代(劉文鎖:《吐魯番盆地古墓葬的幾種基本形制——以交河故城的墓地爲例》,《吐魯番學研究》2001 年第 1 期,第 69—75 頁)。一般認爲,豎穴土壙墓和豎穴偏室墓代表的是姑師及車師人的考古遺存。其中第三期與第四期的分界線是以 450 年北涼沮渠安周攻破車師前國都城交河城爲契機的。倪潤安所論的麴氏高昌國屬於第四期也即斜坡墓道土洞墓的時代。從交河溝西墓地出土的墓表年代來看最早的是在章和、和平年間,即 6 世紀中期,也即作者判定的高昌國文化形成的時代。對吐魯番哈拉和卓和阿斯塔那墓地的墓葬形制進行研究的還有持田大輔《トゥルファンにおける中原系墓制の傳播と變遷》,早稻田大學絲綢之路調查研究所編《中國シルクロードの變遷》,東京:創生社,2007 年,第 81—98 頁。

② 參見榮新江:《〈且渠安周碑〉與高昌大涼政權》,《燕京學報》新 5 輯,北京大學出版社,1998 年,第 65—92 頁。

③ [日]池田温:《高昌三碑略考》,《三上次男博士喜壽記念論文集·歷史編》,東京:平凡社,1985 年,第 102—120 頁。此據謝重光譯文,《高昌三碑略考》,《敦煌學輯刊》1988 年第 1、2 期,第 149 頁。

④ 榮新江:《絲綢之路上的"吳客"與江南書籍的西域流傳》,榮新江主編《絲綢之路上的中華文明》,第 236—253 頁。

官方文字,印歐語文對西域的影響顯然變得非常突出,甚至在高昌以外的地區比漢文都更爲主導。中亞貴霜王朝在公元前 1 世紀至公元 3 世紀中葉曾把佉盧文當作官方文字。公元 2 世紀以後,佉盧文被另一種印度古文字——婆羅謎文取代,在印度和中亞逐漸廢棄。這種在印度和中亞廢棄的古文字,公元 2 世紀已經傳入西域,于闐王國鑄造的漢佉二體錢上已經使用了佉盧文,3—4 世紀在鄯善國被作爲官方文字使用。與東部的鄯善流行佉盧文不同,西部的于闐在公元 300 年以後使用了中亞的婆羅謎字母書寫于闐塞語,開始使用自己的文字。① 公元 5 世紀之後焉耆、龜兹等地也開始使用婆羅謎字母書寫自己的語言,②進而高昌之外的塔里木盆地主要綠洲國家也都有了自己的文字。從這一點上來看,隨着南北朝中原政權在西域經營方面缺乏長期穩定的官方組織維繫,漢文化在西域的傳播無疑受到了一定程度的影響。尤其與兩漢時期漢語文在西域流行相比,西域國家借用中亞的婆羅謎字母形成的自己的文字則占據了漢語文的缺位。

就西域總體而言,魏晉南北朝時期漢文化在西域的傳播表現出的不平衡性是非常突出的。與高昌對漢文化的吸納不同,精絶(東漢初併入鄯善)、龜兹、焉耆等這些在兩漢時期流行漢語文的地區開始使用中亞語文。儘管上文列舉了鄯善和龜兹都發現了受到中原葬俗影響的墓葬,鄯善引入了中原的度量單位"尺"和職官"主簿",還有占卜用的《日書》也流傳到了鄯善,但總體上時間都在魏晉時期,即佉盧文使用的下限的 4 世紀。5 世紀末葉鄯善被丁零所破而淪爲廢墟,南北朝時期采用中亞語文的龜兹、焉耆和于闐諸國因爲留存的文書有限,不清楚受漢文化影響的深度和具體情況。③ 但不可否認的是,隨着鄯善的衰亡,西域受漢文化影響的板塊無疑是縮小了。即便是地理位置上與河西走廊最近的高昌,也在突厥崛起之後的半個多世紀中斷了與中原王朝的交往,④塔里木盆地的其他綠洲國家在本身就缺乏漢語文基礎的背景下,與中原漢文化的聯繫也會受到影響。

---

① Harold W. Bailey, *The Culture of Sakas in Ancient Iranian Khotan*, Caravan books, Delmar, New York, 1982, p. 2;張廣達、榮新江:《上古于闐的塞種居民》,《西北民族研究》1989 年第 1 期;收入氏著《于闐史叢考》(增訂本),北京:中國人民大學出版社,2008 年,第 149—165 頁。

② 參見慶昭蓉:《吐火羅語世俗文獻與古代龜兹歷史》,北京大學出版社,2017 年,第 8 頁及頁下注釋③。

③ 迄今發現的吐火羅語的世俗文獻幾乎全是吐火羅語 B 語,即龜兹語所寫成,且出土地皆在廣義的龜兹境内(唐代龜兹都督府轄地);至今能確定繫年者最早的也是 7 世紀上半葉蘇伐疊紀年,也是唐代以後的。慶昭蓉:《吐火羅語世俗文獻與古代龜兹歷史》,北京大學出版社,2018 年,第 5—8 頁。

④ 王素:《高昌史稿·交通編》,第 398—411 頁。

　　宏觀上審視魏晉南北朝時期漢文化在西域的傳播,不平衡性是非常顯著的特點。一方面由於中原政權在西域經營方面的收縮,影響力的衰減,一些原本在漢代使用漢語的西域國家轉而使用了中亞語文作爲官方書寫文字;另一方面西域東部的高昌作爲漢人移民爲主體的國家對中原漢文化的吸納和發展則達到了新的高度,甚至完成了制禮作樂,可以說達到了自兩漢以來漢文化在西域傳播的最高水平。隋唐統一中國之後,經營西域力度更大,漢文化在西域的傳播也進入了新的階段,當然魏晉南北朝時期打下的基礎也不容忽視。

《魏晉南北朝隋唐史資料》第四十九輯

2024 年 5 月,14—27 頁

圖像裏的王權

——燃燈佛授記與中古政治

王詩雨　　孫英剛

　　"燃燈佛授記"的藝術主題在印度罕見。古印度早期的佛傳造像中尚未發現以"燃燈佛授記"作爲起點的例子。但在犍陀羅地區,以燃燈佛授記爲主題的浮雕,數量之多,時間跨度之大,遠遠超越其他佛本故事浮雕。學界越來越傾向於認爲,"燃燈佛授記"主題誕生于犍陀羅。[①] 雖然歷史上的釋迦牟尼從未到過犍陀羅,"燃燈佛授記"通過強調其前世在犍陀羅修行把佛傳故事的開端從恒河流域拉到了犍陀羅。根據漢唐間西行巡禮求法的高僧比如法顯、玄奘等人記載,燃燈佛授記的故事發生在今天阿富汗賈拉拉巴德(Jalālābād)地區,玄奘時代稱爲那揭羅曷國(Naharahāra)。玄奘在西行求法時經過此地,參拜了跟燃燈佛授記有關的各種聖迹:"那揭羅曷國……城東二里有窣堵波,高三百餘尺,無憂王之所建也。編石特起,刻雕奇製,釋迦菩薩值然燈佛,敷鹿皮衣,布髮掩泥,得受記處。……次南小窣堵波,是昔掩泥之地,無憂王避大路,遂僻建焉。""城西南十餘里有窣堵波……其東不遠有窣堵波,是釋迦菩薩昔值然燈佛,于此買華。"[②]這説明在中古時期,燃燈佛授記的聖迹仍存在當地,而來自中土的僧人對此也並不陌生。無憂王即阿育王(前303—前232)。從《大唐西域記》的記載來看,當時已經把燃燈佛授記和阿育王聯繫在一起——阿育王爲紀念燃燈佛授記修建多座佛塔。這和"燃燈佛

---

　　① 相關研究,可以參看 Patricia Eichenbaum Karetsky, *The Life of the Buddha: Ancient Scriptural and Pictorial Traditions*, Lanham: University Press of America, 1992, p. 3–4;[日]宮治昭著,李萍譯:《犍陀羅美術尋蹤》,北京:人民美術出版社,2007年,第7頁;張麗香:《印度佛傳圖像模式在雕刻中的發展演變》,沈衛榮主編《文本中的歷史+藏傳佛教在西域和中原的傳播》,北京:中國藏學出版社,2012年,第367—380頁;蔡楓:《犍陀羅本生雕刻的印度文化母題》,《深圳大學學報(人文社會科學版)》2012年第1期,第18—23頁;孫英剛:《魏晉南北朝時期犍陀羅對中國文明的影響》,《復旦學報》2022年第1期,第85—98頁。

　　② (唐)玄奘口述,辯機撰:《大唐西域記》卷二,[日]高楠順次郎、渡邊海旭都監《大正新修大藏經》(後文簡稱《大正藏》)第51冊,東京:大正一切經刊行會,1924—1934年,第878頁中欄—下欄。其對燃燈佛授記的聖迹多有記載,説明玄奘到達那裏時,這些聖迹仍在。

授記"圖像在南北朝時期發展出新的三童子造型似乎有些關係。佛與轉輪王的關係，在《大唐西域記》的描述裏，清晰地得到呈現。

一、三世佛信仰中的"燃燈佛授記"

"燃燈佛授記"故事在佛教傳入中國之初就進入中國了。文獻記載可以追溯到公元 2 世紀。東漢晚期竺大力等譯《修行本起經》、支謙於公元 220—257 年翻譯（其實是對以前譯本的彙編）的《太子瑞應本起經》、竺法護於公元 308 年翻譯的《佛説普曜經》（Lalitavistara），以及可能更早的《異出菩薩本起經》[①]，對燃燈佛授記都有記載，也都是將其作爲佛傳故事的開端講述。在這個故事中，釋迦牟尼的前世是一個修行菩薩道的梵志，名叫儒童（版本不同名字不同）；儒童聽聞當時的佛——燃燈佛要進城，就去拜見；在路上碰到王家女瞿夷（Gopikā），跟她買蓮花；儒童見到燃燈佛，把五枚蓮花散向空中，結果蓮花駐留空中；燃燈佛做出預言（授記）：自今以後，歷經九十一劫，儒童將成佛，名釋迦牟尼；儒童看見地上泥濘，把頭髮散開，布髮掩泥，讓佛踏而過；自此之後，儒童歷經九十一劫，最終降生迦毗羅衛國。

"燃燈佛授記"從根本上解決了釋迦牟尼成佛合法性的問題。"買花獻佛""布髮掩泥""騰空授記"是燃燈佛授記圖像的三個主要特徵。進入中土後，燃燈佛造像主要是立像，正是體現布髮掩泥的場景。雖然"燃燈佛授記"文獻記載早在東漢就出現了，但是相關圖像出現晚得多。《高僧傳》記載，南朝宋時，"（罽賓人）跋摩於殿北壁手自畫作羅雲像及定光儒童布髮之形"。[②] 這是中土有關燃燈佛授記圖像最早的記載。罽賓，就是犍陀羅。從出土證據看，"燃燈佛授記"作爲重要的藝術主題，集中出現在北魏時期。[③] 有銘文的燃燈佛造像，以龍門的北魏永平三年（510）比丘尼法行造定光像和延昌三年（514）清信女劉□兒造定光像爲最早。[④] "燃燈佛授記"從犍陀羅起源，此後在中亞和我國新疆地區流行。中亞地區發現了至少 67 件燃燈佛授記的造像。新疆地區出土的燃燈佛授記圖像共 34 件，廣泛存在於克孜爾石窟、庫木吐喇石窟、柏孜克里克石窟

① （梁）僧祐《出三藏記集》（約 516 年）記載此經失譯者名，《大正藏》第 55 冊，第 22 頁下欄。僧祐之後的經錄和《大藏經》將其歸爲 4 世紀聶道真譯，很可能是個錯誤，它翻譯的年代要早很多。有關研究參看［日］辛嶋静志：《brāhmaṇa、śramaṇa 和 Vaiśramaṇa——印度語言流俗詞源及其在漢譯的反映》，《人文宗教研究》第 9 輯，北京：宗教文化出版社，2017 年，第 23 頁注 3。

② （梁）慧皎撰，湯用彤校注：《高僧傳》卷三《求那跋摩傳》，北京：中華書局，1992 年，第 107 頁。

③ 李静傑：《北朝時期定光佛授記本生圖像的兩種造型》，《藝術學》第 23 期（2007 年），第 75—116 頁。

④ 陸蔚庭：《龍門造像目錄》，《文物》1961 年第 4、5 期合刊。

等。但是顯然,在中原北方地區,"燃燈佛授記"图像出現的較晚,而且並没有像犍陀羅、中亞和中國新疆地區顯著。①

　　與早期漢文譯經將"燃燈佛授記"置於佛傳故事開端相對應,犍陀羅佛傳浮雕中,"燃燈佛授記"也是首先呈現的主題。比如西克里(Skri)窣堵波上的 13 塊佛傳故事浮雕,就是從燃燈佛授記開始的。結合早期漢文譯經和犍陀羅出土的圖像可以推斷,雖然"燃燈佛授記"講述的是釋迦牟尼往世修行的故事,具備佛本生故事的特徵,但是從根本性質上説,它是一個佛傳故事,是佛陀一生的起點。② 與犍陀羅地區相比,新疆地區的"燃燈佛授記"圖像,則多作爲過去佛事迹的一部分進行描述。將"燃燈佛授記"作爲佛傳開端,在克孜爾尚未發現。在克孜爾非常重要的以佛傳爲主題的方形窟 110 窟佛傳壁畫,是托胎靈夢講起,並没有燃燈佛授記。③ 但是值得注意的是,到了中原北方地區,從北魏到北齊時期,大部分佛傳圖像,都是從"燃燈佛授記"講起的。④ 2007 年,山東德州市平原出土北齊天保七年(556)造太子像。臺座左立面爲"右脅出生",右立面爲"燃燈佛授記"。先有燃燈佛授記,再有釋迦太子出生,這是佛傳故事的邏輯,也是犍陀羅的傳統。⑤ 顯然,中原北方的"燃燈佛授記"圖像,更多地保留了犍陀羅的思想因素。直到隋唐時期,隨着大乘佛教中更爲方便的净土信仰的發展,佛傳、佛本生等强調累世修行的藝術主題開始衰落。南北朝之後,中原北方和河西地區很少再使用燃燈佛授記等佛傳故事作爲造像題材。

　　北魏時期廣泛出現的"燃燈佛授記"造像,跟北朝流行的三世佛信仰有關。北魏曇曜五窟即以三世佛爲中心。雲岡第 5 和第 13 窟上部小龕,也是以三世佛爲中心題材。其他如龍門賓陽中洞、龍門魏字洞、永靖炳靈寺第 80、81、102 窟和天水麥積山第 5、30窟,都是以"三佛"爲造像題材。其他還包括義縣萬佛堂、鞏縣石窟寺等,幾乎普遍於當時的中國北方。⑥ 也有學者認爲曇曜五窟也象徵着祈願北魏皇室如佛法傳承永遠不

---

　　① 廖志堂:《印度、中亞與中國新疆的"燃燈佛授記"圖像研究》,《西域歷史語言研究集刊》2019 年第 2 輯,第 95—153 頁。

　　② 關於燃燈佛授記究竟是佛本生故事還是佛傳故事,學界爭論比較激烈,比如馬世長、丁明夷、雄西、謝生保等認爲它是佛傳故事,而賈應逸、李静傑、苗利輝、趙昆雨、李幸玲等認爲它是佛本生故事。此處不贅。

　　③ 耿劍:《"定光佛授記"與定光佛——犍陀羅與克孜爾定光佛造像的比較研究》,《中國美術研究》2013 年第 2 期,第 1—10 頁。

　　④ [日]宫治昭著,趙莉譯:《絲綢之路沿綫佛傳藝術的發展與演變》,《敦煌研究》2001 年第 3 期,第 66—70 頁。

　　⑤ 賀小萍:《山東平原出土北齊天保七年石造像内容辨析》,《敦煌研究》2011 年第 1 期,第 42—45 頁。

　　⑥ 劉慧達:《北魏石窟中的"三佛"》,《考古學報》1958 年第 4 期,第 91—101 頁。劉慧達認爲這是受到了《法華經》思想的影響,也反映了當時佛教的變動,可謂判斷精準。另外參看賀世哲:《關於十六國南北朝時期的三世佛與三世佛造像的諸問題》,《敦煌研究》1992 年第 3 期,第 1—20 頁。

圖一、圖二　西克里出土的佛傳窣堵波,第一塊浮雕爲燃燈佛授記,第二塊爲
菩薩在兜率天等待下生爲釋迦太子(拉合爾博物館藏)

滅。① 1981 年出土於鄭州市西 10 公里紅石坡寺院基址的北魏正光二年(521)造像碑,正面雕釋迦牟尼,右側面雕燃燈佛,左側面交脚彌勒,②完美地表現了"三世佛"的理念。這樣的情況還可參看偃師天統三年(561)邑主韓永義等造像碑,其碑陽上部雕彌勒菩

----

① ［日］小森陽子:《曇曜五窟新考——試論第 18 窟本尊爲定光佛》,《2005 年雲岡國際學術研討會論文集·研究卷》,山西:雲岡石窟研究院,2005 年,第 324—338 頁。她認爲這是一種關於佛的以時間爲軸的世代傳承學説。如果將三世佛學説中的佛置換爲皇帝,則"過去"相當於太祖,當今和未來表示後代皇帝,從而可以表達拓跋氏基業世代相傳的祈願。

② 于曉興:《鄭州市發現兩批北朝石刻造像》,《中原文物》1981 年第 2 期,第 18—21 頁。

薩,中部雕燃燈佛授記和燃燈佛,下部雕釋迦佛,構成典型三世佛造像。① 更加令人注意的是,根據碑文記載,這塊碑是矗立在北魏時期重要的平等寺門外的燃燈佛銅像後。文獻記載,北魏都城洛陽平等寺門外班立高二丈八尺的燃燈佛金銅像。此像在當時的政局中似乎具有特殊的地位,經常被與政局的動蕩連在一起,所謂"國之吉凶,先炳祥異"。② 這一點在正史中多有記載。③ 有關平等寺燃燈佛像與政治的關係,學者已多有論述。④

犍陀羅佛教中的三世佛呈現出時間順序。北朝早期,隨着《法華經》思想的流行,出現了新的三世佛結構——雙佛並坐(多寶佛和釋迦牟尼佛)—釋迦牟尼佛—彌勒佛。按照《法華經》的思想,雖然多寶佛於久遠劫前已滅度,但釋迦説《法華經》時,有七寶塔從地中涌出,聳立於空中,塔內多寶佛分獅子座之一半與釋迦共坐。⑤《法華經》是初期大乘佛教的代表性佛經,三國佛經翻譯家支謙、西晉的"敦煌菩薩"竺法護、姚秦高僧鳩摩羅什和隋代北印度三藏闍那崛多等,都曾參與翻譯。南北朝時期,獲得廣泛傳播,注疏此經的就多達 70 餘家。⑥《法華經》認爲一切衆生皆可成佛。多寶佛於現在時出現,表明法身常住。北魏的僧叡解釋爲"多寶照其不滅"即"永寂亦未可言其滅矣"。⑦《法華經》借助過去佛與現在佛在多寶塔的並坐宣道的形象,表明佛的存與亡没有差異,生死涅槃平等無礙。⑧

代表法華思想的二佛並坐造型,在印度和中亞地區至今未曾發現。據賀世哲的統計,僅曇曜五窟的釋迦、多寶二佛並坐像就多達 122 鋪。⑨ 雲岡石窟上彌勒下二佛並坐的組合形式對敦煌莫高窟和炳靈寺石窟都產生了深遠影響,莫高窟 259 窟,炳靈寺126、128、132 窟,均以二佛並坐和彌勒組合作爲重要造像,這一藝術主題,是從雲岡西傳河西。⑩ 天水麥積山 133 窟北魏末期 10 號造像碑,上爲雙佛,中爲彌勒,下爲釋迦牟。

---

① 李獻奇:《北齊洛陽平等寺造像碑》,《中原文物》1985 年第 4 期,第 89—97 頁。該文通過系統梳理這批造像碑,準確地指出,平等寺代表的宗教信仰主要是彌勒下生信仰。

② (北魏)楊衒之撰,范祥雍校注:《洛陽伽藍記校注》,上海古籍出版社,1982 年,第 104—108 頁。

③ 《魏書》卷一一二《靈徵志》(北京:中華書局,1974 年,第 2916 頁)記載:"永安、普泰、永熙中京師平等寺定光金像每流汗,國有事變,時咸畏異之。"

④ 王韋韜:《寺碑中的記憶:北朝洛陽平等寺遺存造像再研究》,《美術大觀》2023 年第 4 期,第 84—87 頁。

⑤ (後秦)鳩摩羅什譯:《妙法蓮華經》卷四《見寶塔品第十一》,《大正藏》第 9 册,第 32。這個情景被日本學者平川彰稱爲"最富戲劇性的構想",參看[日]平川彰等:《法華思想》,臺北:佛光文化事業有限公司,1999 年,第 95 頁。

⑥ 張寶璽:《〈法華經〉的翻譯與釋迦多寶佛造像》,《佛學研究》1994 年第 3 期,第 142 頁。

⑦ (後秦)僧叡:《出三藏記集·法華經後序》,《大正藏》第 55 册,第 57 頁。

⑧ 林偉:《佛教"法身"概念的另一種解讀方式——釋迦、多寶二佛並坐像的意義》,《中山大學學報(社會科學版)》2012 年第 2 期,第 141—147 頁。

⑨ 賀世哲:《敦煌圖像研究——十六國北朝卷》,蘭州:甘肅教育出版社,2006 年,第 83—85 頁。

⑩ 王江:《雲岡石窟釋迦多寶二佛並坐研究》,《雲岡研究》2022 年第 3 期,第 1—14 頁。

兩側則雕滿佛傳故事,爲八相圖,其中有燃燈佛授記。燃燈佛頂上沒有出現五朵蓮花,而是出現了華蓋。① 燃燈佛授記完全被視爲佛傳故事的一環,②僅僅是用來襯托釋迦多寶—釋迦—彌勒的三世佛結構。到了東魏、北齊時期,隨着華嚴思想的成熟及阿彌陀佛信仰的流行,造像主題又常改爲盧舍那佛、阿彌陀佛、彌勒佛。③

圖三　天水麥積山 133 窟北魏末期 10 號造像碑

二、燃燈佛授記與彌勒信仰

燃燈佛授記和彌勒信仰的緊密關係,早在犍陀羅就已經成熟了,可以從圖像中找到

---

① 李静傑:《燃燈佛授記故事造型辨析》,《紫禁城》1996 年第 2 期,第 29—32 頁。

② 有學者認爲燃燈佛授記不是佛傳故事,是對佛傳的誤解。龍忠:《麥積山石窟 133 窟 10 號造像碑研究》,《西北美術》2017 年第 4 期,第 84—87 頁。

③ 顔娟英:《鏡花水月:中國古代美術考古與佛教藝術的探討》,臺北:石頭出版有限公司,2016 年,第 230 頁。

明確的證據。這種關係也在北朝的造像中獲得延續，並有新的發展。

　　犍陀羅的與彌勒信仰有關的燃燈佛造像中，往往省略釋迦牟尼，體現出過去（燃燈佛）—未來（彌勒佛）的對應關係。這一點從紹托拉克（迦必試地區）出土的"燃燈佛授記"造像可以直觀看得出來。其由兩部分組成：主體部分和臺座部分。主體部分通過"一圖多景"的複合叙事方式，講述了燃燈佛授記的故事。燃燈佛占據了造像的中心位置，焰肩（迦必試樣式），施無畏印。燃燈佛頭頂有五朵蓮花，符合佛經記載。儒童出現了五次，圍繞着燃燈佛——講了一個連續的故事，從燃燈佛右足到左足，分別是：（1）布髮掩泥；（2）以花獻佛；（3）騰空授記；（4）轉生爲天王；（5）菩薩等待下生。從接受授記之後，儒童就有了頭光，標識其未來成佛的神聖性。最值得我們注意的是，臺座上出現了彌勒説法圖，四位供養人手持蓮花向其致禮。

圖四　紹托拉克出土的"燃燈佛授記"
　　　造像（集美博物館藏）

圖五　艾娜克出土燃燈佛造像
　　　（阿富汗國家博物館藏）

　　紹托拉克出土的"燃燈佛授記"造像上出現彌勒並不是特例。近年來在阿富汗艾娜克出土的"燃燈佛授記"造像再次印證了早在犍陀羅時期，"燃燈佛授記"就和彌勒信仰連在一起。艾娜克造像也由主體和臺座兩部分組成，造像結構跟紹托拉克造像相似。采用一圖多景描述了布髮掩泥、以花獻佛、騰空授記三個情節。燃燈佛形象高大,施無畏印,占據了造像的主要部分。頭頂是駐留空中不墜的蓮花(根據文獻和紹托拉克造像的情況可知爲五朵)。值得注意的是,其臺座上面是禮拜佛缽的場景——四人手持蓮花禮敬佛缽。這是我們目前能看到的唯一的將佛缽信仰和燃燈佛授記聯繫在一起的圖像實物證據。

但是必須指出的是,根據文獻和圖像的證據,佛缽就是彌勒信仰的符號。在犍陀羅造像中,佛缽往往和彌勒信仰連在一起,是彌勒下生成佛的傳法信物。[1] 有不少彌勒造像的臺座上,刻畫的就是供養佛缽的場景。釋迦牟尼涅槃後,經過漫長的歲月後,彌勒將成爲新的佛,而佛缽將傳到彌勒手中,正法得到恢復。而佛教的理想君主轉輪王,被賦予了供養佛缽的責任和角色。比如開皇三年(583),來自今天巴基斯坦斯瓦特(Swat)地區的高僧那連提黎耶舍(Narendrayasaś)爲隋文帝重譯了《德護長者經》(又名《屍利崛多長者經》)兩卷,論證隋文帝的佛教轉輪王身份,其中提到了佛缽將來到中國,得到隋文帝的供養:

> 又此童子(即月光童子),我(即佛陀)涅槃後……于當來世佛法末時,于閻浮提大隋國內,作大國王,名曰大行。……時大行王,以大信心大威德力供養我缽。於爾數年我缽當至沙勒國,從爾次第至大隋國。……其王以是供養因緣……於一切佛剎常作轉輪聖王。……于不可數劫行菩薩行……于最後身當得作佛。[2]

如此一來,紹托拉克和艾娜克出土的燃

圖六　彌勒菩薩立像,臺座上刻畫的是供養佛缽的場景(大都會博物館藏)

①　有關佛缽在犍陀羅藝術中的表現,參看 Kurt A. Behrendt, *The Art of Gandhara in the Metropolitan Museum of Art*, Behrendt, 2007, p. 53; John M. Rosenfield, *The Dynastic Arts of the Kushans*, Berkeley and Los Angeles, University of California Press, 1967, pp. 222 – 223, 等等。

②　那連提黎耶舍譯:《佛說德護長者經》,《大正藏》第 14 册,第 849 頁中欄—850 頁上欄。

燈佛造像,表達的宗教意涵是一樣的——主體部分是燃燈佛授記,臺座上是彌勒信仰。一個過去,一個未來,正好對應。這樣的結構,北朝時期也有延續,比如大都會博物館藏趙氏一族造燃燈佛像。時代爲太和十九年(495),題記云:"太和十九年歲……定州唐郡唐縣固……皇帝陛下七妙之零……造燃燈像一區趙寄趙□趙雅趙買趙雙。"主尊爲燃燈佛,其高 322.6 厘米,爲磨光肉髻,通肩袈裟,頭部渾圓,屬雲岡中期樣式,背光裏描繪了過去七佛。背部中央爲高浮雕交腳彌勒像。[1] 在北朝時期没有發現類似犍陀羅將燃燈佛置於主體部分而在臺座上描述彌勒信仰的造像,但是趙氏造像將彌勒置於造像的背部,其思想意涵與上述犍陀羅兩座燃燈佛造像是一致的。一方面强調"燃燈佛授記"和彌勒信仰的關係,一方面也特別突出燃燈佛的重要性,在主體部分重點凸顯燃燈佛。這可能跟趙氏一族特殊的宗教信仰有關。

圖七、圖八　趙氏一族造燃燈佛像(大都會博物館藏)

如果説犍陀羅地區燃燈佛和彌勒相連的造像,似乎是在重點突出燃燈佛信仰——這一點可能跟燃燈佛授記的犍陀羅地方性有關——中原北方的相關造像,重點突出的

---

① 相關討論,參看〔日〕石松日奈子著,劉永增譯:《北魏河南石雕三尊像》,《中原文物》2000 年第 4 期,第 58—59 頁。

基本是彌勒,而非燃燈佛。這與彌勒信仰在北朝的弘揚與崛起相聯繫。

"彌勒",乃梵文 Maitreya、巴利文 Metteya 的音譯名;其他異譯名尚有梅呾利耶、末怛唎耶、迷底屨、彌帝禮等。意譯則稱"慈氏",蓋其義爲慈悲。彌勒信仰在中國的興起,大致在南北朝時期,典型的標誌是彌勒諸經的出現。竺法護在大安二年(303)譯成《彌勒下生經》《彌勒菩薩所問本願經》,此後,鳩摩羅什在姚秦弘始四年(402)譯成《彌勒大成佛經》《彌勒下生成佛經》;南朝劉宋時,沮渠京聲譯《彌勒上生經》;東晉時,有譯者不詳的《彌勒來時經》;北魏時則有菩提流支所譯《彌勒菩薩所問經》;唐代大足元年(701),義净譯成《彌勒下生成佛經》。根據這些經典,彌勒菩薩將在五十六億萬年後,繼釋迦而在此土成佛,仍然號"彌勒",這即是所謂的"未來佛"或者"新佛"。彌勒信仰又分爲上生和下生兩種。前者相信信徒一旦修道得成,便能往生兜率天净土,永享安樂;後者則相信彌勒會在未來下生現實世界,建立人間净土。下生信仰,就爲現實政治提供了理論依據。彌勒信仰在 4 世紀興起之後,從南北朝到隋唐,都對當時的政治理論和政治實踐產生了重要的影響。北魏到北齊是彌勒信仰繁榮的時代,5 世紀六七十年代,北方全部佛教造像中,30%以上是彌勒造像;北魏末到北齊、北周的 40 年間,北方彌勒造像共 88 尊,其中僅洛陽龍門石窟就有彌勒像 35 尊,占總數的近 40%。就山東而言,北朝彌勒造像最多。[1]

彌勒作爲未來佛的理念——進而跟政治緊密相關——早在犍陀羅地區就已經成熟。彌勒信仰的興起與貴霜帝國的政治宣傳和文化傳統有密切的關係。迦膩色迦銅幣上的彌勒,是結跏趺坐的形象,右手施無畏印,左手持瓶,希臘字母銘文爲"Metrago

圖九　迦膩色迦銅幣(大英博物館藏)

① 劉鳳君:《山東省北朝觀世音和彌勒造像考》,《文史哲》1994 年第 2 期,第 48 頁。

Boudo"(Maitreya Buddha,即"彌勒佛")。雖然造型是菩薩,但被稱爲"佛"。這説明了至少在迦膩色迦統治時期(2世紀),彌勒信仰已經取得了廣泛的認同和王權的支持,彌勒作爲未來佛的觀念,已經非常流行了。

除了極少數像趙氏一族造像那樣特意突出燃燈佛的造像外,大多數情況下,燃燈佛授記故事都是服務於彌勒信仰的。上海博物館藏北齊武平三年(572)馬仕悦等造佛像,碑陽刻畫彌勒和釋迦牟尼,碑陰刻畫燃燈佛。[①] 碑林博物館藏皇興五年造像,陝西省興平縣出土。造像正面爲圓雕交脚彌勒,保留犍陀羅風格,佛像造型和衣紋,也體現出中亞的特點。背屏圖像,從下往上以"S"形結構連續講述了佛傳故事,包括山中修行、辭行開化道經丘聚、與衆人論道説義、平治道路灑掃問行人、五百銀錢欲買花、買花五支、女子請求供二支、散花、布髮掩泥、七寶顯出、兜率天爲補處菩薩、乘象入胎、相師占夢、樹下誕生、七步宣言、九龍浴佛、太子思惟。[②] 可以説,整個佛傳故事是以燃燈佛

圖十、圖十一　皇興五年造像正面與背屏圖像(西安碑林博物館藏)

---

① 王穎:《北齊武平三年馬仕悦等造佛石像碑研究》,《貴州大學學報(藝術版)》2019年第3期,第102—108頁。

② 李静傑:《造像碑佛本生本行故事雕刻》,《故宫博物院院刊》1996年第4期,第69頁;李雯雯:《皇興五年造像再研究》,《形象史學》2021年春之卷,第114—131頁。

授記爲中心的,而釋迦太子出生後的場景講述到九龍浴佛和太子思惟就止步。特別值得指出的是,背面燃燈佛授記故事特別突出了儒童轉世爲轉輪王的場景,而且轉輪王被七寶環繞的畫面占據了背屏最顯眼的位置。結合正面造像爲彌勒菩薩的情況,顯然是在宣揚彌勒下生成佛的思想。其從燃燈佛授記(過去)講起,落脚在彌勒的單尊造像上。背屏的"燃燈佛授記"故事是爲正面的彌勒造像服務的。

又比如1976年於河南滎陽大海寺遺址出土的魏孝昌元年(525)道晗造像碑,又稱爲"北魏彌勒造像龕"或者"賈思興百八十五人等造彌勒像龕"。① 正面爲交脚彌勒,背面是燃燈佛授記,重點突出的也是彌勒。②

整體上來説,"燃燈佛授記"和彌勒信仰很早就結合在一起了,一定程度上突破了三世佛的理念。犍陀羅的燃燈佛造像特別突出燃燈佛的形象,而中原北方大多數情況下是以燃燈佛爲輔,重點突出彌勒信仰。圖像上的信息,也符合文獻的記載。學者曾論北齊文宣帝高洋以布髮掩泥的形式接受菩薩戒,運用燃燈佛授記的理念論證自己的統治合法性。其實配合他布髮掩泥的高僧法上,是一位虔誠的彌勒信徒,隋代費長房《歷代三寶記》卷十二記載法上"起一山寺名爲合水,山之極頂造兜率堂,常願往生,覲視彌勒,四事供養百五十僧。齊破法湮,山寺弗毀,上私隱俗,習業如常。常願殘年見三寶復,更一頂禮慈氏如來"。③ 唐代武則天在洛陽建立的佛授記寺,並且頒布《大雲經神皇授記義疏》,無論從政治、佛教,還是佛教造像方面都十分符合燃燈佛授記思想。武則天最爲人所知的是運用彌勒下生信仰爲自己做政治宣傳,不過顯然在其政治宣傳中,授記和彌勒信仰有一定程度結合。

三、餘論:燃燈佛授記與轉輪王理念

佛教傳入中國,其關於王權的理念,主要圍繞轉輪王展開,尤其是中古時期,對政治產生了深刻影響。④ 燃燈佛授記能夠對政治產生影響,除了三世佛理念、彌勒信仰之外,也跟轉輪王理念有關。這一點從早期譯經中就可以看出,比如吳月支優婆塞支謙譯《佛説太子瑞應本起經》中,提到儒童接受授記之後的事情:"菩薩承事定光,至於泥曰。

① 《河南滎陽大海寺出土的石刻造像》,《文物》1980年第3期,第56—66頁。
② 王景荃:《賈思興造彌勒像龕與滎陽大海寺的創建》,《中原文物》2015年第3期,第41—46頁。
③ (隋)費長房:《歷代三寶記》,《大正藏》第49冊,第105頁上欄。
④ 孫英剛:《武則天的七寶:佛教轉輪王的圖像、符號及其政治意涵》,《世界宗教研究》2015年第2期,第43—53頁;孫英剛:《轉輪王與皇帝——佛教王權觀對中古君主概念的影響》,《社會科學戰線》2013年第11期,第78—88頁。

奉戒護法,壽終即生第一天上,爲四天王。畢天之壽,下生人間,作轉輪聖王飛行皇帝——七寶自至,一、金輪寶,二、神珠寶,三、紺馬寶朱髦鬣,四、白象寶朱髦尾,五、玉女寶,六、賢鑒寶,七、聖導寶——八萬四千歲,壽終即上生第二忉利天上,爲天帝釋。壽盡又升第七梵天,爲梵天王。如是上作天帝,下爲聖主,各三十六反,周而復始。"①根據這樣的理念,儒童將在人間作轉輪聖王。這樣我們就可以理解,爲什麼北齊君主高洋要通過布髮掩泥的儀式接受菩薩戒。此後燃燈佛授記體現轉輪王理念的例子仍可尋見。②

值得指出的是,"燃燈佛授記"在北朝時期,和阿育王施土因緣結合,發展出新的造型,很可能也是受到《法華經》的影響。比如故宮博物院收藏平等寺造像碑。平等寺造像碑上出現的構圖造型,和雲岡石窟如出一轍,極有可能受到了施土因緣情節的影響。石刻造像中出現三小兒相攀扶向佛獻施,或者以小兒踏着另一個小兒背獻施、另有一小兒合掌隨喜的造型。犍陀羅、新疆、河西和雲岡早期造像並沒有三小兒獻施的造型,北朝晚期,纔在中原北方地區層出不窮,這是漢地的創造。這可能也和《法華經》的流行有關,反映了當時中原地區追求成佛的意識。③ 邯鄲市文物保管所對水浴寺石窟的清理發現:西窟後壁東側是定光佛龕,西窟前壁東側是禮佛圖,正好相對。西窟前壁西側左起第一人爲昭玄大統定禪師,有銘文"昭玄大統定禪師供養佛"。西窟北壁東側一龕有造像發願文:"武平五年(574)甲午歲十月戊子朔,明威將軍陸景□張元妃敬造定光佛並三童子,願三界群生,見前受福,□者托蔭花中,俱時值佛。"具體的形象,則是"龕內造一佛,赤足立於覆蓮座上,右側造三個裸體男童,一個跪伏於佛足下;一個雙手舉缽,立於跪伏者背上;另一個雙手捧缽,立於一旁"。④ 這種樣式在東西魏和北齊北周非常豐富。⑤

"定光佛並三童子"是一種在中土的新發展和變形,糅合了燃燈佛授記與阿育王施土因緣兩種佛教故事而成。但是從前文我們提到的《大唐西域記》的記載看,在燃燈佛授記發生的故地,阿育王爲燃燈佛授記的各種聖迹修建佛塔,已經呈現出佛——轉輪王的

---

① (吳)支謙譯:《佛說太子瑞應本起經》,《大正藏》第 3 册,第 473 頁中欄。

② 劉人銘:《政治的隱喻:榆林窟第 39 窟主室題材布局内涵探析》,《西夏學》2021 年第 2 期,第 273—284 頁。

③ 李靜傑:《北朝隋代佛教圖像反映的經典思想》,《民族藝術》2008 年第 2 期,第 97—108 頁;李靜傑:《燃燈佛授記故事造型辨析》,《紫禁城》1996 年第 2 期,第 31—34 頁。

④ 劉東光、陳光唐《邯鄲鼓山水浴寺石窟調查報告》,《文物》1987 年第 4 期,第 1—23、97—99 頁。

⑤ 李靜傑:《圖像與思想——論北朝及隋的佛教美術》,《清華歷史講堂續編》,北京:生活·讀書·新知三聯書店,2008 年,第 144—145 頁。

複雜關係。"定光佛並三童子"正是雜糅了成佛(燃燈佛)和成轉輪王(阿育王)兩種訴求。這兩種題材糅合,其實具有一定的思想基礎。燃燈佛預言了釋迦牟尼成佛,而釋迦牟尼則預言了阿育王(小兒)將在未來成爲佛教轉輪王;一個是成佛,一個是成轉輪王,正好相對。糅合在一起,則政治性明顯增加。其意涵也比較清楚:該童子將成爲轉輪王,也將進而在遥遠的未來成佛。① 這完全符合佛教教義比如《修行本起經》的記載。這樣的描述在佛經中比比皆是。北朝後期出現的這類"定光佛並三童子"的造像樣式,或許反映了當時佛教和政治社會情勢變動的情形。不過要指出的是,早在犍陀羅的時期,燃燈佛授記和阿育王施土因緣的主題就已經被置於一起,加上《大唐西域記》的記載,説明其中依然有悠久的思想背景。

① 宫治昭認爲:小兒施土是預言幼兒將來要成爲轉輪聖王阿育王的故事,與預言青年儒童將要成爲釋迦佛的"燃燈佛授記本生"在内容上是相對應的。……特别是"小兒施土"和"燃燈佛授記本生"是"轉輪聖王"和"佛陀"的授記組合。參[日]宫治昭著,李萍譯:《犍陀羅美術尋蹤》,北京:人民美術出版社,2007年,第193頁。

《魏晉南北朝隋唐史資料》第四十九輯

2024 年 5 月,28—43 頁

遷徙歷史與家族世系

——敦煌索氏家族的祖先歷史書寫

杜　海　蔣候甫

　　索氏家族在漢代遷徙至敦煌,漢宋之間索氏家族逐漸成長爲敦煌大族。經過長期研究,漢宋間敦煌索氏的歷史面貌得以完整呈現,漢晉十六國和歸義軍時期的敦煌索氏歷史尤爲學界所關注。[①] 敦煌索氏家族的史料記載較爲豐富,包括正史、姓氏書、敦煌文獻、碑誌文獻等,因此其家族歷史書寫本身亦頗值得關注。對此,池田温結合 P. 2625《敦煌名族志》(後簡稱《名族志》)繪製了漢晉時期索氏家族世系表,同時對《名族志》中索氏家族歷史書寫諸細節做了考訂,[②]但並未展開系統研究。馮培紅留意到唐宋時期的姓氏書均稱索氏爲殷商後裔的現象,以及《名族志》《索義辯窟銘》誤將東漢以後鉅鹿南和移植到西漢的情況,[③]但亦未對相關現象做進一步分析。近年來,隨着大量碑誌文獻的公布,全面考察敦煌索氏家族的歷史書寫成爲可能。本文擬結合各類史料,嘗試探討敦煌索氏祖先歷史書寫的形成過程、主要環節、叙述模式等,亦論及索氏祖先書寫所反映的家族遷徙、世系等問題。不當之處,祈請方家指正。

---

　　① 鄭炳林:《〈索崇恩和尚修功德記〉考釋》,《敦煌研究》1993 年第 2 期,第 54—64 頁;《〈索勳紀德碑〉研究》,《敦煌學輯刊》1994 年第 2 期,第 61—76 頁。劉雯:《敦煌索氏家族研究》,蘭州大學碩士學位論文,1998 年。姚彩玉:《漢唐敦煌索氏研究》,西北師範大學碩士學位論文,2012 年。馮培紅、孔令梅:《漢宋間敦煌家族史研究回顧與述評(中)》,《敦煌學輯刊》2008 年第 4 期,第 60—62 頁;《敦煌文獻與石窟所見的索義辯家族》,《敦煌寫本研究年報》第 13 號,2019 年,第 3—31 頁。李金娟:《敦煌莫高窟索義辯窟研究》,蘭州:甘肅教育出版社,2018 年。[日] 石川禎仁:《羅振玉舊藏〈大順元年(890)正月索咄兒等狀〉考釋:歸義軍期敦煌オアシスでの戶口受田簿作成事業との関係から》,《待兼山論叢(史學篇)》第 55 號,2021 年,第 27—62 頁。

　　② [日] 池田温著,韓昇譯:《唐朝氏族志研究——關於〈敦煌名族志〉殘卷》,載池田温著《唐研究論文選集》,北京:中國社會科學出版社,1999 年,第 76—78、81—82 頁。

　　③ 馮培紅:《敦煌文獻與石窟所見的索義辯家族》,第 19—21 頁。

一、殷人之後：索氏先秦祖先的書寫模式

唐代姓氏書《元和姓纂》（後簡稱《姓纂》）稱索氏爲“殷人七族索氏之後”。① 所謂“殷人七族索氏之後”的説法，最早可見於《左傳》。《左傳》定公四年記“殷民六族，條氏、徐氏、蕭氏、索氏、長勺氏、尾勺氏”，同年另一則記載“殷民七族，陶氏、施氏、繁氏、錡氏、樊氏、饑氏、終葵氏”。② 兩者分處於不同地區，“殷民六族”包含索氏，據《左傳》言“以伯禽而封於少皞之墟”可知“殷民六族”居於魯；而“殷民七族”則居於衛。學者認爲索氏家族稱“殷人七族索氏之後”或爲《姓纂》混誤二者所致，③若檢索索氏墓誌，可知唐前期關於索氏祖先源於“殷人七族之後”的記載已經較爲流行。準確地講，混誤“六族”爲“七族”的現象非始於《姓纂》，而是《姓纂》沿用前世説法。

根據中原出土的敦煌索氏墓誌，可大致還原索氏先秦祖先書寫模式的形成過程。北齊皇建二年（561）《索泰墓誌》記載：“昔商契肇祚，成湯啓運。雅頌典墳，光垂不朽。大甲子丹，胙土京索。有昭譜牒，豈砍再宣。”④志文稱索泰爲“敦煌效穀人”，並將其祖先追溯至殷商之後，與《元和姓纂》所載內容類似。《索泰墓誌》關於索氏遷徙的記載較簡：“自七族東輔，兩宗西捍，良史圖其景迹，方書刊爲實録。”所謂“七族”，應即《姓纂》所載“殷商七族”。可知《元和姓纂》所載索氏祖先歷史中的“殷民七族”一類的內容，在北朝時期已經出現。

又隋開皇九年（589）《索叡墓誌》載：“伯禽封魯，七族遷殷。”⑤相較《索泰墓誌》《姓纂》，多出了“伯禽封魯”這一典故。《索叡墓誌》中“伯禽封魯”符合《左傳》中“殷民六族居於魯”的記載，而“七族遷殷”又涉及“殷民七族”的典故。該墓誌有混淆“六族”“七族”的嫌疑。綜觀《索泰墓誌》《索叡墓誌》《姓纂》中的索氏先秦祖先書寫，雖細節略有不同，但主綫一致，即將索氏家族祖先追溯至“殷人之後”。

---

① （唐）林寶撰，岑仲勉校記：《元和姓纂（附四校記）》卷一〇，北京：中華書局，1994年，第1569頁。
② 楊伯峻編著：《春秋左傳注》“定公四年”，北京：中華書局，1981年，第1536、1537—1538頁。
③ 王其禕、周曉薇：《安陽出土隋代索氏家族五兄弟墓誌集釋》，杜文玉主編《唐史論叢》第23輯，西安：三秦出版社，2016年，第217頁。
④ 拓片參趙文成、趙君平編：《秦晉豫新出墓誌蒐佚續編》，北京：國家圖書館出版社，2015年，第131頁。録文參王連龍編撰：《南北朝墓誌集成》，上海人民出版社，2021年，第698頁。
⑤ 王其禕、周曉薇：《安陽出土隋代索氏家族五兄弟墓誌集釋》，第208頁。

唐代前期①《名族志》記載:"其先商王帝甲,封子丹於京索,因而氏焉。武王滅商,遷之于魯,封之爲侯。"②言索氏爲殷商帝甲之子,被封於京索,③(《索泰墓誌》言大甲封於京索)殷商亡後被遷至魯地,該記載與《左傳》中"殷民六族居魯"相符合。整體上看,《名族志》繼承了唐以前索氏家族墓誌中的內容,並且綫索更加完整。通過以上材料,可知敦煌索氏家族先秦祖先的叙述模式主要包含"殷商之後""以地爲氏""周初遷魯"幾個重要環節,從《索泰墓誌》《索叡墓誌》到《名族志》,所載內容漸趨完善,不過其主體綫索、叙述模式仍未超出北齊時代的《索泰墓誌》。《名族志》以後,索氏先秦祖先的書寫方式基本沒有變化,如 P.4640《沙州釋門索法律窟銘》載"其先商王帝甲之後,封子丹于京索間,因而氏焉",④該內容襲自《名族志》,並略有簡化(無"遷魯"內容)。

綜上可知,索氏家族先秦歷史的書寫模式在北朝時期已經基本定型,至唐前期又進一步完善。不同史料對於索氏先秦祖先歷史的記載雖大致相同,但仍存在抵牾之處。《索泰墓誌》《索叡墓誌》已經存在混淆殷民"六族"與"七族"的情況。另外,《索泰墓誌》記載"成湯啓運……大甲子丹",此謂商王"大甲"之子始居於京索,而《名族志》則記載商王"帝甲"之了始居於京索間。"大甲"處於商代初年,⑤而"帝甲"處於商王朝轉衰時期,《史記》言"帝甲淫亂,殷復衰"⑥,由此可知《名族志》中的"帝甲"似乎不合情理,應爲"大甲子丹"在流傳過程中產生的訛誤。筆者認爲,《名族志》編撰者主要著眼於漢晉索氏祖先的建構(詳見下節),而對先秦索氏祖先歷史考證未周。《姓纂》編撰者對於索氏家族先秦歷史書寫應是經過甄別的,最終《姓纂》未載索氏先秦祖先的詳細歷史,僅

① 陳國燦認爲《敦煌名族志》"成于神龍元年(705)武后退位之後不久",參陳國燦:《武周瓜、沙地區的吐谷渾歸朝事蹟——對吐魯番墓葬新出敦煌軍事文書的探討》,敦煌文物研究所編《1983 年全國敦煌學術討論會文集·文史遺書編》(上册),蘭州:甘肅人民出版社,1987 年,第 21—23 頁。池田温認爲《敦煌名族志》編撰於景龍四年(710)前後,參[日]池田温撰,韓昇譯:《唐朝氏族志研究——關於〈敦煌名族志〉殘卷》,第 86 頁。鄭炳林、安毅認爲《敦煌名族志》必創作於景雲二年(711)之後,具體應在 723—727 年之間,參鄭炳林、安毅:《敦煌寫本 P.2625〈敦煌名族志〉殘卷寫作時間和張氏族源考釋》,《敦煌學輯刊》2007 年第 1 期,第 5—6 頁。馮培紅亦同意《名族志》創作於"景雲二年之後"的説法,參馮培紅:《漢宋間敦煌家族史研究回顧與評述(上)》,《敦煌學輯刊》2008 年第 3 期,第 44 頁。
② 上海古籍出版社、法國國家圖書館編:《法藏敦煌西域文獻》第 16 册,上海古籍出版社,2001 年,第 330 頁。
③ 京縣屬河南郡,索縣是武陵郡之首縣,參馮培紅:《敦煌文獻與石窟所見的索義辯家族》,第 20 頁。
④ 學界對於此篇窟銘撰寫的確切時間尚有不同看法,但大致推斷在唐咸通十一年(870)前後,參鄭炳林、鄭怡楠:《敦煌碑銘讚輯釋(增訂本)》,上海古籍出版社,2019 年,第 292、297—298 頁。
⑤ 郭靜雲:《夏商周:從神話到史實》,上海古籍出版社,2013 年,第 348 頁。張惟捷:《從古文字角度談〈夏商周:從神話到史實〉的若干問題》,《歷史研究》2016 年第 1 期,第 132—133 頁。
⑥ 《史記》卷三《殷本紀》,北京:中華書局,1959 年,第 104 頁。

稱索氏爲"殷人七族之後",這就標誌着索氏家族淵源於殷商的祖先歷史被"官方"認可。

二、虛實交錯: 敦煌索氏家族的漢晉歷史書寫

(一) 索氏漢代遷徙書寫

北齊《索泰墓誌》在"七族東輔"之後,接叙"兩宗西捍","兩宗"應指漢代西遷敦煌的兩支索氏支系。《名族志》則詳細記載了自中原遷徙至敦煌的兩支索氏:

> 漢武帝時,太中大夫索撫、丞相趙周,直諫忤旨徙邊。以元鼎六年,從鉅鹿南和,遷于敦煌。凡有二祖,號南索、北索。初索撫在東,居鉅鹿之北,號爲北索。至王莽天鳳三年,鳴開都尉索駿,復西敦煌。駿在東,居鉅鹿之南,號爲南索。①

《名族志》所載索撫、索駿不見於正史,兩人是否真實存在? 頗值得懷疑。

漢代自中原徙邊的情節,在敦煌大族歷史書寫中十分常見,②若仔細考察相關歷史書寫,可以發現其中的人物多不可靠。如敦煌大族張氏,《名族志》亦記載其祖先歷史

> 時有司隸校尉張襄者,趙王敖□□□孫。襄奏霍光妻顯毒煞許后。帝以光有大功,寢其事。襄懼,以地節元年自清河繹幕舉家西奔天水,病卒。子□,□年來適此郡,家於北府,俗號北府張。③

《名族志》將張氏家族漢代祖先追溯至趙王張耳的兒子張敖。趙王敖的後代張襄即張氏家族西遷敦煌的始祖,張襄子定居敦煌,其家族被稱爲"北府張"。這與索氏家族西遷敦煌,後分別稱"北索""南索"的過程頗有相似之處。池田温認爲司隸校尉張襄的記載乃是後人捏造,"霍光死後霍氏一族因謀反而被誅時,有一位叫張章的平民因密告霍氏謀反而立功,封博成侯。章與襄在字音、字形上略近,所以張襄有可能是根據張章的事迹創造出來的"。④ 此推斷頗有道理。仇鹿鳴認爲關於張氏家族祖先的記載中,附會成分居多,

---

① 上海古籍出版社、法國國家圖書館編:《法藏敦煌西域文獻》第 16 册,第 330—331 頁。
② 馮培紅:《漢晉敦煌大族略論》,《敦煌學輯刊》2005 年第 2 期,第 101—103 頁。
③ 上海古籍出版社、法國國家圖書館編:《法藏敦煌西域文獻》第 16 册,第 329 頁。
④ [日]池田温著,韓昇譯:《唐朝氏族志研究——關於〈敦煌名族志〉殘卷》,第 105 頁注釋 11。

且“自中原西徙敦煌的叙事”在敦煌、吐魯番地區已成爲一種典範化的記憶。① 實際上，除了敦煌張氏，敦煌大族氾氏②、令狐氏③等家族的漢代祖先遷徙書寫亦采用了類似的模式。因此準確地説，這種“自中原西徙敦煌的叙事”不僅是敦煌張氏家族的典範化記憶，而且是敦煌大族普遍采用的祖先書寫模式。王明珂認爲，歷史書寫很難被看作“客觀史實”的載體，但却是在人們各種主觀情感、偏見，以及社會權力下的社會記憶的産物，④此種觀點即强調歷史書寫的主觀性。在筆者看來，歷史書寫應是基於“客觀史實”“主觀情境”兩者的共同産物。敦煌大族的遷徙歷史，不僅是主觀産物，而且是有其客觀歷史依據的。檢索兩漢正史，可以發現其中存有“中原家族因罪而遷徙邊地”事例，如漢武帝征和二年(前91)戾太子兵敗，“吏士劫略者，皆徙敦煌郡”；⑤漢成帝朝“湯與萬年俱徙敦煌”。⑥《名族志》所載家族遷徙歷史，與正史中“因罪徙邊”的叙事相類。可知“因罪徙邊”無疑是一些敦煌大族遷徙歷史的真實反映。敦煌大族漢代祖先徙邊歷史書寫，往往將“因罪徙邊”修飾成一段“避難徙邊”或“因宦徙邊”的曲折歷史，同時家族祖先人物也被塑造爲忠義耿直的形象。這樣的遷徙歷史書寫，一方面强化了其祖先來自中原的華夏身份認同，另一方面樹立了家族的良好形象，創造了地方一流大族所應具備的聲望。在敦煌大族祖先歷史書寫中，“漢代自中原西徙敦煌”成爲不可或缺的重要環節。

（二）索氏漢代祖先書寫的攀附痕迹

《名族志》所載索撫、索駿不見於傳世典籍，但其並非完全憑空捏造。《名族志》記載：“漢武帝時，太中大夫索撫、丞相趙周，直諫忤旨徙邊。”其中丞相趙周爲真實存在的人物，《漢書·武帝紀》載，元鼎五年(前112)底“列侯坐獻黄金酎祭宗廟不如法奪爵者百六人，丞相趙周下獄死”。⑦ 若詳觀此事原委可知趙周所受刑罰是不公允的。《名族志》將索撫、趙周並列，意味着索撫因直諫忤旨徙邊，亦受到不公平的待遇，從而烘托索撫的正直形象。值得注意的是，《漢書·武帝紀》載元鼎六年，“分武威、酒泉地置張掖、敦煌郡，徙民以實之”。⑧《名族志》將索氏家族遷徙至敦煌的時間亦置於元鼎六年，剛好

---

① 仇鹿鳴：《製作郡望：中古南陽張氏的形成》，《歷史研究》2016年第3期，第34頁。
② 郝春文主編：《英藏敦煌社會歷史文獻釋録》第8卷，北京：社會科學文獻出版社，2012年，第176—181頁。
③ 《新唐書》卷七五下《宰相世系表五下》，北京：中華書局，1975年，第3397頁。
④ 王明珂：《歷史事實、歷史記憶與歷史心性》，《歷史研究》2001年第5期，第139頁。
⑤ 《漢書》卷六六《劉屈氂傳》，北京：中華書局，1962年，第2882頁。
⑥ 《漢書》卷七〇《陳湯傳》，第3026頁。
⑦ 《漢書》卷六《武帝紀》，第187頁。
⑧ 《漢書》卷六《武帝紀》，第189頁。

與早期的中原百姓西遷敦煌的史實相符,如此安排,意在説明索氏在敦煌建郡之初即遷徙至敦煌。《名族志》又載:"王莽天鳳三年(16),鳴開都尉索駿,復西敦煌。"《資治通鑑》載,王莽天鳳三年,"遣大使五威將王駿、西域都護李崇、戊己校尉郭欽出西域……駿欲襲擊之,焉耆詐降而聚兵自備,駿等將莎車、龜兹兵七千餘人分爲數部,命郭欽及佐帥何封別將居後。駿等入焉耆;焉耆伏兵要遮駿,及姑墨、封犁、危須國兵爲反間,還共襲駿,皆殺之"。① 索駿名同王駿,《名族志》中的索駿或是根據王駿編織出來的人物。至於爲何要編織索駿這一人物,筆者認爲一是爲了補充索氏家族世系(詳見下節);二是由於王莽乃篡奪漢政權者,索氏家族在王莽時期西遷敦煌,從而以王莽的負面形象反襯索氏家族不仕僞朝的正義舉動。"王莽時期西遷敦煌叙事",亦是敦煌各個家族祖先歷史書寫中的常見情節。

《後漢書》記載了東漢時期的戊己校尉索頵,其文曰:

> (永元)八年(96),戊己校尉索頵欲廢後部王涿鞮,立破虜侯細緻。涿鞮忿前王尉卑大賣己,因反擊尉卑大,獲其妻子。明年,漢遣將兵長史王林,發涼州六郡兵及羌(虜)胡二萬餘人,以討涿鞮,獲首虜千餘人。涿鞮入北匈奴,漢軍追擊,斬之,立涿鞮弟農奇爲王。至永寧元年(120),後王軍就及母沙麻反叛,殺後部司馬及敦煌行事。②

戊己校尉索頵,亦見於《名族志》:"後漢有索頵,明帝永平中爲西域戊己校尉,居高昌城。頵子堪,字伯高,才明,舉孝廉、明經,對策高弟(第),拜尚書郎,稍遷幽州刺史。"其明確記載索頵爲敦煌人。池田温認爲《名族志》所載"明帝永平中"爲"和帝永元中"之誤,③而馮培紅則指出"明帝永平中"這一記載的合理性:《名族志》所載史事與《後漢書》漢明帝永平十七年(74)始置西域都護、戊己校尉的記載相和,可證索頵在永平年間即已出任西域戊己校尉,永元時仍然任職。④ 但若果真如此的話,索頵在永平十七年至永元八年間(74—96)擔任戊己校尉,任職時間在二十年以上,似乎過長。而筆者認爲,池、馮二説並不矛盾,但二説皆需要略做修正。實際情況是:《敦煌名族志》中"明帝永平中"的記載並非筆誤,而是撰者刻意附會永平年間始置戊己校尉一事,這樣一來,索

---

① 《資治通鑑》卷三八《漢紀三〇》"王莽天鳳三年"條,北京:中華書局,1956年,第1212—1213頁。
② 《後漢書》卷八八《西域傳》,北京:中華書局,1965年,第2929—2930頁。
③ [日]池田温著,韓昇譯:《唐朝氏族志研究——關於〈敦煌名族志〉殘卷》,第82頁。
④ 馮培紅:《敦煌學與五涼史論稿》,杭州:浙江大學出版社,2017年,第196頁。

頵就被塑造成東漢首任戊己校尉。至於索頵任西域戊己校尉的實際時間,應如《後漢書》所言,在永元年間。

《後漢書》亦載敦煌長史索班:

> 敦煌太守曹宗患其暴害,元初六年(119),乃上遣行長史索班,將千餘人屯伊吾以招撫之,於是車師前王及鄯善王來降。數月,北匈奴復率車師後部王共攻没班等,遂擊走其前王。①

索班爲敦煌長史,並負責招徠西域諸國事務,不幸在對匈奴作戰中被殺。後班勇"捕得軍就及匈奴持節使者,將至索班没處斬之,以報其耻,傳首京師",②可見班勇頗爲重視敦煌索班戰没一事。清代學者張澍以"長史必本郡人",而將索班認定爲敦煌人。③《名族志》所載索翃,爲西漢索撫玄孫,"漢安帝永初六年(112)拜行西域長史",池田温認爲《後漢書》中索班與《名族志》中索翃爲同一人,其中的"永初六年"當是"元初六年"的誤寫。④ 然而馮培紅認爲索翃與索班非同一人,但兩人籍貫均爲敦煌。⑤ 索班、索翃之間是怎樣的關係呢? 筆者認爲,索班爲歷史中真實存在的人物,"索翃"或爲《名族志》編撰者根據《後漢書》中索班事迹編造出來的人物。"班""翃"字形近似,二人"敦煌長史""西域長史"官職亦近似,"永初六年"與"元初六年"亦祇有一字之差,由此可以看出其中的攀附痕迹。

《名族志》所載索氏世系中的索駿、索撫、索頵、索翃相關事蹟,是編撰者以正史爲基礎,並通過對相關素材的修飾、改編、糅合而塑造出來的。《名族志》的記載展現了漢代索氏家族在西北經略中的重要作用,據《後漢書》"戊己校尉索頵欲廢後部王涿鞮,立破虜侯細緻",可知正史對索頵的歷史功績有明確的記載。但是,爲何《名族志》不直接摘録正史,而是做了一些改編呢? 筆者認爲,這樣的處理方式,一方面是爲了豐富索氏家族的歷史發展細節;另一方面,通過系統地構建,將漢代敦煌索氏與魏晉敦煌索氏之間的家族世系串聯起來。

---

① 《後漢書》卷八八《西域傳》,第 2911 頁。
② 《後漢書》卷四七《班超附班勇傳》,第 1590 頁。
③ (清)張澍輯,李鼎文校點:《續敦煌實録》卷二,蘭州:甘肅人民出版社,1985 年,第 28 頁。
④ [日]池田温著,韓昇譯:《唐朝氏族志研究——關於〈敦煌名族志〉殘卷》,第 82 頁。
⑤ 馮培紅:《敦煌學與五涼史論稿》,第 195—196 頁。

(三)《名族志》展現的敦煌索氏世系

池田温據《名族志》將索氏家族世系分爲以下幾個階段:祖先起源、西遷始祖、索頵家譜、北索家譜(2世紀子孫同宗和3世紀索靖),此外還繪製了索氏家族人物表。[1] 同時認爲,對於文書上的每一個人,要經過嚴格探討方能準確定其是否實在。若依照這一標準,筆者認爲池田温所繪索氏家族世系表仍未盡善。

首先,《名族志》記載敦煌"北索""南索"以後,又言"莫知長幼,咸累代官族",可知敦煌索氏的"北索""南索"區分並不明顯。後面出現的索德、索隆、索靖,分別被稱爲"宗人德""族子隆""族父靖",可知這幾支索氏的家族世系已經模糊,不應被劃爲"北索"一系。

其次,詳觀索氏祖先書寫,其世系的確可以細分爲四個部分。索華之後索展曾至太尉楊賜門下求學,索展孫索翰師事司徒王朗,雖然幾位索氏成員事迹不載於正史,但楊賜、王朗皆爲漢魏之際的知名人物,可知索華、索展、索翰事迹皆以正史爲依托進行創造。若仔細分析,可以發現《名族志》中索頵及以後的家族歷史是經過精心設計的。從時間上看,楊賜擔任太尉的時間在182—184年間,王朗任司徒的時間在227—228年間。[2]《名族志》通過對索頵、索翊、索華三個家族世系的建構,完整地將敦煌索氏世系從1世紀延展至3世紀,因此,索頵、索翊、索華三個家族的内容應歸爲一部分。之後索德、索隆、索靖三系,皆爲漢晉之際的家族,三個支系以"宗人""族子""族父"開頭,族出記載較爲含混,可以歸爲另一部分。那麼索氏家族世系可以分爲四個部分:祖先起源,西遷始祖(索駿與索撫),漢魏明晰世系(索頵、索翊、索華家族),漢晉模糊支系(索德、索隆、索靖家族)。

最後,《名族志》所述漢晉世系中,索靖爲核心人物。《晉書·索靖傳》記載:

> 索靖,字幼安,敦煌人也。累世官族,父湛,北地太守。靖少有逸群之量,與鄉人氾衷、張甝、索紾、索永俱詣太學,馳名海内,號稱"敦煌五龍"。四人並早亡,唯靖該博經史……對策高第。[3]

---

① [日]池田温著,韓昇譯:《唐朝氏族志研究——關於〈敦煌名族志〉殘卷》,第81—82頁。
② 《後漢書》卷五四《楊賜傳》,第1784頁;《三國志》卷一三《魏書·王朗傳》,北京:中華書局,1959年,第412—414頁。
③ 《晉書》卷六〇《索靖傳》,北京:中華書局,1974年,第1648頁。

《名族志》中關於索靖的記載與《晉書》基本相同。雖然文書所載索靖事迹後部殘缺,但保存下來的部分有三行,不僅其内容來自正史,而且字數在諸人物描寫中最多。《名族志》所載漢魏世系將索氏家族延展至 3 世紀初,後面即可與索靖家族相連,"展孫翰,字子曾,師事司徒王朗,咸致士官",後接"族父靖,字幼[安]。父湛,北地太守",這樣的叙述完全可以前後銜接。那麽爲何《名族志》要在中間增加"宗人德""族子隆"這兩個支系呢? 筆者認爲,《名族志》將族出不甚清晰的索德、索隆兩支夾在索翊、索靖兩家族之間,一方面增加了索氏家族譜系的可信度與完整性,另一方面與前述"莫知長幼"相呼應。通過這樣的世系叙述,既連接到西晉名士敦煌索靖家族,又將整個漢晉索氏世系系統的呈現出來。根據《名族志》所載索氏家族世系,筆者繪製了下面的表格,以展示先秦至西晉索氏家族世系的全貌,同時可以體現索氏家族祖先塑造的内在理路。

表一　P.2625《敦煌名族志》與索氏世系

時代	索氏人物及世系關係						《敦煌名族志》	
祖源	索丹						其先商王帝甲,封子丹於京索,因而氏焉。武王滅商,遷之于魯。	
西遷始祖	索撫 索駿						漢武帝時,太中大夫索撫、丞相趙周,直諫忤旨徙邊。以元鼎六年(前111),從鉅鹿南和,遷于敦煌……至王莽天鳳三年(16),鳴開都尉索駿,復西敦煌。	
漢晉敦煌索氏	1	2、3（索撫之後）		4	5	6	1. 後漢有索頵,明帝永平中(74),爲西域戊己校尉,居高昌城。頵子堪,字伯高,才明舉孝廉明經,對策高第,拜尚書郎,稍遷幽州刺史。 2. 其撫玄孫翊,字厚山,有文武才,明兵法。漢安帝永初六年(112),拜行西域長史。 3. 弟華除爲郎。華之後展,字文長,師事太尉楊賜(182—184)。展孫翰,字子曾,師事司徒王朗(227—228),咸致士官。	4. **宗人德**,字益濟。祖殷、太尉掾。父祇,杜陵令。德舉孝廉,拜駙馬都尉,桓帝延熹元年(158),拜東平太守。子韶,西部長史。 5. **族子隆**,字[□□]。祖其。父宜,清靈潔净,好黃、老,沉深篤學。事繼母,以孝聞,不應辟召,鄉人號曰腐儒。隆子苺,蜀郡太守。 6. **族父靖**,字幼[安]。父湛,北地太守。
		□□						
	索頵	□□		索殷				
	索堪	索翊	索華	索祇				
			索展	索德	索其			
			□□	索韶	索宜	索湛		
			索翰		索隆	索靖		
					索苺			

《名族志》通過世系建構，將漢代索氏譜系與魏晉名士索靖聯繫起來，那麼該書寫模式的出現不會早於西晉。《名族志》所載索靖事迹或本於《晉書》，《晉書》於唐初修訂完成，不過唐以前已有不同版本的《晉書》流行，因此《名族志》所載索氏家族歷史或許在唐以前就已經初步形成。北朝隋唐之際，索氏家族祖先書寫模式逐步趨於完備。《名族志》編撰者或許已經不能掌握漢代索氏家族譜系的確鑿資訊，因此祇能根據歷史上的索氏家族名人塑造其世系。《名族志》所載索氏漢晉世系中，武帝元鼎年間索撫遷居敦煌，王莽時期索駿遷居敦煌，索頵爲首任戊己校尉，索翊出任西域長史，西晉名士索靖爲家族核心人物，這樣的記載使得敦煌索氏的祖先歷史清晰連貫，同時將著名的索氏人物皆納入了家族世系，提升了家族威望。《名族志》所載索氏世系中的人物除索靖外，皆不完全符合正史記載。不過，其中重要人物的名字、事迹、生活時代等，又與正史中的真實事件、人物等密切相關。因此，敦煌索氏祖先的歷史書寫呈現出虛實相間的特徵，從而成功構建起世系綿長、人才輩出的敦煌索氏祖先歷史。

三、連綿不絕：十六國至唐代的敦煌索氏

（一）人物與世系

十六國時期，敦煌索氏家族持續發展，不僅在諸涼政權中屢有身居高位者，並且多以儒學傳家，成爲敦煌世族。張澍《續敦煌實錄》中統計十六國時期的敦煌索氏人物有28位之多，僅前涼一朝，索氏家族入仕者至少有15人。[①] 馮培紅在分析前涼索氏家族人物時指出：索氏家族人物最典型的特徵是學術文化上的貢獻；其次亦有出色的軍事人才；再次，索氏人物對前涼經濟貢獻突出。[②] 北魏滅北涼後，涼土人物風華東遷入魏。《北史·索敞傳》載：

> 索敞字巨振，敦煌人也……入魏，以儒學爲中書博士。[③]

索敞曾撰寫《喪服要記》，説明其諳熟儒家禮制，以儒學修養聞名京師。北朝隋唐時期，敦煌索氏見諸史籍者不多，幸賴出土墓誌所載敦煌索氏人物，我們可以管窺其十六國以後的發展歷程。筆者對相關墓誌做了初步統計，以勾勒其家族祖先書寫中的核心綫索。

---

① （清）張澍輯，李鼎文校點：《續敦煌實錄》卷二，第28—49頁。
② 馮培紅：《敦煌學與五涼史論稿》，第268—270頁。
③ 《北史》卷三四《索敞傳》，北京：中華書局，1974年，第1270頁。

表二　碑誌所見敦煌索氏

時　代	志　主	首　題	參 考 文 獻
北魏熙平二年(517)	趙盛字道忨,妻索始姜	大魏平西府趙司馬夫妻墓誌	《秦晉豫新出墓誌蒐佚》頁18
北魏正光五年(524)	趙晒字虎生,母敦煌索氏	魏故積弩將軍中黃門趙君之墓誌銘	《秦晉豫新出墓誌蒐佚續編》頁58
北齊皇建二年(561)	李華字遺妃,夫索勇	齊郎中令索勇妻故李夫人墓銘	《西南大學新藏墓誌集釋》頁60—61
北齊皇建二年(561)	索泰字洪安	齊故征虜將軍中散大夫索君墓誌銘	《南北朝墓誌集成》頁698—699
北齊武平二年(571)	索誕字子植	齊故使持節都督義州諸軍事驃騎大將軍義州刺史索君墓銘	《墨香閣藏北朝墓誌》頁168—169
隋開皇九年(589)	索欣字子悅	大隋故蹸岷將軍奉朝請索府君墓誌銘	《墨香閣藏北朝墓誌》頁206—207
隋開皇九年(589)	索昉(昒?)①字子昭	大隋故大都督索府君墓誌銘	《墨香閣藏北朝墓誌》頁208—209
隋開皇九年(589)	索叡字子哲	大隋故驃騎大將軍襄城郡守肥陽縣開國伯索府君墓誌銘	《安陽出土隋代索氏家族五兄弟墓誌集釋》頁206—208
隋開皇九年(589)	索雄字子勇	大隋故翊軍將軍開府主簿索府君墓誌銘	《墨香閣藏北朝墓誌》頁210—211
唐永徽六年(655)	索謙字文綱	大唐故索處士墓誌銘	《唐代墓誌彙編續集》頁76—77
唐龍朔二年(662)	索玄字德偉	唐故開府索君墓誌銘並序	《唐代墓誌彙編》頁362—363
唐麟德二年(665)	索達字君通	大唐故索君墓誌銘並序	《唐代墓誌彙編》頁431
唐咸亨元年(670)	索行字威	唐故處士索君墓誌銘並序	《唐代墓誌彙編》頁516—517
唐永隆元年(680)	索義弘	大唐故嘉州龍遊縣尉索君墓誌銘並序	《唐代墓誌彙編》頁672—673
武周天授二年(691)	索禮	大周故宣威將軍燉煌縣開國男索公墓誌銘並序	《唐代墓誌彙編續集》頁313

---

①　索昉一作索昒,參王其禕、周曉薇:《安陽出土隋代索氏家族五兄弟墓誌集釋》,第209頁。

續　表

時　代	志　主	首　題	參考文獻
武周長安三年(703)	張君表字君彥，妻敦煌索氏	大周故將仕郎宋州虞城縣尉張府君墓誌銘並序	《唐代墓誌彙編》頁 1018—1019
唐天寶三載(744)	索思禮	大唐故左清道率忠武將軍敦煌索公墓志	《唐代墓誌彙編》頁 1564—1565
唐建中元年(780)	索森字森	唐故河南縣錄事索府君墓誌銘並序	《洛陽新獲七朝墓誌》頁 285
唐建中二年(781)	索道疒	唐故尚書省比部主事索府君墓誌	《秦晉豫新出墓誌蒐佚》頁 793
唐貞元十四年(798)	張氏，夫索義忠	唐故燉煌郡索府君夫人清河郡張氏墓誌銘並序	《陝西省考古研究院新入藏墓誌》頁 86、280

表三　碑誌所見敦煌索氏的祖先書寫

史　料	祖　先　書　寫		
	先秦祖先	西遷歷史	魏晉祖先
索泰墓誌	大甲子丹,胙土京索	兩宗西捍	
索誕墓誌			索靖
索叡墓誌	伯禽封魯		
索玄墓誌	吐源商野		
索達墓誌	流芬魯□	騰譽敦煌	晉國表銀鉤之妙①
索行墓誌		騰清流於隴西	
索禮墓誌			前魏□靈,擅銀鉤而絕代
索思禮墓誌	以地爲一方之姓		當晉有五龍之號
索義辯窅銘	商王帝甲之後,封子丹于京索間	遠祖前漢太中大夫撫	晉代英賢,魏朝樟木
索勳紀德碑			祖靖,仕魏晉
索崇恩功德記			晉司空索靖

① 《晉書·索靖傳》:"蓋草書之爲狀也,婉若銀鉤,漂若驚鸞。"參《晉書》卷六〇《索靖傳》,第 1649 頁。

　　表三所展示的内容可以使我們對敦煌索氏的祖先書寫有一全面的認識。整體上看,其演變趨勢與本文前兩部分的分析相契合。即北朝時期索氏家族祖先書寫模式已經出現,至唐代逐步豐富。隋唐時期,名士索靖在索氏家族歷史書寫中被頻繁提及,逐漸成爲祖先歷史書寫中的重要一環。

　　根據敦煌索氏相關墓誌,可以瞭解部分遷居中原索氏的面貌及家族世系。北魏熙平二年(517)《趙盛墓誌》記載:"夫人索氏,字始姜,敦煌人也。晉昌太守育之女。"①索始姜父擔任晉昌太守或在北魏時期。趙盛父爲敦煌太守趙斌之孫,趙盛子趙福、趙昞。另據北魏正光五年(524)《趙昞墓誌》記載:"父諱成,聖世酒泉子、都司馬;親敦煌索氏,父諱祚,敦煌録事參軍。"②趙昞父趙成,趙成應即趙盛。《趙昞墓誌》亦記載了其母索氏的情況,索氏父親索祚,爲敦煌録事參軍。《趙盛墓誌》記其妻索氏的父親索育,爲晉昌太守。二者應爲同一人,索育,諱祚。可知北魏時期敦煌索氏在敦煌、晉昌做官。敦煌索氏女與金城趙氏結爲姻親,並隨其東遷至洛陽地區。

　　又北齊皇建二年(561)《索泰墓誌》等揭示出其家族世系:

　　　　曾祖曷,凉沮渠屋蘭護軍,魏贈使持節、安西將軍、凉州刺史、效穀侯,諡曰忠。祖元興,襲爵安遠將軍、效穀子、假節、冠軍將軍、撫冥鎮將。父虎,魏世東光令、平漠將軍、北征別將;長兄寧,門下録事、前將軍、盧鄉縣開國男。③

可知索泰曾祖在北凉任官,由凉入魏後,父祖皆仕居高第。《索泰墓誌》稱曾祖爲索曷,祖父爲索元興,父爲索虎,長兄索寧;其中"索寧"亦可見於安陽出土的隋代索氏家族五兄弟墓誌;且此六方墓誌皆載志主葬地爲鄴城紫陌河北,因而可推斷他們或爲同一家族。④ 此外,唐永隆元年(680)《索義弘墓誌》稱其祖爲索叡,父爲索彦。⑤ 索叡與索寧

---

① 王連龍編撰:《南北朝墓誌集成》,第143頁。
② 趙文成、趙君平編:《秦晉豫新出墓誌蒐佚續編》,第58頁。
③ 王連龍編撰:《南北朝墓誌集成》,第698頁。
④ 安陽出土的隋代索氏五兄弟墓誌分別爲:索誕《齊故使持節都督義州諸軍事驃騎大將軍義州刺史索君墓銘》、索雄《大隋故朔軍將軍開府主簿索府君墓誌銘》、索叡《大隋故驃騎大將軍襄城郡守肥陽縣開國伯索府君墓誌銘》、索欣《大隋故蹄岷將軍奉朝請索府君墓誌銘》、索昉《大隋故大都督索府君墓誌銘》。索寧一系墓誌皆稱索寧之父爲索迥(回),而索泰墓誌載其父爲索虎,同時索虎與索迥(回)仕宦官職有異。參王其褘、周曉薇:《安陽出土隋代索氏家族五兄弟墓誌集釋》,第204—209頁;葉煒、劉秀峰主編:《墨香閣藏北朝墓誌》,上海古籍出版社,2016年,第208—211頁;王連龍編撰:《南北朝墓誌集成》,第698頁。
⑤ 周紹良、趙超主編:《唐代墓誌彙編》,第673頁。

子同名,兩人可能爲同一人。索叡居於相州,索義弘起家於許州,都距離洛陽不遠。索義弘自稱洛陽人,可能是索叡之後其家已經遷居洛陽。又《索崇墓誌》記載:"公諱崇,字敬,洛陽人也。惟考厥祖,出自敦煌……父弘,任嘉州龍遊令。"①索弘,即索義弘,雖然索義弘墓誌中自稱洛陽人,但索義弘子索崇墓誌載其祖爲敦煌人,這樣就進一步印證了索寧、索叡、索義弘、索崇應屬於同一家族,他們北朝時期自敦煌内遷至鄴,唐代以後著籍洛陽,根據出土墓誌可以繪製其家族世系(如圖一)。

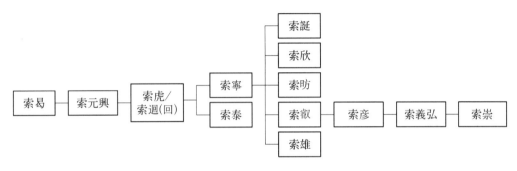

圖一　敦煌索寧家族世系

(二) 遷徙與郡望

1. 敦煌外遷索氏的在地化

北朝隋唐之際,部分遷居中原的敦煌索氏仍使用敦煌郡望,同時敦煌索氏逐漸著籍當地。北齊《索泰墓誌》稱其爲"敦煌效穀人",去世後"遷葬於鄴京",索泰家族逐步著籍鄴城。唐龍朔二年(662)《索玄墓誌》記載,索玄爲敦煌人,"今寓居洛陽縣"。唐天寶三載(744)《索思禮墓誌》記載:"其先敦煌人也……不怛化于長安安定里之私第,殯于京兆龍門鄉。"唐建中元年(780)《索森墓誌》記載索森本爲敦煌人,"終於東都恭安里,二年殯于龍門山之陰原"。唐貞元十四年(798)《索義忠妻張氏墓誌》記載索公爲京兆人,但本望"敦煌"。綜觀中古墓誌等史料,北朝隋唐時期洛陽、京兆、朔方、汾州、建業等地皆有索氏人物定居,雖不能將其全部歸入敦煌外遷索氏,但可以推知其中定有不少索氏人物是自敦煌遷徙並著籍當地的。

除了遷徙至中原,敦煌索氏還有徙至高昌者。高昌索氏仍舊和張氏家族保持緊密的聯繫,同時索氏家族在高昌做官者也不少,如索演孫爲高昌客曹參令兵將,索守豬曾擔任兵曹主簿、兵曹參軍,索顯宗擔任虎牙將軍等。另外還有虎牙將軍、相上將賈買苟

---

① 周紹良、趙超主編:《唐代墓誌彙編》,第 1311 頁。

妻索氏、户曹參軍妻索氏等記載,表明索氏家族在高昌多出任基層官員。高昌地區出土
索氏家族材料多集中于麴氏高昌王國時期,筆者大致統計如下:

表四　高昌索氏人物

時　代	史　料	人　物　仕　宦
北涼承平三年(445)	涼王大且渠安周功德碑	典作御史索寧
高昌章和七年(537)	張孝貞妻索氏墓表	(張孝貞)民部參軍
高昌章和七年(537)	張歸宗夫人索氏墓表	(張歸宗)平遠府禄事參軍
高昌延昌三年(563)	索演孫及妻張氏墓表	(索演孫)記室參軍,客曹參令兵將
高昌延昌十二年(572)	索守豬墓表	兵曹主簿,兵曹參軍
高昌延昌十三年(573)	索顯忠妻曹氏墓表	(索顯忠)虎牙將軍
高昌延昌廿二年(582)	賈買苟妻索謙儀墓表	(賈買苟)虎牙將軍,相上將
高昌延昌廿五年(585)	户曹參軍妻索氏墓表	(夫)户曹參軍
高昌延昌卅五年(595)	索氏妻張孝英墓表	(索氏)鎮西府虎牙將軍,三門將
高昌延昌卅一年(601)	索顯忠墓表	虎牙將軍,内將
唐咸亨五年(674)	曹懷明妻索氏墓誌銘	

説明:該表主要參考侯燦、吳美琳:《吐魯番出土磚誌集注》。成都:巴蜀書社,2004 年;張銘心編著:《吐魯番
出土墓誌彙考》,桂林:廣西師範大學出版社,2020 年。

　　根據統計可知,僅索守豬墓表書其出自敦煌,"敦煌北府人,寢疾於交河岸上"。魏
晉五涼時期,河西居民多次徙居高昌,部分河西大族所遷至高昌的家族分支遂構成高昌
政權的基礎,[①]可知高昌索氏應爲敦煌索氏西遷分支。敦煌大族遷至高昌以後,保持舊
有的姻緣關係並形成"地域性"婚姻集團,張孝貞、張歸宗與索演孫的姻親實際展露出
此種狀況。至麴氏高昌晚期,張氏家族婚姻對象多來自居於權力核心的麴氏家族,張、
索之間聯姻逐漸減少。[②] 高昌屬典型的家族社會,隨着麴氏家族的崛起,高昌地區的
"敦煌舊族聯姻"現象逐漸減少。高昌索氏逐步在地化的同時,其保持地方世族身份的

① 陳國燦:《從吐魯番出土文獻看高昌王國》,《蘭州大學學報(社會科學版)》2003 年第 4 期,第 3—4 頁。
② 宋曉梅:《麴氏高昌國張氏之婚姻》,《中國史研究》1994 年第 2 期,第 150 頁。

進程顯得日趨艱難。

　　2. 敦煌本地索氏望稱鉅鹿

　　歸義軍時期,生活在敦煌的索氏家族往往自稱鉅鹿索氏。如 P. 4660《節度押衙索公邈真贊》題署"唐河西節度押衙兼侍御使(史)鉅鹿索公邈真贊",P. 4986+P. 4660《都渠泊使索公妻京兆杜氏邈真贊並序》題署"……鉅鹿索公故賢妻京兆杜氏邈真贊並序",P. 3703V《釋迦牟尼如來涅槃會功德贊並序》記載"厥有信士鉅鹿索公諱[□□□],趨庭受訓,無虧鯉也"。① 歸義軍時期的敦煌索氏雖然望稱"鉅鹿",在祖先歷史書寫中仍采用"殷人後裔""漢代遷徙""名士索靖"等敘事環節,説明索氏家族的"鉅鹿"郡望並非真實郡望,乃是敦煌索氏爲了提升其家族聲望而偽冒。據筆者所見,鉅鹿索氏最早出現於《名族志》。②《名族志》所載索氏家族歷史,顯示了敦煌索氏構建祖先歷史的願望與努力。敦煌索氏家族塑造了其漢代遷徙歷史、完善了其漢晉祖先世系,擬構了索氏家族中原鉅鹿郡望。歸義軍時期敦煌地區的索氏家族歷史書寫雖詳略不一,但大多本於此。

結　　論

　　敦煌索氏的祖先歷史書寫存在逐步完善的過程: 其漢代及以前的部分在北朝時期已經出現,北朝《索泰墓誌》中,"殷商後裔""周初遷魯""西徙敦煌"幾個環節已經出現;北朝隋唐之際,名士索靖逐步被納入索氏祖先歷史書寫。《名族志》"索氏部分"以"直諫徙邊"敘事構建其家族漢代遷徙至敦煌的歷史,基於正史塑造了漢晉間完整的家族世系,"鉅鹿索氏"這一祖先記憶的擬構亦可能始於《名族志》。至是,敦煌索氏家族歷史呈現出典範化的書寫模式。因敦煌索氏爲漢晉十六國時期地方名族,北朝隋唐時期,其族徙至中原者常以敦煌人自居,亦有部分逐漸著籍當地。高昌索氏一般不書敦煌郡望,表明其融入高昌地方的意願。晚唐五代歸義軍時期,敦煌地區的索氏號稱"鉅鹿索氏",不過仍采用敦煌索氏祖先書寫模式。中古時期,敦煌索氏通過自身努力獲得了家族地位的提升,並通過祖先歷史書寫鞏固其華夏祖先記憶,"殷商後裔""西徙敦煌""鉅鹿索氏"等皆反映了敦煌索氏家族根植於中原,及其對自我華夏身份的强調。

---

　　①　鄭炳林、鄭怡楠:《敦煌碑銘讚輯釋(增訂本)》,第 471、349、1502 頁。
　　②　"鉅鹿"爲擬構郡望,抑或該地確實有索氏分布,還有待進一步考察。

《魏晉南北朝隋唐史資料》第四十九輯

2024 年 5 月,44—60 頁

麴氏高昌世系、職官補考

——以《麴仕悦像記》爲中心[*]

陳愛峰　　徐　偉

　　麴氏高昌國延續約一百四十年,並非短促的政權,所以能在歷史舞臺上發揮持續性的作用,並留下較爲豐富的歷史遺存。同時高昌又地處中西交通的咽喉要道,在當時的中西交流、民族互動中發揮重要作用,與中原政權體現出來的密切聯繫也可作爲我們審視中原内地歷史的參照和補充。也正是基於其重要性,學界依據目前已出土的大量文書、磚誌及其他考古資料,對麴氏高昌政權的各方面進行了探討,並取得了豐碩的研究成果。[①] 但由於出土文獻的分散性和碎片化,很多重要問題尚難定讞,[②]需待新材料的出土加以佐證。

　　2016 年,德國柏林亞洲藝術博物館畢麗蘭(Russell-Smith Lilla)博士贈與我一些出自吐魯番的文物照片,其中的一幅爲一方石刻的照片,記載了作爲麴氏高昌王族一支的麴仕悦家族世系和仕宦,頗具史料價值。又經咨詢在文物庫房工作的卡倫(Caren Dreyer)博士,被告知:(1) 石刻的編號 C35 是負片的編號,而非館藏文物編號;(2) C 格式的負片尺寸非常大,德國探險隊到中國没有携帶大底片的照相機;(3) 博物館保存有斯坦因和伯希和所獲文物的負片與正片。因此該石刻可能是斯坦因或伯希和的收集

---

　　* 本文係新疆維吾爾自治區社會科學基金"新時代黨的治疆方略"研究專項項目:"從吐魯番文物中汲取中華文化符號展現中華民族視覺形象"(批准號:2023VZJ018)階段性性成果。

　　①　施新榮《20 世紀以來高昌史研究綜述》(收入《吐魯番學新論》,新疆人民出版社,2006 年)一文從政治史、經濟史及社會、宗教、文化史等方面,對 20 世紀以來高昌史研究各領域取得的成果及不足進行了較爲全面的論述。孟憲實《吐魯番學研究:回顧與展望》(《西域研究》2007 年第 4 期)一文雖以"吐魯番學"爲對象,但也重點回顧了高昌史研究的狀況及發展前景。另馮培紅《20 世紀敦煌吐魯番官制研究概況》(《中國史研究動態》2001 年第 11 期)及施新榮《近百年來的高昌政治史研究概況》(《新疆師範大學學報》2004 年第 4 期)兩文則專門對高昌政治史及官制方面的研究成果進行了詳細論述。

　　②　施新榮《20 世紀以來高昌史研究綜述》一文就指出高昌郡、高昌國時期紀年年號,職官制度、政治事件及行政區劃等方面皆存在很多爭議性且尚難獲得確切結論的議題。

品。儘管没有得到具體出土地點、尺寸及材質等信息,從其内容來看則應出土於吐魯番。鑒於石刻所涉世系和職官記載與麴氏高昌國王室及政治制度關聯緊密,且多有補正之處,故不揣淺陋,試作考述。

一、録文與定名

從照片(圖一)上來看,該石刻原斷裂爲三塊,後經修復,斷裂處字有殘損,左上角亦有數字殘損。石刻的另一面是否有刻文,尚不知曉。石刻文字爲楷體,共19行,208字,首行19字,第2—18行每行10字,第19行9字。録文如下:

圖一 《麴仕悦像記》照片

1. 正議大夫、行西州都督府司馬、柱國麴仕悦之囗。
2. 惟公始祖諱景,字元,官至
3. 祭酒、平西將軍、侍書令、沙
4. 州刺史、特進、大將軍。次祖
5. 嗣叔諱沖,官至威 遠 將軍、
6. 鎮京將軍、橫截公、左衛將

7. 軍、□□出特勤、鎮軍將軍、

8. 田地公。次祖諱孝真，官至

9. 建武將軍、龍驤將軍、橫截

10. 太守、三河□特勤。曾祖宣

11. 邕諱階芝，官至橫截太守、

12. 左衛大將軍。祖諱法願，官

13. 至寧朔將軍、橫截太守、左

14. 衛將軍領宿衛事。父諱元

15. □官至威遠將軍、伏波將

16. □橫截太守。惟公諱仕悦，

17. □□正議大夫、行西州都

18. □□□馬、柱國。其子務本，

19. □□□襲祖。以上九代。

石刻首行刻"正議大夫、行西州都督府司馬、柱國麴仕悦之□"，最後一字殘損，從存留的字迹來看，應爲"像"字，原來與石刻同時存在的可能還有麴仕悦本人的邈真像。緣此，該石刻可初步定名爲《唐西州都督府司馬麴仕悦之像記》（以下簡稱《麴仕悦像記》）。

從第 2 行開始，《麴仕悦像記》記述了麴仕悦家族九代的名諱與官職，其中第九代由於石刻文字殘損，不知其名號。根據他們的履官情況，結合傳世文獻與出土文獻記載，我們認爲該家族當屬高昌王室，地位十分顯赫。下文列兩節分別探討《麴仕悦像記》所反映的家族世系和職官情況。

二、麴仕悦及其家族世系

按《麴仕悦像記》載麴仕悦的職官爲"西州都督府司馬"，據《舊唐書·地理志》載"顯慶三年，改爲都督府"，[①]則《麴仕悦像記》的書寫年代應在顯慶三年之後。麴仕悦其人，[②]除《麴仕悦像記》外，吐魯番出土文書也有零散的記載，現按年代先後條列如下：

---

① 劉昫：《舊唐書》卷四○《地理三》，中華書局，1975 年，第 1644 頁。
② 呂媛媛：《吐魯番出土高昌與唐初麴仕悦文書考釋》（《出土文獻研究》第十八輯，上海：中西書局，2019年）一文從文書的角度對麴仕悦在麴氏高昌和入唐後所任職官的具體地位和職能進行了考釋。

（一）阿斯塔那 138 號墓出土《高昌延壽四年（627）威遠將軍麴仕悦記田畝作人文書》末尾有"威遠將軍麴仕悦"押印與簽署。①

（二）阿斯塔那 155 號墓出土《高昌延壽四年（627）閏四月威遠將軍麴仕悦奏記田畝作人文書》末尾有"威□□軍臣麴仕悦"押印與簽署。②

（三）阿斯塔那 155 號墓出土《高昌諸臣條列得破被氈、破褐囊、絕便索、絕胡麻索頭數奏一》末尾有"威遠將軍臣麴"和"行門下事威遠將軍臣麴"之記載。③

（四）吐峪溝石窟出土《唐西州司馬麴仕悦供養寫經題記》云：大智度論卷第廿一西州司馬麴仕悦供養。④

（五）吐魯番徵集文書《唐永徽五年至六年（654—655）安西都護府案卷爲安門等事》記有"依判，咨，仕悦示"。⑤

（六）日本龍谷大學圖書館藏吐魯番出土《役制（兵役）關係文書》（Ot. 1378V）記有"咨，仕悦"。⑥

（七）吐魯番巴達木 107 號墓地出土的《唐牒殘片》記有"仕悦示"。⑦

前 3 件爲麴氏高昌國時期文書，後 4 件爲唐西州時期文書。第 1—2 件文書明確記有"威遠將軍（臣）麴仕悦"，時間是延壽四年。第 3 件缺紀年、缺名，記有"威遠將軍臣麴""行門下事威遠將軍臣麴"，但該件文書與第 2 件文書同出 155 號墓，該墓所出紀年文書起高昌重光二年（621），止延壽十年（633），這段時間内的"威遠將軍臣麴"，最可能是第 1—2 件所載的"麴仕悦"。⑧

第 4 件文書記有"西州司馬麴仕悦"，由此推知，到了西州時期，麴仕悦被唐授予司馬之職。第 5 件文書中的"仕悦"，雷聞先生認爲即第 4 件文書提到的"西州司馬麴仕悦"。⑨ 劉安志先生持相同觀點，並詳細辨析了第 5 件文書"仕悦"的身份爲通判官

---

① 唐長孺主編：《吐魯番出土文書》（圖文對照本第壹册），北京：文物出版社，1992 年，第 444—445 頁。

② 《吐魯番出土文書》（圖文對照本第壹册），第 425 頁。

③ 《吐魯番出土文書》（圖文對照本第壹册），第 429 頁。

④ 該寫經題記係 20 世紀初日本大谷探險隊在吐峪溝石窟盜掘，殘件的上半部分刊布在《西域考古圖譜》中，下半部分現藏旅順博物館。詳見旅順博物館、龍谷大學：《旅順博物館藏新疆出土漢文佛經選粹》，京都法藏館，2006 年，第 209 頁。

⑤ 榮新江、李肖、孟憲實：《新獲吐魯番出土文獻》，北京：中華書局，2008 年，第 305 頁。

⑥ 龍谷大學佛教文化研究所編：《大谷文書集成》壹，小田義久責任編集，京都法藏館，1985 年，第 48 頁。

⑦ 《新獲吐魯番出土文獻》，第 56 頁。

⑧ 孟憲實先生亦持同樣觀點，詳見氏著《漢唐文化與高昌歷史》，濟南：齊魯書社，2004 年，第 165 頁。

⑨ 雷聞：《關文與唐代地方政府内部的行政運作——以新獲吐魯番文書爲中心》，《中華文史論叢》2007 年第 4 期，第 133 頁。

司馬。① 以此觀之,則第6件文書與第5件文書中的"仕悦"應爲同一人。

對於第7件文書中的"仕悦",是否爲第4件文書中之"西州司馬麴仕悦",劉安志先生則持謹慎態度,認爲有待於進一步證實,其依據是:"《唐牒殘片》中的'仕悦',在作出批示並簽署時間後,文書即直接轉入録事司的'受付'環節,其身份明顯爲長官,與作爲通判官司馬的'仕悦',還是有區別的。"②從《麴仕悦像記》記載來看,麴仕悦終官於"西州都督府司馬",進一步證實第7件文書中之"仕悦"爲另一人。

綜合以上分析,可得出一個大致認識,即麴仕悦在麴氏高昌麴文泰當政時期任"威遠將軍",並"行門下事"。在入唐以後任"西州都督府司馬"。這是結合《麴仕悦像記》和出土文書得出的麴仕悦的仕宦軌跡。另據相關墓誌記載,麴仕悦在入唐後任"西州都督府司馬"之前,還擔任過其他職官。

按《唐永昌元年(689)張雄夫人麴氏墓誌銘》追述麴氏"祖願,僞寧朔將軍,左衛大將軍,橫截太守;父明,僞寧朔將軍,橫截太守"。③ 與上録《麴仕悦像記》中"祖諱法願,官 至 寧朔將軍、橫截太守、左衛將軍領宿衛事。父諱元□,官至威遠將軍、伏波將□、橫 截太守"的記載相對比,可以發現麴願與麴法願、麴明與麴元□,尤其是麴願與麴法願,職官基本相同,大致可以斷定爲同一人。也就是説,麴元□和麴明應爲麴仕悦父親的雙名,一爲雙稱,一爲單稱。④ 麴仕悦與張雄夫人麴氏應該爲兄妹關係。⑤

又按《唐開元三年(715)張公夫人麴娘墓誌銘》載麴娘"曾祖明,僞寧朔將軍,橫截太守;祖悦,遊擊將軍,五丈府果毅……父達,遊擊將軍、杏城府長上果毅……夫人即公之長女也"。⑥ "曾祖明"與上引《麴氏墓誌》相符,"祖悦"應該是麴仕悦。也就是説,麴仕悦有子麴達、孫女麴娘,麴達是否即上録《麴仕悦像記》中的麴務本,因材料所限,暫不可知。

從該墓誌可知的是,麴仕悦曾任"五丈府果毅",這顯然是其入唐後所任之職官,之

① 劉安志:《關於吐魯番新出唐永徽五、六年(654—655)安西都護府案卷整理研究的若干問題》,《文史哲》2018年第3期,第101頁。
② 《關於吐魯番新出唐永徽五、六年(654—655)安西都護府案卷整理研究的若干問題》,第101頁。
③ 侯燦、吳美琳:《吐魯番出土磚誌集注》,成都:巴蜀書社,2002年,第586頁。
④ 從目前吐魯番出土文獻記載的情況來看,高昌國時期一人出現雙名似乎不鮮見,比較有代表性的例子屬吳震先生《麴氏高昌國史索隱——從張雄夫婦墓誌談起》(《文物》1981年第1期,第40頁)考證出張端與張鼻兒爲同一人,張忠爲張武忠之簡稱。另可參考呂冠軍《吐魯番文書中的"雙名單稱"問題》(《西域研究》2018年第4期)。
⑤ 《麴仕悦像記》的書寫年代早於《麴氏墓誌》可能近三十年,麴仕悦應該是年長於麴氏的。
⑥ 《吐魯番出土磚誌集注》,第629頁。

後升任"西州都督府司馬"。麴氏高昌官員入唐後,除一部分王族、豪族被遷入內地外,[1]大部分會有一個轉入唐朝職官體系的過程,多被授勳官,或進入折衝府任武職,或在西州當地任文職。[2] 因此麴仕悦入唐後被任"五丈府果毅"是符合當時的政治情勢的。

"五丈府"按《唐故德陽郡金堂縣尉杜君(守立)墓誌》載"父師度,皇京兆府五丈府折衝",[3]應屬京兆府的折衝府。如所周知,張雄家族作爲高昌豪族,多與麴氏王族聯姻。麴仕悦之妹嫁於張雄爲妻,應屬麴氏王族之一支。在張雄家族被遷入內地之時,麴仕悦家族很有可能也在被遷之列。由麴仕悦所任京兆府之"五丈府果毅",我們可以大致推測其家族被遷入京兆府,麴仕悦本人則被授當地"五丈府果毅"。[4] 在永徽初,西突厥發動叛亂,西域局勢不穩,唐廷爲穩定西州,又將高昌內遷的官人、頭首回遷西州。[5]結合麴仕悦孫女麴娘墓誌出土於吐魯番的情況,麴仕悦及其家族應該也是隨之回遷西州,並在遷回數年後升任西州都督府司馬。

綜上,我們可知《麴仕悦像記》主人麴仕悦在高昌麴文泰朝任"威遠將軍",並"行門下事"。其入唐以後,可能被內遷入京兆府,任"五丈府果毅",然後在永徽二年被回遷西州,數年後升任西州都督府司馬,並終於此職。我們還可知麴仕悦之妹嫁於張雄,有子麴達、孫女麴娘。

關於麴仕悦家族的王族身份背景,由麴仕悦之妹嫁於張雄已有所體現,並由明代胡

---

① 唐太宗在貞觀十四年八月平定高昌後下《慰撫高昌文武詔》(《日藏弘文本文館詞林校證》卷六六四,中華書局,2001 年,第 248 頁)載"其僞王以下及官人頭首等,朕並欲親與相見,已命行軍發遣入京",將高昌王族和部分大族遷往京城。陳國燦先生《跋〈武周張懷寂墓誌〉》和朱雷先生《龍門石窟高昌張安題記與唐太宗對麴朝大族之政策》兩文都以高昌張雄家族及支系爲中心,對麴氏高昌大族被遷入洛陽的史實進行了詳細梳理。

② 《吐魯番出土磚誌集注》所收磚誌主人多有轉入西州任職者。試舉幾例,如《唐顯慶三年(658)張善和墓誌》載"補任安西都護府參軍……轉遷士曹參軍"(第 492 頁),《唐麟德元年(664)梁延懷墓誌》載"後屬大唐,轉授武騎尉。蒙歸受官,又任西州都督左右"(第 518 頁),《唐乾封二年(667)王歡悦夫人麴氏墓誌》載"灼燃遭攝天山縣丞"(第 536 頁),等等。

③ 趙文成:《西安碑林博物館新藏墓誌續編》,西安:陝西師範大學出版總社有限公司,2014 年,第 315 頁。張沛在《唐折衝府匯考》(西安:三秦出版社,2003 年,第 76 頁)一書中依據五丈原的地望,將五丈府納入鳳翔府範圍內,這裏稍正之。

④ 與麴仕悦經歷相似的有張元峻,如《永徽四年張元峻墓誌》載"但以舊邦受職,任僞校郎將軍,蒙運載入聖朝,復蒙□州白石府校尉"(《吐魯番出土磚誌集注》,第 474 頁),侯燦、陳國燦兩位先生均考訂爲"雍州白石府"。那麼張元峻有可能和麴仕悦一樣,都被遷入雍州,並入雍州境内的折衝府任職。又按《大唐甘露寺故尼真如之柩》(《全唐文補遺》第二輯,西安:三秦出版社,1995 年,第 225 頁)的誌主如父親爲麴智湛,是被内遷的高昌宗室的重要成員,該誌葬於"明堂樊川之原",説明麴智湛當時可能是被遷入京兆府。最近 2019 年陝西考古研究院在咸陽原發現大致爲盛唐時代的麴嗣良墓,墓主爲麴氏高昌宗室,具體考證,見《新出唐高昌王族麴嗣良及夫人史氏墓誌研究》(《敦煌研究》2023 年第 1 期)一文。

⑤ 陳國燦:《吐魯番所出唐代來自長安、洛陽的文書》,收入《陳國燦吐魯番敦煌出土文獻史事論集》,上海古籍出版社,2012 年,第 146 頁。

廣《記高昌碑》的相關記録得到進一步證實,具載如下:

> 其三《右衛將軍領宿衛事麴叡芝追遠寺銘》,大周麟趾殿學士、普國弟侍讀朱
> 幹撰。中云:"叡芝,今上之從兄。祖鎮京將軍、横截公、鎮衛等將軍,田地宣穆公
> 沖。考建武等將軍、開定焉耆龍驤等將軍,横截太守孝真。世父左衛將軍、田地太
> 守孝亮,親執玉帛朝於京師。"末云:"延昌八年歲次玄枵律中太簇上旬刊訖。"①

據《右衛將軍領宿衛事麴叡芝追遠寺銘》(以下簡稱《麴叡芝碑》)載,該碑刊於延昌
八年,稱"叡芝,今上之從兄","今上"應指高昌王麴乾固,顯然麴叡芝家族爲高昌王族
之一支。另外碑文載麴叡芝的"世父左衛將軍、田地太守孝亮",與《魏書·高昌傳》"永
平元年(508),嘉遣兄子私署左衛將軍、田地太守孝亮朝京師,仍求内徙,乞軍迎援"②的
記載相符,《傳》稱麴孝亮爲麴嘉兄子,也説明麴叡芝家族爲王族之一支。根據《麴叡芝
碑》,我們可知麴孝亮與麴孝真應爲兄弟,麴叡芝與麴仕悦的祖父麴階芝爲兄弟,正爲
麴仕悦家族一員,因此麴仕悦家族具有高昌王族背景應該是没有疑問的。

麴叡芝與麴階芝的名字都有一個"芝"字,從行輩推知,他們可能還有一個兄弟,即
《高昌新興令麴斌芝造寺施入記》中的麴斌芝。池田温先生根據該《施入記》謹慎地列
出麴斌芝家族世系如下:③

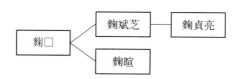

但通過此世系,我們很難看出麴斌芝與麴仕悦家族有何直接關聯。由前文可知,麴
叡芝爲麴乾固從兄,而據《高昌縮曹郎中麴斌造寺銘》載,麴斌芝很有可能爲麴乾固從
叔,④那麼就較麴叡芝、麴階芝高一代。因此麴斌芝與麴仕悦應非同一家族。綜合以上
世系的梳理,我們得出麴仕悦家族的相對完整世系如下:

---

① 轉引自李淑、孟憲實:《麴氏高昌國史新探——以明人胡廣〈記高昌碑〉爲中心》,《文史》2017年第2輯,
第114頁。
② 《魏書》卷一〇一《高昌傳》,北京:中華書局,1974年,第2244頁。
③ 池田温:《高昌三碑略考》,《敦煌學輯刊》1988年第C1期,第155頁。
④ 王素在《高昌史稿·統治編》(北京:文物出版社,1998年,第310頁)中認同王國維推定麴斌芝爲"今王"
從叔,而"今王"即爲麴乾固。

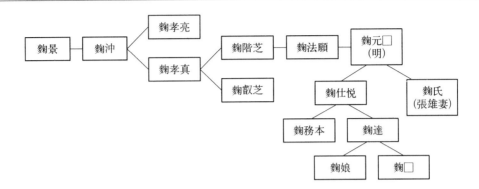

麴仕悦家族作爲王族,其世系的可貴之處在於,與麴氏高昌國王麴嘉一支世系記載多處斷裂相比,提供了一個可供參照的完整世系。前引《魏書·高昌傳》記載麴孝亮爲麴嘉兄子,那麼麴沖可能就是麴嘉兄長。再由前文可知,麴仕悦在麴文泰朝任"行門下事威遠將軍",應大致與麴文泰一代。也就是説麴仕悦家族的世系跨越了從麴氏高昌開國到滅亡,並在此基礎上向上延伸一代、向下延伸兩代。

《麴仕悦像記》的可貴之處還在於揭示出一條麴仕悦家族與高昌國王麴嘉一系關係更爲具體的綫索。按《麴仕悦像記》載麴沖爲"次祖嗣叔諱沖",值得注意的是麴沖這一代"諱"有前綴"嗣叔"二字。銘文諱字書寫的格式一般作"諱某字某",如《麴仕悦像記》記載始祖麴景爲"始祖諱景,字元",因此"嗣叔"可能不是麴沖的字。[①] 由前文《魏書》記載可推知麴沖可能爲麴嘉的兄長,而"嗣叔"有過繼叔父之意,也就是説麴沖很可能是過繼給麴嘉之父,從宗法意義而言,麴沖是麴嘉之兄,從血緣意義而言,麴沖則爲麴嘉從兄。這一點在後文論及麴沖生父麴景時還會有進一步闡發,此處不贅。

關於麴嘉王室的世系,目前主要有兩種説法。一種以吳震、王素先生爲代表,認爲有九代十王,並結合傳世文獻、出土文書及相關墓碑製出《麴氏王國王統簡表》,[②]現依《簡表》作世系圖如下:

---

① 《麴仕悦像記》記載麴仕悦曾祖爲"宣邕諱階芝",與麴沖名諱的書寫方式一致,"宣邕"應該也不是麴階芝的字。由後文將要提及的《麴叡芝碑》載麴沖的諡號爲"宣穆"來看,"宣邕"可能爲麴階芝的諡號。

② 前揭吳震《麴氏高昌國史索隱——從張雄夫婦墓誌談起》,第46頁;王素《高昌史稿·統治編》,第358頁。

另一種以李淑和孟憲實先生爲代表,二人依據《麴叡芝碑》推論麴寶茂非麴嘉玄孫,而爲麴嘉之子,將九世十王縮爲六世十王,①現依其推論作世系圖如下:

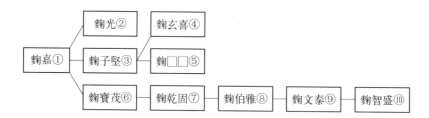

由前文可知,《麴仕悦像記》與《麴叡芝碑》所載世系相合,後者所載世系爲前者之一部分,也就是說從碑刻文獻的角度出發,可進一步印證麴寶茂爲麴嘉之子,而麴寶茂之後高昌王代際繼承則基本無争議。與從麴嘉到麴智盛時代相應,麴仕悦家族大致爲從麴冲到麴務本,也就是七世,較爲接近六世。

這裏我們就面臨一個史學方法論上的問題,按《唐會要》載“麴氏有國,至智盛凡九代一百四十四年而滅”,②《舊唐書》載“其王麴伯雅,即後魏時高昌王嘉之六世孫也……麴氏有國,至智盛凡九世”,③都明確記載從麴嘉到麴智盛有九世。而正史記載一般有所據,可能還利用到了唐滅高昌後所獲高昌王室譜牒。我們是否應該完全相信碑刻文獻,並以此推翻正史文獻的記載呢?

出於審慎的緣故,我們祇能得到如下認識,即隨着《麴仕悦像記》的發現,更加深了關於高昌王室世系是六世還是九世的分歧,也使我們更深刻認識到高昌王室世系複雜的面貌。當然這一切分歧,還是來源於目前資料的不足,期待新資料、特別是麴嘉至麴寶茂之間數王相關資料的發現,以彌補這一缺憾。

三、麴仕悦家族歷代職官考釋

《麴仕悦像記》除記録麴仕悦家族代際傳承譜系,也記載了該家族歷代成員所任之職官,爲我們在長時段内了解高昌王族之一支的仕宦浮沉提供了一個較爲系統和完整的案例。並且《麴仕悦像記》記載了一些之前文獻所不載的職官,也有助於我們對高昌國歷史上的某些重要問題作出新的詮釋。現大致依該《像記》所載世系爲序,將麴仕悦

①　前揭李淑、孟憲實《麴氏高昌國史新探——以明人胡廣〈記高昌碑〉爲中心》,第115—117頁。
②　(宋)王溥:《唐會要》卷九五《高昌》,北京:中華書局,1960年,第1704頁。
③　《舊唐書》卷一九八《高昌傳》,第5294頁。

家族歷代所任職官中有價值者及相關問題逐一考釋如下。

《麴仕悦像記》的書寫從麴仕悦“始祖”麴景開始，記載其職官爲“官至祭酒、平西將軍、侍書令、沙州刺史、特進、大將軍”，大致可分爲兩組：一組爲“祭酒”“侍書令”，應該爲麴景生前所任之職官；一組爲“平西將軍”“沙州刺史”“特進”“大將軍”，應該爲麴景卒後被贈之職官。麴景爲麴嘉上一代，其仕宦年代應大致不出闞氏、張氏、馬氏高昌國統治時期範圍，而其所任之“祭酒”含義模糊，①不易確定該職具體職掌範圍。但從麴景又任“侍書令”來看，其職官的性質似乎偏向於文化教育。

又如《北史·張彤武傳》載“帝甚重之，以爲侍講，與侍書張景仁並被尊禮，同入華元殿，共讀春秋。加國子祭酒、假儀同三司，待詔文林館”，②“侍講”與“侍書”並列，而“侍講”可升遷爲“國子祭酒”，那麼“侍書”應該也可以。這説明“侍書”與“國子祭酒”應爲同一系統職官，性質類似。以此推之，麴景所任之“祭酒”與“侍書令”可能也爲同一系統職官，這一時期的高昌國可能出現了類似於國子學的機構。

“侍書令”一職還暗示了麴景與高昌王室關係應比較親密。按《資治通鑑》載劉宋泰始元年“子勛典簽謝道邁、主帥潘欣之、侍書褚靈嗣聞之，馳以告長史鄧琬”，胡三省注“侍書”爲“掌教王書”。③ 褚靈嗣以“侍書”侍奉劉子勛，並作爲親信參預其政治密謀。在北朝，“侍書”則多侍奉東宮左右，如《魏書·馮誕傳》載“誕與高祖同歲，幼侍書學，仍蒙親待”，④《魏書·江式傳》載“兗州人沈法會能隸書，世宗之在東宮，勑法會侍書”，⑤《北齊書·張景仁傳》載“後主在東宮，世祖選善書人性行淳謹者令侍書，景仁遂被引擢”。⑥ 由此可見南北朝時期“侍書”一職以“書學”陪侍太子、諸王左右，與皇室的關係自然較外朝官員更爲親密。麴景所任“侍書令”雖不見於其他文獻記載，但有可能是受中原政權影響，屬“侍書”一職的變體，以“書學”陪侍高昌王室子弟左右。

麴景既然在高昌國任“祭酒”“侍書令”，自然不具備同時任北魏“沙州刺史”的可能

① 胡廣對《通典》中祭酒的含義注解爲“凡官名祭酒，皆一位之元長。古者，賓得主人饌，則老者一人舉酒以祭地。故以祭酒爲稱。漢之侍中，魏之散騎常侍，功高者並爲祭酒，用其義也。公府有祭酒，亦因其名”，指出某一職官之“元長”都可稱爲祭酒，所以檢索魏晉南北朝時期各種史料，會發現祭酒可與各個系統的職官搭配。略舉其要，如中央内侍系統有侍中祭酒、散騎常侍祭酒；宗室王公開府系統有東、西閣祭酒；國子學、太學系統有國子祭酒、儒林祭酒、博士祭酒；州郡系統有祭酒從事，等等。

② 《北史》卷八一《張彤武傳》，北京：中華書局，1974 年，第 2734 頁。

③ 《資治通鑑》卷一三〇《宋紀十二》，北京：中華書局，1956 年，第 4086 頁。

④ 《魏書》卷八三上《馮誕傳》，第 1821 頁。

⑤ 《魏書》卷九一《江式傳》，第 1965 頁。

⑥ 《北史》卷四四《張景仁傳》，北京：中華書局，1972 年，第 591 頁。

性,因此這一職官應非麴景生前所任,很有可能爲贈官。又麴景所任之"沙州刺史"與
"平西將軍"顯示出某種組合性,如《魏書·高昌傳》載"延昌中,以嘉爲持節、平西將軍、
瓜州刺史、泰臨縣開國伯,私署王如故……普泰初,堅遣使朝貢,除平西將軍、瓜州刺史、
泰臨縣伯,王如故",①《魏書·孝莊紀》載"以高昌王世子光爲平西將軍、瓜州刺史,襲爵
臨泰縣伯、高昌王",②可見"平西將軍"和"瓜州刺史"被北魏朝廷以組合形式授於麴氏
高昌國前三王麴嘉、麴光、麴堅。麴景與之稍有不同的是其被贈"沙州刺史",而非"瓜
州刺史"。這説明麴景與麴嘉具有血緣關係,所以在麴氏高昌國建立後能被追贈與高
昌王類似的職官。但可能又非直系,因此其所贈又不能與高昌王完全等同。

同時麴景能被追贈與高昌王地位大略相當的職官,應該與其子麴沖的特殊地位相
關。前文已論及麴沖被過繼給麴嘉之父,這由麴景未被追尊爲王可得到進一步印證。
如果麴沖爲麴嘉親兄,那麼麴景就應爲麴嘉生父。麴嘉作爲開國主,署自身爲高昌王,
一般也要追尊其父爲王,而麴景不見追尊,應非麴嘉之父。麴景之子麴沖却具有高昌王
子身份,《麴仕悦像記》載其職官爲"官至威遠將軍、鎮京將軍、橫截公、左衛將軍、出特
勤、鎮軍將軍、田地公",可見麴沖所任諸種職官中有"田地公",按《周書·高昌傳》載
"次有公二人,皆其王子也,一爲交河公,一爲田地公",③衹有高昌王子才能擔任。這顯
然與麴沖過繼並與麴嘉成爲宗法意義上的兄弟有關。麴景能被追贈與高昌王地位大略
相當的職官,顯然是其子麴沖在獲得王子地位後,憑其生父的身份所致。

麴沖既然爲高昌國王子,那麼《麴仕悦像記》所載其職官就可視爲反映高昌國王子
仕宦情形的一份較爲完整的記録,具有一定的參考價值。同時前文已提及的《麴叡芝
碑》也記載了麴沖的職官,我們可以並列如下:

《麴仕悦像記》	《麴叡芝碑》
官至威遠將軍、鎮京將軍、橫截公/左衛將軍、□□出特勤、鎮軍將軍、田地公	鎮京將軍、橫截公/鎮衛等將軍、田地宣穆公

通過比對,可以發現《麴叡芝碑》所載雖較《麴仕悦像記》更爲簡略,但也有補充的
地方,如載麴沖爲"田地宣穆公","宣穆"應該是謚號,爲麴沖卒後被贈。同時兩種石刻

---

① 《魏書》卷一〇一《高昌傳》,第2244頁。
② 《魏書》卷一〇《孝莊紀》,第258頁。
③ 《周書》卷五〇《高昌傳》,北京:中華書局,1971年,第914頁。

所展現的麴沖的職官結構也是相同的,都顯示麴沖的仕宦分爲"橫截公"和"田地公"前後兩階段,任"橫截公"時所帶軍號爲"威遠將軍、鎮京將軍",任"田地公"時所帶軍號爲"左衛將軍""鎮軍將軍""鎮衛等將軍",①並被封柔然官號"□□出特勤"。可以看出,"田地公"的地位應該是稍高於"橫截公"。

麴沖的職官結構從性質上又可分爲四個組成部分,即軍號(威遠將軍、鎮京將軍、左衛將軍、鎮軍將軍、鎮衛等將軍)、爵(橫截公、田地公)、謚號(宣穆)、柔然官號(□□出特勤)。侯燦、王素先生在其他中外學者的基礎上對麴氏高昌軍號及其等級進行了系統考訂,②但受資料限制,"鎮京將軍"和"鎮衛將軍"未被列入,現可補之。又侯燦先生推測"鎮軍大將軍"可能是麴氏晚期增置,現據麴沖曾任"鎮軍將軍",可知該軍號在麴氏高昌初期已設置。

結合上揭《記高昌碑》所收《重光寺銘》中已出現的"鎮西將軍",我們似乎可以做出一個推測,即《梁書·高昌傳》所載"官有四鎮將軍及雜號將軍"③中的"四鎮將軍"可能指"鎮京將軍""鎮軍將軍""鎮衛將軍"及"鎮西將軍",④這四個軍號的共同之處在於擔任者基本爲王室子弟,⑤在品級上大體相當,所以地位崇重,有別於"雜號將軍"。退而言之,假設有鎮東、鎮西、鎮南、鎮北四軍號,但再加上鎮京、鎮軍、鎮衛三軍號,就變成了七鎮將軍,也殊難理解,所以在此提出一異見,姑備一說。

值得一提的是"鎮京將軍"出現在麴氏高昌時已有變化的迹象。按《晉書·沮渠蒙遜載記》載"又以從祖益子爲鎮京將軍、護羌校尉、秦州刺史,鎮姑臧",北涼都城在姑臧,可知"鎮京將軍"駐扎在京師。又《資治通鑑》載義熙八年南涼乞伏熾磐"以其弟曇達爲鎮京將軍,鎮曇郊",胡三省注爲"乞伏都譚郊,自謂爲京師,故置鎮京將軍以鎮之",⑥揭示出"鎮京將軍"的設置與駐扎於京師的相關性。

但麴沖所任之"鎮京將軍"應該不再具有駐軍於京師的意涵,原因在於麴氏高昌國

---

① 按上文《記高昌碑》所收《重光寺銘》載,麴子堅爲麴嘉第五子,其職官爲"鎮西將軍、交河(公)",同樣是公爵搭配將軍戎號,與麴沖職官結構相同。

② 王素:《麴氏王國軍事制度新探》,《文物》2000 年第 2 期,第 81 頁。

③ 《梁書》卷五四《高昌傳》,北京:中華書局,1973 年,第 811 頁。

④ 之前學者多從《晉書》記載出發,認爲"四鎮將軍"應指鎮東、鎮西、鎮南、鎮北四將軍,所以依據出土文書衹出現鎮西將軍,而得出高昌似乎沒有四鎮將軍的看法,但麴氏高昌作爲邊陲小國,不一定完全在官制上遵照晉制。如鎮衛將軍由後趙所置,鎮京將軍由北涼所置,可知麴氏高昌的官制是融合胡漢的,高昌的四鎮不一定是晉制的四鎮。

⑤ 由前文可知,麴沖任"鎮京將軍""鎮軍將軍""鎮衛將軍",麴子堅任"鎮西將軍",皆以高昌王子身份擔任。

⑥ 《資治通鑑》卷一一六《晉紀三十八》,第 3650 頁。

一直是在大國夾縫中生存的附屬國,作爲高昌王庭所在的高昌郡應該不具備被稱爲"京"的資格,從目前已知的各種相關文獻似乎也看不出稱高昌郡爲"京"的迹象,而稱"京"可能也會形成對宗主國的僭越。① 再則高昌郡軍政長官爲高昌令尹,由高昌王世子擔任,其軍號就目前所知文獻記載,爲"右衛將軍""中軍將軍""[護]軍大將軍"等,② 與"鎮京將軍"無涉。

又由上揭麴沖任"橫截公"時所帶軍號爲"鎮京將軍",且"橫截公"地位低於高昌令尹,可知"鎮京將軍"的品級應該也是低於高昌令尹所帶"右衛將軍""中軍將軍"等軍號。而由麴沖任"橫截公"時帶"鎮京將軍"來看,顯然是以"鎮京將軍"的軍號駐守於橫截郡。"鎮京將軍"的名與實發生了錯位,意味着其實際内涵開始出現虚化,呈現出一種位階化的趨勢。但祇此一例,很難具有全面的代表性,還待更多相關例證的發掘。而我們從"鎮京將軍"内涵的變遷,看出麴氏高昌在官制上對河西五凉政權因襲的同時,也根據自身的實際情況進行了調整,則應該大致是可以成立的。

相對於軍號,麴沖被授之爵(橫截公、田地公)也多有可論之處。首先是爵的形式問題,大體而言,麴氏高昌的爵分爲帶"開國"與不帶"開國"兩種。例如麴氏高昌國王麴嘉之爵爲"泰臨縣開國伯",③麴子堅之爵爲"河西郡開國公",④皆爲帶"開國"之爵。而麴沖被授之"橫截公""田地公"則爲不帶"開國"之爵,如果二"公"帶"開國",形式上就應爲"橫截郡開國公""田地郡開國公",甚至高於麴嘉,與麴子堅平級,這就構成僭越,應該没有這種可能性。

那麼問題在於爲什麼會有兩種不同的形式存在? 這可能由高昌王被北魏授予的官爵可得到一定程度的解答,按上引《魏書·高昌傳》載"延昌中,以嘉爲持節、平西將軍、瓜州刺史、泰臨縣開國伯,私署王如故",麴嘉的官爵分爲兩部分,一部分是"持節、平西將軍、瓜州刺史、泰臨縣開國伯",由北魏朝廷所授;另一部分是"私署王",由麴嘉私署。上述"橫截公""田地公"既然没有帶"開國"的可能性,應該也是由高昌王私署。由此我

---

① 王素《麴氏高昌中央行政體制考論》(《文物》1989 年第 11 期,第 49 頁)一文揭示出麴氏高昌在職官設置上基本遵循藩國體制底線,爲無僭越之嫌,而結合自身實際情況對職官進行局部調整。

② 如《高昌新興令麴斌芝造寺施入記》(前引《高昌三碑略考》,第 151 頁)載"右衛將軍多波旱鍮屯發高昌令尹麴乾固",《高昌延昌二十七年(587)六月廿九日兵部條列買馬用錢頭數奏行文書》[《吐魯番出土文書》(圖文對照本第壹册),第 340 頁]載"中軍將軍高昌令尹麴伯雅",《高昌民部殘卷》[《吐魯番出土文書》(圖文對照本第貳册),第 40 頁]載"[護]軍大將軍高昌令尹臣麴□□"。

③ 《魏書》卷一○一《高昌傳》,第 2244 頁。

④ 《梁書》卷五四《高昌傳》,第 811 頁。

們可以大致認爲麴氏高昌存在兩套爵位系統：一套是與北魏政權接軌的"開國"爵位系統，從目前已知的文獻來看，似乎被授者衹有高昌國王。另一套即高昌王私署的"王—公"爵位系統。

麴氏高昌的這套"王—公"爵位系統似乎也有其歷史淵源，如《晉書·吕光傳》載"自稱使持節、侍中、中外大都督、督隴右河西諸軍事、大將軍、領護匈奴中郎將、涼州牧、酒泉公……光於是以太元二十一年僭即天王位……立世子紹爲太子，諸子弟爲公侯者二十人"，①後涼吕光先爲"酒泉公"，後私署"天王"，又封子弟爲"公侯"。又《晉書·沮渠蒙遜傳》載"隆安五年，梁中庸、房晷、田昂等推蒙遜爲使持節、大都督、大將軍、涼州牧、張掖公……俄而蒙遜遷於姑臧，以義熙八年僭即河西王位……如吕光爲三河王故事"，②北凉沮渠蒙遜同樣先爲"張掖公"，後私署"河西王"，並明言"如吕光爲三河王故事"，體現出這種"王—公"爵位系統在河西五涼政權中的穩定性和承襲性。而高昌長期作爲河西五涼政權的屬郡，在發育成與之類似的割據政權後，對其爵制進行因襲，應該是順理成章的。

麴氏高昌似乎也更爲倚重這套私署爵位，與北魏對接的"開國"爵位系統則更多地用於外交性的應付，文獻對其記載一般在麴氏高昌對北魏朝貢及北魏對麴氏國王進行封賞、追贈的場合出現。楊光輝認爲在南北朝時期無"開國"字樣加於爵稱前的封爵都純屬虛封之爵，③但在麴氏高昌國可能恰好相反，如《周書·高昌傳》載"其大事決之於王，小事則世子及二公隨狀決斷"，④"二公"即"交河公"和"田地公"，一般封授於王子，也就是説高昌王子是可以憑藉"交河公""田地公"的爵號與"世子"共同處理政務，其權力僅次於"世子"，可見並非虛號。又按《隋書·高昌傳》載"大事決之於王，小事長子及公評斷"，⑤參與處理政務的"二公"變成了"公"，範圍加大，一則説明麴氏高昌封"公"者並非衹有交河、田地二"公"，麴沖被封之"横截公"見於《麴仕悦像記》，即可作爲一證；二則"公"的成員增多，意味着有成爲參政群體的趨勢，其影響力可能會進一步加大。

在接受北魏封爵的同時，麴氏高昌同樣接受周邊少數民族的封號，關於這一點，學

---

① 《晉書》卷一二〇《吕光載記》，北京：中華書局，1974 年，第 3060 頁。

② 《晉書》卷一二九《沮渠蒙遜載記》，第 3192 頁。

③ 楊光輝：《漢唐封爵制度》，北京：學苑出版社，2002 年，第 33 頁。

④ 《周書》卷五〇《高昌傳》，第 915 頁。

⑤ 《隋書》卷八三《高昌傳》，北京：中華書局，1973 年，第 1847 頁。

界已多有論述,此處不贅。這裏要提到的是麴沖所被授之"□□出特勤",馬雍先生依據《麴斌造寺碑》揭示出麴氏高昌受突厥控制始於第六代王麴寶茂,具體時間大約在公元 554 年前後。[1] 王欣先生則詳細論述了從麴氏高昌立國迄於公元 541 年高車被柔然滅國一段時期内,麴氏高昌受柔然、高車交替控制的歷史過程。[2] 麴沖與麴嘉爲從兄弟,其被授之"特勤"自然不是出自突厥,而是由柔然或高車所授。羅新先生認爲柔然的官號"提勤"與"直勤""敕勤""特勤"十分接近,都是對"tigin/tekin"一詞的轉寫,[3]那麼麴沖所任之"特勤"可能來自柔然封授。羅氏又認爲"提勤""直勤""敕勤""特勤"等名號是"tigin"一詞在從北朝至唐代的不同時代的轉寫,唐代譯"tigin"爲"特勤"。[4] 事實上,目前涉及柔然的文獻中似乎也沒有見到"特勤"這一官號。但在《高昌主簿張綰等傳供帳》記載柔然官號"提勤"的大致同時或稍後,麴沖却被柔然封授"特勤",在同一地域的大致同時,出現關於同一官號的不同書寫,這就殊爲可怪。可能比較合理的一種解釋就是由於《麴仕悦像記》作於唐顯慶年間,距麴沖所在時代已較久遠,所以用唐代對"tigin"的轉寫"特勤"遮蔽了麴沖時代對"tigin"的轉寫"提勤"。因爲不管是"提勤"還是"特勤",他們據以轉寫的柔然語書寫方式都是一致的,麴仕悦的家人們可能留有關於麴沖被柔然封授的原始文件,然後據唐代的語境轉寫爲"特勤"。

麴沖之子麴孝真也被授"三河□特勤",應該同樣由柔然封授,情形應與麴沖類似。不同的是,自麴孝真一代開始,其家族仕宦開始進入一個新的階段。現將自麴孝真起,迄於麴元□(麴仕悦已入唐,故不列入)的幾代仕宦情況條列如下:

代　際	姓　名	軍　　號	職事官	封　號
第三代	麴孝真	建武將軍、龍驤將軍	橫截[太]守	三河□特勤
第四代	麴階芝	左衛大將軍	橫截太守	
第五代	麴法願	寧朔將軍、左衛將軍	橫截太守	
第六代	麴元□	威遠將軍、伏波將□	[橫]截太守	

從上表可以看出,自麴孝真以後數代成員的職官結構基本穩定,即軍號加橫截太

---

① 馬雍:《西域史地文物叢考》,北京:文物出版社,1990 年,第 150 頁。
② 王欣:《麴氏高昌王國與北方遊牧民族的關係》,《西北民族研究》1991 年第 2 期,第 191 頁。
③ 羅新:《中古北族名號研究》,北京大學出版社,2009 年,第 90 頁。
④ 《中古北族名號研究》,第 158 頁。

守,所以可一併加以討論。首先從軍號上而言,參照王素先生的考訂,[1]麴孝真的"建武將軍""龍驤將軍"分別爲從四品、從三品,麴階芝的"左衛大將軍"爲正二品,麴法願的"寧朔將軍""左衛將軍"分別爲從四品、正三品,麴元的"威遠將軍""伏波將軍"皆爲從五品。從軍號品級的變化,我們大致可以看出橫截郡太守的地位是一致處於變動過程之中的,上限可至正二品,下限可能也不會低於從五品。田地郡、交河郡的地位相對橫截郡可能會略高,但估計變化的幅度應該也不會越過這個區間。

我們還可以看出,麴沖與其之後的數代有一個最明顯的區別,即麴沖所任之"橫截公""田地公"在其之後的數代不再被封授。其中的緣由可能還是如前文所言,與麴沖的特殊際遇有關,其憑藉與麴嘉宗法意義上的兄弟關係獲得王子的地位,所以能被封爲"公",這種關係從其下一代開始自動取消,從此成爲麴氏王室的旁支,不再享有被封爲"公"的資格。這也從側面進一步印證了"公"爵地位的崇高性,僅授予麴氏王族的王子。

而麴仕悦家族地位的奠定似乎也是始於麴沖被封授爲"公",其之後的數代任"橫截太守"應該與其被封"橫截公"存在某種關聯。從麴沖一代開始,迄於麴氏高昌滅亡前的麴元□一代,該家族一直擔任"橫截太守",與麴氏高昌國相始終,顯示出鮮明的世襲性。白須淨真先生對麴氏高昌國的地方豪族的世族門閥現象進行過較爲系統的論述,[2]視線主要集中於地方,其研究路徑主要是從家族墓葬分布的親緣關係入手,進行間接分析。《麴仕悦像記》則提供了一個家族世系及仕宦完整而又直觀的案例,該家族仕宦鮮明的世襲性,[3]很容易讓人與同時期中原南北朝政權中士族門閥地位的世襲性聯繫起來。目前學界對麴氏高昌國存在與中原政權類似的門閥社會已基本達成共識,但多從聯姻家族的内婚特徵及葬地的聚族而葬進行論證。而《麴仕悦像記》所揭示出的世襲性則給我們一種啓示,高昌豪族門閥的形成可能也會依賴家族仕宦世襲這種路徑。

結　語

通過以上圍繞《麴仕悦像記》的探討,我們基本上揭示出麴仕悦家族與高昌王室的

---

① 王素:《麴氏王國軍事制度新探》,《文物》2000 年第 2 期,第 81 頁。

② 參見白須淨真《吐魯番的古代社會——新興平民階層的崛起與望族的没落》,收入《魏晉南北朝隋唐史學的基本問題》,北京: 中華書局,2010 年。

③ 姜伯勤先生在《高昌世族制度的衰落與社會變遷——吐魯番出土高昌麴氏王朝考古資料的綜合研究》(《中國社會歷史評論》第四卷,北京: 商務印書館,2002 年)一文中依據《張雄及妻麴氏墓誌》中麴氏的祖父及父親皆任橫截太守,指出該家族仕宦具有世襲性。而《麴仕悦像記》關於該家族的世系和仕宦的記載更爲完善,進一步證明了這種世襲性。

具體關聯，以及其完整的家族世系，而該世系所涉時代起於高昌立國前一代，止於入唐後的開元年間，爲目前所僅見，頗具參照價值。同時《麴仕悦像記》記載了麴嘉從父麴景的職官，其職官的文化性及體現出來的與高昌王室關係的親密性，皆表明麴嘉出身爲高昌當地有文化背景的大族。這也是目前涉及麴嘉家族背景的僅見記載。

麴景之子麴沖因與麴嘉爲過繼兄弟而具備王子身份，所以《麴仕悦像記》所載其職官也具有了一定的典型性，可作爲我們了解麴氏高昌王子職官結構的參照。而我們通觀麴仕悦家族歷代所任職官，確實僅有麴沖任"橫截公""田地公"，這也與正史記載王子任"諸公"若合符契。"諸公"作爲高昌王室私署的爵位，享有參政、議政權而位高權重，而中原政權之開國類爵位則基本封授高昌國王，多爲表示對中原政權臣屬的姿態，並無多大實際意義。

當然僅僅因爲麴沖與麴嘉的過繼兄弟關係，尚難以完全解釋爲何麴沖之後數代仍能保持權位不墜。這可能還與麴沖二子孝真、孝亮在"開定焉耆"、出使北魏等穩定麴氏高昌立國局勢的事功有關，並可能由此穩固了自己的家族勢力，在橫截郡形成了世襲的局面。因目前材料所限，我們僅見麴仕悦家族在橫截郡世襲的個案，很難説明其具有普遍性，但至少説明其他類似家族也有産生這種世襲局面的可能性，並由此生成爲門閥。

《麴仕悦像記》沒有記載麴仕悦爲橫截太守，僅記載其入唐以後的終官，所以不排除麴仕悦的子孫出於避忌的緣故，而刻意不記載麴仕悦在高昌國時期的職官，其中可能包括橫截太守。麴仕悦出身高昌王族，且與大族張雄家族聯姻，所以在入唐後被遷入京兆府，説明高昌移民被遷入內地的目的地應爲兩京。

永徽之後這批移民回遷高昌，麴仕悦升任西州司馬，也説明了其家族在高昌地位的顯赫。麴仕悦孫女麴娘的墓誌顯示，麴仕悦之子麴達任內地折沖府果毅，開始褪去其作爲高昌豪族的特殊性，這與張雄子孫仕宦基本類似，應具備一定的典型性。而麴娘還是嫁於張氏，説明相對於政治地位上的變遷，聯姻的慣性還是更具有穩定性。麴仕悦後代除麴娘以外，再無其他相關記載，因此其家族的最終走向還不得而知，但在高昌國時期該家族的記載是相對完整的，其地位起伏正可視爲高昌國盛衰的一個縮影。

附記：在論文的寫作過程中，王素老師、劉安志老師多有鼓勵，並提出了寶貴建議，在此表示感謝！

《魏晉南北朝隋唐史資料》第四十九輯

2024 年 5 月,61—73 頁

中古曆日的整體特徵及影響[*]

趙　貞

中古時期的曆日,雖然傳世典籍的記載比較匱乏,但基於敦煌吐魯番出土曆日文獻,[①]其内容“總括看來,迷信和科學内容參半”。[②] 一方面,曆日中的朔閏、月建、節氣、物候、晝夜漏刻和日出時刻,始終體現着曆法學“敬授民時”的成果,其科學性顯而易見。另一方面,曆日中又不可避免地摻雜着有關吉凶宜忌、“陰陽雜占”和術數文化的諸多内容,其“迷信”成分似乎也毋庸置疑。英國歷史學家屈維廉説:“恢復我們祖先的某些真實的思想和感受,是歷史家所能完成的最艱巨、最微妙和最有教育意義的工作。”[③]今天

---

　* 本文係國家社科基金新疆歷史問題研究專項(23VXJ008)、國家社科基金“歷史視野下中國古代各族群交往交流交融資料的搜集整理與研究”(22VMZ011)、中央高校基本科研業務費專項資金助“敦煌吐魯番及黑水城曆日文獻的整理與研究”(1233200002)、故宫博物院 2021 年開放課題“故宫博物院藏清代《時憲書》整理與研究”的階段性成果,本課題得到北京故宫文物保護基金會、中國青少年發展基金會梅賽德斯—奔馳星願基金的公益資助。

　① 根據鄧文寬的整理,敦煌出土曆日文獻(含殘片)有 60 多件。參見鄧文寬輯校:《敦煌天文曆法文獻輯校》,南京:江蘇古籍出版社,1996 年;鄧文寬:《敦煌三篇具注曆日佚文校考》,《敦煌研究》2000 年第 3 期;鄧文寬:《莫高窟北區出土〈元至正二十八年戊申歲(1368)具注曆日〉殘頁考》,《敦煌研究》2006 年第 2 期。鄧文寬:《跋日本“杏雨書屋”藏三件敦煌曆日》,黃正建主編《中國社會科學院敦煌學回顧與前瞻學術研討會論文集》,上海古籍出版社,2012 年,第 153—155 頁;鄧文寬:《兩篇敦煌具注曆日殘文新考》,《敦煌吐魯番研究》第 13 卷,上海古籍出版社,2013 年,第 197—201 頁;吐魯番出土曆日,現在可考的有《闞氏高昌永康十三年(478)、十四年(479)曆日》《高昌延壽七年(630)曆日》《唐顯慶三年(658)曆日》《唐儀鳳四年(679)曆日》《唐永淳二年(683)曆日》《唐永淳三年(684)曆日》《唐神龍元年(705)曆日序》《開元八年(720)曆日》《明永樂五年丁亥歲(1407)具注曆日》等九件外,還有 Ch. 1512、Ch. 3330、Ch. 3506、Ch/U. 6377、U. 284、Mainz. 168、MIK Ⅲ 4938、MIK Ⅲ 6338 等殘片。參見鄧文寬:《吐魯番新出〈高昌延壽七年(630)曆日〉考》《跋吐魯番文書中的兩件唐曆》《吐魯番出土〈唐開元八年(720)具注曆日〉考》《吐魯番出土〈明永樂五年丁亥歲(1407)具注曆日〉考》,收入氏著《敦煌吐魯番天文曆法研究》,蘭州:甘肅教育出版社,2002 年,第 228—261 頁;榮新江主編:《吐魯番文書總目(歐美收藏卷)》,武漢大學出版社,2007 年,第 126、270、284、363、703 頁;榮新江、李肖、孟憲實主編:《新獲吐魯番出土文獻》,北京:中華書局,2008 年,第 158—159、258—263 頁;榮新江、史睿主編:《吐魯番出土文獻散録》,北京:中華書局,2021 年,第 208—215 頁;劉子凡:《黃文弼所獲〈唐神龍元年曆日序〉研究》,《文津學志》第 15 輯,北京:國家圖書館出版社,2021 年,第 190—196 頁。

　② 鄧文寬:《敦煌文獻中的天文曆法》,《文史知識》1988 年第 8 期;收入氏著《敦煌吐魯番天文曆法研究》,第 1—8 頁;《鄧文寬敦煌天文曆法考索》,上海古籍出版社,2010 年,第 21—28 頁。

　③ 何兆武主編,劉鑫等編譯:《歷史理論與史學理論:近現代西方史學著作選》,北京:商務印書館,1999 年,第 632 頁。

來看,曆日中即使是"迷信"的内容,也值得學界進一步瞭解和探究,以便更爲客觀地接近中古時代民衆"真實的思想和感受",有助於更爲準確地透視中古社會的"知識、思想和信仰狀況"。

一、中古曆日的整體特徵

首先,從形制來説,中古曆日有簡本曆日和繁本具注曆日之分。簡本曆日在形式上又有直讀和橫讀的區分。前者如《闞氏高昌永康十三年(478)、十四年(479)曆日》《北魏太平真君十一年(450)、十二年(451)曆日》和《唐開成五年(840)曆日》,皆采用自右向左、從上至下的豎直書寫和讀法。簡本橫讀曆日見於《高昌延壽七年庚寅歲(630)曆日》,其編製形式與漢簡曆譜的編册方式相同。[①] 繁本具注曆日通常分欄書寫,亦遵循自右向左、從上至下的豎直讀法,一般有干支五行建除、弦望和社奠伏臘、節氣和物候、逐日神煞和宜忌事項、漏刻、人神、日遊、蜜日注等八欄。大略言之,簡本更多呈現的是"紀日"特徵,而繁本則展示的是"序事"功能。從簡本曆日到繁本具注曆日的發展,[②]反映出中古曆日曆注要素的不斷疊加與補充。與此相應,曆日内容也隨着曆注要素的漸趨添加而變得愈來愈豐富起來。

其次,從寫本學的角度來看,"朱墨分布,具注星曆"是中古曆日撰述的基本形制。事實上這種"朱墨分布"的特點是中古寫本中比較常見的一種書寫體式,因而在户籍、令式表(P.2504)、佛經、占卜文書、醫籍等文獻中經常能看到朱墨書寫的使用。杏雨書屋藏羽40R《新修本草》殘卷提道:"右朱書《神農本經》,墨書《名醫别録》,新附者條下注言'新附',新條注稱'謹案'。"[③]可見,朱墨分書的體例對本草學著作的甄别提供了可靠的依據。敦煌具注曆日中,"朱墨分布"的特點很大程度上體現在有關日期和事項的朱筆標注上。比如,曆日中諸如九宫、歲首、歲末、蜜日、漏刻、日遊、人神、人日、藉田、啓源祭、祭川原、社、奠、祭風伯、祭雨師、初伏、中伏、後伏、臘等信息,俱有朱筆注記,而

① 柳洪亮:《新出麴氏高昌曆書試析》,《西域研究》1993年第2期;鄧文寬:《吐魯番新出〈高昌延壽七年曆日〉考》,《文物》1996年第2期。

② 陳昊指出,"曆日"作爲曆書的自題名,唐代一直使用到唐武宗時期,自唐僖宗時期以後則使用"具注曆日"。唐前期官方曆日中已有吉凶宜忌的内容,全國範圍内的曆書形制基本統一,這種形制一直延續到敦煌吐蕃和歸義軍時期。參見陳昊:《"曆日"還是"具注曆日"——敦煌吐魯番曆書名稱與形制關係再討論》,《歷史研究》2007年第2期。

③ [日]武田科學振興財團編集:《杏雨書屋藏敦煌秘笈》影片册一,はまや印刷株式會社,2009年影印本,第271頁。

其他主體內容則多用墨筆寫成。就功用而言,這些朱筆主要起着一種標識、警示、提醒和校勘作用。如果説歲首、歲末、蜜日、三伏日、臘日等的朱筆是出於"紀日"提醒的話,那麼藉田、社、奠、風伯、雨師等的朱筆,更多的是基於"序事"的考慮。總括來説,曆日中的這些朱筆注記起着一種"紀日序事"的功能。

第三,從材料來看,敦煌吐魯番所出曆日文獻是探討中古曆日的主體資料,其中呈現的曆日素材有中原、敦煌和吐魯番三種類型,在文本載體上正處於寫本向印本過渡的階段。尤其是敦煌曆日文獻,除了敦煌當地的自編曆日外,還有來自傳抄中原曆日的情況。以往學者注重從朔閏和月建大小兩方面區分敦煌曆與中原曆的差異,①但似乎忽視了印本曆日的特殊性。具體來説,S. P6《乾符四年具注曆日》並非敦煌自編曆書,而應是來自中原地區的曆日。S. P10 是劍南西川成都府樊賞家印本曆日,S. P12 是上都(長安)東市大刀家印本曆日,這三件印本曆日顯然都屬於中原曆日。此外,我國發現的現存最早雕版印刷品——Дx. 2880《唐大和八年甲寅歲(834)曆日》,"不大可能是在敦煌本土雕印的,似應由外地流入"。② 寫本曆日中,S. 612《大宋國太平興國三年戊寅歲(978)應天具注曆日》題有"王文坦請司天臺官本勘定大本曆日",可知亦爲中原曆日。以上 S. P6、S. P10、S. P12 和 S. 612 四件中原曆,以及歸義軍節度押衙守隨軍參謀翟奉達編撰的 S. 2404《同光二年甲申歲(924)具注曆日並序》,都有相應的配圖,圖文並茂,可謂是曆日形制發展的一大亮點。比如 S. P10 中的"推男女九曜星圖",③S. P12 中的"周公五鼓圖""八門占雷圖",S. P6 配有"十二相屬圖""十干得病鬼形圖""五姓安置門户井竈圖"等數十幅,令人眼花繚亂,這或許是印本時代的産物。寫本曆日中,S. 2404 中的"葛仙公禮北斗圖""申生人猴相本命元神圖",S. 612 配有"十二元神真形各注吉凶圖",體現出濃厚的宗教文化背景。④ 至於其他寫本曆日,多配有年九宫和月九宫圖,姑且視爲一種簡單的圖文對照形式。總之,圖文之間的左右參照或上下呼應,使得中古曆日呈現出更爲豐富多彩的社會文化内容。

---

① 比如朔日,兩者常有一至二日的差別。閏月也很少一致,敦煌曆通常比中原曆或早或晚一至二月。參見王重民:《敦煌本曆日之研究》,《東方雜誌》第 34 卷第 9 号,1937 年;收入氏著《敦煌遺書論文集》,北京:中華書局,1984 年,第 116—133 頁。施萍亭:《敦煌曆日研究》,敦煌文物研究所編《1983 年全國敦煌學術討論會文集》文史·遺書編(上册),蘭州:甘肅人民出版社,1987 年,第 305—366 頁;收入施萍婷《敦煌習學集》,蘭州:甘肅民族出版社,2004 年,第 66—125 頁。鄧文寬:《中原曆、敦煌具注曆日比較表》,《敦煌天文曆法文獻輯校》附録一,南京:江蘇古籍出版社,1996 年,第 701—735 頁。
② 鄧文寬:《敦煌吐魯番天文曆法研究》,蘭州:甘肅教育出版社,2002 年,第 216—217 頁。
③ 現存 S. P10 殘曆中並無配圖,據殘存文字"推男女九曜星圖"推斷,該曆原本當有相應的插圖。
④ 趙貞:《敦煌文書中的"七星人命屬法"釋證——以 P. 2675 bis 爲中心》,《敦煌研究》2006 年第 2 期。

  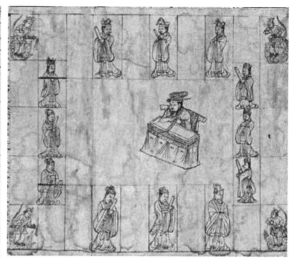

圖一　葛仙公禮北斗　圖二　申生人猴相本命　圖三　十二元神真形各注吉凶圖(S. 612)
　　　圖(S. 2404)　　　　　元神圖(S. 2404)

　　第四,就功用而言,中古曆日除了"敬授民時",指導農業生産,以及安排國家政務與傳統祭禮的時間節奏外,還對官民百姓的日常生活有切實的指導作用。比如,天寶十三載(754)交河郡長行坊的䩾料供給,即以曆日規定的每月日數爲據,"爲正月、二月曆日未到,准小月支,後曆日到,並大月,計兩日料"。①交河郡地處邊疆,距離長安 5 030 里,②未能及時收到官方曆日,故對大月、小月不甚瞭解情有可原。李益《書院無曆日以詩代書問路侍御六月大小》③表明,人們對於每年大月、小月知識的認知,似乎主要依賴於曆日的規定。一旦手中没有曆日,官民往往普遍無所適從。乃至晚唐"僖宗入蜀"之際,蜀地民衆即有"爭月之大小盡"的糾紛。④白居易《十二月二十三日作兼呈晦叔》詩云:"案頭曆日雖未盡,向後唯殘六七行。"⑤說明每年歲末頒布的曆日已是官員案頭的必備之物。裴廷裕《東觀奏記》載:

　　①　唐長孺主編:《吐魯番出土文書》圖文本〔肆〕,北京:文物出版社,1996 年,第 487 頁。
　　②　西州交河郡至長安的道路里程,《通典》記爲"五千二(三)百六十五里",《元和郡縣圖志》謂"五千三十里",《舊唐書·地理志》作"五千五百一十六里",《太平寰宇記》則爲"五千三百六十七里"。本文即以《元和郡縣圖志》爲據。有關唐宋地理志書所記西州至長安里程,嚴耕望曾製作表格予以辨析。參見嚴耕望:《唐代交通圖考》第二卷《河隴磧西區》,北京聯合出版公司,2021 年,第 424 頁。
　　③　(清)彭定求等編:《全唐詩》卷二八三,北京:中華書局,1960 年,第 3221 頁。
　　④　(宋)王讜撰,周勛初校證:《唐語林校證》,北京:中華書局,1987 年,第 671 頁。
　　⑤　(唐)白居易撰,顧學頡校點:《白居易集》卷三一,北京:中華書局,1979 年,第 691 頁。

河東節度使劉瑑在内署日,上深器異。大中十一年,上手詔追之,令乘遞赴闕。初無知者,瑑奏發太原,人方信之。既至,拜户部侍郎、判度支。十二月十七日,次對,上以御案曆日付瑑,令於下旬擇一吉日。瑑不諭旨,上曰:"但擇一拜官日即得。"瑑跪奏:"二十五日甚佳。"上笑曰:"此日命卿爲相。"秘無知者。①

這則"擇日拜官"的故事,適可與具注曆中的加官、拜官、加冠、冠帶等事項相契合。結合臘日皇帝賞賜大臣口脂、新曆一軸的慣例,②可知曆日仍是官場中有司官員獲得朝廷賞識、贏得帝王信任的物品,甚至還是天子御案的必備之物。當然,從形而下的層面來説,中古曆日的社會功能,更多體現在對民衆日常社會生活的規範與約束。誠如具注曆日中的諸多宜忌事項,大致與民衆的日常生活息息相關。比如出行、移徙,官禄方面的拜官、拜謁、見官,婚姻中的結婚、嫁娶,喪葬中的葬埋、殯葬、斬草,教育中的入學、學問,醫藥中的治病、療病、服藥、經絡,身體方面的洗頭、剃頭、沐浴、剪爪甲、除手足爪、除手甲、裁衣,儀式方面的祭祀、祭竈、升壇、解除、符鎮、鎮厭、解鎮、厭勝,修造方面的修宅、造車、修車、修井竈、修碓磑、修垣,土建方面的起土、伐木、上樑、立柱、蓋屋、築城郭、培城郭,家務方面的掃舍、塞穴、作竈、安床、安床帳、和酒漿、破屋、壞屋舍、壞牆舍,生財方面的市買、入財、納財、奴婢六畜,農事方面的種蒔、藉田、通渠、通河口等,③幾乎覆蓋了民衆生活的方方面面。仔細考量,這些事項並未與國家的政治、禮法、軍事、征伐、訴訟、刑獄等有任何關涉,④正説明曆日中呈現的逐日吉凶宜忌,從根本上説是爲庶民大衆的日常生活服務的。

二、中古曆日的形成過程

如果從"長時段"的視角來看,中古曆日的形成及曆注要素的豐富,經歷了術數文化的漸次疊加和有關知識的"層累"過程。隨州孔家坡漢墓竹簡所見的漢景帝後元二

① (唐)裴廷裕撰,田廷柱點校:《東觀奏記》,北京:中華書局,1994 年,第 105 頁。
② 劉禹錫《爲淮南杜相公謝賜曆日面脂口脂表》云:"臣某言:中使霍子璘至,奉宣聖旨,存問臣及將士、官吏、僧道、耆壽、百姓等,兼賜臣墨詔及貞元十七年新曆一軸,臘日面脂、口脂、紅雪、紫雪并金花銀合二、金棱合二。"(宋)李昉等編:《文苑英華》卷五九六,北京:中華書局,1966 年,第 3093 頁。
③ 選擇活動的分類,參考了[法]華瀾《略論敦煌曆書的社會與宗教背景》一文,收入《敦煌與絲路學術文化講座》第 1 輯,北京圖書館出版社,2003 年,第 175—191 頁。
④ 南宋寶祐四年丙辰歲(1256)會天萬年具注曆中,宜忌事項中有訓練軍旅、閲武訓兵、舉兵攻伐、出軍討伐、訓教師旅、出兵攻伐、臨政視事等内容,説明這部官修曆日對於當時的軍國大事具有一定的指導作用。參見(宋)荆執禮:《寶祐四年會天曆》,(清)阮元編《宛委别藏》第 68 册,南京:江蘇古籍出版社,1988 年,第 1—54 頁。

年(前142)曆日,以60支簡排曆,册首從右至左横排六十干支用以紀日,起於"乙亥",終於"甲戌"。紀日干支之下自上往下依次分爲六欄,各欄從右往左,並自上往下轉欄排列全年月份並注明月大小,起於"十月",至於"九月"。同時注有節氣(立春、夏至、冬至)、初伏、中初(伏)、臘、出種等事項。① 該曆以十月爲歲首,九月爲歲末,應是以秦顓頊曆爲據而編排的曆日。降至兩漢,曆譜的内容可分爲兩部分:一部分爲朔閏、月大小及八節伏臘,一部分爲有關日之吉凶、禁忌的建除、反支、血忌、八魁、歸忌等事,"乃是占家所用"。② 1997年吐魯番洋海1號墓出土的《闞氏高昌永康十三年(478)、十四年(479)曆日》保存了永康十三年十一月、十二月和永康十四年正月共計三月的曆日,每月按天干(甲、乙、丙、丁、戊、己、庚、辛、壬、癸)分成三列十行,天干字體較大,書寫一次,每一天干下有三列干支紀日,且與建除十二客配合,依次排列,中間有小寒、大寒節氣的注記。③ 同墓出土的古寫本《甲子推雜吉日法》曰: ④

1 移徙,甲寅、乙卯、丙寅大吉。祠祀,甲申、丙申大吉。

2 □□,戊申、庚申、丙申大吉。祀竈,己丑、辛丑、丁丑大吉。

3 ⬚⬚⬚庚子、辛丑、乙丑大吉。治舍蓋屋,壬子、丙戌、庚子大吉。

4 ⬚⬚⬚□卯、庚申、辛卯大吉。治碓磨,丙申、丁酉、水卯大吉。

5 ⬚⬚⬚□辛巳、丁巳、乙巳大吉。裁衣,乙 卯 、□□、□卯大吉。

6 ⬚⬚⬚ 奴 婢,戊寅、丁卯吉。⬚⬚⬚⬚

7 ⬚⬚⬚辛未、水未吉。⬚⬚⬚⬚

（餘白）

陳昊通過對此件擇吉文書和上件曆日的字迹比定,"尤其是從其中多次出現的干支文字如甲、乙、丑、卯、辛、戌等寫法的相同性來看,可以肯定這是同一個人的筆迹,但

---

① 湖北省文物考古研究所、隨州市考古隊編:《隨州孔家坡漢墓簡牘》,北京:文物出版社,2006年,第35、117—122、191—194頁。

② 陳夢家:《漢簡綴述》,北京:中華書局,1980年,第239頁。

③ 榮新江、李肖、孟憲實主編:《新獲吐魯番出土文獻》,北京:中華書局,2008年,第158—159頁;田可:《吐魯番洋海1號墓闞氏高昌永康曆日再探》,《西域研究》2021年第4期。

④ 榮新江、李肖、孟憲實主編:《新獲吐魯番出土文獻》,第160—161頁。

不能肯定是同一文書"。① 或可注意的是,第 4 行"水卯"、第 7 行"水未",對應的干支是"癸卯""癸未",這顯然是爲避"癸""珪"諱而改,此種情況在北魏太平真君十一年(450)、十二年(451)曆日和 S.613《西魏大統十三年(547)計帳》中亦有反映。② 但問題是,既然兩件時代大致相近的文書是同一筆迹,爲何在曆日中仍用"癸"字而沒有避諱?不過,陳昊推測"曆書與選擇文書確實是配合使用",且考慮到移徙、祠祀、治碓磑、裁衣等事項全部見於敦煌吐魯番曆日,"因此説它是後來曆注的淵源,應該不錯"。③ 這爲我們理解中古曆日中逐日吉凶宜忌的形成提供了很好的啓示。

　　仔細剖析,曆日的核心要素是甲子紀日,在此基礎上,不斷添加五行、建除、神煞等術數元素,由此使得甲子紀日(或干支紀日)被賦予了一定的吉凶含義。生活在社會中的人們,總是在一定的時間内從事生産和社會交往活動,由於甲子紀日已然具有特定的吉凶宜忌内涵,因而人們的日常生活自然也與時日宜忌聯繫起來。事實上,敦煌本《六十甲子曆》即是一部以干支紀日爲據進行各類事項推卜的占書,每一干支都有適宜人們日常生活的具體事項:

　　　　庚子,義日,入官、□□□□□□百事大吉。

　　　　辛丑,保日,入官、親(視)事、移徙、嫁娶、祠祀、冠帶、市買、内六畜、起土、立屋、蓋屋,吉。

　　　　壬寅,保日,入官、親(視)事、移徙、嫁娶、祠祀、冠帶、市買、内六畜、起屋,並吉。

　　　　癸卯,保日,入官、親(視)事、移徙、嫁娶、祠祀、冠帶、市買、六畜、起土、立屋,吉利。

　　　　乙巳,入官、親(視)事、移徙、嫁娶、祠祀、冠帶、宜市買、内六畜、起土、作屋,並吉。

　　　　丙午,專日,入官、移徙、嫁娶、立屋,吉。

　　　　丁未,保日,入官、親(視)事、移徙、嫁娶、祠祀、所冠、帶寶、内六畜、起土,玄武蓋乃至,皆大吉。

---

　　① 陳昊:《吐魯番洋海 1 號墓出土文書年代考釋》,《敦煌吐魯番研究》第 10 卷,上海古籍出版社,2007 年,第 11—20 頁。

　　② 鄧文寬:《敦煌古曆叢識》,《敦煌學輯刊》1989 年第 2 期。

　　③ 陳昊:《吐魯番洋海 1 號墓出土文書年代考釋》,《敦煌吐魯番研究》第 10 卷,第 11—20 頁。

戊申,保日,入官、視事,吉。

己酉,入官、視事,吉。

庚戌,義日,入官、視事、祠祀、内六畜、移徙、嫁娶,百事大吉利。

辛亥,保日,入官、新(視)事、移徙、嫁娶、祠祀、冠帶、市買、内六畜、起土、立屋、蓋屋,富,吉。

癸丑,保日,入官、視事、嫁娶、祠祀、立屋、出行,百事吉。

甲寅,專日,入官、親(視)事、移徙,皆吉。

乙卯,入官、親(視)事、移徙、立屋、嫁娶、祠祀,所有行皆吉利。

丙辰,保日,入官、親(視)事、移徙、立屋、嫁娶、祠祀、冠帶、市買、納六畜、起土、蓋屋,吉利。

戊午,義日,入官、親(視)事、祠祀、納六畜、移徙、嫁娶,百事吉。

己未,專日,入官、親(視)事、移徙,吉。

乙酉,義日,入官、親(視)事、祠祀、移徙、嫁娶、老(修)宅,百事凶。

丙戌,制日,入官、親(視)事不吉,嫁娶、内六畜奴婢、出行吉,受受爲凶。①

　　理論上干支紀日共有六十條,但現存《六十甲子曆》並不完整,多數干支的占卜意象已殘缺不全。不難看出,六十甲子按照其性質可分爲義日、保日、專日、制日、困日五類,每類有十二干支,皆有適宜從事的事項,其中除了"視事"略顯生疏外,其他事項均見於敦煌具注曆日中。吐魯番洋海出土的高昌早期寫本《易雜占》載:

1 義日:甲子、丙寅、己巳、辛未、壬 申 、□□□□、庚辰、□□ □□

2 □□□□□□□凡此日爲義日。義日可以□□□□□

3 □□□□□來,賈市、入室、娶婦、祠

4 □□□□□事,爲吉也。

5 保日:丁丑、丙戌、甲午、庚子 、□(壬) 寅 、水卯、乙巳、丁未、戊申、己酉、辛

6 亥、丙辰,凡此日爲保日。保日可以種樹、築室、蓋屋、娶婦、祠祀、冠

7 帶、入官、入舍、行來、賈市、 取 陪,所爲皆吉。

8 制日:乙丑、甲辰、壬午、戊子、庚寅、辛卯、水巳、乙未、丙申、丁酉、己 亥 、

① 關長龍:《敦煌本數術文獻輯校》,北京:中華書局,2019年,第3—48頁。

9 甲戌,凡此日爲制日。制日可以爲吏、臨官、立政、入室、妻

10 娶、飲食、謁請、謀事、行作、賈市、徙居,吉。內寄者去,凶。

11 困日:庚午、丙子、戊寅、辛巳、己卯、水未、甲申、乙酉、丁亥、水丑、□(壬)

12 戌、壬辰,凡此日爲困日。困日不可舉百事,憂己有福,不卑有過,□吉。

13 專日:戊辰、戊戌、丙午、壬子、甲寅、乙卯、丁巳、己未、庚申、辛酉、水亥、

14 己丑,凡此日爲專日。專日不可內財及責,祠祀、嫁娶、入官、室

15 奴婢、六畜、行作、謀事、見貴人、請謁皆可,吉。不可分異,凶。

16 義、保、制、困、專:子生母曰義,母生子曰保,母

17 勝子曰制,子勝母曰困,子母相生曰專。①

顯而易見,六十甲子紀日根據五行的相生、相勝原理,分爲義、保、制、困、專五類,每類統涵十二干支。義日的干支雖有殘缺,余欣、陳昊復原爲甲子、丙寅、己巳、辛未、壬申、丁卯、癸酉、乙亥、庚辰、辛丑、庚戌、戊午,大致可以信從。但與敦煌本《六十甲子曆》對照,還是略有差異。② 但不管怎樣,這種對於六十甲子性質的劃分,爲吉凶事項的選擇提供了一種依據。義日、保日、制日的"可以"事宜和困日、專日的"不可"事項,與《六十甲子曆》中的諸多事項一樣,大多見於敦煌吐魯番曆日文獻的逐日宜忌活動中,這説明具注曆日的編撰,一定程度上汲取了《六十甲子曆》的有關内容。

當然,中古曆日的内容比較複雜,除了逐日宜忌事項外,還有很多曆注内容都是漸次疊加和滲透的。《唐六典》提到曆注的六種要素,即大會、小會、雜會、歲會、建除和人神,大致是官頒曆注的内容。但實際上,中古曆日的曆注要素總體來説由簡單到繁蕪,由單一到多元,隨着時代的演進越來越複雜。除了傳統的五行、建除等對干支日期有所限定外,還有來自年神、月神、日神等不同系統的神煞,都對有關干支紀日施加影響。不僅如此,一些術數文化或陰陽占卜知識也不斷向曆日滲透,並最終被編入曆日文本中。比如九宮、五姓十二生肖、五姓陰陽、呂才嫁娶圖、周堂用日圖,甚至失物占、出行占、發病書等,仍能明顯地看到占卜文書的痕迹。與此同時,醫藥系統的人神、日遊,以及民俗系統的十二生肖和信仰系統的"本命元神"等(S.612),都不同程度地滲入具注曆日中,由此進一步對人們的日常社會生活予以規範。

---

① 榮新江、李肖、孟憲實主編:《新獲吐魯番出土文獻》,第152—153頁;余欣、陳昊:《吐魯番洋海出土高昌早期〈易雜占〉考釋》,《敦煌吐魯番研究》第10卷,第57—84頁。
② 比如庚子、乙酉,敦煌本《六十甲子曆》均爲義日,而《易雜占》分别歸屬爲保日和困日。

三、中古曆日的定位與影響

中古曆日在中國古代曆日文化中究竟占據何種地位,其對後世曆日(曆書)有何深遠影響。畢竟從文本載體來說,中古曆日正處於從寫本時代向印本曆日、刻本曆書發展的過渡階段,因而在中國古代的曆日文化中具有承前啓後的轉折意義。

中古曆日的八欄書寫格式,或者説八項内容(干支納音、建除,弦、望、社、伏、臘等注記,節氣物候,晝夜漏刻,逐日吉凶注,人神,日遊,蜜日注等),[①]基本奠定了後世曆日的基本形制。

1. 以曆注而論,卦氣和二十八宿注曆是中古曆日發展中出現的"新生事物"。儘管卦氣的標注,目前僅見於 BD16365 的"辟夬""侯大有内"和 S.3454 中的"中孚""復""未濟"。但這些"卦氣"作爲一種曆注要素的新生事物,對於後世曆日即有顯著影響。比如俄藏黑水城曆日殘片中,多有"卦氣"的標識。最具典型性的是,Инв. No. 5469《西夏光定元年辛未歲(1211)具注曆日》注有"侯歸妹内""侯歸妹外""大夫無妄""卿明夷""公困"等 5 個卦象。[②] 當然,全年曆日"卦氣"的標注情況,以南宋《寶祐四年丙辰歲(1256)具注曆》最爲完整。

二十八宿注曆,中古曆日中目前僅見於 S.2404 和 BD16365 兩件寫本。前者僅注有"虛""室"二宿,中間遺漏了"危"宿。後者 A、B 兩片共注有十二宿,分別是壁、奎、婁、胃、昴、參、井、鬼、柳、星、張、翼宿,中間"畢""觜"二宿已殘,儘管如此,BD16365 仍是中古寫本中唯一連續標注二十八宿的具注曆日,也是出土文獻中二十八宿連續注曆的最早曆日實物。[③] 此後,出土曆日文獻中,黑水城所出 X37《宋紹聖元年(1094)具注曆》、[④]TK297《宋乾祐十三年壬寅歲(1182)具注曆日》、[⑤]Инв. No. 5229《西夏光定元年辛未歲(1211)具注曆日》、[⑥]Инв. No. 5285《西夏光定元年辛未歲(1211)具注曆日》、[⑦]

---

① 榮新江:《敦煌學十八講》,北京大學出版社,2001 年,第 295 頁。
② 俄羅斯科學院東方研究所聖彼得堡分所等編:《俄藏黑水城文獻》第 6 册,上海古籍出版社,2000 年,第 316—318 頁。
③ 趙貞:《國家圖書館藏 BD16365〈具注曆日〉研究》,《敦煌研究》2019 年第 5 期。
④ 《俄藏黑水城文獻》第 6 册,第 328 頁。
⑤ 俄羅斯科學院東方研究所聖彼得堡分所等編:《俄藏黑水城文獻》第 4 册,上海古籍出版社,1997 年,第 385—386 頁。
⑥ 《俄藏黑水城文獻》第 6 册,第 315 頁。
⑦ 《俄藏黑水城文獻》第 6 册,第 315 頁。

Инв. No. 5306《西夏光定元年辛未歲(1211)具注曆日》、①Инв. No. 5469《西夏光定元年辛未歲(1211)具注曆日》、②Инв. No. 8117《宋嘉定四年(西夏光定元年)辛未歲(1211)具注曆日》、③Инв. No. 2546《具注曆日》、④Дx. 19001+Дx. 19003《具注曆日》、⑤M1·1291[F13：W87]《元刻本至正十七年(1357)授時曆殘片》、⑥Ch. 3506《明永樂五年丁亥歲(1407)具注曆日》等，⑦俱有二十八宿注曆的內容。傳世曆日則以《寶祐四年丙辰歲(1256)具注曆》爲始，二十八宿注曆遂成爲此後曆日一以貫之的基本法則，自然明清曆書也不例外。

2. 以神煞而論，見於中古曆日的有年神、月神和日神之分。比如年神，有歲德、太歲、歲破、大將軍、奏書、博士、力士、蠶室、蠶官、蠶命、喪門、太陰、官符、白虎、黃幡、豹尾、病符、死符、劫殺、灾殺、歲殺、伏兵、歲刑、大殺、飛鹿、害氣、三公、九卿、九卿食客、畜官、發盜、天皇、地皇、人皇、喪門、生符、王符、五鬼等名目；月神有天德、月德、合德、月厭、月煞、月破、月刑和月空。⑧ 至於日神，見於《曆序》的有 50 多種，如天恩、母倉、天赦、天李、地李、天罡、河魁、地囊、往亡、歸忌、血忌、章光、九丑、九焦、九坎、八魁、月虛、反擊等。這些神煞從不同的層面對年、月、日等時間要素予以規範，賦予一定的吉凶意義，提醒人們在實際的生活中趨吉避凶。儘管今天看來，這些神煞俱是毫無根據的迷信俗忌，但在中國古代確有相當頑固的生命力，以致在明清時期的曆書中仍能看到這些紛繁複雜的神煞名稱。

3. 以選擇活動而論，前舉中古曆日的諸多事項，如官禄、身體、儀式、婚姻、喪葬、醫療、修造、土建、教育、農事、出行、家務、生財等有關活動，大致均見於後世曆日。不過，曆日的發展也是與時俱進，有時也會根據實際的社會需要和時勢變化增添相應的宜忌

---

① 《俄藏黑水城文獻》第 6 冊，第 316 頁。

② 《俄藏黑水城文獻》第 6 冊，第 316—318 頁。

③ 《俄藏黑水城文獻》第 6 冊，第 326 頁。

④ 《俄藏黑水城文獻》第 6 冊，第 300 頁。

⑤ 俄羅斯科學院東方研究所聖彼得堡分所等編：《俄藏敦煌文獻》第 17 冊，上海古籍出版社，2001 年，第 313—314 頁。

⑥ 塔拉、杜建録、高國祥主編：《中國藏黑水城漢文文獻》第 8 冊，北京：國家圖書館出版社，2008 年，第 1610 頁。

⑦ 鄧文寬：《吐魯番出土〈明永樂五年丁亥歲(1407)具注曆日〉考》，《敦煌吐魯番研究》第 5 卷，北京大學出版社，2001 年，第 263—268 頁；榮新江、史睿主編：《吐魯番出土文獻散録》，北京：中華書局，2021 年，第 214—215 頁。

⑧ 鄧文寬：《敦煌天文曆法文獻輯校》附録二《年神方位表》、附録三《月神方位日期表》，南京：江蘇古籍出版社，1996 年，第 736—738 頁。

事項。比如在俄藏黑水城曆日文獻和南宋寶祐四年具注曆日中,也會看到一些反映軍國、時政的活動。如訓習戎師、討擊□戰、開拓疆境、攻擊城池、興發土工、訓卒練兵、興發軍師、攻討城寨等,這些事項固然與敦煌曆日較多關涉民眾生活的視角有所不同,但論其時日宜忌的基本結構,實質上仍是脱胎於中古曆日的。

中國古代的曆日,發展至中古時代,其内容和形制基本定型。尤其是諸多術數元素一旦進入中古曆日,就成爲繁本曆日的必要組成部分,此後在曆日文化中一直被固定下來。比如九宫,東漢徐岳《數術記遺》已有"九宫算,五行参數,猶如迴圈"的認識。北朝數學家甄鸞解釋説:"九宫者,即二四爲肩,六八爲足,左三右七,戴九履一,五居中央。五行参數者,設位之法依五行已注於上是也。"[1]至唐代,九宫始以顏色來代替,即一白、二黑、三碧、四緑、五黄、六白、七赤、八白、九紫,並被編進入曆日中,且有年九宫、月九宫和日九宫的區分,後世曆日遂相沿襲,無有停絶。又如五姓學説和宅經,儘管貞觀中太常博士吕才曾有極力批判,但曆家還是將五姓宅經知識予以簡化,進而以"五姓修造"的形式被編入曆日中。在此基礎上,延伸出"五姓利年月法""五姓種蒔法""五姓祭祀神在吉日"之類的條目,甚至在吐蕃時期敦煌自編的曆日中仍然强調"一一審自祥(詳)察,看五姓行下"。[2]又如婚嫁書和周堂用日圖,作爲民間合婚、婚嫁推占的需要被移入曆日中(S. P6)。至於"人神"和"日遊",則是針灸和婦女生産禁忌的凝練,同樣被嫁接到曆日文本中,進而作爲一種簡單易行的醫療文化知識,爲庶民大衆的求醫問藥提供参考。總之,諸如九宫、五姓學説、占婚書和人神等,作爲中古曆日文化的組成部分,由於能够契合民眾擇吉、醫療的需求,因而具有相當的穩定性和延續性,後世曆書也大多因襲了這些曆日要素,這在明代大統曆和清時憲書中都有明確反映。

應當看到,中國古代曆日的發展也是與時代的演進同步並行的,曆日的内容也會隨着時勢的發展而相應有所調整。比如南宋寶祐四年具注曆,不僅增加了宋代國忌(帝后忌日)的注記,而且其神煞和選擇事項也有些許補充,凸顯了這一時期曆日對於朝廷軍國時政的指導作用。隨着科技的進步和天文曆法之學的發展,明大統曆和清時憲書將二十四節氣加時辰刻的推算移至曆首,而將吉凶推占的若干曆注(如逐日人神、日

---

① (漢)徐岳撰,(北周)甄鸞注:《數術記遺》,《景印文淵閣四庫全書》第797册,臺北:臺灣商務印書館,1986年,第168頁。

② 上海古籍出版社等編:《法藏敦煌西域文獻》第18册,上海古籍出版社,2001年,第129—131頁;鄧文寬:《敦煌天文曆法文獻輯校》,第140—153頁。

遊、嫁娶周堂圖、五姓修宅、洗頭日、太歲已下神殺出遊日等)移至曆尾,[①]方便民衆隨時參照和查詢。這些形式上的調整和内容上的變化,萬變不離其宗,始終是根植於中古曆日的。從這個意義來説,中古曆日的内容和形制,基本奠定了後世曆日(曆書)的框架和格式,因而在中國古代曆日文化中占有十分重要的地位。

附記:本文曾在 2023 年 3 月 25—27 日武漢大學舉辦的"吐魯番學的回顧與展望學術研討會"上宣讀,西北大學裴成國教授提出中肯的意見,在此謹致謝忱。

---

① 參見《大明成化十六年(1480)歲次庚子大統曆》,收入北京圖書館出版社古籍影印室編《國家圖書館藏明代大統曆日匯編》第 1 册,北京圖書館出版社,2007 年,第 385—416 頁。

《魏晉南北朝隋唐史資料》第四十九輯
2024 年 5 月,74—94 頁

唐前期京畿兵民與絲綢之路

——敦煌吐魯番文書的印證[*]

徐　暢

一、問　題　的　提　出

漢代以來,從長安出發西行,經河西走廊到達其西端的敦煌,再由此出玉門關、陽關,遠通西域、中亞及印度的以絲綢貿易爲主的交通道路,被稱爲"絲綢之路"。[①] 隋唐帝國全盛時期,絲路在敦煌以東有三條綫路,中道由長安出大震關、金城關渡黄河至武威、張掖、酒泉、敦煌,南道由長安出大震關經臨洮、炳靈寺渡黄河,過青海、祁連山大斗拔谷、張掖、酒泉、敦煌,北道由長安經會州馬蘭關渡黄河,徑趨武威、張掖、酒泉、敦煌。[②] 敦煌以西,直到西海(地中海),又有三道,見裴矩《西域圖記》序所記:北道從伊吾過天山,沿草原絲綢之路西行,經過鐵勒、突厥等遊牧民族地區,一直到達東羅馬;中道從高昌西行,經焉耆、龜兹、疏勒,翻越蔥嶺、瓦罕山谷,進入粟特地區,再到波斯,最後到達地中海沿岸;南道從鄯善到于闐,朱俱波(今葉城),喝槃陀(今塔什庫爾幹),越蔥嶺、瓦罕山谷,過吐火羅地區(今阿富汗),進入印度。這三條道路,分別以伊吾、高昌、鄯善爲門户,但"總湊敦煌,是其咽喉之地"[③]。

當隋唐絲綢之路重新暢通之際,來自中原的布帛、糧食、茶葉等物資,來自首都長安

---

　　* 本文係國家社科基金重大項目"吐魯番出土文書再整理與研究"(17ZDA183)、北京師範大學歷史學院青年教師發展資助項目的階段性成果。

　　① 關於"絲綢之路"的定義,參考唐曉峰:《李希霍芬的"絲綢之路"》,《讀書》2008 年第 3 期。

　　② 關於唐代長安至敦煌的交通綫路,嚴耕望、史念海、程喜霖等學者已有專論,詳參程喜霖:《唐代過所研究》,北京:中華書局,2000 年,第 220—221 頁。

　　③ 《隋書》卷六七《裴矩傳》,北京:中華書局,1973 年,第 1579—1580 頁。

的服飾、器物、飲食、佛典、畫樣、藝文，①由涼州發出的配給軍用物資等，正是通過上述四通八達、縱橫交錯的交通綫路，源源不斷地輸入西域，乃至中亞諸國；華夏文化亦隨之播於西陲。唐人張籍有詩描繪絲路上繁忙的物資運輸景象。②

與此過程同時，西域諸國，尤其是昭武九姓的粟特商胡，組成商隊，興商販易，向東、向西運轉金銀絲絹、寶石香料等。絲路沿綫，東至并州、雲州、長安、洛陽、相州、魏州、邢州等中原城市，皆有粟特人的商貿點與聚居地。③ 西亞之宗教、酒食、畫派與樂舞，也隨着入居内地的西域人，傳入長安、洛陽等都市，對唐人影響至深，乃至身歷開元盛世的東城老父感歎："今北胡與京師雜處，娶妻生子，長安中少年有胡心矣！"④

關於以上描述的絲綢之路上漢、胡群體，長安與西域的交流圖景，已有較多的研究成果。略有遺憾的是，學界眼光主要指向由西向東的人群，熱衷於考訂西域入華移民的活動蹤迹，在長安的生活與生計等。⑤ 涉及反方向的人口流動，如中原、長安人遠涉流沙，跨越天山、蔥嶺，在絲綢之路、西域諸國的行蹤，現有研究主要局限於對貶謫、出使官員，求法僧等進行個案分析，⑥而對於官員以外的社會大衆，具有農、工、商身份之個體⑦在西域的活動很少論及。在唐帝國經營西域過程中（包含政治經略、軍事動員、商業貿易、文化活動等）扮演主力角色的，恰是來自内地的兵士、軍人、行客、行商等大衆人群，所幸敦煌吐魯番出土文書中保留了不少對這些基層民衆的記載。

先對行文將涉及的相關概念予以界定。本文所言京畿，是以首都長安爲中心，由長

① 榮新江以開元二十九年長安大安寺僧道建受命至沙州主持受戒儀式爲例，考察了盛唐長安佛教文化對敦煌的影響，見所撰《盛唐長安與敦煌——從俄藏〈開元廿九年(741)授戒牒〉談起》，《浙江大學學報》2007年第3期。

② （唐）張籍《凉州詞》："邊城暮雨雁飛低，蘆筍初生漸欲齊。無數鈴聲遥過磧，應馱白練到安西。"《張司業集 皇甫持正集》卷七，四庫唐人文集叢刊，上海古籍出版社，1993年，第53葉下欄。

③ 關於粟特人之西來及其活動蹤迹，參考榮新江的系列研究：《西域粟特移民聚落考》及《北朝隋唐粟特人之遷徙及其聚落》，收入氏著《中古中國與外來文明》，北京：生活·讀書·新知三聯書店，2001年，第19—110頁；《西域粟特移民聚落補考》及《北朝隋唐粟特人之遷徙及其聚落補考》，收入氏著《中古中國與粟特文明》，北京：生活·讀書·新知三聯書店，2014年，第3—41頁。

④ （唐）陳鴻：《東城老父傳》，《太平廣記》卷四八五，北京：中華書局，1961年，第3995頁。西域文明對中原、長安社會的影響，相關研究甚多，經典著作如向達：《唐代長安與西域文明》，北京：生活·讀書·新知三聯書店，1957年；謝弗（Schafer, E. H.）著，吳玉貴譯：《唐代的外來文明》，北京：中國社會科學出版社，1995年。

⑤ 參考向達：《唐代長安與西域文明》；韓香：《隋唐長安與中亞胡人》，北京：中國社會科學出版社，2006年；畢波：《中古中國的粟特胡人——以長安爲中心》，北京：中國人民大學出版社，2011年等。

⑥ 如李方：《唐代西域的貶謫官吏》，《新疆大學學報》2007年第6期；聶靜潔：《唐釋悟空入竺、求法及歸國路綫考——〈悟空入竺記〉所見絲綢之路》，余太山、李錦繡主編《歐亞學刊》第9輯，北京：中華書局，2009年，第161—177頁等。

⑦ 唐制"凡習學文武者爲士，肆力耕桑者爲農，功作貿易者爲工，屠沽興販者爲商（工、商皆謂家專其業以求利者；其織紝、組紃之類，非也）"。《唐六典》卷三《尚書户部》，陳仲夫點校，北京：中華書局，1992年，第74頁。

安文化擴散籠罩的一個大區域,除雍州京兆府所轄諸縣外,還當囊括"畿內",大約指去京五百里內的近輔州,[①]包括華州(西至上都即長安一百六十四里)、同州(西至長安二百五十里)、鳳翔府(岐州)(東至長安三百一十里)、隴州(東至長安四百六十五里)、涇州(東南至長安四百八十里)、邠州(東南至長安三百里)、寧州(東南至長安四百五十六里)、鄜州(東南至長安四百七十七里)、坊州(東至長安三百五十里)、虢州(西北至長安四百三十里)、蒲州(西南至長安三百二十里)等。[②] 而"兵民"係唐人語彙,如唐制都督屬官"有尚書省令一人,正二品,掌管內兵民,總判省事",[③]而陸贄擬《平淮西後宴賞諸軍將士放歸本道敕》中有"兵民餒死,十室九空"的表述,[④]應具體指唐代的兵士(唐前期爲府兵、兵募,中後期爲兵募和健兒等雇傭兵)與編户民兩種身份,在本文具體指奔走在絲綢之路上的農人、工商業者、兵卒等各種身份。

在中國傳統農業社會,男耕女織,民衆的生業在於土地,因而世代堅守、安土重遷。白居易曾有詩描繪唐時徐州豐縣朱陳村的情況,民户比屋而居,烟火相接,形成穩定的村落共同體,誓"生爲村之民,死爲村之塵","家家守村業,頭白不出門"。[⑤] 依賴血緣、地緣、親戚鄰里關係的蔭蔽,村民幾乎可以世代不出,對外部世界無所關心。那麼唐代京畿地區的情況如何呢? 一方面,京畿鄉村具有中古鄉村的内向型發展共性,轄內不乏永日田居,乃至"不識兩京塵"的農人。[⑥] 另一方面,唐前期,服務於守内虛外,居重馭輕的國策,政府亦不准許京畿民衆外徙,相關規定見於《唐六典》:"畿內諸州不得樂住畿外,京兆、河南府不得住餘州。其京城縣不得住餘縣,有軍府州不得住無軍府州。"[⑦]然而,即使在這兩重因素影響下,依然有數量可觀的長安、京畿及近輔州農人,走出鄉里村,走出帝國繁華,踏上遠行之途,甚至經過長距離西行,遠至大漠瀚海之絶域。考察京畿兵民在河西、西域的活動,不僅是中西交通史的課題,對於我們重審中國鄉土社會

---

① 將天聖《賦役令》宋16條"諸供京貯棄之屬,每年度支豫于畿內諸縣斟量科下"(天一閣博物館、中國社會科學院歷史研究所:《天一閣藏明抄本天聖令校證(附唐令復原)》下冊,北京:中華書局,2006年,第459—461頁)與《唐六典》卷七"虞部郎中"條"凡殿中、太僕所管閑廄馬,兩都皆五百里供其芻藁"(《唐六典》,第225頁)對照,"畿內"應以距京師五百里爲界。

② (唐)李吉甫撰,賀次君點校:《元和郡縣圖志》卷二至卷六、卷一四,北京:中華書局,1983年,第36—165頁。

③ 《新唐書》卷四九《百官四》,北京:中華書局,1975年,第1315頁。

④ 《唐大詔令集》卷八〇,北京:中華書局,2008年,第459頁。

⑤ (唐)白居易:《朱陳村》,朱金城箋校《白居易集箋校》,上海古籍出版社,1988年,第511頁。

⑥ (唐)李洞:《寄太白隱者》,(清)彭定求等編《全唐詩》卷七二二,北京:中華書局,1960年,第8281頁。

⑦ 《唐六典》卷三《尚書户部》"户部郎中員外郎",第74頁。

"封閉"説,①深入洞悉中古鄉村社會的開放性、流動性,也將大有裨益。

二、絲綢之路上的京畿兵民活動

以下主要利用敦煌吐魯番發現的各種官、私文書(名籍、契約、過所、告身等),參以傳世文獻,勾稽長安及畿内縣鄉兵民涉足絲綢之路,在河西、西域留下的活動印記,個案的詳略情形不一而足,下面依兵民的籍貫分别叙述,以文獻揭示的該批兵民在西北進行核心活動的時間先後爲序。

(一)籍貫京畿的伊州鎮兵侯莫陳等 29 人;活動地域:伊州、西州、安西等地

事見法藏敦煌文獻伯二七五四號《唐安西都護府判集》第四道"伊州鎮人侯莫陳等請安西效力事":

52　奉判:伊州鎮人侯莫陳等請安西效力事。

53　弓月未平,人皆奮臂;吐蕃侵境,士悉衝冠,竟願展效賊庭,用

54　表誠心報國。伊州兵募一百余人,樓望鄉間,一時回駕。神□流類,

55　索蕩雄圖,負戟從戎,每懷壯志。遂抑思歸之引,冀成定

56　遠之功。語事論心,故難違拒。安西都護,隣接寇場,兵馬久屯,交綏

57　未決,非是軍謀不及,良由兵力尚微。目下待人,必知饑渴,方獲

58　圖滅,急若斷弦。崔使今春,定應電擊,于闐經略,亦擬風行。

59　彼此俱籍雄兒,東西各資驍勇;得人即是濟要,添衆更益

60　兵强。幸已裝束遵途,無義遲疑不遣。況京畿勁卒,倍勝

61　河西,雖言廿九人,終敵瓜、沙二百。於國利益,事合機宜。忝日奉公,

62　何容留礙。②

文中的"崔使",已經比定爲西州都督崔知辯,此判所叙之應募奉公事,應指麟德二年

---

① 社會學家提出鄉村人際關係的差序格局,認爲傳統鄉村社會是一個内聚性和相對封閉性的共同體。參費孝通:《鄉土中國》,北京:人民出版社,2008 年,第 13—18 頁。

② 見[日]山本達郎、池田温、岡野誠合編:*Tunhuang and Turfan Documents concerning Social and Economic History*, *I Legal Texts*, (A), Tokyo 1980, p. 57;(B), Tokyo 1978, pl. XXX (1—2). 釋文參榮新江:《新出吐魯番文書所見西域史事二題》,北京大學中國古代史研究中心編《敦煌吐魯番文獻研究論集》,北京大學出版社,1990 年,第 345—352 頁。標點爲筆者所加。

(665)西域道行軍事。早先在疏勒、弓月一帶活動的吐蕃軍隊,在此年前後進一步向于闐進擊。唐廷作出積極反應,遣西州都督崔知辯及左武衛將軍曹繼叔率兵救援。判文涉及行軍前的兵員募集和軍事動員,參與此次活動的,除崔知辯所率西州府兵外,還有"伊州兵募"一百餘人和"京畿勁卒"二十九人,也就是此次行軍有來自唐帝國核心區域的兵力助力。判文所謂"況京畿勁卒,倍勝河西,雖言廿九人,終敵瓜沙二百",渲染這批援兵數量雖少,但能以一當十,作戰能力一流。據新近研究,此判應爲時任西州都督府長史袁公瑜所擬,而所謂"京畿勁卒",並非事發後猝然自京畿調撥,應指判文開頭的"伊州鎮人侯莫陳等",他們是原籍京畿、事發當時已在伊州鎮守的鎮兵。[①] 可見唐前期在帝國西北邊陲的軍鎮中,有京畿兵參與鎮守,詳見本文第三部分之分析。

(二)京師人李紹瑾,有家口在京師的粟特商人曹炎延、曹禄山、曹果毅、曹畢娑;活動地域:弓月城、龜茲、高昌等地

見吐魯番阿斯塔那古墓出土的《唐西州高昌縣上安西都護府牒稿爲録上訊問曹禄山訴李紹瑾兩造辯辭事》八殘片,[②]爲粟特胡曹禄山控告漢商李紹瑾,官府審訊時雙方辨詞的記録。據同墓出土文書情況及文書中出現"安西都護府""安西""龜茲"等地名的情況及所鈐"西州都督府之印",判定其時間大致在咸亨二年至四年(671—673),[③]文書內容頗長不具引(以下僅作摘録,注明所在殘片及行數)。黃惠賢、荒川正晴、榮新江等皆對事件始末做過通解,[④]大致情況是:咸亨二年某月粟特胡曹禄山向西州都督府申訴,西州將此案下移高昌縣,稱乾封二年(667),其兄曹炎延與李紹瑾等自京師,經安西,至弓月城買賣,在弓月城一路同行者還有曹果毅、曹畢娑"並外生(甥)居者"(Ⅱ/2—4),李紹瑾在弓月城借其兄絹"二百七十匹"(Ⅰ/6—7)。此時,曹果毅、畢娑二人

---

① 參劉子凡:《法藏敦煌 P.2754 文書爲西州都督府長史袁公瑜判集考》,《敦煌研究》2015 年第 5 期。

② 唐長孺主編:《吐魯番出土文書》圖文本〔叁〕,北京:文物出版社,1996 年,第 242—247 頁。

③ 黃慧賢據牒稿敘事分析,當時安西都護府不在龜茲,因而對其成稿時間有咸亨元年四月至四年三月,總章元年至咸亨元年四月兩説(見所撰《〈唐西州高昌縣上安西都護府牒稿爲録上訊問曹禄山訴李紹瑾兩造辯辭事〉釋》,唐長孺主編《敦煌吐魯番文書初探》,武漢大學出版社,1983 年,第 344—363 頁);王小甫認爲李紹瑾借絹事發生時安西都護府撤回西州,從而將文書斷於咸亨二年(氏著《唐、吐蕃、大食政治關係史》,北京大學出版社,1992年,第 72—73 頁);荒川正晴指出文書之上限在咸亨元年四月(所撰《唐帝國とソグド人の交易活動》,《東洋史研究》56 卷 3 號,1997 年,第 188 頁);陳國燦、劉安志認爲事發時安西都護仍在龜茲,指出文書年代上限不過總章元年,下限在咸亨四年三月,參陳國燦:《吐魯番出土唐代文獻編年》,臺北:新文豐出版公司,2002 年,第 91—92 頁;劉安志:《從吐魯番出土文書看唐高宗咸亨年間的西域政局》,氏著《敦煌吐魯番文書與唐代西域史研究》,北京:商務印書館,2011 年,第 65—98 頁。

④ 黃惠賢:《〈唐西州高昌縣上安西都護府牒稿爲録上訊問曹禄山訴李紹瑾兩造辯辭事〉釋》文;〔日〕荒川正晴撰,陳海濤譯:《唐帝國和粟特人的交易活動》,《敦煌研究》2002 年第 3 期;榮新江:《西域粟特移民聚落補考》"弓月"條,《中古中國與粟特文明》,第 7—9 頁。

"留住弓月城",而曹兄與李三(紹瑾)從弓月城同行至安西(龜兹),"從弓月城行百里許,即逢安西有使四人"(Ⅳ/2—3)。後李至龜兹,不知因何緣故,曹兄未達(據李紹瑾回答,安西使者曾"爲突厥劫奪弓箭鞍馬"Ⅵ/1,可見一行人在路上遭遇突厥人劫掠)。曹禄山則隨後趕到,發現兄長不在,但他得知兄長借練事,曾因追還債務與李有爭執(Ⅰ/12—13)。時總章二年三月,改咸亨元年(670);四月,安西陷蕃。待二人同達高昌後,曹禄山正式向西州提出訴訟。

值得注意的是,這場因借貸債務引發的糾紛,其當事人曹炎延及李紹瑾"同是京師人"(Ⅲ/7),知見人曹果毅、畢娑是胡,"客京師,有家口在"(Ⅱ/10—11),可能因爲同鄉鄰里關係,相約從長安出發,到西域經商。如果説曹姓三人是粟特之興生胡,非長安原住民的話,李紹瑾則是地地道道的京師漢,至於其流連於弓月城、龜兹、高昌的原因,除因與興胡有債務往來,參與絲綢之路上的商業活動外,也由於其特殊的身份"是安西司馬女夫"(Ⅲ/7),可能因婚姻而隨妻西行。

(三) 坊州中部縣安平鄉神安里胡外生;活動地點: 西州?

見吐魯番出土《唐軍府衛士名籍》:

```
1   永平府衛士胡外生  貫坊□ 中 部縣安平鄉  神安里  父通□
2   _____ 縣 __ 鄉 _____ 感爲□□①
```

此件文書無紀年,正面爲《武周請備狂賊殘文書》之一,同墓所出多武周文書,當亦在武周時。坊州,據《元和郡縣圖志》,武德二年置,東至上都三百五十里,屬畿内,中部縣爲坊州州治所在,②胡外生爲縣下之鄉里民户,在文書中身份爲衛士。永平府,據出土墓誌考訂屬坊州,乾封間隸右金吾衛,垂拱間隸右玉鈐衛,該府之地團應在中部縣境。③唐前期府兵從平民中徵發,其中京兆府爲軍府州,需要徵發大量的京畿兵民,故貞觀元年陝州刺史崔善爲言"畿内之地,是謂殷户,丁壯之民,悉入軍府",④而《唐(七世紀後期)判集》也提及雍州百姓"其人並是白丁、衛士,身役不輕"。⑤ 但京畿的府兵衛士主要

---

① 《吐魯番出土文書》圖文本〔叁〕,第422頁。
② (唐)李吉甫撰,賀次君點校:《元和郡縣圖志》卷三《關内道三》,第72頁。
③ 參張沛編著:《唐折衝府匯考》,西安:三秦出版社,2000年,第98頁。
④ 《唐會要》卷八四《移户》,上海古籍出版社,1991年,第1840頁。
⑤ 唐耕耦、陸宏基編:《敦煌社會經濟文獻真迹釋録》第2輯,北京:全國圖書館文獻縮微複製中心,1990年,第601頁。

承擔番上宿衛中央的任務,一般不參與邊防戍守與徵行。畿內軍府的衛士名籍,出現在邊遠之地西州,或許是由於盛唐邊疆戰事激烈,畿內府兵亦被徵調鎮防或出征。詳本文第三部分之分析。

(四)同州鉗耳忠簡等 6 人,齒州白暉等 4 人,岐州陳守璋等 19 人,涇州樊守忠等……華州趙思禮等 4 人,寧州樊思絢等……鄜州韓伏養等 1 人;活動範圍:安西

見張大千 1941 年在莫高窟發現的《景雲二年(711)張君義勳告》,今節錄勳告如下:①

1 尚書司勳

2 安西鎮守軍鎮起神龍元年十月至二年十月,壹周年,至景龍元年十月,貳

3 周年,至二年十月,叄周年,至三年十月,肆周年 □□□□五月廿七日,敕

4 磧西諸軍兵募在鎮多年,宜令□□□□□□酬勳,又准久視元年六

5 　　月廿八日敕,年別酬勳壹轉,總[

6 　　　僚白丁沙州張君義敦煌縣

7 　　　　右驍騎尉

(中略)

14 ……同州鉗耳忠簡等六人,沙州張君藝等肆人,齒

15 州白暉等肆人,秦州廉翰右? □□□□烏思晦等貳拾

16 伍人,含州安神慶壹人,瀛洲裴□□□□契州康丑胡壹人,岐

17 州陳守璋等壹拾玖人,汝州趙□□□甘州康懷静等五人

18 西州張琰等捌人,涇州樊守忠等□□□州薛仁智等貳人,

19 絳州谷元德等貳人,慶州高文□□□□鹽州閻惠隱壹人,凉

20 州楊寵君等壹拾玖人,夏州郭□□□□貳人,魏州郭元振等

21 肆人,青州常彥賓壹人,潤州□□□□人,華州趙思禮等

22 肆人,肅州左長會等貳人,滑州□□□□等貳人,慎州李

23 喧塞等玖人,汴州石餘惠壹人□□□□□州薦固等陸人,波

24 斯沙鉢那等貳人,澤州秦□□□□州? 儀法進壹人,鄜

---

① 唐耕耦、陸宏基編:《敦煌社會經濟文獻真迹釋錄》第 4 輯,北京:全國圖書館文獻縮微複製中心,1990 年,第 278—282 頁。

25 州司從法藏等貳人,汾州孫☐☐☐☐☐☐☐岷州曹恩負等貳

26 人,昌州劉刈矣等貳人,蘭州☐☐☐☐☐☐州高元琛壹人,潞

27 州鮑有像等貳人,洪州曹羯☐☐☐☐☐素州曹師嫡壹人,會

28 州康南山壹(人),寧州樊思絢等☐☐☐☐英等壹人,夷賓州

29 莫失一人,銀州白金本等貳人,☐☐☐☐☐☐州薛布壹人,玄州屈去

30 住壹人,燕州於同進壹人,☐☐☐☐☐☐☐莫州張元福壹人,

31 龜茲白野那壹人、婺州留子平、歸州史薄地壹人,慈

32 州吉思訓壹人,鄭州趙軋獎?☐☐☐☐☐☐至壹人,廓州韓

33 養壹人,依州曹飯陑壹人,魯州康口壹人……

(後略)

此是尚書省司勳司頒發給安西鎮守軍士的奏授告身,是同甲授勳的典型,與白丁沙州張君義一樣因"在鎮多年"戍守之功而酬勳(鎮守酬勳)的兵募共三百六十三位,告身列舉受勳人時都冠以州名,並僅列舉甲頭一人姓名,這既是勳告常見之格式,[1]又反映了兵募由地方官府徵發,而按州別編入鎮守軍隊的事實。[2] 菊池英夫、朱雷[3]等據此討論了磧西鎮兵的籍貫,主要來自河南、河北、關內、隴右四道,但亦有出自江南、四川者;有少數部族士兵(鉗耳忠簡當爲居於同州已經漢化了的西羌虜人種),甚至還有外籍士兵。由此可見,兵募的差發範圍遠較府兵爲廣,這其中從京師五百里內徵發的兵募,當不下40人,分別來自同州、豳州、岐州、涇州、華州、寧州、廓州。

(五)涇州梁大欽等 14 人,鄜州楊元暎 1 人,坊州王阿婢等 16 人,蒲州程崇憲等 135 人,隴州强懷貞等 9 人,岐州霍玄慶等 150 人,寧州王思智等 19 人,虢州蔡大悅等 2 人,豳州陳思香等 2 人;活動範圍:北庭、憑洛城、輪台、白澗等地

這些畿內諸州人員的名單出現在 1912 年吐魯番阿斯塔那唐墓出土的《開元四年李慈藝勳官上護軍告身》中,文書出土後由大谷探險隊橘瑞超携至東京,並拍照,時中、日

---

① 詳參李方:《唐代西域告身研究》,《石河子大學學報》2011 年第 5 期。

② 孫繼民:《唐代行軍制度研究》,臺北:文津出版社,1995 年,第 104—108 頁;《敦煌吐魯番所出唐代軍事文書初探》,北京:中國社會科學出版社,2000 年,第 55—60 頁。

③ [日]菊池英夫:《隋·唐王朝支配期の河西と敦煌》第三節《盛唐の河西と敦煌》,《講座敦煌》3《敦煌の社會》,東京:大東出版社,1980 年,第 154—157 頁。朱雷:《跋敦煌所出〈唐景雲二年張君義勳告〉——兼論"勳告"制度淵源》,《中國古代史論叢》1982 年第 3 輯;收入所著《朱雷敦煌吐魯番文書論叢》,上海古籍出版社,2012 年,第 247—268 頁。

學者對其内容有部分抄録。後告身原件與照片皆遺失,《李慈藝告身》遂成殘本,所幸 2000 年日本學者小田義久重新發現了告身全影。① 今以小田義久據照片復原爲底本, 參照陳國燦之補正,②節録勳告制詞部分:

1 瀚海軍破河西陣、白澗陣、土山陣、雙胡丘陣、伍里堠陣、東胡袄陣等總陸陣,

2 准開元三年三月廿二日　敕,並於憑洛城與賊斗戰,前後總叙陸陣,比

3 類府城及論台等功人叙勳,則令遞減,望各酬勳拾轉。

4 　　白丁西州李慈藝 高昌縣

5 　　　右可上護軍

6 黄門: 涇州梁大欽等壹拾肆人、慶州李遠

7 託等伍拾漆人、絳州張忠等捌人、鄜州楊元

8 暕壹人、延州王守琳等壹拾貳人、瓜州郭無

9 惑壹人、坊州王阿婢等壹拾陸人、晉州郭

10 敏子壹人、蒲州程崇憲等壹佰叁拾伍人

11 北庭府任慈福等壹拾肆人、隴州强懷貞

12 等玖人、甘州王懷義等叁人、岐州霍玄慶

13 等壹佰伍拾人、寧州王思智等壹拾玖人、西州

14 石定君等壹拾壹人、虢州蔡大悦等貳人

15 齒州陳思香等貳人,總肆佰捌拾伍人。並戰

16 若風馳,捷如河决,宜加朝獎,俾峻戎班。

17 可依前件,主者施行。

18 　　　　　　　　開元四年正月六日

李慈藝及來自關内、隴右道涇、慶、絳等州人,應是組織瀚海軍時以兵募的身份從全國徵 發的平民。他們於開元二年(714)加入行軍隊伍,在北庭都護郭虔瓘的率領下,成功反 擊了東突厥默啜可汗之子移涅可汗及同俄特勤對北庭的侵擾,因戰功而獲酬勳。瀚海

---

① 關於李慈藝告身從 20 世紀初被發現到今藉助照片得以完整録文的情況,參照徐暢:《存世唐代告身及其 相關研究述略》,《中國史研究動態》2012 年第 3 期。

② 陳國燦:《〈唐李慈藝告身〉及其補闕》,《西域研究》2003 年第 2 期。

軍兵募的活動地點,除北庭城外,還有憑洛城、輪臺、白水澗道等地,大致在絲路北道。①其中梁大欽、楊元暕、王阿婢、程崇憲、霍玄慶、王思智、蔡大悅、陳思香等 348 人是來自涇州、邠州、坊州等近畿地區的民衆,占此次授勳總數的 72% 左右。可知京畿兵民參與西域經營,在行軍作戰中也發揮了重要作用。②

(六)京兆府金城縣人唐榮;活動地點:西州

唐榮的名字見於《唐開元十九年(731)唐榮買婢市券》,將相關部分釋文逐録如下:③

6　開元拾玖年貳月　日,得興胡米禄山辭:今將婢失滿兒,年拾壹,於

7　西州市出賣與京兆府金城縣人唐榮,得練肆拾匹。其婢及

8　練,即日分付了,請給買人市券者。准狀勘責,問口承賤

9　不虚。又責得保人石曹主等伍人款,保不是寒良該誘

10　等色者。勘責狀同,依給買人市券。

11　　　　　　　　練主

12　用西州都督府印　　婢主興胡米禄山

13　　　　　　　婢失滿兒年拾貳

14　　　　　　　保人高昌縣石曹主年卌六

15　　　　　　　保人同縣曹娑堪年卌八

16　　　　　　　保人同縣康薄鼻年五十五

17　　同元　　　保人寄住康薩登年五十九

18　　　　　　　保人高昌縣羅易没年五十九

19　　　　　　　　史

20　丞上柱國玄亮

21　　　　　　　　券

22　　　　　　　史竹無冬

---

① 參考陳國燦:《〈唐李慈藝告身〉及其補闕》;李方:《唐代西域告身研究》文。

② 此外,新疆尉犁縣克亞克庫都克烽燧遺址中新出土有《唐沙州康覽延等勳告》(HD1:49)涉及在焉耆鎮戍守的沙州等 9 個州的兵募因累積年勞而獲得勳官,其中就包括來自雍州者 20 人,岐州者 3 人,另有廂州兵員。以雍州兵員爲最多。參胡興軍:《新疆尉犁縣克亞克庫都克烽燧遺址出土勳告文書初步研究》,《西域研究》2024 年第 1 期。

③ 《吐魯番出土文書》圖文本〔肆〕,北京:文物出版社,1996 年,第 264—265 頁。

程喜霖、吳震等已對此件文書涉及的絲綢之路上胡奴婢買賣情況有所分析,[①]注意到此處買入之婢女失滿兒又見於《唐開元二十一年唐益謙、薛光泚、康大之請過所案卷》,[②]現結合兩件,將失滿兒被轉賣情況分析如下:

開元十九年二月興胡米祿山在西州(高昌縣)將十一歲胡婢失滿兒以練 40 匹的價格賣與京兆府金城縣人唐榮,有高昌縣編戶或寄住的五位胡人作保。隨後唐榮又將失滿兒轉賣給準備由安西都護府長史遷福州都督府長史的唐循忠。時隔兩年,唐循忠之姪,廿三歲的安西都護府別將唐益謙因公出差,順便護送其叔之家屬(媵妾十八歲之薛氏,姪男意奴)由西州前往福州(循忠應已先行)。唐制人員度關津需驗過所,故唐益謙牒西州都督府替薛氏等請過所。胡婢失滿兒出現在唐循忠家口奴婢牲畜名單裏,此時已有十四歲,將隨唐家入玉門關走瓜、沙、涼州,過金城、臨洮、大震關,經長安,過潼關而南下江表,過揚州、杭州、越州,預計經歷一萬餘里的行程。

轉賣失滿兒的金城縣人唐榮是何身份? 有學者懷疑唐榮與唐循忠、益謙爲一族,[③]但唐氏原籍京兆府,似乎顯得證據不足。目前祇能判定唐榮爲在絲綢之路上從事奴婢買賣的商人,來自長安。

(七) 坊州人孟懷福;活動地點: 安西鎮、西州

孟懷福名字出現在《唐開元二十一年(733)西州都督府案卷爲勘給過所事》案卷,茲將文書與論證相關之部分引錄如下: [④]

7　倉曹

8　　安西鎮滿放歸兵孟懷福 貫坊州

9　户曹得前件人牒稱:去開廿年十月七日,從此發行至柳

10　中,卒染時患,交歸不得,遂在柳中安置,每日隨市乞食,養

11　存性命。今患得損,其過所糧遞並隨營去。今欲歸貫,

12　請處分者。都督判付倉檢名過者。得倉曹參軍李克勤

①　程喜霖:《唐代公驗與過所案卷所見的經濟資料——部曲奴婢》,《中國社會經濟史研究》1986 年第 2 期。吳震:《唐代絲綢之路與胡奴婢買賣》,《1994 年敦煌學國際研討會文集·宗教文史卷》下,蘭州: 甘肅民族出版社,2000 年,第 128—154 頁。

②　《吐魯番出土文書》圖文本〔肆〕,第 268—274 頁。

③　陳守忠:《吐魯番阿斯塔那墓出土之唐代三件文書的研究》,《敦煌研究》1996 年第 4 期。

④　《吐魯番出土文書》圖文本〔肆〕,第 282 頁。

13 等狀,依檢案內去年十月四日得交河縣申遞給前件人程糧,

14 當已依來遞牒倉給糧,仍下柳中縣遞前訖有實者。安西

15 放歸兵孟懷福去年十月已隨大例給糧發遣訖。今稱染

16 患久在柳中,得損請歸,復來重請行糧,下柳中縣先有給

17 處以否?審勘檢處分訖,申其過所關戶曹准狀者。

18 關至,准狀謹關。

19　　　　　　開元廿一年正月廿一日

20 功曹判倉曹九思　　　　　府

21　　　　　正月廿二日録事　元肯　受

　　　　　　　　史氾友

22　　　　功曹攝録事參軍　思　付

這是西州都督府倉曹轉給戶曹的關文,主要內容是孟懷福本人陳述,其人本坊州兵募,遠至安西鎮防,開元二十年九月得年滿放回①(被放回時年卅八,若以成丁之年即應兵役計,孟氏戍邊長達二十個年頭),從龜茲出發行至柳中,因病滯留,但"過所大家同,獨自不可擘得",而糧遞"並隨營去",無公糧可兌換,孟懷福在柳中祇得"每日隨市乞食,養存性命"。後孟病癒,欲東歸家鄉坊州,但一無程糧,二無過所,因請西州倉曹處分,倉曹關戶曹"申其過所",案卷的末尾是戶曹根據都督王斛斯的批示"給孟懷福坊州以來過所"。②

　　唐前期的兵募是爲應付戰事臨時從百姓中招募的,與府兵不同,兵募的裝資、口糧皆由官府供給,有一定的徵募期,期滿則可還鄉,亦由官給程糧。③《册府元龜》卷一三五載開元十四年六月詔:"至於兵募,尤令存恤,去給行賜,還給程糧,以此優矜,不合辛苦。如聞比來兵募,年滿者皆食不充腹,衣不蔽形,駝募什物,散落略盡,既不能致,便流浪不歸,丁壯減耗,實繇於此。自今已後,諸鎮兵募每准額至交替時,所司預檢勘,兩月前奏聞,當差御史分道簡察。若涉欺隱,委御史彈奏,其有衣資盡者,量以逃死兵衣給,

　　① 楊德炳引開元二十年四月玄宗簡擇放還天下諸鎮兵募、健兒詔,以孟懷福正是在此詔恩諭下得以放歸的,見所撰《關於唐代對患病兵士的處理與程糧等問題的初步探索》,收入唐長孺主編《敦煌吐魯番文書初探》,第486—499頁。

　　② 《吐魯番出土文書》圖文本〔肆〕,第85頁

　　③ 楊德炳:《關於唐代對患病兵士的處理與程糧等問題的初步探索》,第494—497頁。

三兩軍使得支濟,如病患者,遞給驢乘,令及伴侶。"①從孟懷福的實例看,不僅前述兵募成期至多不過四年的規定無法實現,開元詔書中對期滿返程及病患將養兵員的一系列待遇承諾,在執行中亦大打折扣,而導致因故滯留者"隨市乞食",無所給養。

(八)京兆府華原縣王奉仙、任元祥;活動範圍:凉州、敦煌(沙州)、安西、西州(蒲昌、酸棗戍)

王奉仙被捉事見於《開元二十一年(733)西州都督府案卷爲勘給過所事》,事情原委是:開元二十年王奉仙驅驢同馱主徐忠一起,從凉州送朝廷配給的邊軍兵賜至安西,輸納完畢後,大約八月二十九日得到安西都護府過所,起程東返。十一月十日到西州,都督府勘驗過所放行。十四日到達伊、西州邊界之赤亭守捉,因"身患",王奉仙在車坊將息了十五天,二十九日又隨同鄉(應亦京兆府華原縣人,職業不詳,或仍爲作人、傭人之類)任元祥到蒲昌縣一個姓王的傭人家滯留五十天以上。此時,他得知欠他三千文錢的張思忠來到西州,即行追趕。轉年正月二十一日發自蒲昌,二十五日趕到酸棗戍,由於沒有過所,被岸頭府界負責巡察的遊弈捉獲。②

王奉仙具有何種身份,因何由京畿至安西,郭平梁、程喜霖皆以爲其"共馱主徐忠驅馱送安西兵賜至安西"是發自京兆府,也就是説王奉仙爲徐忠之作人,在行綱李承胤之下從事長距離轉運工作。③唯荒川正晴氏據《儀鳳三年度支奏抄》對全國範圍内庸調物配給的安排指出:唐前期,凉州不僅是河西節度之治所,更是唐政府向河西、西域供應軍用物資的中轉地,因而安西兵賜不大可能是從中央向邊境運送,而是發自凉州。④同一案卷的蔣化明,就是"從凉府與敦元陳驅馱至北庭"的。

至於王奉仙如何離鄉轉至凉州,我們不得而知。但值得一提的是,王惠民在敦煌莫高窟第166窟東壁門北盛唐畫阿彌陀佛、藥師佛、多寶佛立像各一身的壁畫下方,發現了"行客王奉仙一心供養"的題記,另有兩條題記無法辨識。這應是王奉仙和他的同伴們從凉州出發運輸,途經沙州,利用短暫休整時間禮佛、作功德,保佑西行順利的見證。⑤與王

---

① (宋)王欽若等編:《册府元龜》卷一三五《帝王部·潛征役》,北京:中華書局,1960年,第1629頁。

② 《吐魯番出土文書》圖文本〔肆〕,第288—290、293頁。

③ 郭平梁:《唐朝王奉仙被捉案文書考釋——唐代西域陸路交通運輸初探》,《中國史研究》1986年第1期;程喜霖:《〈唐開元二十一年西州都督府案卷爲勘給過所事〉考釋》上,《魏晉南北朝隋唐史資料》第8輯,武漢大學學報編輯部,1986年,第48—58頁。

④ 〔日〕荒川正晴:《唐の對西域布帛輸送と客商の活動について》,《東洋學報》第73卷第3、4號,1992年,第40—45頁。

⑤ 王惠民:《讀莫高窟供養人題記劄記》,《文獻》1994年第3期。郭平梁以爲王奉仙死在安昌城,見其《唐朝王奉仙被捉案文書考釋——唐代西域陸路交通運輸初探》文,今不從。

奉仙同行者都有着相同的宗教信仰,關係甚爲密切,或者有不少是來自京兆的同鄉。

雇傭王奉仙的馱主徐忠應是以涼州爲中繼站,往返於京師及安西的客商,受到行綱李承胤的委託,承包押運兵賜之事,這種俶勾客運的形式,在開元中布帛等官物運輸中較爲常見,[1]承包者再雇人員組成運輸隊伍。上述王奉仙及同伴們,應都是徐忠之雇員。題記還明確告訴我們王奉仙的身份是"行客",關於"行客",池田温、程喜霖、盧向前、姜伯勤皆有討論,姜氏較爲全面地總結過"行客"的多樣性含義,如與百姓對舉的客籍户,有商客、兵客、園子作客等諸色,另包括商客以外的流動人口。[2] 王奉仙正是因爲生計緣故暫時離開本州本鄉的"客"。

(九)京兆府雲陽縣嵯峨鄉蔣化明;活動範圍: 涼州、庭州(金滿縣)、伊州、西州

開元二十年正月,與王奉仙一起在酸棗戍被遊弈捉獲的無過所人員還有蔣化明。蔣恰巧也是京兆府人,雲陽縣下有嵯峨鄉,學界已有考證。[3] 當蔣化明被西州官員訊問時,其辯詞如下:

> 但化明先是京兆府雲陽縣嵯峨鄉人,從涼府與敦元暕驅駄至北庭。括客,乃即附户爲金滿縣百姓。爲飲貧,與郭林驅驢伊州納和朵。正月 十 七日,到西州主人曹才本家停。十八日欲發,遂即權奴子盜化明過所將走。傔人桑思利經都督下牒,判付虞候勘當得實,責保放出,法曹司見,有文案,請檢即知虛實。被問依實謹辯。[4]

蔣化明案例在唐代人口史研究中有典型意義。如前所述,唐前期有畿内人户不得移住畿外,軍府州人户不得移住無軍府州的强制規定,京畿地區既處畿内,又軍府密布,其民户不得外遷,而即使違禁逃亡外地,在括户工作進行時,也須得勒還本貫,不准就地附籍。但據相關學者研究,至玄宗開元九年以後宇文融括户時,此項禁令漸寬弛,[5]當時蔣化明不過14歲,尚未成丁。此後若干年,蔣化明由京兆府逃亡至涼州,作爲浮客,替敦元暕驅駄至北庭,在庭州金滿縣(州治)適逢縣府括客,並未被勒返京兆,而"附户爲

---

① [日]荒川正晴:《唐の對西域布帛輸送と客商の活動について》文。

② 姜伯勤:《敦煌新疆文書所記的唐代"行客"》,國家文物局古文獻研究室《出土文獻研究續集》,北京: 文物出版社,1989 年,第 277—290 頁。

③ 徐暢:《長安未遠: 唐代京畿的鄉村社會》,北京: 生活·讀書·新知三聯書店,2021 年,第 365 頁。

④ 《吐魯番出土文書》圖文本〔肆〕,第 291 頁。

⑤ 參考凍國棟:《唐代人口問題研究》,武漢大學出版社,1993 年,第 240—252 頁。

金滿縣百姓"，説明開元後期，唐廷已允許畿内逃户就地附貫。而蔣化明後來又爲郭林驅驢至伊州，他雖然附籍爲編户百姓，却依然未能受田並安頓在土地上，又淪爲郭家庇護下的"客"，①這是開元年間括户政策不能落實情況下大多數附籍課户遭遇的困境。②

（十）京兆府雲陽縣青龍鄉向義里車奉朝（釋悟空）

悟空是玄奘、義浄、慧超之後又一位有着西行經歷的高僧，他起初雖是以隨團别將的身份出國，但後皈依佛教，在印度逗留時間達三十年之久，比玄奘還多十餘年。悟空其人在中印佛教、交通史上有重要地位，關於其生平事迹，西行綫路，從 Sylvain Iévi 與 A. Stein 開始就有衆多中外學者關注，此處不贅。唯一需要强調的是，悟空入道前，本是京兆府雲陽縣之鄉民。圓照《悟空入竺記》記："師本京兆雲陽人也，鄉號青龍，里名向義，俗姓車氏，字曰奉朝，後魏拓拔之胤裔也。"③據推算，車氏當生於開元十三年（731），出仕爲左衛涇州四門府别將，天寶十載（751）隨唐使團沿安西路經疏勒，度蔥嶺，遠赴罽賓國，因病滯留，未隨使團返回，遂於乾陀羅（即犍陀羅）國出家。三十年後，貞元中，悟空由天竺（印度）回國，再次經過中亞、西域的疏勒、于闐、安西、焉耆、北庭，經行回鶻衙帳，終於回到長安，④駐錫春明門外皇家寺院章敬寺，並返回雲陽舊鄉里，"凡所往來經四十年"，"問二親墳樹已拱矣"。⑤

（十一）雍州櫟陽縣郭善□等人，雲陽縣郭□□、張文達等人

這些畿縣民衆見於吐魯番出土《唐殘名籍》，⑥年代不詳，性質亦暫不詳，由於名籍記録的是張文達等人的州縣籍貫，而非所屬軍府，與例（三）不同，説明其徵發渠道爲地方徵發。則此例應非衛士名籍，極有可能是邊防鎮守或行軍作戰的兵募名籍。

1 　　　　郭善□ 　 雍 州櫟陽縣

---

① 據京都藤井有鄰館藏《唐開元十六年庭州金滿縣牒》知，當時金滿縣户口總數爲 1 760 户，居民中百姓、行客和興胡各占三分之一。［日］池田温：《中國古代籍帳研究》，北京：中華書局，2007 年，第 354 頁。

② 唐長孺：《唐代的客户》，《唐長孺文集》之《山居存稿》，北京：中華書局，2011 年，第 133—170 頁。

③ （唐）圓照：《大唐貞元新譯十地經》記後附《大正新修大藏經》，臺北：財團法人佛陀教育基金會，1990 年，第 17 册，第 715 下欄；《宋高僧傳》卷三亦有類似記載，（五代）贊寧撰：《宋高僧傳》，北京：中華書局，1987 年，第 50 頁。今陝西涇陽縣北嵯峨山存留之《悟空禪師塔銘》記："□大師俗號晉沛，謚曰悟空，姓張氏子，母車氏，□京兆雲陽人，後魏拓跋之遠裔□。"參黃盛璋：《關於悟空禪師塔銘主要問題辯證》，《文博》1992 年第 6 期。

④ 悟空往返印度的綫路參考［日］小野勝年：《空海携回日本的〈悟空入竺記〉及悟空行程》，聶静潔譯，《南亞研究》2010 年第 1 期。

⑤ （五代）贊寧撰：《宋高僧傳》，第 51 頁。

⑥ 《吐魯番出土文書》圖文本〔叁〕，第 19 頁。

2　　　　　郭□□　　□□雲陽縣

3　　　　　張文達　　□□□陽縣

4　　　田□□□□□□

5　　　□□□日(?)□□□□　　□□縣

6　　　　　　□□□□　　櫟陽縣

三、唐前期京畿民眾西北向流動的類型及背景

以上搜集傳世、出土文獻中的散落信息,嘗試拼湊出唐代前期京畿民眾在絲綢之路上活動的點與面。而在京畿兵民流入河西、西域這一現象背後,更深層次的機理何在,即什麼樣的政治、經濟、軍事、地理背景,促使成了這樣的流動? 京畿民個人或群體,因何動機而離鄉遠行? 這是個別現象,還是一種普遍經歷?

據上節舉證,奔走在絲綢之路上遠至西域的京畿兵民,主要可歸納爲以下幾類:1. 失去土地而流亡的浮逃户;2. 爲謀生計,自行或隨胡商在絲路經商、販賣或從事運輸業的行商、行客、作人、傭人等;3. 執行征防任務的府兵、防丁,被官方臨時徵發參與行軍作戰或邊防鎮守的兵募等;4. 隨朝廷使團出使西域之中下級軍將(多爲武官、衛官,生活在鄉里);5. 西行求法之僧人;6. 官方組織的以强化統治爲目的的人口遷移,[①]等等。類型相當豐富。

在唐前期京畿民眾的流動,明顯呈現出向國家西北邊陲集中的趨勢,這與唐中後期情況殊爲不同,安史之亂後,長安民户大規模外徙,主要流向山南道、江南道,以及西南的劍南道。[②] 那麼唐前期爲什麼是向西北地域? 這與諸帝傾力經營西域的國家策略有着密切關係。天寶末安史之亂爆發以前,唐廷一直致力於向西、向北、向中亞擴展自己的版圖,與突厥、吐蕃爭奪區域霸主地位。太宗貞觀八至九年(634—635)征討吐谷渾,十三至十四年滅高昌,建立西、庭二州,安西都護府,貞觀十八年滅西突厥;高宗顯慶四年(659)在石、米、史諸小國置州縣府百二十七,龍朔元年(661)以吐火羅、波斯等十六國置都督府八、州七十六、縣一百一十,軍府一百二十六,隸安西都護府,咸亨元年(670)與吐蕃戰不利,没四鎮,儀鳳、調露之際擊吐蕃復四鎮,垂拱二年拔棄四鎮,武周

---

① 如貞觀十四年唐廷將部分高昌人徙於長安、洛陽並附籍,永徽二年又將其放還故鄉,參考裴成國:《唐朝初年西州人與洛州親屬間的幾通家書》,榮新江主編《唐研究》第 22 卷,北京大學出版社,2016 年,第 321—349 頁。

② 參翁俊雄:《唐後期民户大遷移與兩稅法》,《歷史研究》1994 年第 3 期。

長壽元年旋即收復;武周長安二年(702)置北庭都護府,加强對絲路北道的統治。玄宗開元中,唐廷一直與東突厥、吐蕃等勢力爭奪西域,互有勝負。其中最爲有名的是唐與大食的遭遇戰——怛羅斯之戰,天寶三載(744)東突厥勢力削弱,其領土終爲回紇所據。唐前期在西北之邊功,大體如此。①

由本文第二部分之梳理,唐開元及以前經行絲路遠至西域的京畿民,最爲常見的是兩種身份,民兵與商人,見上述歸類中的2、3,這是自有原因的。自貞觀起至開元中,唐廷爲了支持高頻度的拓邊之役,必然首先要做好兵力與物資方面的準備。

先説兵員,唐前期國家的主要兵源——府兵是從在籍農民中徵發,而關中是國家軍事布防重地,"凡天下十道,置府六百三十四,皆有名號,而關内二百六十有一,皆以隸諸衛"。② 爲充實關内道府兵,京畿地區民衆大多應徵入伍,在唐初已是"丁壯之民,悉入軍府",③而7世紀後期,雍州百姓"其人並是白丁、衛士,身役不輕"。④ 不過,由於府兵制在原則上以軍府州農民承擔宿衛任務,而一般州的編户承擔戍邊責任,折衝府密集、有重大拱衛京師任務的京畿,其府兵衛上自然要番上中央,一般不參與邊防戍守與征行,如玄宗開元十一年敕:"同、華兩州,精兵所出,地資輦轂,不合外文。自今已後,更不得取同、華兵防秋,容其休息。"⑤天寶十載南郊大赦又曰:"京兆府及三輔三郡,百役殷繁,自今已後,應差防丁、屯丁,宜令所縣支出別郡。"⑥兩道詔書中所謂"兵防""防丁""屯丁",當指府兵中被抽調從事邊境宿衛警備者。唐初折衝府主要承擔番上宿衛任務,而在邊境戰事激烈的中、睿宗時,始於邊地實行節度兵制,在西北地方設有河西、隴右、朔方節度等。節度下置"軍"以領兵。軍鎮兵員當然存在從府兵隊伍中差調的情況,據相關學者研究,西北邊境戍衛需要的防丁,主要出自河北、山東、河南等道州府的編户農民,⑦那麽是否會差調關内道,尤其是長安附近的民衆呢? 雖然兩詔意在京畿禁差,恰恰説明以京畿兵民至邊地戍衛的情況,屢有發生。

如唐開元中《岐州郿縣縣尉判》之27—30道,全與防丁有關,論及郿縣徵發防丁,

① 參王小甫:《唐、吐蕃、大食政治關係史》,第68—98頁。

② 《新唐書》卷五〇《兵志》,第1325頁。

③ 《唐會要》卷八四《移户》載貞觀元年陝州刺史崔善爲言,第1840頁。

④ 敦煌本《唐(七世紀後期)判集》,唐耕耦、陸宏基編《敦煌社會經濟文獻真迹釋録》第2輯,第601頁。

⑤ 《唐會要》卷七八《諸使雜録附》,第1701頁。

⑥ 《册府元龜》卷一三五《帝王部·潛征役》,第1630頁。

⑦ [日]渡邊信一郎:《中國古代の財政と國家》第十一章《唐代前期における農民の軍役負擔》,東京:汲古書院,2010年,第365—373頁。

其資裝例應自備（防丁本質上是府兵），如不足，需親鄰資助，但仍需官府出榜曉諭事，唐長孺先生對此有詳述。① 鄠縣在長安西南不遠，原本應屬百姓免於征行的地域，但從判文看，徵發防丁儼然已成爲縣政常務。② 杜甫《兵車行》也揭示了盛唐時西渭橋附近農人被徵發“或從十五北防河，便至四十西營田”“去時里正與裹頭，歸來頭白還戍邊”，③充當防丁、屯丁的情形。同樣還有上文所羅列的近輔州坊州永平府衛士胡外生，應是畿内府兵至西州鎮防。

不過，府兵的主要任務畢竟是中央宿衛和地方執勤，較少有餘力擔任邊境戍守以及野戰任務，唐前期作戰主要采取行軍的形式，在戰爭將爆發前，臨時編成作戰部隊，爲應付突發情況，特別需要臨時徵集民兵加入野戰，這類兵員，稱爲兵募。④ 而邊境軍鎮的日常鎮守，也常用兵募。兵募與府兵不同，非固定兵制，有事即募，事罷即歸，其差發由地方政府負責，則其徵發地域不受有軍府州的限制，原則上説，包括唐境所有府州縣，來源相當廣泛。從實際執行情況看，唐廷傾向於自河南、河北、河東、關中、隴右等道徵發兵募，並未照顧京畿及近輔州的特殊情況，⑤在神龍中，近畿即已出現“壯盡於邊塞，孤媚轉於溝壑”的情況；⑥開元中玄宗訓誡“四方雖安，不可忘戰”，命兩京及諸州擇取驍勇善戰者十萬人，令其“團伍教練”“應須集期”；⑦開元二十四年玄宗從東都洛陽返京，又因“京兆及岐、同、華三州，畿輔之間，百役所出，至於征鎮，又倍餘州”而蠲免之。⑧ 從上引《李慈藝告身》《張君義告身》看，因英勇作戰或戍守而得授勳的兵募中，不乏從畿内華、同、蒲、岐、鄜、坊、豳等州徵發來的民衆，《李慈藝告身》中籍貫京畿者達到授勳總數一半强。正説明京畿民被大規模徵發，於邊防貢獻尤多。

兵募無論用於行軍或者鎮守，皆有一定的差替期限，一年至六年不等，具體由差發詔敕規定，期滿便可放還。⑨ 如上文所述，兵募作戰過程中所用武器，以及往返程所需口糧，皆由官給，從開元二十一年過所中的坊州兵募孟懷福返鄉的曲折經歷看，由於西

---

① 《敦煌所出鄠縣尉判集中所見的唐代防丁》，《唐長孺文集》之《山居存稿》，第413—424頁。

② 《唐開元二十四年九月岐州鄠縣尉勳牒判集》，唐耕耦、陸宏基編《敦煌社會經濟文獻真迹釋録》第2輯，第617—619頁。

③ （唐）杜甫：《兵車行》，（清）仇兆鼇注《杜詩詳注》，北京：中華書局，1979年，第113頁。

④ 孫繼民：《唐前期行軍制度研究》，第104—105頁。

⑤ 參考唐耕耦：《唐代前期的兵募》，《歷史研究》1981年第4期。

⑥ 《舊唐書》卷三七《五行志》，北京：中華書局，1975年，第1355頁。

⑦ 《命兩京及諸州簡兵詔》，（清）董誥等編《全唐文》卷二八，北京：中華書局，1983年，第318頁。

⑧ 《自東都還陝州推恩敕》，《全唐文》卷三五，第390頁。

⑨ 唐耕耦《唐代前期的兵募》文。

北戰事需要大量兵力,唐廷早已不再遵守"鎮兵宜以四年爲限"之約,邊兵被長期勒留,逐漸常駐化;待其年老體衰,被恩諭放歸時,也會因口糧、過所等種種原因,滯留在"道阻且長"的磧西諸鎮。①

總之,唐前期有相當數量的京畿民衆,因邊境戰事、鎮守所需,應徵入伍,或以府兵的身份戍防,或以兵募的身份作戰、鎮守,從而源源不斷向西北邊塞流動。

除兵員流動外,由中原、兩京,以及河西軍政中心涼州至西域的物資流動也不可忽視。當盛唐時,西北邊防對於物資的需求量也很大,據《通典》卷六記載:②

> 自開元中及於天寶,開拓邊境,多立功勳,每歲軍用日增。其費糴米粟則三百六十萬匹段,朔方、河西各八十萬,隴右百萬,伊西、北庭八萬,安西十二萬,河東節度及群牧使各四十萬。給衣則五百三十萬,朔方百二十萬,隴右百五十萬,河西百萬,伊西、北庭四十萬,安西三十萬,河東節度四十萬,群牧五十萬。別支計則二百一十萬,河東五十萬,幽州、劍南各八十萬。饋軍食則百九十萬石。河東五十萬,幽州、劍南各七十萬。大凡一千二百六十萬。

河西地區每年要從内地州縣運送 180 萬匹布帛,至於軍糧、兵賜、衣賜、良馬等皆仰給内地。這些物資是由中央組織,統一配到河西節度使治所涼州,再由涼州向西運送的。據荒川正晴研究,軍用物資主要由行綱負責運送,具體執行中分爲和雇運送(州司、行綱直接雇傭綱丁運送並進行押運)與傤勾客運(行綱把運送承包給客商)兩種形式,這就導致絲綢之路沿綫從事長途販運業的行商大量存在。荒川正晴也注意到,從涼州派遣的軍用物資運送隊中有許多京兆人③。前例之王奉仙、蔣化明皆是此類。

京畿民衆爲何會選擇脱離原籍,到西北從事商業活動? 首先,京畿地狹,"少地者三萬三千户,全無地者五千五百人",④受田嚴重不足,農人無法附著在土地上,衹能浮寓流亡。自戰國秦漢以農業立國以來,有識之士就認識到"農之用力最苦,而贏利少,不如商賈技巧之人",⑤務農"春不得避風塵,夏不得避暑熱,秋不得避陰雨,冬不得避寒

---

① 《量減鎮兵年限詔》,《全唐文》卷二七,第 310 頁。

② 《通典》卷六《食貨六》"賦稅下",北京:中華書局,1988 年,第 111 頁。

③ [日]荒川正晴:《唐政府對西域布帛的運送及客商的活動》。

④ 《唐(七世紀後期)判集》,唐耕耦、陸宏基編:《敦煌社會經濟文獻真迹釋録》第 2 輯,第 601 頁。

⑤ 蔣禮鴻:《商君書錐指》,北京:中華書局,1986 年,第 128—129 頁。

凍,四時之間亡日休息",且"急政暴賦,賦斂不時,朝令而暮改"。① 民間更深諳個中滋味,京畿民衆選擇棄農爲商的比例比較大,以至於"工商食貨""棄農從戎"成爲書判拔萃等科的主要議題。②

其次,商人具有流動的性質,除在京師本地活動外,武周時京畿商人也有至洛州經營的情況。③ 長安行商大量涌向西北,當主要是受寓居京師的胡商經營模式之影響。這些商胡流動性很強,經常以長安爲據點,向東、向西運轉金銀絲絹,西域本是其從來,則在長安與西域之間販賣興利,爲常事,④其流動路徑,某種程度上引導了京畿鄉里中的無業遊民。如居住在長安城内坊里的粟特人史婆陀、安國人安令節等,皆因經商致富,積極交遊而名動京師,其經營模式,自然成爲民衆的榜樣,⑤而前述京師人李紹瑾大約就是在同居的粟特興胡曹延炎帶領下來到安西活動的。另外,有唐一代尤其是唐前期,西北戰事不斷,舉國之物力、財力集聚河西,在這裏運輸貨物、轉賣商品等,很容易獲得利潤,以"逐利"爲目的,越來越多的像李紹瑾這樣的"京師漢",選擇遠離故土,踏上絲綢之路。

綜上所述,可以不誇張地説,安史之亂前的京畿鄉里民衆中,存在着一股向西北流動之潮。

餘　論

近年來,隨着"一帶一路"倡議的提出,對絲綢之路及中西關係史的探索再次成爲熱門研究領域,越來越多的學者力圖藉助 19 至 20 世紀西域考古調查所得文物資料及文獻記載,還原絲綢之路上的文明交流圖景;具體而言,主要致力於復原古代交通綫路,勾勒經濟貿易網絡,以及探討絲綢、金銀寶石、寫本、法帖等各類物品往來傳播的過程及影響。誠如李希霍芬命名"絲綢之路"之原意,在這條溝通東西方的交通孔道上,"物"往往比"人"所至更深更遠。榮新江先生説"人未到羅馬,但絲綢可以到"。⑥ 故而學界

---

① 《漢書》卷二四《食貨志上》載晁錯上書,北京:中華書局,1962 年,第 1132 頁。侯旭東認爲以耕織爲業,附著於土地的農民是秦漢以農立國策略下催生的,民衆在農耕外有其他謀生手段,參所撰《漁采狩獵與秦漢北方民衆生計——兼論以農立國傳統的形成與農民的普遍化》,《歷史研究》2010 年第 5 期。

② 如《全唐文》卷四三六收録之《對工商食貨判》《對棄農判》等,第 4446—4447、4453 頁。

③ (唐)徐堅:《請停募關西户口疏》,《全唐文》卷二七二,第 2765 頁。

④ 參看荒川正晴《唐帝國和粟特人的交易活動》文。

⑤ 參榮新江:《從張騫到馬可·波羅:絲綢之路十八講》第十講《唐代長安的多元文化》,南昌:江西人民出版社,2022 年,第 218—255 頁。

⑥ 參榮新江:《從張騫到馬可·波羅:絲綢之路十八講》之《導論》,第 1—8 頁。

於"物"的關注程度遠遠高於"人",相關研究,難免呈現出衹見"道路",衹見"絲綢",而不見"人"的流動的局限。

實際上,物質與精神文明的東進西漸,離不開絲綢之路沿綫人群的接力傳遞,而這條以貿易爲名的道路,也記録了貴族、使節、商人、僧侶,乃至普通民衆的活動印記。魏泓(Susan Whitfield)從十二類典型人物的生活切入觀察絲路,頗具新意;[①]而我們則力圖藉助敦煌、吐魯番出土的各類名籍、過所、告身等,還原來自唐帝國首都長安所在京畿區域普通民衆的活動蹤迹。他們因無地逃亡、謀生計、經商、戍邊、征鎮、奉佛求法等各種原因,走出田園,暫別鄉里,從帝國心臟地帶西行數千里,經行絲綢之路,遠至西域乃至亞洲腹地。利用敦煌吐魯番文書勾勒京畿民衆在定居農耕之外的生活,尤其是離開熟悉生存環境,參與社會流動的畫面,正是本文的努力方向。由此所呈現的京畿兵民在西北邊地的活動畫面,恰可作爲唐帝國開放性和流動性的一個側影。

---

① Susan Whitfield, *Life along the Silk Road*, London：John Murray,1999. 新譯本參王姝婧、莫嘉靖譯：《絲綢之路：十二種唐朝人生》,成都：四川人民出版社,2020 年。

《魏晉南北朝隋唐史資料》第四十九輯

2024 年 5 月,95—112 頁

唐西州天山軍相關問題研究

——從新見《王懷勛墓誌》談起

董永强

好友知我治吐魯番學,2022 年 7 月,贈我一張近年出土於洛陽的《唐王懷勛墓誌》拓片,[①]囑爲解讀,因略述數語於後。

浙江大學中國歷代數據庫收録該墓誌拓本圖片。最新出版的毛陽光主編《洛陽流散唐代墓誌彙編三集》不僅刊布拓本,且有精細録文。[②] 據拓片可知,誌石爲方形,高 36 厘米,寬 36 厘米。誌蓋佚。誌文 22 行,滿行 22 字,正書。首題"大唐故太中大夫行西州都督府別駕兼天山軍副使賜紫金魚袋上柱國王府君墓誌",撰者不詳,文末附書丹者"譙郡夏侯种"。墓誌提供的歷史信息並不豐富,但關涉西州都督府上佐及天山軍,以及貞觀末期西域政局的變遷,有重要的史料價值。筆者不揣淺陋,試將吐魯番文書與誌文相結合,討論天山軍相關問題。爲行文方便,兹將誌文迻録如下:

> 大唐故太中大夫行西州都督府別駕兼天山軍副使賜/紫金魚袋上柱國王府君墓誌/君諱懷勛,太原祁人也。揚州都督府録事參軍之曾孫,譙/王府典籤之元子。公幼而徇齊,長則嚴毅。以良家子入衛/天階,以武略雄出禦邊郡。佐理則爰比將多,謀兵以軍爲/我家,百姓附炎猶襦袴。歷職八政,至太中大夫,皆廟堂委/能,郊境恃德。以開元廿三年三月廿四日 詔授西/州都督府別駕兼天山軍副使。天錫寵崇,用光貞幹,則知淮水不竭,仙駕恆飛。晉祚靈長,綿綿清遠矣。以開元廿九/年二月十九日寢疾,終於依仁里,春秋六十一。夫人清河/縣君張氏,鵲慶緒榮,鳳飛合契。自施衿結悦,若初日之照梁。初,別駕公將外軍,夫人嘗閑家以禮。螽斯

---

① 墓誌拓本由陝西省岐山縣金石傳拓技藝傳習所非物質文化傳承人于安君先生惠贈,謹表謝意。

② 毛陽光主編:《洛陽流散唐代墓誌彙編三集》上册,北京:國家圖書館出版社,2023 年,第 292—293 頁。本文定稿之際,得見毛氏録文,個別句讀略有參考。

之羽,訓之以/義方;雲鵲時鳴,必栖於穹室。誰謂摩天雙翼,半折未亡,嚴/内政以孤居,猶壹劍之鳴匣。長子烏,季子琳等,哀毁柴立,/全孝從生。日往月來,遂冥宅兆。以天寶元年歲次壬午朔/正月廿六日壬申葬於邙山之原,禮也。松丘草蔇,履霜露以崩心;月落風秋,指荒阡而永滅。乃爲銘曰:

太原令望,太中緒階。錫族寵命,鸞朋鳳儕。雲傳笙響,水不絶淮。光我王氏,茂於天街。其一。半刺比將,雄稜有聲。五色雲滅,千秀崖傾。何知青史,尚載威名。其二。嗣胤崩心,致命繼體。 於 防合葬,盡家從禮。安措長原,松生封底。千秋永滅,恆思/負米。其三。 譙郡夏侯种書

一、"西州都督府別駕"

成公崇之后,王懷勗是目前已知的第二位西州都督府別駕。據誌文内容,王懷勗爲太原祁縣人,曾祖與父名諱不詳,曾任都督府、親王府的低級佐官,僅職掌表啓書疏,宣行教令之事。王懷勗終於開元二十九年(741),享年六十一,當生於永隆元年(680),主要生活於唐高宗至玄宗時期。誌文對其歷官及事蹟記載極簡,但確提供了一條重要的歷史信息:"以開元廿三年三月廿四日詔授西州都督府別駕兼天山軍副使。"別駕是唐代都督府、州的上佐之一,[①]爲長官的副貳,地位高於長史、司馬。西州都督府爲中都督府,[②]設别駕一人,正四品下。[③] 李方先生援引吐魯番出土官文書對西州都督府上佐有詳細考證,認爲"崇"在開元二十一年(733)至開元二十二年(734)擔任西州都督府別駕。[④] 在此基礎上,劉子凡先生又利用新出墓誌確定,"崇"即成公崇,開元二十四年四月"終於伊部",次年歸葬洛陽北邙山。並進一步確認他"至少在開元二十一年至二十四年間在任西州都督府別駕"。[⑤] 從朝廷制授王懷勗的時間來看,可以確定王懷勗是接替成公崇,擔任西州都督府別駕一職。顯而易見,成公崇卸任時間不應晚於王懷勗正式履職的時間,考慮到王懷勗赴任西州和交割都需要一定的時間。因此,成公崇任職西州都督府別駕的時間下限需要重新修訂。按唐令,官員赴任有裝束假與程假。裝束假是

① 《通典》卷三三《總論郡佐》,北京:中華書局,1988年,第910頁。
② 《新唐書》卷四〇《地理志四》,北京:中華書局,1975年,第1046頁。
③ 《唐六典》卷三〇《三府都護州縣官吏》,北京:中華書局,2014年,第743頁。
④ 李方:《唐西州官吏編年考證》,北京:中國人民大學出版社,2010年,第43—45頁。
⑤ 劉子凡:《〈唐成公崇墓誌〉考釋》,《文獻》2014年第3期,第102—112頁。

指官員授任後,唐廷給以準備行李的時間,而到達任所需要的期限即是程假。唐"假寧令"中有裝束假的明確規定。P.2504 載:"假寧令,開元二十八年三月九日。諸外官授訖,給假裝束,其千里内者卌日,二千里内五十日,三千里内六十日,四千里内七十日,過四千里外八十日,並除程。其假内欲赴任者,聽之。若有事須早遣者,不用此令。若京官身先在外者,裝束假減外官之半。"①據此可知,官員授任後,必須如期赴任,不能按期到達任所,要受到刑罰。《唐律疏議》卷九《職制》載:"諸之官限滿不赴者,一日笞十,十日加一等,罪止徒一年。"②因有唐令的規定,且開元二十三年唐與突騎施戰事吃緊,王懷晶赴任不可能遷延過久。

那麼,王懷晶被詔授別駕後,是從何處出發赴任西州的呢?

這恐怕要從"詔授"談起。《唐會要》載:"舊制,册書詔勅,總名曰詔。天授元年(690),避諱改詔曰制。"③可知,誌文中所謂"詔授"即"制授"。制授是唐前期朝廷授給五品以上流内官的主要形式。《唐六典》載:"五品已上以名聞,送中書門下,聽制授焉。"④《通典》對此也有相同記載:"五品以上皆制授。六品以下、守五品以上及視五品以上,皆勅授。凡制、勅授及册拜,皆宰司進擬。"⑤劉後濱先生研究指出,所謂"宰司進擬",即由宰相提名,皇帝用制書或勅旨進行任命,其任官文書稱爲"制授告身"或"勅授告身"。⑥唐前期,五品以上官員的告身,當由宰相或皇帝親自頒給。據誌文,王懷晶之父曾在譙王府(均州,今湖北丹江口)擔任典籤。衆所周知,景雲元年(710)八月,譙王李重福在洛陽發動政變,兵敗投河而死,死後被"磔屍三日"。⑦王懷晶之父身爲譙王府僚屬,儘管祇是職掌文書的小吏,但也必受牽連。從誌文中"以武略雄出禦邊郡,佐理則爰比將多"判斷,任職西州之前,王懷晶有在邊郡擔任僚佐的經歷。這些履歷應當是他再次被制授邊州上佐的主要原因。根據以上唐制推知,王懷晶在被詔授爲正四品下的西州都督府別駕後,應親自入朝,領取告身。然後,從長安出發赴任。

王懷晶若從長安赴任西州,其程假該如何計算呢?

① 上海古籍出版社、法國國家圖書館編:《法藏敦煌西域文獻集成》第14册,上海古籍出版社,2001年,第360頁。

② 劉俊文:《唐律疏議箋解》,北京:中華書局,1996年,第721頁。

③ 《唐會要》卷五四《省號上》,上海古籍出版社,2006年,第1086頁。

④ 《唐六典》卷二《尚書吏部》,北京:中華書局,2014年,第27頁。

⑤ 《通典》卷一五《選舉三》,第359頁。

⑥ 參見劉後濱:《唐代選官政務研究》,北京:社會科學文獻出版社,2016年,第60頁。

⑦ 《舊唐書》卷八六《高宗中宗諸子傳》,北京:中華書局,1975年,第2835—2837頁。

據《通典》記載：交河郡去西京五千二百六十五里。①唐朝對陸上行程有嚴格規定。《唐六典》卷三"度支郎中、員外郎"條載："凡陸行之程：馬日七十里，步及驢行五十里，車三十里。"②以乘馬或騎驢計算，王懷勗從長安到西州，其程假應是七十五日到一百零五日之間，再加上最多八十日的裝束假，他抵達任所用時在五六個月之間。即便留足充裕時間，以半年時間爲限，王懷勗從容趕赴西州上任，從接到詔敕的開元二十三年三月廿四日算起，最晚必然在開元二十三年十月前到達。再加上交割期限，他履職西州都督府的時間也不會遲至開元二十四年。因此，成公崇任職西州都督府別駕應在開元二十一年至二十三年之間。

在目前所知的开元二十四年官文書中，我們亦未發現成公崇的署名。據《唐六典》記載"三府都護州縣官吏"職掌曰："尹、少尹、別駕、長史、司馬掌貳府、州之事，以紀綱衆務，通判列曹，歲終則更入奏計。"③可見別駕與長史、司馬同爲府州的通判官。④在吐魯番出土文書中，三官簽署的實例屢見不鮮。據李方先生研究，開元二十二年至開元二十四年，西州都督府都督是張待賓。換句話説，王懷勗接替成公崇任別駕時，張待賓爲其長官。開元二十三年的諸多官文書中，長官位置簽有"賓"字的署名。如旅順博物館藏《唐開元二十三年(735)西州都督府殘卷》中載：

1 敬仍付司。賓示。

2 　　　　　四日。

3 准判。簡賓

4 　　　　　　閏十一月四日録事　元肯□(受)

5 功曹攝録事　　珍

6 　　　　連。　簡白。　　　五日⑤

---

① 《通典》卷一七四《州郡四·交河郡》，第 4558 頁。

② 《唐六典》卷三《尚書户部》，第 80 頁。

③ 《唐六典》卷三〇，第 747 頁。

④ 參見盧向前：《牒式及其處理程式的探討——唐公式文研究》，《敦煌吐魯番文獻研究論集》第三輯，北京大學出版社，1986 年，第 335—393 頁。

⑤ 圖版見王振芬、孟憲實、榮新江主編：《旅順博物館藏新疆出土漢文文獻》下編第 32 册散存文書，北京：中華書局，2021 年，第 98 頁。録文參見郭富純、王振芬：《旅順博物館藏西域文書研究》，瀋陽：萬卷出版公司，2007 年，第 129 頁；李方：《唐西州官吏編年考證》，第 78 頁。

本件殘卷鈐有"西州都督府印"。李方先生從判詞及判官署名判斷,賓即張待賓。不僅此件,而且在這批開元二十三年十一、十二月的西州都督府案卷中也未見"崇"的判署。可見,成公崇在此時很可能已卸任別駕。奇怪的是,我們檢閱所有吐魯番出土開元二十三年至二十九年的官文書,也未發現一件文書上有王懷晶的簽署。這種情況與儀鳳元年(676)任西州都督府長史的袁公瑜類似。① 這或許與吐魯番出土文書中開元時期的存留數量相對少,能被發現實屬偶然,且殘缺過甚有很大關係。

王懷晶任職西州都督府別駕時間爲開元二十三年至開元二十八年。在別駕任上的下限如何確定? 据大谷文書中的一組納稅抄可以推斷出大體時間。大谷5808號文書載:

> 1 周通生送別駕 職 田地子 草 □□□□
>
> 2 肆圍。開元廿八年十二月廿三日。②

所謂地子,意爲"配地出子",是唐朝政府征收的與正租不同的一種地稅。它是由政府將官田分配給農民耕種並按頃畝徵收的地租。③ 此件抄文是周通生向當地官府繳納職田地子及草的收據,而納稅的職田爲"別駕"所有,出抄時間爲開元二十八年,出抄人缺。

又大谷5806號文書載:

> 1 周祝子納廿八年楊別□
>
> 2 青麥壹碩貳斜並□
>
> 3 八日,典楊柱抄。④

此件文書性質與上件相同,也是納稅抄。據大谷5808、5809、5810、5834號文書斷片,陳

---

① 據墓誌記載,袁公瑜曾任職西州都督府長史,但現存吐魯番出土的官文書中並未發現他的簽署。參見魯才泉:《跋武周〈袁公瑜墓誌〉》,《魏晉南北朝隋唐史資料》第8輯,武漢大學學報編輯部,1986年,第32—40頁;李方:《唐西州官吏編年考證》,第31頁。

② 〔日〕小田義久:《大谷文書集成》第三卷,京都:法藏館,1990年,圖版37,錄文第200頁。

③ 參見齊陳俊:《簡述敦煌吐魯番文書中有關職田的資料》,《中國史研究》1986年第1期,第40—49頁;鮑曉娜:《唐代"地子"考釋》,《社會科學戰綫》1987年第4期,第137—144頁。

④ 〔日〕小田義久:《大谷文書集成》第三卷,圖版37,錄文第200頁。

國燦先生補充 5806 號第 1 行"別"後之字爲"駕",並將其命名爲《開元二十九年周祝子、周通生所納地子、草抄》,其中所涉職田也是楊別駕的。[①] 可知,周祝子開元二十八年的地子是按照楊別駕的職田繳納的。

再如大谷 5835 號文書載:

1 周祝子納別駕職田地□□□□□□
2 圍。天寶元□□月十九日□□□□□[②]

另外,陳先生又據大谷文書 5816 號中"寧戎鄉周祝子納……壹拾壹文"的記載,認爲這批文書中的周祝子、周通生是西州高昌縣寧戎鄉的農民,他們繳納職田地子、草的文書爲西州高昌縣文書。小笠原宣秀先生也持相同看法。[③] 綜合以上可知,高昌縣寧戎鄉周祝子佃種的土地是西州分配給楊別駕的職田,楊某當在開元二十八年擔任西州別駕,此即李方先生研究指出的某別駕,他在任時間是開元二十八年(740)至天寶元年(742)。

綜上,開元二十三年,王懷勗接替成公崇擔任西州都督府別駕,直至開元二十八年,他又被楊別駕所接替。卸任歸鄉後,次年去世。墓誌與出土文書的記載相合。

二、"天山軍副使"

關於天山軍設立的地點,《唐會要》《元和郡縣圖志》《太平寰宇記》及兩《唐書·地理志》均記載在西州城内。敦煌藏 S.367 唐光啓元年(885)《沙州伊州地志》殘卷亦載:庭州瀚海軍,西州天山軍交河縣,伊州伊吾軍柔遠縣。[④]

關於天山軍設置的時間,劉安志先生曾辨析《唐會要》《元和郡縣圖志》《太平寰宇記》及兩《唐書》等史籍記載的歧義,指出天山軍成立的時間應是開元十五年以後不久。[⑤] 孟憲實先生對劉文此説持謹慎態度。[⑥] 奇怪的是,雖然開元時期的吐魯番文書比其他時

① 陳國燦:《吐魯番出土唐代文獻編年》,臺北:新文豐出版公司,2002 年,第 273 頁。
② [日]小田義久:《大谷文書集成》第三卷,圖版 30,錄文第 206 頁。
③ 參見[日]小笠原宣秀:《龍谷大學所藏大谷探險隊將來吐魯番出土古文書素描》,《西域文化研究》第 2 卷《敦煌吐魯番社會經濟資料》(上),京都:法藏館,1959 年,第 402 頁。
④ 唐耕耦、陸宏基:《敦煌社會經濟文獻真蹟釋錄》(一),北京:書目文獻出版社,1986 年,第 41 頁。
⑤ 劉安志:《唐代西州天山軍的成立》,朱玉麒主編《西域文史》第 2 輯,北京:科學出版社,2007 年,第 89—99 頁;後收入氏著《敦煌吐魯番文書與唐代西域史研究》,北京:商務印書館,2011 年,第 206—225 頁。
⑥ 參見孟憲實:《唐西州屯田體制及其變遷》,朱玉麒、孟憲實主編《探索西域文明——王炳華先生八十華誕祝壽論文集》,上海:中西書局,2017 年,第 258—269 頁。

期文書數量少,但開元十五年之後,乃至整個天寶時期的文書中,未發現一例天山軍所屬的守捉之名,亦未見任何鈐有"天山軍之印"的文書。相比而言,文書中卻屢見伊吾軍、瀚海軍管内的守捉,"伊吾軍之印"及"瀚海軍之印"也是頻頻出現。劉文中未涉及此問題。那麽,天山軍設立後,其軍内官僚組織情況如何? 天山軍下轄鎮戍、守捉及烽鋪在西州五縣及重要交通要道的設置情況怎樣? 它與西州都督府以及北庭都護府之間是如何互動的? 在實際地方軍防實踐中天山軍參與了哪些活動? 這些都是值得進一步研究的重要問題。

(一) 使與副使

唐代邊州的地方行政首腦同時擔任軍鎮長官,即刺史兼領軍使,於史有徵。《新唐書》卷四九下《百官志》都督刺史條載:

> 諸軍各置使一人,五千人以上有副使一人,萬人以上有營田副使一人。軍皆有倉、兵、胄三曹參軍事。刺史領使,則置副使、推官、衙官、州衙推、軍衙推。[1]

刺史爲州長官,别駕爲副貳。刺史領軍使,軍副使則由别駕兼任。在羈縻都督府州,刺史又由都督兼任。據墓誌所記,王懷勗以西州都督府别駕身份兼任天山軍副使,當視爲唐代刺史兼領軍使慣例的繼續和延伸。都督兼任刺史現象被認爲是唐代都督府與治所州政府關係的集中體現,來源於總管府與治所州的關係。[2] 李方先生也早已撰文指出,在西州存在一種典型的都督府與治所州政府合署辦公的關係,西州都督府履行西州政府的職能。[3] 隨着吐蕃崛起,邊疆形勢緊張,唐朝開始在邊疆長期大規模駐軍。開元中期以後,瀚海軍、伊吾軍以及天山軍紛紛成立,逐漸建立起北庭軍鎮體系。[4] 尤其是在西州,都督兼任刺史之外,還兼任天山軍使。前揭所述張待賓即是典型例證。據《全唐文》卷二八四《敕西州都督張待賓書》載"敕天山軍使、西州刺史張待賓"可知,張待賓結銜中有西州都督府都督、西州刺史,同時又是天山軍使。與此相應,王懷勗以西州都督府别駕兼天山軍副使,也是地方行政首腦與軍政長官交叉合一現象的另一個具體例證,

---

① 《新唐書》卷四九下《百官志四下》,北京:中華書局,1975 年,第 1318 頁。
② 參見夏炎:《唐代州級官府與地域社會》,天津古籍出版社,2010 年,第 237—244 頁。
③ 李方:《試論西州都督府與西州官府的關係》,《中國邊疆史地研究》2002 年第 2 期,第 13—25 頁。
④ 參見劉子凡:《唐代北庭軍鎮體系的發展——敦煌 S. 11453、S. 11459 瀚海軍文書再探討》,《隋唐遼宋金元史論叢》第十一輯,上海古籍出版社,2021 年,第 77—86 頁。

集中體現了軍鎮地方化的趨勢。

對比成公崇和王懷昴的墓誌,我們發現,成公崇的結銜是"制授西州別駕,又擢左驍衛翊府右郎將員外置同正員,兼西州都督府別駕賜紫金魚袋上柱國"。相比而言,王懷昴除了制授西州都督府別駕之外,還兼官"天山軍副使"。時年55歲的王懷昴被任命去接替成公崇的別駕一職,同時又比成公崇多兼"天山軍副使"一職,這說明,開元二十三年開始,唐朝加強了天山軍的鎮防。

除了天山軍副使之外,圍繞天山軍使,天山軍內部應有一個官僚組織。凡五千人以上的軍設副使一人。天山軍設副使,說明天山軍鎮兵在五千人以上。使與副使是軍鎮的正副長官,孟憲實先生爬梳唐代墓誌後認爲,副使主要是由出身武官的人擔任。王懷昴"以良家子入衛天階,以武略雄出禦邊郡。佐理則爱比將多,謀兵以軍爲我家",顯然也是武官出身。具體任過何職? 據《唐六典》記載,諸軍"副使取折衝以上"充任。從出土墓誌資料來看,以折衝都尉出任某某軍副使的情形比較常見。如《樊庭觀墓誌》載:"次授京兆府宣化府折衝都尉……去開元七年,守吏部尚書,檢校并州長史,天兵軍節度大使王晙,籍其英幹,特奏充橫野軍副使,仍攝右衛郎將如故。"[1]又,《別智福墓誌》載:"□□□果毅都尉,次授□□□衝,尋授右衛翊府左郎將、燕然軍副使、上柱國。"[2]又,《李仁晦墓誌》載:"轉授幽州清化府折衝,充大同軍副使。"[3]由此推測,王懷昴很可能此前擔任過折衝都尉,因此被詔授天山軍副使。

軍使、副使任期四年。《唐六典》載:"凡諸軍、鎮使·副使以上皆四年一替。"[4]王懷昴開元二十三年任天山軍副使,至開元二十八年,正是四年。

按《新唐書·百官志》所載,在天山軍使府當設有倉曹、兵曹和胄曹參軍事等僚佐以處理日常公務。

倉曹參軍、兵曹參軍的職能,軍與鎮同。《唐六典》載:

> 上鎮,倉曹參軍事一人,從八品下;

---

① 參見《故京兆府宣化府折衝攝右衛郎將橫野軍副使樊公墓誌銘並序》,周紹良主編《全唐文新編》卷三○三《宋務靜、蘇預》,長春:吉林文史出版社,2000 年,第 3455—3456 頁。

② 參見《大唐故游擊將軍右衛翊府郎將燕然軍副使別君府(智福)墓誌銘並序》,吳鋼主編《全唐文補遺》第八輯,西安:三秦出版社,2005 年,第 347 頁。

③ 參見《大唐故幽州清化府折衝軍大同軍副使李府君墓誌並序》,王連龍、黃志明《唐代高句麗移民〈李仁晦墓誌〉考論》,《文物季刊》2022 年第 2 期,第 116—122 頁。

④ 《唐六典》卷五《尚書兵部》,第 159 頁。

兵曹參軍事一人,從八品下。

倉曹掌儀式、倉庫,飲膳、醫藥,付事勾稽,省署抄目,監印,給紙筆,市易、公廨之事。

兵曹掌防人名帳,戎器、管鑰,差點及土木興造之事。[1]

《新唐書·百官志》亦云:

凡軍鎮,二萬人以上置司馬一人,正六品上;增倉曹、兵曹參軍事各一人,從七品下。不及二萬者,司馬從六品上,倉曹、兵曹參軍事正八品上。

倉曹參軍事,掌儀式、倉庫、飲膳、醫藥、付事、句稽、省署鈔目、監印、給紙筆、市易、公廨。

兵曹參軍事,掌防人名帳、戎器、管鑰、馬驢、土木、讁罰之事。[2]

(二) 倉曹參軍

天山軍倉曹參軍的考課受交河郡都督府節制。吐魯番阿斯塔那 193 號墓所出《唐天寶某載(751—765)文書事目帳》記有:

1　八日

2　　天山縣申 ☐☐☐☐

3　　高昌縣申爲 丞 嚴奉 景 ☐☐☐

4　九日

5　　、天山軍牒爲倉曹康慎微天十考事,付

6　　、兵李惟貴狀爲患請○莫茱萸等 藥 。

7　六日兵袁昌運牒爲患請藥 ☐☐☐☐

8　　、虞候狀爲典麴承訓今月七日發 ☐☐☐

9　　其月十一日判,典麴承訓虞候狀報患損發遣訖,具録牒上節度 使 。

10　 録 事 宋威德牒爲差往武威請諸官 料 錢 事 。

---

① 《唐六典》卷三〇《三府都護州縣官吏》,第 755—756 頁。
② 《新唐書》卷四九下《百官志·外官》,第 1320 頁。

11 ［上殘］差府使白忠訖。依前勒行,仍牒宋威德知。[1]

本件文書無紀年。文書整理者據"天十考事"判斷此件在天寶十載之後。又指出:"本件有朱點多處,第九、一一行爲朱書。第七行有朱筆勾劃,以示此行移前。"據王永興先生研究,官司在一定時間内按時間順序對往來公文事目的記録,稱之爲"抄目"。[2] 從這件抄目文書中,我們看到,這些解[3]、牒、狀等性質的公文均來自天山縣、高昌縣和天山軍,那麽,收文機構應是縣和軍鎮的上級主管部門,當時祇有交河郡。因此,這件屬於交河郡文書。第9行有朱筆勾劃,應是交河郡某司勾官對第8行事目勾檢處理的結果,故有"牒上節度使"之語。可見,這件事目文書不是在事後整理而成,而是在公文録目、處理過程中形成的。[4] 交河郡某司對某載某月接收到的公文進行登記處理,以日爲單位,同日到來的公文集於一日之下,一事目占一行。第4行"九日"是指某月的九日,第5、6、8行所列三項事目都是九日收到。第5行可理解爲交河郡收到來自天山軍的一份牒文,主要内容是該軍倉曹參軍康慎微天寶十載的考課材料。這種考課材料,李方先生稱之爲"自書考狀"。[5] "付"表給付之人,此處殘缺。倉曹參軍的考課受交河郡都督府節制,並不直接隸於天山軍。類似的事例如鸜鵒鎮的將官。大谷3471號和3474號文書《西州天山縣到來文書事目》中有"兵曹符,爲鸜鵒鎮官考,限來月銜勒典賫案□□□□""兵曹帖爲追鸜鵒鎮典別將康□□□□"。後者,池田温先生在《中國古代籍帳研究》中作"兵曹爲追鸜鵒鎮典別將康歡奴考功事"。[6] 大意是說西州都督府兵曹下符,令鸜鵒鎮典將當鎮的相關文案報送府衙進行考課。

文書第6至8行頗爲費解,"虞候"是軍中掌管偵察、巡邏、警戒等事務的武官。[7]李惟貴、袁昌運、虞候應從屬某軍,推測是天山軍。因軍鎮的倉曹參軍掌醫藥,以常理

---

① 唐長孺主編:《吐魯番出土文書》圖文本〔肆〕,北京:文物出版社,1996年,第241頁。

② 參見王永興:《吐魯番出土唐西州某縣事目文書研究》,《唐代前期西北軍事研究》,北京:中國社會科學出版社,1994年,第353—422頁。

③ 參見劉安志:《唐代解文初探——以敦煌吐魯番文書爲中心》,《西域研究》2018年第4期,第51—79頁;後收入氏主編《吐魯番出土文書新探》,武漢大學出版社,2019年,第155—185頁。

④ 參見方誠峰:《敦煌吐魯番所出事目文書再探》,《中國史研究》2018年第2期,第117—134頁。

⑤ 參見李方:《唐西域官吏告身與考課制度》,《唐西州官僚政治制度研究》,黑龍江教育出版社,2013年,第271—324頁。

⑥ 〔日〕池田温著,龔澤銑譯:《中國古代籍帳研究》,北京:中華書局,2007年,第216—217頁。

⑦ 《神機制敵太白陰經》之《報平安篇》云:"報平安者,諸營鋪百司主掌,皆入五更有動静報虞候知。"《定鋪篇》亦云:"每日戌時,嚴警鼓角初動,虞候領甲士十二隊,建旗幟,立號頭,巡軍營及城上。"詳見李筌:《神機制敵太白陰經》卷五,中華書局,1985年,第110—111頁。

而言,李、袁二鎮兵"請藥事狀"必先呈報天山軍的倉曹參軍,若軍中缺藥,再由倉曹參軍以天山軍名義向交河郡發牒求藥,李、袁二人不可能越級直接呈送給交河郡某司。若此説不謬,則第 6 行可理解爲,天山軍牒上交河郡爲兵李惟貴狀爲患請○莫茱萸等 藥 事,天山軍中的士兵患病後,軍中無藥可醫,軍府倉曹參軍因此向軍鎮駐地交河郡請藥。第 8 行是天山軍牒上交河郡爲虞候狀爲典麴承訓今月七日發遣事。"麴承訓"又見於阿斯塔那 506 號墓《唐天寶十四載(755)雜事司申勘會上載郡坊在槽馬減料數牒》,身份還是典,由他檢請文案中所列事項,可知是交河郡雜事司之典。因此,第 6 和 8 行很可能承接第 5 行省略了"天山軍牒"四字。此類繫於同一日而省略發文單位的事目文書並不少見。如斯坦因所獲《西州諸曹符帖目》,轉録相關數行如下:

10	兵曹符爲警固事。
13	兵 曹符爲警固事
16	爲警固事 一符爲訪廉蘇蘇事
17	爲訪王李絢事 一符爲訪流人趙長壽事①

王永興先生研究認爲這是西州下高昌縣的文書。據此可知,此件是高昌縣收到的西州諸曹文書的登録目録。陳國燦先生推定其寫成於開元十六年。② 13 行中"警固事"是西州兵曹下的,則 16 行也當是,此行記録兩事,一事爲"警固",另一事爲訪廉蘇蘇。因爲是同日到縣,故登録爲一行,訪廉蘇蘇事在登録時,顯然並未記録作"某曹符/帖爲某事",因同是兵曹下的符,故此處承前省略了"兵曹"二字。據此,16 行可補爲" 兵 曹 符 爲警固事 一符爲訪廉蘇蘇事"。17 行同理。類似省略例證還可參見敦煌文書,如S.2703《敦煌郡牒文抄目及來符事目歷》(天寶年間)。③ 此處從略。

　　康慎微之名,還見於阿斯塔那 506 號墓出土的兩件文書。其一,《唐天寶十四載(755)交河郡某館具上載帖馬食踏歷上郡長行坊狀》中載:

① 參見《中國古代籍帳研究》,第 218 頁;王永興:《唐勾檢制研究》,上海古籍出版社,1991 年,第 7—9 頁;陳國燦:《斯坦因所獲吐魯番文書研究》,武漢大學出版社,1994 年,第 168—171 頁。
② 參見陳國燦:《唐開元西州諸曹符帖目中的西域"警固"事》,《西域研究》1995 年第 1 期,第 28—32 頁;後收入氏著《斯坦因所獲吐魯番文書研究》,第 80—86 頁。
③ 參見《英藏敦煌文獻(漢文佛經以外部分)》第 4 卷,成都:四川人民出版社,1991 年,第 200 頁。

150　　△　　天山軍倉曹康慎微乘馬壹匹、驢伍頭,准長行牒:乘私,官

151　　　　　　供踏。驢馬給貳斗伍勝麥。　　　　　　　　　　卅一彥①

其二,《唐天寶十四載(755)交河郡長行坊申十三載郡坊帖馬侵食交河等館九至十二月馬料帳》亦有:

1　慎微下□□□□□馬食,合破正倉東西遞畜料□倉曹 司 □②

這兩件文書都屬於天寶十四載的交河郡文書,且均與馬料有關,"慎微"和"康慎微"應是同一人,其身份明確,是天山軍鎮的倉曹參軍。從上引文書可知,天山軍設倉曹,倉曹參軍的年度考課由交河郡負責,其日常行用的馬料由交河郡下轄館驛供給,長行坊定期調配。

(三) 兵曹參軍

大谷 3354 和 3355 號文書有云:

會□□□□羅護加破卅五人,覆加八人,覆同。及。

1　廿□人蒲昌縣界

2　一十九人羅護鎮界

　　　　　　　會柳中倉加破六人,覆會同。及。

3　七人柳中縣界

　　　　　　　又郡倉支,拾日,泰。貳拾肆人,銀山全支。及。③

本件無紀年,1、2、3 行爲墨書,每行右側的文字爲朱書,朱書爲勾官勾檢標誌。小田義久先生擬題爲"河西天山軍兵員給糧文書",池田溫先生擬題爲"唐天寶時代河西天山軍兵員給糧文書"。文書中有"郡城""郡倉",王永興據此認爲屬於交河郡,交河郡設置於天寶時期,故擬題爲"唐天寶年間北庭天山軍兵員食倉糧賬",甚是。他對勾官的勾檢進行細緻研究,認爲"墨書部分是兵曹參軍書寫的,他掌管兵士名冊和兵士屯戍守捉的安排。文書上朱書部分是倉曹參軍書寫的,他不僅熟悉本軍的倉糧,同時也熟悉上級倉糧、平級倉糧、

---

① 《吐魯番出土文書》〔肆〕,第 431 頁。
② 《吐魯番出土文書》〔肆〕,第 537 頁。
③ 《大谷文書集成》第二卷,圖版 55、56,錄文第 79—81 頁。

下級倉糧的情況,能適當安排多少人食某某倉糧,食某某倉糧的人數應加應減。他以軍勾官身份作出決定。"最後,王先生推定,文書上勾檢語後的"及"即天山軍倉曹參軍的簽署,"泰"是天山軍兵曹參軍。① 王先生考證翔實,有理有據,今從之。天山軍設有兵曹參軍。

從現有資料來看,天山軍是否設置胄曹,無從稽考。

關於西州都督府下轄的鎮戍、館驛,張廣達、程喜霖、陳國燦、劉子凡等學者都有過研究。② 玄宗開元中期,府兵制下的鎮戍體系轉變爲職業軍駐守邊疆的軍鎮體系,天山軍設立後,原先駐防在西州五縣的諸鎮是否升爲守捉,從《新唐書·地理志》的記載來看,西州明確設有羅護守捉和赤亭守捉,它們應是由羅護鎮和赤亭鎮升格而成的。至於交河縣的柳谷鎮、懸信鎮、白水鎮,天山縣的鸜鵒鎮、銀山鎮是否也有上述變化,從現有材料來看,還尚難判斷。因此,天山軍所屬諸守捉和鎮的設置情況,姑且存疑,留待今後探討。

三、文書所見天山軍的活動

(一)迎護北庭節度使封常清巡察

阿斯塔那 506 號墓所出《唐天寶十四載(755)交河郡某館具上載帖馬食䴖歷上郡長行坊狀》載:

39　　郡坊迎　封大夫馬肆拾捌匹,四月廿〇四日食麥粟貳碩肆斗。付槽

40　　　　頭張瓌。　□□□□乘。

41　　同日,細馬伍□□□伍斗。付槽頭張瓌。　判官楊千乘。

42　　同日天山軍□　　大夫征馬叁拾匹,食粟麥□□伍勝。付槽頭常

大郎。

43　　　　押官□大賓。

146　　　　天山軍征馬壹佰貳拾匹,十一月七日食青麥柒碩貳斗。付

147　　　　　押官高如珪。③

① 參見王永興:《唐代經營西北研究》,蘭州大學出版社,2010 年,第 62—69 頁。

② 參見張廣達:《唐滅高昌國後的西州形勢》,《西域史地叢稿初編》,上海古籍出版社,1995 年,第 113—174 頁;程喜霖:《唐〈西州圖經〉殘卷道路考》,唐長孺主編《敦煌吐魯番文書初探二編》,武漢大學出版社,1990 年,第 533—554 頁;陳國燦:《唐西州蒲昌府防區內的鎮戍與館驛》,《魏晉南北朝隋唐史資料》第 17 輯,武漢大學出版社,2000 年,第 85—105 頁;劉子凡:《瀚海天山——唐代伊、西、庭三州軍政體制研究》,上海:中西書局,2016 年,第 44—104 頁。

③ 《吐魯番出土文書》圖文本〔肆〕,第 423—424、431 頁。

據朱雷先生研究,這件是交河郡下屬某館向長行坊逐日具申過往馬匹食料的牒狀。天寶十四載四月廿四日,安西、北庭兩鎮節度使封常清及其僚佐從伊吾向交河郡巡察。[1]此前封常清一行在伊吾境内,是由瀚海軍護送。瀚海軍出動的征馬有52匹之多。到交河郡界内後,郡坊當日派遣馬48匹迎接,天上軍爲北庭節度使管轄,派出30名騎兵隨行迎護,這些迎接封大夫的馬匹食料先有某館供給,事後再由郡長行坊撥給。據此可知,天寶十四載十一月,封常清自北庭赴安西時,有天山軍征馬120匹,食用馬料"青麥柒碩貳斗",交付給押運馬匹的押官"高如珪"。這是交河郡派出的跟隨節度使征行的馬匹。岑參《輪臺歌奉送封大夫出師西征》詩中所謂"上將擁旄西出征,平明吹笛大軍行"即是指此,由此可見,天山東部的瀚海、天山兩軍出動大量征馬和人員護送節度使封常清往返於安西與北庭之間,並隨節度使出征,而行軍途經軍鎮、館戍的軍倉負責供給馬料,郡倉曹負責對統轄下的諸館倉進行嚴格的勾徵。

(二)參與征伐突騎施汗庭碎葉城

普林斯頓大學藏 Peald 11c(G.062)《唐天寶八載(749)二月交河郡天山縣倉史令狐奉瓊牒爲兵健糧料事》載:

(前缺)

1 答,情意具吐者。但上件麥,倉典 侯親通 □ □

2 給伊吾、天山等軍及本縣界兵健糧料,昨至郡勾

3 會。據行軍赤牒,侯親牒外妄加人畜破料,郡司所已剥

4 徵,其麥收入見在。今侯親不伏剥徵,請追赴郡堪問。被問依 實

5 謹牒。庭

6 　　　　　　　天寶八載二月　日天山縣倉史令狐奉瓊牒

7 　　　　　　檢庭白

8 　　　　　　　　　　　　　廿七日[2]

據凌文超先生研究可知,這件文書是天山縣鸊鵜倉倉史令狐奉瓊向交河郡都督府倉曹申訴的上行牒文。内容是交河郡倉曹在勾檢鸊鵜倉糧料時,根據行軍赤牒,發現鸊鵜倉

---

① 參見朱雷:《吐魯番出土天寶年間馬料文卷中所見封常清之北庭行》,《魏晉南北朝隋唐史資料》第15輯,武漢大學出版社,1997年,第100—108頁。

② 榮新江、史睿:《吐魯番出土文獻散録》下册,北京:中華書局,2021年,第522—523頁。

典侯親給途經鸜鴿鎮的伊吾軍、天山軍以及天山縣界兵多支了人畜糧料。倉曹判官"庭蘭"可能下符責成侯親徵納虧空。但侯親"不伏（服）剥徵",請求赴郡申訴堪問。於是,倉史令狐奉瓊上牒給郡倉曹以請。①此件牒尾所署日期爲"天寶八載二月",可知倉典侯親支給糧料的時間應在此之前不久。食用糧料的人馬分別是伊吾軍、天山軍和天山縣兵健,前兩者是軍鎮的鎮防軍,是有特定的駐防區域的,除非有重大戰事,由北庭節度使徵調,輕易是不可能參加征行的。那我們不禁要問,是什麼樣的戰事能夠調動伊吾和天山兩軍同時出戰? 安史之亂以前,唐與突騎施對中亞的爭奪激烈,致使安西四鎮的廢置多有反復。此牒文中所載史實可能與唐征碎葉有關。據《新唐書・西域傳》載:"西有碎葉城,天寶七載,北庭節度使王正見伐安西,毀之。"②碎葉城被毀之事又見於杜環的《經行記》。其文云:"又有碎葉城。天寶七載,北庭節度使王正見薄伐,城壁摧毀,邑居零落。"③可見,天寶七載（748）,北庭節度使王正見發動了大規模對突騎施征討,徹底摧毀了突騎施汗庭所在地碎葉城。據《舊唐書・地理志》所載:"北庭節度使,防制突騎施、堅昆、斬啜,管瀚海、天山、伊吾三軍。"④可知唐朝設置北庭節度使的主要目的是防制來自西、北、東三個方向的遊牧政權的擴張。北庭節度使統領天山東部的伊吾、天山、瀚海三軍。因此,王正見此次征伐碎葉,自然徵調節度使下轄的伊吾軍和天山軍出征,他們向西行軍必然路經天山縣鸜鴿鎮,鎮倉自然負責行軍所用的糧料。由於鎮倉以戰事行軍爲要,超支糧料,也是事出有因,故交河郡倉曹勾徵時,倉典侯親不服,倉史牒上郡司申訴。

同樣是令狐奉瓊申報,且與這件牒文密切相關的另外一件文書是普林斯頓大學藏Peald 11c（G.064）《唐天寶八載（749）牒爲駝馬驢料事》,牒中有"倉史令狐瓊得款,替鸜鴿倉應勾當。於倉典侯親處,領得破用帳及文牒至郡,依狀通歷,麥貳拾叁碩伍㪷,稱奉中丞處分,給官馬料",⑤丁俊女史研究認爲,倉史令狐奉瓊兼領了替鸜鴿倉赴郡勾當的事宜。⑥綜合兩件文書可知,鸜鴿倉倉典侯親不服郡司剥徵,是因爲他是"奉中丞處

---

① 參見凌文超:《普林斯頓大學葛斯德圖書館藏兩件天山縣鸜鴿倉牒考釋》,《吐魯番學研究》2009 年第 2 期,第 79—88 頁。
② 《新唐書》卷二二一下《西域傳下》,第 6246 頁。
③ （唐）杜環著,張一純注:《經行記箋注》,北京:中華書局,1963 年,第 34—38 頁。
④ 《舊唐書》卷三八《地理志一》,第 1385 頁。
⑤ 《吐魯番出土文獻散錄》下册,第 523—524 頁。
⑥ 參見丁俊:《從新出吐魯番文書看唐前期的勾徵》,沈衛榮主編《西域歷史語言研究集刊》第二輯,北京:科學出版社,2009 年,第 125—157 頁。

分,給官馬料",中丞是指御史中丞,正五品上,爲御史臺副官,唐玄宗時期邊疆節度使或副使常常兼有此職,如天寶十一載,封常清攝此官,程千里也授此官。可見,倉典侯親多支的馬料很可能是奉北庭節度副使級别的官員之令支用,當時並無文書憑據,如今郡司要求經辦人侯親填還,實屬冤屈。① 另外,"牒外妄加人畜破料"的具體名數爲"麥貳拾叁碩伍斗",以上引天寶十四載交河郡某館具上郡長行坊狀中征馬的日食料量計算,②至少可供給征馬470匹一日之食用。《舊唐書·地理志》載,北庭節度使"管兵二萬人,馬五千疋"。《元和郡縣圖志》載,天山軍管兵5 000人,馬500匹。伊吾軍,管兵3 000人,馬300匹。③ 可見此次動用的軍馬幾乎相當於天山軍的所有馬匹,由此亦可以肯定這次行軍頗具規模,天寶八載二月之前不久,北庭節度使直接領導下的西域大規模戰事衹有王正見伐碎葉,由此判斷,天寶七載北庭節度使王正見率軍征討突騎施碎葉城確實是徵調了天山軍和伊吾軍參與征戰,行軍途經天山縣境内的鸜鵒鎮,行軍人馬的食料由鎮倉負責供給,故有食料供給上的出入,引起郡倉曹勾徵,這便有以上兩牒。

(三) 鎮兵亦徵自交河郡,並駐防當地

《唐六典》注諸軍健兒云:"開元二十五年敕,以爲天下無虞,宜與人休息,自今已後,諸軍鎮量閑劇、利害,置兵防健兒,於諸色行人内及客户中招募,取丁壯情願充健兒長住邊軍者,每年加常例給賜,兼給永年優復。"④這表明,唐代軍鎮的健兒來源於"諸色征行人及客户"。但實際情况如何?從敦煌吐魯番文書來看,並不完全是這樣。

吐魯番吐峪溝出土《唐天寶年代(747—758)交河郡蒲昌縣籍》第8行載:

> 户主康文册載肆拾歲　　白丁本郡天山軍鎮　空　下下户　課户不輸⑤

又,大谷8068與8063號綴合文書《唐天寶年代交河郡籍》第1行載:

> 弟知非載叁拾肆歲　　勳官上柱國本郡天山軍鎮開元貳拾捌載伍月貳拾玖日授,甲頭馬玄忠⑥

---

① 黄樓:《唐代西州鸜鵒鎮文書研究》,《西域研究》2019年第1期,第51—67頁。
② 每匹馬每日的食料量,因種類不同有明顯差異,細馬爲10升,征馬爲3升或5升。
③ 《元和郡縣圖志》卷四○《隴右道下》,1983年,北京:中華書局,第1033頁。
④ 《唐六典》卷五《尚書兵部》,第156—157頁。
⑤ 《吐魯番出土文獻散錄》下册,第528—529頁。
⑥ 《大谷文書集成》第三卷,圖版3,錄文第226頁。

池田温先生認爲這兩件屬天寶時期。① 這兩件户籍文書殘存2户,第1户户主康文册是40歲白丁,本郡天山軍鎮鎮兵,户等爲下下户,雖爲課户,但並不輸課。第2户户主名年俱缺,34歲的上柱國"知非"是户主之弟。此户籍的記注表明,"知非"是交河郡天山軍鎮的鎮兵。唐長孺先生對上引兩件籍帳中記注的"天山軍鎮"與《唐開元年代西州交河縣名山鄉籍》中的"土鎮兵""鎮兵"進行過細緻辨析,認爲開元後期軍鎮中的長征健兒或兵防健兒是職業兵,按照唐制應來源於"諸色征行人及客户",並非徵自當地民丁。但實際情況並不盡然,天山軍鎮之鎮兵有的也是徵自西州民丁,他們可能不是天山軍主力,擔任管内鎮防的任務。② 唐先生的研究告知我們,天山軍中的部分鎮兵很可能是從原先折衝府下的衛士轉變而來的。34歲的"知非"開元二十八年(740)授上柱國,應是入軍十二轉之後纔獲此勛官,以21歲成丁即入軍計算,其入軍時間當在開元十五年或之後,此時正值天山軍成立,"知非"應是天山軍募自交河郡的首批鎮守兵之一。康文册作爲職業兵,入軍時間可能也在開元時。他們接替原折衝府衛士執行當地的鎮防之責,值守於天山軍轄區内的各個鎮與守捉之中。

(四) 五品勛官子孫向國家輸納資課

阿斯塔那187號墓出土《唐天寶三載(744)西州高昌縣勘定諸鄉品子、勛官見在、已役、免役、納資諸色人名籍》載:

```
                定
17      昌康抱貞     史真太
18  □    人 天 山 軍 鎮 請 納③
```

據李錦繡先生研究,開天時期,文武散官、勛官要向國家交納定額資課。④ 這件文書是五品子納資名單。"昌"是納資者所在鄉名的省稱,即寧昌乡。17—18兩行可以理解爲落籍高昌縣寧昌鄉的康抱貞、史真太在天山軍鎮中效力,從姓氏判斷,康、史二人應是入籍高昌的粟特胡兵將或其後裔,夾行中的朱筆"定"字,應是高昌縣勾官所書,意爲這二

---

① 《中國古代籍帳研究》,第117頁。
② 參見唐長孺:《吐魯番文書中所見的西州府兵》,朱雷、唐剛卯選編《唐長孺文存》,上海古籍出版社,2006年,第692—695頁。
③ 《吐魯番出土文書》圖文本〔肆〕,第213頁。
④ 李錦繡:《唐代財政史》第二册,北京:社會科學文獻出版社,2007年,第117—118頁。

人請納固定資課已被勘定。可知,天山軍中的五品勛官之子同樣按照户等向唐朝國家交納資課,以便取得進叙的條件。

關於天山軍的屯田,孟憲實先生已有專文研究,此處從略。

四、小　　結

天山軍是玄宗時期唐朝爲加强西域軍事力量而設立的駐防軍鎮。按照《舊唐書·地理志》與《太平寰宇記》的説法:天山軍,開元中置於西州城内。劉安志先生進一步研究認爲,唐王朝爲對付吐蕃從東綫由南向北入侵,加强西州的防禦,極有可能在開元十年以後到開元二十二、二十三年期間成立天山軍,最後推定很可能是在開元十五年之後不久。《王懷勗墓誌》爲劉氏之説提供了另一個確切的實物證據。該墓誌表明,開元二十三年三月廿四日,55歲的王懷勗被詔授西州都督府别駕兼天山軍副使。銘文中所謂"半刺比將",即指别駕而言。此别駕之職接替的成公崇(開元二十一年至開元二十三年在任),任職時間起於開元二十三年三月,止於開元二十八年。他又被楊别駕接替,次年終於洛陽依仁里。

天山軍官職設置中有使與副使各一人,王懷勗任副使時,張待賓爲使。按照《新唐書·百官志》所載,軍有倉曹、兵曹、胄曹三曹參軍。吐魯番文書表明:天寶十四載,"康慎微"爲天山軍倉曹參軍;天寶某載,"及"也曾擔任過天山軍倉曹參軍,而"泰"則是天山軍的兵曹參軍。囿於資料,胄曹參軍無從稽考。

天山軍的活動痕迹在天寶時期的文書中零星可見。如,天寶十四載四月和十一月,安西、北庭兩節度使封常清及其僚佐往來於安西與北庭之間,路經西州,天山軍分别派遣30和120名騎兵隨行護衛。天寶時期,天山軍五品勛官子"康抱貞、史真太"依户等向唐朝國家交納資課,以便取得進叙的條件。天山軍的鎮兵來源並不是完全遵循開元二十五年敕中所載健兒募自"諸色征行人及客户",亦取自交河郡白丁。尤其值得强調的是,天山軍參與了伐突騎施之戰。天寶七載(748),北庭節度使王正見發動了大規模對突騎施的征討,徹底摧毁了突騎施汗庭所在地碎葉城。此次戰事,北庭節度使徵調天山、伊吾兩軍共同出征,行軍途經天山縣境内的鸜鵒鎮,行軍人馬的食料由鎮倉負責供給。從倉典多支出的馬料判斷,至少可供給征馬470匹一日之食用,這些征馬幾乎相當於天山軍所管500匹馬的全部,可見,天山軍及其所屬鸜鵒鎮對此次破碎葉之戰有重要貢獻。

《魏晉南北朝隋唐史資料》第四十九輯

2024 年 5 月，113—126 頁

阿斯塔那 506 號墓出土付領錢物抄與北庭關係考

劉子凡

　　吐魯番阿斯塔那 506 號墓出土有一組付領錢物抄，刊布於《吐魯番出土文書》，整理者指出這組文書拆自紙棺，整理爲 27 件文書。[①] 506 號墓爲著名的張無價墓，該墓出土有《唐天寶十載(751)制受張無價遊擊將軍官告》《唐大曆四年(769)張無價買陰宅地契》《唐大曆七年(772)馬寺尼法慈爲父張無價身死請給墓夫賻贈事牒》以及一組涉及封常清、岑參等人途徑交河郡的馬料帳等，歷來備受關注，研究成果衆多。[②] 關於這一組付領錢物抄，也有學者就唐代基層官吏和財政等問題進行重要的探討。[③] 不過以往不少研究都將吐魯番出土的這組抄認作是反映西州情況的文書，實際上已有學者留意到其中涉及的一些重要人物和地點與北庭有關，如劉安志先生指出其中所見陰嗣瓌爲北庭都護、瀚海軍副使，[④]孫繼民先生也指出其中見有北庭俱六鎮將。[⑤] 黃樓先生更是指出，其中所見開元十九、二十年領料錢文書，是北庭營田支度使屬下機構支領料錢的明細帳。[⑥] 受此啓發，筆者近來在匯集整理北庭文書相關材料時，收錄並梳理了 506 號墓的這組付領錢物抄，發現有更多證據表明其與北庭關係密切。特別是其中涉及大

---

　　① 　録文見唐長孺主編：《吐魯番出土文書》第 10 册，北京：文物出版社，1991 年；圖版見唐長孺主編：《吐魯番出土文書》圖文本〔肆〕，北京：文物出版社，1996 年，第 396—420 頁。

　　② 　關於墓主張無價及其相關文書，可參考孫繼民：《唐西州張無價及其文書》，《魏晉南北朝隋唐史資料》第 9—10 輯，武漢大學學報編輯部，1998 年，第 83—91 頁。游自勇：《唐西州"張無價文書"新考》，榮新江主編《唐研究》第 22 卷，北京大學出版社，2016 年，第 269—282 頁。吕博：《踐更之卒，俱授官名——"唐天寶十載制授張無價遊擊將軍告身"出現的歷史背景》，《中國史研究》2019 年第 3 期，第 96—109 頁。

　　③ 　〔日〕關尾史郎編：《中央アジア出土唐代領抄文書一覽(補遺)》，《吐魯番出土文物研究会会報》第 94 號，1993 年，第 7—8 頁。李錦繡：《唐代財政史稿》上卷，北京大學出版社，1995 年，第 910—912 頁。李方：《唐西州行政體制考論》，哈爾濱：黑龍江教育出版社，2002 年，第 189—199 頁。

　　④ 　劉安志：《唐代安西、北庭兩任都護考補——以出土文書爲中心》，《武漢大學學報(人文科學版)》2001 年第 1 期，第 64—65 頁。

　　⑤ 　孫繼民：《敦煌吐魯番所出唐代軍事文書初探》，北京：中國社會科學院出版社，2000 年，第 259 頁。

　　⑥ 　黃樓：《吐魯番所出唐代月料、程料、客使停料文書初探——以吐魯番阿斯塔那 506 號墓料錢文書爲中心》，《敦煌吐魯番研究》第 11 卷，2008 年，第 249—267 頁。

量關於北庭使職、軍事機構、人員往來等信息,可以從多個側面展現開元十八至二十年(730—732)前後北庭的面貌,此爲以往北庭研究未論及之處。在北庭文獻相對較少的情況下,這組文書的内容就顯得尤爲珍貴。故擬在前人的文書研究基礎上,就這組付領錢物抄與北庭關係略作考釋。

一、506號墓所出付領文錢物抄的概况

該墓出土的這組付領錢物抄,涉及的編號包括73TAM506:4/2至4/9、4/11至4/18、4/20至4/29,共有27件。整理者對其進行了精心排比,已按大致的時間先後排序。這組文書衹有少數是一紙書寫一抄,如《唐樊詮領陰瓌等正月料錢抄》(73TAM506:4/22)及《唐付王思順大練抄》(73TAM506:4/23)等,其他大部分都是在紙張上連續書寫不同的抄。也就是説雖然目前按整理情況看是27件文書,但實際上單條的抄的總數遠超這個數字,就筆者統計達到86條。個別條目上還有塗抹痕迹,應是因各種原因將該條賬目銷去,作爲研究材料還是將其納入到了統計範圍内。該墓紙棺上又另拆出1件相關的牒狀《唐開元十八年請付夏季糧文書》(73TAM506:4/1),雖然不是抄的形式,但也與付領錢物有關,且時間相近,這裏也一併討論。

抄作爲一種文書,一般是指領收錢物的收據。關尾史郎先生將吐魯番出土文書中官府爲繳納各種税賦之民户開具的文書,稱爲"納税抄"或"領抄文書",並做了統計。[1]此類抄數量衆多。同時他也指出506號墓出土的這一組抄與"納税抄"不同,是官府支出錢物後,領收的官員、民户等爲官府開具的收據,並稱之爲"付領文書"。[2] 這組文書的條目基本都以"某某抄"結尾,可見"抄"就是唐人對此類文書的習稱,故本文還是使用原整理者所用的付領錢物抄來稱呼。不過關尾史郎還是關鍵性地指出了這組抄是以官府支出錢物爲核心,與吐魯番文書中常見的納税抄在用途和對象上略有不同。

就文書内容看,這組付領錢物抄大致涉及如下幾個事項:一是"月料"或"料錢"。這是這組抄中所見的官府大宗支出,見有陰嗣瓌、安神願、麴庭訓等使以及府史、使典、傔頻繁領取。李錦繡先生認爲,唐代使職不給俸料,文書中使職所領的"料錢"爲使雜

① [日]關尾史郎編:《中央アジア出土唐代領抄文書一覽》,《吐魯番出土文物研究会会報》第58號,1991年,第1—4頁。

② [日]關尾史郎編:《中央アジア出土唐代領抄文書一覽》補遺,第7頁。

給錢,是本官俸料之外給與使職的報酬,由當地公廨本錢所收利錢支給。① 《新唐書‧食貨志》載:"自開元後,置使甚衆,每使各給雜錢。宰相楊國忠身兼數官,堂封外月給錢百萬。"②所謂雜給錢即是此類。黃樓則提出,唐代充使者可按使職及本官等秩加給俸料,所加俸料即每月加給的月料,除相對固定的月料外,每月還加給數額不等的雜錢。③ 由此來看,文書中的"月料"和"料錢"大致分別指俸料和雜錢。二是使人程料和客使停料。程料是指供使者出使路途中使用的經費,而停料則是供使者在客館停留時使用的經費。這組抄中也多見此類支出,包括市馬使、典、獸醫、軍將、折衝、傔等皆給料。其中程料要高於停料,而且是出使途中實際日食料額的一倍,程料也成爲充使官員的一項重要收入。④ 三是夏季糧、冬季糧的付領或糶、糴。所謂夏季糧、冬季糧爲給予府史胥吏的糧料。⑤ 四是酬直或支付欠款。文書中見有製作裌子、酬藥直等事項。五是勳賜、賻贈等其他小宗支出。

值得注意的是,這組抄中的各件文書有非常大的相關性。首先是時間非常接近,從有紀年的文書看,這組抄和牒狀大致集中在開元十八年三月至開元二十年二月間。其次是人物高度關聯。張光輔是這組文書中的關鍵人物,李方先生專門對其進行了考證,指出涉及張光輔(或簡稱"張光")的抄有 11 件,包括涉及夏季、冬季糧的抄以及一些領錢、領練抄,提出張光輔此時當爲倉曹司的府史,而 506 號墓紙棺拆出的文書可能都來自倉曹司,根據同墓出土乾元二年(759)文書看,張光輔後來又升任倉曹參軍。⑥ 除了張光輔之外,文書中反復出現的領錢物之人還有向輔麟(或稱向麟)、呂義,他們都是館家,各主掌一館,每隔數日即向官府申領停料。⑦ 我們可以推斷這是一組不僅性質相似而且來源相近的文書。

二、506 號墓付領錢物抄爲北庭文書補考

這組文書出土於吐魯番,然而其中所見的人物、地點可考者,却大多是與北庭有關。

---

① 李錦繡:《唐代財政史稿》上卷,第 901—902、910—911 頁。
② 《新唐書》卷五五《食貨志》,北京:中華書局,1975 年,第 1399 頁。
③ 黃樓:《吐魯番所出唐代月料、程料、客使停料文書初探》,第 253 頁注 2。
④ 相關討論參見李錦繡:《唐代財政史稿》上卷,第 902—905 頁。另參見黃樓:《吐魯番所出唐代月料、程料、客使停料文書初探》,第 258—266 頁。
⑤ 李錦繡:《唐代財政史稿》上卷,第 911—912 頁。
⑥ 李方:《唐西州行政體制考論》,第 189—196 頁。
⑦ 黃樓:《吐魯番所出唐代月料、程料、客使停料文書初探》,第 265 頁。

黄樓已經指出,初步推斷這批文書應屬某支度營田使屬下機構所有,而支度營田使應常住北庭,"種種迹象表明這批文書可能屬北庭所有":一是疑文書中所見陰嗣瓌於北庭供職;二是文書中出現伊吾軍市馬使權戩,伊吾軍隸屬北庭,權戩不必捨北庭而赴西州市馬;三是文書中提到西州市馬官、天山縣尉留聿領取了五日程料,證明文書所在地至天山縣至少有五日路程,應不在西州;四是阿斯塔那226號墓出土大批營田文書,證明開元年間北庭軍府官文書曾大量流入西州地區。① 這是對這組文書整體性質的基本判斷。因爲文書内容較爲豐富,在前述研究基礎上,我們還可以梳理出更多證據,進一步證明其爲北庭文書,略補考如下。

陰嗣瓌,或簡稱"陰瓌",在付領錢物抄中多次出現,是確定文書性質的關鍵人物。相關文書見《唐樊詮、魏什神領料錢抄二件》:

> 1　九月十九日,陰嗣瓌料錢壹伯肆拾文,樊詮領。
> 2　同日,領羅忠料錢壹拾陸文,樊詮領。②

《唐開元十九年康福等領料抄》:

> 15　樊令詮領陰嗣瓌料錢[　　　]十七日樊詮領。
> 16　樊令詮□□□□□□□□[
> 　　（中略）
> 28　九月廿一日樊令詮請陰瓌傔一人料錢貳伯玖拾文。
> 29　樊詮領。③

《唐蔣玄其等領錢練抄》:

> 8　樊令詮領陰瓌料錢叁伯柒拾。詮領。
> 　　（中略）

---

① 黄樓:《吐魯番所出唐代月料、程料、客使停料文書初探》,第249—250頁。
② 唐長孺主編:《吐魯番出土文書》圖文本〔肆〕,北京:文物出版社,1996年,第398頁。
③ 唐長孺主編:《吐魯番出土文書》圖文本〔肆〕,第403—404頁。

25　陰瓖十二月料錢肆伯貳拾文,并傔。十二月。①

《唐樊詮領陰嗣瓖十一月料錢抄》:

1　使陰嗣瓖十一月料肆伯陸文,十二月十三
2　□傔樊詮領。②

《唐樊詮領陰瓖并傔正月料錢抄》:

1　陰瓖并傔壹人共正月料當
2　錢肆伯陸文。正月廿六日付樊詮
3　領。③

一共涉及 5 件文書,共 7 條抄,內容都是領取陰嗣瓖的月料或料錢,通常是由傔人樊令詮代領,有時樊令詮也一併領取本人料錢。據敦煌 P. 2625《敦煌名族志》所載,敦煌陰氏曾有多人在北庭任職,特別是陰嗣瓖之兄陰嗣監曾任北庭副大都護、瀚海軍使兼營田支度等使。④ 故而如前所述,黃樓推測陰嗣瓖也於北庭供職。實際上根據以往的文書研究,陰嗣瓖很可能曾任北庭瀚海軍副使。英藏敦煌文書中有一組開元十五年前後的北庭瀚海軍文書,其中 S. 11459F 見有"牒陰副使衙爲同前事",S. 11453J 中見有"陰都護狀爲東道烽堠數事",S. 11453K"陰都護衙狀爲馬踏歷事。"⑤同時,日本京都藤井有鄰館藏 12 號文書背面有:

1　牒檢校北庭都護借紫金魚袋陰
2　　大使延王在內⑥

---

① 唐長孺主編:《吐魯番出土文書》圖文本〔肆〕,第 409、411 頁。
② 唐長孺主編:《吐魯番出土文書》圖文本〔肆〕,第 413 頁。
③ 唐長孺主編:《吐魯番出土文書》圖文本〔肆〕,第 417 頁。
④ 《法藏敦煌西域文獻》第 16 冊,上海古籍出版社,2001 年,第 330 頁。
⑤ 《英藏敦煌文獻(漢文佛經以外部分)》第 13 卷,成都:四川人民出版社,1995 年,第 280—281、294 頁。
⑥ 錄文見陳國燦:《東訪吐魯番文書紀要(一)》,《魏晉南北朝隋唐史資料》第 12 輯,武漢大學出版社,1993 年,第 42 頁。

延王李洄剛好是在開元十五年開始遙領安西大都護、磧西节度大使。① 故而這件文書又可以與前述英藏瀚海軍文書對應,可知開元十五年前後北庭有一位北庭都護、副使陰某。劉安志指出,這位北庭都護就是陰嗣瓌,其任職北庭都護、瀚海軍副使的時間可能是在開元十五年至二十一年間。② 如此,這組付領錢物抄中的陰嗣瓌,便當是以北庭瀚海軍副使的身份領取月料。值得注意的是,陰嗣瓌領取的是作爲日常俸料和使雜給錢的月料和料錢,而非程料或客使停料,即並非是出使在外。故而關於陰嗣瓌的領料抄也應是書寫於駐地北庭。

此外,本組文書中《唐開元十八年府某牒爲請付夏季糧利錢事》見有"數内三碩捌斗付氾通舉"云云,其中的"氾通"疑爲北庭長行馬案卷中多見之史"氾通"。然而此處人名又或爲"氾通舉",衹能暫且存疑。

這組文書中還見有兩處北庭所轄地名"耶勒"和"[俱]六"。關於耶勒,《唐開元十九年康福等領料抄》有:

57　耶勒供進馬蘇壹斗,勝別卅八文估。計肆伯捌拾
58　　十月四日盧琛領。③

這是領取馬料的抄,馬爲來自耶勒的供進馬。《新唐書·地理志》載:"自庭州西延城西六十里有沙鉢城守捉,又有馮洛守捉,又八十里有耶勒城守捉,又八十里有俱六城守捉。"④耶勒爲北庭(長安二年前稱庭州)附近的守捉,是隸屬於北庭瀚海軍的軍事機構。至於供進馬,應是指進貢朝廷的馬匹。506號墓所出文書又見《唐開元十九年虞候鎮副楊禮憲請預付馬料數價狀》:

1　進馬坊　　狀上
2　　供進[馬]□價大練叁拾匹楊憲領

① 《唐會要》卷七八《諸使中·亲王遙領節度使》載:"開元四年正月二十九日……延王泗(洄)安西大都護、磧西節度大使。"(上海古籍出版社,2006年,第1697頁)
② 劉安志:《唐代安西、北庭兩任都護考補——以出土文書爲中心》,第64—65頁。劉安志:《敦煌吐魯番文書所見唐代"都司"考》,《魏晉南北朝隋唐史資料》第20輯,2003年,第206頁。
③ 唐長孺主編:《吐魯番出土文書》圖文本〔肆〕,第407頁。
④ 《新唐書》卷四〇《地理志》,第1047頁。

3　　　右□□令於諸步磑坊料麩貯納,待趙内侍

4　　　□□馬者。其馬今見欲到,其麩并不送價直。

5　　　若不預付,即恐臨時闕飼。請處分。謹狀。

6　牒件狀如前,謹牒。

7　　　　　　　　開元十九年六月　日虞候鎮副楊禮憲牒

8　　　□虞候府家

9　　　取卅疋練,分付

10　　諸磑家,即收麩

11　　納。□　十二日①

可知某地有名爲"進馬坊"的機構,當是專門負責上供馬匹事宜。虞候鎮副楊禮憲爲進馬坊的專當官,他在這份牒狀中提到供進馬即將達到,準備交付趙内侍,急需申請大練30匹以收購餵馬的麩料。趙内侍又見於本組抄中的《唐開元二十年李欽領練抄》,可知其名爲趙感,至少到開元二十年正月仍在當地。② 黄樓指出,趙内侍身份爲宦官無疑,而且還是深受玄宗寵遇的高品宦官。③ 此文書中進馬坊狀上之機構不明,雖然牒狀末尾有該地長官的判詞與押署,但其署名似是特殊花押,難以辨識。不過這件牒狀與本文討論的付領錢物抄同拆自506號墓紙棺,且時間剛好都是在開元十九年前後,應當關係密切,前述耶勒供進馬十月四日領錢料的記録,也很可能與趙内侍及進馬坊有關。從情理推測,耶勒的供進馬應是先交予其上級機構北庭,再自北庭上供。如果是在北庭以外的機構接待這批供進馬,就應稱北庭供進馬,而非具體稱耶勒供進馬。從這個角度講,可以推測耶勒供進馬食料之處以及文書中進馬坊所在之處,都應是北庭。

北庭之"俱六"見於《唐開元十九年□六鎮將康神慶抄》:

1　　　]拾疋准□床壹伯伍□

2　　□限今月廿五日□□□,如違限不還,

3　　一依官法生利。開元十九年十一月廿一□□

---

① 唐長孺主編:《吐魯番出土文書》圖文本〔肆〕,第401頁。

② 唐長孺主編:《吐魯番出土文書》圖文本〔肆〕,第415頁。

③ 黄樓:《吐魯番出土文書所見唐代宦官諸使》,《魏晉南北朝隋唐史資料》第32輯,上海古籍出版社,2015年,第208—209頁。

    4   六鎮將康神慶抄。①

大致是康神慶要借貸大練或其他種類的絹帛若干匹,立此收據,寫明償還日期,到期不還便要加收利息。孫繼民先生指出,此處的"□六鎮將",當爲俱六鎮將。俱六是北庭重要的軍事據點,據日本京都藤井有鄰館藏第 40 號文書,俱六守捉至少有押隊官 11 人,按每隊 50 人算,俱六守捉的兵馬大致能達到 550 人以上。② 與前述耶勒供進馬的情況類似,可以推測來自俱六的鎮將康神慶,更可能是在屬地北庭借貸立抄。

    這組付領錢物抄中,明確與西州有關的是《唐開元十九年康福等領料抄》中的一條:

    20   使西州市馬官天山縣尉留□、典壹人、獸醫壹人、

    21   押官壹人,伍日程料,領得錢貳伯伍拾文。開元

    22   十九年九月十九日典趙寶領。③

此處"使西州市馬官"的稱謂較爲特別,這組抄中見有"伊吾軍市馬使""隴右市馬使",大谷文書 Ot. 5839《開元十六年請紙案卷》中又有"河西市馬使",④皆是"某市馬使"的稱呼,但想來"使西州市馬官"也是類似的使職。這位市馬官是由西州天山縣的縣尉留某充任,⑤至少可以肯定這位市馬官是來自西州,在立抄之處領取程料,同行的還有典、獸醫、押官等人,應當都是與買馬事宜有關。這件抄出現來自西州市馬官,並記録其領取程料,恰恰説明其書寫地點不在西州。

    綜合以上對文書内容的分析來看,這組付領錢物抄雖然是出土於吐魯番,但並不是唐代西州本地官府的文書,而是來自北庭的官文書。這些文書或是因機緣巧合被携至西州,製作成葬具。506 號墓墓主張無價本人的經歷,或許也能提供一些綫索。509 號墓出土文書《唐西州天山縣申西州户曹狀爲張无瑒請往北庭請兄禄事》載有:"兄无價

---

    ① 唐長孺主編:《吐魯番出土文書》圖文本〔肆〕,第 412 頁。
    ② 文書見《墨美》第 60 號《長行馬文書》,京都:墨美社,1956 年,第 10 頁。
    ③ 唐長孺主編:《吐魯番出土文書》圖文本〔肆〕,第 403 頁。
    ④ 〔日〕小田義久主編:《大谷文書集成》叁,京都:法藏館,2003 年,圖 9,第 207—209 頁。
    ⑤ 留某之名書寫潦草,難以辨認,李方先生認作"虎"。見李方:《唐西州官吏編年考證》,北京:中國人民大學出版社,2011 年,第 211 頁。

任北庭乾坑戍主,被吕將軍奏充四鎮要籍驅使,其禄及地子合於本任請授。今四鎮封牒到,欲將前件人畜往北庭請禄。"①大致張無價曾官任北庭乾坑成的成主,實際在安西四鎮節度使麾下任職,但俸禄又需要在本官所在的北庭領取,故而其弟張无場要申請去往北庭,替兄長請禄。張無價任乾坑戍主的時間大致是在開元初年。② 無論如何,張無價本人或家屬與北庭有所聯繫,有可能會獲得北庭廢棄的官府文書。筆者也曾揣測,經辦多件抄的府史張光輔或許也是西州人氏,因爲《唐開元年間瀚海軍狀爲附表申王孝方等賞緋魚袋事》(中國國家博物館 43+中國國家圖書館 BD9337)文書中,就見有大量籍貫爲西州的北庭都護府府史,③但這一推測尚無確定的證據。總之結合各種信息來看,阿斯塔那 506 號墓出土的這組付領錢物抄應爲北庭文書。

三、文書中所見開元十八至二十年的北庭

在前文討論的基礎上,可以對文書中所反映的開元十八年至二十年的北庭面貌,作一簡要地梳理。

1. 開元十八至二十年前後北庭的使職及僚佐群體

付領錢物抄中,見有多位在當地領取料錢的使職。除了身份確定的瀚海軍副使陰嗣瓌以外,還有安神願、麴庭訓、安通等。安神願是這組抄中出現頻率與陰嗣瓌相當的重要人物,文書中對他的稱謂大都是直呼其名,僅《唐羅常住等領料抄》中見有"使安神願領正月料",稱安神願爲"使"。④ 這與陰嗣瓌的情況很相似,陰嗣瓌也都是直接被記録名字,僅見有一處"使陰嗣瓌十一月料",也是單稱爲"使"。⑤ 這提示我們二者有大致相似的身份級別。祇不過與陰嗣瓌都是由僬人領取料錢不同,安神願有時會自己領取料錢,另有兩次僬人領取,一次"付家生送"。從現有的信息看,安神願很可能也是北庭的一位重要使職。這組抄中另見有"麴使"和"張判官"。《唐開元十九年康福等領料抄》載:

38　九月廿五日,麴使、張判官并典、僬等料錢,領大練

---

① 唐長孺主編:《吐魯番出土文書》圖文本〔肆〕,第 334 頁。
② 孫繼民:《唐西州張無價及其文書》,第 86 頁。
③ 榮新江、史睿編:《吐魯番出土文書散録》下,北京:中華書局,2022 年,第 482—483 頁,圖一一。
④ 唐長孺主編:《吐魯番出土文書》圖文本〔肆〕,第 416 頁。
⑤ 《唐樊詮領陰嗣瓌十一月料錢抄》,見唐長孺主編《吐魯番出土文書》圖文本〔肆〕,第 413 頁。

39 貳疋。闕二朗領。①

麴使和張判官、典、傔共同領料,或許説明他們是在同一使司。判官也是節度使僚佐中
的重要角色,據《新唐書·百官志》所載,節度使兼任之支度、營田、招討、經略等使,都
分別設有判官,②唐代著名邊塞詩人岑參就曾在北庭節度使麾下擔任判官。推測這裏
的麴使也應當是一位在北庭出任使職的官員,張某爲其屬下判官。《唐開元十九年康
福等領料抄》載:

9 麴庭訓領得錢陸佰叁拾文,充九月已後
10 料。九月十二日麴訓領。③

麴庭訓一次領取月料 630 文,多於陰嗣瓌的月料,故疑麴庭訓即上文提到的"麴使"。
此外,文書中還見有安通曾領取"八月料錢陸伯捌拾文"④,能够領如此多的月料,此人
也應當是一位重要使職。

從他們各自領取的月料情況看,安神願等人在使職系統中的地位似比陰嗣瓌更高。
黃樓指出,使職系統官吏月料名義上計月給料,但在本質上仍屬計日支給;支度使典日
料 10 文,月料 300 文(大月),諸使月料 600 文左右,某些地位較低的使月料僅 400 文左
右。⑤ 陰嗣瓌的月料是 400 文左右,安神願、麴庭訓、安通的月料都是 600 文左右。據前
文所述,陰嗣瓌此時的職位很可能是檢校北庭都護、瀚海軍副使,那麼安神願等人擔任
的至少是較瀚海軍副使地位更高的使職。這組文書中出現了"支度使"和"營田副使"。
《唐開元十九年康福等領料抄》有:

4 營田副使傔亓思岌加勳賜壹疋。梁悉惲領。

(中略)

7 支度使典陸人,九月料錢壹阡漆佰肆拾

---

① 唐長孺主編:《吐魯番出土文書》圖文本〔肆〕,第 405 頁。
② 《新唐書》卷四九下《百官志》,第 1309 頁。
③ 唐長孺主編:《吐魯番出土文書》圖文本〔肆〕,第 402 頁。
④ 唐長孺主編:《吐魯番出土文書》圖文本〔肆〕,第 404 頁。
⑤ 黃樓:《吐魯番所出唐代月料、程料、客使停料文書初探》,第 256、258 頁。

8　　文。開十九年九月八日趙□領。①

營田使和支度使是分別掌管地方營田和財政事務的使職。據吐魯番阿斯塔那 226 號墓出土的營田文書看,開元十一年前後北庭已見有"西庭支度使""支度營田使留后司"等。② 則安神願、麴庭訓、安通等人,除了可能是瀚海軍使之外,也有可能是支度使或營田使。可惜文書中並未列舉諸位使職的具體職位,但還是大致可以看出當時北庭高級使職群體的面貌。

　　北庭還有活躍的胥吏群體。如前文提到的張光輔,李方指出他除了負責官府借貸事宜外,可能本人也具有很強的經濟實力。③ 當然張光輔很可能是北庭都護府的府史。至於節度使系統的胥吏,這組付領錢物抄中常見的是支度使典群體。根據上文所引與支度典有關的抄,他們至少有 6 人,《唐丘忱等領充料錢物帳》中明確出現姓名的支度典有氾崇、丘忱、李超、趙處,《唐開元十九年康福等領用充料錢物等抄》中見有支度典張藏。④ 按此檢索,還可以找到另外一條相關的抄,《唐領付氾崇等正月料錢抄》:

1　　正月料　氾崇　趙處　[
2　　馬諫　丘忱　李超 已上 六人 [
3　　右計料錢貳 阡 [⑤

可知這 6 人還有一位是馬諫。他們在開元十九年十一月至次年正月間每月都有領料記録。這些支度使典,包括上文提到的麴使的典等,是節度使系統中承擔基層行政工作任務的主要人員。

　　2. 北庭是唐代官方馬匹貿易的重要中心

　　這組付領錢物抄中涉及不少與市馬相關的人員往來記録,如果將這組文書定位為北庭文書的話,對於北庭在西域馬匹貿易中的地位恐怕要進行更高的評估。一方面是北庭設有進馬坊,專門向朝廷上供馬匹。前文已提到有趙內侍來到北庭領取供進馬,此

---

① 唐長孺主編:《吐魯番出土文書》圖文本〔肆〕,第 402、408 頁。
② 唐長孺主編:《吐魯番出土文書》圖文本〔肆〕,第 90—98 頁。
③ 李方:《唐西州行政體制考論》,第 196 頁。
④ 唐長孺主編:《吐魯番出土文書》圖文本〔肆〕,第 408、418 頁。
⑤ 唐長孺主編:《吐魯番出土文書》圖文本〔肆〕,第 412 頁。

處不再詳述。另一方面是其他軍州來北庭買馬。除上文所論西州市馬官外，這組文書中還見有"伊吾軍市馬使"和"隴右市馬使"。《唐開元十九年康福等領料抄》有：

26　伊吾軍市馬使權戡等壹拾捌人九月料，

27　且領大練玖疋。九月十九日，康福領。

　　（中略）

30　隴右市馬使傔叁人，各捌日程料，

31　共計貳伯肆拾疋。九月廿一日付魏忏□領。①

其中伊吾軍權戡帶來的團隊規模較大，包括了十餘人。同件文書還載有兩條與權戡有關的抄：

2　伊吾軍 子 □權戡等□ 壹 拾捌人，十五日料

3　錢壹 阡 三伯伍 拾 文。九月二日康福領。八月料。

又：

55　伊吾軍子將權戡等一十五人 十二人白身 各八日 程 料，計
　　　　　　　　　　　　　三人品官

56　錢壹阡肆伯肆拾文。十月三日康福領。②

可知，權戡爲伊吾軍子將，以他爲首的市馬團隊至少八月就來到北庭，十月三日以後才離開，停駐超過一個月。

　　吐魯番出土文書也見有其他西北軍州在北庭買馬的記録，同樣是阿斯塔那 506 號墓紙棺拆出的《唐天寶十四載（755）交河郡某館具上載帖馬食踦歷上郡長行坊狀》中載有"焉耆軍新市馬壹伯疋，准節度轉牒，食全料"。③ 這是焉耆軍購買的一百匹軍馬經過交河郡的記録，從其自北向南去往焉耆的路徑看，這批軍馬當是在北庭購買。《唐天寶

---

① 唐長孺主編：《吐魯番出土文書》圖文本〔肆〕，第 404 頁。
② 唐長孺主編：《吐魯番出土文書》圖文本〔肆〕，第 402、407 頁。
③ 唐長孺主編：《吐魯番出土文書》圖文本〔肆〕，第 430 頁。

十四載某館申十三載三至十二月侵食當館馬料帳歷狀》載有"郡坊從北庭新市馬廿叁疋"。① 這裏的"郡"是指交河郡(原西州),文書所載是自北庭購買運輸用的長行馬。

這些證據都表明,北庭是當時西北地區重要的馬匹貿易中心之一。這大致是由於北庭地處天山北麓,本身就是遊牧部落往來之地,唐朝以北庭爲中心與西域各遊牧部落往來貿易自然會非常便利。

3. 北庭的多族群交往共存

北庭控扼絲綢之路要道,也是各族群往來交匯的重要據點。在唐朝勢力進入西域之前,此處便是西突厥的可汗浮圖城,貞觀十四年(640)唐朝在此設庭州,長安二年(702)改設北庭都護府。北庭以西的天山一帶有處月、處密等西突厥別部,更西則有胡禄屋、突騎施等西突厥部落,北面金山一帶則有葛邏禄等部。北庭切近也聚集了大量城傍部落,《太平廣記》卷一四七《裴伷先》載:"北庭都護府城下,有夷落萬帳,則降胡也。其可汗禮伷先,以女妻之。可汗唯一女,念之甚,贈伷先黄金馬牛羊甚衆。"②而北庭城中則有大量粟特商胡,據日本京都藤井有鄰館藏 15 號文書《唐開元十六年庭州金滿縣牒》所載,北庭的附郭縣金滿縣有百姓、行客、興胡共 1 760 人,其中百姓繳納的户稅祇占到總數的三分之一,可以想見北庭行客與商胡之多。③

這組付領錢物抄中,也可以看到北庭多族群交往的特點。《唐蔣玄其等領錢練抄》中有:

20　大練叁疋充大漠(幕)叁頂,張賞十二月

21　二日付踏實力。④

此爲北庭都護府向踏實力購買大幕三頂。幕即帳幕,或是因爲遊牧部落習用帳篷,故而從其采購大幕。踏實力爲葛邏禄三部之一,《新唐書·回鶻傳》載:"葛邏禄本突厥諸族,在北庭西北、金山之西,跨僕固振水,包多怛嶺,與車鼻部接。有三族:一謀落,或爲謀刺;二熾俟,或爲婆匐;三踏實力。永徽初,高侃之伐車鼻可汗,三族皆内屬。顯慶二年,以謀落部爲陰山都督府,熾俟部爲大漠都督府,踏實力部爲玄池都督府,即用其酋長

---

① 唐長孺主編:《吐魯番出土文書》圖文本〔肆〕,第 500 頁。
② 《太平廣記》卷一四七,北京:中華書局,1961 年,第 1059 頁
③ 文書見[日]池田温著,龔澤銑譯:《中國古代籍帳研究》,北京:中華書局,2007 年,第 210 頁。
④ 唐長孺主編:《吐魯番出土文書》圖文本〔肆〕,第 411 頁。

爲都督。"①可知踏實力部在北庭以北的金山一帶,唐朝在其部設有玄池都督府以羈縻。又《新唐書·突厥傳》載,唐睿宗景雲中突厥默啜可汗年老昏瞶,諸部離散,"玄池都督蹋實力胡鼻率衆内附,詔處其衆於金山"。② 或是以此爲契機,部分踏實力部來到北庭附近。此抄末尾還有一處"Ω"形押署,似草原部落之"紋章"(Tamgas),或即領收大練的踏實力人的簽名。

抄中也出現了粟特人。例如前文提到的安神願,他還有一位傔人名作"安神相",見《唐蔣玄其等領錢練抄》第 12 行,從姓名看他們應當都是粟特人。特別是安神願任北庭重要使職,體現粟特人在北庭使府中也占據一席之地。當然還有粟特商人,《唐開元十九年康福等領料抄》有:

5　□曹司造裲子,錦綢伍拾肆尺,直准錢貳阡
6　貳伯文。九月四日付主安莫。安莫。③

這是這組抄記録的事項中相對較大的　筆支出,花費價值 2 200 文的錦綢製作裲子,而領錢的安莫從姓名看也是粟特人。他在簽名時顯然並不能寫出標準的這兩個漢字,祇是描繪字形,同時在最後加上了類似"▨"的符號。無論是在使府任職,還是參與交易,都展現出粟特人在北庭頻繁活動的身影。

總之,本文對吐魯番阿斯塔那 506 號墓出土的一組付領錢物抄進行了新的討論,提出其中見有北庭都護、瀚海軍副使陰嗣瓌以及營田副使、支度使等駐北庭的使職;涉及耶勒供進馬、俱六鎮將借貸等事宜,也似應優先在北庭處置;"西州市馬官"的出現更説明文書並非出自西州官府。結合這些信息可以推測,這組抄實際上是北庭文書。由此也可以看到北庭作爲唐朝經營西域的重鎮以及絲綢之路要衝所具有的豐富多彩的面貌。

---

① 《新唐書》卷二一七下《回鶻傳下》,第 6143 頁。
② 《新唐書》卷二一五上《突厥上》,第 6048 頁。
③ 唐長孺主編:《吐魯番出土文書》圖文本〔肆〕,第 402 頁。

《魏晉南北朝隋唐史資料》第四十九輯

2024 年 5 月，127—139 頁

唐代官文書的斷句標點及其他

——讀《吐魯番出土文獻散録》劄記之一

黄正建

榮新江、史睿主編《吐魯番出土文獻散録》①（以下簡稱爲《散録》）的出版，是吐魯番文獻研究中一件重要事情。以榮新江先生爲首的編者，從 20 世紀 80 年代初開始，一直致力於收集、整理散落各地的吐魯番出土文獻，將其匯爲一編，終於在將近 40 年後的 2021 年由中華書局出版，爲關心關注、學習研究吐魯番文獻的學者提供了一個查找方便、録文可靠的文本，實屬功德無量，必將推動吐魯番出土文獻的深入開展。

縱觀這部耗費了編者多年心血的著作，有幾個重要特點或曰優點十分明顯。第一，《散録》花大力氣搜集了散布世界各國的吐魯番出土文獻，片紙必收，盡力做到没有遺漏，讓無緣各處搜尋相關資料的學者能一編在手，總覽全部，省却了大量精力（有些甚至花費精力也難以過目）。第二，《散録》深諳文書整理範式，不僅録文規範，而且儘量寫出文書殘卷殘片的尺寸、拼接等信息，有印必録，有朱筆墨筆點畫也説明不遺，爲讀者提供了最接近原物的原始資料。第三，在編者特別是榮新江先生的多年追蹤下，《散録》將分散各地的零散文書的流傳、轉手、刊布、收藏等信息梳理得極爲到位，使讀者能知道這些文書的來源和原始出處，並從各種題跋中獲得信息，對理解文書性質有非常重要的作用。第四，《散録》對相關文書刊布和整理研究的參考文獻搜集得極爲全面，不僅列出相關作者的論著，而且同一作者在不同處提到（有時是收入自己文集，有時是再版論著），也一一列出，爲讀者按圖索驥提供了很大方便，不啻爲該件文書整理和研究的學術史。第五，《散録》一方面在定名或判定文書性質上尊重現有成果，將定名依據按實寫出，從不掠美；另一方面也就有疑問處提出自己意見，或對文書的價值、意義作簡

---

① 榮新江、史睿主編：《吐魯番出土文獻散録》，北京：中華書局，2021 年 4 月。

單而重要的點評,實際具有了文書研究的性質。

以上五點,使《散録》成爲一部高水平的吐魯番出土文獻整理著作,爲世界範圍内吐魯番出土文獻的整理刊布畫了一個階段性句號,意義重大,價值重要。[①]

最近在閲讀學習《散録》時,收穫頗多,也有一些不成熟的想法,現不揣簡陋,提出來向各位專家請教。

一、官文書録文的斷句標點

《散録》所收文書中有印的甚多,計有"柳中縣之印"(3件)、"交河縣之印"(2件)、"北庭都護府印"(3件)、"高昌縣之印"(7件)、"天山縣之印"(1件)、"西州都督府之印"(4件)、"右玉鈐衛蒲昌府之印"(2件)、"蒲昌府之印"(1件)、"伊州之印"(1件)、"尚書司勳告身之印"(1件)、"交河郡都督府之印"(1件)、"蒲昌縣之印"(1件)共27件,還有朱筆標明"印"字(1件)和寫有"行朱"(1件),以及若干有朱印但印文不清的文書。這些有印的文書應該都是官文書。從以上統計看,《散録》所收文書中,官文書所占比例很大,這是一個重要特點。官文書有固定格式,如何正確斷句標點,對理解官文書的性質、内容、作用有很大關係。以下提出幾點不成熟的想法。

(一)"牒"字是否應斷開並加標點

官文書中,《牒》占有很大比重。唐代的《牒》,據以往研究,主要有兩種格式:一種是發件單位爲某事(給)收件單位;另一種是發件單位牒收件單位。[②]《散録》所收《牒》,以第二種格式爲多。這種格式的《牒》,在正文前面要寫"牒"字。這個"牒"字要不要與後面斷開,並加標點符號呢?《散録》有兩種處理:

第一種是不斷開,如:牒得牒稱……[③]

第二種是斷開並加逗號,如:牒,得都督高牒稱……[④]

比較兩種斷句,我以爲從《牒》的格式看,這裏以斷開爲宜。因爲這裏的"牒"是這

---

① 《吐魯番出土文獻散録》的書評已有多篇,例如趙洋《榮新江、史睿主編〈吐魯番出土文獻散録〉》(《敦煌吐魯番研究》第二十一卷,上海古籍出版社,2022年9月,第438—443頁)、孟彦弘《散藏吐魯番文書的蒐集、釋録與研究——讀〈吐魯番出土文獻散録〉》(《西域研究》2022年第4期,第163—166頁)等,可參看。

② [日]赤木崇敏:《唐代前半期的地方公文體制——以吐魯番文書爲中心》,原載《史學雜誌》第117編第11號(2008年),修改後收入鄧小南、曹家齊、平田茂樹主編《文書·政令·信息溝通:以唐宋時期爲主》,北京大學出版社,2012年,第119—165頁。

③ 《唐開元十三年轉運坊牒伊州爲支草五萬圍收刈事》,《散録》,第462頁。

④ 《唐開元十三年西州都督府牒秦州爲請推勘王敬忠等奪地事》,《散録》,第465頁。

件牒文的開首語,引起正文,要一直管到結尾的"謹牒"。而且如果承認這一格式,則"牒"後不僅應斷開,還應標以冒號,以提示以下爲《牒》的正文,即標點爲:牒:得某某牒稱……

與此相關,《牒》文最後的"牒件狀如前"中的"牒"要不要斷開呢?一般關於《牒》文的錄文都不斷開,似乎已成學界共識,但我以爲,從便於讀者理解出發,以斷開爲宜(否則一般讀者不明白這裏應該讀作"牒件　狀如前"還是"牒　件狀如前")。這是因爲這裏的"牒"其實也是起首語,引起下面文字,與後面的"謹牒"相呼應,而"件"是修飾"牒"的,祇能與下面的"狀"相配合。因此我們看到"件狀如前""件檢如前"等都可以單獨成句,如"主者,件狀如前"①,"依檢案內,件檢如前"②等。

因此我以爲這句"牒件狀如前"應標點爲:牒:件狀如前。

與此相關的官司對各種處理結果的彙報用語,即"牒……如前"的格式用語,也都應如此標點,如:

牒檢案連如前。當標點爲:牒:檢案連如前。

牒件檢如前。當標點爲:牒:件檢如前。

牒件錄從去月廿七日已來北館廚莿柴數如前。③ 當標點爲:牒:件錄從去月廿七日已來北館廚莿柴數如前。

牒被責今月上中二旬柴估,依檢案內,件檢如前。④ 當標點爲:牒:被責今月上中二旬柴估,依檢案內,件檢如前。

牒件通當户新舊口田段畝數、四至,具狀如前。⑤ 當標點爲:牒:件通當户新舊口田段畝數、四至,具狀如前。

牒奉都督判命如前。⑥ 當標點爲:牒:奉都督判命如前。

① 《唐天寶八載二月交河郡下蒲昌府符》,《散錄》,第 523 頁。
② 《唐儀鳳二年十月至十二月西州都督府案卷爲北館廚於坊市得莿柴、醬等請酬價直事》,《散錄》,第 394 頁。
③ 《唐儀鳳二年十月至十二月西州都督府案卷爲北館廚於坊市得莿柴、醬等請酬價直事》,《散錄》,第 391 頁。
④ 《唐儀鳳二年十月至十二月西州都督府案卷爲北館廚於坊市得莿柴、醬等請酬價直事》,《散錄》,第 394 頁。
⑤ 《武周載初元年西州高昌縣寧和才等户手實》,《吐魯番出土文書》第七册,北京:文物出版社,1986 年,第 415 頁。
⑥ 《唐開元二十一年西州都督府案卷爲勘給過所事》,《吐魯番出土文書》第九册,北京:文物出版社,1990 年,第 59 頁。

如此等等。

其實日本學者基於他們的古文書學素養,早就認爲這裏的"牒"應斷開,不過他們使用的是逗號,即:"牒,件狀如前。謹牒。"甚至在引用《石林燕語》相關史料時,也將點校本没有斷開的"牒件狀如前"改標點爲"牒,件狀如前"了。①

(二)"牒稱""狀稱""款稱"等如何斷句標點

官文書中間往往有許多轉述,甚至層層轉述,涉及被問者的答覆、接受相關者的彙報、通知、申請等,多用"問""稱"之類詞語表示。這些詞語,在《散録》中有不同處理,如"稱"字:

得牒稱,得録事參軍判司户徐思宗等牒稱:②——這裏"牒稱"連讀,前者用逗號,後者用冒號。

得都督高牒稱,③——這裏用了逗號。

右件醬,北館廚典周建智等牒稱。上件醬……④——這裏用了句號。

右得市司狀稱,請酬柴價。⑤ ——這裏的"狀稱"連讀,"稱"後用了逗號。

得牛子李大寶狀,稱上件牛……⑥——這裏的"狀"與"稱"斷開,"稱"下屬且不斷開,與其他不同。

右各得所由狀稱,上件馬……⑦——這裏"狀稱"連讀,用逗號,"上件馬"云云與上例"上件牛"句式相同。

綜上,"牒稱""狀稱"似有兩種處理,一種是連讀;另一種是斷開,將"稱"字屬下,與所稱内容連爲一體。連讀情況下,標點也有逗號、句號、冒號三種處理方式。到底應如何斷句標點呢?

我以爲從文書轉述的邏輯看,似應將"牒稱""狀稱"之類表述斷開,在"得牒(狀)"

---

① 〔日〕赤木崇敏:《唐代前半期的地方公文體制——以吐魯番文書爲中心》,第 130 頁等。《石林燕語》原標點見中華書局點校本,1984 年,第 32 頁。在此之前,中村裕一在《唐代官文書研究》中也如此標點(衹是都用句號),如:"牒。件狀如前。謹牒。"京都:中文出版社,1991 年,第 333 頁。

② 《唐開元十三年轉運坊牒伊州爲支草五萬圍收刈事》,《散録》,第 462 頁。

③ 《唐開元十三年西州都督府牒秦州爲請推勘王敬忠等奪地事》,《散録》,第 465 頁。

④ 《唐儀鳳二年十月至十二月西州都督府案卷爲北館廚於坊市得莉柴、醬等請酬價直事》,《散録》,第 395 頁。

⑤ 《唐儀鳳二年十月至十二月西州都督府案卷爲北館廚於坊市得莉柴、醬等請酬價直事》,《散録》,第 403 頁。

⑥ 《唐西州某府牒爲官牛患疾事》,《散録》,第 407 頁。

⑦ 《唐開元九年北庭都護府牒倉曹爲准式給長行坊函馬及長行馬秋季料事》,《散録》,第 455 頁。

後斷句，"稱"下屬，與所"稱"事項連讀。比如文書有這樣的表述："得健兒杜奉狀，請前件紙。"①這裏的句式與"得某某狀，稱上件牛"基本相同，但顯然不能將"狀"與"請"連讀爲"狀請"。同樣的例子還有"得前庭府主帥劉行感狀，稱上件人"②云云，也是"稱"下屬。特別是文書中有"　　　]下款，浪稱是婦"③的説法，顯然這裏不能將"款浪稱"連讀，"稱"祇能下屬。此外如"安西放歸兵孟懷福……今稱染患"④，"稱"與所稱事項相連接；"奉大夫牒，令每到館"⑤云云，雖然後面不是"稱"而是"令"，但語氣性質相同，也是"牒"和"令"分開，"令"與所令事項連讀，不能讀作"牒令"。因此我覺得，將"牒稱"斷開，"牒"後用冒號或逗號，⑥然後"稱"下屬，與所"稱"事項連讀，即斷作："得（奉、被）……牒（狀、辭、款），稱……"比較好。⑦

當然，這祇是我的一孔之見，"牒（狀、辭、款）"與"稱"連讀作"牒（狀、辭、款）稱"，然後用冒號，或者也是可以的。⑧

與"稱"類似的還有"問"。《唐廣德三年二月交河縣連保請舉常平倉粟牒》⑨中的 5 件牒文有如下表述：

① 問得前件人等連保狀，各請上件粟。……連保之人能代輸不？
② 問得上件人款稱，請舉上件粟。……能代均納否？
③ 問得上件人等各請前件粟。……連保之人能代納否？

---

① 《唐開元十六年西州都督府請紙案卷》，《散録》，第 469 頁。

② 《吐魯番出土文書》第七册《武周牒爲請處分前庭府請折留衛士事》，第 45 頁。

③ 《吐魯番出土文書》第七册《唐貞觀年間西州高昌縣勘問梁延台、雷隴貴婚娶糾紛案卷》，第 39 頁。《唐高昌縣史王浚牒爲征納王羅雲等欠稅錢事》還有"款：……今稱……"的表述，也可知"款"和"稱"是可以分開的。《吐魯番出土文書》第八册，北京：文物出版社，1987 年，第 430 頁。

④ 《唐開元二十一年西州都督府案卷爲勘給過所事》，《吐魯番出土文書》第九册，第 52 頁。

⑤ 《唐天寶十四載某館申十三載三至十二月侵食當館馬料帳曆狀》，《吐魯番出土文書》第十册，北京：文物出版社，1991 年，第 180 頁。

⑥ 所稱事項簡單一句者，用逗號；複雜者（後接"……者"）即由多句構成的事項，則用冒號。

⑦ 也可舉個旁證：《資治通鑑》卷二一二玄宗開元十二年十月條有云："謝颶王特勒遣使入奏，（謝颶國居吐火羅西南……颶，於筆翻。）稱'去年五月……'"（北京：中華書局，1976 年，第 6762 頁）就是將"稱"下屬。由於"奏"後寫有胡三省注，因此此處斷句並非今人意見而是古人意見。

⑧ 中村裕一《唐代官文書研究》中的文書録文，往往就將"稱"上屬，在"稱"下斷句（但他一律用句號）。如："臣某言。臣得本州進奏院狀報稱。元日皇帝陛下御含元殿。受朝賀者。"（第 327 頁）中村裕一所引這件文書出自《李義山文集》，没有注版本，可能原文没有標點。查劉學鍇、余恕誠著《李商隱文編年校注》中《爲汝南公賀元日御正殿受朝賀表》，此句標點為："臣某言：臣得本州進奏院狀報，稱元日皇帝陛下御含元殿受朝賀者。"（北京：中華書局，2002 年，第 619 頁）是將"稱"字下屬了。

⑨ 《散録》，第 533—536 頁。

④ 問得前件人狀,各請前件粟。……連保之人能代輸納否?

⑤ 問得狀稱,上件粟至十月加三分納利者。……連保之人能代輸納□否者。

以上 5 件牒文,"問"與後面文字均没有斷開,"款稱""狀稱"後面都是逗號。關於這件文書的定名,下面還要談到,這裏祇説"問"字。實際上,這裏的"問"與"被問"同,是上牒者被問到的問題的起首語,①並非祇管到"請……前件粟",而是一直管到問題的結束,往往有"不""否"或"者"這樣的文字。因此這裏的"問"字應該和下面文字斷開,並加冒號。又,從第①和④件牒文可知,"得某某狀"可以斷句,與下面事項斷開,因此若"狀"後有"稱"字的話,似也應該將"狀"與"稱"斷開,"稱"下屬,就像上文説過的那樣。因此,以上 5 件牒文起首的這句話,或可標點爲:

① 問:得前件人等連保狀,各請上件粟。② ……連保之人能代輸不?

② 問:得上件人款③,稱請舉上件粟,……能代均納否?

③ 問:得上件人等各請前件粟,……連保之人能代納否?

④ 問:得前件人狀,各請前件粟。……連保之人能代輸納否?

⑤ 問:得狀,稱上件粟至十月加三分納利者。……連保之人能代輸納□否者。④

(三) 年月日與下面的署名之間是否要斷開並標點

官文書結尾的年月日與下面署名之間是否要斷開並標點,《散録》有兩種處理方式。一種是不斷開,不標點(或"牒"後標句號),如:

---

① 《唐開元年間案卷爲作人與胡某事》(《散録》,第 509 頁)其實是一個《保牒》或《答牒》,其中就出現了"被問"。其格式爲:

　　2 牒:被問:得牒稱[

　　3 答:其胡不是細[

　　6 虚妄,請求受重罪。謹[

　　7 被問依實,謹牒。

不過此件文書殘損過甚,具體格式細節不明。

② ①②"粟"後的句號改爲逗號,表明這個問題一直要問到出現"不""否""者"時。

③ "款"後作冒號也可以。《周聖曆二年二月西州五品子鄧遠牒爲勘問銀錢價等事》即如此標點:"牒:被問,得伯款:還牛價練總還幾定?"由此也可知"款"是可以斷句的。《散録》,第 412 頁。

④ 這裏的"否者"當有省略或缺漏,正常書寫應該是"否?〔仰答〕者"。

十一月廿八日府史藏牒。①

十一月廿五日録事張文裕受②

　　]龍三年十月四日史李思一牒③

　　另一種處理方式是年月日與下面的署名斷開,標以逗號,或句號("牒"後或也加句號)。如:

開元十六年三月　日,健兒杜奉牒。④

開元十六年三月　日。史李藝牒。⑤

七月十九日,史嚴順帖。⑥

　　即使在同一件文書中,也是兩種斷句並存,如:

三月　日,史李藝牒。⑦ ——這裏斷開,並加逗號。

六月　日吏李藝牒⑧——這裏不斷開。其中的"吏"或當爲"史"之誤⑨。

　　那麼年月日與署名究竟應該斷開還是不應該斷開呢? 我們看到,官文書結尾,有的年月日與署名會分爲兩行,如:

　　3 儀鳳二年十一月廿三日

---

① 《唐儀鳳二年十月至十二月西州都督府案卷爲北館廚與坊市得菊柴、醬等請酬價直事》,《散録》,第388頁。

② 《唐儀鳳二年十月至十二月西州都督府案卷爲北館廚與坊市得菊柴、醬等請酬價直事》,《散録》,第389頁。

③ 《唐神龍三年十月西州某縣史李思一牒爲准狀科料事》,《散録》,第420頁。

④ 《唐開元十六年西州都督府請紙案卷》,《散録》,第467頁。

⑤ 《唐開元十六年西州都督府請紙案卷》,《散録》,第468頁。

⑥ 《唐天寶三載前後交河郡蒲昌縣帖爲雇真容寺車牛入山取公廨糧事》,《散録》,第516頁。

⑦ 《唐開元十六年西州都督府請紙案卷》,《散録》,第469頁。

⑧ 《唐開元十六年西州都督府請紙案卷》,《散録》,第476頁。

⑨ 圖版所示是"吏"字。見王春法主編:《中國國家博物館館藏法帖書系第五輯:吐魯番文書(二)》,合肥:安徽美術出版社,2020年,第26頁。

4　　　府　史藏①

又如:

16 開元十六年五月廿七日
17　　　史　李　藝②

可見年月日與署名是可以斷開的,因此我現在的初步想法是:文書結尾的年月日與後面的署名之間可以斷開,斷開後空格,不加標點,結尾無論有無"牒"字也都不加標點。③ 這樣眉目可能會更清楚一些。無論斷開還是不斷開,都希望學界能有一個統一的録文標準。④

二、《辯》《牒》與文書定名

前述《唐廣德三年二月交河縣連保請舉常平倉粟牒》中收有 5 件牒文。這些牒文與《辯》文書十分接近。將近十年前,我曾寫過《唐代法律用語中的"款"和"辯"——以〈天聖令〉與吐魯番出土文書爲中心》的小文。⑤ 在小文中我總結《辯》文書的格式爲:⑥

1(辯者)姓名年齡畫押(畫指)
2　　　　所涉事項
3 某(辯者)辯:被問:……仰答者!

---

① 《唐儀鳳二年十月至十二月西州都督府案卷爲北館廚與坊市得莉柴、醬等請酬價直事》,《散録》,第 397 頁。如果此二處的署名没有直接寫"牒"等字樣,還可參見《武周天山府帖爲索人並文抄及簿到府事》文書結尾:
　　3 到府,待擬申上,五月[
　　4 府馬行通帖。
這裏日期與署名也是分開的,且有表示"府"行爲的"帖"字(《吐魯番出土文書》第九册,第 16 頁)。
② 《唐開元十六年西州都督府請紙案卷》,《散録》,第 471 頁。
③ 我們可以現代書信爲例:在寫完"順祝夏安"等祝願語后的年月日以及署名,一般分成兩行,並不加任何標點。
④ 《吐魯番出土文書》(録文本)全部采用不斷開不標點的方法,似乎也是可以的。
⑤ 《文史》2013 年第 1 輯,後收入《唐代法典、司法與〈天聖令〉諸問題研究》,北京:中國社會科學出版社,2018 年。以下引文出自該書。
⑥ 比原文歸納的略有省略合併。

4 謹審：但……被問依實，謹辯。

5 年月日

可見《辯》文書有幾個重要特徵：第一，辯者姓名要在前面，且一般有畫指。第二，有"被問""仰答者"的套話，表示問話內容並要求回答。第三，辯者回答時以"但"開頭。第四，以"被問依實，謹辯"套話結束。第五，最後有年月日但並無署名。小文還指出，《辯》有答辯、保辯、服辯等各種形式，並引用了一個《保辯》的例子：

1 保人庭伊百姓康阿了[

2 保人伊州百姓史保年卅①[

3 保人庭州百姓韓小兒年卅[

4 保人烏耆人曹不那遮年[

5 保人高昌縣史康師年卅五[

6　康尾義羅施年卅作人曹伏磨[

7　　婢可婢支　驢三頭　馬一匹[

……

19 阿了辯：被問：得上件人等牒稱，請[

20 家口入京，其人等不是壓良[

21 冒名假代等色以不者？謹審：但了[

22 不是壓良、假代等色，若後 不□

23 求受依法罪。被問依實謹□。

24　　　　　垂拱元年四月　日②

這個《保辯》就是前有保人姓名年齡指節印，中寫所保事項，後面有"被問"的問題，以"以不者？"結束。回答則用"謹審：但"起頭，以"被問依實，謹辯"結束。最後是年月日。

現在我們看《唐廣德三年二月交河縣連保請舉常平倉粟牒》中的第2件牒文：

①　保人年齡旁均殘有一道指印，無法録出。

②　《吐魯番出土文書》圖文本〔叁〕，北京：文物出版社，1996年，第349—350頁。此處録文有省略，全文參《唐代法典、司法與〈天聖令〉諸問題研究》，第101—102頁。

12 保人前別將衛元敬年五十三　　│││

13 保人郭行運年六十　　　　　　│││

14 保人索希進年卅　　　　　　　│││

15 保人康智亮年卌六　　　　　　│││

16 保人宋良胤年廿五　　　　　　│││

17 　　劉日昇請舉常平倉粟五碩。　光。　日昇領。│││

18 　　　問：得上件人款,稱請舉前件粟,

19 時熟官徵收本利日,能代均納否? 仰

20 □(答)! 但元敬等保知上件人,官粟征日辦

21 　　]東西及不辦輸納,連保人等

(後缺)①

　　這件牒文與上件《辯》文不是很相像嗎:前有保人姓名年齡畫指,中有所保事項,後有保人對官府的回答。問題從"(被)問"起首,到"能代均納否?"結束,要求保人回答("仰答")。保人以"但"起首回答。此件牒文後缺,若如第3件牒文,其後半爲:

27 能代納否? 仰答者! 但大忠等各請前件粟,如

28 至徵收,保內有不辦輸納,連保人並請代

29 納。被問依實,謹牒。

30 　　　　　　　廣德三年二月　日②

　　這其中不僅明確寫有《辯》中常見的"仰答者",有"但",有"被問依實",最後也是以年月日結束,與《辯》的格式完全相同。不同的只是最後寫的是"謹牒"而非"謹辯"。
　　由此可見,本件文書中的5件牒文,其性質與《辯》文書中的《保辯》相同,都是保人回答官府問題時的保證書,似可稱爲《保牒》。至於它與《辯》的區别,尚待今後詳細研究。③
　　如果這5件牒文都是保人提交的保證書,則文書定名爲《交河縣連保請舉常平倉粟

---

① 《散録》,第534—535頁,標點有所不同,20行所缺字當爲"答"。

② 《散録》,第535頁,標點有所不同。

③ 一個區别可能是:《保辯》用"被問"而《保牒》用"問"。

牒》似乎就可討論了。因爲從文書内容看，它們並非連保者申請借貸的牒。到文書所涉節點，這些連保者"請舉常平倉粟"的行爲已經完成了，所請的粟已經交付各請舉者，所以各請舉者（除第 2 件文書外同時又是保人，仁井田陞就認爲第 2 件文書是單純的連保，其他文書則是連保同借①）名下有"付身""付男某某領"等字樣，還有應該是負責發放常平倉粟官員的别筆簽名"光"。從各借貸者名上有"了"形勾畫（第 2 件單純的保人名上則無）也可看出這是處理完成的文書。換句話説，這件文書集借貸請求文書、借貸領取收據（官府處理過）、還貸保證文書（《保牒》）爲一體，是官府（每件牒文起首都有"交河縣之印"）處理後存檔的文書。它不是連保者申請借貸的牒，更不是交河縣的牒，應該是一份事關請舉（有"請"有"舉"）常平倉粟全過程的案卷，②或可定名爲《交河縣案卷爲連保請舉常平倉粟事》。

三、"奉剌"還是"奉敕"

《散録》中收有一件《唐垂拱二年後西州差兵試判題》③，學者對其中的"金牙軍"有很深入的研究。現在我們看其格式：

1 奉剌西州管内差兵一千二百人。准
2 敕唯取白丁、雜任，不言當州三衞。今奉金
3 牙軍牒，其三衞一色，在 敕雖復無文，
4 軍中異常要籍，若其不差，定闕撓
5 事。今若依牒差去，便是乖于 敕文；
6 必其固執不差，闕撓罪當極法。二塗
7 得失，若爲折衷？仰子鴻筆，决此狐疑。

這件文書是"試判"應該没什麼問題，關鍵是第一句的"奉剌"。查圖版，"奉剌"二字似不誤。我們知道，"剌"是一種平行文書。這裏的"奉剌"奉的是哪個部門的"剌"

---

① ［日］仁井田陞：《唐宋法律文書の研究》，東京大學出版會，1983 年複刻版，第 322—323 頁。

② 李錦繡就認爲它是"廣德三年連保請貸常平倉粟案"。《唐代財政史稿》上卷第二分册，北京大學出版社，1995 年，第 755 頁。

③ 《散録》，第 407—408 頁。

呢？學者頗感迷惑。也許因爲不可理解,因此有學者將這裏的"奉刺"改録爲"奉敕"。①但從圖版看,凡"敕"均寫作"勑",非常清楚,與"刺"完全不同,因此不可能是"敕"的錯寫,況且"奉敕"試判的用法也很少出現。

我現在有個推測,這裏的"奉刺"可能是"奉判"之誤。② 我們知道,唐代試判,往往以"奉判"起首,例子甚多。如 P. 3813《唐前期判集殘卷》(即所謂《文明判集殘卷》):

    20 奉判:秦鸞母患在床……

    29 奉判:石崇殷富……

    38 奉判:雍州申稱地狹……

    53 奉判:弘教府隊正李陵……

    71 奉判:豆其穀遂本自風牛同宿……;③等等

P. 2754《麟德安西判集殘卷》:

    16 奉判:伊州鎮人元孝仁……

    25 奉判:裴都護左右私向西州事。……④

P. 2593《開元判集殘卷》:

    9 奉判:得隰州刺史王乙妻育子……

    21 奉判:得甲大廈成……⑤

以上是敦煌文書,吐魯番文書也有,如:

73TAM222:56(1)—(10)《唐西州判集殘片》:

①　劉子凡:《瀚海天山:唐代伊、西、庭三州軍政體制研究》,上海:中西書局,2016 年,第 210 頁。

②　草寫的"判"與"刺"非常相似(如《中國國家博物館館藏法帖書系第五輯:吐魯番文書(二)》中《法曹司請料紙牒》牒文尾部"依判"的"判"字,與"刺"極爲相似,第 27 頁),很容易寫錯。

③　劉俊文:《敦煌吐魯番唐代法制文書考釋》,北京:中華書局,1989 年,第 437—441 頁。

④　《敦煌吐魯番唐代法制文書考釋》,第 465—466 頁。

⑤　《敦煌吐魯番唐代法制文書考釋》,第 480 頁。

（一）

4 奉判：昭福寺……

（四）

10 奉判：劫財傷……①

由此可見，這件《唐垂拱二年後西州差兵試判題》中的"奉刺"並非"奉敕"的誤寫，而很有可能是"奉判"的誤寫。中村裕一《唐代官文書研究》在引用這件文書時，直接將其寫作"奉判"。② 此外，敦煌出土的唐《公式令》中的"牒式"有言："右尚書都省牒省内諸司式。其應受刺之司，于管内行牒，皆準此。"其中"受刺之司"的"刺"，無論圖版還是録文，均顯然爲"刺"，③沒有異議，但日本學者則將其録爲"判"，作"其應受判之司"④。可見在日本學者看來，"刺"與"判"時常混淆，而此"刺"字當釋讀爲"判"。

以上拉雜寫了一些閱讀學習《吐魯番出土文獻散録》後的感想，所發議論其實不限於《散録》（比如關於官文書録文的斷句標點），且主觀性很強，祇希望能引起討論，使學界對官文書的録文達成一些共識。另外，文章所涉文書，很多都有詳盡深入的研究，而我基本没有對這些成果進行全面檢索覆核。我以爲我的議論主要不是針對內容而是形式（包括定名），並且相信《散録》編者一定是在吸收了以往成果後才做出現在的定名和録文的，因此就没有過多地去查找那些成果，而祇以《散録》的録文爲最新成果。這一點是應該明確説明的。

---

① 《敦煌吐魯番唐代法制文書考釋》，第485、488頁。

② ［日］中村裕一：《唐代官文書研究》第1章，第43頁。但中村没有説明理由。

③ 圖版如《法國藏敦煌西域文獻》第18册，上海古籍出版社，2001年，第393頁；録文如劉俊文《敦煌吐魯番唐代法制文書考釋》，第223頁，唐耕耦、陸宏基《敦煌社會經濟文獻真迹釋録》第二輯，北京：全國圖書館文獻縮微複製中心，1990年，第557頁。

④ ［日］井上光貞、關晃、土田直鎮、青木和夫：《律令》，東京：岩波書店，2001年，第650頁。

《魏晉南北朝隋唐史資料》第四十九輯

2024 年 5 月,140—150 頁

吐魯番出土文獻字詞考釋*

張小豔

近十多年來,學界有關吐魯番出土文書詞語、文字的研究取得了令人矚目的成就,出現了《吐魯番出土文獻詞典》《吐魯番俗字典》《吐魯番出土文書字形全譜》等收羅全備、釋義精審、資料翔實的集大成的標誌性成果,①爲學界進一步的釋疑解難奠定了堅實的基礎。筆者研讀吐魯番出土文書時,遇到疑難,每常查閱上列字典辭書,受教獲益良多。同時,也對個別字詞的理解産生了一點不同的想法。兹不揣譾陋,擇取其中"麰""打鏃"等十餘個字詞考釋如下(以音爲序),祈請方家教正。

【麰】

67TAM377:06《高昌乙酉、丙戌歲某寺條列月用斛斗帳曆》:"☐☐(貳)酙(斛)伍兜(斗),盡供冬至日用。麥貳酙(斛),作牛麰。"又:"麥貳☐,☐(作)牛麰。"(《唐吐》1—400、401)②

按:例中"麰",《詞典》《字典》《全譜》皆未收載,《龍龕手鏡·麥部》載有其字,注"音責",是一個有音無義的疑難字。例謂用麥貳斛作"牛麰",可知其原料爲"麥",製成"麰"允作餵牛的飼料。敦煌寺院籍帳文書中復有"麷"字,伯 2032 號背《净土寺諸色入破歷算會稿·連數麷破》:"麷伍升,羊群送麷時,造餅食用。"其字從麥、昔聲,亦不載於

---

* 本文係國家社科基金重大項目"敦煌吐魯番文獻通假資料整理研究及數據庫建設"(23&ZD312)的階段性成果。

① 王啓濤:《吐魯番出土文獻詞典》(下文簡稱《詞典》),成都:巴蜀書社,2012 年;趙紅:《吐魯番俗字典》,上海古籍出版社,2019 年;張顯成:《吐魯番出土文書字形全譜》(下文簡稱《全譜》),成都:四川辭書出版社,2020 年。

② "《唐吐》1—400、401"表示引例出自唐長孺主編《吐魯番出土文書(圖文本)》(北京:文物出版社,1992—1996 年)第 1 册第 400、401 頁。其餘倣此。

歷代字典辭書。例稱將其送往“羊群”,很可能是送去餵羊的飼料。漢字中“昔”“乍”用爲聲符,可以互换,如“醋”或换旁作“酢”,《廣韻・暮韻》:“醋,醬醋。《説文》作酢。”以此類推,“麰”“䴭”應爲同字異體,其義爲用麥製成的飼料。

敦煌寺院籍帳中,常見以“䜺”作飼料餵羊的記載,如伯 4957 號《麥粟油麪黄麻豆布等入破曆》:“麻查陸餅,充未年**羊䜺**用。”伯 2032 號背《净土寺食物等品入破曆》:“豆叁㪷,餧瘦羊用。豆壹㪷,磑**䜺**納官用。豆柒碩貳㪷,高孔目入粟换將用。豆貳㪷,磑**䜺**,後件餧乏羊用。”斯 4642 號背《敦煌都司倉諸色斛斗入破計會》:“麩壹碩貳㪷,靈啚(圖)寺大師馬**䜺**用。”不難看出,用來餵羊的飼料有麻查(渣)、麥麩和用豆磨碎的“䜺”。斯 617 號《俗務要名林・田農部》:“䜺,磨豆。初麥反。”《廣韻・陌韻》測窄切:“**䜺**,破豆也。”可知“**䜺**”之本義爲磨碎之豆,但實際使用中,並不專指用“豆”磨碎的飼料。其實,凡是細碎的飼料,不論用“麻”或是“麥”製成,皆可稱“**䜺**”。由此頗疑“**麰**”“䴭”二字,當是唐五代時人們仿照“䜺”字新造的異體字:從“麥”示其原料,從“乍”换其聲符。也就是説,“**麰**”“䴭”皆爲“䜺”的换旁俗字。《龍龕》中“**麰**”,作爲一個新造的生僻字,此前的字典韻書皆未收載,行均注“音責”,很可能是他據聲符“乍”標注的讀音,未必可信。①

【打鏉】

72TAM150:46《唐翟建折等雜器物帳》:“康婆德**打鏉**一;曹不之擬**打鏉**一。”(《唐吐》3—28)

按:“打**鏉**”,《詞典》(17 頁)“**鏉**”條引高啓安先生之説,②認爲是“一種用熟鐵打造的鏊子”。從《器物帳》所記器物的行文看,主要是從質地、大小、數量等方面來描述,如“銅瓦盂一”“木椀四”“鐺一口”“銅匙一”“小百師(帛篩)一”,等等。就“打**鏉**一”的記述來説,“打”當是表質地或大小的詞,而不可能指“製作方式”。若表質地,其用詞主要爲“木”“銅”,與“打”無涉;若論大小,其中有“小(百師)”,與之相對的即“大”,且“**鏉**”作爲烙餅的平底鍋,其容量也有大小。敦煌寺院的籍帳中,就有關於“**鏉**”形制大小的説明,如斯 1774 號《後晉天福七年(942)十二月十日大乘寺法律智定等一伴交曆》:“壹尺八寸**鏉**壹面;壹尺貳寸**鏉**壹面,頂(底)破。”斯 4199 號《年代不明[公元十世紀]某寺

① 行均注“音責”未必可信之説,承蒙張涌泉師教示,謹此致謝。
② 高啓安:《唐五代敦煌飲食文化研究》,北京:民族出版社,2004 年,第 73 頁。

交割常住什物點檢曆》："大鑄鏉壹面，無底。……新大鑄鏉貳，各壹尺捌寸。"後例也用
"大"來描述其大小。因此，上引例中"打鏉"的"打"應讀爲"大"，二字音近可通①。而
且，同墓所出 72TAM150：49《唐□尾尾等雜器物帳》中即載有："□尾尾大鏉一。"（《唐
吐》3—29）正用"大"字，是其切證。故"打鏉"即"大鏉"，指容量較大的平底鍋。

【交】

73TAM509：8/8（a）之二《唐開元二十一年（733）西州都督府案卷爲勘給過所
事》："户曹得前件人牒稱，去開廿年十月七日，從此發，行至柳中，卒染時患，**交**歸
不得，遂在柳中安置，每日隨市乞食，養存性命。"（《唐吐》4—282）

按："交"，《詞典》（533 頁）義項③謂通"徼"，指"求取、請求"，似未諦。"交"應讀
爲"教"，指使、令。"交""教"音近，敦煌文獻中"教"常借"交"表之，如斯 289 號《報慈
母十恩德》："十恩德，説一塲，人聞争不悲傷。善男子，善女人，審思量，莫**交**辜負阿耶
孃。"斯 2114 號《醜女金剛緣》："我緣一國帝王身，眷屬由來斷（継—繋）業因。争那就
中容貌乍（差），**交**奴耻見國朝臣。"伯 3552 號《兒郎偉》："弓刀左右趂，把火踪（縱）橫
灿。從頭使厥儸，个个**交**屈律。"其中的"交"皆當讀爲"教"，指"使、令"，例中"前件人"
指孟懷福，他在狀中稱"歸不得"，並非他"求"歸而不得，而是因爲他突然感染時疾，這
一突發情況"使"他不得不留下來安心養病，待病好再回。

【鉸】

大谷 3084《物價文書》："鑌橫刀壹口，鍮石**鉸**：上直錢貳阡伍伯文，次貳阡文，
下壹阡捌伯文。鋼橫刀壹口，白鐵**鉸**：上直錢玖伯文，次捌伯文，下柒伯文。"（《大
谷》2—19；圖版 13）②

按："鉸"，《詞典》（536 頁）釋作"剪刀"，似未確。從文例看，"鍮石鉸""白鐵鉸"是
對"鑌橫刀""鋼橫刀"的補充説明，"鉸"爲動詞，指用金屬裝飾。《集韻·效韻》："鉸，

---

① "打"《廣韻》音德冷切，爲端紐梗韻；宋戴侗《六書故》音都假切。敦煌俗賦《燕子賦》中"打"已與"罵、下、
胯、亞、價"等字押韻，其音已讀都假切。《廣韻》的反切未能反映實際的讀音。
② "《大谷》2—19"指小田義久主編《大谷文書集成》（第 1—4 册，京都：法藏館，1984—2010 年）第 2 册第 98
頁。其餘倣此。

以金飾器。”《文選・顔延之〈赭白馬賦〉》：“寶鉸星纏，鏤章霞布。”李善注：“鉸，裝飾也。”“鉸”此義當源自“校”，即“鉸”爲“校”的後起換旁分化字。“校”指裝飾，習見於漢魏隋唐文獻，如東漢康孟祥共竺大力譯《修行本起經》卷上現變品第一：“諸臣言：‘迎遮迦越王法，莊嚴國土，面四十里，平治道路，香汁灑地，金銀珍琦，七寶欄楯，起諸幢幡，繒綵花蓋，城門街巷，莊嚴**校飾**……’”西晉安法欽譯《阿育王傳》卷一本施土緣：“復造八萬四千寶甕，八萬四千寶蓋，八萬四千疋綵以爲**裝校**。”其中的“校飾”與“裝校”皆爲同義複詞。又《舊唐書・輿服志》：“咸亨三年五月，五品已上賜新魚袋，並飾以銀，三品已上各賜金**裝**刀子礪石一具。”①《舊五代史・唐書・明宗紀》：“壬午，藥彦稠進迴鶻可汗先送秦王金**裝**胡祿，爲党項所掠，至是得之以獻。”二例中的“金裝刀子”“金裝胡祿”言“刀子”“胡祿”均是用金裝飾的，其中“金裝”與此所論“鍮石鉸”“白鐵鉸”表意近同，可以比參。故“鍮石鉸”“白鐵鉸”即“鍮石校”“白鐵校”，前者言此鑌橫刀是以鍮石裝飾的，故價值昂貴；而下條“鋼橫刀”因爲是用白鐵裝飾的，所以其價值最高也僅值玖佰文。

【瞽】

OR. 8212/533 Ast. Ⅲ. 3.09－0,10《唐開元十年（722）西州長行坊馬驢發付領到簿》：“一疋，騮，敦，八歲，近次膚，脊全，耳鼻全，近人腿蕃印，近人後脚一道白，西長官印。同前月日馬子董敬元等領到，**瞽**破二寸，梁破三寸，次下膚。”（《中亞》1—98）②

OR. 8212/533 Ast. Ⅲ. 3.09－0,10《唐開元十年（722）西州長行坊馬驢發付領到簿》：“同前月日馬子董敬元等領到，**瞽**破二寸，梁破三寸，次下膚。跙蹄，仙，趙秀。”（《中亞》1—99）

按：上引二例中的“瞽”，整理者皆録作“瞽”；《詞典》（702頁）引《正字通・髟部》：“瞽，髮覆眉也。”據此釋義，將例中的“瞽”解作“短毛髮覆眉或眉際”。以此釋義還原文例，文意根本講不通。例中截圖字與“梁”都用在“破”之前，二字詞義類屬相同，應指馬的某個部位。從字形輪廓看，其字當爲“瞽”之手寫，上從“髟”、下從“目”，蓋由“鬢”之俗體“鬢”訛省而來。“髟”旁位於字的上部時，其右所從“彡”旁常被省去，如《龍龕手

---

① 此例承蒙莊麥博士示知，謹致謝忱。

② “《中亞》1—98”指沙知、吳芳思編《斯坦因第三次中亞考古所獲漢文文獻（非佛經部分）》（上海辭書出版社，2005年）第1册第98頁。其餘做此。

鏡·髟部》所載"髦"作"毨"、"髭"作"髭"等,皆其常例;"臀"右上的"老"與下部的"目"爲"耆"之俗訛,"耆"或"耆"旁俗書,下部的"日"多訛作"目",如裴務齊《正字本刊謬補缺切韻·脂韻》:"髻,渠脂反……馬頭(項)上髻。耆,老。"該卷从"耆"之字下部的"日"皆訛从"目"。故"臀"實爲"髻"之俗寫訛省,整理者録作"臀",字形不合。《詞典》據錯誤的録文作出的釋義,自然也不可信。《廣韻·脂韻》:"髻,馬項上髻也。"《玉篇·髟部》:"髻,鬣也。""髻"本指馬頸上的長毛,此代指馬頸,"髻破二寸"言該馬頸上有兩寸長的裂口,與下文"梁破三寸"的表述相當。

上揭二例原文字迹較淡,似以朱筆添補於行間。同一件文書内以墨筆書寫的近似内容中,"髻"皆省去形旁"髟"而徑作"耆",如:"一匹,赤、草、十五歲、帶星,近人頰古之字,腿膊蕃印,帖散白,耆痕破,次膚。"(《中亞》1—92)又:"使梁希庭乘馬壹匹。一匹,留(騮)、草、七歲,次膚,耆微破,近人耳禿,遠人耳鼻缺,兩帖白,近人膊蕃印,西長官印。"(《中亞》1—97)前例中"耆痕破"言該馬頸上的瘢痕破裂,内容都是對馬身上各部位皮膚特徵的客觀描述。二例中的"耆"皆爲"髻"之省旁借字,句中"耆"字之用,亦可證明"臀"其實就是"髻"的俗書訛省。

【豐梅】

69TAM140:18/2《高昌延壽九年(632)范阿僚舉錢作醬券》:"延壽九年壬辰歲四月一日,范阿僚從道人元□□□取銀錢貳拾文,到十月曹(槽)頭與甜醬拾陸斛伍兜(斗),與詐(酢)叁斛,與槽壹斛;甜醬豐梅,瓮子中取。"(《唐吐》2—197)

按:例中"豐梅",整理者於其右側括注"麴霉";《詞典》(705頁)"梅"條釋作:"落葉喬木,種類很多,葉卵形,早春開花,以白色、淡紅色爲主,味清香,果球形,立夏後熟,生青熟黄,味酸,可生食,也用以製成蜜餞、果醬等食品。未熟果加工成烏梅,供藥用,花供觀賞。"並在該條下引此《作醬券》爲證,其中的"豐梅"録作"曲梅",把"豐"下的"="形用兩點代替,意謂"豐梅"的"梅"即我們平時所喫的水果"梅子"。若以此解代入例中,文意費解。

竊謂整理者將"豐梅"校作"麴霉"於文義較爲契合。截圖字疑"麴"之俗訛;[1]但

---

[1] "豐"下部的"="形,承蒙周波老師告知:"="形係替代符號,秦漢文字中每常見到以類似符號替代繁難構件的情況。

將"梅"校作"霉"略有不妥。因爲"霉"字不見於敦煌吐魯番文獻,亦不載於《廣韻》《集韻》《玉篇》《龍龕》等韻書字書;唐宋以前的文獻中,"霉菌"義多用"黴"來表示,"霉"蓋其後起俗字。考《説文·米部》:"麴,酒母也。從米,麴省聲。"《廣韻·屋韻》:"麴,麴糵(糵)。"《集韻·屋韻》:"麴,丘六切,《説文》:酒母也。或作麴、麯。"是知"酒母"義,較早用"麴"來表示(見於《説文》);後改換形旁作"麴",其字較早見於漢簡;或又變聲旁作"麯";上引文書中的"𧆜",或即"麯"之俗書省變。①

又《廣韻·灰韻》:"酶,酒母。"《集韻·灰韻》:"酶,酒本曰酶。或從酉(作酶)。""酒母"義,最初借"媒"來表示,《周禮·地官·序官》"媒氏下士二人"鄭玄注:"今齊人名麴麰曰媒。""麴麰"即"麴糵"。本條吐魯番契券中又借"梅"來記録,"梅""酶"皆"梅"之後起本字。清詹應甲《賜綺堂集》卷三《重陽前四日偕張蕘友、陳筠樵載酒陶然亭,招孫峀如、言皐雲、李石農、顧容堂、王耘圃、蔣竹史、施琴泉、嵩懋堂、陳笠帆、言岢樵、嵩雨韭同遊》詩四首,其中王宗環耘圃和詩之一云:"故人招我具麴酶,主客矯矯皆鄒枚。"是較早使用"麴酶"一詞者。

本條契券中"𧆜梅"一詞的使用,體現了唐代文獻的真實用字,其句意謂製作甜醬的酒母從甕子中取。其詞後多作"麴酶",也稱"麴糵",即酒母。

【曲長】

64TAM5:62(b)、69/2(b)《唐趙惡奴等户内丁口課役文書(四)》:"□荀奴衛士,父老,一弟**曲長**;衛懷德隊副,單身,上中户。"(《唐吐》3—172)

按:"曲長",《詞典》(824頁)釋作"由丁充當,具體細節俟再考",下文又引伯3776號《雜集時要用字》"郡邑部",稱其中記載了當時的基層編制和建築設施,載有"曲":"黨(原注:古制五百家爲黨)……坊巷(原注:巷,曲巷)";復稱"'曲'可能是人口居住和軍士防禦之處。'曲長'之'長',可能和'渠長'之'長'的意思差不多"。《詞典》對"長"的解説可從,而於"曲"義的推測似未安。

本件爲"課役"文書,其中"曲長"的性質,當與"衛士""隊副"近似,或與軍士相關。考漢魏以來軍隊實行"部曲"制,大將軍營五部,設校尉一人;部有曲,立軍候一人,稱爲

---

① 張涌泉師疑"𧆜"之下部爲"豆"(此據張老師在拙文電子稿上的批注)。筆者按:作爲形旁,這是很有可能的。若是,此字即爲從豆、曲聲的形聲字,係"麯"之換旁俗字。

"曲長"。《史記·李將軍列傳》"程不識正部曲行伍營陳"司馬貞《索隱》引《百官志》云:"將軍領軍皆有部曲。大將軍營五部,部校尉一人,部下有曲,曲有軍候一人。"《三國志·蜀書·諸葛亮傳》裴松之注引習鑿齒《漢晉春秋》曰:"自臣到漢中,中間朞年耳,然喪趙雲、陽羣、馬玉、閻芝、丁立、白壽、劉郃、鄧銅等及**曲長**、屯將七十餘人,突將無前。"正用"曲長"一詞。又,《資治通鑑·魏明帝太和二年紀》引諸葛亮語,胡三省注:"曲長,一曲之長也。軍行有部,部下有曲,曲各有長。"其中的"曲長"謂軍隊中"曲"的長官。值得注意的是,北周隋唐之際,"部曲和軍士並無必然關係,他們之間多數應是封建大土地上的直接勞動者。他們對主人的人身依附關係是强烈的,也是牢固的。"①這從《唐律疏議》的相關條目中亦可看出,該書卷二二《鬪訟》"主毆部曲死"條云:"諸主毆部曲至死者,徒一年。"又,"問曰:'妾有子,或無子,毆殺夫家部曲、奴婢,合當何罪?'"例中"部曲"或與"奴婢"連言,或遭主毆殺,罪止徒一年。其中的"部曲"顯然已脱去"軍士"之性質,成爲依附人口。但上引課役文書中的"曲長",顯然襲自漢魏軍隊"部曲"制中"一曲之長"的稱謂;不同的是,它統管的對象不再是"軍士",而是依附豪强、從事耕作的勞動者②,故其中的"曲長"應指大地主所屬依附人口的頭領。

【缺咸】

64TAM13:37/1(a),37/2(a)古寫本《佛説七女經》:"從頭▨(至)足無有**缺咸**,今不能復言,亦不能動摇,其人當今爲在何所?"(《唐吐》1—114)

按:"缺咸",整理者在釋文旁以小字書"缺陷"二字,似謂"咸"當校爲"陷"。核《大正藏》,其字作"減"。竊謂"缺咸"當作"缺減","咸"爲"減"之省借,"缺減"指缺損,不足。"缺陷"於義雖可通,但其詞較早見於唐代文獻,而《佛説七女經》爲三國吳支謙所譯,所用詞語似不可能遲至唐代方纔出現。相反,"缺減"則習見於漢唐譯經,如漢支婁迦讖譯《道行般若經》卷十囑累品第三十:"阿難!是般若波羅蜜以相累,常持諦了了,

---

① 唐長孺:《魏晉南北朝時期的客和部曲》,收入朱雷、唐剛卯選編《唐長孺文存》,上海古籍出版社,2006年,第481頁。

② 筆者初稿將"曲"解作"曲巷",以爲"曲長"指主管某一曲巷的役吏;後蒙仇鹿鳴、胡曉丹、黃楨三位老師賜教,指出"曲長"應與軍隊"部曲"相關,而得以糾正誤説。後又承黃正建先生教示:作爲軍士長官的"曲長",多見於漢魏時期的文獻,其所指與唐代吐魯番課役文書中"曲長"的含義並不完全相同。承此指教,我又找來唐長孺先生所撰《魏晉南北朝時期的客和部曲》來拜讀學習,方纔明白在北周隋唐之際,"部曲"與軍士並無必然關係,他們已變成封建地主的依附人口。

取字諦了了，念書作字，莫使**缺減**，諦視書，莫左右望，一切恐是有難，諦是經中，莫令字少。”晉竺法護譯《光贊經》卷二摩呵般若波羅蜜行空品第三之二：“是開士大士，行六度無極，净身瑕穢、净口瑕穢、净心瑕穢，令無**缺減**，是言開士。”唐菩提流志譯《大寶積經》卷一三律儀會第一之一：“復次迦葉！若諸菩薩得行圓滿，無有**缺減**，清净極清，净遍清净者，是人則能説此大法。”皆其例。

【柔】

86TAM385：10－4《高昌作器物供用帳》（一）之一：“□□▨（宣）宗爲羊皮□□”

按：例中截圖字，整理者録作“桑”；[1]《全譜》（284頁）據以收列在“桑”字下。該書同頁所收“桑”的字形爲“、、、”，截圖字與其中的後二形比較接近，整理者録作“桑”，蓋因其形近使然[2]。但從文意看，“桑羊皮”也頗費解。綜合字形、辭例來看，“”實爲“柔”之俗寫，句中當讀爲“鞣”。斯2071號《切韻箋注・尤韻》：“鞣，柔皮。”《集韻・尤韻》：“鞣，《説文》：‘耎也。’謂柔革。”“柔（鞣）羊皮”指將皮鞣製熟軟。“柔”這一用法，吐魯番文書不乏其例，如69TKM33：1/2（a）《高昌衆保等傳供糧食帳》（一）：“僧傳，麨廿五斛，供官**柔羊皮**二百五十枚。”（《唐吐》1—238）69TKM33：1/38（a），1/9（a）《高昌奇乃等粗細糧用帳》：“次竺玄忠傳床（糜）米二斗，供官**柔**碑（？）皮。”（《唐吐》1—243）前例“柔”，整理者括注“鞣”，甚是；二例中“柔”，《詞典》（849頁）皆釋爲“鞣。熟皮”，並引清錢坫《説文解字斠詮》“鞣，今人治皮，俗猶曰鞣”爲證。“柔”這一用法亦見於敦煌籍帳，S. 8426A《歸義軍酒破曆》：“十六日，支柔皮匠燒醜酒伍升。”即其例。由此看來，將“”録作“柔”，校作“鞣”，於字形、文意及吐魯番文書的用字習慣皆頗切合。

【石鎧】

59TAM302：35/5《高昌缺名（女）隨葬衣物疏》：“玉屯（豚）壹雙，脚靡壹具，龍頭雞鳴枕具，紫羅尖具，珠（朱）依（衣）聾（籠）館（冠）具，明鹽百斛，**石鎧**一囊，綾

① 録文、圖版分别載柳洪亮《新出吐魯番文書及其研究》（烏魯木齊：新疆人民出版社，1997年）第34、408頁。

② 此説承蒙張涌泉師教示。

菜(綵)百万段。五穀具。"(《唐吐》2—179)

按:"石鎧",以"囊"來稱量,當是用"囊"盛裝之物,疑"鎧"爲"灰"之記音字。"石鎧"即"石灰","灰"也作"恢",讀音上,《廣韻》"灰"音呼恢切,曉紐灰韻;"恢"苦回切,溪紐灰韻;"鎧"苦亥切,溪紐海韻,"鎧"與"恢"聲同韻近,與"灰"聲韻皆近,應可通借。吐魯番隨葬衣物疏,習見"石灰",偶作"石恢",如73TAM517∶24《高昌延昌卅七年(597)張毅(武德)隨葬衣物疏》:"弓箭一具,孝經一卷,筆研一具,**石灰**一斛,熬穀八筐。"(《唐吐》1—255)66TAM48∶2《高昌延昌卅六年(596)某甲隨葬衣物疏》:"雜色綵帛一千段,金銀錢二万文,雞鳴枕一枚,**石灰**一囊。"(《唐吐》1—334)66TAM48∶1《高昌延和三年(604)缺名隨葬衣物疏》:"攀天糸万万九千丈,**石灰**一斛,五穀具。"(《唐吐》1—335)73TAM116∶19《高昌重光二年(621)張頭子隨葬衣物疏》:"朱衣籠[冠]一具,金刀子一枚;**石恢**三斛;五穀具。"(《唐吐》1—370)是其例。據韓香研究,高昌地區隨葬衣物疏中多見"石灰",是因爲在時人的觀念中,石灰具有鎮墓辟邪的作用;加之,"石灰"本身具有防潮防蟲、使尸體及棺木不腐的功效,故衣物疏中專置"石灰",兼有"鎮墓"與"實用"的目的,這種情況可能是古代高昌地區特有的。[①] 由此看來,"石鎧"應即"石灰"。

【沓然】

72TAM169∶26(b)之三《高昌書儀·與弟妹書》:"別汝逕年,憶廷(延)恒深。沓然,未知取集期,但增嘆滿。比自愛惜,信數白疏。"(《唐吐》1—235)

按:例中截圖字,整理者録作"沓",合於字形;《詞典》(712頁)據以釋"沓然"爲"重重阻隔,遥遠"。整理者將"沓然"獨立爲句,詞義費解。若將其屬下讀,其句即"沓然未知取集期",用"沓然"來修飾"未知取集期","沓"當爲"杳"之手寫形訛。"杳"指渺遠貌,文獻習見,如《楚辭·九章·哀郢》:"堯舜之抗行兮,瞭杳杳而薄天。"洪興祖補注:"杳杳,遠貌。"唐柳宗元《早梅》詩:"欲爲萬里贈,杳杳山水隔。"伯2483號《五臺山讚并序》:"向前崎嶇山杳杳,嶺後嵯峨轉轉遥。""杳杳"與"杳然"義同,指渺遠之貌。

---

① 韓香:《吐魯番出土衣物疏中的"石灰"探析——兼談其在古代高昌地區的運用》,《中華文史論叢》2007年第4期,第105—122頁。

上引例中"杳然未知取集期",言與弟妹相見,渺不可期。

【韉鼓】

OR. 6406(M9B)H. 2《唐傑謝鎮知鎮官楊晉卿帖》:"傑謝鎮。帖知事。韉鼓牛皮一張,鶉鳥鴿破碎不堪,燋爛難蓄。"(《中亞》2—332)

按:例中截圖字,整理者録作"韉",可從。"韉鼓",《詞典》(1250 頁)釋作"襯鞍韉的墊物和戰鼓",將其詞視爲並列複詞,似不確。句中"韉鼓"用來修飾"牛皮",其詞應爲動賓結構,"韉鼓牛皮一張"指"一張韉鼓的牛皮"。《廣韻·陷韻》:"韉,韉之短者。"《玉篇·革部》:"韉,鞍韉。""韉"爲名詞,指襯鞍的墊子,如伯 3644 號《詞句摘抄》:"彎頭。鞍瓦。鞍橋。鞍韉。鞍鞘。"斯 1477 號《祭驢文》:"今則長夯木橙,永別麻繩,破籠頭抛在墙邊,任從風雨;韉鞍子棄於槽下,更不形相。"宋陳起編《江湖小集》卷四九劉仙倫《招山小集·驄馬行》:"青絲絡頭鞍韉好,鋈金作鞯光陸離。"皆其例。

既然"韉"指鞍墊,其後顯然不能跟"鼓"作賓語。故此頗疑"韉"爲"鞔"之俗訛。字形上,"韉"的聲符"毚",秦漢時代皆作"毚",劉釗先生認爲其"字本從二'兔'相疊,小篆訛爲從㲋從兔"。[1] 六朝石刻、敦煌文獻中從"毚"之字,也多作"毚",如北齊《唐邕刻經記》"道纔身世"之"纔"作"繞",唐《李孔明妻劉媛墓誌》"二姓纔合"之"纔"作"繞";[2]斯 5731 號《時要字樣》"儳,言"之"儳"作"儳",斯 388 號《正名要録》"本音雖同,字義各別例"中"纔"作"纔",[3]皆其例。"毚"形俗書常省作"兔",如五代可洪《新集藏經音義隨函録》卷九《大佛頂如來密因脩證了義諸菩薩萬行首楞嚴經》第八卷音義:"兔賊,上仕咸反,正作讒、毚二形。貞元經作'讒賊'是也。"[4]此條源出的經文爲:"九者枉習交加,發於誣謗,如是故有合山、合石、碾磑、耕磨,如讒賊人逼枉良善。"比較可知,"兔賊"經文原作"讒賊",説明"讒"字在可洪所見經本作"兔",此即"毚"旁省誤作"兔"之切證。故"韉鼓"之"韉"很可能爲"鞔"之誤書。

詞義上,"鞔"指用皮蒙鼓,即將牛皮張展開來,蒙覆在鼓的表面,也就是章炳麟《新

---

① 參劉釗:《古文字構形學》(修訂本),福州:福建人民出版社,2011 年,第 219 頁。
② 此二例引自梁春勝《楷書異體俗體部件例字表》(未刊稿)。
③ 此二例據張涌泉師《漢語俗字叢考》(修訂本,北京:中華書局,第 97 頁)"毚"條引用,筆者覆核圖版截取字形。
④ 此例據韓小荆《〈可洪音義〉研究——以文字爲中心》下編《〈可洪音義〉異體字表》(成都:巴蜀書社,2009 年,第 377 頁)引用,筆者覆核。

方言・釋器》所謂“張革冒鼓亦曰鞔鼓”。“鞔鼓”之稱,文獻經見,如唐杜牧《樊川文集》卷一《池州送孟遲先輩》:“鞔鼓畫麒麟,看君擊狂節。”宋范成大《桂海虞衡志・志蟲魚》:“蚺蛇。大者如柱,長稱之,其膽入藥。南人臘其皮,刮去鱗,以鞔鼓。”以此看來,“韃”確當校爲“鞔”,“鞔鼓牛皮一張”,其實是説有一張用來蒙覆鼓面的牛皮。

上文中,我們結合辭例,嘗試從形、音、義入手,對吐魯番出土文書中一些前人不易理解或易致誤解、歧解的字詞作了較爲詳細的考釋。所解未必切當,若有不是處,請讀者諸君不吝賜教!

附記:本文初稿曾於 2023 年 3 月 15 日下午在復旦大學“中古中國研究班”報告,有幸得到各位老師、同學的指教;後又蒙張涌泉師與黃正建先生教正,獲益良多,謹此一併致以誠摯的謝意!

《魏晉南北朝隋唐史資料》第四十九輯

2024 年 5 月，151—175 頁

翁金碑譯注[*]

白玉冬

一、研究史介紹

後突厥汗國翁金碑，由沙俄考古學會東西伯利亞分會委托的俄國學者亞德林采夫（N. M. Yadrintsevz）組織的考察隊，於 1891 年發現於今蒙古國前杭愛省奧岩噶蘇木境内。地理坐標爲北緯 46 度 20 分，東經 102 度 11 分，海拔 2 005 米。發現當時，碑文業已出現殘缺，但碑文主體尚在。此後數十年間，碑文受人爲破壞和風化影響，殘損嚴重。現有大中小三塊斷片收藏於蒙古國前杭愛省阿爾拜赫雷鄉土博物館。亞德林采夫最早發現了碑文主體（碑文正面與右側面）和一個小斷片，並采集拓片、拍攝遺迹圖片。1893 年，俄國學者拉德洛夫（W. Radloff）依據亞德林采夫采集的拓片、圖片和調查報告，在《蒙古古代文物圖録》中刊出遺迹外觀、附屬品素描，[①]以及拓片圖片。[②] 同在1893 年，沙俄地理學會的克列門茨（D. A. Klementz）考察隊探查該遺迹，采集拓片，[③]拍攝照片。[④] 拉德洛夫利用亞德林采夫采集的拓片最早進行解讀，於 1895 年刊出録

---

　　* 國家社科基金重大項目"北朝至隋唐民族碑志整理與研究"（編號：18ZDA177）、國家社科基金項目"隋唐至北宋古突厥語族群與華夏中央王朝之間的交往史研究"（編號：23VRC041）、中央高校基本科研業務費專項資助項目"隋唐至北宋古突厥語族群與華夏中央王朝之間的交流交往交融史研究（編號：2023jbkyzx011）"階段性研究成果。

　　① W. Radloff, *Atlas drevnostej Mongolii*, 4 vols. , Sankt-Peterburg, 1892－1899, pl. XIV.

　　② W. Radloff, *Atlas drevnostej Mongolii*, pl. XXVI. Fig. 1, 2.

　　③ D. A. Klemenc, *Kratkij othet o putewestvii po Mongolii za 1894 g.* , Izv. Imper. Akademii nauk, 3－3, Sankt-Peterburg, 1895, pp. 246－258.

　　④ 拉德洛夫在《蒙古的古突厥文碑文》中介紹説自己不久要出版這些照片。不過，據大澤孝之説，這些拓片和照片始終未被刊出。相關介紹，見 W. Radloff, *Die alttürkischen Inschriften der Mongolei.* St. Petersburg, 1894－1899, p. 244（Repr. in 2 vols. : Osnabrück 1987）；大澤孝：《オンギ碑文》，載森安孝夫、オチル編《モンゴル国現存遺跡・碑文調査研究報告》，豊中：中央ユーラシア學研究会，1999 年，第 129 頁。

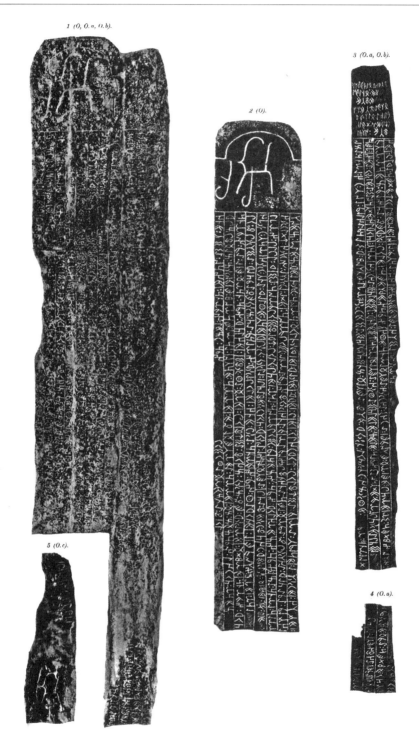

翁金碑(取自 W. Radloff, *Atlas drevnostej Mongolii*, pl. LXXXIII.)

文、換寫、轉寫和德譯文，①並在 1896 年刊出亞德林采夫采集的碑文、殺人石和印記的拓片圖片，以及修描過的碑文拓片圖片。② 1909 年，芬蘭烏戈爾協會的蘭司鐵（G. J. Ramstedt）一行探訪該遺迹，並采集到被分割成了三塊的碑文斷片拓片。③ 1926 年，蘇俄學者科兹洛夫（P. K. Kozlov）一行考察遺迹，拍攝大量照片。④ 20 世紀 30—60 年代，繼拉德洛夫之後，土耳其學者奧爾昆（H. N. Orkun），蘇聯學者馬洛夫（S. Ye. Malov）、日本學者小野川秀美、土耳其學者特勤（T. Tekin）等人基於拉德洛夫修描過的拓片及其換寫，各自發表了轉寫、翻譯、譯注。⑤ 英國學者克勞森（G. Clauson）則對拉德洛夫修描過的拓片産生懷疑，以主體碑文爲中心，依據拉德洛夫的原版拓片重新刊出換寫、轉寫和譯注，對拉德洛夫及其相關觀點的繼承者的問題之處給予批判，並進行了相關歷史學考察。⑥ 法國學者巴贊（L. Bazin）對克勞森的解讀和批判精神表示贊賞，並重點利用其文本，對該碑文的創建年代、墓主、政治含義等進行了考察。⑦ 20 世紀 60 年代初，波蘭和蒙古兩國科學院簽訂協議，波蘭學者特里亞爾斯基（E. Tryjarski）率領的考察團於 1962 年進行調查，測量遺迹和出土文物，拍攝照片，發表平面圖，並在遺迹現場發現一塊碑文斷片（中型斷片）。⑧ 1969 年，阿爾拜赫雷地方博物館館長那穆海達古瓦在調查遺迹時發現了新的碑文斷片（大型斷片）。特里亞爾斯基在 1974 年對此大斷片照片進行了研究。⑨ 1987 年，獲蒙古學者巴雅爾協助的蘇聯學者沃伊托夫（V. E. V. E. Vojtov），再次調查該碑文和遺迹，後給出包括遺迹總覽圖，以及碑文、石人像和石槨斷

① W. Radloff, *Die alttürkischen Inschriften der Mongolei*, pp. 246 – 252.

② W. Radloff, *Atlas drevnostej Mongolii*, pl. LXXXIII.

③ グスタフ・ラムステッド：《七回の東方旅行》，荒巻和子譯，東京：中央公論社，1992 年，第 229 頁。

④ P. K. Kozlov, *Putewestvie v Mongoli: 1923 – 1926 gg.* Moskva, 1949, p. 117. 據大澤孝之説，這些照片未被刊出。見大澤孝：《オンギ碑文》，第 129 頁。

⑤ H. N. Orkun, *Eski Türk Yazıtları*, vol. 1, İstanbul：Devlet Basımevi, 1936, pp. 127 – 132；S. Ye. Malov, *Pamyatniki drevnetyurkskoy pis'mennosti Mongolii i Kirgizii*, Moskva, 1959, pp. 7 – 11；小野川秀美：《オンギン碑文譯註》，《羽田博士頌寿記念東洋史論叢》，京都：東洋史研究會，1950 年，第 431—451 頁；T. Tekin, *A Grammer of Orkhon Turkic*, Bloomington：Indiana University, 1968, pp. 255 – 256, 291 – 292.

⑥ G. Clauson, "The Ongin Inscription." *Journal of the Royal Asiatic Society*, 1957 – 3/4, , pp. 175 – 192.

⑦ 路易・巴贊：《突厥曆法研究》，耿昇譯，北京：中華書局，1998 年，第 201—213 頁。

⑧ E. Tryjarski, "Die heutige Mongolei und ihre alten Denkmäler. & The Present State of Preservation of Old Turkic Relics in Mongolia and the Need for their Conservation." *Ural-Altaische Jahrbücher*, 38, 1966, pp. 166 – 168, figs. 11 – 14, 23 – 25, 15, 23, 23b, 26, 27.

⑨ E. Tryjarski, "Zur neueren Geschichte des Ongin-Denkmals". In：G. Hazai & P. Zieme eds. *Sprache, Geschichte und Kultur der altaischen Völker. Protokollband der XII. Tagund der PIAC 1969 in Berlin*. Akademie-Verlag, Berlin, 1974, pp. 629 – 630.

片紋飾的綫描圖等在内的詳細研究成果。[1] 1996—1998 年,日本大阪大學教授森安孝夫獲日本文部省資助,[2]組織日蒙兩國學者在蒙古國境内進行科研調查,並采集拓片。其研究成果報告書《蒙古國現存遺迹碑文調查研究報告》於 1999 年出版。[3] 其中包括由大澤孝、片山章雄執筆的《翁金遺迹》和大澤孝執筆的《翁金碑文》,以及大澤孝承擔的翁金遺迹平面圖、帶有測量值的出土文物綫描圖、殺人石測值表、帶有測量值的翁金碑不同斷片的構造圖與碑文摹寫。[4] 關於碑文,大澤給出的僅是一小部分,即殘損嚴重的東面 8 行、北面 4 行和碑頂北面(按大澤意見)的 7 行小銘文的换寫、轉寫、譯文和詞注。他同時還對翁金碑研究中存在的問題,如碑文的數量、對斷片的不同描述與判斷、碑文各面的判定、碑主的身份及其所屬氏族等,進行了詳細的介紹與分析。大澤還把沃伊托夫 1989 年的翁金遺迹調查報告譯成日文,[5]並依據對翁金碑的實地考察記録,對沃伊托夫的上述調查報告進行了補充完善。[6] 兹後,大澤孝持續調查翁金碑遺迹和實物,並前往赫爾辛基查看蘭司鐵拓片等,在 2008 年和 2011 年刊出全新的、迄今爲止最完整的研究成果,包括换寫、轉寫、譯文和詞注。[7] 相比 1999 年的研究,其東面的釋讀大有不同,北面的釋讀被删减,碑頂的 7 行小銘文位置被訂正爲碑頂南面。此外,蘇聯學者艾達洛夫(G. Ajdarov),蒙古學者包勒道(L. Bold),阿塞拜疆學者 E. Recebov 和 Y. Memmedov,匈牙利學者貝爾塔(Berta, Árpad)和朵布羅維兹(Mihály Dobrovits),土耳其學者愛丁(E. Aydin)、裕勒麥孜(M. Ölmez),日本學者沢田勲等,均進行了相關解讀

---

① V. E. V. E. Vojtov, "Onginskij pamqtnik. Problemy kul;turovedheskoj interpretacii." *Sovetskaq Tyorkologiy* 1989 - 3, pp. 34 - 50.

② 科研項目名稱爲"突厥・ウイグル・モンゴル帝国時代の碑文及び遺蹟に関する歴史學・文献學的調查",編號爲 08041014。

③ 森安孝夫、オチル編:《モンゴル国現存遺跡・碑文調查研究報告》。

④ 大澤孝、片山章雄:《オンギ遺蹟》,載森安孝夫、オチル編《モンゴル国現存遺跡・碑文調查研究報告》,第 126—128 頁;大澤孝:《オンギ碑文》,載森安孝夫、オチル編《モンゴル国現存遺跡・碑文調查研究報告》,第 129—136 頁;森安孝夫、オチル編:《モンゴル国現存遺跡・碑文調查研究報告》,Plate 2a, 2b, 2c, 2d, 3a, 3b, 3c.

⑤ ヴォイトフ(В. Е. Войтв)著,大澤孝譯並補注:《オンギン遺跡、歴史文化的解釈の諸問題》,《大阪外国語大学論集》第 21 號,1999 年,第 217—239 頁。

⑥ 大澤孝:《古代テュルクのオンギ遺跡・碑文をめぐる諸問題—モンゴル国内での現地調査を通してみた—》,《中東イスラム文化の諸相と言語研究》,大阪外国語大学,1999 年,第 275—298 頁。

⑦ Ōsawa Takashi, "Site and Inscription of Ongi Revised—On the Basis of Rubbing of G. Ramstedt and Our Field Works of Mongolia—." In: Mehmet Ölmez ed. *Türk Dilleri Araştırmaları*, vol. 18, 2008, pp. 266 - 306; Ōsawa Takashi, "Revisiting the Ongi Inscription of Mongolia from the Second Turkic Qaγannate on the basis of Rubbings by G. J. Ramstedt." *Journal de la Societe Finno-Ougrienne*, vol. 93, 2011, pp. 167 - 198.

或研究。① 曾經對遺迹進行調查的特里亞爾斯基,亦單獨或與他人聯名進行了相關研究。②

國内方面,耿世民最早在林幹著《突厥史》中刊出中譯文,相同内容後收入林幹著《突厥回紇史》中。③ 2005 年,耿世民在《古代突厥文碑銘研究》中,給出轉寫、中譯文和簡單詞注。④ 相比 1988 年譯文,其 2005 年的譯文有改進之處。芮傳明在《古突厥碑銘研究》中,刊出了中譯文和簡單詞注。⑤ 不過,正如作者在前言中所介紹,該譯文以特勤 1968 年的 *A Grammer of Orkhon Turkic* 爲主要參照本,若其有誤,則按更正確者改定。而且,在 2017 年出版的《古突厥碑銘研究》的增訂本中,芮傳明未吸收大澤孝的最新釋讀成果。

翁金碑拓片收藏機構有四處,分别是俄羅斯科學院語言學研究所聖彼得堡分所,芬蘭芬—烏戈爾協會檔案部(No. 220),蒙古國科學院歷史研究所,日本大阪大學文學研究科東洋史研究室。其中,大阪大學所藏拓片的圖片可以在大阪大學"綜合學術博物館統合資料データーベース"(http://www. museum. osaka-u. ac. jp.)上檢索預覽並下載。翁金碑的相關圖片或未經修描的拓片圖片,主要收録在前面介紹的以下研究成果中:拉德洛夫《蒙古古代文物圖録》的 pl. XXVI. Fig. 1, 2 和 pl. LXXXIII,特裏亞爾斯基 1974 年論文"Zur neueren Geschichte des Ongin-Denkmals"的 Tafel 45,大澤孝 2008 年

---

① G. Ajdarov, *Jazyk orhonskih pamjatnikov drevnetjurkskoj pis'mennosti VIII veka.* Alma-Ata: Nauka, 1971, pp. 46 – 49; L. Bold, *BNMAU-yn nutag dakh' khadny bichèès.* Ulaanbaatar, 1990, pp. 74 – 77; E. Recebov, Y. Memmedov, *Orxon Yenisey Abideleri*, Bakı: Yazıçı Yay, 1993, pp. 51 – 57; Berta, Árpad, *Szavaimat Jól Halljáto ... A Türk és Ujgur Rovásírásos Emlékek Kritikai Kiadása*, Jate: Szeged, 2004, pp. 207 – 225; Mihály Dobrovits: "Ongin Yazitini Tahlike Bir Deneme." *Bellenten*(*Yearbook of Turkic Studies*), vol. 48, 2000, pp. 147 – 150; E. Aydın, *Orhon Yazıtları* (*Köl Tegin, Bilge Kağan, Tonyukuk, Ongi, Küli Çor*). Konya (Kömen Yayınları 87), 2012, pp. 125 – 134; M. Ölmez, *Orhon-Uygur Hanlığı Dönemi Moğolistan'daki Eski Türk Yazıtları, Metin-Çeviri-Sözlük.* Ankara: BilgeSu, 2013, pp. 206 – 215; M. Ölmez, "Ongi Yazıtı, Sorunlar ve Çözüm Önerileri." *Bellenten*(*Yearbook of Turkic Studies*), vol. 64, 2016, Ankara, pp. 43 – 54; 沢田勲:《オンギン碑文に関する一考察—その設立目的と設立年代を中心として—》,《東洋史研究》第 41 卷第 4 號,1983 年,第 52—73 頁; 沢田勲:《オンギン碑文東面第四行の解釈について》,載護雅夫編:《内陸アジア・西アジアの社会と文化》,東京:山川出版社,1983 年,第 79—94 頁; 沢田勲:《オンギン碑文訳解》,《駿台史學》第 61 卷,1984 年,第 94—110 頁。

② E. Tryjarski, "Zur neueren Geschichte des Ongin-Denkmals", pp. 629 – 630; E. Tryjarski, *Zwyczaje pogrzebowe ludów tureckich na tle ich wierzeń.* Polska Akademia Nauk Komitet Nauk Orientalstycznych, Warsaw, 1991; E. Tryjarski, P. Aalto, "Two Old Turkic Monuments of Mongolia. " *Mémoires de la Société Finno-Ougrienne* 150, 1973, pp. 413 – 420, +3 pls.

③ 耿世民:《翁金碑》,載林幹《突厥史》,呼和浩特:内蒙古人民出版社,1988 年,第 273—275 頁; 耿世民:《翁金碑》,載林幹《突厥與回紇史》,呼和浩特:内蒙古人民出版社,2007 年,第 277—279 頁。

④ 耿世民:《古代突厥文碑銘研究》,北京:中央民族大學出版社,2005 年,第 185—192 頁。

⑤ 芮傳明:《古突厥碑銘研究》,上海古籍出版社,1998 年,第 295—301 頁; 芮傳明:《古突厥碑銘研究》(增訂本),北京:商務印書館,2017 年,第 259—266 頁。

論文"Site and Inscription of Ongi Revised—On the Basis of Rubbing of G. Ramstedt and Our Field Works of Mongolia—"的第 317—318 頁,以及大澤孝 2011 年論文"Revisiting the Ongi Inscription of Mongolia from the Second Turkic Qaɣannate on the basis of Rubbings by G. J. Ramstedt"的 156—166 頁。裕勒麥孜的 2016 年論文"Ongi Yazıtı, Sorunlar ve Çözüm Önerileri"第 57—86 頁,除刊出他本人在蒙古采集的實物照片外,還收錄了包括前面介紹的實物圖片或拓片圖片在内的、前人給出的絶大多數相關圖片,值得推介使用。

二、遺迹現狀

2018 年,蘭州大學敦煌學研究所與蒙古國立大學人文學院簽訂"蒙古高原碑文合作研究協議",計劃利用 3~4 年時間,對蒙古國境内多文種多語種碑刻題記進行調查研究。2018—2019 年,合作雙方組織"胡漢語碑刻考察團",重點在蒙古國中西部進行了科研考察。原計劃在 2020—2021 年,對包括翁金碑遺址在内的蒙古國中東部遺址進行調查。遺憾的是,受新冠疫情影響,"胡漢語碑刻考察團"的調查活動不得不中止。雖然未能實地考察翁金碑遺迹,但 2018 年 8 月 15 日,筆者一行在自哈拉和林前往巴彦洪格爾省博木博格爾(Bombogor)蘇木考察毗伽啜莫賀達幹碑的途中,利用等候午飯的時間,訪問了藏有翁金碑斷片和出土文物的阿爾拜赫雷鄉土博物館約 20 分鐘。期間,拍攝了展出中的碑文斷片照片和置放於博物館外的石人等出土文物照片,但未見到碑頂。據大澤孝 1999 年報告,當時碑頂尚置放在原地。此處關於翁金碑遺迹的景觀和保存狀況,重點依據前人的調查報告。

關於翁金碑遺迹,特里亞爾斯基在 1966 年最早進行了介紹。① 之後,沃伊托夫給出了詳細的考古學調查報告。② 作爲森安孝夫組織的日蒙考察團的成員,大澤孝和片山章雄就 1996 年 8 月 20—21 日的調查進行了詳細的記録。③ 爲便於了解翁金遺迹近

---

① E. Tryjarski, "Die heutige Mongolei und ihre alten Denkmäler. & The Present State of Preservation of Old Turkic Relics in Mongolia and the Need for their Conservation."

② V. E. V. E. Vojtov, "Onginskij pamqtnik. Problemy kul; turovedheskoj interpretacii", pp. 34 - 50;ヴォイトフ(В. Е. Войтв)著,大澤孝譯並補注:《オンギン遺跡、歴史文化的解釈の諸問題》,第 217—239 頁。

③ 大澤孝:《遺蹟の現況》,載森安孝夫、オチル編《モンゴル国現存遺跡・碑文調査研究報告》,第 148—149 頁。

來的面貌,兹將最新的大澤孝和片山章雄的調查報告譯成中文,[①]附於此處。

遺迹現狀:遺迹位於翁金河及其支流塔裏瑪勒河匯合點附近,瑪尼圖河右岸以南約 300 米處一個不太寬闊的山谷正中間。山谷北側爲瑪尼圖奧拉山,東側爲和碩奧拉山所遮蔽。溝槽和外壘將東西狹長的長方形土丘包圍。不過,土丘的邊緣、溝槽和土壘的寬度存在不清晰之處,導致測量值的模糊。土丘稍南處有 4 尊石人、2 尊石羊、石槨斷片、碑頭、龜趺前部斷片、碎石堆,土丘的東端和東北角留有灰白色立石斷片。上述遺物均由花崗岩制成(遺迹和遺物的分布狀況及尺寸參見 Plates 2a - 2c)。

石槨石板:石槨原位於遺迹土丘西方,該地點位於直徑 8 米的坑穴中,現地表被挖掘約 60 厘米。敖其爾和包樂道從該角落挖掘出石槨四角處支撐石板的加强石(高 57 厘米,兩翼長度分別爲 26 厘米和 22 厘米,插入處深度約 40 厘米)和刻有唐草紋樣的石槨斷片。另外在土丘中央稍南側的 4 尊石人的後方西側,采集了刻有唐代紋草樣的邊飾部分,内部浮雕由方形雙重界綫(77 厘米×77 厘米)區分開的圓形紋樣圖案的板石斷片(長 190 厘米×寬 133 厘米,厚 10 厘米~13 厘米),表面朝上横倒。另外,敖其爾在石人東方石堆處發現了從四角支撐石槨的 2 塊加强石斷片。

龜趺:石堆東側放有龜趺面部斷片(長 62 厘米×寬 75 厘米,厚 11~14 厘米)和刻有龜甲文的背部斷片(長 58 厘米×寬 41.5 厘米,厚 12~15 厘米)。

石像:土丘中央稍南處置放有 4 尊石人。另外,石堆中有 1 尊石人,其頭部、軀幹、腳部被截斷放置。石堆東方放有缺少頭部的 2 對石羊像。[②]

石人 No.1:缺少頭部的盤腿像。右手肘部以下缺無,左手自肩膀下端至手腕上部的部位缺無,手腕前端置於左膝。三角狀的衣領向兩側敞開。右肋和背部左側腰部有圓形皮袋狀物。高 84 厘米,肩寬 60 厘米,厚 60 厘米。

石人 No.2:由沃伊托夫等人於 1987 年從石堆中發現。頭部缺無,雙臂抱於胸前。無腰帶。小型跪坐像。高 56 厘米,肩寬 33 厘米,厚 30 厘米。

石人 No.3:頭部缺無,左右臂缺無。雙臂恐怕是抱於胸前。跪坐像。高 63 厘米,寬 42 厘米,厚 47 厘米。

石人 No.4:由沃伊托夫等人於 1987 年從石堆中發現。頭部、軀幹和腿部被切分

① 由國家社科基金重大項目"北朝至隋唐民族碑誌整理與研究"課題組成員白玉冬(蘭州大學)和褚佳偉(大連海事大學)合譯。

② 另參見 V. E. V. E. Vojtov, "Onginskij pamqtnik. Problemy kul; turovedheskoj interpretacii", p. 41, fig. 3; D. Bayar. *Mongolyn töv nutag dakhi Türegiin khün chuluu*. Ulaanbaatar, 1997, pp. 128 - 129.

開。右手缺無,左手貼於胸前。推測爲跪坐像。拼接後高 55 厘米,肩寬 20 厘米。

石人 No. 5:頭部缺無。左臂、右肩下部缺無,雙手抱有巨大突出物於腹部的跪坐像。該物體前端呈輕微凹陷狀。在也克和碩特遺迹的石人中也發現了抱有相同物體的石人。① 該物體可能是與遊牧民生活密切相關的發酵馬奶酒的皮袋。高 63 厘米,肩寬 40 厘米,厚 47 厘米。

需要補充的是,此次調查未能發現 W. Radloff, Atlas drevnostej Mongolii. Trudy orxonskoj /kspedicii. 和 MSSP 所示右手置於胸口、左手置於左膝、頭部欠缺的右起第 2 尊石人,②以及 W. Radloff, Atlas drevnostej Mongolii. Trudy orxonskoj/kspedicii. 所示中央帶有公山羊印記、從上方傾斜被切斷的石人似的石柱。③

石羊 1:頭部殘缺。前後腿向腹部折疊而卧的雕像。至頭部高 43 厘米,全長 64 厘米,厚 28 厘米。

石羊 2:頭部缺無。前後腿向腹部折疊而卧的雕像。至頭部高 50 厘米,全長 66.5 厘米,厚 31.5 厘米。

殺人列石:距土丘東端的中央部位約 16 米處起,向東方綿延約 900 米(在沃伊托夫等的調查中爲 980 米),矗立着 157 塊殺人石(在沃伊托夫等的調查中爲 166 塊)。殺人列石的方向爲正東向北傾斜約 15 度,最東端有一圓形土丘。位於東面的土壘外側的第 1 殺人石和第 2 殺人石之間、第 2 殺人石和第 3 殺人石之間,以及第 14 殺人石周圍有一圓形凹陷。碑頭正面的公山羊印記和魚鈎形印記在第 10 殺人石中得到確認(此次新發現)。第 16 殺人石上新發現公山羊印記,第 28 殺人石上新發現蛇形印記,第 83 殺人石上新發現綫性印記。另外,第 11 殺人石正面剥落相當嚴重,現已無法確認到銘文和印記。盡管如此,據拍攝位置的情景和尺寸的一致而言,該殺人石可與 W. Radloff, Atlas drevnostej Mongolii. Trudy orxonskoj/kspedicii. ④所示的刻有魯尼文簡短銘文"始波羅達幹之殺人石"、且其左側刻有公山羊印記與魚鈎形印記的殺人石視作一體。⑤ 現在

① V. E. Vojtov, "Onginskij pamqtnik. Problemy kul; turovedheskoj interpretacii", p. 107, fig. 43.

② W. Radloff, *Atlas drevnostej Mongolii*, pl. XIV;H. Halén ed. , *Memoria Saecularis Sakari Pälsi. Aufzeichnungen von einer Forschungsreise nach der nördlichen Mongolei im Jahre 1909.* Helsinki, 1982, p. 131, pl. 80.

③ W. Radloff, *Atlas drevnostej Mongolii*, pl. XIV－5.

④ W. Radloff, *Atlas drevnostej Mongolii*, pl. LXXXIII;H. Halén ed. , *Memoria Saecularis Sakari Pälsi. Aufzeichnungen von einer Forschungsreise nach der nördlichen Mongolei im Jahre 1909.* Helsinki, p. 132, pl. 83. Trudy Orhonskoj jekpedicii.

⑤ 森安孝夫、オチル編:《モンゴル國現存遺跡・碑文調查研究報告》,第 22 頁的森安 1996 年 8 月 21 日的行動記録。

情況是刻有小銘文和 2 個印記的南面部分剥落,無法辨認。另外,松田、大澤、松川、巴圖圖魯噶的殺人石測量工作到第 91 塊結束。殺人石尾端部的海拔高 2 030~2 035 米,主廟高 2 040 米,其高度差約爲 4~10 米。從主廟到殺人石尾端約爲 1 公里。衹有在土丘外側的第 1 和第 2 殺人石由灰白色花崗岩製成。其餘則由黑中略帶黄色的矽鋁岩製成。[1] 殺人石有的直接倒塌,也有的横向凸出,但多位於建造之初的位置。殺人石的測量值請參考附表 Plate 2-d。[2] 不過,我們未能發現沃伊托夫所説的扁平龜趺、小碑文的石柱斷片,[3]以及亞德林采夫報告的帶有公山羊印記的石柱斷片。[4]

三、關於碑主的考察及其新發現

依據筆者釋讀,並結合大澤孝等前輩學者的研究,翁金碑所反映的歷史背景,可重點歸納如下:

第一,翁金碑是後突厥汗國首任可汗骨咄禄,即頡跌利施可汗(Elteriš Qaɣan)之弟、左翼首領頡嶪德蜜施葉護(El Etmiš Yabɣu,漢籍作咄悉匐)之子、毗伽始波羅貪汗達幹 Yoɣa(Bilgä Išbara Tamɣan Tarqan Yoɣa)爲其父建造的墓碑。碑主人家族屬後突厥汗國可汗家族阿史那氏。

第二,翁金碑記録的突厥祖先之名,並非早期學者認爲的 Yamï 可汗,而應以大澤孝釋讀出來的 Yama Qaɣan(射摩可汗)爲正。依據 P. t. 1283 藏文地理文書和漢籍史料,Yama Qaɣan(射摩可汗)視作第一突厥汗國的木汗可汗較爲穩妥。

第三,當 Yama Qaɣan(射摩可汗)去世後,中國掌控了突厥國家。之後,突厥人失去了中國設立的某位可汗,再次服屬於中國。

第四,關於碑文記録的與烏古斯(鐵勒)/九姓烏古斯(九姓鐵勒)一同成爲突厥敵人的部族名稱 T g,前人釋讀意見不一。鑒於該 T g 部族位於中國北方,且《魏書·高車傳》記録高車諸部之首爲狄氏,筆者建議上述 T g 轉寫作 täg,勘同爲狄之原音。

第五,碑文中出現的 b z 一詞,相比大澤孝的轉寫 biz(我們),轉寫作 bäz(腫脹,膿腫,潰瘍),引申作"勢力擴張"較爲貼合。

---

① 殺人石成分根據 P. K. Kozlov, *Putewestvie v Mongoli: 1923-1926 gg*, p. 117 記載。

② 森安孝夫、オチル編《モンゴル國現存遺跡·碑文調査研究報告》,第 22 頁。

③ V. E. Vojtov, "Onginskij pamqtnik. Problemy kul; turovedheskoj interpretacii", p. 37, fig. 2-7, p. 37, figs. 2-1.

④ W. Radloff, *Atlas drevnostej Mongolii*, XIV-3.

第六,翁金碑的創建者曾經出征唐朝的哈密城(Qamïl Balïq)。

第七,翁金碑並非建造於羊年(quny yïl),而是建造於龍年(lü yïl)。二處龍年均寫作 lü yïl,並無前人所言 lüi yïl。即翁金碑建造於後突厥汗國毗伽可汗在位(719—734)時的龍年(728)。

以上是筆者的一些淺識。

四、換寫、轉寫與譯注

如前所述,大阪大學所藏翁金碑拓片照片可在綫上檢索預覽並下載。遺憾的是,這5部圖版均是斷片,且效果一般。整個碑文的圖片,仍然以拉德洛夫刊出的 Atals 上的圖片爲佳(見附圖)。其中,圖 1 和圖 5 是拓片原圖片,圖 2、3 和 4 是拉德洛夫的復原圖。總體上來説,Atals 圖 26 的整體效果不如 Atals 圖 133－1 清晰,但偶爾會有比後者清晰之處。大澤孝刊出的蘭司鐵拓片的圖片整體效果不如上述 Atals 圖片。筆者的釋讀以上述 Atals 圖 26 和圖 133－1 爲優先。在其中之一能够確認到的文字,不再另行查找資料。若在上述二圖中均不能識别,筆者將查看上述大澤孝刊出的蘭司鐵拓片圖片,大阪大學拓片或以大澤孝的釋讀爲據。Atals 未給出部分的釋讀,將依據大澤孝的最新解讀。

1. 凡例

(1)換寫

1. 元音:a 代表拼寫前舌音元音 ä 或後舌音元音 a 之文字,i 代表拼寫前舌音元音 i 或後舌音元音 ï 之文字,ü 代表拼寫前舌音元音 ö、ü 之文字,W 代表拼寫後舌音元音 o、u 之文字。

2. 輔音:小寫字母代表拼寫與前舌音元音 ä、i、ö、ü 搭配使用的前舌音系列輔音文字,以及與前舌音元音 ä、i、ö、ü 和後舌音元音 a、ï、o、u 均可搭配使用的雙舌音系列輔音文字;大寫字母代表拼寫與後舌音元音 a、ï、o、u 搭配使用的後舌音系列輔音文字。

(2)其他遵循原則如下:

1. 換寫之中,:表示碑文上刻寫的停頓符號,[ ]内文字表示完全破損文字的推測復原,/表示完全破損文字。

2. 轉寫之中,[ ]表示整體破損文字的推測復原,/表示不能復原的破損之處,＿表示加有注釋文字。

3. 譯文之中,[ ]内文字表示推測復原,( )内文字爲補充説明,……相當於換寫和轉寫之中不能復原的破損部分。

西面

1. č ü m z : p a m z : Y m a Q G N : t ü r t : b W L ŋ G : t m s : Y i G m
s : (Y) Y m s : B s m s : W L Q N : Y W (u Q) : B (W L) T u Q D (a) : k s r
a : l y (i) t m s : Q č š (m s) : Q a : [b T B G č Q a] : L t m s : t g m s : / /
/ / / / : / / / / / / / / # / / / / / / / / / / / / / : l b g l r : T B G č :

äčümüz apamïz : <u>yama qaɣan</u> : tört : bulunguɣ : ätmïš : yïgmïš : yaymïš :
basmïš : ol qan : yoq : boltuqda : <u>kesrä</u> : el yitmïš : qačïš(mïš) : <u>qa : [äb
tabɣačqa]</u> : altmïš tägmïš : / / / / / : / / / / / /

/# / / / / / / / / / / / / / / : elbäglär : tabɣač :

我們的祖先射摩可汗整頓、聚合、擊潰和鎮壓了四方。在那位可汗去世後,民衆迷
失了方向,潰散了。[中國]奪取了家[園]……國家的諸匐,把中國

2. Q G N L d u Q : Q G N n : i č G N i : i d m s : t ü r k B W D N : ü ŋ r a :
k ü n : T W G s Q ŋ a : k s r a : k ü n : B T S Q ŋ a : t g i : b r y a : T B G
č Q a : Y i R y a : y i S Q a : (t) g (i) : / / / / : / / / / / / / / / / / / / /
/ : / / / / / : Q Z G n t u Q : ü č n : W L : ï Q z W G L n : ü k ü r t i :

qaɣanladuq qaɣanïn <u>ïčɣïnï</u> ïdmïš : türk bodun : öŋrä : kün : tuɣusuqïŋa :
kesrä : kün : batsïqï<u>ŋa</u> : tägi : bäriyä : tabɣačqa : yïrïya : <u>yïš</u>qa(tä)g(i) : / /
/ / : / / / / / / / / / / / # / : / / / / / : qazɣantuq : üčün : ol qïz oɣlïn
körti :

設立的那個可汗丢棄了。突厥民衆向前方(東方)到日出之處,向後方(西方)到達
日落之處,向右側(南方)直到中國之地,向左側(北方)遠達長滿樹林的高山……由於
[中國]獲得了成功,他的兒女們一起服從了(中國)。

3. L p r n : B L B L : ï Q s D i : t ü r k B W D N : T i Y u Q : B W L W :
B R m s : r t i : t ü r k B W D N : (y) i t m z n : t y n : Y W L (Q) r m z n :
t y n : ü z ä : t ŋ r i : t i : (m s) : r g / # / / / / / / / / / / / / / / : /
/ / / / / / / / : / / / / / : n t a : / / / / / / / / / / :

alp ärin : balbal : qïsdï türk bodun : atï yoq : bolu : barmïš : ärti : türk
bodun : yitmäzün : teyin : yuluq ärmäzün : teyin : üzä : täŋri : temiš : ärig / #

／／／／／／／／／／／／／／／／／：／／／／／／／／／：／／／／／：anta：／／／／／
／／／／／：

他們把那些勇敢的戰士立爲了殺人石。突厥民衆的名號消失了。上天説了："不能讓突厥民衆誤入歧途、被消滅。"把戰士……在那裏（或：於那時）……

4．QpGN：ltrsQGN：lŋa：ïQiLntm：ltms：YBGW：WGLi：sBRa：（TmGN）čWR：YWG（ai）nsi：blga：sBRa：TmGN：TRQN：（YW）G（aTm）：bs：ytms：čm：Tim：T／／／#／／／／／／／／／／：／／／／／／／／／／／：sü：sŋ：WGLi：TmGN：

qapɣan：elteriš：qaɣan：eliŋä：qïlïntïm：el etmiš yabɣu：oɣlï：išbara：tamɣan čor：yoɣa inisi：bilgä：ïšbara：tamɣan：tarqan：yoɣa：atïm：beš yetmiš：äčim atïm：at／／／／／／／／／／／／／／／／／／／／／／／／／／／／／／／／／／／#／／／／／／／／／／／：／／／：／／／／／：sü：äšïŋ：oɣlï：tamɣan

我生長於默啜和頡跌利施可汗統治時期。（我是）頡礜德蜜施葉護之子，始波羅貪汗啜 Yoɣa 之弟，我的名字是毗伽始波羅貪汗達幹 Yoɣa。我的六十五位叔叔和侄子（或孫子）……"你要讓軍隊趕快行動！其兒子貪汗！

5．BW：TBGčDa：YiRya：TgWGz：Ra：ytirn：YGi：BWLms：Qŋm：BGa：tŋrkn：yn：nta：YWRms：isg：küčn：br（ms）：rtmš：（kl）［mš］／／／／／／／／／／／／／／／／／／／／：／／／／／／／／／／#／／／／／／／／／／／／／：TRDWs：BWLTuQDa：

bu：tabɣačda：yïrïya：täg oɣuz：ara：yeti ärin：yaɣï：bolmïš：qaŋïm baɣa：täŋrikän：yan anta：yorïmïš：išig：küčin：bermiš：ärtimiš：（käl）［miš］／／／／／／／／／／／／／／／／／／／：／／／／／／／／／#／／／／／／／／／／［baɣa täŋrikän］：tarduš：boltuqda：

據説在這中國的北邊，狄·烏古斯（鐵勒）中有七人成爲了我們的敵人。"我的父親那時在莫賀聖上（Baɣa Täŋrikän）方行動了，貢獻了勞力。……［莫賀聖上 Baɣa Täŋrikän］説："當達頭部成立時，

6．tŋrkn：ka：isg：brtŋ：tyn：YRLQms：sDTG：#nta：brms：BWLTuQDa：TWqz：WGz：Tg：YGi：rms：Bdük：r（ms：）QGN：tg（mš）／／：／／#／／／／／／／：n／／／／／／／／／

／／／／／／／／＃／／／／／／／／／／／ ： b z b d ük b z ： b i z ： B T b z ： b z ：

táŋrikánkä išig bertiŋ ： teyin ： yarlïqamïš ： šad atïγ ： ant ＃ a ： bermiš ：

boltuqda ： toquz ： oγuz ： täg ： yaγï ： ärmiš ： bädük är(miš ：) qaγan ： täg(miš)

／／ ： ／／＃／／／／／／／／ ： n ／／／／／／／／／／／／／／／／／＃／／／／／／

／／ ： bäz bädük bäz ： biz bat bäz ： bäz ：

你給聖上效了力",就下達了旨意。當那時把設的稱號授予(你)時,九姓鐵勒・狄是敵人,他們勢力强大,他們攻擊了可汗……“[他們的]勢力擴張是强大的擴張,我們是微不足道的擴張,

7. Y B z B T b i z ： z G ü k s g ： ü k ü r t g ： i (r) t i ： s ü l (l) m ＃ ： t r r m s ： m T i b g l r m a ： t r r m s ： b z ： z b z ： t y n ： L ＃ Q N W R ： (r t m z) ：

／／／／／／／／／／／／／／／／／／／／／／／／／／＃／／／／／／／／／／ ：

Y W R i Y i N ： s ü ： s ü l y (i) n ：

yavïz bat biz ： azïγ üküšüg ： körtüg ： irti ： sülälim ＃ ： ter ärmiš ： amtï bäglärim a ： ter ärmiš ： bäz ： az bäz ： teyin ： al ＃ qïnur ： (ärtimiz) ： ／／／／／／／

／／／／／／／／／／／／／／／／／／＃／／／／／／／／／／／／ ： yorïyïn ： sü ：

süläyin ：

我們的勢力擴張是不好和微不足道的。是多是少,你已經看到了。他們已經焦慮了,我們出征吧!"他說了。“就是現在,我的諸匐啊!"他說了。由於勢力擴張是微不足道的勢力擴張,我們耗盡了自身。……“我要行軍! 我要出征!"

8. Q ŋ m ： S (D) ： n č a ： ü t n m s ： t ŋ r k n ： L m (z n) ： t y n ＃ (：)

／／／／／／／／／／／／／／／（ B W) D N ： . (n t)/(b r) m z (ŋ) a ： T s W L (r) ／／／

／ ： (T č m a) ／／／／／／d／／／／／／／／／／／／／／／／／／／／／／／／

／／／／／／／／／＃／／／／／／／／／／／／／／／／／／／／／／／／／／／

／／／／／／

qaŋïm ： š(ad) ： anča ： ötünmiš ： täŋrikän ： almazun teyin ＃ ： ／／／／／／／

／／／／／／／／ bodun ： anta bermäziŋ ä ： tusul är ／／／／／ ： (atačïm a) ／／／／／d/

／／／／／／／／／／／／／／／／／／／／／／／／／／／／／／＃／／／／／

／／／／／／／／／／／／／／／／／／／／／／／／／／／／／／／／／／／

我的父親設這樣請求了。“爲了不願他們搶奪聖上……民衆,在那時你們不要給與啊! 你們要有用! 戰士……"我的父親啊! ……

南面

1. Q m (L) ： B L ï Q a ： (t g d m) ： u Q W N L D m ： l t m ： s ü s i ： k l t i ： R Q s # n ： y G D m ： b g i ： Q č D i ： / š / G r t i (：) T B G č B W D N i ： / / / / / / / / / / / ： T u Q i D (T) m ： y G (D) m ： B s (d m ： y y d m ：) / / / / (B W Z W Q N č a ：) / / / / / # / / / / / / / / m z ： r (n č) ： s g (k ü č g) b (r) t (i) [m ：] / / / / / / / /

qamïl ： balïqqa ： (tägdim) ： qonuldïm ： altïm ： süsi ： kälti ： arqasï#n ： yaγdïm ： bägi ： qačdï ： / š / γ ärti ： tabγač bodunï ： / / / / / / / / / / / ： toqïdtïm yaγdïm ： bas (dim ： yaydïm ：) / / / / boz oq anča / / / / / / / / ： / / / mäz ： ärinč ： išig küčig bert (im ：) / / / / / / / / / /

我抵達哈密城,我安頓下來,我獲取了(哈密)。他們的軍隊來了。我從背後反擊了。他們的官員(匋)逃跑了。……了。中國的民眾……我攻擊、鎮壓和擊潰了(他們)……Boz 部落這樣……一定沒有。我奉獻了勞力……

2. k l r ： (r) t m i z ： k i n R a ： T g Y G i ： B W L m s ： t g m č i # m n t y n ： S Q n t m ： t ŋ r i b l g a ： Q G N Q a ： n ŋ i s g k ü č g ： b r s g m ： B R r m s ： r n č ： (t) g d (k) n (ü č n) / / / / / / / / / / / / / / / / / # b m a ： t g d ü k m ： W R l i Q ŋ l i ： D R L m (L) m ： t y n ： Q G N D a ： D r L m z ： t y n ： t g d m ：

kälir ： ärtimiz ： ekin ara ： täg yaγï bolmïš ： tägmäči#män teyin ： saqïntïm ： täŋri bilgä ： qaγanqa ： näng ： išig küčüg ： bersägim ： bar ärmiš ： ärinč ： tägdük (in) (üčün) / / / / / / / / / / / / / / / # äbimä tägdüküm ： ur elï qaŋ elï ： adrïlmalïm täyin ： qaγanda ： adrïlmaz ： teyin ： tägdim ：

我們回來了。在這兩地之間,狄成為了敵人。我想:"我將不攻擊他們。"我一定有義務為登利毗伽可汗(Täŋri Bilgä Qaγan)貢獻勞力。由於他們攻擊了……我抵達了牙帳。我說我們不要離開子父的民眾(或領國),我說不要離開可汗,我前進了。

3. t g p ： i n m a ： W G L m a ： n č a ： ü t l d m ： Q ŋ ： Y W R p ： l t r s Q G N Q a # ： D R L m D u Q ： Y ŋ L m D u Q ： t ŋ r i b i l g a ： Q G n t a ： D R L m L m ： z m L m ： t i y n ： (n č) a ： ü t l d m ： l g r ü B R G m a ： B R D i ： b i l g ä ： Q G N ： B W D (N) i / / / / / / / / / ： B R D i # ： ü l g n ： T Q a s g k ü č g ： b r t m ： D R L m z ： t y n ： t g d m

tägip : inima : oγlïma : anča : ötlädim : qaŋ : yorïp : elteriš qaγanqa# : adrïlmaduq : yaŋïlmaduq : täŋri biligä : qaγanta : adrïlmalïm : azmalïm : teyin : anča : ötlädim ilgärü barïγma : <u>bardï</u> # : bilgä qaγan : bodunï / / / / / / / / / / / : bardï # : ölügin : atqa : išig küčig : adrïlmaz : teyin : tägdim

我前進，並對我的弟弟和兒子這麼忠告了。"（我）父親行動時沒有離開頡跌利施可汗（Elteriš Qaγan），没有背叛他，我們不要離開登利毗伽可汗（Täŋri Bilgä Qaγan）並誤入歧途！"我這樣忠告了："朝着國家進發的走了，毗伽可汗（Täŋri Bilgä Qaγan）的民衆……去了，以死爲榮，貢獻勞力，讓我們不要離開（他）"。我前進了。

4. üza : tŋri : QN : lüYiLQa : ytinč : Y : ükü č l g : L p # r : Q G N m D a : D R L W : B R D ŋ z : bilga : T č m : Y W G ŋ : uQWRG ŋ N : Q z G nt m : (i) l y t i : t ŋ r(i) : üza : tŋri : kn : / # / / / / (T B G) č : k ü r r : rt m : d gü : t č m :

üzä : täŋri : qan : <u>lü yïlqa</u> : yetinč : ay : küčlüg : alp är : qaγanïmda : adrïlu : bardïŋïz : bilgä : atačïm : <u>yoγuŋ</u> : qorïγïŋïn : qazγantïm : el yetti : <u>täŋri</u> : üzä : täŋrikän : / / / / / / / / / / / / / / / / / / # / / / / (tabγa) č körür : ärtim : ädgü : atačïm : / / / / /

以上，神聖的汗（Täŋri Qan），龍年七月，堅强勇敢的戰士，您離開了我的可汗，我親愛而睿智的父親。您的葬禮，我以您的封閉草場努力（舉辦）了，民衆提供了幫助。天上的聖上……中國，我服從了。我善良美好的父親……

東面

1. / / / / / / / / / : / # / # / / / / / / : / z W / / / n / ü / / / / / / i r / / / : / / /

……

2. / / / / / / / / / : / # /

／／／＃：

ＴＷ ｕＱ ｉＤ ｍ ｚ：čｍ ＢＷ Ｙ Ｌ ａ：／／／／／／／／／／／／

／／／／／／／／／／／：／／／／／／／／／／／／／／／／／／／／／／／／＃／／／／

／／

／／／＃：

ｔｏｑïｄïｍïｚ：äčｉｍ ｂｏｙｌａ：／／／／／／／／／／／

……我們攻擊了。我的叔叔裴羅（Ｂｏｙｌａ）……

3. ／／／／／／／／／／／／／／／／ｇ ｒ ｔ ｍ：／／／／／／／／／／／＃／／

／／／／／／／／／／／／／／／／／／／／／／／／／／／／／／／／＃／／／ＢｓＴｐｒｇ：ＷＤšＲ

Ｗ：šｎč Ｄ ｍ：／／／：

／／／／／／／／／／／／／ｇｉｒｔｉｍ：／／／／／／／／／／／／＃／／／／／

／／／／／／／／／／／／／／／／／／／／／／／／／／／＃／／／ｂａｓａｔïｐ äｒｉｇ：ｕｄｕšｕｒｕ：

ｓａｎčｄïｍ：／／／：／／／：

我……了……我讓攻擊,然後我追上並刺殺了士兵……

4. ／／／／／／／／／：ｓ ｇ：ｋüčｇ：ｋ ü／／：／／／／／／／／／／／／＃／／／

／／／／／／／／／／／／／／／／／／／／／／／／／／／／／／／／／／／／／＃／

／：ｎ ｇ／／：／／／／／／／čｎ：／／／ｄｍ：／／／

／／／／／／／／：ｉｓｉｇ：ｋüčｉｇ：ｋ ü／／：／／／／／／／／／／＃／／／／

／／／／／／／／／／／／／／／／／／／／／／／／／／／／／／／／／／／／／＃／／：

ｎ ｇ／／：／Ｄ ｍ／／ｉčüｎ：／／／ｄｉｍ：／／／

我把勞力……我……了。

5. ／／／／／／／／／／／／／Ｄ ｓ／／／／／Ｔ č ｍ：／／／／／＃／／／／／／

／／／

／／／／／／／／／／／／／／／／＃／ｍ：Ｂ／／／／／／／ｎ：ｔ ｇ：ＳＢＲ ａ：

ＴＲ Ｑ ＮＧ：／／／／

／／／／／／／／／／／／／D s ／／／／／atačïm ：／／／／／／# ／／／／／／／

／／

／／／／／／／／／／／／／／／／／／# ／m ： B ／／／／／／／ n ： täg ： išbara ：

tarqanïɣ ：／／／／

……我親愛的父親……把……一樣的始波羅達幹（Ïšbara Tarqan）……

6. ／／／／／／／G ／／／／／／／／／／／／／／／／／／／／／／／#／／／／／／

／／

／／／／／／／／／／／／／／／／／／／#／／／／／／／／／／／／／／／／／／／

／／／／／／／／／／／／／／／／／／／／／／／／／／／／／／／／／／／／#／／

／／／／／／／／／／／／／／／／／／／／／／#／／／／／／／／／／／／／／／／

／／／／／／／

……

7. ／／／／／／／／／／／／／／／／／／／／／／／／／／／／／／#g ／／／／／／／

／／

／／／／／／／／／／／／／／／／#／／／／／／／／／／／／／／／／／／／／／／

……

8. ／／／／／／／／／／／／／／／／／／／／／／／／／／／／／／#（l）t（r）s ： Q G

N ：／／／／／／／／／／／／／／／／／／／／／／／／／／／／／／／／／／／／／／

／／／／／／／／／／／／／／／／／／／／／／／／#／／／／／／／／／／／／／／／

／／／／／／／／／／／／／／／

／／／／／／／／／／／／／／／／／／／／／／／／／／／／／／# elteriš ： qaɣan ：／／／

／／

／／／／／／／／／／／／／／／／／／／／#／／／／／／／／／／／／／／／／／／／

／／／／／／／／／

……頡跌利施可汗（Elteriš Qaɣan）……

北面

1—4行：原碑很可能有文字，惜字數不明。

碑石南面頂部附屬文

1. T(č)m Q a : b i t g : T š G

   atačïmqa ∶ bitig ∶ tašï

2. Q i L D m : b ŋ i g ü

    qïldïm ∶ bäŋigü

3. Q G N m : T č n

    qaɣanïm ∶ atačïm

4. b l g a : T č m : l ü

    bilgä ∶ atačïm ∶ lü

5. Y i L Q a : b i l g a :

    yïlqa ∶ bilgä ∶

6. W L G : L p r : d g ü Q N :

    uluɣ ∶ alp är ∶ ädgü qan ∶

7. T č m : ü l t i

    atačïm ∶ ölti

爲了我親愛的父親,我建造了碑文。永遠! 我的可汗! 我親愛的父親! 我敬愛而賢明的父親! 在龍年,賢明偉大勇敢的戰士,善良的汗,我親愛的父親,他死了。

詞注:

西面1行 Y m a Q G N >yama qaɣan(射摩可汗):早期學者,如拉德洛夫、奧爾昆、克勞森等,多讀作 yamï qaɣan。大澤孝據芬蘭學者蘭司鐵采集的拓片,轉寫作 yama qaɣan 可汗。[1] 在拉德洛夫 Atals 翁金碑圖 133-1 中,可汗名號 Y m a 的 a 雖然看起來近似 i,但讀作 a 不無可能。而且,據 Atals 圖 26 翁金碑拓片原圖,該字下端向左上方延伸有一斜綫,可以識別爲 a。關於 yama qaɣan 可汗之名,可以堪同爲唐人段成式編《酉陽雜俎》記録的突厥可汗名射摩,以及約創造於 8 世紀中後期的敦煌出土 P.t.1283 藏文地理文書記録的突厥可汗名 Zha-ma-kha-gan(射摩可汗),大澤孝進行了考述。[2] 據吉田豐、影山悦子和王丁意見,吐魯番出土唐開元二十年(732)的《瓜州都督府給西州百姓遊擊將軍石

---

[1] Ōsawa Takashi, "Site and Inscription of Ongi Revised—On the Basis of Rubbing of G. Ramstedt and Our Field Works of Mongolia—", pp. 267, 173; Ōsawa Takashi, "Revisiting the Ongi Inscription of Mongolia from the Second Turkic Qaɣannate on the basis of Rubbings by G. j. Ramstedt", pp. 168, 173.

[2] Ōsawa Takashi, "Site and Inscription of Ongi Revised—On the Basis of Rubbing of G. Ramstedt and Our Field Works of Mongolia—", pp. 278-279; Ōsawa Takashi, "Revisiting the Ongi Inscription of Mongolia from the Second Turkic Qaɣannate on the basis of Rubbings by G. j. Ramstedt", pp. 176-177.

染典過所》中的染典,《册府元龜》卷九七一所見唐天寶二年(743)來朝的石國王婿康染顛的染顛,其中古音 ɲiam' tɛn' 對應粟特語 žymt'yn "favour (of the god) Zhēmat"。① 王丁進而指出,其日母字染 ɲiam' 對應 žym,ɲ 對應與 z 發音部位相同的 ž。同一個名字有另一種音譯:射勿,如史射勿(大隋正議大夫右領軍驃騎將軍故史府君之墓志銘,名射勿,字盤陁)。而且,Zhēmat/ δrym't,δrymt,即希臘豐穰女神 Demeter(Δημη′τηρ)的伊朗語變體,廣泛用於人名。② 看得出,Yama(射摩)可汗之名實爲某突厥可汗的粟特——伊朗語名。

關於翁金碑記錄的 Yama Qaɣan(射摩可汗)的真實身份,學界存在三種意見:突厥開國可汗土門(Bumïn),③土門之弟室點密(Istämi)可汗,④阿史那染幹即啓民可汗。⑤不過,上述三種意見均祇是言及推測,並未從功績等方面進行考證。在敦煌出土 P. t. 1283 藏文地理文書中出現射摩之名。該文書在談到黠戛斯時言:"自此以北爲沙漠性大山脉地帶所阻隔,射摩可汗(Zha-ma-kha-gan)率領軍隊前往,但是軍隊没能翻越。"⑥在介紹完蒙古高原西端的拔悉密及其北方的 Go-kog 族,以及 Go-kog 族西方的十多個不知名部落後言:"在這些地方的北方是沙漠性大山脉地帶。在(其)對面有天帝王的二部族,當 'Bug-čhor(默啜,後突厥汗國第二任可汗,此處代指後突厥汗國)的王射摩(Zha-ma)可汗政權穩定之時,向這個方向引導軍隊,但軍隊没能通過。"⑦射摩可汗軍隊没能翻越的沙漠性大山脉地帶位於黠戛斯以北,這透漏出當時射摩可汗曾率領軍隊進抵到了黠戛斯。據《周書·突厥傳》,⑧第三代木汗可汗"俟斤又西破嚈噠,東走契丹,北并契骨,威服塞外諸國。"前引 P. t. 1283 文書關於射摩可汗的描述,正與木汗可汗功績中的"北并契骨"暗合。鑒於被後突厥汗國視作先祖的土門、室點密等第一突厥汗國其

① Y. Yoshida and E. Kageyama, "Sogdian Names in Chinese Characters, Pinyin, Reconstructed Sogdian Pronunciation and English Meanings", In:É. de la Vaissière and É Trombert eds., *Les Sogdiens en Chine*, Paris:Ecole française d'Extrême-Orient, 2005, pp. 305 – 306, no. 27;王丁:《胡名之爲史料》,《中外論壇》2023 年第 1 期,第 12 頁。

② Pavel B. Lurje, *Personal Names in Sogdian Texts.* Publisher:Austrian Academy of Sciences Press, 2010, No. 442(p. 181);王丁:《胡名之爲史料》,第 12 頁。

③ 此爲拉德洛夫、小野川秀美、大澤孝等大部分學者所支持。相關介紹參見前注 2 大澤孝文。

④ G. Clauson, "The Ongin Inscription", p. 188.

⑤ 陳懇:《突厥十二姓考》,氏著《突厥鐵勒史探微》,臺北:花木蘭出版社,2017 年,第 113—114 頁。

⑥ 文書第 49—50 行。參見森安孝夫:《チベット語史料中に現れる北方民族—DRU-GU と HOR—》,《アジア・アフリカ言語文化研究》第 14 輯別冊,1977 年,第 5 頁。

⑦ 第 68—70 行。參見森安孝夫:《チベット語史料中に現れる北方民族——DRU-GU と HOR——》,第 6—7 頁。

⑧ 《周書》卷五〇《突厥傳》,北京:中華書局,1971 年,第 909 頁。

他可汗的功績並未與黠戛斯有所交集,筆者以爲射摩視作木汗可汗較爲穩妥。

西面 1 行 b W L ŋ> bulung(角落):b 以前舌音寫,有悖於闕特勤碑與毗伽可汗碑所反映的魯尼文正字法。

西面 1 行 t m s> ätmiš(組織):大澤等讀作 qïsmïš,但據拉德洛夫 Atals 圖 26 和 Atals 翁金碑圖 133 - 1,應爲 t m s。

西面 1 行 k s r a>kesrä(以後):之後的部分,祇有 qačïšmïš 在 Atals 圖 26 和 Atals 圖 133 - 1 中見到,其餘均見不到。兹從大澤孝據蘭司鐵拓片的釋讀。

西面 1 行 Q a : [b T B G č Q a] L t m s : t g m s>qa : äb tabɣačqa : altmïš tägmiš(使得中國奪取了家園):其中,確切可見的 altmïš 有 60 之義,täg-原意是抵達、達到,擴張含義有攻擊、觸摸、關注、有價值。[1] 自木杆可汗去世的 572 年至東突厥汗國滅亡的 630 年爲止,按整數計算約 60 年時間。若筆者關於 yama qaɣan(射摩可汗)是指木杆可汗的看法無誤,則此處 altmïš(60)似乎是指木杆去世後第一突厥汗國走向内鬥分裂並最終亡國的那段時期。不過,60 之後欠缺表示年的 yïl,不能輕易按此解釋。大澤孝把 altmïš tägmiš 解釋作"組織"和"依附於",並把其主語視作"他",即射摩可汗。不過,該句最前面的 Q a>qa 通常被視作漢語"家"的借詞,alt-是 al-(獲取、取得)的使役動詞。如後文介紹,該碑西面 1 行末尾至 2 行開頭部分講述突厥人丟棄唐朝設立的可汗。則此處 qa(家)的緊後面,按缺損 7 個字符而言,恐怕應該復原作 b T B G č Q a> äb tabɣačqa 較爲穩妥。即整句爲 qa äb tabɣačqa altmïš tägmiš,意思爲"中國奪取了家園"。

西面 2 行 i č G N i >ïčɣïnï(丟失):前人,如克勞森、大澤孝等轉寫作 ïčɣïnï-,耿世民作 ïčgünü。然類似 ïčɣïnï/ïčgünü 的單詞並不爲所知。[2] 雖然厄達爾主張 ïčɣïnï- ïd-是沉底喪失之義,[3]大澤孝從其説,[4]但就 ïčɣïnï 而言,厄達爾並未給出合理的解釋。克勞森詞典介紹 aɣna-(仰面翻身,仰面翻動)源自 aɣan-。[5] 據此推測,或許應轉寫作 ič aɣanï-,是指從内部推翻了中國設置的可汗。如此,這正與該句的主語是 elbäglär(國家的匐官們),即突

① täg-參見 G. Clauson, *An Etymological Dictionary of Pre-Thirteenth-Century Turkish*. Oxford:The Clarendon Press, p. 476.

② 參見 G. Clauson, *An Etymological Dictionary of Pre-Thirteenth-Century Turkish*.

③ M. Erdal, *Old Turkic Word Formation*, 2 vols. Wiesbaden, 1991, pp. 257;厄達爾:《古突厥語語法》,劉釗譯,北京:民族出版社,2017 年,第 269 頁。

④ Ōsawa Takashi, "Site and Inscription of Ongi Revised—On the Basis of Rubbing of G. Ramstedt and Our Field Works of Mongolia—", p. 280; Ōsawa Takashi, "Revisiting the Ongi Inscription of Mongolia from the Second Turkic Qaɣannate on the basis of Rubbings by G. j. Ramstedt", p. 177.

⑤ G. Clauson, *An Etymological Dictionary of Pre-Thirteenth-Century Turkish*, pp. 87 - 88.

厥國家的匐官們暗合。不過,關特勤碑東面 6 行有類似表達方式。姑作"丢棄"。

西面 2 行 Q G N L d uQ> qaɣanladuq(稱汗的):d 以前舌音字書寫,有悖於關特勤碑與毗伽可汗碑所反映的魯尼文正字法。

西面 2 行 y i S>yiš(山林):自 S 開始,在 Atals 圖 26 和圖 133－1 中均難以識別,兹據大澤孝釋讀。

西面 4 行 l t m s ： Y B G W>el etmiš yabɣu(頡翳德蜜施葉護):關於此人物是後突厥汗國首任可汗骨咄禄組織汗國左右翼體制時的左翼首領 tölis yabɣu,即骨咄禄之地咄悉匐,詳見大澤孝介紹。[1] 據其考述,咄悉匐任左翼首領 tölis yabɣu 的時期爲 687—697 年。

西面 4 行 T m G N >tamɣan(貪汗):在 Atals 圖 26 和圖 133－1 中,均衹見到大體輪廓。據大澤孝,tamɣan 是持有印璽者之意,即印璽官。[2]

西面 4 行 Y W G a>yoɣa:在 Atals 圖 26 中不清晰,但在圖 133－1 中前三字清晰可見,蘭司鐵拓片圖片無法看清。耿世民讀作 yabɣu,[3]兹不從。小野川認爲 yoɣa 是 713 年出使唐朝的楊我支特勤的楊我,澤田持有同樣看法。[4] 大澤孝對此提出質疑,主張該詞是人名要素或尚未所知的古突厥官職稱號。[5]

西面 4 行 i n s i >inisi(那個弟弟):在 Atals 圖 26 中,後二字可見,前二字衹見上半部。在圖 133－1 中,後三字可見,衹是 n 字右上方呈現圓圈狀,估計是碑石上的劃痕所致,第 1 字僅見下部,近似 m。蘭司鐵拓片圖片中難以識別。

西面 4 行 b l g a> bilgä(毗伽):以下部分在 Atals 圖 26 中幾乎無法辨認,但在圖 133－1 可見到。大澤孝查看蘭司鐵拓片,亦取同樣讀法。不過,在其刊出的蘭司鐵拓片圖片中,這些文字難以識別。

———

　① Ōsawa Takashi, "Site and Inscription of Ongi Revised—On the Basis of Rubbing of G. Ramstedt and Our Field Works of Mongolia—", pp. 285－288; Ōsawa Takashi, "Revisiting the Ongi Inscription of Mongolia from the Second Turkic Qaɣannate on the basis of Rubbings by G. j. Ramstedt", pp. 181－183.

　② 大澤孝:《ホル・アスガト(Xor Asgat)碑銘再考》,《内陸アジア言語の研究》第 25 輯,2010 年,第 22—23 頁與 36 頁。

　③ 耿世民:《古代突厥文碑銘研究》,第 187 頁。

　④ 小野川秀美:《オンギン碑文譯註》,《羽田博士頌壽記念東洋史論叢》,京都:東洋史研究會,1950 年,第 440 頁;沢田勲:《オンギン碑文東面第四行の解釋について》,第 88 頁。

　⑤ Ōsawa Takashi, "Site and Inscription of Ongi Revised—On the Basis of Rubbing of G. Ramstedt and Our Field Works of Mongolia—", p. 288; Ōsawa Takashi, "Revisiting the Ongi Inscription of Mongolia from the Second Turkic Qaɣannate on the basis of Rubbings by G. j. Ramstedt", p. 183.

西面4行 T m >atïm：名詞"名"後續第一人稱詞綴+m,即此處墓碑主人名叫 bilgä ïšbara tamɣan tarqan yoɣa（毗伽始波羅貪汗達幹 Yoɣa）。大澤孝讀作 T i>atï,視作"名"後續第三人稱詞綴+ï。不過,其讀作 i 的文字,即便是在 Atals 的圖 26 和圖 133-1 中,以及在蘭司鐵拓片的圖版中均不清晰。若按>atï 解釋,則本義是"毗伽始波羅貪汗達幹 Yoɣa 是其名",此種第三人稱的表述與其緊前面和緊後面的第一人稱叙述法不合。而且,語法上而言,T i >atï 亦可以理解做名詞 atï(侄子或孫子)。① 綜上,該處衹見輪廓的第 2 字讀作 m,復原作 atïm(我的名字)更於理相合。

西面4行 sü：s ŋ：W G L i：T m G N>sü äšiŋ oɣlï tamɣan(你要讓軍隊趕快行動! 其兒子貪汗)：此處是大澤孝實地查看蘭司鐵拓片所讀。

西面5行 B W：T B G č D a：Y i R y a >bu tabɣačda yïrïya(在唐朝北邊的)：在 Atals 圖 26 中可見,但在圖 133-1 中無法見到。

西面5行 T g>täg(狄)：其中的 T,在 Atals 圖 26 中看不到,但在圖 133-1 中可以見到。自翁金碑發現以來,該處是一大難題。若 T g 二字連綴起來構成一專用名詞,則與突厥魯尼文碑文的正字法相悖。不過,在翁金碑中存在此種前後舌音文字的混寫現象。如克勞森在 ara 詞條中所介紹,以往學術界主流意見認爲此處 T g 是不明專用名詞。② 大澤孝認爲是 tägi 的變體,反映了當時的口語化發音形式。③ 筆者最初按動詞 täg-(到達、抵達)的詞幹來解釋,即以裸格表示對第二人稱的命令,整句 B W：T B G č D a：Y i R y a >bu tabɣačda yïrïya täg 譯作"你要趕到這個中國的北邊",以爲此處被命令的人物是西面第 4 行末尾的 oɣlï tamɣan(其兒子貪汗)。不過,此處 T g 與 W G z >oɣuz(烏古斯、鐵勒)並列,且之後緊隨表示方位用詞 Ra>ara。尤其是該詞在西面第 6 行中再次出現,寫作 T W q z：W G z：T g：Y G i：r m s>toquz oɣuz täg yaɣï ärmiš(九姓鐵勒 T g 曾經是敵人)。關於此部分,大澤孝譯作 he opposed up to the toquz oɣuz(他反對九姓鐵勒),即把 täg 視作動詞 täg-(到達,攻擊,達到)的詞幹。此種譯文固然可取,但存在的問題在於並未能把 yaɣï ärmiš(曾經是敵人)翻譯出來。相反,若把 T g>täg 視作專用名詞,則這一問題就迎刃而解。據此而言,不難看出此處第 5 行的 T g 還

---

① 不過,鑒於之前的 inisi(那個弟弟)是弟弟 ini 後續第三人稱詞綴 si,此處若要表達"其侄子(或孫子)"之義,寫作 atïsï 更爲貼合。

② G. Clauson, *An Etymological Dictionary of Pre-Thirteenth-Century Turkish*, p.196.

③ Ōsawa Takashi, "Site and Inscription of Ongi Revised—On the Basis of Rubbing of G. Ramstedt and Our Field Works of Mongolia—", pp. 285-288; Ōsawa Takashi, "Revisiting the Ongi Inscription of Mongolia from the Second Turkic Qaɣannate on the basis of Rubbings by G. j. Ramstedt", p. 184.

是視作專用名詞爲好。若僅據西面第 5 行，T g 有可能是與鐵勒—烏古斯並列的專用名稱，亦有可能是修飾 W G z > oγuz（鐵勒—烏古斯）的限定詞。但若依據二處記錄，推測得出 T g 是 7 世紀末至 8 世紀位於中國北方的、與鐵勒—烏古斯並列的部族名稱。T g 的轉寫存在多種可能，如 ataγ/atïγ/taγ/tïγ/ätäg/ätig/täg/tig 等。可惜包括漢籍和其他語言文字史料在内，難以發現與此完全匹配的部族名稱。眾所周知，鐵勒—烏古斯是漢籍中記錄的狄、狄曆、高車的後裔。《魏書》卷一〇三《高車傳》言："高車，蓋古赤狄之餘種也，初號爲狄歷，北方以爲敕勒，諸夏以爲高車、丁零。其語略與匈奴同而時有小異，或云其先匈奴之甥也。其種有狄氏、袁紇氏、斛律氏、解批氏、護骨氏、異奇斤氏。"[1]如《魏書》點校者給出的詞注，其中的袁紇氏，即《隋書》卷八四《鐵勒傳》之韋紇，唐代之回紇、回鶻。而回紇是隋唐時期鐵勒—烏古斯的重要組成部分。在後突厥汗國複興之際的 7 世紀後半葉，最初占據漠北的正是包括回紇在内的鐵勒—烏古斯諸部。漢籍和暾欲谷碑、闕特勤碑等明確記錄，突厥人正是北上征服了鐵勒—烏古斯諸部，進而建立起後突厥汗國。此處翁金碑西面第 5 行至第 8 行亦描述碑主人的父親參加了突厥人對鐵勒—烏古斯之戰争。總之，T g 視作與鐵勒—烏古斯保持有密切關係的部族名稱於理相合。查《魏書》記錄的高車諸部之首狄氏的狄，其擬定中古音是 dʼjek，[2]或 diek，[3]或 dɛjk。[4] 這些音均與由 T g 復原得出的 täg 之語音極其相近。此處 T g>täg 恐怕就是漢籍記錄的狄之對音。

西面 5 行 T R D W s ∶ B W L T uQ D a > tarduš boltuqda（當達頭部成立時）∶此部分是大澤孝依據對蘭司鐵拓片的實地調查而獲得的最新發現。

西面 6 行 Q G N t g(m š) >qaγan tägmiš（攻擊了可汗）∶該行 Q G N t g(m š) > qaγan 以下的部分，在拉德洛夫給出的圖片上見不到，兹據大澤孝新的解讀。大澤孝將該處譯作 It was said that Qaγan went ahead（據説可汗先去了）。動詞 täg-表示達到某地或某種程度時，通常需要在之前附上名詞與格詞綴 qa/kä，相反表示攻擊的意思時，可以以裸格表示賓格。此處以裸格表示賓格，是對可汗，即後突厥可汗的攻擊。

西面 6 行 b z b d ük b z >bäz bädük bäz（勢力擴張是强大的擴張）∶大澤孝轉寫作

① 《魏書》，北京：中華書局，2018 年，第 2505 頁。

② 高本漢：《漢文典》（修訂本），潘悟雲等編譯，上海辭書出版社，1997 年，第 381 頁。

③ 郭錫良：《漢字古音手册（增訂本）》，北京：商務印書館，2010 年，第 125 頁。

④ E. G. Pulleyblank, *Lexicon of Reconstructed Pronunciation in Early Middle Chinese Late Middle Chinese and Early Mandarin*, Vancouver：Universit y of British Colu mbia Press, 1991, p. 75.

biz bädük biz,譯作 We are strong（我們很强大）。他把此處二處 b z 以及同行末尾的 b z 均視作 biz（我們）。單獨的 b z 當然可以轉寫作 biz（我們）。祇是若按 biz（我們）來解釋，即"我們很强大"，則該文與緊隨其後的 b i z：B T b z > biz bat biz（我們没有優勢——大澤孝轉寫和譯文）前後矛盾。相反，此處西面第 6 行和西面第 7 行出現二次 biz（我們），均確切寫作 b i z。這恐怕是在提示，b z 並非一定要轉寫作 biz（我們）。按魯尼文通常的轉寫規律，b z 有可能轉寫作 äbäz/äbiz/bäz/biz，其中的 bäz 含有"腫脹，膿腫，潰瘍"之義。① 則取 bäz 的本義"腫脹"，引申作"勢力擴張"之含義如何？如此，此文 bäz bädük bäz 是指前面講述的敵人 toquz oγuz täg（九姓鐵勒·狄）的勢力擴張是强大的擴張。而之後的 b i z：B T b z 並非要轉寫作大澤孝之 biz bat biz（我們没有優勢），而是轉寫作 biz bat bäz,解釋做"我們是微不足道的擴張"。即敵人九姓鐵勒·狄很强勢，但突厥一方處於弱勢。此種解釋，正與西面第 7 行所言相合。

西面 7 行 b z：z b z >bäz az bäz（勢力擴張是小的勢力擴張）：包括克勞森、大澤孝等在内，以往均轉寫作 biz az biz（我們少我們）。但此種解釋與緊隨其後的 teyin（説……，以……爲目的，爲了……，由於……）之間存在齟齬。兹不從。

西面 7 行 s ü l（l）m>sülälim（我們出征吧！）：拉德洛夫、大澤孝等作 sülätim（我出征了）。不過，第 4 字在 Atals 的二處圖版上均不能識别。據整體文義，當以克勞森復原的 sülälim（我們出征吧！）較爲貼合。

南面 1 行 Q m（L）：B L ïQ>qamïl balïq（哈密城）：前人釋讀的分歧點之一。如拉德洛夫和大澤孝把第 3 字讀作 uQ,整體讀作 qamuq balïq（全部的城市），克勞森讀作 km,特勤讀作 qamïl balïq（哈密城）。不過，"全部"一詞，多次出現於突厥魯尼文碑文中。如在闕特勤碑東面第 18 行確切寫作 Q m G>qamaγ。該第 3 字，在 Atals 圖 26 和蘭司鐵拓片照片上無法識别，但在 Atals 圖 133 – 1 中看得出是條豎綫。魯尼文的 L 與 uQ 的區别在於，前者是豎綫底端向左上方伸出一個小勾，後者是朝下的箭頭。《舊唐書》卷一九四上《突厥傳》記録後突厥默啜可汗"開元二年（714），遣其子移涅可汗及同俄特勤、妹壻火拔頡利發石阿失畢率精騎圍逼北庭。右驍衛將軍郭虔瓘嬰城固守，俄而出兵擒同俄特勤於城下，斬之"。② 毗伽可汗碑東面第 28 行和闕利啜碑西面第 11 行亦記録

---

① G. Clauson, *An Etymological Dictionary of Pre-Thirteenth-Century Turkish*, p. 388；J. WILKENS, *Handwörterbuch des Altuigurischen: Altuigurisch-Deutsch-Türkish*. Göttingen：Akademie der Wissenschaften zu Göttingen, 2021, p. 160.

② 《舊唐書》，北京：中華書局，1975 年，第 5172 頁。

突厥軍隊出征北庭。① 翁金碑碑主恐怕就是參加了上述出征北庭的戰鬥，負責攻打哈密。

南面 1 行 B W Z W Q N č a>boz oq anča（Boz 部落這樣）：兹據大澤孝換寫。然其轉寫 buzuq anča 似有問題。姑作此復原，然未知確否？

南面 2 行 n ŋ>näng（什麼）：大澤孝讀作 n nč Q ŋ a>ančaqïŋa，兹不取。

南面 2 行 r nč >ärinč：此處以下，在拉德洛夫給出的圖片上見不到，兹據大澤孝新的解讀。

南面 3 行 B R D i>bardï（去了）：此處以下，在拉德洛夫給出的圖片上見不到，兹據大澤孝新的解讀。

南面 4 行 l ü Y i L >lü yïl（龍年）。克勞森讀作 quny yïl（羊年），其他學者均讀作 l ü i ：y i L>lüi yïl（龍年）。據拉德洛夫 Atals 圖 26，筆者以爲不存在 i。以往被讀作 i 的文字，實際上是後舌音字 Y 的一部分，而前人讀作前舌音字的 y 並不存在。此處龍年的寫法與南面頂端附屬文的龍年寫法一致。

南面 4 行 Y W G ŋ ：uQ W R G ŋ N ：Q z G nt m ：（i）l y t i>yoγuŋ qorïγïŋïn qazγantïm el yetti（您的葬禮，我以您的封閉草場努力舉辦了，民衆提供了幫助）：大澤孝的斷句和譯文與筆者不同，作 yoγuŋ qorïγïŋïn qazγantïm el yetti，譯作"您的葬禮。我獲取了您的封閉草場。他組建了領國"。

南面 4 行 t ŋ r(i)>täŋri（天）：此處以下，在拉德洛夫給出的圖片上見不到，兹據大澤孝新的解讀。

南面附屬文 5 行：Y i L> yïl：自拉德洛夫起，第 1 字均被讀作前舌音的 y。據拉德洛夫 Atlas 圖 26，此第 1 字殘餘筆畫更應該是後舌音的 Y。即，此處第 4—5 行龍年的寫法與南面 4 行的龍年的寫法完全一樣。

綜上，據筆者給出的文本，翁金碑記錄突厥射摩可汗去世後，中國掌控了突厥之國，突厥人丟棄了中國設立的可汗，再次服屬於中國。之後，突厥人起事，曾在中國北方與烏古斯—鐵勒/九姓烏古斯—九姓鐵勒·狄爲敵。碑文創建者的父親頡翳德蜜施葉護曾經擔任後突厥汗國右翼首領設（šad），去世時降爲左翼首領葉護（yabγu）。相關史實及其歷史意義，有待學界同仁挖掘批判。

① T. Tekin, *A Grammer of Orkhon Turkic*, pp. 244, 257, 276, 293.

《魏晉南北朝隋唐史資料》第四十九輯

2024 年 5 月,176—188 頁

俄國克羅特科夫收藏品中八件回鶻文契約文書研究

張鐵山

19 世紀末 20 世紀初,國外的一些探險隊、考古隊先後來到新疆的吐魯番、甘肅的敦煌等地,獲取了大量的文物資料,其中就有不少的回鶻文契約文書。這些回鶻文契約文書現收藏於各個國家的博物館和圖書館中。目前已知全世界共收藏 400 多件回鶻文文書,其中大部分原件或照片的收藏地點已經查明。

1898—1918 年間,俄國駐烏魯木齊總領事克羅特科夫(N. N. Krotkov,1868—1919)陸續收集到一些回鶻文、梵文、吐火羅文、藏文、粟特文、叙利亞文殘卷,其收集品大多來自吐魯番。

俄羅斯收藏的回鶻文文獻數量較多,但收藏單位分散,且很多文獻没有編目,來源不清。據目前所知,在俄羅斯收藏回鶻文文獻最多的單位是俄羅斯科學院聖彼德堡分院東方學研究所(Institute of Oriental Studies of Russian Academy of Science,St. Petersburg Branch)和艾爾米塔什博物館(The State Hermitage Museum)。因收藏地分散、尚無編號等原因,我國學界對俄羅斯收藏的回鶻文文獻並不完全瞭解,無人進行系統的研究。此爲一大憾事。本文將從克羅特科夫收藏品中選取國内學術界尚無人研究的八件回鶻文契約文書分别進行説明和研究,以期爲學界提供一些新材料。

(一) 虎年二月十九日奇夫庫依借棉布契①

説明:

此契出土地點不詳,克羅特科夫收集,現藏俄羅斯科學院聖彼德堡分院東方學研究所,編號 SI 4b Kr. 72,大小尺寸 30 × 9.5 cm,保存基本完整,1 葉,草書,5 行。主要研究及圖版見於: 松井太 2005, 53 - 54 + 圖;Тугушева 2013, 39 - 40,圖 3a 2 (239)。

---

① 契約名稱爲作者據契約内容所擬。下同。

圖版：

回鶻文轉寫：

1　［bar］s yïl üčünč ay toquz y(i)g(i)rmi-kä manga čivküy-kä a［sïγ-q］a böz kärgäk bolup

2　tiküy-tä yüz böz altïm qač ay tu［t］s［ar］-m(ä)n on böz asïγ birlä köni

3　birü［r］-m(ä)n bärginčä yoq bar bolsa［r］-m(ä)n ävt(ä)ki-lär köni birzün bu tamγa

4　m(ä)n čivküy-nüng ol tanuq niküy beš b(a)truq(?) m［i］güy(?) tutung tanuq šinküy

5　/// čivküy tu［tun］g-qa ayïtïp bitidim

漢譯：

1　（虎）年三月十九日我奇夫庫依（čivküy）因需要有息的棉布，

2　從提庫依（tiküy）處借了一百棉布。無論我借幾個月，我將還息十棉布。

3　在交還之前，我如不在了，將由家人如數付還。此印章

4　是我奇夫庫依（čivküy）的。見人尼庫依（niküy）、別西・巴特魯克（beš batruq）、米庫依・都統（miküy tutung），見人欣庫依（šinküy）。

5　我……依奇夫庫依・都統（čivküy tutung）的口述寫了（此契）。

注釋:

1. čivküy:該契約中出現了幾個人名,都是由 X+küy 構成,如 čivküy、tiküy、niküy、šinküy、miküy。這些名字可能是漢人的名字。[①]

(二)蛇年二月十二日依爾蘇勒借小麥契

説明:

此契出土地點不詳,克羅特科夫收集,原件現藏俄羅斯科學院聖彼德堡分院東方學研究所,編號 SI Kr. I/147,大小尺寸 26 × 20.5 cm,1 葉,18 行,前部分較完整,後部分殘缺嚴重。該契的年代,從語言、文字特點來看,應屬於元代後期。主要研究及圖版見於:Тугушева 1996,Text 1;森安孝夫 1998,5;松井太 2004a,163 – 159;松井太 2004b,199,圖 2;Тугушева 2013, 43 – 44,圖 3a 7(243)。

圖版:

回鶻文轉寫:

1　yïlan yïl ikinti ay on iki-

2　qa manga ïrsul-qa ödünü buγday

3　k(ä)rgäk bolup yabγu-tïn ösi-

4　nïng šïγï birläüč tang iki

---

① 見 Zieme 1981,第 256 頁。

5　iki küri buɣday aldïm bu buɣday-

6　nï bu oq yïl küz toq(u)sunč ay bir

7　y(a)ngïda yabaɣu q(ï)lïp kürïg-läp

8　alur-bïz tägürüp birür-biz birginčä

9　m(ä)n ïrsul yoq bar bols(a)r-m(ä)n bu buɣday-

10　nï birlä alɣučï toy-šu-tï bošïɣ(？)

11　m(ä)n sul(ä)ym(ä)n öz bodum-tïn köni birür-

12　m(ä)n bu bidig-t(ä)ki buɣday iki tang

13　ïrsul bodï-ta sul(ä)ym(ä)n bodï-ta bir

14　tang iki［küri］bu nišan ïrsul-［nïng ol］

15　bu nišan m(ä)n sul(ä)ym(ä)n-nïng ol

16　bu nišan m(ä)n tanuq . . .

17　tanuq bu nišan m(ä)n . . .

18　bäg tämür-ning［ol］

漢譯：

1　蛇年二月十二

2　日我依爾蘇勒（ïrsul）因需要請求的小麥

3　從雅布護（yabɣu）處

4　用他自己的石稱借了三石

5　二斗小麥。這些小麥

6　我們將於今年秋天九月初

7　一用斗稱量

8　收取，並送還。在交還之前，

9　如果我依爾蘇勒（ïrsul）不在了，這些小麥

10　　就由同取人托依蘇提（toyšutï）交還。

11　　我蘇萊曼（suläymän）從自己族人那裏如實交還。

12　　此契約中的小麥二石

13　　由依爾蘇勒族人出，蘇萊曼族人出一（　）

14　　石二斗。此印章是依爾蘇勒（ïrsul）的。

15　　該印章是我蘇萊曼（suläymän）的。

16 該印章是我見人……

17 見人,該印章是我……

18 別克·鐵木爾(bäg tämür)的。

注釋:

1. on iki:"十二",用於表示日期時,與 iki yigirmi"十二"在年代上有一定的區別,後者的年代特徵更爲明顯,而前者屬於元代後期的用法。

2. ödünü:動詞 ödün-(ötün-)"請求"的副動詞形式,此處意義難以理解。

4. iki:"二",該詞在第四行末尾和第五行開始重複出現,多餘一個,應爲筆誤。

11. bodum:由 bod"家族、部落"+um(第一人稱單數)構成,表示"我的家族、我的族人"之意。在其他契約中,經常使用 ävdäkilär"我的家人"。

(三) 豬年六月二十日別克·鐵木爾借穀契

説明:

此契出土地點不詳,克羅特科夫收集,現藏俄羅斯科學院聖彼德堡分院東方學研究所,編號 SI Kr. I/422, 大小尺寸 9 × 23 cm,1 葉,14 行,上部分保存完整,下部分殘缺。年代屬於元代晚期。主要研究及圖版見於: Тугушева 1996, 215–237;森安孝夫 1998, 5;Тугушева 2013, 44–45,3а 8(243)。

圖版:

回鶻文轉寫:

1 tonguz yïl aldïnč [ay]...

2 ygirmi-kä manga [bäg tämür-kä]

3 üür kärgäk bol[up]...

4 bir šïɣüür [aldïm]...

5　m(ä)n bäg tämür . . .

6　il dämür-kä. . .

7　tangüläšip . . .

8　bu yir-kä bi. . .

9　m(ä)n bäg t〔ämür〕. . .

10　m(ä)n il dämür . . .

11　či tili(?) . . .

12　töläk bu n〔išan m(ä)n bäg〕

13　tämür-ning〔ol tanuq〕

14　sul(ä)yman . . .

漢譯：

1　豬年六月

2　二十日我別克・鐵木爾(bäg tämür)

3　因需要穀子,(從……處)

4　借了一石穀子。……

5　我別克・鐵木爾(bäg tämür)……

6　依勒・鐵木爾(il dämür)

7　平攤……

8　這塊地……

9　我別克・鐵木爾(bäg tämür)……

10　我依勒・鐵木爾(il dämür)……

11　…………

12　托萊克(töläk)。此印章是我別克・

13　鐵木爾(bäg tämür)的。見人

14　蘇萊曼(suläyman)……

注釋：

1. 因第 1 行最後一詞殘損,具體日期不確定,也有可能此處是其他數詞,如此,就是十幾(?)日。

3. 因這一行的末尾殘缺,從何人處借穀不清楚。

11. 此行殘損嚴重,僅剩有幾個字母,不可識讀。

(四) 豬年四月二十一日辛奎借棉布契

説明:

此契出土具體地點不詳,克羅特科夫收集,原件現藏俄羅斯科學院聖彼德堡分院東方學研究所,編號 SI 4b Kr. 9a,保存基本完整,大小尺寸 29 × 29 cm,1 葉,在漢文《妙法蓮花經》卷一(14 行)的上邊寫回鶻文 5 行。主要研究及圖版見於: Тугушева 1996a,8 – 15;森安孝夫 1998,5;松井太 2005,49 – 53+圖;Тугушева 2013, 45 – 46,圖 3a 9(244)。

圖版:

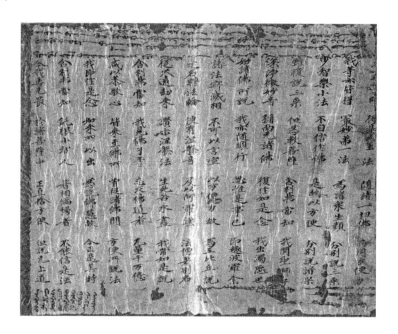

回鶻文轉寫:

1 　tonguz yïl törtünč ay bir otuz-qa manga šing(ü)y-kä asïɣqa böz k(ä)rg(ä)k bolup

2 　bärküy tutung-ta yüz böz altïm qač ay tudsa(r)-m(ä)n anï tut(u)p on böz

3 　asïɣ birlä köni birü(r)-m(ä)n birginčä yoq bar bolsa[r-m](ä)n ävtäki-lär köni birz-ün

4 　b[u tamɣa] biz ikägü-nüng ol tanuq [än]ičük tanuq kisi-li m(ä)n šingüy

5 　[öz äligim bitidim]

漢譯:

1 　豬年四月二十一日我辛奎(šingüy)因需要有息的棉布,

2 　從拜爾奎·都統(bärküy tutung)處借了一百棉布。無論我持有幾個月,我將

3 　同十個棉布利息一起交還。在交還之前,如果我死了,將由家人如數交還。

4　此印章是我們兩人的。見人艾尼曲克(äničük)，見人克斯里(kisili)。我辛奎(šingüy)

5　自己親手寫了(此契)。

注釋：

5. 此行回鶻文隱約可見，這裏的回鶻文係根據其他回鶻文契約的格式補充而成的。

（五）兔年八月初十拜靈都・都統借物契

説明：

此契出土具體地點不詳，克羅特科夫收集，現藏俄羅斯科學院聖彼德堡分院東方學研究所，編號 SI 4b Kr. 235，大小尺寸 25 × 13 cm，開頭部分殘損，僅存 6 行，第 6 行末尾有一處畫押。主要研究及圖版見於：森安孝夫 1998，5；Тугушева 2013，46，圖 3a 10(245)。

圖版：

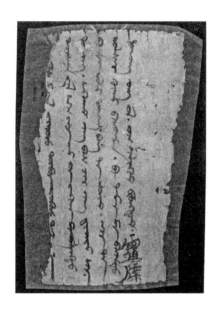

回鶻文轉寫：

1　bäš mantal yinčürü töpün yükünü tap[ïnur]-m(ä)n

2　tavïšqan yïl säkiz-inč ay on yangïqa m(ä)n bälingdü

3　tutung sabaqam-nïng baš-čir-ning dinayi(?)-sïn

4　bu(y)an qulï tutung b(ä)g-tä altïm. näčä-tä

5　qolsar köni birür-m(ä)n bu tamγa m(ä)n bälingdü

6　tutung-nung ol . öz äligim bitidim

漢譯:

1 我頂禮膜拜曼荼羅。

2 兔年八月初十我拜靈都·

3—4 都統(bälingdü tutung)從布陽·庫里·都統·別克(buyan qulï tutung bäg)處借了薩巴卡·巴西齊爾的 dinayi。無論使用

5 多久,我將如數交還。此畫押是我拜靈都

6 都統(bälingdü tutung)的。我自己親手寫了(此契)。

注釋:

1. 此行佛教内容,很少見於回鶻文契約文書,説明該契主是佛教徒。

6. 此行末尾有兩個漢字,似可讀作"靈牒",應爲畫押。此契中有"此畫押是我拜靈都都統的",故此,此畫押應爲拜靈都都統的畫押。

（六）蛇年十一月二十六日某人借官布契

説明:

此契出土具體地點不詳,兑羅特科夫收集,原件現藏俄羅斯科學院聖彼德堡分院東方學研究所,編號 SI Kr. IV/329,大小尺寸 16 × 8 cm,殘損嚴重,1 葉,8 行。主要研究及圖版見於: Тугушева 2013,41,圖 3a 4(241)。

圖版:

回鶻文轉寫：

1　yïlan yïl b[ir]yigirminč ay altï o[tuz]-qa

2　manga ///lay-qa qunpu kärgäk bolup bičm//

3　sang-ta yüz qunpu altïm qač ay tutsar-

4　män ay sayï beš-är qunpu birür-m(ä)n

5　birginčäörü qotï bolsarm(ä)n inim

6　bilär köni birsün tanuq ali

7　qalunuq(？) tanuq sämär

8　... bi(？)... biz atsïz ...

漢譯：

1　蛇年十一月二十六日

2　我……因需要官布，從比齊……

3　倉(bičm// sang)借了一百官布。無論我持有多久，

4　每月將交還五官布。

5　在交還之前，如果我不在了，由我弟

6　承擔如數交還。見人阿里·

7　卡魯努克(ali qalunuq)，見人賽麥爾(sämär)，

8　……我們阿特斯孜(atsïz)……

注釋：

2. qunpu：該詞借自漢語"官布"，回鶻文有時寫作 quanpu。

5. örü qotï：直譯爲"上下"，örü qotï bolsarmän，爲回鶻文契約中的固定用法，與另一固定用法 bar yoq bolsarmän"直譯：有無"相同，表示"如果我不在了、如果我去世了"之意。

（七）某年某人借馬、羊契殘片

説明：

此契出土具體地點不詳，克羅特科夫收集，現藏俄羅斯科學院聖彼德堡分院東方學研究所，編號 SI 4b Kr.232，大小尺寸 16×8 cm，首尾殘損，僅存 3 行。主要研究及圖版見於：Тугушева 2013,42,圖 3a 5(241)。

圖版:

回鶻文轉寫:

1　münüp barmïš tört at

2　///äk(?) on qoyn bu künkä

3　yaqa(?) bädüt-tä a[ltïm]

漢譯:

1　四匹騎着走的馬

2　……十隻羊於這天(今天)

3　我從雅卡·百都特(yaqa bädüt)處借了。

注釋:

儘管此契殘損嚴重,其内容不可完全明瞭,但可知是有關借馬和羊的契約。

(八) 雞年歸還斯爾特·庫特魯克葡萄酒契

説明:

此契出土地點不詳,克羅特科夫收集,現藏俄羅斯科學院聖彼德堡分院東方學研究所,編號 SI 4b Kr. 234, 大小尺寸 34 × 5.5 cm,2 行,有圓形墨印 1 方。主要研究及圖版見於: Тугушева 2013,42,圖 3a 6(242)。

圖版：

回鶻文轉寫：

1 sïrt qutluγ-nïng taqïγu . yïlqï . iki(？) küp bor T'W'CW'Y(？) birlä

2 tükäl bir[tim]

漢譯：

1 雞年我將斯爾特‧庫特魯克(sïrt qutluγ)的二灌葡萄酒

2 連同(利息)完全歸還了。

注釋：

1.　T'W'CW'Y birlä：前一詞不可釋讀，從上下文看，可能是某種利息的名稱，所以此處可理解爲"連同某一利息"。

參考文獻：

耿世民：《回鶻文社會經濟文書研究》，北京：中央民族大學出版社，2006 年。

李經緯:《吐魯番回鶻文社會經濟文書研究》,烏魯木齊:新疆人民出版社,1996 年。

李經緯:《回鶻文社會經濟文書研究》,烏魯木齊:新疆大學出版社,1996 年。

山田信夫著,小田壽典、P. ッィーメ、梅村坦、森安孝夫編:《ウィゲル文契約文書集成》1—3,大阪大學出版會,1993。

森安孝夫 1998:"ウィゲル文契約文書補考",《待兼山論叢》32《史學篇》。

松井太 2004a:"モソゴル時代の度量衡",《東方學》107。

松井太 2004b:"モソゴル時代のウィゲル農民と佛教教團",《東洋史研究》63‐1。

松井太 2005:"ウィゲル文契約文書研究補説四題",《内陸アジア言語の研究》20。

Arat R. R. 1964:"Eski Türk Hukuk Vesikaları", *JSFOu* 65/1:11‐77.

Clark L. V. 1975:"Introduction to the Uyghur Civil Documents of East Turkestan (13th‐14th cc.)", Dissertation of Indiana University (Bloomington).

P. Zieme 1981:"Uigurische Steurbefreiungsurkunden für buddhistische Klöster", *AoF* 8. pp. 237‐263, +4 pls.

Тугушева Л. Ю. 1996:"Несколько уйгурскх документов из рукописного собрания Санкт-Петербургского собрания ИВ ПАН. СПб". С215‐237.

Тугушева Л. Ю. 2013: *Уйгурские деловые документы X‐XIV вв. из Восточного Туркестана*, Москва.

《魏晉南北朝隋唐史資料》第四十九輯

2024 年 5 月，189—218 頁

展 敬 墳 墓

——中古早期先賢冢墓書寫的形成與流變

白炳權

　　對於深受儒家傳統影響的中古士民而言，冢墓既是個體生命的終點，又是家族祭祀的起點，具有極其特殊的社會意義。中古典籍中有關冢墓的記載也頗爲常見，學界對此早有留意，相關研究堪稱宏富。[①]　前人研究大體分爲三種視角，一是從有關冢墓的詩文、志怪記載入手，以文學分析手法，探討冢墓書寫的類型，思想意涵及其社會意義。宇文所安、巫鴻挖掘了冢墓特有的“懷古”意蘊，藉助冢墓，時人得以溝通生死兩界，跨越往日與今夕。[②]　張玉蓮對各式志怪小説中的冢墓書寫類型做了細緻梳理。[③]　二是從考古材料和傳世文獻入手，結合冢墓書寫文本，討論冢墓地上建築結構和墓祭行爲的發展演變情況，此類研究側重於喪葬禮俗，對冢墓書寫文本本身的研究不够深入。[④]　三是歷史書寫視野下的考察，日本學者西岡弘率先對有關冢墓的各類文本做了全盤梳理，揭示了冢墓書寫自兩漢以降趨於流行，且日益細化的歷史現象。[⑤]　此後，劉苑如從《北征記》

---

　　①　本文研究的冢墓書寫特指圍繞葬地、冢墓本身展開書寫，包含地理信息的文本。冢墓的地理信息是先賢冢墓書寫的基本組成部分，因此，圍繞冢墓展開，却不包含冢墓所在方位信息的怪異叙事不在本文討論範疇内。有關歷史書寫模式的概念與研究概況，參見孫正軍：《中古良吏書寫的兩種模式》，《歷史研究》2014 年第 3 期，第 4—21 頁。

　　②　宇文所安的論著出版於 1986 年，是英文學界最早系統討論冢墓文學的專著，此後有關冢墓文學的討論大多受其影響，圍繞悼亡、緬懷等情感因素展開。Stephen Owen, *Remembrances: The Experience of Past in Classical Chinese Literature*, Harvard University Press, 1986. ［美］宇文所安著，鄭學勤譯：《追憶：中國古典文學中的往事再現》，北京：生活·讀書·新知三聯書店，2014 年，第 42—60 頁。［美］巫鴻著，肖鐵譯：《廢墟的故事：中國美術和視覺藝術文化中的“在場”與“缺席”》，上海人民出版社，2017 年，第 18—56 頁。

　　③　張玉蓮：《古小説中的墓葬叙事研究》，北京：人民出版社，2013 年。

　　④　考古學材料爲主體的最新研究，見劉尊志：《漢代墓外設施研究：以王侯墓葬與中小型墓葬爲參考》，北京：科學出版社，2021 年。以傳世文獻爲主的討論，見楊樹達：《漢代婚喪禮俗考》，南昌：江西教育出版社，2018 年。韓國河：《秦漢魏晉喪葬制度研究》，西安：陝西人民出版社，1999 年。謝寶富：《北朝婚喪禮俗研究》，北京：首都師範大學出版社，1998 年。

　　⑤　［日］西岡弘：《中國古代の葬禮と文學（改訂版）》，東京：汲古書院，2002 年，第 497—589 頁。

《述征記》中有關先賢冢墓書寫入手,探究此類冢墓書寫的政治意圖,進而揭示特定先賢冢墓書寫具有烘托劉裕天命所在的政治功用。① 日本學者大平幸代另闢蹊徑,從冢墓知識生成的角度入手,揭示了劉宋時期"冢墓"之學盛行的歷史圖景。②

總體而言,前賢時彥對中古冢墓書寫的研究頗爲深入,但是,就筆者關注的先賢冢墓書寫而言,③相關的研究成果尚不多見,且缺乏系統探討。考慮到漢末以降崇賢之風盛行,先賢冢墓背後蘊含着政治秩序乃至社會觀念的變化,系統梳理兩漢以降至南北朝末期的先賢冢墓書寫流變情況,將有助於我們理解漢末以降的政治、社會變遷。筆者還注意到,《漢書·地理志》已經出現先賢墓記載,但是,在此後若干官修史書地理志、郡國志、地形志中,先賢冢墓記載或隱或顯,與此同時,南北官修史書中的先賢冢墓書寫出現了微妙的差異,個中原因有待深究。故此,筆者將立足前賢時彥研究成果,系統研討中古先賢冢墓書寫的形成與流變。首先,筆者將以《漢書》爲中心,討論兩漢時期先賢冢墓書寫的形成過程及其内在動因。其次,筆者將探討漢末以降冢墓知識公私分化與先賢冢墓書寫獨立化的歷史現象,進而分析先賢冢墓書寫的内在結構性分化。最後,筆者將從南北朝歷代官修史書的地理(形)志、郡國志入手,探析先賢冢墓書寫在南北官修史書中的存在與缺位,進而透視南北官修史書先賢冢墓書寫二元分化的内在原因。

一、先賢冢墓書寫的出現與應用

建安元年(196)之時,鄭玄曾大病一場,自以爲不久於人世,以書戒子益恩,書中説道:

> 自非拜國君之命,問族親之憂,展敬墳墓,觀省野物,胡嘗扶杖出門乎!④

在鄭玄看來,"展敬墳墓"與國家政務同等重要,是鄉里士人日常生活的頭等大事。但是,對墳墓的崇敬與書寫並非自古有之。正如巫鴻所言,冢墓的視覺、社會意義在東周

---

① 劉苑如:《三靈眷屬:劉裕西征的神、聖地景書寫與解讀》,劉石吉等編《旅遊文學與地景書寫》,高雄:"國立"中山大學人文中心,2013 年,第 29—70 頁。

② [日]大平幸代:《〈皇覽〉的流傳與劉宋"冢墓"之學》,《古典文獻研究》2017 年第 20 輯下卷,第 107—120 頁。

③ 本文探討的先賢墓是指受到官方或民間認同、表彰、崇敬的先人墓葬,不包括漢代以降的歷代帝王陵墓。

④ 《後漢書》卷三五《鄭玄傳》,北京:中華書局,1965 年,第 1210 頁。

方才逐步凸顯,在此之前,宗廟才是國家禮儀的核心。① 此外,即便是在春秋戰國時期,真正擁有高大封土墳墓的也多爲諸侯王、中上層貴族,庶民没有財力,也不被允許營建高大的冢墓。②

仔細梳理春秋戰國時期的材料,不難發現傳世文獻中先賢墓書寫大致與這種發展趨勢同步。現存春秋戰國葬地、冢墓書寫中,絶大多數都屬於諸侯王和上古聖賢,試舉幾例如下:

> 堯葬于谷林,通樹之;舜葬于紀市,不變其肆,禹葬於會稽,不變人徒。(《吕氏春秋》)③
>
> 舜葬於蒼梧之野,蓋三妃未之從也。(《禮記》)④

在司馬遷《史記》的戰國部分,此種冢墓書寫模式得到繼承,這與司馬遷依據的史料來源不無關係。司馬遷著史時依據的史料不外乎"戰國紀年、世系資料"和"戰國故事材料"兩種,⑤正如上文所言,在這兩類材料中,諸侯王和上古先賢墓書寫占據主導地位。

迥異于《史記》戰國部分,《史記》西漢部分中的先賢冢墓記載條目頗爲可觀,這些記載大致可分爲"葬地、冢墓所在書寫"和"展敬墳墓書寫"材料。前者僅爲葬地方位書寫,並無特殊意涵;後者內涵更爲豐富。後者的代表材料如下:

> 留侯(張良)死,並葬黄石,每上冢伏臘,祠黄石。⑥
>
> 高祖始微少時,數聞公子(信陵君)賢。及即天子位,每過大梁,常祠公子。高祖十二年,從擊黥布還,爲公子置守冢五家,世世歲以四時奉祠公子。⑦

第一則材料表現了西漢初期先賢冢墓在地方社會受到民衆追捧,與祠廟結合,成爲地方

---

① [美]巫鴻:《從"廟"至"墓":中國古代宗教美術發展中的一個關鍵問題》,[美]巫鴻著,鄭岩、王睿編:《禮儀中的美術:巫鴻中國古代美術史文編》,北京:生活・讀書・新知三聯書店,2005年,第549—568頁。

② 有關先秦冢墓形態的變遷,見董坤玉:《先秦墓祭制度再研究》,《考古》2010年第7期,第57—64頁。

③ (戰國)吕不韋撰,陳奇猷釋:《吕氏春秋新校釋》卷一〇《孟冬紀》,上海古籍出版社,2002年,第543頁。

④ (清)孫希旦撰,沈嘯宸、王星賢點校:《禮記集解》卷七《檀弓上》,北京:中華書局,1989年,第185頁。

⑤ 此處按照日本學者藤田勝久的分類方法,見[日]藤田勝久著,曹峰、[日]廣瀬薫雄譯:《〈史記〉戰國史料研究》,上海古籍出版社,2008年,第54頁。

⑥ 《史記》卷五五《留侯世家》,北京:中華書局,1982年,第2048頁。

⑦ 《史記》卷七七《魏公子列傳》,第2385頁。

重要禮儀場所的過程。第二則材料表現了國家對先賢的表彰與"展敬墳墓"措施。兩則材料體現了,西漢以降,民間、官方不約而同地重視起冢墓的社會意義,將冢墓作爲禮儀空間或宣示政府仁德的媒介。

此後,先賢冢墓的政治、社會意義越發受到重視,如上文提及漢高祖爲信陵君置守冢一事,已然成爲班固寫作時的"漢家故事":

> 高帝撥亂誅暴,庶事草創,日不暇給,然猶修祀六國,求聘四皓,過魏則寵無忌之墓,適趙則封樂毅之後。①

與此同時,先賢冢墓也明顯分流成中央認定並旌表的冢墓和地方民間自發崇敬的冢墓。如漢哀帝時耿育上奏爲陳湯開解時説道"假使異世不及陛下,尚望國家追録其功,封表其墓,以勸後進也",②可見這種國家旌表墳墓,個人與家族獲得榮耀的觀念已經深入時人心中。旌表的範圍也在這一時期擴大,《漢書》中首次出現旌表孝女墓的記載:

> 東海有孝婦,少寡,亡子,養姑甚謹,姑欲嫁之,終不肯……吏捕孝婦,孝婦辭不殺姑。吏驗治,孝婦自誣服……太守竟論殺孝婦。郡中枯旱三年……於是太守殺牛自祭孝婦冢,因表其墓,天立大雨,歲孰。郡中以此大敬重于公。③

根據永田拓治的研究,地方太守上表中央的内容中應當包含了孝女冢地相關内容,④由此,庶民或庶族出身的孝子、孝女冢墓信息得以進入到中央文書檔案之中,成爲編纂孝女、孝子傳記的史源。⑤ 有關東漢政府旌表先賢、孝子、孝女之事,前人論述頗多,此不贅叙,簡而言之,前人普遍認爲東漢是旌表先賢士民的第一個高峰。⑥ 值得進一步討論

---

① 《漢書》卷一八《外戚恩澤侯表》,北京:中華書局,1962 年,第 677 頁。
② 《漢書》卷七〇《陳湯傳》,第 3027 頁。
③ 《漢書》卷七一《于定國傳》,第 3041—3042 頁。
④ 永田拓治根據漢朝上計制度運作情況和湖南郴州蘇仙橋晉簡中的冢墓記載,推測冢墓信息也是地方官吏上表中央的内容之一。筆者認爲此説可從,詳見[日]永田拓治:《上計制度與"耆舊傳""先賢傳"的編纂》,《武漢大學學報》2012 年第 4 期,第 49—53 頁。
⑤ 有關孝子、孝女傳記史源的研討,見聶溦萌:《"孝義類傳"所見官僚制對正史的雙重影響》,聶溦萌:《中古官修史體制的運作與演進》,上海古籍出版社,2021 年,第 54—75 頁。
⑥ 比較詳細的梳理,見[日]角谷常子:《後漢時代における爲政者による顯彰》,《奈良史學》2009 年第 26 號,第 25—42 頁。

的是,在此種旌表先賢風氣之下,《漢書·地理志》所見先賢冢墓書寫僅有 7 例,且均爲上古先賢,並無兩漢湧現的近世先賢冢墓記載。

要解釋正史地理志先賢冢墓書寫滯後的現象,不妨從《漢書》地理志的編纂和史料構成入手。班固在永平五年(62)任蘭臺令史,參與官方修史,①此時的蘭臺收藏了各類典籍和東漢政府文書材料,②想來班固不難看到各地先賢冢墓的記載,但却選擇將絕大部分冢墓剔除在地理志之外,又選定了若干上古先賢冢墓放入地理志小注中。值得注意的是,班固選定的上古先賢包括"黄帝""顓頊""堯""舜"四位上古帝王。一方面,這種先賢冢墓的選擇與西漢以降對諸位上古先王的祭祀密不可分。于薇已經指出,春秋戰國以降出現了"舜"葬地南、北兩個版本,最終在王莽立舜廟祭祀中將"陵、祠"合一,進而奠定了零陵葬地説的權威地位。③ 其餘諸帝葬地與祠廟的發達也在兩漢時期,前人論述頗詳,此不贅叙。④ 筆者進而注意到,自西漢中後期以降,"漢家堯後"之説日益盛行,⑤元和元年(85)二月,章帝曾遣使祠堯于成陽,⑥再加上班固之父班彪就對"漢家堯後説"深信不疑,⑦班固自身經學造詣頗高,且在自序中説道漢書的寫作目的是"緯六經,綴道綱"。⑧ 由此,《漢書·地理志》中聖王冢地的書寫既是西漢以降冢、祠合體的産物,又經班固有意選擇後,遺留下與漢王朝天命合法性息息相關的上古先賢冢墓材料。⑨

---

① 有關班固《漢書》的編纂,見[日]稻葉一郎:《『漢書』の成立》,《東洋史研究》1989 年第 48 卷第 3 號,第 452—479 頁。

② 有關東漢蘭臺的情況,參看牛潤珍:《漢至唐初史官制度的演變》,石家莊:河北教育出版社,1999 年,第 42—71 頁。[日]高村武幸:《「蘭台令」札記》,《明大アジア史論集》2009 年第 13 卷,第 224—232 頁。

③ 于薇:《先秦兩漢舜故事南方版本發展與瀟水流域的政治進程——兼論零陵九疑舜陵舜廟的實體化》,《學術研究》2013 年第 7 期,第 117—125 頁。

④ 見湯勤福:《人神之際:古代中國五帝祭祀的變遷(上)》,《河北學刊》2019 年第 5 期,第 176—185 頁。衛紹生:《黄帝出生地、建都地、安葬地考辨》,《中原文化研究》2016 年第 6 期,第 112—117 頁。

⑤ 漢家堯後説的起源時間還存在一定爭議,可以確定的是,西漢中後期以後以此説日益盛行。相關討論,見龔留柱、張信通:《"漢家堯後"與兩漢之際的天命之爭——兼論中國古代的政治合法性問題》,《史學月刊》2013 年第 10 期,第 26—36 頁。

⑥ 元和元年(85)二月"使使者祠唐堯於成陽靈臺",見《後漢書》卷三《肅宗孝章帝紀》,第 149 頁。

⑦ 班彪曾勸誡隗囂,説道漢家天命所歸的五條原因,其中一條就是"帝堯之苗裔"。《漢書》卷一〇〇上《叙傳》,第 4211 頁。

⑧ 《漢書》卷一〇〇下《叙傳》,第 4271 頁。

⑨ 日本學者稻葉一郎、渡邊義浩等人均認爲班固《漢書》深具儒教主義精神,《漢書》是論證東漢儒教國家正統性的重要文本。見[日]稻葉一郎:《『漢書』の成立》,第 55—57 頁。[日]渡邊義浩:《『漢書』における『尚書』の継承》,《早稻田大學大學院文學研究科紀要》2015 年第 61 卷,第 3—17 頁。

另一方面,從《漢書·地理志》編纂體例入手加以分析,不難發現,即使在西漢末年以降,各種先賢書寫日益發達的情況下,班固編纂地理志時的冢墓知識來源與《史記》基本一致。兩漢交替之際,雜傳、郡國書逐步發展,[①]班固所能利用的冢墓史源較司馬遷大爲增加,但他並未將這些材料收納進《地理志》冢墓書寫中。班固曾自叙地理志編纂體例爲"是以采獲舊聞,考迹《詩》《書》,推表山川,以綴《禹貢》《周官》《春秋》,下及戰國、秦、漢焉"。[②]聶溦萌將其分爲"經書""官方簿籍""漢人地理書"三類,[③]具體到先賢冢墓書寫上,班固僅僅使用了春秋戰國生成的經書、子書材料,官府簿籍和漢人地理書所見先賢冢墓被分散到列傳當中,延續了《史記》立足經書,記錄上古先賢冢墓的書寫方針。

總而言之,春秋戰國時期,由於地表冢墓社會意義逐步增強,先賢冢墓書寫逐漸增加。但這種先賢冢墓書寫絕大多數屬於王侯、上層貴族。這種書寫模式在《史記》的春秋戰國史部分得到延續,在《史記》西漢史部分中,我們看到,民間和官方不約而同地重視起冢墓作爲一個地理景觀的社會意義,先賢冢墓書寫的對象有所擴大。此後,隨着雜傳和郡國書的興起,先賢冢墓作爲獨立地景在東漢社會越發受到重視。與此同時,《漢書·地理志》以小注形式專門記載了先賢冢墓信息,但是,《漢書·地理志》所見先賢冢墓墓主均爲上古先賢,並無近世先賢冢墓。換言之,上古先賢冢墓書寫成爲官修史書地理志的結構性存在,近世先賢冢墓則尚未進入。

二、冢墓知識的公私分化與先賢冢墓的層級構造

漢桓帝延熹二年(159)年秋冬之際,[④]蔡邕被徵入京師,行至偃師後辭歸鄉里,作《述行賦》談及路途見聞,哀嘆帝國的衰落。在該賦中,蔡邕特意提及了位於滎陽的紀信冢:

> 過漢祖之所臨兮,弔紀信于滎陽。[⑤]

---

① 胡寶國:《漢唐間史學的發展(修訂本)》,北京大學出版社,2014年,第121—172頁。
② 《漢書》卷二八上《地理志上》,第1543頁。
③ 聶溦萌:《中古地理書的源流與〈隋志〉史部地理篇》,《史林》2019年第4期,第69—78頁。
④ 對蔡邕入洛時間,學界略有分歧,筆者認爲陸侃如的延熹二年説較爲合理,見陸侃如:《中古文學系年》,北京:人民文學出版社,1985年,第217—218頁。
⑤ (漢)蔡邕著,鄧安生編:《蔡邕集編年校注上》,石家莊:河北教育出版社,2002年,第31頁。

據《水經注》記載，"信冢在（滎陽）城西北三里"，①從陳留到偃師恰好經過滎陽，②可見蔡邕極有可能實地憑弔了紀信冢。紀信爲漢高祖盡忠而被項羽所殺，蔡邕對這位先賢的憑弔蘊含着他對當時朝政昏暗的抨擊。此處暫且不論其政治意圖，可以確定的是，紀信冢不見於此前文本，屬於被蔡邕"打撈"出的先賢冢墓。這種"打撈"行爲在東漢士人群體中並非個例，稍早于蔡邕的班昭《東征賦》中，也出現了先賢冢墓的記述。東漢和帝永元七年（95），③班昭隨子曹成東征而作此賦，賦中將子路與蘧伯玉等人並列，激勵曹成向這些地方先賢看齊：

> 睹蒲城之丘墟兮，生荆棘之榛榛。惕覺寤而顧問兮，想子路之威神。衛人嘉其勇義兮，訖於今而稱云。蘧氏在城之東南兮，民亦尚其丘墳。唯令德爲不朽兮，身既没而名存。④

蘧伯玉事蹟出自《論語》，爲當時士人所熟知，⑤但此處蘧伯玉冢和紀信冢一樣都不見於此前記載，却在民間暗自受到崇奉，且在此時被士人"打撈"出來，作爲先賢模範加以表彰。值得玩味的是，此種"打撈"先賢冢墓所生成的文本進一步成爲後世先賢冢墓書寫的史源，⑥如紀信冢被蔡邕打撈後成爲士人冢墓知識組成部分，後來進入《水經注》《魏書·地形志》中；⑦蘧伯玉冢流傳更廣，先後出現在東漢末圈稱《陳留風俗傳》和西晉江敞《陳留志》中，⑧成爲地方士人的冢墓常識。

東漢中後期以降，士人對先賢冢墓書寫的"打撈"與先賢、耆舊傳、郡國書的發展

① （北魏）酈道元著，陳橋驛校證：《水經注校證》卷七《濟水》，北京：中華書局，2013 年，第 183 頁。
② 從洛陽東出，經鞏縣過滎陽是一條常用通道。見嚴耕望：《唐代交通圖考》第六卷《河南淮南區》，北京聯合出版有限公司，2021 年，第 1749 頁。
③ 班昭《東征賦》寫作時間有兩説：一是永初七年（113），陸侃如等人持此説；一是永元七年（95），金璐璐持此説。筆者認同金璐璐的説法。見陸侃如：《中古文學繫年》，第 138 頁。金璐璐：《班昭〈東征賦〉及其文學史意義》，《學術論壇》2010 年第 6 期，第 150—154 頁。
④ （漢）班昭：《東征賦》，（清）嚴可均：《全後漢文》，北京：商務印書館，1999 年，第 963 頁。
⑤ 楊伯峻：《論語譯注》，北京：中華書局，2006 年，第 173—174 頁。
⑥ 班昭長期活動於宫廷，有文集傳世。蔡邕文名極大，作品傳世頗廣。二人作品應當都能得到當時士人的閱讀。班昭"所著賦、頌、銘、誄、問、注、哀辭、書、論、上疏、遺令，凡十六篇。子婦丁氏爲撰集之，又作《大家讚》焉"。《後漢書》卷八四《曹世叔妻傳》，第 2792 頁。蔡邕"所著詩、賦、碑、誄、銘、讚、連珠、箴……凡百四篇，傳於世"。《後漢書》卷六〇《蔡邕傳》，第 2007 頁。
⑦ （北魏）酈道元著，陳橋驛校證：《水經注校證》卷七《濟水》，第 183 頁。《魏書》卷一〇六中《地形志中》，北京：中華書局，1972 年，第 2522 頁。
⑧ 劉緯毅：《漢唐方志輯佚》，北京圖書館出版社，1997 年，第 9、79 頁。

密切相關,正如《史通》所言,當時的"郡國之記、譜牒之書,務欲矜其州里,誇其氏族"。① 正是在表彰先賢之風與人物評論風氣日益熾烈的時代背景下,先賢冢墓書寫迅速發展,前賢時彥對這種先賢書寫與人物品評的關係論述頗詳,此不贅叙。② 需要注意的是,"郡國之記""譜牒之書"屬於兩種性質的文本,前者屬於公開文本,後者具備一定的私密性。同樣具備私密性質的還有隨葬入墓的磚志、墓誌,這些私密性文本中均不乏葬地書寫。但是,這些葬地書寫與先賢冢墓書寫的性質不同,屬於家族内部流傳的私人冢墓知識,而先賢冢墓屬於公共冢墓知識。③ 如漢代《降命刻石》記載:

> ……六年二月降命,共參執法以達下。司空除相國,西安起平亭部遲元宗,遲叔宗,遲季宗,遲伯世,遲伯卿,此五家祖冢之責,以漆書之……④

遲氏五家祖冢的知識爲五家人所共享,屬於家族内部的冢墓知識。此後墓誌中的葬地記載更是屢見不鮮。值得進一步討論的是,"私人冢墓"知識在何時,以何種方式轉換爲"公共冢墓"知識?

漢末魏晉時期流行的家傳、别傳爲我們提供了一些綫索。據永田拓治研究,漢末以降,隨着鄉論的逐漸盛行,士人光耀門楣、提高門第的意圖越發强烈,家傳、别傳日益流行。⑤ 如此一來,這些家傳、别傳應當都屬於公開文本。從永田拓治統計的漢末至南北朝時期的 69 部家傳和熊明輯校的 213 部别傳中,⑥雖不乏人物死亡情況的記載,但具體到冢墓書寫,卻僅見《太平寰宇記》所引《陳氏家傳》一例,引文如下:

---

① (唐)劉知幾撰,(清)浦起龍通釋,吕思勉評:《史通》卷五《采撰篇》,上海古籍出版社,2008 年,第 85 頁。

② 比較詳盡的討論,見[日]永田拓治:《「狀」と「先賢伝」「耆舊伝」の編纂:「郡國書」から「海内書」へ》,《東洋學報》2009 年第 91 卷第 3 號,第 303—334 頁。

③ 范兆飛認爲譜牒知識分爲"公""私"兩種,並根據章學誠的討論,推測婚娶情況、冢墓知識等屬於私密性知識。見范兆飛:《中古早期譜系、譜牒與墓誌關係辯證》,《中國史研究》2021 年第 2 期,第 103—104 頁。

④ 毛遠明校注:《漢魏六朝碑刻校注》第 2 冊,北京:綫裝書局,2008 年,第 174 頁。

⑤ [日]永田拓治:《漢晉期における「家伝」の流行と先賢》,《東洋學報》2012 年第 94 卷第 3 號,第 1—34 頁。

⑥ [日]永田拓治:《漢晉期における「家伝」の流行と先賢》,附表。姚振宗曾整理出 189 部别傳,在此基礎上,熊明進一步搜集佚文,輯佚出 213 部别傳(剔除神異色彩濃厚的釋道别傳)。見(清)姚振宗撰,劉克東、董建國、尹承整理:《隋書經籍志考證》第 2 冊,北京:清華大學出版社,2014 年,第 828—831 頁。熊明輯校:《漢魏六朝雜傳集》,北京:中華書局,2017 年。

紀、諶以下八十六墓、三十六碑,並在長葛縣隂山之陽。①

上述引文僅僅是家族葬地的籠統記載,並没有具體到某位先賢冢墓。細究這些家傳、雜傳的文本結構,凡是談到人物死亡内容的,都簡單談及死亡時間,或是喪禮時的盛況,如《杜祭酒別傳》云"君(杜夷)年五十二,當其終亡,安厝先塋,帛布輀車,喪儀儉約。執引者皆三吴令望及北人賢流",②在這些叙述中,"三吴令望""北人賢流"自然知曉冢墓所在,就此層面而言,杜夷墓已然成爲一小部分人的"公共記憶(public memory)"。這種冢墓的"公共記憶",自漢代以降便長盛不衰。③ 但是,"公共記憶"僅僅代表冢墓在一定程度内爲人所知,却無法保證冢墓進入歷史書寫。如上述潁川陳氏家族墓地86座墓葬,無一見於南北朝官修史籍。故此,筆者所謂的"公共冢墓"是指不局限於親友故舊所知,進入到歷史文本中的冢墓知識。那麽,"私人冢墓"又是如何成爲"公共冢墓",進而成爲"先賢冢墓"呢? 從鄭玄墓由私而公的歷程中,可以大體窺見其中的運作過程。

《鄭玄別傳》記載"玄卒,遺令薄葬,自郡守以下嘗受業者,衰絰赴者千餘人",④並無冢墓信息記載,《後漢書》本傳中也没有相關記載。⑤ 此後,在《齊地記》(東晉—劉宋)、梁代殷芸的《殷芸小説》和《水經注》中都出現了鄭玄墓的記載,相關記載如下:

> 高密縣城西北十五里,有厲阜,鄭康成所葬。(《齊地記》)⑥
>
> 鄭玄葬城東,後墓壞,改遷厲阜。縣令車子義爲玄起墓亭,名曰"昭仁亭"。(《殷芸小説》)⑦
>
> 水西有厲阜,阜上有漢司農卿鄭康成冢,石碑猶存。(《水經注》)⑧

《水經注》的記載或許出自實地記録,《齊地記》和《殷芸小説》的記載有兩種史源可能,

---

① (宋)樂史撰,王文楚等點校:《太平寰宇記》卷七《河南道七》,北京:中華書局,2007 年,第 129 頁。
② 熊明輯校:《漢魏六朝雜傳集》,第二册,第 916 頁。
③ 詳見白瑞旭(K. E. Brashier)的研究:K. E. Brashier, *Public Memory in Early China*, Cambridge and London:Harvard University Asia Center, 2014, pp. 1 - 57.
④ 熊明輯校:《漢魏六朝雜傳集》,第一册,第 318 頁。
⑤ 《後漢書》卷三五《鄭玄傳》,第 1211 頁。
⑥ (宋)樂史撰,王文楚等點校:《太平寰宇記》卷二四《河南道二四》,第 513 頁。
⑦ 王根林等點校:《漢魏六朝筆記小説大觀》,上海古籍出版社,1999 年,第 1030 頁。
⑧ (北魏)酈道元著,陳橋驛校證:《水經注校證》卷二六《濰水》,第 607 頁。

一是地方縣令修建墓亭時的奏表,①二是私人撰寫的地理書,兩種文本的形成應該都在中原政局相對穩定的魏晉時期。故而鄭玄冢墓信息作爲先賢冢墓的著録與流傳可以上溯到魏晉時期。筆者進而注意到,曹魏肇建之際,魏文帝曾表彰"二十四賢",鄭玄名列其中,成爲曹魏以降官方認定的海内先賢。② 綜合上述信息,我們可以復原出鄭玄墓由私人冢墓上升爲公共先賢冢墓的具體歷程、鄭玄作爲漢末清流名士的代表,他的死亡引發了社會力量的一次大集結,當時"衰絰赴者千餘人"。隨後,曹魏政府大肆表彰鄭玄,將其樹立爲曹魏政府以漢末清流繼承者自居的支撐物。大約在此前後,其他力量逐步介入,主要表現爲私人著述對鄭玄冢墓的著録,地方官僚對鄭玄墓進行維護與改善。在社會力量、政府力量以及私人著述三方的合力之下,鄭玄墓逐漸由私轉公,成爲公衆先賢冢墓記憶的固定組成部分。

公共冢墓進一步演變爲先賢冢墓的過程中,祇有極少一部分進入到中央文本書寫中,正如永田拓治所言,中央政府操縱着先賢的"認定權"。③ 這種對先賢認定的層級差異極有可能源自漢末以來名士品評和鄉論的層級構造。④ 由此一來,漢末以降冢墓知識公私分化之下,公共冢墓知識日益層累,先賢冢墓書寫日益獨立化,進一步分化爲全國性先賢冢墓知識與地方性先賢冢墓知識,形成了"地域層級構造"模式。所謂全國性先賢冢墓是指在官修史書地理志或官修地理書中出現的先賢冢墓,地方性先賢冢墓則散見於魏晉以降的地方志書寫中。在東漢末年成書的《東觀漢記》中,已經可以看到這種"地域層級構造"。

現存《東觀漢記·地理志》共計 13 條佚文,其中 2 條是先賢冢墓書寫:

> 蕭何墓在長陵東司馬門道北百步。霍光墓在茂陵東司馬門道南四里。⑤

蕭何與霍光墓進入《東觀漢記·地理志》可能與東漢幾位帝王對蕭何、霍光的祠祀有

---

① 湖南省郴州市出土晉代上計簡中有"漢故平輿令張喜墓石虎"等相關地方先賢冢墓信息記載,車子義修建墓亭屬於地方政績之一,應該也寫入了相關公文。湖南省文物考古所:《湖南考古輯刊》第 8 輯,長沙:岳麓書社,2009 年,第 93—118 頁。

② 有關"二十四賢"的詳細討論,見徐沖:《"二十四賢"與"漢魏革命"》,《社會科學》2012 年第 6 期,第 164—170 頁。

③ 〔日〕永田拓治:《上計制度與"耆舊傳""先賢傳"的編纂》,第 53—54 頁。

④ 有關鄉論的層級構造,見〔日〕川勝義雄著,徐谷芃、李濟滄譯:《六朝貴族制社會研究》,上海古籍出版社,2018 年,第 45—47 頁。

⑤ (漢)劉珍等撰,吳樹平校注:《東觀漢記》卷五《地理志》,北京:中華書局,2008 年,第 177 頁。

關,漢明帝在永平二年(59)"十一月甲申,遣使者以中牢祠蕭何、霍光。帝謁陵園,過式其墓";①漢章帝在建初七年(82)十月"以中牢祠蕭何、霍光";②漢安帝在延光三年(124)十月"以中牢祠蕭何、曹參、霍光"。③除此之外,從冢墓書寫所占佚文比重來看,原本的《東觀漢記·地理志》中的近世先賢數量應該頗爲可觀。這種近世先賢冢墓記載迥異於《漢書·地理志》先賢冢墓書寫的編纂體例,需要下沉到《東觀漢記》的編纂群體與編纂背景之中加以分析。

《東觀漢記》自漢章帝以後歷經四次大規模修撰,④《地理志》部分在第三次修撰時完成,大致在桓帝元嘉時期(151—153):

> 於是又詔史官謁者僕射劉珍及諫議大夫李尤雜作記、表,名臣、節士、儒林、外戚諸傳,起自建武,訖乎永初。事業垂竟而珍卒、尤繼卒。<u>復命侍中伏無忌與諫議大夫黃景作</u>《諸王》《王子》《功臣》《恩澤侯表》,《南單于》《西羌傳》,《地理志》。⑤

此時負責修撰《地理志》的學者是伏無忌和黃景。黃景生平事蹟不詳,伏無忌出身東漢著名經學世家,頗負盛名,且黃景任六百石的諫議大夫,伏無忌任侍中,比二千石。故此,當時修撰《地理志》時占主導地位的應是伏無忌。⑥伏無忌在編纂《東觀漢記》的同時"又自采集古今,删著事要,號曰《伏侯注》"。⑦《伏侯注》被列入《隋書·經籍志》史部三雜史類中,存八卷,題名爲"古今注"。⑧該書雖已散佚,但經過歷代學人的輯佚,可以大體得知其結構,余嘉錫稱其近似雜史"所記皆朝章國故,及災異祥瑞之類"。⑨值得進一步討論的是,伏無忌《古今注》在史源、編纂内容剪裁上與《東觀漢記》的異同。伏無忌極有可能利用修史的機會,在《古今注》中使用了《東觀漢記》相同的原始材料。從尹玉珊輯本中,我們可以看到,《古今注》中有關郡國部分的内容與《東觀漢記》頗爲相似(均記載行政區劃沿革、山川等内容)。此外,《古今注》中集中記載了光武帝到質帝

① 《後漢書》卷二《顯宗孝明帝紀》,第104頁。
② 《後漢書》卷三《肅宗孝章帝紀》,第144頁。
③ 《後漢書》卷五《孝安帝紀》,第240頁。
④ 朱桂昌:《〈東觀漢記〉考證》,《史學史研究》1985年第4期,第37—50頁。
⑤ (唐)劉知幾撰,(清)浦起龍通釋,吕思勉評:《史通》卷一二《古今正史》,第243頁。
⑥ 《後漢書》卷一一五《百官二》,卷一一六《百官三》,第3577、3589頁。
⑦ 《後漢書》卷二三《伏湛傳》,第898頁。
⑧ (清)姚振宗撰,劉克東、董建國、尹承整理:《隋書經籍志考證》第2冊,第614—615頁。
⑨ 余嘉錫:《四庫提要辯證》,北京:中華書局,1980頁,第3冊,第861頁。

的陵墓外部構造。李賢曾看過《古今注》原本，他曾説“其書上自黄帝，下盡漢質帝，爲八卷”，[①]故而筆者推測，原本《古今注》中極有可能完整記載了西漢諸帝乃至上古先王的陵寢情况。考慮到《東觀漢記》中記載的蕭何、霍光冢墓均以帝陵爲基準方位加以描述，《東觀漢記》和《古今注》中的冢墓書寫可能均出自伏無忌之手，且具有相似的史源。《東觀漢記》中加入近世先賢冢墓書寫基本可以確定是在伏無忌本人“博物多識”的知識結構下，[②]將帝陵、先賢冢墓知識視作士人應知的重要知識納入地理志書寫中。這種對先賢和先賢冢墓知識的重視並不僅僅表現在伏無忌一人身上，先後參與《東觀漢記》的劉珍與劉騊駼作《建武以來名臣傳》，楊終撰寫過《哀牢傳》，王逸著有《廣陵郡圖經》，盧植著有《冀州風土記》，[③]這些作品都已經亡佚（佚文中未見冢墓記載），但比對同一時期尚存佚文的郡國書，先賢、先賢冢墓應是這些作品的重要組成部分。不過，在參與官修史書編纂時，這些學者並未將地方先賢冢墓納入書寫，而是選擇了舉世聞名的蕭何、霍光。由此可見，一方面，東漢中後期《東觀漢記》編纂過程中，歷代史家積極搜集和書寫、傳播先賢、先賢冢墓相關知識，最終使得先賢冢墓書寫進入官修史書的地理志中；另一方面，具備地方先賢冢墓知識的《東觀漢記》編纂群體，却没有將地方先賢冢墓知識納入官修史書寫作中，這體現了先賢冢墓書寫在中央層面經過選擇，出現了先賢冢墓書寫的“地域層級構造”模式。

如果説《東觀漢記》由於佚文過少，先賢冢墓書寫遺存可能帶有一定偶然性，還不足以支撑筆者的“地域層級構造”假説。那我們不妨再就漢唐時期的方志與《魏書·地形志》《水經注》、劉昭《後漢書》注引先賢冢墓略作比對。劉緯毅輯佚的西漢至北朝—隋初方志共 228 部，其中共計 72 座先賢冢墓，除去重複冢墓後，剩下 64 座先賢冢墓，比對這些先賢冢墓在《魏書》《水經注》和劉昭注中的重合度，筆者製作了附表（附於文後）。從表中可以發現，不見於《魏書》和劉昭注的先賢冢墓共計 52 座，占比約爲 81.3%。此外，許多不見於《魏書》和劉昭注的冢墓却在《水經注》中出現。由此可見，許多地方性先賢冢墓停留在了地方志和地理專著之中，並未進入官修史書系統中。從中不難想見，官修史書對先賢冢墓作了一番揀擇，將地方性先賢墓排除在外，反映了官修史書或官修史集注中先賢冢墓書寫的“地域層級構造”。

---

① 《後漢書》卷二三《伏湛傳》，第 898 頁。
② 《後漢書》卷二三《伏湛傳》，第 898 頁。
③ 《後漢書》卷八〇上《文苑列傳》，第 2617 頁。《哀牢傳》《廣陵郡圖經》《冀州風土記》的考證與輯佚，見劉緯毅：《漢唐方志輯佚》，第 12—13、7 頁。

正是在這種"地域層級構造"模式之下,曹魏時期編纂的大型類書《皇覽》中所見先賢冢墓多爲士人熟知的上古—春秋戰國先賢冢墓。① 從清代學者孫馮翼輯佚的佚文來看,②《皇覽·冢墓記》共計 69 條冢墓記載,其中上古—春秋戰國先賢冢墓共計 52 條,在先賢墓中占比高達 94.5%。此後,對全國性先賢的重視,進一步催生了西晉李彤的《聖賢冢墓記》一書,③先賢冢墓書寫首次徹底從郡國書、雜傳、正史中獨立出來。可是,筆者注意到,《皇覽》先賢冢墓記載中兩漢曹魏冢墓占比未免過低,在 52 條先賢冢墓中,僅有 3 條,當時頗爲士人所知的鄭玄墓等冢墓均未被記入,即便考慮到散佚情況,兩漢曹魏和上古—春秋戰國先賢冢墓的時段差異也未免過於懸殊。

這種先賢冢墓時段差異在《魏書》中表現得尤爲明顯,已經無法用"地域層級構造"合理解釋這一現象。爲了便於進一步討論,筆者根據《皇覽》《魏書》所引先賢冢墓的墓主生活年代,製作了如下表格:

表一　《皇覽》《魏書》先賢冢墓墓主時代分布

年代	書籍	上古	商周	春秋戰國	兩漢	魏晉	十六國北朝	東晉南朝	其他	總計
曹魏	《皇覽》	10	10	32	2	1	—	—	14	69
北齊	《魏書》	4	3	35	28	2	0	0	9	81

從表一中可以看到:一方面,《魏書·地形志》中延續了《皇覽》重視上古—春秋戰國先賢墓的傳統;另一方面,兩漢先賢冢墓大量增加,魏晉冢墓僅見 2 例,十六國北魏冢墓完全缺失。撿諸史籍,漢末以降的先賢冢墓記載在官修史書紀傳、地理書中屢見不鮮,如曹操曾在建安七年(201)春"遣使以太牢祀橋玄",④並親自寫下《祀故太尉橋玄文》,橋玄墓的記載應該早已進入曹魏官方資料。此外,《水經注》中也出現了橋玄

---

① 前賢時彥對《皇覽》關注頗多,相關學術史梳理,見[日]大平幸代:《〈皇覽〉的流傳與劉宋"冢墓"之學》,第 107—120 頁。
② (清)孫馮翼輯:《皇覽及其他一種》,上海:商務印書館,1937 年,第 3—11 頁。
③ 有關《聖賢冢墓記》的作者及其年代考證,見(清)姚形宗撰,劉克東、董建國、尹承整理:《隋書經籍志考證》第 2 册,第 923 頁。從清代學者孫馮翼輯佚的《皇覽》條目來看,69 條冢墓記載中,尚有 14 條記載不屬於先賢冢墓範疇。與之不同的是,現存《聖賢冢墓記》佚文中的冢墓墓主均爲先賢,且均爲舉世聞名的先賢,如孔子等。有關《聖賢冢墓記》的討論,見[日]津田資久:《漢魏之際的〈皇覽〉編纂》,中國魏晉南北朝史學會等編《魏晉南北朝史論文集》,成都:巴蜀書社,2006 年,第 319—324 頁。
④ 夏傳才校注:《曹操集校注》,石家莊:河北教育出版社,2013 年,第 76 頁。

墓記載,①可見此墓在北魏末期依舊存於世間,且受到中央士人的關注。有趣的是,短短數十年後編纂的《魏書·地形志》中,橋玄墓却未被收入。這也佐證了筆者提出的"地域層級構造"説,唯有極少部分先賢冢墓才能最終進入官修史書的地理志(郡國志)中。即便如此,魏晉先賢冢墓的比例也未免過低,僅僅使用先賢冢墓的"地域層級構造"無法合理解釋此種現象。筆者進而注意到,不僅是官修史書的先賢冢墓止步於東漢末期,漢魏以降的士人在運用先賢冢墓知識之時(包括詩賦、葬地安排、墓誌文寫作等等),也大多將目光集中於上古—春秋戰國和漢魏先賢,如曹操之子曹袞臨終遺言近先賢而葬:

> 吾寡德忝寵,大命將盡……自殯及葬,務奉詔書。昔衛大夫蘧瑗葬濮陽,吾望其墓,常想其遺風,願託賢靈以敝髮齒,營吾兆域,必往從之。②

蘧瑗即蘧伯玉,春秋先賢(詳見上文班昭《東征賦》注解)。同屬曹魏時人的田豫同樣囑咐家人將自己隨葬在戰國先賢墓旁:

> 會病亡,戒其妻子曰:"葬我必於西門豹(祠)邊。"妻子難之,言:"西門豹古之神人,那可葬于其邊乎?"豫言:"豹所履行與我敵等耳,使死而有靈,必與我善。"妻子從之。③

西漢夏侯嬰之墓"滕公冢"更是頻頻出現在各類筆記小説和詩賦乃至墓誌文本中,如《西京雜記》《博物志》和沈約、徐陵、庾信等人所作詩文、墓誌。④

對上古—商周先賢的偏好源自儒家懷念上古、商周"黄金時代"的歷史觀,漢末魏

---

① "城北五六里,便得漢太尉橋玄墓,冢東有廟,即曹氏孟德親酹處。"(北魏)酈道元著,陳橋驛校證:《水經注校證》卷二四《睢水》,第545頁。

② 《三國志》卷二〇《中山恭王袞傳》,第584頁。

③ 《三國志》卷二六《田豫傳》裴松之注引《魏略》,第729頁。

④ "滕公墓"在《西京雜記》和《博物志》中的叙述,見王根林等點校:《漢魏六朝筆記小説大觀》,第102—103、215頁。滕公墓在詩文、墓誌中的叙述,見沈約《冬節後至丞相第詣世子車中作》、徐陵《答族人梁東海太守長孺書》、庾信《周兗州刺史廣饒公宇文公神道碑》等。(南朝梁)沈約撰,陳慶元校箋:《沈約集校箋》,杭州:浙江古籍出版社,1995年,第387頁;(陳)徐陵撰,許逸民校箋:《徐陵集校箋》第2冊,北京:中華書局,2008年,第888—900頁。(北周)庾信撰,(清)倪璠注,許逸民校點:《庾子山集注》卷一四,北京:中華書局,1980年,第919頁。

晉時期更是興起了修撰古史運動,以此支撐魏晉"儒教國家"的重構。① 對春秋戰國先賢的重視與這些人物反復出現在儒家經書中不無關係。② 漢魏先賢的突出,與東漢中後期以降清流議論的盛行密不可分。爲了進一步分析《魏書·地形志》漢魏先賢冢墓結構,筆者製作了如下表格:

表二 《魏書·地形志》漢魏先賢冢墓墓主活躍時期③

身　份	人　物	活　躍　時　期	出　　處
名臣	亞父	秦末	《史記》卷五六
將軍	紀信	秦末漢初	《史記》卷八
名臣	周苛	秦末漢初	《史記》卷一九
將軍	樊噲	秦末漢初	《史記》卷九五
名臣	張良	秦末漢初	《史記》卷五五
名臣	審食其	秦末漢初	《史記》卷五六
外戚	竇氏	文帝、景帝	《史記》卷四九
將軍	馮唐	文帝、景帝	《史記》卷一〇二
大儒	董仲舒	武帝	《史記》卷五六
鄉賢	令狐茂	武帝	《史記》卷六三
名士	龔勝	成帝、哀帝	《史記》卷七二
名士	鮑宣	哀帝	《史記》卷七二
名士	卓茂	東漢初	《後漢書》卷二五
名士	范式	東漢初	《後漢書》卷八一

---

① 相關討論,見[日]渡邊義浩:《『古史考』と『帝王世紀』─儒教に即した上古史と生成論》,《早稻田大學大學院文學研究科紀要》2018 年第 63 卷,第 63—78 頁。

② 《論語》等經書是士人進學的必備讀物。《史記》《漢書》等史籍也是士人的尋常讀物。見何官峰:《中國閱讀通史：魏晉南北朝卷》,安徽:合肥教育出版社,2017 年,第 129—158 頁。士人對史籍的閱讀,見[日]柿沼陽平:《『漢書』をめぐる讀書行爲と讀者共同體─顏師古注以前を中心に─》,《帝京史學》2014 年第 29 卷,第 29—68 頁。

③ 本表受到徐沖"二十四賢"表的啟發。考慮到相關人物頭銜多變,將徐沖表格中的"頭銜"一欄變爲"身份"一欄,以史籍中較具代表性身份描述詞彙概括墓主的政治或社會屬性。

身　份	人　物	活　躍　時　期	出　　處
隱士	周黨	光武帝	《後漢書》卷八三
名臣	歐陽歙	光武帝	《後漢書》卷七九
隱士	逢萌	光武帝	《後漢書》卷八三
名士	鍾皓	安帝—桓帝	《後漢書》卷六二
名士	苑康	桓帝、靈帝	《後漢書》卷六七
名士	郭泰	桓帝	《後漢書》卷六八
名士	荀爽	桓帝、靈帝	《後漢書》卷六二
宗室	劉寵	靈帝	《後漢書》卷五八
名士	徐幹	靈帝、獻帝	《三國志》卷二一
名士	邊讓	靈帝	《後漢書》卷八〇
名士	蔡邕	靈帝、獻帝	《後漢書》卷六〇
名士	鄭玄	靈帝、獻帝	《後漢書》卷三五
名士	邴原	靈帝、獻帝	《三國志》卷一一
名士	陳珪	靈帝、獻帝	《後漢書》卷五六
名士	管寧	靈帝、獻帝、魏文帝、明帝	《三國志》卷一一
名士	王祥	魏文帝—晉武帝	《晉書》卷三三

　　如表二所示，我們可以看到，魏收在編纂《地形志》漢魏先賢冢墓之時，大量選入了活躍在東漢桓、靈、獻時期的名士，在所有漢魏先賢冢墓中的占比達42.8%，東漢以前的先賢冢墓中也不乏隱士或名士。正如徐沖所言，此類先賢代表了漢末以降的清流勢力，成爲曹魏王朝立國的支撐之一，具備獨特的政治意義。[1] 此類先賢冢墓在《魏書·地形志》中與上古—春秋戰國先賢冢墓形成二元分立的結構，筆者將其稱作先賢冢墓的"時段層級構造"。這種結構應該受到了北魏漢化進程中正統觀念發展的影響，北魏孝文

---

① 　徐沖：《"二十四賢"與"漢魏革命"》，第169—170頁。

帝改革以降,北魏逐步形成"仿魏承漢"與"承繼西晉"的正統觀念,①前賢時彥對此討論頗詳。前人尚未注意到的是,在正統觀念變革之際,漢魏先賢冢墓悄然進入官修史籍,並最終成爲官修史籍和士人冢墓知識的穩定組成部分。漢魏先賢冢墓在《魏書》中的結構性存在是北魏正統觀中"仿魏承漢"的體現,北魏洛陽墓葬的"晉制復興"現象與北魏"承繼西晉"的努力密不可分,②從中可以窺見北魏政權在不同文化場域中的選擇性變革。

東漢中後期以降,冢墓知識的公私分化發展趨勢進一步加强。一方面,公共冢墓知識中的先賢冢墓知識日益受到重視,並逐步呈現出層級分化趨勢,一小部分先賢冢墓進入到官修史書之中,成爲全國性冢墓知識,絶大多數先賢冢墓停留在地方層面,成爲方志與鄉里士人先賢冢墓知識的來源,從而完成了先賢冢墓知識的"地域層級構造"。與迅速增加的地方性先賢冢墓知識不同,全國性先賢冢墓知識相對穩定,隨着時代變遷,全國性先賢冢墓知識的數量並未激增,反而止步於魏晉,魏晉以降先賢冢墓極少進入南北朝官修史籍之中。如此一來,在"地域層級構造"之外,全國性先賢冢墓知識內部衍生出新的分野,"上古—春秋戰國先賢冢墓"和"漢魏先賢冢墓"雙峰並峙,形成了先賢冢墓"時段層級構造",雙重先賢冢墓構造模式成爲《魏書·地形志》中先賢冢墓書寫的基本結構。

三、先賢冢墓書寫的南北分野與正統之爭

北魏景明二年(501)七月,王肅在壽春病逝,任城王元澄隨即前往壽春接任揚州刺史一職,③元澄到達壽春後立即旌表當地春秋時代先賢孫叔敖之墓,同時搗毀蔣子文廟:

> 下車封孫叔敖之墓,毀蔣子文之廟。④

作爲北魏宗室重臣,元澄的到來無疑是爲了北魏政權下一步經略江淮作準備。⑤ 令人

---

① 有關北魏正統觀念形成與發展的討論,詳見趙永磊:《争膺天命:北魏華夏天神祭祀考論》,《歷史研究》2020 年第 4 期,第 74—97 頁。

② 倪潤安:《光宅中原:拓跋至北魏的墓葬文化與社會演進》,上海古籍出版社,2017 年,第 173—222 頁。

③ "壽春內附,尚書令王肅出鎮揚州,請繢爲長史,加平遠將軍,帶梁郡太守。肅薨,敕繢行州事。任城王澄代肅爲州,復啓繢爲長史。"《魏書》卷四五《韋繢傳》,第 1014 頁。

④ 《魏書》卷一九中《任城王澄傳》,第 470 頁。

⑤ 景明元年(500)裴叔業降魏,此後北魏不斷在江淮地區部署重兵,鋭意南侵。詳細的討論,見易毅成:《北魏的南進政策與國勢的消長》,張國剛主編《中國中古史論集》,天津:天津古籍出版社,2003 年,第 451—473 頁。

生疑的是,作爲地方軍政要員的元澄爲何將旌表孫叔敖墓和搗毀蔣子文廟作爲首要政務? 要解釋此種現象,需要瞭解先賢冢墓在北魏時期的特殊政治功能。鮮卑人的喪葬習俗並不重視墳冢,隨着漢化的加深,冢墓的視覺意義才漸漸受到鮮卑人重視,並最終催生了具有政治紀念碑意義的永固陵。① 與此同時,北魏政府對先賢冢墓的旌表也日益頻繁,其中最引人注目的莫過於對"比干墓"的旌表。李凱認爲,孝文此舉意在憑弔比干墓,引入"湯武革命"範式,進而論證北魏占據中原正朔的政治意涵。② 元澄對孫叔敖墓的旌表可以視作對此項政策的延續。無獨有偶,就在元澄赴任壽春後不久,景明三年(502)九月,宣武帝巡幸鄴城"詔使者弔殷比干墓",③一南一北,交相呼應。此外,考慮到蔣子文在六朝政治中具有的"戰神""南方保護神"意味,④元澄對孫叔敖墓的旌表與蔣子文廟的搗毀,便構成了巧妙的"破舊立新"結構,以此彰顯北魏在此地統治秩序的確立。也正是在北魏孝文帝以降,旌表先賢冢墓之風漸盛的政策風向之下,《水經注》和《魏書·地形志》中方才記入大量先賢冢墓内容。有關《魏書·地形志》對先賢冢墓的選擇,前文論之已詳,此處需要進一步注意的是,東晉南朝政權重視旌表同時代臣子冢墓,却極少表彰先賢冢墓,與此同時,先賢冢墓書寫在東晉初年王隱所作《晉書·地道記》中曇花一現便歸於沉寂,⑤在梁代修撰的《宋書》《南齊書》州郡志中徹底消失。一南一北,先賢冢墓書寫恰似南北政權的對立,形成了南北迥然相異的面貌。聶溦萌將這種現象放入南北朝官修史體制中加以考察,地理志中缺少冢墓、祠廟等内容的"但記州郡"書寫方式日益壯大,"應是由於它大大降低了史料搜集的難度"。⑥ 此言誠有卓識,但尚有未發之覆。筆者注意到,東晉南朝時藏於中央,且以抄本形式流傳的《皇覽》中存在大量先賢冢墓内容,⑦從中抄録利用再移入地理志、州郡志中,想來並非難事。故此,筆者認爲,這種先賢冢墓書寫的南北分野還可以進一步放置到當時南北對立的政治背景中加以剖析。

　　正如劉苑如、大平幸代所言,因劉裕西征,一路上修繕,旌表冢墓,引發了劉宋士人

① 詳見[日]村元健一:《北魏永固陵の造營》,《古代文化》2000 年第 52 卷第 2 號,第 18—28 頁。此不贅叙。
② 李凱:《紀念碑性:〈弔比干碑〉的文本價值探察》,《中國典籍與文化》2021 年第 3 期,第 97—107 頁。
③ 《魏書》卷八《世宗宣武帝紀》,第 195 頁。
④ 姚瀟鶇:《蔣子文信仰與六朝政治》,《學術研究》2009 年第 11 期,第 111—116 頁。
⑤ (清)湯球輯,楊朝明校補:《九家舊晉書輯本》,鄭州:中州古籍出版社,1991 年,第 171—198 頁。
⑥ 聶溦萌:《中古地理書的源流與〈隋志〉史部地理篇》,第 73 頁。
⑦ 有關皇覽的流傳,見大平幸代的討論,[日]大平幸代:《〈皇覽〉的流傳與劉宋"冢墓"之學》,第 111—113 頁。

的冢墓熱情。義熙十四年(418)正月,傅亮爲從長安返回建康,在彭城祭祀楚元王的劉裕創作了《爲宋公修楚元王墓教》一文,童嶺將之視作劉裕回溯漢代劉氏天命,從而支撐起劉裕統一南北的"大天命"。① 由此可見,此時的先賢冢墓受到南方士人的重視,將其視作勾連政治正統的重要媒介。東晉咸康六年(340)詣闕奏上的王隱《晉書·地道記》中記錄了"孔子冢""陶朱冢"等先賢冢墓,②這種先賢冢墓的著録可以視作重視先賢冢墓政治功能思潮的文本表現。

耐人尋味的是,《晉書·地道記》成爲魏收與沈約分別編纂《魏書·地形志》《宋書·州郡志》的重要參考資料,③但先賢冢墓已然成爲《魏書·地形志》中的結構性存在,却在《宋書·州郡志》中徹底消失。細究劉宋以降官修史書地理志書寫,先賢冢墓逐步退出官修史書地理志,大量進入私人地理書的現象,恰好出現在劉宋—南齊時期。正如聶溦萌所言,魏晉時期逐漸形成了兩種地理志模式:一是以《史記》《漢書·地理志》爲本的記録山川、冢祠等内容的"遷固之體"地理志模式;一是以司馬彪《續漢書》爲本的"但記州郡"的地理志模式。後者最終成爲隋唐官修史書的主體。④ 但這種演變並非一蹴而就,劉宋以降的官修史書地理志在兩種修撰體例之間搖擺不定,自劉宋元嘉以降,《宋書》隨即開始編修,"元嘉中,東海何承天受詔纂《宋書》,其志十五篇"。⑤ 何承天的志書未能編纂完成,後由山謙之承續其業,但山謙之不久病亡,真正發凡起例的應是大明六年(463)領敕纂修國史的徐爰。⑥ 徐爰修撰的州郡志現已不存,但是從後世引用的"徐爰曰"引文中可以看到祠廟的記載,如"建康北十余里有鐘山,漢末金陵尉蔣子文討賊戰亡,靈發於山,因立蔣侯祠,故世號蔣山神",⑦據蔡宗憲研究,祠廟記載一般與冢墓記載緊密相連,⑧再加上徐爰本人曾合"《皇覽》五十卷",⑨先賢冢墓極有可能成爲

①　詳細討論,見童嶺:《義熙年間劉裕北伐的天命與文學——以傅亮〈爲宋公修張良廟教〉〈爲宋公修楚元王墓教〉爲中心》,《中華文史論叢》2019 年第 3 期,第 304—335 頁。

②　(清)湯球輯,楊朝明校補:《九家舊晉書輯本》,第 178、190 頁。

③　兩書均徵引王隱《晉書·地道記》。初步討論,見(清)姚振宗撰,劉克東、董建國、尹承整理:《隋書經籍志考證》第 2 册,第 545 頁。

④　聶溦萌:《中古地理書的源流與〈隋志〉史部地理篇》,第 72—75 頁。

⑤　《宋書》卷一一《志序》,北京:中華書局,1974 年,第 205 頁。

⑥　相關討論,見唐燮軍:《政情異動、文化管控與南朝前期劉宋國史的編纂熱潮》,載氏著《史家行跡與史書構造:以魏晉南北朝佚史爲中心的考察》,杭州:浙江大學出版社,2014 年,第 81—102 頁。

⑦　(元)王惲撰,楊曉春點校:《玉堂嘉話》卷七,北京:中華書局,2006 年,第 163 頁。

⑧　蔡宗憲:《北朝的祠祀信仰》,新北:花木蘭文化出版社,2011 年,第 10—13 頁。

⑨　(清)姚振宗撰,劉克東、董建國、尹承整理:《隋書經籍志考證》第 3 册,第 1259 頁。

徐爰《州郡志》的穩定組成部分。也正是在此時,劉宋士人詠墓之作屢見,[①]私人著述中也不乏先賢冢墓的記載。[②]

此後,齊梁士人沈約編纂的《宋書》中,雖然大量參照了徐爰《州郡志》內容,[③]却並未延續"遷、固之體",轉而使用司馬彪《續漢書》"但記州郡"的書寫模式,先賢冢墓完全退出州郡志文本。梁代蕭子顯的《南齊書》繼續沿用了這一模式。與此同時,對先賢冢墓的重視風氣依舊廣見於詩文、地理書,[④]官方、私人先賢冢墓敘述産生了脱節。要解釋這種脱節現象,還需要進一步結合沈約生活時代的南北形式加以分析。

沈約在永明五年(487)春受詔修撰《宋書》,於次年二月呈上紀傳七十卷,此後三十卷志書的寫作可能延續到齊末梁初。[⑤] 此時正是北魏漢化進程的關鍵時期,北魏國家體制逐步完善,與南朝的正統之爭逐漸白熱化。[⑥] 此後,隨着北魏遷都,南朝江淮地區壓力陡增。正是在這一背景之下,沈約在《宋書》中特設《索虜傳》,強調華夷之辯,以此論證南朝政權爲王朝正朔所在,《南齊書》緊隨其後,設置了《魏虜傳》。[⑦] 有趣的是,《南齊書·魏虜傳》中記載了孝文帝旌表比干墓,樹立碑文之事:

> 遊河北至比干墓,作《弔比干文》云:"脱非武發,封墓誰因? 嗚呼介士,胡不我臣!"[⑧]

《南齊書》所引《碑文》與現存《弔比干碑》一致,[⑨]可見南朝中央士人對北魏中後期以降統治階層熱衷的"旌表先賢墓"行動頗爲熟悉,且掌握了較爲準確的資料。在北魏頻頻

---

① 有關劉宋士人詠墓之作的研究,見[日]後藤秋正:《墓を詠ずる詩—南北朝末期まで》,《六朝學術學會報》2009 年第 10 集,第 91—106 頁。

② 如劉宋劉澄之所撰《梁州記》記載了諸葛亮墓的情況、劉宋解道康所撰《齊地記》記載了蓬瑗墓的情況,兩書均已亡佚。這些記載散見於佚文,原本中的冢墓記載應該遠多於此。見劉緯毅:《漢唐方志輯佚》,第 261、267 頁。

③ (清)趙翼撰,曹光甫校點:《廿二史劄記》卷九《宋齊梁陳書·宋書多徐爰舊本》,上海古籍出版社,2011 年,第 158—159 頁。

④ 齊梁詩人詠墓詩作,見[日]後藤秋正:《墓を詠ずる詩—南北朝末期まで》,第 91—106 頁。地理書中的冢墓,如蕭齊陸道瞻《吳地記》記載陸遜、陸凱冢、仲雍冢。見劉緯毅:《漢唐方志輯佚》,第 291 頁。

⑤ 林家驪:《一代辭宗——沈約傳》,杭州:浙江人民出版社,2006 年,第 130 頁。

⑥ 胡克森:《北魏的正統與漢化》,《史林》2015 年第 5 期,第 38—53 頁。

⑦ 有關沈約強調華夷意識的政治理念,見[日]川合安:《『宋書』と劉宋政治史》,《東洋史研究》2002 年第 61 卷第 2 號,第 201—229 頁。有關《宋書·索虜傳》《魏書·島夷傳》與南北正統對立的討論,見[日]吉川忠夫:《島夷と索虜のあいだ—典籍の流傳を中心とした南北朝文化交流史—》,《東方學報》2000 年第 72 册,第 133—158 頁。

⑧ 《南齊書》卷五七《魏虜傳》,北京:中華書局,1972 年,第 990 頁。

⑨ 碑文校録,見毛遠明:《漢魏六朝碑刻校注》第 3 册,第 279—280 頁。

旌表先賢冢墓彰顯中原正統之時,齊梁官修史書州郡志悄然隱去了此類内容。筆者認爲,這或許是因爲南朝政權偏居一隅,却又北伐無望,若在州郡志中書寫位於主要位於北方的先賢冢墓,難免使得南方士人陷入故土淪喪,先賢墓皆在北地的尷尬境地,反而助長了北魏的正統之説,如此一來,官修州郡志便傾向於選擇突出"州郡沿革"的司馬彪體例。對先賢冢墓的此番處理還可以從沈約自身的"天下觀念"中得到合理解釋,沈約曾用"史臣曰"的形式道出了以建康等地爲天下中心,北方實爲蠻荒的正統天下觀:

> 三代之隆,畿服有品,東漸西被,無遺退荒。及漢氏闢土……晉室播遷,來宅揚、越,關、朔遥阻,隴、汧退荒,區甸分其内外,山河判其表裏,而羌、戎雜合,久絶聲教。固宜待以荒服,羈縻而已也……①

渡邊義浩對此討論頗詳,此不贅叙。② 值得進一步討論的是,正如户川貴行所言,此類"建康中心的新天下觀"發端于劉宋孝武帝改制,在梁武帝時期與佛教思想結合得到進一步發展。③ 也正是在宋齊時期,隨着北魏的南進,與南朝政權疆土日蹙,偏居東南成爲士人精英必須面對的現實。與"建康中心觀"的成立如影隨形的是東晉南朝士人面對尷尬現實的自我調適,安然從東晉士人墓葬結構的變化討論士人對永居南方現實的妥協;耿朔進一步從墓葬結構、帝陵石刻等多個角度討論了劉宋一朝試圖立足南方再造冢墓傳統的嘗試。④ 也正是在這種思潮之下,原本公然出現在東晉、劉宋官修史書郡國志、地理志中的先賢冢墓終於退場,因爲絶大部分先賢冢墓均位於北魏疆域之内,且不少上古先賢受北魏旌表。

中央士人處理先賢冢墓時的這種微妙心態,還可以從梁代劉昭在天監十年至十七年間,進呈梁武帝的《集注後漢》中窺見一斑。據日本學者小林岳考證,劉昭對《後漢書》紀、傳内容進行全面注釋,並引入司馬彪《續漢書》八志内容,加以注釋,最終集合成

---

① 《宋書》卷四八《朱齡石、毛脩之、傅弘之傳》,第 1431 頁。

② [日]渡邊義浩:《沈約『宋書』と南朝意識》,《東洋文化研究所紀要》2021 年第 178 卷,第 25—63 頁。

③ [日]户川貴行:《劉宋孝武帝の禮制改革について——建康中心の天下觀との關連からみた》,《九州大學東洋史論集》2008 年第 36 期,第 68—87 頁。[日]户川貴行:《東晉南朝における天下觀について—王畿、神州の理解をめぐって》,《六朝學術學會報》2009 年第 10 集,第 35—49 頁。

④ [德]安然:《魂歸故土還是寄託異鄉——從墓葬和墓誌看東晉的流徙士族》,《東南文化》2002 年第 9 期。第 45—49 頁;後收入氏著《從文物考古透視六朝社會》,南京大學出版社,2021 年,第 1—13 頁。耿朔:《"於襄陽致之":中古陵墓石刻傳播路綫之一瞥》,《美術研究》2019 年第 1 期,第 75—82 頁。

《集注後漢》一書。可惜的是,目前僅剩《續漢書》八志注解部分流傳於世。可以確定的是,正如小林岳所言,《集注後漢》是劉昭的精心之作,是有意呈現給梁武帝,論證梁朝再續漢文明正統之書。[①] 不難發現,劉昭對司馬彪《續漢書·郡國志》注解中所引先賢冢墓的內容經過劉昭一番精心考量。爲了便於進一步討論,筆者搜集劉昭注中所引先賢冢墓,製作了如下表格:

表三　劉昭注引先賢冢墓分期

上古	商周	春秋戰國	兩漢	魏晉	十六國北朝	東晉南朝	其他	總計
8	10	37	5	0	0	0	4	64

根據表三,在劉昭注引64例先賢冢墓中,沒有一例屬於魏晉以降先賢。即使考慮到《續漢書》的年代斷限問題,劉昭注引先賢冢墓墓主中竟然沒有一例東漢先賢,僅有的五例兩漢先賢中有3例屬於秦末,分別爲項羽、鐘離眜和范增。兩例屬於西漢,分別爲令狐茂和韋賢。這些人物之間並無必然聯繫,似乎劉昭僅僅是搜集材料"注以補之",以備省覽。[②] 但是,筆者細究注文,發現實際情況並非如此簡單。一方面,劉昭有意避開了東漢—曹魏時期活躍的先賢,避免發生與東晉南朝貴族有着千絲萬縷聯繫的漢魏先賢冢墓淪喪北魏疆域的尷尬;另一方面,劉昭在上古—春秋戰國中避開了傳世頗廣的黃帝墓、比干墓等北魏政府大力旌表的聖賢冢墓,反而增加了此前不見於官修史籍或不見於北方史籍著錄的位於南方地區的先賢冢墓,如楚元王墓,上文提及此墓受到劉裕旌表,此後也未見於《魏書》《水經注》著錄;又如孫叔敖墓、闔閭墓、要離冢等,均位於荊楚、吳越地區。從這些蛛絲馬迹中,可以想見,爲了迎合南朝的新天下觀念,避免官方敘事中出現漢魏先賢冢墓皆在於北的尷尬境地,劉昭選定這些冢墓時恐怕頗費思量。

隨着南北正統之爭的日益激化,南北官修史書中先賢冢墓書寫隨之呈現出迥然相異的面貌。北朝官修史書中,先賢冢墓書寫儼然成爲地理志固定結構性內容,且發展出"地域層級構造"和"時段層級構造"的二元複合構造模式。反觀南朝官修史書,受到劉裕北伐的勝利刺激,先賢冢墓在劉宋時期官修史書與私人著述中同時出現,顯示出冢墓之學在劉宋的繁榮盛況。但是,隨着南北攻守形勢的轉換與南朝政權國土日蹙的現實,

---

① 詳見[日]小林岳《後漢書劉昭注李賢注の研究》一書第二、三章的討論,東京:汲古書院,第45—90頁。
② 《後漢書·後漢書注補志序》,第2頁。

在故土淪喪於北魏的現實背景下,絕大多數先賢冢墓均位於再也無法奪回的北方疆土。南朝士人不得不適應先賢冢墓皆在北地的尷尬現實。因此,沈約在《宋書·州郡志》中繼承司馬彪“但記州郡”書寫模式,將先賢冢墓徹底排除。此後,劉昭在注釋司馬彪《續漢書·郡國志》之時,頗費思量地挑選、删减、組合爲數衆多的先賢冢墓,有意避開北魏用作彰顯正統地位的先賢冢墓,增加了此前不見於官修著録的南方先賢冢墓,從中不難窺見南朝士人在迎合官方立場時對先賢冢墓所作的微妙處理。

結　語

春秋戰國時期,隨着地表冢墓的日益高大,一方面,一些私人冢墓逐漸成爲公共冢墓知識,並從中誕生了先賢冢墓,進入到各式文本之中;另一方面,當時擁有建造高大冢墓財力的多屬王侯、上層貴族,這也導致了此時先賢冢墓的書寫材料多局限於上古先賢和春秋戰國各類王侯、貴族。西漢以降,冢墓作爲地表景觀的社會意義日益得到重視。但是,相較於屢見不鮮的兩漢時期從地方到中央的旌表先賢冢墓行爲,先賢冢墓書寫進入官修史書的節奏明顯慢半拍。在班固《漢書》中,班固將漢代產生的近世先賢冢墓打散,置於列傳中,集中記載冢墓的《地理志》中僅僅記録了源自儒家經典的上古先賢冢墓。

東漢中後期以降,冢墓知識公私分化日趨加强,最終催生了曹魏《皇覽》中數目可觀的冢墓知識。與此同時,隨着鄉論的日漸盛行,人物品評與先賢評定成爲士人日常熱議的話題,政府也越發重視旌表先賢冢墓的政治意義,各類地理書中也開始記録本地先賢冢墓內容,如此一來,在社會力量、政府力量以及私人著述三方的合力之下,部分先賢冢墓逐漸由私人冢墓轉換成爲公衆先賢冢墓記憶的固定組成部分,並最終催生了單獨記載先賢冢墓的《聖賢冢墓記》一書。但是,筆者也注意到,僅有極少部分先賢冢墓最終進入到官修史書中,絕大多數先賢冢墓止步於地方知識層面。換言之,先賢冢墓書寫逐漸分爲化全國性先賢冢墓書寫與地方先賢冢墓書寫,形成了先賢冢墓的“地域層級構造”。此後,通過對《皇覽》和《魏書·地形志》先賢冢墓書寫的對比,筆者發現,全國性先賢冢墓在“地域層級構造”之外逐漸出現了“上古—春秋戰國先賢冢墓”和“漢魏先賢冢墓”的二元分立時段分野,即便是在北朝後期,中央士人層面對先賢冢墓的追憶也僅僅止步於漢魏,顯示出先賢冢墓知識的相對穩定性,這也與漢魏士人在清流運動中形成的巨大聲望密不可分。如此一來,《魏書·地形志》中便出現了“地域層級構造”和“時段層級構造”雙重先賢冢墓構造模式。

在北朝官修史書先賢冢墓書寫日益分化的同時,南朝官修史書中的先賢冢墓書寫呈現出迥然相異的發展面貌。先賢冢墓在東晉、劉宋時期官修史書中曾短暫繁榮,並與劉宋私人著述中的"冢墓之學"遥相呼應。但是,隨着北魏漢化的加深與正統觀念的革新,北魏旌表先賢冢墓之風漸盛,南朝士人對此知之頗詳,故而,在故土淪喪於北魏的現實條件下,在官修史書中強調絶大多數地處北魏的先賢冢墓,無疑會令南朝政府陷入尷尬境地。如此,結合劉宋孝武帝以降日益發展的"建康中心新天下觀",我們便能理解南朝士人調和現實困境的努力,以及沈約《宋書·州郡志》中爲何將先賢冢墓徹底排除。此外,筆者還注意到天監年間上呈梁武帝的劉昭《集注後漢》中,劉昭煞費苦心地迎合南朝新天下觀,删減與組合先賢冢墓,將其散入注解之中,顯示出不同於北朝官修史籍先賢冢墓書寫的特殊面貌。

附表　漢—隋方志與《魏書·地形志》、《水經注》、劉昭注引先賢冢墓比對表①

序號	年代	人物	文本年代	方　志	《魏書·地形志》	《水經注》	《續漢書·郡國志》劉昭注
1	戰國	白起	漢	《三秦記》(《漢唐輯佚》,頁4)	×	×	×
2	春秋	蘧伯玉	東漢	《陳留風俗傳》(《漢唐輯佚》,頁9)	×	●(卷八,頁194)	●(頁3449)
3	春秋	華元	東漢	《陳留風俗傳》(《漢唐輯佚》,頁9—10)	×	●(卷二五,頁574)	×
4	春秋	宋襄公	東漢	《陳留風俗傳》(《漢唐輯佚》,頁10)	×	●(卷三〇,頁681)	×

① ×表示没有出現,●表示出現相同冢墓。本文所用"方志"爲張國淦、劉緯毅所用的廣義方志定義,地理書、先賢傳、風俗記等均納入統計範圍。此外,本表主要用於討論地域性方志與中央官修史的關係,"地理總志"暫不納入統計。本表基本材料來自劉緯毅整理的《漢唐方志輯佚》中先秦—北朝末隋代的228部方志。考慮到劉緯毅輯佚本在內容上舛錯頗多(卞東波:《〈漢唐方志輯佚〉糾誤》,《中國史研究》2003年第1期,第159—163頁),故而在製表過程中,核對劉緯毅引用原書原文,同時參校清代學者王謨的《漢唐地理書鈔》和學界已有的糾謬成果。在年代斷限部分,參考張國淦的研究。劉緯毅:《漢唐方志輯佚》,北京圖書館出版社,1997年。表中簡稱爲"《漢唐輯佚》"。(清)王謨輯:《漢唐地理書鈔 附麓山精舍輯本六十六種》,北京:中華書局,1961年。張國淦:《中國古方志考》,上海古籍出版社,2019年。(唐)徐堅等:《初學記》,北京:中華書局,1962年。(梁)蕭統:《昭明文選》,鄭州:中州古籍出版社,1990年。(唐)虞世南:《北堂書鈔》,天津:天津古籍出版社,1988年。(宋)李昉等:《太平御覽》,北京:中華書局,1960年。(宋)王象之:《輿地紀勝》,北京:中華書局,1992年。(宋)樂史等撰,王文楚等點校:《太平寰宇記》,北京:中華書局,2007年。(宋)施宿、張淏撰,李能成點校:《(南宋)會稽二志點校》,合肥:安徽文藝出版社,2012年。(宋)李昉等:《太平廣記》,北京:中華書局,1961年。(唐)歐陽詢撰,汪紹楹校:《藝文類聚》,上海古籍出版社,1982年。

續　表

序號	年代	人物	文本年代	方　　志	《魏書·地形志》	《水經注》	《續漢書·郡國志》劉昭注
5	春秋	澹臺子羽	東漢	《陳留風俗傳》（《漢唐輯佚》，頁 11）	×	●（卷二二，頁 511）	×
6	東漢	王業	東漢—曹魏	《陳留耆舊傳》（《漢唐輯佚》，頁 19；《太平御覽》卷八九二，頁 3960）	×	×	×
7	西漢	周燕	曹魏	《汝南先賢傳》（《漢唐輯佚》，頁 28；《初學記》卷一四，頁 360）	×	×	×
8	西漢	令狐茂	魏晉	《上黨郡記》（《漢唐輯佚》，頁 36；《太平御覽》卷五六〇，頁 2530）	●（頁 2467）	×	●（頁 3522）
9	西漢	馮亭	魏晉	《上黨郡記》（《漢唐輯佚》，頁 37）	×	×	×
10	魏晉	潘芘	西晉	《河南圖經》（《漢唐輯佚》，頁 69）	×	×	×
11	春秋	蘧伯玉	西晉	《陳留志》（《漢唐輯佚》，頁 79）	×	●（卷八，頁 194）	●（頁 3449）
12	西周	周文王	西晉	《關中記》（《漢唐輯佚》，頁 85；《太平御覽》卷五七，頁 278）	×	×	●（頁 3403）
13	漢魏	管寧	南燕	《齊地記》（《漢唐輯佚》，頁 92）	●（頁 2547）	●（卷二六，頁 604）	×
14	曹魏	王修	南燕	《齊地記》（《漢唐輯佚》，頁 91；《太平寰宇記》卷二四，頁 498）	×	×	×
15	春秋	齊桓公	南燕	《齊地記》（《漢唐輯佚》，頁 92）	●（頁 2522）	●（卷二六，頁 600）	●（頁 3475）
16	春秋	晏嬰	晉	《齊地記》（《漢唐輯佚》，頁 93；《太平御覽》卷五六〇，頁 2530）	●（頁 2522）	●（卷二六，頁 602）	●（頁 3475）

續　表

序號	年代	人物	文本年代	方　　志	《魏書·地形志》	《水經注》	《續漢書·郡國志》劉昭注
17	漢魏	管寧	晉	《齊地記》 (《漢唐輯佚》,頁 93)	● (頁 2547)	● (卷二六,頁 604)	×
18	東漢	邴原	晉	《齊地記》 (《漢唐輯佚》,頁 93;《太平御覽》卷五六〇,頁 2530)	● (頁 2547)	● (卷二六,頁 604)	×
19	不詳	孫賓	晉	《齊地記》 (《漢唐輯佚》,頁 93;《太平御覽》卷五六〇,頁 2530)	×	×	×
20	春秋	齊桓公	晉	《齊地記》 (《漢唐輯佚》,頁 93;《太平御覽》卷五六〇,頁 2530)	● (頁 2522)	● (卷二六,頁 600)	● (頁 3475)
21	春秋	田開疆	晉	《三齊略記》 (《漢唐輯佚》,頁 96;《太平御覽》卷五六〇,頁 2526)	×	● (卷二六,頁 597)	×
22	春秋	公孫接	晉	《三齊略記》 (《漢唐輯佚》,頁 96;《太平御覽》卷五六〇,頁 2526)	×	● (卷二六,頁 597)	×
23	春秋	古冶子	晉	《三齊略記》 (《漢唐輯佚》,頁 96;《太平御覽》卷五六〇,頁 2526)	×	● (卷二六,頁 597)	×
24	春秋	大夫種	晉	《吳會分地記》 (《漢唐輯佚》,頁 99;《太平御覽》卷五四九,頁 2485)	×	×	● (頁 3488)
25	上古	大禹	晉	《吳會分地記》 (《漢唐輯佚》,頁 99;《北堂書鈔》卷九二,頁 385)	×	×	×
26	西晉	衛階	晉	《永嘉流人名》 (《漢唐輯佚》,頁 108)	×	×	×
27	東晉	孟嘉	東晉	《宜都山川記》 (《漢唐輯佚》,頁 116;《輿地紀勝》卷三三,頁 1459)	×	×	×
28	西漢	趙佗	東晉	《交廣二州記》 (《漢唐輯佚》,頁 129)	×	● (卷三七,頁 835)	×

序號	年代	人物	文本年代	方　　志	《魏書·地形志》	《水經注》	《續漢書·郡國志》劉昭注
29	春秋	越王	東晉	《廣州記》（《漢唐輯佚》，頁 135；《太平御覽》卷五三，頁 260）	×	×	×
30	西漢	趙佗	東晉	《廣州記》（《漢唐輯佚》，頁 135—136）	×	●（卷三七，頁 835）	×
31	兩晉	郭璞	劉宋	《南徐州記》（《漢唐輯佚》，頁 171；《太平御覽》卷四六，頁 223）	×	×	×
32	東晉	王舒	劉宋	《丹陽記》（《漢唐輯佚》，頁 177；《太平御覽》卷五五六，頁 2514）	×	×	×
33	西漢	滕公	劉宋	《會稽記》（《漢唐輯佚》，頁 184；《北堂書鈔》卷九四，頁 396）	×	×	×
34	春秋	大夫種	劉宋	《會稽記》（《漢唐輯佚》，頁 184；《太平御覽》卷四七，頁 227）	×	×	●（頁 3488）
35	春秋	陳音	劉宋	《會稽記》（《漢唐輯佚》，頁 183；《太平御覽》卷四七，頁 227）	×	×	×
36	東晉	王羲之	劉宋	《會稽記》（《漢唐輯佚》，頁 184；《太平御覽》卷四七，頁 227）	×	×	×
37	東漢	虞國	劉宋	《會稽記》（《漢唐輯佚》，頁 186）	×	×	×
38	西晉	許孜父	劉宋	《東陽記》（《漢唐輯佚》，頁 199；《太平御覽》卷五五九，頁 2529）	×	×	×
39	春秋	范蠡	劉宋	《荊州記》（《漢唐輯佚》，頁 208；《文選》卷一一，頁 145）	×	●（卷三二，頁 722）	×
40	曹魏	張詹	劉宋	《荊州記》（《漢唐輯佚》，頁 213；《太平御覽》卷五五一，頁 2496）	×	●（卷二九，頁 661）	×

續　表

序號	年代	人物	文本年代	方　　志	《魏書·地形志》	《水經注》	《續漢書·郡國志》劉昭注
41	孫吳	吕蒙	劉宋	《荆州記》（《漢唐輯佚》，頁215；《太平御覽》卷三七四，頁1727）	×	×	×
42	兩漢	單龍	劉宋	《荆州記》（《漢唐輯佚》，頁217—218；《太平御覽》卷五五九，頁2528）	×	×	×
43	東漢	劉長沙	劉宋	《荆州記》（《漢唐輯佚》，頁218；《太平御覽》卷五五九，頁2528）	×	×	×
44	東漢	黄香	劉宋	《荆州記》（《漢唐輯佚》，頁218；《太平御覽》卷五五九，頁2528）	×	×	×
45	上古	重黎	劉宋	《荆州記》（《漢唐輯佚》，頁219）	×	×	×
46	東漢	劉壽	劉宋	《荆州記》（《漢唐輯佚》，頁223；《太平御覽》卷七四，頁346）	×	×	×
47	東晉	文將軍	劉宋	《荆州記》（《漢唐輯佚》，頁227；《太平廣記》卷三八九，頁3105）	×	×	×
48	春秋	楚昭王	西晉—劉宋	《荆州圖副》（《漢唐輯佚》，頁229；《太平御覽》卷五五九，頁2528）	×	×	×
49	東漢	陳蕃	劉宋	《南康記》（《漢唐輯佚》，頁238；《太平御覽》卷九五七，頁4249）	×	×	×
50	東漢	劉叔喬	劉宋	《南康記》（《漢唐輯佚》，頁244；《太平御覽》卷四八，頁136）	×	×	×
51	劉宋	陽道士	劉宋	《南康記》（《漢唐輯佚》，頁245；《太平御覽》卷五四，頁262）	×	×	×

序號	年代	人物	文本年代	方　志	《魏書·地形志》	《水經注》	《續漢書·郡國志》劉昭注
52	東漢	許子將	劉宋	《豫章記》（《漢唐輯佚》，頁248;《太平御覽》卷五五六，頁2516）	×	×	×
53	孫吳	聶友	劉宋	《豫章記》（《漢唐輯佚》，頁248;《太平御覽》卷五五九，頁2528）	×	×	×
54	東晉	徐孺子	劉宋	《豫章記》（《漢唐輯佚》，頁248;《太平御覽》卷一九四，頁939）	×	●（卷三九，頁877）	×
55	東晉	諶氏	劉宋	《豫章記》（《漢唐輯佚》，頁250;《太平寰宇記》卷一一〇，頁2236）	×	×	×
56	蜀漢	諸葛亮	劉宋	《梁州記》（《漢唐輯佚》，頁261;《藝文類聚》卷四〇，頁731）	×	×	×
57	春秋	蘧瑗	劉宋	《齊地記》（《漢唐輯佚》，頁267;《太平御覽》卷五五六，頁2516）	×	●（卷八，頁194）	●（頁3449）
58	東漢	鄭玄	劉宋	《齊地記》（《漢唐輯佚》，頁268）	●（頁2546）	●（卷二六，頁607）	×
59	東漢	邴原	劉宋	《齊地記》（《漢唐輯佚》，頁270）	●（頁2547）	●（卷二六，頁604）	×
60	春秋	齊桓公	劉宋	《齊地記》（《漢唐輯佚》，頁270）	●（頁2522）	●（卷二六，頁600）	●（頁3475）
61	春秋	管仲	劉宋	《齊地記》（《漢唐輯佚》，頁270;《北堂書鈔》卷九四，頁396）	×	×	×
62	秦代	溫媪	劉宋	《南越志》（《漢唐輯佚》，頁276;《太平寰宇記》卷一六四，頁3136）	×	×	×

序號	年代	人物	文本年代	方　　志	《魏書·地形志》	《水經注》	《續漢書·郡國志》劉昭注
63	孫吳	陸遜	蕭齊	《吳地記》 (《漢唐輯佚》,頁 291;《文選》卷二四,頁 336)	×	×	×
64	孫吳	陸凱	蕭齊	《吳地記》 (《漢唐輯佚》,頁 291;《文選》卷二四,頁 336 注)	×	×	×
65	西周	仲雍	蕭齊	《吳地記》 (《漢唐輯佚》,頁 291;《太平御覽》卷四六,頁 223)	×	×	×
66	上古	彭祖	南朝	《益州記》 (《漢唐輯佚》,頁 312)	×	● (卷三三,頁 737)	● (頁 3510)
67	孫吳	虞翻	陳—隋	《會稽地志》 (《漢唐輯佚》,頁 323;《嘉泰會稽志》卷六,頁 110)	×	×	×
68	東晉	謝輶	陳—隋	《會稽地志》 (《漢唐輯佚》,頁 323;《嘉泰會稽志》卷六,頁 111)	×	×	×
69	晉	符表	南朝	《安城記》 (《漢唐輯佚》,頁 325;《太平寰宇記》卷四一四,頁 1910)	×	×	×
70	上古	彭祖	南朝—隋	《彭門記》 (《漢唐輯佚》,頁 337;《太平寰宇記》卷一五,頁 297)	×	● (卷三三,頁 737)	● (頁 3510)
71	戰國	韓憑	北朝—隋	《齊州圖經》 (《漢唐輯佚》,頁 343)	×	×	×
72	西漢	夏侯嬰	北朝—隋	《長安圖》 (《漢唐輯佚》,頁 345;《文選》卷一〇,頁 137)	×	×	×

《魏晉南北朝隋唐史資料》第四十九輯

2024 年 5 月,219—244 頁

再論蒙古高原地區的鮮卑、匈奴勢力交替[*]

峰雪幸人

緒　言

先行研究每每强調,在前近代時期,興亡於北亞地區的騎馬遊牧勢力對其周邊地域造成了莫大的影響。近年來,在受到世界史視野啓發而方興未艾的中央歐亞史研究當中,對北亞騎馬遊牧民究竟扮演了何種角色的分析亦占據着重要地位。因拓跋部統治華北、建立北魏而廣爲人知的鮮卑也是這些騎馬遊牧集團中的一員。[①] 數個遊牧勢力先後割據北亞的蒙古高原,並以此爲基礎建立霸權,如果按照時間順序排列,它們分別是:匈奴→鮮卑→柔然→突厥(以下省略)。此一序列,殆無疑義。[②]

從匈奴到鮮卑的霸權交替自是上述迭興序列中的重要一環。研究者們普遍認爲,1 世紀末,北匈奴崩潰,鮮卑通過吸收北匈奴的殘存勢力而擴大了自身的勢力。[③] 在此過程中,尤其受到關注的就是"北匈奴被鮮卑同化"這一現象。

除匈奴史、鮮卑史學者之外,北亞史研究者也很關心此種現象,比如宮脇淳子氏就曾指出:

> 匈奴分裂爲南北二部之後,鮮卑開始興起。鮮卑將北匈奴驅逐到西方,到一世

　　* 本文係日本學術振興會科學研究補助金(特别研究員奬勵費 22KJ0763)研究成果之一。

　　① Nicola di Cosmo, "The relations between China and the steppe from the Xiongnu to the Türk empire", in: *Empires and exchanges in Eurasian late antiquity: Rome, China, Iran, and the steppe, ca. 250 - 750.* Nicola di Cosmo and Michael Maas, eds. Cambridge University Press, 2018. pp. 47 - 49;又請參見[日]古松崇志:《シリーズ中國の歷史③　草原の制覇　大モンゴルまで》,東京:岩波書店,2020 年,第 26—27 頁。

　　② [日]杉山正明:《中央ユーラシアの歷史構圖—世界史をつないだもの—》,《岩波講座　世界歷史 11　中央ユーラシアの統合》,東京:岩波書店,1997 年,第 31—44 頁。

　　③ [日]林俊雄:《草原世界の展開》,[日]小松久男編《中央ユーラシア史》,東京:山川出版社,2000 年,第 52—53 頁等。

紀末時，其勢力已經擴張到戈壁沙漠以北，即今蒙古國境内。但是，仍留在此地的十餘萬家匈奴人從此開始自稱爲鮮卑了。①

最近，以遊牧民視角書寫通史的松原正毅氏亦稱：

> 匈奴分爲南北。北匈奴向西退却之後，鮮卑移據其故地。《後漢書·鮮卑傳》稱：“匈奴餘種留者尚有十餘萬落，皆自號鮮卑，鮮卑由此漸盛。”
>
> 上述記載中最爲重要的一點在於，殘留下來的大規模匈奴集團皆自稱鮮卑。這就説明，不論是在這一時期，還是在此前或此後，遊牧集團總是能根據時勢靈活地改變其自稱或族屬。②

從上文中不難看出，“北匈奴政權崩潰之後，其餘種被鮮卑吸收，並開始自稱鮮卑，從而有力地促進了鮮卑的擴大過程”的觀點已經儼然成爲北亞史研究的基本共識。此外，近年來亦有學者從族群記憶與認同角度出發關注此問題，如羅新氏就曾提及匈奴被鮮卑同化的例子。③

關於北匈奴餘種被鮮卑吸收並自稱鮮卑一事，《後漢書》卷九〇《鮮卑傳》稱：

> 北單于逃走，鮮卑因此轉徙據其地。匈奴餘種留者尚有十餘萬落，皆自號鮮卑，鮮卑由此漸盛。④

後世學者立論，實唯此一條史料可供依據。

然而，《三國志》卷三〇《魏書·鮮卑傳》裴松之注引王沈《魏書》⑤中保存着一條與前引《後漢書·鮮卑傳》高度相似、内容却正好相反的史料：

---

① 〔日〕宫脇淳子：《モンゴルの歴史　遊牧民の誕生からモンゴル國まで》，東京：刀水書房，2002 年，第22 頁。
② 〔日〕松原正毅：《遊牧の人類史　構造とその起源》，東京：岩波書店，2021 年，第 229 頁。
③ 羅新：《民族起源的想像與再想像——以嘎仙洞的兩次發現爲中心》，《文史》2013 年第 2 輯，第 16—17 頁；後收入氏著《王化與山險：中古邊裔論集》，北京大學出版社，2019 年，第 185—186 頁。
④ 《後漢書》卷九〇《鮮卑傳》，北京：中華書局，1965 年，第 2986 頁。
⑤ 《三國志》卷三〇《魏書·鮮卑傳》裴松之注引用王沈《魏書》較多，並不局限於此處的《鮮卑傳》。爲行文方便，以下如無特殊説明，凡稱“王沈《魏書》”的皆特指《三國志》卷三〇《魏書·鮮卑傳》裴松之注所引内容。

匈奴及北單于遁逃後,餘種十餘萬落,詣遼東雜處,皆自號鮮卑兵。①

前引《後漢書·鮮卑傳》與此處王沈《魏書》的記載頗爲類似,但也存在兩點很大的不同:一、關於匈奴餘種的動向,一稱"殘留故地",一稱"移居遼東"。二、關於匈奴餘種的自稱,一曰"鮮卑",一曰"鮮卑兵"。

然而,歷來的研究或概論在談及鮮卑擴大與吸收匈奴勢力這一問題時,除個別的會僅引用王沈《魏書》之外,②其餘的基本上都祇依據《後漢書》的記載,或是同時舉出《後漢書》和王沈《魏書》兩家之説,少有研究關注其文本内容的差異。可我們不禁要問,這兩則史料之間的抵牾真的無關緊要嗎? 本文就將著眼於《後漢書·鮮卑傳》與王沈《魏書》記載的不同之處,試對北亞史上匈奴、鮮卑之勢力交替問題做一重新探討。

一、《後漢書·鮮卑傳》與王沈《魏書》
所見北匈奴餘種

爲準確把握文意、便於後續討論,今不避煩瑣,將《後漢書·鮮卑傳》與王沈《魏書》中的相關記載連同上下文一起逐録如下:

《後漢書·鮮卑傳》:

和帝永元中,大將軍竇憲遣右校尉耿夔擊破匈奴,**北單于逃走,鮮卑因此轉徙據其地。匈奴餘種留者尚有十餘萬落,皆自號鮮卑,鮮卑由此漸盛。**九年,遼東鮮卑攻肥如縣,太守祭參坐沮敗,下獄死。③

《三國志·鮮卑傳》注引王沈《魏書》:

後烏丸校尉耿曄將率衆王出塞擊鮮卑,多斬首虜,於是鮮卑三萬餘落,詣遼東

① 《三國志》卷三〇《魏書·鮮卑傳》裴松之注引王沈《魏書》,北京: 中華書局,1959 年,第 837 頁。
② 松下憲一:《拓跋鮮卑の南下伝説—北魏の歷史認識—》,《愛知學院大學文學部紀要》第 50 號,2020 年,注 47 等。此外,護雅夫氏在舉例説明北匈奴在蒙古高原上仍有殘存勢力時就祇引用了王沈《魏書》,見護雅夫:《古代北アジア遊牧國家史概觀》,《古代トルコ民族史研究Ⅲ》,東京: 山川出版社,1997 年,第 25—26 頁。王沈《魏書》成書早於《後漢書》,上述研究大概正是出於這種考量纔優先選用了王沈《魏書》。
③ 《後漢書》卷九〇《鮮卑傳》,第 2986 頁。

降。**匈奴及北單于遁逃後,餘種十餘萬落,詣遼東雜處,皆自號鮮卑兵。**投鹿侯從匈奴軍三年,其妻在家,有子。投鹿侯歸,怪欲殺之。……令收養焉,號檀石槐。①

對於上面兩則史料中的矛盾之處,先行研究已有一定討論,現歸納如下:

第一,時間問題。雖然《後漢書》的記載是將此事置於 91 年北匈奴崩潰之後不久,但早於《後漢書》的王沈《魏書》則將此事置於 127 年烏丸校尉耿曄征討鮮卑事件之後。據此,北匈奴被鮮卑同化也應當在此前後。曹永年氏認爲,王沈《魏書》描述的乃是緊隨此記載之後的檀石槐時期的事情。② 如果按照這種説法,同化就是北匈奴敗走 36 年以後才發生之事。

第二,地點問題。王沈《魏書》稱"詣遼東雜處",即北匈奴餘種轉移到了遼東。段連勤氏判斷王沈《魏書》記載相較《後漢書》更爲可信,並認爲北匈奴餘種因受到北方丁零的壓力而與鮮卑合流。③ 不過,有人批評這一論斷中的推測成分過大。④

第三,"鮮卑"與"鮮卑兵"問題。楊懿氏與章義和氏在聯名發表的論文中認爲,東漢初期開始實行所謂"送首級受賞賜"制度(鮮卑以北匈奴首級向漢朝換取獎賞),鮮卑因之具備了雇傭兵特性,北匈奴自稱"鮮卑兵"的歷史背景正在於此。此外,遼東郡實行了"送首級受賞賜"制度也是北匈奴"詣遼東雜處"的主要原因之一。⑤

在上述先行研究的基礎之上,本文想要重新檢視《後漢書·鮮卑傳》與王沈《魏書》間存在的不同之處反映出來的種種問題。

在開始討論之前,有必要先確認一下王沈《魏書》的史料性質。《隋書》卷三三《經籍志》著録了"《魏書》四十八卷",明言係"晉司空王沈撰"。⑥ 現代學者一般認爲,王沈《魏書》成于魏末晉初,⑦其成書時間早於劉宋范曄所著《後漢書》是毋庸置疑的。此外,

---

① 《三國志》卷三〇《魏書·鮮卑傳》裴松之注引王沈《魏書》,第 837 頁。

② 曹永年:《拓跋力微卒後"諸部叛離,國内紛擾"考》,《内蒙古師大學報(哲學社會科學漢文版)》1988 年第 2 期,第 20—21 頁;後收入氏著《古代北方民族史叢考》,上海古籍出版社,2012 年,第 72—73 頁。陳琳國氏亦贊同曹氏意見,認爲北匈奴的鮮卑化不是一蹴即就,而是持續了較長的時間,見氏著《中古北方民族史探》,北京:商務印書館,2010 年,第 194—196 頁。

③ 段連勤:《丁零、高車與鐵勒》,桂林:廣西師範大學出版社,2006 年,第 96—100 頁。但陳琳國氏曾對段氏的意見提出批評,認爲其推測部分過多,見氏著《中古北方民族史探》,第 196—197 頁。

④ 陳琳國:《中古北方民族史探》,第 196—197 頁。

⑤ 楊懿、章義和:《東漢王朝的治邊策略與"鮮卑"的族群認同》,《學習與探索》2017 年第 9 期,第 164 頁。

⑥ 《隋書》卷三三《經籍志》,北京:中華書局,1973 年,第 955 頁。

⑦ 滿田剛《王沈『魏書』研究》一文將《魏書》的成書時間定在曹魏嘉平四年(252)至西晉泰始二年(266)之間,見氏著《王沈『魏書』研究》,《創價大學大學院紀要》第 20 號,1999 年,第 267 頁。

王沈一族與匈奴、烏桓、鮮卑關係極深,故其關於鮮卑、烏桓的社會、文化等方面的描述都具有較高可信度。① 因此,當《後漢書·鮮卑傳》與王沈《魏書》之間出現矛盾時,似應以後者記載為主。

　　然而,王沈《魏書》早已散逸,現存的祇有零散佚文。不僅如此,這些佚文還存在着"年代敘述混亂"②"對東漢時期的記述混入了後代曹魏時期的情況"③等問題,其内容不可輕易信從。吉本道雅氏更是指出,王沈編纂《魏書》本質上還是為了記述魏事,因此東漢末年以降的史事會被插入到此時期以前的編年記錄之中,而《後漢書》則盡可能地訂正了王沈《魏書》在編年序事方面的訛誤。吉本氏的研究為不加任何批判就隨意使用王沈《魏書》的危險行為敲響了警鐘。④

　　另一方面,范曄《後漢書》中關於鮮卑的記載其實仍沿襲了先行的王沈《魏書》及陳壽《三國志·魏書·烏丸鮮卑東夷傳》的基本架構。⑤ 但同時需要注意的是,范曄曾有意識地對先行史料進行過改動,因此,對於《後漢書》中的記載,若不加以史料批判就照單全收也是不可取的。⑥

　　總而言之,王沈《魏書》與范曄《後漢書》中有關北匈奴、鮮卑的記載是研究蒙古高原地區匈奴、鮮卑勢力交替進程的重要史料,但先對二者進行史料批判這一步驟仍是不可或缺的。

　　先看王沈《魏書》。這裏想要提請讀者注意的是《後漢書》卷五一《陳禪傳》中的記載:

　　　　陳禪字紀山,巴郡安漢人也。……永寧元年(120)……明年(121)元會……左轉為玄菟候城障尉……會北匈奴入遼東,追拜禪遼東太守。胡憚其威强,退還數百里。禪不加兵,但使吏卒往曉慰之,單于隨使還郡。禪於學行禮,為說道義以感化之。單于懷服,遺以胡中珍貨而去。及鄧騭誅廢(121 年 5 月),禪以故吏免。⑦

① 參見[日]船木勝馬:《古代遊牧騎馬民的國—草原から中原へ—》,東京:誠文堂新光社,1989 年,第 233 頁;[日]加藤謙一:《匈奴「帝國」》,東京:第一書房,1998 年,第 16—17 頁。
② [日]船木勝馬:《古代遊牧騎馬民的國—草原から中原へ—》,第 79 頁。
③ [日]吉本道雅:《烏桓史研究序説》,《京都大學文學部研究紀要》第 49 號,2010 年,第 115 頁。
④ [日]吉本道雅:《後漢書三國志鮮卑傳疏証》,《東亜文史論叢》2009 年第 2 號,第 64—65 頁。
⑤ [日]吉本道雅:《烏桓史研究序説》,第 55 頁。
⑥ 參見[日]小嶋茂稔:《范曄『後漢書』の史料的特質に関する考察—従来の諸説の検討を中心に—》,《史料批判研究》創刊號,1998 年,第 1—10 頁等。
⑦ 《後漢書》卷五一《陳禪傳》,第 1684—1686 頁。

據此,陳禪在121年的元會以後被左遷爲玄菟候城障尉,之後因北匈奴入侵遼東而當上遼東太守,但問題解決後不久,他又受中央爆發的肅清外戚鄧騭事件牽連而免官。肅清鄧騭是在121年5月,那麼上述一系列事件都應發生在121年。本文關心的重點就在於,根據《陳禪傳》記載,北匈奴集團曾於121年入侵遼東郡。

《陳禪傳》這一段内容的真實性,雖自《資治通鑑考異》以來就受到懷疑,①但若將其與王沈《魏書》合觀,則遼東郡周邊曾經存在北匈奴集團(餘種)一事絶無問題。毋寧説,《陳禪傳》所言正可佐證王沈《魏書》中的記載。②

不僅如此,依前所述,曹永年氏曾經指出,王沈《魏書》中記載的與北匈奴相關的一系列事件與檀石槐的出生有關。③已知檀石槐死於180年代,卒年45歲,④那麼逆推其生年就是在130年代,則可以認爲王沈《魏書》所描述的正是130年前後的狀況。不過,正如吉本道雅氏所指出的那樣,王沈《魏書》中關於北匈奴餘種的記載實際上是被附加在"於是鮮卑三萬餘落詣遼東降"這一描述127年鮮卑歸順遼東郡的文字之後的,故而與其實際發生的年代相左。⑤因此,我們不可據此斷定北匈奴餘種十餘萬落出現在遼東的時間就是130年前後。但是,北匈奴餘種現身遼東應該是發生於北匈奴崩潰和檀石槐出生之間的事情,結合《後漢書·陳禪傳》的記載可以認爲,北匈奴中的一部早在西元120年代之初就已經活動於遼東一帶。

如果我們認可王沈《魏書》記載,同意北匈奴餘種曾在遼東郡周邊活動的話,那麼,關於檀石槐傳説的某些問題就有可能得到新的解釋。王沈《魏書》載檀石槐誕生傳説曰:

> 匈奴及北單于遁逃後,餘種十餘萬落,詣遼東雜處,皆自號鮮卑兵。**投鹿侯從**

---

① 《資治通鑑考異》卷二《漢紀中》建光元年(121)條稱:"陳禪傳曰'北匈奴入遼東……遺以胡中珍貨而去',當在此年矣。又按北單于漢朝所不能臣,未嘗入朝天子,安肯見遼東太守。此事可疑,今不取。"四部叢刊初編縮本《資治通鑑考異》,臺北:臺灣商務印書館,1975年,第13頁下段。《資治通鑑》卷五〇建光元年(121)條附胡三省注稱:"余按和帝以來,北匈奴益西徙,自代郡以東至遼東塞外之地,皆鮮卑、烏桓居之,北單于安能至遼東邪?不取,當也。"《資治通鑑》,北京:中華書局,1956年,第1608頁。此外,林幹編《匈奴史料彙編》在這段文字後亦注引《資治通鑑考異》,並稱"或備參考焉",見氏編《匈奴史料彙編》,北京:商務印書館,2017年,第384頁。

② 當然,在此説下,"餘種"集團是否曾經另外擁戴單于就成爲一個需要另加探討的問題了。不過,王沈《魏書》稱其"餘種十餘萬落",如此大規模的集團自己擁立一個單于也是情理中事。

③ 曹永年:《拓跋力微卒後"諸部叛離,國内紛擾"考》,《古代北方民族史叢考》,第72—73頁。

④ [日]船木勝馬:《古代遊牧騎馬民的國—草原から中原へ一》,第80頁。另外,《資治通鑑》卷五八光和四年(181)十月條記載了檀石槐之死,有些研究即以此作爲檀石槐的没年,但管見所及,《通鑑》所言並無先行史料支持,故此不取。

⑤ [日]吉本道雅:《後漢書三國志鮮卑傳疏証》,第72頁。

匈奴軍三年,其妻在家,有子。①

關於此處的"投鹿侯從匈奴軍三年"這一段文字,清代考據學者趙一清推測其上有脱文,否則"匈奴軍"之語就顯得很唐突,難以解釋。內田吟風氏則將檀石槐之父投鹿侯"從匈奴軍三年"的記載理解爲"因與匈奴作戰出征三年",②楊懿、章義和氏在此基礎之上將投鹿侯的出征定爲陽嘉二年(133)秋鮮卑對馬城③的進攻。

然而,從陽嘉二年(133)秋天的進攻以後一直到145年,這期間沒有任何鮮卑侵略東漢的記録,長達"三年"的遠征更是難以想象。那麼,根據王沈《魏書》與《後漢書・陳禪傳》的説法,認爲投鹿侯是加入了從蒙古高原轉移到遼東方面的北匈奴軍團不如説反倒是更加合乎情理的。

如是,我們可以明確地説,120年代的遼東郡周邊雜居着北匈奴集團,不僅如此,王沈《魏書》所載檀石槐誕生傳説的開頭部分也正是以當時移居遼東的北匈奴勢力爲背景的。總之,相較於《後漢書》傳達出來的"北匈奴崩潰後鮮卑立馬擴張至蒙古高原"這一信息,王沈《魏書》爲我們展現出了一幅完全不同的圖景。

以上分析了王沈《魏書》記事,接下來繼續考察《後漢書・鮮卑傳》中的記載。

二、鮮卑擴張新探

《後漢書・鮮卑傳》稱:

> 北單于逃走,鮮卑因此轉徙據其地。匈奴餘種留者尚有十餘萬落,皆自號鮮卑,鮮卑由此漸盛。④

如前所述,這一記載描述了北匈奴崩潰以後鮮卑通過吸收殘留蒙古高原的北匈奴而

---

① 《三國志》卷三〇《魏書・鮮卑傳》裴松之注引王沈《魏書》,第837頁。《後漢書・鮮卑傳》亦稱:"桓帝時,鮮卑檀石槐者,其父投鹿侯,初從匈奴軍三年,其妻在家生子。"《後漢書》卷九〇《鮮卑傳》,第2989頁。

② [日]內田吟風:《烏桓鮮卑の源流と初期社會構成》,《北アジア史研究 鮮卑柔然突厥篇》,京都:同朋舍,1975年,第34頁。

③ 楊懿、章義和氏認爲,鮮卑的這次入侵是爲了反擊同年春天東漢對鮮卑的討伐,由於南匈奴骨都侯此時正駐扎於代郡,所以鮮卑秋季進攻的主要對象就是匈奴。見楊懿、章義和:《東漢王朝的治邊策略與"鮮卑"的族群認同》,第165頁。

④ 《後漢書》卷九〇《鮮卑傳》,第2986頁。

擴大自身勢力的場景。這樣的認識在《後漢書·鮮卑傳》所載熹平六年(177)蔡邕的發言①中也有體現:

> 自匈奴遁逃,鮮卑强盛,據其故地,稱兵十萬,才力勁健,意智益生。②

這説明東漢後期已經出現鮮卑占據北匈奴故地從而擴大自身勢力的認識了。

　　這裏需要提請讀者注意的是,王明珂氏曾經發現一個問題,即漢文史料中出現的非漢族群的種族名有"内名"(自稱)和"外名"(他者的貶低性稱呼)之别。③ 王氏指出,内蒙古東北部的森林草原遊牧民族中,先與漢朝接觸的集團被稱爲"烏桓",後與漢朝接觸的被稱爲"鮮卑"(王氏認爲二者都是各集團主要部族的自稱)。此後,在與漢朝頻繁接觸的集團當中,"烏桓""鮮卑"稱號的意義也都發生了改變。④

　　此外,楊懿、章義和氏亦認爲,"鮮卑"本是東漢初年以偏何爲中心的歸順東漢的集團名稱,此後,在東漢的各種邊治政策的利益誘導之下,自稱鮮卑的集團不斷增多,到檀石槐時代最終形成爲一種族群認同。⑤

　　綜合以上意見不難看出,在近年的研究當中,越來越多的學者開始認爲,史料所見"鮮卑"並不單指一固定不易的種族名或自稱,它同時也是東漢定義的集團名稱。接下來要討論的鮮卑擴大問題亦是如此,除了自稱"鮮卑"的集團的擴大這一層含義之外,它還包括被東漢識别爲"鮮卑"的集團的擴大這層含義。

　　不過,可惜的是,在這方面留存下來的祇有漢文史料,鮮卑一方的認識難以得到深入探討。故下文分析"鮮卑擴大"問題時,勢必祇能以漢文史料所見之東漢視角中"鮮卑"的擴大爲中心,還請讀者諒解。

　　經過如上鋪墊,接下來想對鮮卑的活動範圍作一番討論。檀石槐統治時期被認爲是鮮卑的全盛期,《後漢書·鮮卑傳》描述其勢力最大範圍(150年代至180年代)曰:

---

① 蔡邕文集亦稱:"鮮卑種衆新盛,自匈奴北遁以來,據其故地,稱兵十萬,彌地千里。"(漢)蔡邕:《蔡中郎文集》卷六《難夏育上言鮮卑仍犯諸郡》,四部叢刊初編縮本,臺北:臺灣商務印書館,1975年,第37頁上段。

② 《後漢書》卷九〇《鮮卑傳》,第2991頁。

③ 王明珂:《中國漢代の羌(五)—生態学的辺境と民族の境界—》,[日]柿沼陽平譯,《史滴》第34號,2012年,第120—137頁。

④ 王明珂:《遊牧者的抉擇 面對漢帝國的北亞遊牧部族》,上海人民出版社,2018年,第250頁。

⑤ 楊懿、章義和:《東漢王朝的治邊策略與"鮮卑"的族群認同》,第166頁。

> 檀石槐乃立庭於彈汗山歠仇水上,去高柳北三百餘里,兵馬甚盛,東西部大人皆歸焉。因南抄緣邊,北拒丁零,東却夫餘,西擊烏孫,盡據匈奴故地,東西萬四千餘里,南北七千餘里。①

據此,150 年代至 180 年代,鮮卑的勢力覆蓋了蒙古高原一帶。那麼,鮮卑的這一勢力範圍是何時確立的呢?

此處的問題在於,有記録顯示,早在北匈奴崩潰以前,鮮卑的分布就已經遍及從遼東到敦煌的這樣一個大範圍之内了。王沈《魏書》稱:

> 永平(58—75)中,祭肜爲遼東太守,誘賂鮮卑,使斬叛烏丸欽志賁等首,**於是鮮卑自燉煌、酒泉以東邑落大人,皆詣遼東受賞賜。**②

按照這裏的説法,北匈奴崩潰以前,敦煌就已有鮮卑存在了。船木勝馬認爲,"鮮卑領有敦煌、酒泉等地的時間勢必在其領有匈奴故地的永元三年(91)以後",③因此,王沈《魏書》的可信度受到了質疑。

《後漢書·鮮卑傳》中有一段極其相似的記載:

> 永平元年(58),祭肜復賂偏何擊歆志賁,破斬之,**於是鮮卑大人皆來歸附,並詣遼東受賞賜,**青徐二州給錢歲二億七千萬爲常。④

《後漢書》的處理方法是將鮮卑大人的具體所在地删去。乍一看,這正可佐證那些懷疑王沈《魏書》真實性的見解。

那麼,王沈《魏書》關於永平(58—75)中敦煌已有鮮卑大人的説法果然是誤將後代(魏以後)的情況混入到東漢時期的記載中了嗎?誠然,太宰府天滿宮所藏《翰苑》卷三〇鮮卑條引《風俗通》亦稱:

---

① 《後漢書》卷九〇《鮮卑傳》,第 2989 頁。
② 《三國志》卷三〇《魏書·鮮卑傳》裴松之注引王沈《魏書》,第 837 頁。
③ [日]船木勝馬:《鮮卑史序説》,《白山史学》第 10 號,1964 年,第 14 頁。
④ 《後漢書》卷九〇《鮮卑傳》,第 2986 頁。

……依鮮卑山,後遂繁息因以爲號。起自遼東,西至燉煌萬餘里。①

《風俗通義》成書於東漢末年,在時人看來,鮮卑的活動範圍東起遼東,西至敦煌。王沈寫作《魏書》時,似乎將東漢末年以後的這種認識用來描述東漢初年的情況了。

但是,記載了同一事件的《後漢書》卷二〇《祭遵傳》附《祭肜傳》稱:

永平元年(58),偏何擊破赤山,斬其魁帥,持首詣肜,塞外震讋。肜之威聲,暢於北方,**西自武威,東盡玄菟及樂浪,胡夷皆來內附**,野無風塵。乃悉罷緣邊屯兵。②

從上引文字中可以看到永平元年內附東漢的胡夷集團的分布範圍,這一範圍與王沈《魏書》所言相近。關注到此點,我們就有必要重新考慮一個問題,即王沈《魏書》的記載究竟是單純誤記還是混入了後代認識。

説到底,不論是王沈《魏書》所稱的“敦煌以東”還是《後漢書·祭肜傳》所稱的“武威以東、樂浪以西”,這麼大範圍內的鮮卑或胡夷居然會跑到位於漢朝東北邊境的遼東郡來歸附東漢,實在是太過不合情理。那麼,這種不合情理的説法從何而來呢?

其實,類似的表達並不少見,《後漢書》卷四九《王符傳》引《潛夫論·浮侈篇》曰:

今者京師貴戚,必欲江南檽梓豫章之木。邊遠下土,亦競相放効。夫檽樟豫章,所出殊遠,伐之高山,引之窮谷,入海乘淮,逆河泝洛,工匠雕刻,連累日月,會衆而後動,多牛而後致,重且千斤,功將萬夫,而東至樂浪,西達敦煌,費力傷農於萬里之地。③

可見,東漢時期欲表達東西兩端時往往會舉稱樂浪和敦煌。明乎此則可知,王沈《魏書》和《後漢書·祭肜傳》所見地名並非實指,而是表示“從疆土西極到東極”之意,屬時人的習慣用語。

---

① (唐)張楚金撰,[日]竹内理三校訂、校閲:《翰苑》卷三〇鮮卑條引《風俗通》,東京:吉川弘文館,1977年,第27頁。
② 《後漢書》卷二〇《祭遵傳》附《祭肜傳》,第745頁。
③ 《後漢書》卷四九《王符傳》引《潛夫論·浮侈篇》,第1636頁。

那麼,當時鮮卑活動範圍的真實情況究竟如何呢?《後漢書·祭肜傳》中的記載似乎可以找到對應的原始史料,《太平御覽》卷二六○《職官部五八》引《東觀漢記》曰:

> 祭肜爲遼東太守。肜之威聲,揚于北方,胡夷皆來内附,野無風塵……①

又《文選》卷二○陸士龍《大將軍宴會被命作詩一首》李善注引《東觀漢記》文字與此幾乎一致:

> 祭肜爲遼東太守。胡、夷皆來内附,野無風塵。②

可見,《後漢書·祭肜傳》的記載基本沿襲了《東觀漢記》。《東觀漢記》今天雖然祇存佚文,但却是東漢一朝持續編寫的同時代史料。由此可知,永平元年受祭肜聲名號召前來遼東郡内附並接受賞賜的集團並不僅限於鮮卑,而是被總稱爲"胡夷"的諸多集團,這樣的看法才是比較妥當的。也就是說,這一時期鮮卑的活動範圍並不那麼廣闊。

在此之上,我們可以從別的史料出發來更進一步地推測北匈奴崩潰之前鮮卑的活動範圍(51年、85年)。《後漢書》卷一八《臧宮傳》載:

> (建武)二十七年(51),宮乃與楊虛侯馬武上書曰:"匈奴貪利,無有禮信……今命將臨塞,厚縣購賞,喻告高句驪、烏桓、鮮卑攻其左,發河西四郡、天水、隴西羌胡擊其右。如此,北虜之滅,不過數年。"③

又《後漢書》卷八九《南匈奴傳》亦載:

> (元和)二年(85)正月……時北虜衰耗,黨衆離畔,南部攻其前,丁零寇其後,鮮卑擊其左,西域侵其右,不復自立,乃遠引而去。④

---

① 《太平御覽》卷二六○《職官部五八》引《東觀漢記》,臺北:臺灣商務印書館,1968年,第1348頁下段。
② 《文選》卷二○陸士龍《大將軍宴會被命作詩一首》李善注引《東觀漢記》,北京:中華書局,1977年,第285頁下段。
③ 《後漢書》卷一八《臧宮傳》,第695頁。
④ 《後漢書》卷八九《南匈奴傳》,第2950頁。

可以看出,在北匈奴戰敗之前,鮮卑一直都承擔着東方戰綫的任務。因此,鮮卑的活動地域應主要是以東漢王朝的東北地區爲中心的。從這個角度來説,認爲鮮卑活動範圍在北匈奴撤出蒙古高原(91)以後才擴張至西方的通行觀點是沒有問題的。

北匈奴崩潰以後,鮮卑逐漸擴張其勢力範圍,在此過程中我們會發現,受到鮮卑入侵的東漢地域有向西方擴大的趨勢(參考附表)。具體來説,在北匈奴崩潰(91)到97年之間,鮮卑的入侵地點還局限於幽州;可是到了120年前後,其入侵範圍就已經擴大到西方的并州及南匈奴駐地了。[1]

北匈奴崩潰可能導致鮮卑入侵東漢這一點,在《後漢書》卷四一《宋均傳》附《宋意傳》中就可以看出,章和二年(88)宋意上疏稱:

> 臣察鮮卑侵伐匈奴,正是利其抄掠,及歸功聖朝,實由貪得重賞。今若聽南虜還都北庭,則不得不禁制鮮卑。鮮卑外失暴掠之願,内無功勞之賞,豺狼貪婪,必爲邊患。[2]

可見,在北匈奴崩潰之前,就有人預想到了後面的事情。根據宋意上疏可知,北匈奴崩潰以前的鮮卑通過進攻北匈奴可以同時獲得兩份利益,即掠奪北匈奴的戰果和從東漢那裏獲得的獎賞。正如宋意所擔心的那樣,北匈奴崩潰之後,鮮卑就將侵略的矛頭轉向了東漢,97年以後,鮮卑對東漢的侵略在史料中俯拾皆是。

如前所述,鮮卑入侵東漢的地點在最開始還僅限於幽州,後來向西逐漸延伸,到120年左右就已經開始進攻并州了。但是,北匈奴政權於91年崩潰,入侵地點的改變則遲至120年前後,時間跨度較大。那麽,我們真的可以在北匈奴崩潰與鮮卑擴張兩件事之間如此隨意地建立因果關係嗎?

因此,有必要對鮮卑擴張與北匈奴之間的關係作一重新考察。首先,我們將從匈奴南北分裂到北匈奴崩潰之間的重要事件分條羅列於下:

1. 一世紀中葉,蒙古高原發生旱災,匈奴内部爲争奪單于之位而發生衝突,匈奴分裂爲南北二部。

---

[1] 〔日〕船木勝馬:《鮮卑史序説》,第14頁。
[2] 《後漢書》卷四一《宋均傳》附《宋意傳》,第1416頁。

2. 南匈奴降於東漢,並移動到東漢成立之初就已放棄的土地(西河、北地、朔方、五原、雲中、定襄、雁門、代郡這八郡)上分散居住。南匈奴作爲對抗以北匈奴爲首的北方諸勢力的藩屏而被編入到東漢的防衛體制中。

3. 南北匈奴之間的對抗以受到東漢援助的南匈奴的勝利而告終。

4. 南匈奴因接收北匈奴新降民衆,人口一度急增五倍。舊人與新人之間因地位差異産生種種矛盾,作爲領導者的單于的威信大幅下降。激烈的内部分裂與叛亂時有爆發。①

在上述歷史進程中,若要討論北匈奴崩潰前後的北匈奴諸勢力動向,首先值得注意的是加入東漢(南匈奴)的集團。《後漢書・南匈奴傳》稱:

> 章和元年(87),鮮卑入左地擊北匈奴,大破之,斬優留單于,取其匈奴皮而還。北庭大亂,屈蘭、儲卑、胡都須等五十八部,口二十萬,勝兵八千人,詣雲中、五原、朔方、北地降。……永元二年(90)……是時南部連剋獲納降,黨衆最盛,領户三萬四千,口二十三萬七千三百,勝兵五萬一百七十。故事中郎將置從事二人,耿譚以新降者多,上增從事十二人。②

可見,相當一部分北匈奴勢力流入了東漢(南匈奴)。另一方面,没有同南匈奴合流的北匈奴勢力亦所在不少,據林幹氏總結,主要有以下這四種勢力存在:

1. 推戴北匈奴右谷蠡王於除鞬,止於蒲類海的集團(位於天山北部。與班勇等對立)。

2. 跟隨北匈奴單于逃亡西方的集團。

3. 與鮮卑合流的集團(《後漢書・鮮卑傳》)。

4. 殘留於漠北西北的集團(五世紀初被柔然吸收,重新登上歷史舞臺)。③

---

① 以上概括的内容參見〔日〕沢田勳:《匈奴—古代遊牧國家の興亡—〔新訂版〕》,東京:東方書店,2015年,第179—191頁。

② 《後漢書》卷八九《南匈奴傳》,第2951—2954頁。

③ 林幹:《匈奴史(修訂本)》,呼和浩特:内蒙古人民出版社,1979年,第113—116頁。此外,段連勤氏推測北匈奴與北方的丁零發生了融合,見氏著《丁零、高車與鐵勒》,第96—100頁。

以上,我們對北匈奴崩潰過程及其殘存勢力的動向做了大致梳理,接下來想要通過鮮卑跟從東漢軍隊出征的記録來確認一下鮮卑在120年前後開始侵略并州之前的活動地域。

首先需要注意的是鮮卑參與鎮壓逢侯之亂(94—118)一事,《後漢書·南匈奴傳》載:

> 永元六年(94)……於是**新降胡遂相驚動**,十五部二十餘萬人皆反畔……**逢侯爲單于**,遂殺略吏人,燔燒郵亭盧帳,將車重向朔方,欲度漠北。……**烏桓校尉任尚將烏桓、鮮卑,合四萬人討之。**……七年(95)正月,軍還。……逢侯於塞外分爲二部,自領右部屯涿邪山下,左部屯朔方西北,相去數百里。八年(96)冬……**逢侯部衆飢窮,又爲鮮卑所擊**,無所歸……(元初)四年(118),**逢侯爲鮮卑所破**,部衆分散,皆歸北虜。①

鄂爾多斯一帶的北匈奴投降者(新降胡)推戴屬於南匈奴單于一族的逢侯爲單于,並越過黄河,向西北方向逃亡,置府于上谷的烏桓校尉遂出兵征伐,鮮卑亦參與了這支討伐部隊。在之後的作戰(96年、118年)中,鮮卑反復進攻逢侯勢力,並最終迫使其部衆分散,與"北虜"合流。

另外,鮮卑亦被動員參加了幾乎與此同時發生的南匈奴單于檀叛亂的鎮壓行動。《後漢書》卷四七《梁慬傳》稱:

> (永初)三年(109)冬,南單于與烏桓大人俱反。……遼東太守耿夔率將鮮卑種衆共擊之。②

《後漢書》卷一九《耿弇傳》附《耿夔傳》亦稱:

> 永初三年,南單于檀反畔,使夔率鮮卑及諸郡兵屯鴈門,與車騎將軍何熙共擊之。……虜遂敗走,追斬千餘級,殺其名王六人,獲穹盧車重千余兩,馬畜生口甚

---

① 《後漢書》卷八九《南匈奴傳》,第2955—2958頁。
② 《後漢書》卷四七《梁慬傳》,第1592頁。

衆。鮮卑馬多羸病,遂畔出塞。夔不能獨進,以不窮追,左轉雲中太守。①

從上引文中可以看出,遼東太守率領鮮卑去鎮壓鄂爾多斯的南匈奴叛亂。祇不過在這次軍事行動中,鮮卑由於馬匹羸病而中途擅自退出了。此戰主要的戰場雖然在鄂爾多斯,但從鮮卑仍是由遼東太守率領這一點可以看出,在 2 世紀初期(100 年代),鮮卑的活動範圍仍以幽州方面爲中心。

此外,《後漢書·鮮卑傳》載:

> 安帝永初(107—113)中,鮮卑大人燕荔陽詣闕朝賀,鄧太后賜燕荔陽王印綬,赤車參駕,令止烏桓校尉所居寗城下,通胡市,因築南北兩部質館。鮮卑邑落百二十部,各遣入質。是後或降或畔,與匈奴、烏桓更相攻擊。②

同一時期,東漢與鮮卑的交易視窗位於烏桓校尉所居之寗城(上谷郡),這也可以佐證上面鮮卑以幽州爲中心活動的觀點。③

但是,在進入 120 年代之後,事態開始發生變化。《後漢書·南匈奴傳》載:

> 永建元年(126),以遼東太守龐參代爲將軍。先是朔方以西障塞多不修復,鮮卑因此數寇南部,殺漸將王。單于憂恐,上言求復障塞,順帝從之。④

不難看出,至永建元年(126),鮮卑已經在朔方郡北方活動,並開始侵略南匈奴了。

《後漢書》卷四八《應奉傳》附《應劭傳》稱:

> 往者匈奴反叛,度遼將軍馬續、烏桓校尉王元發鮮卑五千餘騎,又武威太守趙沖亦率鮮卑征討叛羌。⑤

---

① 《後漢書》卷一九《耿弇傳》附《耿夔傳》,第 719 頁。
② 《後漢書》卷九〇《鮮卑傳》,第 2986 頁。
③ 王沈《魏書》亦稱:"安帝時,鮮卑大人燕荔陽入朝,漢賜鮮卑王印綬,赤車參駕,止烏丸校尉所治寗下。通胡市,築南北兩部質宮,受邑落質者百二十部。"《三國志》卷三〇《魏書·鮮卑傳》裴松之注引王沈《魏書》,第 837 頁。
④ 《後漢書》卷八九《南匈奴傳》,第 2959 頁。
⑤ 《後漢書》卷四八《應奉傳》附《應劭傳》,第 1609 頁。

應劭於 188 年發表上述言論,度遼將軍(治五原)馬續、烏桓校尉(治上谷)王元徵發鮮卑是在 140—141 年,武威太守趙沖徵發鮮卑則是在永和六年(141)。那麽,鮮卑足迹在140 年代已經涉及河西走廊東部這一點是没有問題的。

如果我們對以上討論作一總結就會發現,鮮卑向西方的擴張並不是在北匈奴崩潰之後立馬開始的,而是到 120 年左右才有大幅度的西進。

那麽,爲什麽一直到了北匈奴崩潰近三十年之後的 120 年左右,鮮卑才開始向西方大規模擴張呢?

我們認爲,這與蒙古高原上的勢力關係的變化有關。如前所述,在 90 年左右,即北匈奴崩潰前後,有許多北匈奴勢力降於南匈奴("五十八部,口二十萬"[1]),但其中的大多數("十五部二十餘萬人"[2])後來又擁立逢侯爲單于,脱離了東漢統治。如果祇看《後漢書·南匈奴傳》的記載,逢侯的力量似乎並不强大,而是一個不斷受到東漢和鮮卑攻擊的弱小勢力。可是逢侯政權從創建到完全瓦解竟花了整整二十四年,這就説明其勢力實際上並不弱小。

另外,在逢侯勢力瓦解之後,其統治下的許多集團都被"北虜"所吸收("部衆分散,皆歸北虜"[3])。這裏所謂的"北虜",林幹氏解讀爲鮮卑,[4]但此段文本前面才剛剛出現過"鮮卑",寫作"北虜"似乎是爲了有所區分。因此,此處的"北虜"應當如内田吟風氏指出的那樣,[5]解作北匈奴(止于天山山脉北部蒲類海的集團)才比較穩妥。按照這種解釋,我們再來看《後漢書》卷八八《西域傳》:

> 其後北虜連與車師入寇河西,朝廷不能禁,議者因欲閉玉門、陽關,以絕其患。
> 延光二年(123),敦煌太守張璫上書陳三策,以爲"北虜呼衍王常展轉蒲類、秦海之間,專制西域,共爲寇鈔……"。[6]

上文顯示,北匈奴於 120 年代吸收逢侯集團之後,在天山山脉北方以呼衍王爲中心重振

---

① 《後漢書》卷八九《南匈奴傳》,第 2951 頁。
② 《後漢書》卷八九《南匈奴傳》,第 2955 頁。
③ 《後漢書》卷八九《南匈奴傳》,第 2958 頁。
④ 林幹:《匈奴史(修訂本)》,第 118 頁。
⑤ [日]内田吟風:《譯注 後漢書南匈奴伝》,《北アジア史研究 匈奴篇》,京都:同朋舍,1975 年,第391 頁。
⑥ 《後漢書》卷八八《西域傳》,第 2911 頁。

勢力,對河西走廊造成了較大破壞。由於逢侯勢力的崩潰,蒙古高原的勢力關係再度發生較大轉變。

遵循上文思路,我們似有理由認爲,鮮卑之所以能在 120 年代向西擴張,也是因爲蒙古高原上的勢力變化。

正如前節所述,120 年左右正是遼東出現北匈奴集團的時間點。這個見於王沈《魏書》的北匈奴集團在北匈奴崩潰之後滯留於蒙古高原,之後又轉移至遼東地帶。可以認爲,該集團正是在逢侯勢力崩潰的影響下進行了上述遷徙。

綜上,經過對鮮卑擴張時期的分析,我們認爲,相較於 91 年的北匈奴崩潰,118 年的逢侯勢力崩潰纔是鮮卑擴張進程中的關鍵轉捩點。

接下來想要探討的是,王沈《魏書》記載的北匈奴集團爲何於 120 年左右出現在遼東這一問題。

三、東漢與鮮卑的經濟交流

王沈《魏書》所見北匈奴集團爲何移動至遼東並自稱鮮卑兵呢？前述楊懿、章義和二氏的研究曾經討論過此問題。據二氏所言,北匈奴在遼東自稱"鮮卑兵"一事表明,北匈奴在當地利用"送首級受賞賜"制度從事着雇傭兵活動。由於北匈奴的冒稱,一大批新的"鮮卑兵"涌現出來,東漢的負擔也隨之增加,與此同時,北匈奴崩潰導致制度設計中最重要的敵人不復存在,兩者共同作用之下,"送首級受賞賜"制度難以爲繼。於是,在烏丸校尉管轄的上谷寧城,以人質爲交換的新型交易體系於永初年間(107—113)開始實行。[1]

爲了論證二氏之説,首先想要確認一下他們所關注的"送首級受賞賜"制度與遼東郡之間的關係。《後漢書·祭肜傳》稱：

> （建武）二十一年(45)秋,鮮卑萬餘騎寇遼東,肜率數千人迎擊之……自是後鮮卑震怖,畏肜不敢復窺塞。肜以三虜連和,卒爲邊害,二十五年(49),乃使招呼鮮卑,示以財利。其大都護偏何遣使奉獻,願得歸化,肜慰納賞賜,稍復親附。……其後偏何邑落諸豪並歸義,願自效。肜曰："審欲立功,當歸擊匈奴,斬送頭首乃信耳。"偏何等皆仰天指心曰："必自效！"即擊匈奴左伊秩訾部,斬首二千餘級,持頭

---

① 楊懿、章義和：《東漢王朝的治邊策略與"鮮卑"的族群認同》,第 164 頁。

詣郡。其後歲歲相攻,輒送首級受賞賜。①

鮮卑曾經與匈奴等聯手進攻遼東郡,祭肜通過財物誘惑的方式將其招納,並最終確立了以北匈奴首級換取獎賞的體制。前引《後漢書·鮮卑傳》亦稱:

> 永平元年,祭肜復賂偏何擊歆志賁,破斬之,於是鮮卑大人皆來歸附,**並詣遼東受賞賜,青徐二州給錢歲二億七千萬爲常**。②

據此,鮮卑爲東漢討伐其敵對勢力並在遼東郡領取獎賞,這些高額賞賜則由周邊的州來提供,上述體制得到確立,並成爲定例。也就是説,公元 50 年代左右的東漢存在着以敵人首級換取獎賞的制度("送首級受賞賜"制度),其交易視窗正在遼東郡。

另外,關於此"送首級受賞賜"制度,《後漢書》卷七三《劉虞傳》稱:

> 初平元年(190)……舊幽部應接荒外,資費甚廣,歲常割青、冀賦調二億有餘,以給足之。時處處斷絶,委輸不至……③

可見,這一制度一直實行到東漢末年,因其時天下大亂、交通斷絶才被迫中止。④

綜合上文所論,我們似有理由認爲,當時的"送首級受賞賜"制度以遼東郡爲交易視窗而運行,這是北匈奴餘種在遼東郡自稱鮮卑兵的主要原因。

不過,楊懿、章義和二氏之説似仍有可商榷之處。首先,從上引《後漢書·劉虞傳》不難看出,爲維持"送首級受賞賜"制度而花費的支出一直到東漢末年都仍存在,"'送

---

① 《後漢書》卷二〇《祭遵傳》附《祭肜傳》,第 744—745 頁。
② 《後漢書》卷九〇《鮮卑傳》,第 2986 頁。
③ 《後漢書》卷七三《劉虞傳》,第 2354 頁。
④ 張磊夫氏猜測東漢末年的這些資金並未直接支付給鮮卑,而是被護烏桓校尉用作經營北方(包括給予異民族的賄賂、補助金)的經費了。Rafe de Crespigny, *Northern Frontier: The Policies and Strategy of the Later Han Empire*, Australian National University Press, Canberra, 1984. pp. 291–292, note 91 to Chapter 9. p. 551. 此外,柿沼陽平氏在分析了漢代的黃金、錢、布帛的使用情況後指出,東漢資金的使用物件爲預備內屬郡縣的異民族,原則上不得與國外勢力發生金錢往來,見氏著《後漢貨幣經濟の發展とその特質》,《中國古代貨幣經濟の持続と轉換》,東京:汲古書院,2018 年,第 42—43 頁。另一方面,托馬斯·巴菲爾德氏認爲,這裏提及的金額絶大部分都是用供給物資換算出來的價格,而非現金支付。Thomas Barfield, *The Perilous Frontier: Nomadic Empires and China*, Blackwell, 1989. pp. 77–78.

首級受賞賜’制度難以爲繼”云云讓人很難贊同。

此外，二氏認爲“送首級受賞賜”制度的適用物件僅限於鮮卑。但是，正如前節所論，不論是《後漢書・祭肜傳》還是在此之前的《東觀漢記》都將因祭肜功績而內附東漢的集團稱爲“胡夷”，並沒有限定爲鮮卑。

還有其他證據可以證明，“送首級受賞賜”制度的適用對象不僅限於鮮卑。《後漢書・耿夔傳》曰：

> 後……遷遼東太守。元興元年(105)，貊人寇郡界，夔追擊，斬其渠帥。①

關於元興元年遼東太守的這次軍事行動，《續漢書》志一一《天文中》稱：

> 元興元年(105)……其年，遼東貊人反，鈔六縣，發上谷、漁陽、右北平、遼西烏桓討之。②

遼東太守耿夔徵發烏桓從軍，説明參加遼東太守軍事行動的不僅有鮮卑而已。③

綜上，認爲北匈奴餘種自稱鮮卑兵僅與“送首級受賞賜”制度有關的這種觀點，似乎仍有重新考慮的餘地。

那麼，移居遼東郡的北匈奴究竟爲何自稱“鮮卑兵”呢？這裏想要提請讀者注意的是東漢與北匈奴之間的關係。雖然東漢與北匈奴之間長期處於敵對關係，但二者其實也曾數次嘗試修復關係。例如《後漢書》卷一下《光武帝紀》建武二十七年五月條載：

> 北匈奴遣使詣武威乞和親。④

以此爲起點，北匈奴在崩潰之前曾頻繁向漢朝派遣使者。北匈奴政權崩潰之後，殘留天山山脉北部的北匈奴集團也同樣向東漢派遣使者、請求貿易，《後漢書・南匈奴傳》載：

---

① 《後漢書》卷一九《耿弇傳》附《耿夔傳》，第719頁。
② 《續漢書》志一一《天文中》，《後漢書》，北京：中華書局，1965年，第3238頁。
③ 耿夔在109年曾率領鮮卑參與鎮壓了南匈奴單于檀叛亂（前揭《後漢書・梁慬傳》等），不論鮮卑還是烏桓，都是作爲遼東太守的耿夔的徵發對象。
④ 《後漢書》卷一下《光武帝紀》，第79頁。

（永元）十六年（104），北單于遣使詣闕貢獻，願和親，修呼韓邪故約。和帝以其舊禮不備，未許之，而厚加賞賜，不荅其使。元興元年（105），重遣使詣敦煌貢獻，辭以國貧未能備禮，願請大使，當遣子入侍。時鄧太后臨朝，亦不荅其使，但加賜而已。①

可見，東漢在改善與北匈奴關係一事上的態度是比較消極的。

東漢采取消極態度的原因，在前舉《後漢書·南匈奴傳》所載建武二十七年（51）北匈奴請求和親時東漢朝廷爲此作出的議論中有説明：

而反交通北虜，臣恐南單于將有二心，北虜降者且不復來矣。②

可見，朝廷主要是考慮到了已經移居並臣屬於東漢的南匈奴才作出如此決定。爲了與南匈奴保持良好關係，東漢難以積極主動地去改善與北匈奴之間的關係。

也就是説，北亞的遊牧集團如果自稱"北匈奴"，就會對其與東漢之間的交易產生很大不良影響。因此，真實情況很可能是，移居遼東郡周邊的北匈奴集團爲了協助東漢的軍事活動、獲得獎賞而自稱鮮卑兵。總之，活動於遼東郡周邊的北匈奴勢力直到120年代尚未與鮮卑完全同化。北匈奴在遼東郡周邊以上述形態存在，與鮮卑之間的整合相當鬆散，這與傳統的根據《後漢書》記載建構的"北匈奴被鮮卑同化"圖景有很大不同。

不過，東漢在東北部設置的與鮮卑的交易視窗的中心並非遼東郡，而是護烏丸校尉。護烏丸校尉的設置在《後漢書》卷九〇《烏桓傳》中有記載：

（建武）二十五年（49），遼西烏桓大人郝旦等九百二十二人率衆向化，詣闕朝貢……於是始復置校尉于上谷甯城，開營府，並領鮮卑，賞賜質子，歲時互市焉。③

可見，東漢初期，置護烏丸校尉于上谷郡寧城，此官職一如其名，主要負責處理烏桓相關事務，鮮卑亦在其執掌之內。前揭《後漢書·鮮卑傳》記述了安帝永初（107—113）年間

---

① 《後漢書》卷八九《南匈奴傳》，第 2957 頁。
② 《後漢書》卷八九《南匈奴傳》，第 2946 頁。
③ 《後漢書》卷九〇《烏桓傳》，第 2982 頁。

漢朝與鮮卑交易擴大的情形,《後漢書》卷七三《劉虞傳》亦稱:

> 初平元年(190)……開上谷胡市之利、通漁陽鹽鐵之饒……①

可見,上谷在東漢的大部分時期(49—190左右)內都與烏丸、鮮卑進行着互市(胡市)。換言之,東漢與鮮卑之間開展經濟交流的正式視窗有二:一爲通過軍事活動獲得獎賞的遼東郡,一爲進行互市的上谷郡。此二郡皆屬幽州,從東漢看來皆位於其東北方向。那麼,鮮卑擴張與東漢經濟交流視窗會不會産生某種變化呢? 最後想要在著眼於此問題的同時考察一下鮮卑在西方的擴張。

東漢時代的鮮卑,在前述檀石槐時期達到鼎盛。如前所論,當時其最大勢力範圍"南抄緣邊,北拒丁零,東却夫餘,西擊烏孫,盡據匈奴故地,東西萬四千餘里,南北七千餘里",②已經涉及蒙古高原一帶。③ 不過,也有一派重要的觀點指出,從檀石槐的根據地靠近漠南以及其勢力範圍北接丁零這兩點來看,檀石槐的勢力很可能並没有到達蒙古高原一帶,而是局限於蒙古高原南部,蒙古高原北部則在丁零的控制之下。④

如果我們同意鮮卑的勢力範圍局限於蒙古高原南部的話,那麼,對於鮮卑來説,與東漢之間的關係就變得更加重要了。鮮卑在向西方擴張之後,是如何與東漢進行除了入侵之外的經濟交流的呢? 爲了解決這個問題,讓我們來看前揭《後漢書·應劭傳》的後續:

> ……而鮮卑越溢,多爲不法。裁以軍令,則忿戾作亂;制御小緩,則陸掠殘害。劫居人,鈔商旅,噉人牛羊,略人兵馬。得賞既多,不肯去,復欲以物買鐵。邊將不

① 《後漢書》卷七三《劉虞傳》,第2354頁。
② 《後漢書》卷九〇《鮮卑傳》,第2989頁。
③ 學界一般根據這裏"盡爲匈奴故地"的説法,認爲當時鮮卑的勢力已經遍布蒙古高原全域,以下列舉國內外在此問題方面的代表性見解。馬長壽:《烏桓與鮮卑》,桂林:廣西師範大學出版社,2006年,第170、172頁。[日]船木勝馬:《後漢後期の鮮卑について 檀石槐時代を中心として》,《東洋大學紀要 文學部篇》第19號,1965年,第69頁。Thomas Barfield, *The Perilous Frontier: Nomadic Empires and China*, Blackwell,1989. p. 89. 白桂思:《ユーラシア帝國の興亡——世界史四〇〇〇年の震源地》,[日]斎藤純男譯,東京:筑摩書房,2017年,第162頁。高然:《慕容鮮卑與五燕國史研究》,北京大學出版社,2018年,第17頁。[日]古松崇志:《シリーズ中國の歷史③ 草原の制霸 大モンゴルまで》,第26—27頁等。
④ [日]石黑富男:《鮮卑遊牧國家の領域》,《北大史學》第4號,1957年,第83—84頁。[日]護雅夫:《古代遊牧帝國》,東京:中央公論新社,1976年,第30—33頁;同氏《古代トルコ民族史研究 Ⅲ》,第34—37頁。[日]森安孝夫:《シルクロード世界史》,東京:講談社,2020年,第80頁。

聽,便取縑帛聚欲燒之。邊將恐怖,畏其反叛,辭謝撫順,無敢拒違。①

不難看出,隨漢軍作戰的鮮卑不僅僅滿足於獎賞,還希望與漢朝進行交易(買鐵)。事實上,正如我們在《後漢書·宋意傳》上疏中看到的那樣,在蒙古高原仍爲北匈奴占據的時期,鮮卑就從掠奪北匈奴和漢朝封賞中兩頭獲益。如前所述,鮮卑在北匈奴崩潰之後仍參與鎮壓了逢侯之亂,《後漢書·南匈奴傳》:

> 七年(95)正月,軍還。馮柱將虎牙營留屯五原,罷遣鮮卑、烏桓、羌胡兵,封蘇
> 拔廆爲率衆王,又賜金帛。②

可以看到,鮮卑爲此接受了賞賜。不僅如此,如果考慮到逢侯勢力於118年因鮮卑進攻而崩潰這一情況的話,我們就會意識到,鮮卑在北匈奴崩潰之後仍然同時從掠奪逢侯勢力和接受東漢獎賞這兩方面獲益。或可認爲,正是由於不斷進攻受到東漢支援的逢侯勢力,鮮卑方得以向西方擴張。③

與此同時,鮮卑早在逢侯勢力崩潰的數年以前就開始積極地侵略東漢(參考附表),蒙古高原上的遊牧諸集團風雨飄搖,鮮卑與東漢之間的關係也隨之發生了改變:原先,鮮卑爲東漢討伐外敵獲得獎賞,同時要求與東漢交易;現在,獎賞和交易仍然繼續,但鮮卑開始進攻、掠奪東漢了。

總而言之,鮮卑通過報酬和掠奪從東漢那裏不斷獲得財貨,在北匈奴西走之後,鮮卑沿着東漢北部邊疆緩慢地向西擴張。

結　論

本文著眼於王沈《魏書》與《後漢書·鮮卑傳》記載的不同,重新討論了鮮卑擴張的情況。現將本文的主要觀點總結如下:

---

① 《後漢書》卷四八《應奉傳》附《應劭傳》,第1610頁。
② 《後漢書》卷八九《南匈奴傳》,第2956頁。
③ 關於此點,烏桓在當初是與鮮卑一起被動員起來前往鎮壓逢侯之亂的,但在之後的鎮壓過程中,烏桓却消失了蹤影,比較鮮卑與烏桓的不同去向是一個極有趣味的話題。據吉本道雅氏所言,可以確定的是,烏桓之後亦曾向西方轉移,但其擴張被南匈奴所遮蔽。至公元140年代南匈奴勢力削弱之後,烏桓乘機將勢力範圍擴張至朔方郡。到了公元150年代,因以檀石槐爲中心的鮮卑部族的活躍,烏桓被迫內徙,進入了中國內地(吉本道雅:《烏桓史研究序説》,第80、98頁)。有關烏桓勢力之擴張與遷徙動因的探討可以留作日後研究的課題。

（1）關於北匈奴崩潰以後蒙古高原上的情形，學界歷來根據《後漢書·鮮卑傳》記載認爲，鮮卑於 1 世紀末吸收北匈奴殘存勢力，並將其勢力範圍擴張至蒙古高原。但本文以爲，鮮卑擴張在北匈奴崩潰很久之後，其契機應爲逢侯勢力的崩潰。

（2）鮮卑的向西擴張並非將其勢力範圍延伸至蒙古高原一帶，而是沿着東漢的北部邊疆前進，這是因爲其目的在於獲得東漢的財貨。

（3）另一方面，從王沈《魏書》中可以看到沒有被鮮卑吸收（而是與之雜居）的北匈奴大集團的存在。

（4）王沈《魏書》記載，遼東存在着一群仍保持自身結構却自稱“鮮卑兵”的北匈奴。這個集團並不像《後漢書》所稱的那樣，“被鮮卑所同化”，他們與鮮卑的整合顯得更爲鬆散。

附記：本文中文翻譯有賴清華大學高鑫先生鼎力支持，謹致謝忱！

附表　後漢時期鮮卑入侵表

年代	玄菟	遼東	遼東屬國	遼西	右北平	漁陽	廣陽	上谷	代郡	幽州	雁門	定襄	雲中	上郡	五原	朔方	并州	北地	武威	張掖	酒泉	敦煌	涼州	邊境	出典
				幽		州					并			州				涼		州					
45		○																							本1·傳80
92													北匈奴崩潰												
97				○																					本4·傳80
101					○	○																			本4·傳80
106						○																			本4·傳80
109											●(叛)														本5·傳80
115	○○																								本5·傳80
117	○			○				○																	本5·傳80
118									○																傳80
119									○																本5·傳80
120				◇				○	○																傳80
121	○																								本5·傳75
122											○	○					○								本5·傳80
123									○						○										本5·傳80
124	○																								本5·傳80
126																								○○	本6·傳80
127	○																								本6·傳80
128						○																			本6·傳80
129																○									本6·傳80
132	○								○																傳80
133									○																本6·傳80
145																									本6

續表

年代	幽州										并州								涼州					邊境	出典
	玄菟	遼東	遼東屬國	遼西	右北平	漁陽	廣陽	上谷	代郡	幽州	雁門	定襄	雲中	上郡	五原	朔方	并州	北地	武威	張掖	酒泉	敦煌	涼州		
146																								○	本10
156													○												本7·傳57·80
158																								○	本7·傳79·80
159											○														本7·傳80
163			○																						本7·傳80
166																								○○	本7·傳80
168										○														○	本8·傳80
169																	○								本8
171																	○								本8
172										○							○								本8
173										○							○								本8
174																	○	○							本8
175										○							○								本8
176										○							○								本8
177				○																				○○	本8·傳79·80
178																					○			○	本8·傳80
179										○							○								本8
180										○							○								本8
181										○							○								本8
185										○							○								本8
186										○							○								本8
187																							○		傳79

本：《後漢書》本紀，傳：《後漢書》列傳。參考林俊雄《鮮卑·柔然における農耕と城塞》古代オリエント博物館編：《古代オリエント論集 江上波夫先生喜壽記念》東京：山川出版社，1984年，第386—388頁《鮮卑入寇表》及三崎良章《後漢の破鮮卑中郎將》《五胡十六國の基礎的研究》，東京：汲古書院，2006年，第177—183頁，表9−1《後漢時代の周邊少數民族の動向と後漢政府の對應》。

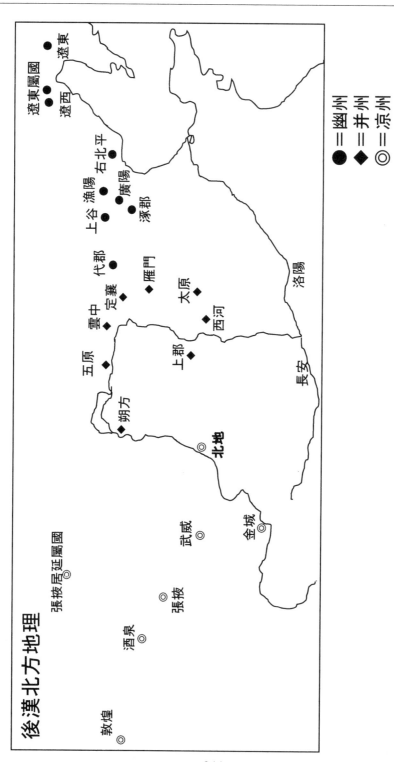

附圖

《魏晉南北朝隋唐史資料》第四十九輯
2024 年 5 月,245—263 頁

中古佛教徒燒身燃指的思想淵源

于福祥

　　隨着中國佛教史研究的深入,佛教徒的日常實踐已成爲學界關注的熱點話題。自從梁代僧人釋慧皎所撰《高僧傳》設《亡身篇》以來,《續高僧傳》《宋高僧傳》《補續高僧傳》皆設有"遺身"一科,可見捨身(遺身)在中國佛教中是不容忽視的存在。在中國,還出現了《佛説要行捨身經》等宣揚捨身的經典。① 然而在世俗看來,捨身而死也是自殺的一種,若按法國社會學家涂爾幹的分類,這無疑屬於利他主義的自殺。②

　　在許多宗教中,身體與精神是二元對立的,在對身體的厭棄中,教徒們實現了精神的升華,這是捨身的神學基礎。佛教作爲印度宗教傳統的一部分,存在着苦修的傳統,因此捨身可以視作佛教苦修傳統的延續。按《佛説要行捨身經》所言,捨身分死捨和生捨,死捨思想與中古流行的尸陀林葬息息相關,在死捨基礎上便可進化至生捨,比如佛經中著名的以身飼虎本生故事,可見生捨比死捨優越。根據船山徹的分類,"捨身"一詞的含義可分爲原意的捨身、象徵的捨身、與死亡同義的捨身、作爲暝想方法的捨身四種,③其中原意的捨身中最爲引人注目者恐怕要數燒身燃指了,④唐代文豪韓愈著名的《論佛骨表》即描繪了迎佛骨時百姓"灼頂燔指,百十爲群"的狂熱景象。可以説,燒身燃指現象伴隨着中國佛教的整個進程。湯用彤在《漢魏兩晉南北朝佛教史》的第十九章簡要介紹了燒身供養,認爲燒身的意義有三種:一者重佛法,二者願如藥王燒身後得

---

① 關於《佛説要行捨身經》,參見牧田諦亮:《敦煌本要行捨身経について》,《牧田諦亮著作集》第一卷《疑經研究》,京都:臨川書店,2014 年,第 359—378 頁;于淑健:《敦煌僞經〈佛説要行捨身〉考略——兼及與三階教的關聯》,《宗教學研究》2015 年第 1 期,第 93—99 頁;楊學勇:《也談〈佛説要行捨身經〉與三階教的關聯》,《敦煌學輯刊》2016 年第 3 期,第 61—68 頁。

② 〔法〕埃米爾·迪爾凱姆著,馮韻文譯:《自殺論》,北京:商務印書館,1996 年,第 225—253 頁。

③ 船山徹:《捨身の思想——六朝佛教史の一斷面》,《東方學報》第 74 册,2002 年,第 41—88 頁。另見船山徹:《捨身の思想——極端な仏教行爲》,《六朝隋唐仏教展開史》,京都:法藏館,2019 年,第 402—406 頁。

④ 本文所謂"燒身燃指"泛指佛教徒用火燒灼身體乃至自焚而死的行爲。

生天國,三者顯示禪定威力。① 湯先生的論述對於佛教徒燒身燃指研究的進一步開展具有重要啓發意義,不過限於體例,尚有許多未展開之處。中外學者有關佛教徒燒身燃指的研究成果甚夥,②James A. Benn(貝劍銘)的著作 *Burning for the Buddha—Self-Immolation in Chinese Buddhism* 可以認爲是西方學界對於佛教燒身現象研究的集大成之作,有諸多觀點令人耳目一新。然而既往研究多集中於燒身燃指與佛教經典特別是《法華經》的淵源,或是探究燒身燃指與佛教戒律的關係,對佛教徒燒身燃指行爲與其他思想資源的互動關係闡發尚不充分,因此亟待全面的討論和總結。中古時期的中國佛教徒深受中國傳統文化的浸潤,因此他們對於燒身燃指行爲的理解不僅有佛教的自身背景,也與中國的固有思想息息相關,而佛教徒的燒身燃指實踐又重塑了中國的社會意識,捋清其中脉絡對於推動中國佛教史研究不無裨益。本文擬在學界既有研究的基礎之上,立足印度以及中國的社會實際以及思想狀況,對佛教徒燒身燃指的思想淵源進一步加以闡釋。

一、早期佛教對燒身燃指的批評

佛教產生於反對正統婆羅門教的沙門思潮中,對於婆羅門教的吠陀天啓、祭祀萬能、婆羅門至上三大綱領進行了反思。釋迦牟尼意爲"釋迦族的覺悟者",佛陀並不認爲自己是神,佛教主張"依義不依語,依智不依識,依法不依人,依了義經不依不了義經",③抨擊當時流行的各種祭祀的無用靡費,早期佛教對於流行於外道的燒身等苦行,明顯持批評態度。

婆羅門教中有燒身可以除去自身罪孽的説法,《正法念處經》中提及有外道認爲若有人"多作惡不善業",用乾牛屎燒身可以往生梵天。在古印度宗教中,軀體燃燒產生的烟氣被認爲可以奉獻於神靈。④ 然而在佛教徒看來,這些人非但無福,實則死後將墮

---

① 湯用彤:《漢魏兩晉南北朝佛教史》,武漢大學出版社,2008 年,第 567 頁。

② 比如[日]名畑応順:《支那中世に於ける捨身に就いて》,《大谷學報》第 12 卷第 2 號,1931 年,第 209—251 頁;Jan Yün-hua,"Buddhist Self-Immolation in Medieval China",*History of Religions*,Vol. 4,No. 2(1965),pp. 243 - 268;[日]水尾現誠:《戒律の上から見た捨身》,《印度學佛教學研究》第 14 卷第 2 號,1966 年,第 680—684 頁;[日]岡本天晴:《六朝における捨身の一側面》,《印度學佛教學研究》第 22 卷第 2 號,1974 年,第 862—868 頁;林惠勝:《燃指焚身——中國中世法華信仰之面向》,《成大宗教與文化學報》2001 年第 1 期,第 57—96 頁;石剛:《論中古時期中國佛教徒的焚身供養》,《首都經濟貿易大學學報》2010 年第 1 期,第 124—128 頁;張元林:《敦煌〈法華經變·藥王菩薩本事品〉及其反映的"真法供養"觀》,《敦煌學輯刊》2013 年第 4 期,第 108—117 頁等。

③ 《大寶積經》,《大正藏》第 11 冊,臺北:新文豐出版公司,1983 年,第 478 頁上。

④ Arthur Berriedale Keith,*The Religion and Philosophy of the Veda and Upanishads*,Harvard University Press,1925,p. 575.

入地獄受苦。① 對燒身的贊美可能與印度傳統宗教中的事火外道有關。在釋迦牟尼時代，外道中事火求福的方法即頗爲流行，佛陀弟子優樓頻螺迦葉原先即爲事火教徒。崇拜火的現象在世界各地許多宗教中都有體現，火在婆羅門教儀式中占據重要地位。婆羅門教經典《憍尸多基奧義書》認爲如果想要獲得財寶或別人的愛，"他就應該在滿月之夜或新月之夜，或在白半月的吉祥星宿之夜，點燃祭火，清掃周圍，鋪上吉祥草，四周灑水，右膝下跪，用祭匙向祭火澆灌酥油"，然後，"他應該嗅聞煙氣香味，用酥油塗抹肢體"。② 這種點燃祭火的儀式在夜間舉行，中古時期的中國佛教徒也有不少人選擇在夜裏燒身，例如釋慧紹、僧瑜、善妙尼等即是初夜後燒身的，可見二者之間的淵源。火在古印度被認爲是與神靈溝通的媒介，婆羅門教中有火是天口的說法："外道謂火是天口，故就朝暝二時再供養火。問：外道何故謂火爲天口耶？答：《俱舍論》云，有天從火中出語言，諸天口中有光明謂言是火，故云天口。"③關於外道崇拜火的方法，《百論疏》介紹道："一辰朝禮敬，二殺生祭祀，三燃衆香木，四獻諸油燈。問：《智度論》云，火本爲天口，而今一切噉。此言何謂？答：外道謂火是天口，正燒蘇等十八種物，令香氣上達諸天，天得食之，令人獲福。將欲燒時前遣人呪然後燒，而今一切噉者，此是無常反異令一切净不净悉皆燒之，故云一切噉。"在外道看來，燃燒香料可使神靈欣悅而獲福。甚至天神本身也實施火祀，傳說"劫初成時，有異梵天王子諸鬼神父，修梵志苦行，滿天上十二歲，於此六日，割肉、出血以著火中。以是故，諸惡鬼神於此六日輒有勢力"。④ 在佛陀所創立的佛教教義中，天神却並不占據重要的地位，天神也要經歷輪回之苦，解脱主要靠的是自身而非外力。對於事火外道，佛陀曾多次進行抨擊，認爲於解脱無益，"或有事火，竟昔然之，或事日、月、尊佑大德，叉手向彼，如此之比受無量苦，學煩熱行。師子！有此苦行我不說無。師子！然此苦行爲下賤業，至苦至困，凡人所行，非是聖道。"⑤

苦行主義是宗教生活的基本要素之一，在不少宗教信徒看來，祇有對自己的本能欲望進行傷害，才能够擺脱世俗世界。婆羅門教以火灼燒身體與印度社會普遍盛行的苦行主義密切相關。印度外道中存在多種殘毀肢體乃至捨棄生命的苦行："所謂灰身、入

---

① 《正法念處經》，《大正藏》第 17 册，第 58 頁中。
② 黄寶生譯：《奧義書》，北京：商務印書館，2012 年，第 339—340 頁。此種法術在佛經中也有記載，有栴陀羅女愛戀佛陀弟子阿難，其母親"燃大猛火，百有八枚妙遇迦花，誦呪一周，輒以一莖投之火中"，口念咒言，阿難隨即"安詳而來"。參見《摩登伽經》，《大正藏》第 21 册，第 400 頁上、中。
③ （隋）吉藏：《百論疏》，《大正藏》第 42 册，第 247 頁中。
④ 《大智度論》，《大正藏》第 25 册，第 160 頁中。
⑤ 《中阿含經》，《大正藏》第 1 册，第 442 頁上。

冰、拔髮、日三洗、翹一足、日一食、二日一食,乃至一月一食,默然至死。常舉一臂,常行忍辱,五熱炙身,臥刺蕀上,入火入水,自投高岩,深爐中立,牛屎燒身,直趣一方不避諸難,常著濕衣裳,水中臥等。"①這些苦行實踐在現代印度社會仍很常見。佛陀成道之前也備歷各種苦行,後來發現不能得到真正的解脱,因此予以捨棄。對於各種自殺、殺人、苦行方術,《大般涅槃經》明確表示反對:"投淵赴火,自墜高岩,不避險難,服毒斷食,臥灰土上,自縛手足,殺害衆生,方道呪術,旃陀羅子無根二根及不定根身根不具。如是等輩如來悉聽出家爲道,是名魔説。"②在佛經中,對於外道苦行和僧團中的頭陀行都存在批評,即便是釋迦牟尼成道前的苦行也由贊揚逐漸轉變爲輕視,佛教更重視的是智慧對人的作用。③

在佛陀時代的原始佛教中,世尊並不支持形同苦修的燃指之類修行方法,更是反對燒身自殺。釋迦牟尼提倡"中道"觀,佛陀曾説:"莫求欲樂、極下賤業,爲凡夫行。亦莫求自身苦行,至苦非聖行,無義相應,離此二邊,則有中道。"④在原始佛教看來,燒身而死也是一種自殺,而佛陀是反對比丘自殺的,這在小乘戒律中有着明確的規定。"若比丘,若人,若似人,若自殺,若與刀藥殺,若教人殺,若教自殺,譽死、贊死:'咄!人用惡活爲? 死勝生。'作是心,隨心殺,如是種種因緣,彼因是死,是比丘得波羅夷,不共住。"⑤可見自殺是佛教戒律所不允許的。與此同時,"苦"是佛教四諦之一,佛教中有所謂八苦之説,即生、老、病、死、愛別離、怨憎會、求不得、五取蘊。雖説對苦的強調導致了佛教徒對現世生活的厭棄,但一定程度上卻有助於勸阻佛教徒向絕望屈服,如果生命中的苦是不可避免的,那麼企圖通過自殺以脱離苦難並沒有什麼必要,因爲下一生很有可能仍然是苦的。⑥ 勸人自殺也爲釋迦牟尼所禁絕,《彌沙塞部和醯五分律》記載:"復有比丘得重病,諸比丘問訊如上,語病者言:'汝等戒行具足,應受天福,若自殺者必得生天,何用如是久受苦爲?'"⑦這些比丘明顯受到外道思想的影響,佛陀認爲這種勸人自殺的行爲屬於波羅夷不共住。《佛説未曾有因緣經》中詳細記載了婆羅門外道主張燒

① 《十住毗婆沙論》,《大正藏》第 26 册,第 91 頁上。
② 〔古印度〕曇無讖譯:《大般涅槃經》,《大正藏》第 12 册,第 406 頁上。
③ 劉震:《"菩薩苦行"文獻與苦行觀念在印度佛教史中的演變》,《歷史研究》2012 年第 2 期,第 120—134 頁。
④ 《中阿含經》,《大正藏》第 1 册,第 701 頁中、下。
⑤ 《彌沙塞部和醯五分律》,《大正藏》第 22 册,第 8 頁中。
⑥ 〔英〕彼得·哈威著,李建欣、周廣榮譯:《佛教倫理學導論:基礎、價值與問題》,上海古籍出版社,2012年,第 285 頁。
⑦ 《彌沙塞部和醯五分律》,《大正藏》第 22 册,第 8 頁上。

身滅罪與佛教沙門對燒身的反對：

> 憶念過去無數劫時，有一大國名裴扇闍，有一女人名曰提違，婆羅門種，夫喪守寡，其家大富，都無兒息又無父母，守孤抱窮無所恃怙。婆羅門法，若不如意，便生自燒身。諸婆羅門時時共往到提違所，教化之曰："今身之厄，莫不由汝前身罪故。何謂爲罪？不敬奉事諸婆羅門，又不孝順父母、夫婿，復無慈心養育兒子；有是罪故，致令今身抱孤守厄。汝今若不修福滅罪，後世轉劇墮地獄中，當爾之時悔無所及。"

在婆羅門看來，一個人之所以受苦，是由於前世的罪過，解除罪過的方法是"修福"，而燒身是一種重要的滅罪方法，這些說辭有利於維護婆羅門的經濟特權。佛教沙門缽底婆（辯才）對此提出質疑："先身罪業，隨逐精神，不與身合，徒苦燒身安能滅罪？夫人禍福隨心而起，心念善故受報亦善，心念惡故受惡果報，心念苦樂受報亦爾。如人餓死則作餓鬼，苦惱死者受苦惱報，歡喜死者受歡喜報，安穩快樂，果報亦爾。"燒身過程中給身體及精神造成的巨大痛苦，不僅不能滅罪，而且會增重業報，使自己深陷地獄受苦。[①]總之，業報的主體在精神，而非物質性的身體。正所謂"無始以來欲、瞋、癡等，非身所攝，若燒身者，彼三不燒、不失、不滅，於五道中隨逐繫縛，處處共行"。[②]因此諸如"或在山頂投身深壑，或抱石自沉入於深水，或五火自炙求生梵天，或解身支節求神所在，或發頭頂以腦燃燈持供養天，或投身沸油酥，或江右殺無量衆生，或江左燒香，令命過衆生盡得生天，或自念言'曼我今在先度父母'，即以父母擲於火中唱生梵天。或食牛糞，或食菓蓏，或七日一食，或時不食，形骸枯燥，或編樹葉以爲衣服，或連髑髏以爲衣服，或以髑髏以爲食器，或服刺針，刺心持心令住，或時聚會一處，互相破腹洗腸去垢，唱生梵天"之類行爲，"實非真道"。[③]

對於外道的燒身行爲，佛經中佛陀以慈悲之心，也曾力圖勸阻，並促使他們皈依佛教。經中記載，釋迦摩尼佛在舍衛國，曾使得外道六師及眷屬放棄原有信仰，"五百尼乾作是念言，我等徒衆，都破散盡，不如燒身早就後世"，如來便用大悲力使得火不燃

---

① 《佛說未曾有因緣經》，《大正藏》第 17 冊，第 581 頁下—582 頁中。

② 《正法念處經》，《大正藏》第 17 冊，第 286 頁中。

③ 《菩薩從兜術天降神母胎說廣普經》，《大正藏》第 12 冊，第 1044 頁下。

燒,度化衆人出家爲比丘。① 這些記載雖然不可盲目信從,但反映了釋迦牟尼對燒身的態度。佛教認爲,那些宣揚"於山崖上自投身下,若火燒身,若自餓死,或五處火以炙其身,如是取死,有無量福,後得天上,無量眷屬、無量天女之所供養"的人是惡知識,不可親近。②

佛教傳至中國以後,中國人也開始接受佛教反對自殺的教義。劉裕篡位後派兵逼晉恭帝服藥自殺,晉恭帝聲稱"佛教自殺者不得復人身",③兵士於是用被子將他捂死,宋文帝弟彭城王劉義康臨死前也不肯自己服藥,稱"佛教自殺不復得人身,便隨宜見處分"。④ 雖然佛陀反對自殺,但自殺在佛教戒律中是否構成一種罪行歷來存在爭議,⑤戒律條文中的"自殺"語義多指自己親自殺人而非殺死自己。中古時期中國人對佛教的理解與原始經義並不完全符合,許多中國人對殺死別人和殺死自己在果報意義上並没有嚴格的區分,因而晉恭帝以及劉義康作爲佛教徒對自殺心存忌憚。一些經文則明確説明了自殺的罪報,在《四分律》的記載中,有比丘往摩頭山頂投身自殺,佛陀認爲此舉"便欲自殺偷蘭遮"。⑥ 按照《佛説犯戒罪報輕重經》的記載:"若無慚愧,輕慢佛語,犯偷蘭遮。如兜率天壽四千歲墮泥梨中,於人間數五十億六十千歲。"⑦自然是"不復得人身"了。

曾往印度求法的唐代僧人義净之所以反對燒身等自殘自殺之舉,並斥之爲"外道",也是著眼於小乘律典的。⑧ 不過隨着佛教自身的發展壯大,對自殺的看法悄然發生分化,在《彌勒菩薩所問經論》中則便對自殺有了新的詮釋,該經認爲自殺並没有罪

① 《雜寶藏經》,《大正藏》第 4 册,第 488 頁中。
② 《正法念處經》,《大正藏》第 17 册,第 318 頁下。
③ 《宋書》卷五二《褚叔度傳》,北京:中華書局,2018 年,第 1637 頁。
④ 《宋書》卷六八《彭城王義康傳》,第 1965 頁。
⑤ 參見[日]西元宗助:《仏教と自殺》,《京都府立大學學術報告・人文》,1962 年,第 59—67 頁;釋恒清:《論佛教的自殺觀》,《臺灣大學哲學論評》第 9 期,1986 年,第 181—195 頁;[日]陣内由晴:《原始仏典に説かれた自殺について》,《東洋哲学研究所紀要》第 6 卷,1990 年,第 81—106 頁;李薇:《律與自殺——以六部廣律的斷人命戒條文爲中心》,《中國佛學》第 37 期,北京:社會科學文獻出版社,2015 年,第 224—238 頁;内田みどり:《パーリ仏教文献における「自殺觀」の扱い方——『ヴィナヤ』と『サンユッタニカーヤ』を中心として——》,《印度學佛教學研究》第 65 卷第 2 號,2017 年,第 238—241 頁;[日]川本家苗:《「仏教倫理」と道德の善惡:自殺は殺生であるか?》,《宗教と倫理》第 18 卷,2018 年,第 26—38 頁;唐秀連:《具足戒律中自殺獲罪問題之省思》,《臺灣宗教研究》第 19 卷第 2 期,2020 年,第 117—158 頁,《自殺事例のカテゴリーとその特徵および中国の大乘仏教経典における意味》,《印度學佛教學研究》第 70 卷第 3 號,2022 年,第 1238—1243 頁等先行研究。
⑥ 《四分律》,《大正藏》第 22 册,第 983 頁上。
⑦ 《佛説犯戒罪報輕重經》,《大正藏》第 24 册,第 911 頁上。
⑧ (唐)義净著,王邦維校注:《南海寄歸内法傳校注》,北京:中華書局,1995 年,第 222—225 頁。

過："以自殺者無可殺境,即更無殺者,以無殺者故,自斷命不得惡報。又過去陰不續殺生等陰,是故自殺不得殺罪。"①所謂自殺實際上並不存在。可見佛教作爲一種包羅萬象的世界性宗教,不同派別對於同一問題的看法甚至可能是大相徑庭的。燒身燃指在佛教中便逐漸由破戒行爲向菩薩行轉變。

二、佛教徒的燒身燃指與菩薩行

在佛經中,火既有正面含義,也有負面含義。與此相應,燒身也有着正負兩類象徵性意義。佛陀曾告誡出家人説:"有愚癡士夫,依止聚落城邑,晨朝著衣持鉢,入村乞食,不善護身,不守根門,不攝其念。觀察女人少壯好色,而生染著,不正思惟。心馳取相,趣色欲想。爲欲心熾盛,燒心燒身。"②此外,還有"饑火燒身"等説法,可見燒身在這裏代表着各種欲望對人的侵蝕,所謂"欲火焚身"是也。燒身亦經常用來形容愚癡不明智的狀態,即便是菩薩也可能會出現此類狀況。"菩薩見佛不當著,色、痛癢、思想、生死、識不當著。何以故? 著者爲燒身。"③不過,燒身也可以被認爲是通過佛法消除三毒煩惱,"焚燒身中三毒煩惱及隨煩惱",④實現自身的純净。此外,身體自動起火也代表着一種神力,稱爲火光三昧,被認爲是禪定時的異象之一,而且燒身也象徵着涅槃,例如舍利弗便是用神力使得身上出火入般涅槃的。⑤ 當然,在佛教經典中,燒身表示懲罰之處更爲多見,"若輕毁比丘,受持净戒火。燒身及子孫,衆災流百世",⑥在地獄中,燒灼身體被看作一類重要的刑罰。大力宣揚"會三歸一"的大乘佛教經典《法華經》中有一個著名的比喻:娑婆世界如同火宅,衆生因愚癡煩惱輾轉受苦,"法王神力爲世之父,善權方便攝持恩議,行乎大悲道心無盡,愍哀三界大火熾然,黎庶不解故現世間,救濟衆生生老病死諸不可意結縛之惱,裂壞所著,脱淫怒癡,誘導三乘,漸漸勸示無上正真之道"。⑦ 佛教傳入中國以後,以世間爲火宅的説法廣泛流行,北齊《邑師道略等造神尊碑

① 《彌勒菩薩所問經論》,《大正藏》第 26 册,第 249 頁下。
② 《雜阿含經》,《大正藏》第 2 册,第 190 頁上。
③ 《般舟三昧經》,《大正藏》第 13 册,第 908 頁下。
④ 《底哩三昧耶不動尊聖者念誦秘密法》,《大正藏》第 21 册,第 16 頁下。
⑤ 在中國佛教史料中,也有具此神通之人,如梁代僧人法聰坐禪時便能入"水火定",參見《續高僧傳》,北京:中華書局,2014 年,第 581 頁,這裏顯然是仿照佛經記載進行描述的。
⑥ 《雜阿含經》,《大正藏》第 2 册,第 335 頁上。
⑦ 《正法華經》,《大正藏》第 9 册,第 75 頁下。

像記》便有"若乃人墮欲海,不識沉厄之苦;長處火山,詎愁焚燎之痛矣"的説法。①

佛教自創立以來,經歷了複雜的變化,尤其以小乘佛教至大乘佛教的轉變爲關鍵。在大乘佛教的發展過程中,大量吸取印度乃至中亞等地其他教派的思想和儀軌,使得原始佛教的面貌發生了巨大的改變。随着时间的推移,佛教中逐漸羼雜了各種外道思想,燃指燒身也被認爲是一種菩薩行得到贊歎,許多人開始通過燒身燃指爲燈供養於佛。吕澂認爲:"大乘思想就是菩薩乘思想。"②大乘佛教對於世尊前世的各類修行實踐頗爲重視,最終總結出六度的説法,即布施、持戒、忍辱、精進、禪定、智慧,同時還有包括布施、愛語、利行、同事的四攝。布施是六度和四攝之首,是菩薩行中最重要的修行方法,比較極端的布施手段就是對自己身體的捨棄。在大乘佛教中,捨身也是施捨的一種,燃指燒身現象便體現了佛教徒的捨身思想。《菩薩善戒經》提到出家菩薩在四施之外,另外有三種惠施,如此才能受持菩薩禁戒。所謂三種惠施爲:"一者施,二者大施,三者無上施。施者,于四天下尚不吝惜,況於小物,是名爲施。大施者,能舍妻子。無上施者,頭目髓腦骨肉皮血。"③《法華經·藥王菩薩本事品》是衆所周知的鼓勵燒身燃指的經典,④中國佛教徒燒身燃指現象的主要經典依據便是《法華經·藥王菩薩本事品》,燒身者將藥王菩薩視爲偶像,例如後秦法羽"常欲仰軌藥王,燒身供養"便是一例。燒身被認爲是一種"真法供養"的菩薩行,"仰軌藥王"用來形容佛教徒燒身燃指的動機再合適不過。然而按劉宋僧人道生的闡釋,《法華經》中藥王菩薩是"以神通願力,而自然身,不由水火也",⑤普通人不解其意,往往膠柱鼓瑟模仿藥王菩薩的燒身之舉。中古時期的燃指燒身現象,還與習禪緊密結合在一起,燒身者很多都是習禪的僧人。習禪中有"觀身不净"法門,佛教徒的焚身固然體現着大乘佛教慈悲利他的精神,其中也有着重視頭陀苦行的特色,燃指焚身也是苦行的一種。唐代惠恭禪師從審禪師學禪,"苦行精誠,年逾十載",於貞觀末年沐浴舍利,燒二指供養,⑥便是一個顯著的例子。

燒身燃指的流行除了與《法華經》有關外,也與《華嚴經》等大乘經典有關。《續高

①　(清)王昶輯:《金石萃編》卷三四《邑師道略等造神尊碑像記》,北京:中國書店,1985 年,葉 7a 下。當然,火山本身就是地獄中的一類重要意象。

②　吕澂:《印度佛學源流略講》,上海人民出版社,2002 年,第 101 頁。

③　《菩薩善戒經》,《大正藏》第 30 册,第 960 頁下。

④　關於佛教徒燒身燃指與《法華經》的關係,前人論述較多,本文不擬贅述,參見 James A. Benn, *Burning for the Buddha: Self-immolation in Chinese Buddhism*, University of Hawaii Press,2007,pp. 54－77.

⑤　《法華經疏》,《大正藏》第 85 册,第 191 頁下。

⑥　韓金科、王均顯:《新發現唐法門寺住持〈惠恭禪師大德之碑〉》,《文博》1991 年第 4 期,第 73—78 頁。

僧傳》中記載五臺山文殊道場有王子燒身塔寺，傳説該王子"元是齊帝第三子，性樂佛法，思見文殊，故來山尋，如其所願，燒身供養，因而起塔。"①劉宋時西域沙門功德直所譯《菩薩念佛三昧經》也有師子王子在寶肩如來滅度後燒身供養的記載。中古佛教以大乘佛教爲主幹，這與鳩摩羅什的宣導不無關係。鳩摩羅什於後秦弘始八年（406）重新翻譯了《法華經》，而同時期的後秦僧人法羽便是最早出現於僧傳中的燒身者。在"大乘主義"的影響下，很多人並不滿足於小乘律典，因而產生了適應大乘佛教的律部經籍，《梵網經》便是最重要的一種。根據中外佛教學者的研究，《梵網經》普遍被認爲是一種疑僞經，該經題名鳩摩羅什譯，但譯文風格與鳩摩羅什不類，它很可能是中土佛教人士所撰集。②《梵網經》要求佛子"見後新學菩薩有從百里千里來求大乘經律，應如法爲説一切苦行，若燒身燒臂燒指。若不燒身臂指供養諸佛，非出家菩薩"。③燒身臂指在此經中竟然成了出家人的必備功課。由於般若空觀的流行，身體被許多佛教徒認爲是虚妄不實的存在，因此灼燒身體並非灼燒身體，北魏定州人孫遼便"不以支節之痛，示其無我之念，遂燒兩指，盡身供養"。④

嚴耀中認爲，佛教中燃臂燒身現象恐與密教的流行有關，⑤"在密教裏，焚燒自身則是作爲對佛的一種特殊供養，它不是施捨，一般也不叫做施身"。⑥密教本身就是大量吸收印度以及其他地區民間宗教傳統而逐漸形成的。在佛教發展初期，就有密教化的特點，隨着時代的推移，密教成了晚期印度佛教的主流。原先在外道中流行的事火方術，也被密教所吸收，⑦佛教對燒身的態度因而發生了翻天覆地的變化。佛教之所以容

---

① 《續高僧傳》，第 1074—1075 頁。

② 陳士强：《大藏經總目提要·律藏》（二），上海古籍出版社，2015 年，第 608 頁。另參見［日］船山徹《疑経『梵網経』成立の諸問題》（《佛教史學研究》第 39 卷第 1 號，1996 年，第 54—78 頁）以及氏著《東アジア仏教の生活規則〈梵網経〉》（臨川書店，2017 年）的相關研究。與域外傳入中國的經典相比，中國人自己撰述的所謂疑僞經典有時往往更能反映中國佛教的真實面貌。

③ 《梵網經》，《大正藏》第 24 册，第 1006 頁上。

④ 《孫遼浮圖銘》，王連龍：《南北朝墓誌集成》，上海人民出版社，2021 年，第 235—236 頁。

⑤ 《法華經》中便有《陀羅尼品》，而陀羅尼便是與密教有關係的咒文。參見［日］平川彰著，莊崑木譯：《印度佛教史》，臺北：商周出版社，2002 年，第 458—461 頁。

⑥ 嚴耀中：《漢傳密教》，上海：學林出版社，1999 年，第 148 頁。一個明顯的例子是唐代四川柳本尊信仰中的十煉法，而柳本尊本是密教人物，參見葉原：《官方意識形態與民間信仰的博弈——大足寶頂山摩崖石窟中的題材衝突》，《西南民族大學學報（人文社會科學版）》2013 年第 6 期，第 59—62 頁；蔣世强、王志瓊：《佛教密宗石刻造像"柳本尊十煉圖"的宗教文化意義探析》，《中南民族大學學報（人文社會科學版）》2014 年第 2 期，第 51—54 頁。

⑦ 參見白中道：《護摩——火壇儀軌》，《現代佛教學術叢刊》（七十四），臺北：大乘文化出版社，1979 年，第 39—50 頁；黃柏棋：《從何火到護摩：東亞秘密佛教中火祠之變》，《世界宗教學刊》（臺灣）第 17 卷，2011 年，第 37—70 頁；陳月杏：《佛教中火供儀式的觀點——以大威德金剛火供爲主》，臺灣佛光大學碩士學位論文，2015 年。

納源自外道的燒身燃指,是因爲"以佛教爲代表的古代印度文化信奉身心分離主義,認爲人的真實生命體現於精神的'自我'中",①在這種文化氛圍中成長起來的佛教,有着向婆羅門傳統妥協的傾向。北周沙門僧崖在明帝武成元年(559)燒左右五指,就認爲"痛由心起,心既無痛,指何所痛",②僧崖的説法便貫徹了主張身心分離的二元論觀點,求學於廬山慧遠的宗炳也提到"夫道在練神不由存形,是以沙門祝形燒身屬神絶往,神不可滅而能奔其往",③燒身的合理性需要以神不滅之説來論證,對身體的損傷並不影響靈魂的修行。

佛教徒中流行的燃指燒身與燃燈供養也存在關聯,特別是燃臂燃指等不會導致死亡的實踐方式,還可實施多次供養。在佛教中,燈有着重要象徵意義,燈的光明驅散黑暗,代表佛法祛除愚癡,燈光的接續不滅可以用來形容佛法的賡續不斷。佛經中專門有《佛説施燈功德經》宣揚燃燈的福報,該經宣稱"彼施燈者,所得福聚無量無邊,不可算數,唯有如來乃能了知"。④ 與燒身信仰密切相關的《法華經》也認爲"若以華、香、瓔珞、幢幡、繒蓋、香油、酥燈,供養經卷,是人功德無量無邊,能生一切種智"。⑤ 據學者統計,在敦煌寫卷之中,以燃燈爲主題的有三十四篇以上,《燃燈文》稱贊"其燈乃神光破暗,寶燭除昏;諸佛爲之剜身,菩薩爲之燒臂"。⑥ 在佛本生故事中,佛陀前世曾是國王度闍那謝梨,爲使婆羅門説法,令人用刀剜身,"出其身肉深如大錢,以酥油灌中而作千燈"。⑦《大般涅槃經》中借佛口宣稱:"如是苦者,於地獄苦,百千萬分未是一分。汝於無量百千劫中受大苦惱都無利益,汝若不能受是輕苦,云何而能於地獄中救苦衆生?"⑧ 釋迦牟尼所放棄的苦行重新被贊美。在大乘佛教傳統中,佛本生故事得到格外重視,相關藝術品大量涌現,佛教徒紛紛以模仿佛陀前生不可思議菩薩行爲榮。一些佛教徒以自己的身體爲燃料點燈供養於佛,被認爲將得到更大的福報,劉宋僧人净度便有"若邑中有齋集,輒身然九燈,端然達曙,以爲供養,如此者累年"之舉。⑨ 甚至還有劉宋東陽

---

① 張廣保:《涅槃與仙化:佛、道終極解脱思想的差異——以〈弘明集〉〈廣弘明集〉爲中心的考察》,《中國哲學史》2012 年第 3 期,第 20—27 頁。

② 《續高僧傳》,第 1143 頁。

③ 《弘明集》,《大正藏》第 52 冊,第 14 頁上。

④ 《佛説施燈功德經》,《大正藏》第 16 冊,第 804 頁中。

⑤ 《妙法蓮華經》,《大正藏》第 9 冊,第 45 頁中。

⑥ 黄徵、吳偉編校:《敦煌願文集》,長沙:嶽麓書社,1995 年,第 37 頁。

⑦ 《佛説菩薩本行經》,《大正藏》第 3 冊,第 113 頁中。

⑧ [古印度]曇無讖譯:《大般涅槃經》,第 557 頁下。

⑨ 《高僧傳》,北京:中華書局,1992 年,第 416 頁。

太守張淹逼迫郡吏燒臂照佛的事情發生。① 因爲佛教經典中存在以神通力燒身涅槃的描述，而涅槃之後便會有舍利產生，隨着舍利崇拜的興起，佛教徒的燒身燃指便與舍利崇拜聯繫起來，②在仁壽年間隋文帝分發舍利於天下各州的過程中，便出現了許多燒身燃指供養舍利的現象，譬如沙門曇義聽聞舍利皆放光明，便燒指爲燈，供養舍利，試圖以燃燒身體所發出的光亮來映襯佛舍利的光明。

三、中國思想背景下的佛教燒身燃指

中古佛教徒燒身燃指現象不僅有着佛教內部的影響，也與外部因素息息相關。中國佛教是在與儒家、道教、玄學等思潮的融合碰撞中逐漸成長起來的。作爲外來宗教，佛教的許多觀念與中國傳統格格不入，如何與本土思想相調適，更好適應中國人的精神需求，以便在中國站穩腳跟，實現所謂的佛教中國化，是一個值得長期深入探討的話題。中國人的思維有着現實主義的特色，這與偏於玄想的印度人存在明顯差異，因而出現"後人惡其流弊，而不惡儒流之亦弊。執滯不察，摘其一句一字，輒加謗譏，侮聖違天"③的現象，佛教在中國的傳播與發展不可避免地遭受到儒道等本土思想的挑戰。中印兩國的社會環境迥然不同，在印度習以爲常的捨棄家庭、傲視王者、剃除鬚髮、托鉢乞食等生活方式在中國語境下顯得格格不入。在中古文獻中，批評佛教不忠不孝的議論隨處可見。社會上對佛教徒燒身燃指的批評時常出於對孝道的維護。在船山徹看來，由於佛教的輪迴理論以及如來藏思想，一定程度上消減了個體對於本生父母家庭責任的强調，④但基於中國的社會文化背景，完全消除幾乎是不可能的。

除此之外，佛教徒爲了建立自身的合法性，積極吸納中國文化的固有資源，證明佛教的思想和生活方式與中國傳統不僅無本質衝突，而且是相輔相成的。對於燃指燒身之舉，佛教方面逐漸有了更多中國化的解讀，以便更好適應中國人的心理。《辨惑論》認爲"湯恤蒸民，尚焚軀以祈澤；墨敦兼愛，欲磨足而至頂"，⑤佛教徒之所以燒身燃指不是單單爲了自己的解脱，相反其精神與商湯、墨翟等中國聖賢並無二致。中國人經常把

---

① 《宋書》卷四六《張邵傳》，第 1520 頁。
② 參見 Chen Huaiyu，*The Revival of Buddhist Monasticism in Medieval China*，Peter Lang Publishing，2007，pp. 69 - 73；林鳴宇：《燒身供養與舍利信仰》，《佛學研究》2008 年第 1 期，第 266—270 頁。
③ 《敬羽、高衡造像記》，毛遠明：《漢魏六朝碑刻校注》第 4 冊，北京：綫裝書局，2008 年，第 388 頁。
④ 《捨身の思想——極端な仏教行爲》，《六朝隋唐仏教展開史》，第 428—433 頁。
⑤ 《廣弘明集》，《大正藏》第 52 冊，第 190 頁中。

佛教與墨家相比擬,直到南宋,趙彥衛還主張"楊氏爲我,即老氏;墨氏兼愛,即釋氏,沿民心素,有從風而靡"。① 面對外界對佛教徒殘毀軀體的詰難,唐代僧人增忍甚至認爲殘毀身體的行爲在儒教、道教中也很常見,因而各有其合理性,並没有什麼大不了的:

> 子不聞古者以求聰廢目,奄致文身。干將之劍或非,角哀之墓誰贊? 此儒教之毁傷也。又有羽客致尸林野,遊戲霄丹;群仙掛骨蓬萊,飛騰碧落。此則道教之毁傷也。我《華嚴》有一句投火,《涅槃》有半偈捨身,至於慈力剜燈,尸毗救鴿,此則佛教之毀傷也。②

隨着時代的推移,捨身逐漸脱離了印度佛教的本來語境,增添了更多的中國本土色彩。

中古時期,一直有禮法人士對佛教的一些修行方法展開批判,其中便包括燒身,劉宋宗炳所作《明佛論》中就提到有人批評"其中有作沙門而燒身者,有絶人理而剪六情者,有苦力役傾資寶而事廟像者,頓奪其當年而不見其所得,吁可惜矣"。③ 按中國人的傳統觀點,身體可供靈魂憑依,殘毀身體意味着靈魂没有憑依之所。即便是深信佛教的北魏胡太后,在重新掌握權力後,對付已經死去的政敵劉騰,也將"發墓殘尸,使其神靈無所歸趣"視爲一種嚴厲的懲罰。④ 在這一壓力下,中國佛教中始終有人試圖調和儒釋,以便更好適應統治者的需求。研究表明,在佛教傳入中國之初,佛經翻譯便受到儒家思想的強烈影響。三國時期,康僧會輯録的《六度集經》中到處可見儒家的仁道思想。在南北朝後期,儒佛結合的趨勢已經很明顯,顏之推便認爲:"内外兩教,本爲一體,漸積爲異,深淺不同。内典初門,設五種禁;外典仁義禮智信,皆與之符。"⑤

先秦儒家雖不明確否定神的存在,但更重視神對現世社會的功用,儒家經典對正祀與淫祀有着嚴格的區分:"夫聖王之制祭祀也:法施於民,則祀之;以死勤事,則祀之;以勞定國,則祀之;能禦大災,則祀之;能捍大患,則祀之……及夫日月星辰,民所瞻仰也;山林、川谷、丘陵,民所取財用也。非此族也,不在祀典。"⑥中古時期,便有許多地方官

① (宋)趙彥衛撰,傅根清點校:《雲麓漫鈔》,北京:中華書局,1996年,第40—41頁。
② 録文見錢光勝:《敦煌寫卷〈靈州龍興寺百草院史和尚因緣記〉與唐五代的刺血寫經》,《敦煌研究》2017年第6期,第100—107頁。
③ 《弘明集》,《大正藏》第52册,第13頁上。
④ (魏)楊衒之撰,周祖謨校釋:《洛陽伽藍記校釋》,上海書店出版社,2000年,第49頁。
⑤ 王利器:《顏氏家訓集解》,北京:中華書局,1993年,第368頁。
⑥ 《禮記正義》,《十三經注疏》(三),北京:中華書局,2009年,第3450頁下—3451頁上。

代表國家意志,致力於斷絶淫祀。燒身者若要得到官方的承認,需證明自己對鄉里秩序是有益的。其實,在佛教深入中國社會之前,已存在各種目的的燒身。《水經注》卷十二載汝南郡有張明府祠,“水旱之不節,則禱之”,據説該神祠起於當地縣令爲民犧牲的壯舉。

> 臨武張熹,字季智,爲平輿令。時天大旱,熹躬禱雩,未獲嘉應,主簿侯崇,小史張化,從熹焚焉。火既燎,天靈感應,即澍雨。①

爲了感恩,人們因而在張熹自焚之處建立祠廟。除了張熹之外,東漢地方官員戴封、諒輔等人也曾試圖自焚求雨。這些官員的舉動明顯是在模仿商湯禱雨的傳説,②反映了原始宗教中以人體爲犧牲祈神的風氣,③魯僖公二十一年也因大旱欲焚巫尪。此外,以董仲舒爲代表的儒家天人感應學説在漢代的流行,促使了焚身求雨現象的發生,循吏的事迹往往會伴隨一些感應事迹。④ 直到北宋時期,宋太宗淳化二年(991)“三月己巳,上以蝗、旱,欲自焚,未幾而雨”,⑤雖然有表演的成分,但仍然延續了商湯以來的傳統。在農業社會,降雨有着重要的意義,一些佛教徒的燒身便與祈雨有關,⑥這無疑是配合官方維護社會秩序的行動,燒身因而也可被認爲是出於儒家“仁”的動機。這種行爲也有佛教經典作爲依據,在《大乘悲分陀利經》中,釋迦牟尼的前世燈明爲了給出海的五百商人指示航向,不惜燃手七天七夜。可見中國僧尼的捨身固然體現了佛教求解脱的觀念,但也有相當多的事例其目的是爲當地百姓謀福,一些捨身而死的僧人死後便被當作村莊的守護神。⑦ 儒家另有捨生取義的説法,唐代釋行明常對道友説:“吾不願隨僧崖焚之於木樓,不欲作屈原葬之於魚腹。終誓投軀,學薩埵太子超多劫而成聖

---

① (北魏)酈道元注,楊守敬、熊會貞疏:《水經注疏》,南京:江蘇古籍出版社,1989 年,第 1785—1786 頁。
② 李善注《文選·思玄賦》引《淮南子》稱“湯時天下大旱,卜用人祀天……乃使人積薪,剪髮及爪,自潔,居柴上,將自焚以祭天”,見《文選》,上海古籍出版社,1986 年,第 665 頁。清人俞正燮却認爲這不過是“凶年鼓亂之悖言也”,見《癸巳存稿》卷一四“悖儒莠書”條,北京:商務印書館,1957 年,第 439 頁。從中亦可窺見中國思想領域變遷之一隅。
③ 殷商甲骨卜辭中時常可見焚燒人以求雨的烄祭,參見常玉芝:《商代宗教研究》,北京:中國社會科學出版社,2010 年,第 81—84 頁。
④ 孫正軍:《中古良吏書寫的兩種模式》,《歷史研究》2014 年第 3 期,第 4—21 頁。
⑤ (宋)司馬光著,吉書時點校:《稽古録》,北京師範大學出版社,1988 年,第 187 頁。
⑥ 參見林鳴宇:《燒身供養略攷》,《東洋文化研究》第 7 號,2005 年,第 321—347 頁。
⑦ [法]謝和耐著,耿昇譯:《中國 5—10 世紀的寺院經濟》,上海古籍出版社,2004 年,第 255 頁。

果,可不務乎?"①便是將僧崖燒身與屈原投汨羅江相提並論的,《法苑珠林》談及捨身時還提到儒家推崇的龔勝等人,以之與佛教徒的捨身相比擬。儒家的存在是中國接受大乘佛教的重要土壤,大乘佛教的救濟論及菩薩道與儒家的倫理觀和政治觀有很多契合之處。

如所周知,忠孝是儒家的基本倫理原則。魏晉以來,由於專制皇權的弱化,忠的概念有所淡化,孝的觀念一度凌駕於忠君之上。《孝經·開宗明義章》稱:"身體髮膚,受之父母,不敢毀傷,孝之始也。"在中古時期,《孝經》被抬到很高的位置,並且開始神秘化,甚或具有了宗教性質。②梁代名儒皇侃"性至孝,常日限誦《孝經》二十遍,以擬《觀世音經》",③便是將《孝經》與佛經相提並論的。劉宋時代,有人抨擊佛教"夫聖人窮理盡性,以至於命,物有不得其所,若己納之於隍。今誑以不滅,欺以成佛,使髡首赭衣,焚身然指,不復用天分以養父母夫婦父子之道"。④北魏李瑒亦以爲:"三千之罪,莫大不孝,不孝之大,無過於絶祀。然則絶祀之罪,重莫甚焉。安得輕縱背禮之情,而肆其向法之意也?"⑤這對佛教是一個很大的挑戰。在家族觀念强大的中國社會,佛教不得不逐漸接受儒家孝的觀念,並對之重新加以闡釋,出家人中力行孝道者所在多有。中國佛教徒認爲佛教義理與孝道並無衝突,"至如灑血焚軀之流,寶塔仁祀之禮,亦敬始慎終之謂也"。⑥燃指焚身這類敬佛行爲對父母亦有益處。捨身也包括爲父母而行的捨身,在中古佛教徒看來,爲父母而捨身並無什麼不當,《大方便佛報恩經》中便有此類故事,⑦社會上也流行着《父母恩重經》等僞經,而且捨身之舉本身就是爲父母積德。《建康實錄》卷十二宋文帝元嘉四年八月條記載:

> 散騎常侍殷道鸞薦梓桐張楚,母年一百四歲,危疾,楚祈禱懇惻,燒二指誓神,母蒙愈。⑧

---

① 《宋高僧傳》,北京:中華書局,1987年,第591頁。
② 參見[日]吉川忠夫著,王啓發譯:《六朝精神史研究》,南京:江蘇人民出版社,2012年,第422—425頁;高二旺:《魏晉南北朝時期孝感動天現象考論》,《中州學刊》2018年第9期,第110—115頁。
③ 《梁書》卷四八《儒林傳》,北京:中華書局,2020年,第755頁。
④ 《弘明集》,《大正藏》第52冊,第20頁中。
⑤ 《魏書》卷五三《李孝伯傳附安世子瑒傳》,北京:中華書局,2017年,第1291頁。
⑥ 《辯正論》,《大正藏》第52冊,第533頁上。
⑦ 參見呂昂:《從捨身本生看佛教倫理中國化——以〈大方便佛報恩經〉爲例》,《五臺山研究》2015年第4期,第19—24頁。
⑧ (唐)許嵩撰,張忱石點校:《建康實錄》,北京:中華書局,1986年,第417頁。

南北朝時期,士族壟斷了大量政治社會資源,普通人要想出人頭地並不容易,其中一個方式是通過孝行而獲得朝廷的關注。比如郭世道便因爲其孝行而被免除租調,並被太守察舉孝廉,沈約感歎道:"漢世士務治身,故忠孝成俗,至乎乘軒服冕,非此莫由。晉、宋以來,風衰義缺,刻身屬行,事薄膏腴。若夫孝立閨庭,忠被史策,多發溝畎之中,非出衣簪之下。以此而言聲教,不亦卿大夫之恥乎?"①元嘉四年(427),除了張楚外,秦綿、吳逵、郭世道等人也因爲孝義被表薦,雷次宗、陶潛、劉凝之等則因爲隱逸被舉薦,此前一年宋文帝除掉了權臣徐羨之、傅亮、謝晦,這些舉動有收攬人心的目的。張楚爲母親燒二指之舉便受到佛教燃指供佛的影響,中國語境下的君王、父母與佛差可比擬。唐代僧人靜之從小好樂佛法,其父死後便想焚身報德。② 在孝文化的强大影響下,爲父母而殘毀肢體的行爲擁有天然的合法性,典型的例子就是"割股事親"。捨身作爲一個佛教概念,在中國開始融入儒家孝道體系,泰山等地的捨身崖也與這種文化氛圍有關。

非唯佛教徒中有捨身之舉,其他宗教中也普遍存在殘毀身體以求福祥的現象。③其實,類似佛教徒燒身燃指這種摧殘身體的修行方式,在各大宗教中並不鮮見,基督教聖徒中亦有爲抵禦誘惑而將手指燒光的。④ 佛教始終面臨着與中國本土宗教道教的融合與競爭。中古時期,爲争奪信衆,道教與佛教發生了激烈的衝突,史稱"佛道二家,立教既異,學者互相非毁",⑤北朝以及唐朝發生的三武滅佛運動,背後皆有道教徒的影子。佛教對於道教的建構裨益甚多,但中國佛教也吸收了許多道教以及民間信仰成分,以便更加緊密地貼合中國社會的實際狀況。中古時期一直有佛教徒兼習道教方術,北魏净土僧曇鸞認爲:"命惟危脆,不定其常,本草諸經,具明正治。長年神仙,往往間出,心願所指,修習斯法。果克既已,方崇佛教,不亦善乎!"⑥將佛教無常之説與道教長生信仰相結合,因而渡江尋找道士陶弘景求取仙方。曇鸞後來遇到來自北天竺的高僧菩提流支,詢問印度佛教中的長生不死之法,菩提流支却認爲佛法中並無長生不老之術,"縱得長年,少時不死,終更輪回三有耳"。與佛教不同,道教的旨趣本來就在追求長

① 《宋書》卷九一《孝義列傳》,第 2479 頁。

② 《續高僧傳》,第 791 頁。

③ 關於佛教捨身與其他宗教的異同,可參見 Brendan D. Kelly, "Self-immolation, suicide and self-harm in Buddhist and Western traditions", *Transcultural Psychiatry*, Vol. 148, No. 3(2011), pp. 299−317.

④ [德]鮑吾剛撰,姜虎愚譯:《隱士的誘惑:三至四世紀中國和西方隱修的諸面向》,《魏晉南北朝隋唐史資料》第 34 輯,上海古籍出版社,2016 年,第 183—216 頁。

⑤ 《南齊書》卷五四《高逸傳》,北京:中華書局,2017 年,第 1027 頁。

⑥ 《續高僧傳》,第 188 頁。

生,道教長生不老之法被認爲來自神仙家和房中家,南朝人明僧紹就認爲"今之道家所教,唯以長生爲宗,不死爲主",①一些道教徒甚或譏諷佛教是求死的宗教,《正誣論》就提到有人認爲信佛之人"樂死惡生",②《三天内解經》亦聲稱"老子主生化,釋迦主死化"。③ 然而矛盾的是,道教中也存在自殺求仙的現象,這恐怕與其固有的尸解信仰有關。尸解最初是道教徒美化死亡的一種説辭,後來發展爲主動自殺求仙。早在東晉,孫恩五斗米道教徒起事時,"其婦女有嬰累不能去者,囊簏盛嬰兒投于水,而告之曰:'賀汝先登仙堂,我尋後就汝。'"④無獨有偶,殺死別人以送他人上天的思想在印度社會也有體現,佛經中記載佛陀入山修行時見有仙人試圖先度自己的父母,"即以父母擲于火中唱生梵天"。⑤ 這説明在部分道教徒和婆羅門教徒的心目中,肉體的死亡導向的是更快的飛升,既然結束別人生命能做到這點,結束自己的生命也可以,而佛教燒身燃指又與印度等地的外道息息相關。孫恩兵敗後投海,信徒們認定他已成爲水仙,其繼承者盧循也投水而死。韓吉紹認爲,自殺求仙與現世成仙、逝後成仙共同構成六朝時期"同死生之域"思想的三種趨向。⑥ 道教尸解手段很多,其中火解即是其中之一,北周道教類書《無上秘要》言及尸解時便提到"以藥塗火炭,則他人見形而燒死謂之火解"。⑦ 另外,《大有妙經》提到"若有道士欲求延年不死及疾病臨困有救而生者",有日月煉形之術,可以死後更生。⑧ 在佛教傳入中國之初,涅槃觀念與道教成仙混雜不清,人們甚至用代表尸解的"滅度"翻譯涅槃。根據道經記載,傳説中的黄帝時期陶正甯封便是自焚尸解的,即《真誥》所提到的"甯生服石腦而赴火,務光剪韭以入清冷之淵"。⑨

在佛教典籍《法苑珠林·捨身篇》中,道教人物甯封子竟位列感應緣的第一個事例,可見在中古佛教徒的心目中。甯封子的火解之舉與佛教捨身類似,佛教徒有意將二者相比附。一個較晚的例子也暗示了捨身與尸解的聯繫,《宋高僧傳》的作者贊寧評論唐僖宗時僧人全豁爲賊所殺時提出:"業累才輕,苦依身盡,換堅固之體耳。神仙或從

① 《弘明集》,《大正藏》第 52 册,第 38 頁上。
② 《弘明集》,《大正藏》第 52 册,第 9 頁上。
③ 《三天内解經》,《道藏》第 28 册,北京、上海、天津:文物出版社、上海書店、天津古籍出版社,第 415 頁下。
④ 《晉書》卷一〇〇《孫恩傳》,北京:中華書局,1974 年,第 2633 頁。
⑤ 《菩薩從兜術天降神母胎説廣普經》,《大正藏》第 12 册,第 1044 頁下。
⑥ 韓吉紹:《自殺求仙:道教尸解與六朝社會》,《文史》2017 年第 1 期,第 29—49 頁。
⑦ 《無上秘要》,《道藏》第 25 册,第 246 頁上。
⑧ 《洞真太上素靈洞元大有妙經》,《道藏》第 33 册,第 404 頁下。
⑨ (梁)陶弘景撰,趙益點校:《真誥》,北京:中華書局,2011 年,第 75—76 頁。

刃殞者,謂之劍解,況其正修證果之人? 觀待道理,不以不令終爲耻也。"①二者都是通過捨棄生命得成正果。對於火解者,教外人士往往認爲是自殺而非尸解,佛經中的菩薩也會遇到類似困惑:"或有菩薩摩訶薩禪定攝意入火界三昧,令此三千大千刹土烔然爲火,愚惑衆生謂爲菩薩遭火劫燒。"②當然,與佛教相似,道教中也有象徵意義的燒身,《真誥》記載道士生病時便可以"閉目内視心使生火以燒身"。③ 道教中還有"水火煉度"的説法,《靈寶煉度五仙安靈鎮神黄繒章法》記載鄭仁安尸體被人所燒,後爲上宫南帝老君。然而由於中國人較難接受焚燒祖先尸形,"水火煉度"後來被解釋爲在仙界中被神水及神火洗煉成仙。④

對於佛教的焚身與道教的具體關係,學界一直有着不同的看法。法國學者謝和耐及日本學者明神洋認爲佛教燒身很可能受到道教法術的影響,⑤另有法國學者費里奥扎却認爲兩者没有關係。⑥ 總體看來,認爲佛教徒燒身燃指源於道教的説法仍顯證據不足。⑦ 佛教燒身燃指現象有着自身的邏輯,在印度便能找到蹤迹,不少支持燒身的論據並不見於佛教傳入前的中國社會,可見佛教燒身與道教火解的思想基礎並不吻合,毋寧説是對於部分僧徒"練形以期羽化,服餌以却重尸"之舉的應激反應。佛教徒燃指燒身在魏晉以後長期流行,而道教火解事例相對來説則較爲鮮見。尸解仙在道教神仙體系中的地位並不高,葛洪引《仙經》將仙人劃分爲三個層次:"上士舉形升虚,謂之天仙;中士遊于名山,謂之地仙;下士先死後蜕,謂之尸解仙。"⑧燒身在一定程度上成了佛教

① 《宋高僧傳》,第589頁。

② 《菩薩從兜術天降神母胎説廣普經》,《大正藏》第12册,第1036頁下。

③ 《真誥》,第118頁。

④ 劉屹:《死後成仙:晉唐至宋明道教的"煉度"主題》,《唐研究》第18卷,北京大學出版社,2012年,第225—247頁。

⑤ Gernet Jacques, "Les suicides par le feu chez les bouddhistes chinois du Ve au Xe siecle", *Mélanges publiés par l'Institut des Hautes Études Chinoises*, No. 2 (1960), pp. 527–558. [日] 明神洋:《中國佛教徒の燒身と道教》,《早稻田大學大學院文學研究科紀要》别册第11卷"哲學·史學編",1985年,第41—50頁。

⑥ Filliozatv Jean, "La mort voluntaire par la feu et la tradition Bouddhique Indienne", *Journal Asiatique*, Vol. 251, No. 1 (1963), pp. 21–51.

⑦ 當然,由於中國傳統思想一貫强調公私之辨,佛道兩教的燒身叙事都受到爲民捨身傳統的影響,商湯求雨的模式深刻塑造了不同思想背景下的燒身。《太平寰宇記》卷六七"霸州"條記載文安縣有趙君祠,"按《圖經》:趙夔漢武帝時爲文安縣令,好神仙,值文安大旱,乃自焚","好神仙"之説便與道家聯繫了起來。見(宋)樂史撰,王文楚點校:《太平寰宇記》,北京:中華書局,2007年,第1367頁。中古時期,道士也有祈雨的職責,例如梁武帝天監十四年(515)大旱,"國主憂民乃至","諸道士恒章奏,永無雲氣",見[日]麥谷邦夫、吉川忠夫編:劉雄峰譯:《〈周氏冥通記〉研究(譯注篇)》,濟南:齊魯書社,2010年,第116頁。

⑧ 王明:《抱朴子内篇校釋》,北京:中華書局,1985年,第20頁。

徒的特色。約出於唐代的道經《太上大道玉清經》雖然全經多襲用佛教詞句,但主張
"無上至道以自長生爲宗",聲稱"身爲福本,云何滅之? 諸滅身者,名之滅福。又身爲
道本,諸滅身者,名之滅道,非滅禍也",①攻擊佛教徒的燒身等捨身供養行爲,"燒身謝
過,過在身亡,魂神受弊,永失人道。燒身求道,道存身滅;滅身求道,道非滅法"。②

佛教徒除燒身而亡外,另有大量燃指灼臂的行爲,這顯然與尸解信仰無關。雖說道
教時常認爲人是有罪的,③爲消除罪孽便需要有一些禱告的行爲,比如以折磨肉體知名
的塗炭齋,④但燃指灼臂行爲則較爲鮮見。不過,佛教燒身的具體操作方法借鑒了一些
道教的方術則是有可能的,比如南齊僧人法光在決定燒身前就"絶五穀,唯餌松葉"。⑤
此外,佛教的燒身叙事也影響了道教,唐代硤州道士趙惠宗於玄宗天寶末年"忽於郡之
東北積薪自焚,僚庶悉往觀之。惠宗怡然,坐火中誦《度人經》,斯須化爲瑞雲仙鶴而
去",⑥與僧傳中仰慕《法華經》中的藥王菩薩而自焚的僧尼非常相似。《無上秘要》中
還有阿丘曾燒身得道的例子。⑦ 阿丘曾是道教傳説人物,燒身之舉表達了其求道的虔
誠,⑧其中"前生不幸,得爲女身"等轉世修行的説法,已明顯受到佛教思想的影響,可見
佛教徒的燒身傳統一定程度上影響了道教的有關論述。

四、結　語

對於印度社會存在的燒身燃指等苦行,早期佛教持否定態度,認爲它們於解脱無
益。外道主張燒身可以消除罪孽、往生天上,佛教卻認爲燒身對身心造成的巨大痛苦反
而會使人墮入地獄。在原始佛教中,燒身而死亦是自殺的一種,而自殺是佛教戒律中禁
止的行爲。隨着大乘佛教的興起,外道的思想和儀軌大量向佛教滲透,在小乘戒律中禁
止的燒身燃指卻成爲菩薩行的一種得到贊揚。燒身燃指被認爲是模仿佛菩薩之舉的布
施行爲,因爲肉體並非真實的存在,對肢體的殘毀並不影響個人的修行進程。中古時期
的中國佛教徒,許多即根據大乘佛教教義,通過燒身燃指從而以自己的肉體爲燈供養,

---

① 《太上大道玉清經》,《道藏》第 33 册,第 344 頁上。
② 《太上大道玉清經》,《道藏》第 33 册,第 346 頁中。
③ ［日］釜谷武志:《先秦至六朝時期的罪與罰》,《復旦學報(社會科學版)》2015 年第 1 期,第 89—97 頁。
④ 參見葛兆光:《屈服史及其他:六朝隋唐道教的思想史研究》,北京:生活・讀書・新知三聯書店,2003
年,第 47—56 頁。
⑤ 《高僧傳》,第 455 頁。
⑥ 《歷世真仙體道通鑑》,《道藏》第 5 册,第 337 頁下。
⑦ 《無上秘要》,《道藏》第 25 册,第 32—33 頁。
⑧ 參見劉屹:《靈寶經中的阿丘曾故事研究》,《漢學研究學刊》第 9 卷,2018 年,第 1—46 頁。

以期從中獲得福報。

　　中古佛教徒的燒身燃指一直面臨教外人士的譏議，因此佛教徒試圖整合中國思想資源，對燒身燃指重新加以闡釋。中國社會有着商湯自焚祈雨的傳説，佛教徒便將之與燒身燃指相提並論，其共同點在於爲了衆生的利益而犧牲自我。對於深受孝道文化影響的中古佛教徒來説，有時燒身燃指可能是出於孝養父母的目的。雖然佛教燒身燃指與道教火解表面上有類似之處，但二者的思想淵源並不完全吻合。佛教徒的燒身行爲在一定程度上受到道教方術的影響，而佛教的燒身燃指同時也影響到道教徒的有關實踐。

《魏晉南北朝隋唐史資料》第四十九輯

2024 年 5 月,264—286 頁

南北朝士族圖寫風尚

——從"士體"繪畫與圖書抄撰的關係説起

汪珂欣

北齊顔之推《顔氏家訓·風操》中有一則材料,以往討論魏晉南北朝藝術史的學者較少關注。這則材料與繪畫活動並不直接相關,却在無意中展現了一個士人生活娱樂中的繪畫行爲。正文如下:

> 二親既没,所居齋寢,子與婦弗忍入焉。北朝頓丘李構,母劉氏,夫人亡後,所住之堂,終身鏁閉,弗忍開入也。夫人,宋廣州刺史纂之孫女,故構猶染江南風教。其父獎,爲揚州刺史,鎮壽春,遇害。構嘗與王松年、祖孝徵數人同集談宴。孝徵善畫,遇有紙筆,圖寫爲人。頃之,因割鹿尾,戲截畫人以示構,而無他意。構愴然動色,便起就馬而去。舉坐驚駭,莫測其情。祖君尋悟,方深反側,當時罕有能感此者。①

宴集的主人公李構、王松年、祖珽是歷任東魏、北齊的士人,少以文才知名,王松年"少知名。文襄臨并州,辟爲主簿,累遷通直散騎常侍,副李緯使梁。還,歷位尚書郎中"②,李構"武定末,太子中舍人。齊受禪,爵例降"③,祖珽"起家秘書郎,對策高第,爲尚書儀曹郎中,典儀注"④。有相同志向或愛好的士人"同集談宴",是常見的交遊形式,有才情的士人在宴集中展示自己,以便美名遠揚。顔之推叙述的目的是爲了展現李構的孝順,他説祖珽裁斷圖紙上人像的舉動,讓李構想起了遇害的父親。此外,《顔氏家訓·雜

---

① (北齊)顔之推撰,王利器集解:《顔氏家訓集解》卷二《風操第六》,北京:中華書局,2019 年,第 126 頁。
② 《北齊書》卷三五《王松年傳》,北京:中華書局,1972 年,第 470 頁。
③ 《魏書》卷六五《李獎傳》,北京:中華書局,1974 年,第 1456 頁。
④ 《北齊書》卷三七《祖珽傳》,第 513 頁。

藝》還記載了一則相似的宴集繪畫場景,發生在大致同一時期的南朝,蕭方等(528—549)在宴集中圖畫賓客:

> 武烈太子(蕭方等)偏能寫真,坐上賓客,隨宜點染,即成數人,以問童孺,皆知姓名矣。蕭賁、劉孝先、劉靈,並文學已外,復佳此法。①

兩次宴集的主人公,都與顏之推相識。蕭方等是梁元帝蕭繹的長子,死於侯景之亂。顏之推生於江陵,曾從師蕭繹,學《老》《莊》,後博覽群書,爲時所稱。承聖三年(554)十一月,西魏攻陷江陵,顏之推被俘,遣送西魏。天保七年(556)顏之推從北齊借道返回江南故地途中,受高洋賞識,引入内館,後因陳霸先自立而留居。出仕北齊期間,顏之推與祖珽交往甚深。

以上兩次宴集源自顏之推的所見或所聞,時間相近,將我們引入到了一個廣闊的藝術世界:"寫"是什麼樣的技巧?士族是如何開始掌握並擅長繪畫的?圖畫人像對士族群體意味着什麼?背後有什麼樣的精神?如果把顏之推的叙述納入整個中古美術史的變遷中,就會發現圖寫原本是士族熟悉的圖書製作技術,他們將自己擅長的圖寫技術引入繪畫,影響了當時以設色爲核心的繪畫觀,促進了白描風尚的興起。美術史學者基本認爲白描到唐代晚期以後才開始成爲獨立的鑒賞對象。② 圖寫風尚的興起經歷了複雜且漫長的過程,但學界似乎還未對這一過程進行過細緻的梳理。當我們細審這一過程,會發現這種以綫造型、不著顏色的技術,背後隱藏着士族群體更加隱秘的心理。

一、圖寫與士族圖書抄撰風氣

現有文獻中,"圖寫"一詞出現在南北朝時期。有關圖寫較早的記載,是范曄(398—445)的《後漢書·李恂傳》:

> 後(恂)拜侍御史,持節使幽州,宣布恩澤,慰撫北狄,所過皆圖寫山川、屯田、

---

① 《顏氏家訓集解》卷七《雜藝第十九》,第 699 頁。
② 胡素馨:《粉本——歷史、主題及風格問題》,中文譯本《視覺展演:唐五代時期敦煌地區的繪畫與粉本》,北京大學出版社,待出版。

聚落百餘卷,悉封奏上,蕭宗嘉之。[1]

從山川、屯田、聚落百餘卷來看,李恂繪製的是地圖,對軍事部署非常重要。范曄提到班固作《燕然山銘》曰:"於是域滅區殫,反斾而旋,考傳驗圖,窮覽其山川。"[2]從西漢馬王堆漢墓出土的地形圖、駐軍圖、城邑圖,可以一睹早期地圖的模樣(圖一)。這些地圖可以幫助我們推測范曄是如何定義"圖寫"的。

圖一　西漢《地形圖》局部(湖南長沙馬王堆 3 號漢墓出土)

有意思的是,也是這個時期,王微(414—453)和顏延之(384—456)曾在某次書信往來中,爭論過繪畫的範圍。王微的核心觀點是,地圖不屬於繪畫:

---

① 《後漢書》卷五一《李恂傳》,北京:中華書局,2020 年,第 1683 頁。
② 《後漢書》卷二三《竇憲傳》,第 815 頁。

夫言繪畫者,竟求容勢而已。且古人之作畫也,非以案城域,辯方州,標鎮阜,劃浸流。①

這次爭論晚于范曄的寫作時間。元嘉九年(432)范曄開始寫《後漢書》時,王微約十八歲。另外,張彦遠《歷代名畫記》引用此信時,將顔延之稱爲"顔光禄",顔延之在元嘉中嘗爲"光禄勛",元嘉三十年(453)即王微卒年爲光禄大夫。② 王微的説法反映了此時思想的變化,符合士族繪畫的歷史進程。從著録來看,在魏晉時期士人繪畫中,地圖是一個大的類別,比如楊修《兩京圖》、諸葛亮畫的"夷圖"、吳王趙夫人製作的"五嶽列國地形圖"、曹髦《黄河流勢圖》,而此後的繪畫著録一般不再收録地圖。

那麽,繪畫的内容是什麽? 稍早一些,東晉的顧愷之(348—409)曾側面説明過,他認爲,人像一定是最能代表何爲"繪畫"的:

凡畫,人最難,次山水,次狗馬,臺榭一定器耳,難成而易好,不待遷想妙得也。此以巧歷不能差其品也。③

顧愷之和王微的觀念,在南北朝時期逐漸成爲主流。此時士族參與"圖寫"的繪畫活動,主要内容是人像,而不再是范曄所説的地圖。南朝宋劉義慶《世説新語・巧藝》:"顧長康好寫起人形。"劉孝標注引《續晉陽秋》:"愷之圖寫特妙。"④南朝梁慧皎《高僧傳》説于道邃:

後隨蘭適西域,於交趾遇疾而終,春秋三十有一矣,郗超圖寫其形,支遁著銘贊曰:"英英上人,識通理清,朗質玉瑩,德音蘭馨。"⑤

與此同時,繪畫著録的範圍也隨之發生變化。東晉以後的繪畫著録,不再收録地圖,但新增了白描人像。裴孝源《貞觀公私畫録》提到顧愷之的"司馬宣王像"和"謝安像"爲

① (唐)張彦遠撰,許逸民校箋:《歷代名畫記校箋》卷六《王微》,北京:中華書局,2021年,第454頁。
② 曹道衡、沈玉成:《中古文學史料叢考》,《曹道衡文集》卷九,鄭州:中州古籍出版社,2018年,第297頁。
③ 《歷代名畫記校箋》卷五《顧愷之》,第372頁。
④ (南朝宋)劉義慶著,(南朝梁)劉孝標注,余嘉錫箋疏:《世説新語箋疏》卷下《巧藝第二十一》,北京:中華書局,2017年,第388頁。
⑤ (南朝梁)釋慧皎:《高僧傳》卷四《于道邃傳》,北京:中華書局,1992年,第170頁。

圖二　北宋（傳）李公麟《維摩天女像》
局部（日本聖福寺藏）

"麻紙白畫"，張彥遠《歷代名畫記》説宗炳有"嵇中散白畫"、袁蒨有"天女白畫""東晉高僧白畫"。白畫，即白描，是一種直接以墨綫勾描物象、不著顏色的畫法。《歷代名畫記》也清楚地説明了這個技巧是與上色相反的，"絹素彩色，不可搗理，紙上白畫，可以砧石妥帖之"①。稍晚時期的白描畫，可以作爲旁證（圖二）。

范曄使用"圖寫"一詞是精準的。無論是地圖，還是白描人像，都是不著色的，用素綫勾勒人或物的形狀。因此，石碑上綫刻的圖案，也被稱爲"圖寫"，比如漢麒麟鳳凰碑。素綫是"寫"的特點，也是卦象、文字書寫的技術。南北朝有從事"寫"的工作者，《梁書·張率傳》説"又使撰婦人事二十餘條，勒成百卷，使工書人琅琊王深、吳郡范懷約、褚洵等繕寫，以給後宮"②。敦煌出土的魏晉南北朝寫本中，有不少士族常讀的經史，如《道德經》《國語》《三國志》，可以管窺當時"工書人"的工作（圖三）。

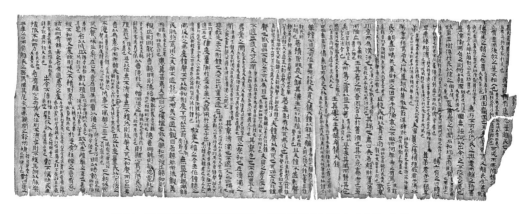

圖三　敦研 368 號《國語卷三·周語下》（原爲青山杉雨舊藏）

---

① 《歷代名畫記校箋》卷三《論裝背標軸》，第 196 頁。
② 《梁書》卷三三《張率傳》，北京：中華書局，1972 年，第 475 頁。

寫,是圖書的核心製作技巧,文字、圖案都是由素綫構成,因此士族們對圖寫技術十分熟悉。顏延之便以熟悉的圖書内容爲核心進行爭論,他的觀點是:

> 圖載之意有三:一曰圖理,卦象是也;二曰圖識,字學是也;三曰圖形,繪畫是也。①

在顏延之的分類中,"圖"囊括了當時視覺表現的所有形式,甚至包括文字。他把地圖類的圖書和人像、山水等繪畫,都籠統地歸入了"圖形"之中。顏延之的觀點並没有錯,他總結的是士族們在圖書抄撰過程中所掌握的圖寫内容。早在先秦,圖寫内容就以這三項爲主了,例如清華簡《筮法》卦點陣圖,同時"寫"出了卦象、文字、人像(圖四)。

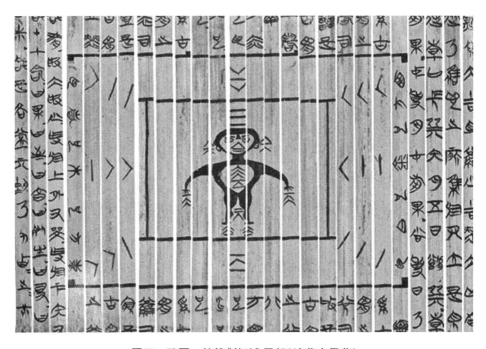

圖四　戰國　竹簡《筮法》局部(清華大學藏)

《漢書·藝文志》著録了"圖書"三十八種,系統反應士人的知識,其中"兵書略""數術略""方技略"中含有大量的圖,譬如《耿昌月行帛圖》,書中提到了圖的作用,"天

---

① 《歷代名畫記校箋》卷一《叙畫之源流》,第2頁。

文難以相曉,臣雖圖上,猶須口説,然後可知,願賜請燕之閑,指圖爲狀"①。晉代以降,隨着紙張的普及,士人們開始通過抄書獲取知識,如東晉郭璞"抄京、費諸家最要,更撰《新林》十篇、《卜韻》一篇",葛洪"抄《五經》《史》《漢》、百家之言、方技雜事三百一十卷"②,史書著録中還有郭璞《爾雅圖》《易八卦命録斗内圖》、葛洪《遁甲返覆圖》等。王微也不例外,他不僅"善屬文,能書畫",且"解音律、醫方、陰陽術數"③,而學習這類知識則需要藉助圖。譬如音律,《宋書·律曆》提到"謹依典記,以五聲十二律還相爲宫之法,制十二笛象,記注圖側,如别。"④敦煌出土的寫本可以作爲稍晚的證據(圖五)。

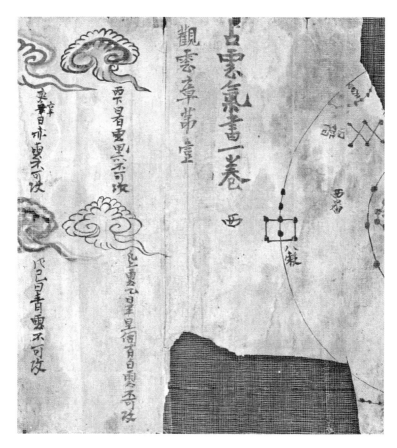

圖五　唐寫本《占雲氣書》(敦煌市博物館藏)

① 《漢書》卷三六《劉向傳》,北京:中華書局,2012 年,第 1966 頁。
② 《晉書》卷七二《葛洪傳》,北京:中華書局,1974 年,第 1910、1913 頁。
③ 《宋書》卷六二《王微傳》,北京:中華書局,2017 年,第 1664 頁。
④ 《宋書》卷十一《律曆志》,第 215 頁。

晉宋之際,大部分士族和顏延之一樣,很難界定圖和畫的區別。善畫的宗炳,以繪製圖書知名,尤其是五行類。梁庾元威《論書》提到了他的《瑞應圖》,涉及神鬼、瑞祥、犬馬、草木、樓臺、器服等多種題材,比此前的瑞應類圖書更精美,因而備受稱贊:"宗炳又造畫《瑞應圖》,千古卓絕……余經取其善草嘉禾、靈禽瑞獸、樓臺器服可爲玩對者,盈縮其形狀,參詳其動植,制一部爲。"①然而當參與繪畫活動的士族越來越多,就需要做出界定了。王微想做的便是有效區分繪畫與圖書,尤其是針對顏延之"圖形,繪畫是也"這條。在他看來,圖寫五行、天文、地形,不屬於繪畫。

聚書風氣的流行使得王微的觀點逐漸成爲士族共識。晉宋之際,聚書風氣開始興起,齊梁時尤盛行。②抄撰作爲基本的學習方式,已經深入到士族的生活之中。藩王們集結文化群體,抄撰圖書,成爲重要的文化現象,如蕭子隆命庾於陵、謝朓抄撰群書,蕭繹命府佐編撰圖籍。③蕭繹在《金樓子·聚書篇》曾自誇道:"吾今年四十六歲,自聚書末四十年,得書八萬卷,河間之侔漢室,頗謂過之矣。"④聚書是一項抄寫(包括節抄部分)、複製、拼湊圖書的活動,這一時期甚至產生了"抄撰學士"的官職。⑤這些圖書中,有諸多內容需要藉助圖像進行說明,譬如南齊王儉"少撰《古今喪服集記》並文集,並行于世",《隋書·經籍志》著錄王儉有《喪服圖》一卷。"佣書成學"的王僧孺,甚至到了"先言往行,人物雅俗,甘泉遺儀,南宫故事,畫地成圖,抵掌可述"⑥的地步。士人在抄撰圖書的過程中,不可避免地也要複製輔佐文字說明的圖像,而如果按照魏晉時期的標準,繪製地圖也能被稱爲"善畫",那麼對"善畫"的言說也未免太過寬泛。

當晉宋之際,圖寫成爲士族的一種生活方式,"何爲繪畫"就成爲一個士族爭議的問題,這是顏延之和王微的觀點產生分歧的背景。分歧的結果是,士族區分出了一般"圖書"的圖寫和作爲"繪畫"的圖寫。如此一來,早期涉及圖書抄撰的士人在繪畫著錄中便不再被視爲"善畫者",如郭璞、葛洪;而能畫人像、山水、狗馬的士人,才得進入善畫者的行列,如荀勖、宗炳。

齊梁以後,那些以善畫聞名的士族,多以畫最難的人物畫爲主,如顧野王既以抄撰

---

① (梁)庾元威:《論書》,《全上古三代秦漢三國六朝文·全梁文》卷六七,北京:中華書局,2018 年,第 3355 頁。

② 胡寶國:《知識至上的南朝學風》,《將無同:中古史研究論文集》,北京:中華書局,2020 年,第 163 頁。

③ 李猛:《〈法寶聯璧序〉與南朝文學集團的產生》,《文學遺產》2021 年第 2 期,第 81 頁。

④ (梁)蕭繹撰,許逸民校箋:《金樓子校箋》卷二《聚書篇第六》,北京:中華書局,2011 年,第 517 頁。

⑤ 蔡丹君:《南北朝"抄撰學士"考》,《中國典籍與文化論叢》2014 年第 16 輯,第 180 頁。

⑥ 《梁書》卷三三《王僧孺傳》,第 470 頁。

出名,"陳時,顧野王抄撰衆家之言,作《與地志》"①,同時擅長人物,"王於東府起來齋,乃令野王畫古賢,命王褒書贊,時人稱爲二絶"②。一個稍晚的證據是唐代張彦遠在總結士族的繪畫作品時,爲了强調"自古善畫者皆衣冠貴胄,非閭閻鄙賤所能爲",記載更多的士族繪畫作品,將"梁太清畫目"中没有著録、介於圖和畫之間的地形圖、五行圖和天文圖,重新收録在《歷代名畫記》中。相較而言,裴孝源在寫《貞觀公私畫録》時就没有這種意識,他所依據的完全是"梁太清畫目"和隋官本,以人像最多、狗馬次之,這兩類占了全部著録的百分之九十以上,另有少量屋邑亭臺。

這是善畫的祖珽"遇有紙筆,圖寫爲人"的發生背景。祖珽博學多才、冠絶當時,擅長音律、陰陽占候、醫術等,這些知識的掌握都需要藉助圖寫技術。北齊也效仿南朝的抄撰經驗,"後齊遷鄴,頗更搜集,迄於天統、武平,校寫不輟"③,祖珽還因此發揮所長,采納了顔之推的建議,"齊武平中,署文林館待詔者僕射陽休之、祖孝徵以下三十餘人,之推專掌,其撰《修文殿御覽》《續文章留別》等,皆詣進賢門奏之"。④《顔氏家訓》的記載,不僅與整個南北朝圖寫風尚有關,也同顔氏個人的交遊有關。顔之推説當時"公私宴集,談古賦詩",這類文士聚會一般都備有紙、筆,不用特意準備便能進行圖寫,而祖珽要通過宴集展示自己善畫的才情,自然選擇了被認爲技巧最難的人像。

二、圖寫與主流繪畫技巧的區别

回到南北朝初期,范曄著《後漢書》時,與繪畫有關的詞語是"圖畫"。《胡廣傳》:"熹平六年,靈帝思感舊德,乃圖畫廣及太尉黄瓊于省内,詔議郎蔡邕爲其頌云。"⑤《李業傳》:"蜀平,光武下詔表其閭,《益部紀》載其高節,圖畫形象。"⑥"圖畫"一詞,漢代就很流行了,如《魯靈光殿賦》"圖畫天地,品類群生",⑦《史記·外戚世家》"上居甘泉宫,召畫工圖畫周公負成王也"。⑧范曄著書時有意識地區分了"圖畫"與"圖寫",强調這些人像一定是"畫"出來的,而不是"寫"出來的。

① 《隋書》卷三三《經籍志》,北京:中華書局,1973 年,第 988 頁。
② 《陳書》卷三〇《顧野王傳》,北京:中華書局,2019 年,第 304 頁。
③ 《隋書》卷三二《經籍志》,第 907—908 頁。
④ 《北齊書》卷四五《顔之推傳》,第 624 頁。
⑤ 《後漢書》卷四四《胡廣傳》,第 1511 頁。
⑥ 《後漢書》卷八一《李業傳》,第 2670 頁。
⑦ (漢) 王延壽:《魯靈光殿賦》,《全上古三代秦漢三國六朝文·後漢文》卷五八,第 790 頁。
⑧ 《史記》卷四九《外戚世家》,北京:中華書局,2012 年,第 1985 頁。

經過晉宋之際顧愷之、王微等人的努力，繪畫的範圍有了比較清晰的界定，肖像屬於繪畫，與圖書中的圖形有所區別。等過了一百多年，到祖珽時，書中描述畫人像的詞語，既有"圖畫"，也有"圖寫"了。如梁天監十八年（519）慧皎撰《高僧傳》時，既有"畫其形象"，也有"圖寫厥像"，同時期蕭子顯的《南齊書》中說"事平，明帝嘉之，使圖畫寬形"①。

從"圖畫人像"與"圖寫地形"的區別，發展到了"圖畫人像"與"圖寫人像"的區別。這提示我們，公元六世紀時，著色與否不再是人像和地圖的一個顯著區別，圖畫和圖寫成爲畫人像的兩種獨立技巧。要厘清這個情況，需要回答"畫"到底是什麼，才能明白"圖寫"與"圖畫"在技巧上有何區別。

在最早的文字記載中，"畫"是一種以設色爲核心的工藝。《考工記》解釋得非常明確："設色之工：畫、繢、鍾、筐、慌"，並進一步說明了畫的步驟：

> 畫繢之事，雜五色。東方謂之青，南方謂之赤，西方謂之白，北方謂之黑，天謂之玄，地謂之黃。青與白相次也，赤與黑相次也，玄與黃相次也。青與赤謂之文，赤與白謂之章，白與黑謂之黼，黑與青謂之黻，五采備，謂之繡。……雜四時五色之位以章之，謂之巧。②

所謂"繪畫"，從工藝來說，核心就是設色。不同的色塊相交，既能準確獲取相應的色彩知識，其邊界又能呈現出形象。所以，《說文解字》說畫："界也。象田四界。聿，所以畫之"③，《小爾雅·廣訓》說繪："雜彩曰繪"，或《說文解字》："會，五采繡也"，就是這個意思。④

考古出土文物，也可佐證"畫"的工序。從先秦時"作服"開始，一件完整的作品，一定是需要完成上色的。例如山西絳縣衡水西周 M1 墓出土了精美織物，鳳鳥紋的形象清晰可見，紋樣主體上有色彩，四周用單綫勾描（圖六）。⑤ 到了漢代，宮殿的牆壁上、日用的漆器上常常畫有圖像，圖畫的工序深入了人們的生活視覺之中。從今天陝西、洛陽等地出土的墓葬壁畫、帛畫來看，也是如此，例如馬王堆出土的 T 形帛畫就嚴格按照先著色、後勾綫的程式（圖七）。

---

① 《南齊書》卷二七《王寬傳》，北京：中華書局，1972 年，第 510 頁。
② 《周禮》卷四〇，《十三經注疏》（04），北京大學出版社，1999 年，第 1115 頁。
③ （漢）許慎撰，（清）段玉裁注：《說文解字注》，上海古籍出版社，1988 年，第 117 頁下。
④ 《說文解字注》指出，繪繡二者，古人常常"二事不分"："會，五采繡也。會繪疊韻。今人分咎繇謨繪繡爲二事，古者二事不分，統謂之設色之工而已。"（第 649 頁）
⑤ 謝堯亭等：《山西絳縣橫水西周墓地 M2158 發掘簡報》，《考古》2019 年第 1 期，第 15—59 頁。

圖六　西周　荒帷(局部)(山西絳縣橫水西周 M1 北面出土)

圖七　西漢　馬王堆 T 形帛畫(局部)(湖南長沙馬王堆 1 號漢墓出土)

　　然而大部分出土圖像,往往比較"潦草",工匠似乎没有認真勾綫、上色。例如河南洛陽出土的西漢卜千秋壁畫墓,許多地方用朱紅、淡赭、淺紫草草著色,並没有將每個部位都填滿(圖八)。① 相反的是,和林格爾的東漢護烏桓校尉墓壁畫,很多著色之處,已

---

　　① 陳少豐、宫大中:《洛陽西漢卜千秋墓壁畫藝術》,《文物》1977 年第 6 期。

經能呈形了,最後却没有再勾綫(圖九)。^① 不過潦草的部分,反而讓畫的程式更清晰,圖寫祇是繪畫繁複工序中的一個步驟,主要用於起稿和最後勾邊。《考工記》形容爲:"凡畫繢之事,後素功。"起稿的時候,輕輕勾勒出形貌,設色結束後,用黑綫勾邊。東漢辭賦家王延壽《魯靈光殿賦》詳細複述了"圖畫天地,品類群生"的工序,包括了"寫載其狀"和"托之丹青"。丹青原來是繪畫常用的朱紅色和青色兩種顏色,後來用以指代繪畫,如《漢書·蘇武傳》"竹帛所載,丹青所畫"^②。

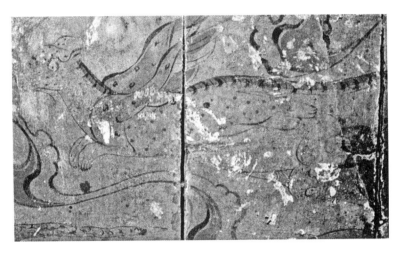

圖八　西漢　仙獸壁畫(河南洛陽卜千秋壁畫墓出土)

圖九　東漢　墓主人像壁畫(和林格爾的東漢護烏桓校尉墓出土)

① 内蒙古文物工作隊:《和林格爾發現一座重要的東漢壁畫墓》,《文物》1974 年第 10 期。
② 《漢書》卷五四《蘇武傳》,第 2465 頁。

　　魏晉南北朝也是如此。我們看到的那些没能來得及上色的圖像,往往是出於各種原因導致未完工的半成品。比如山西大同石家寨北魏司馬金龍墓出土列女主題的屏風,也遵循了先設色,後勾綫的圖畫程序,但有一列屏風,或許在隨葬時尚未完工,因此我們可以看到最初墨綫繪形的樣子。與左側上色齊全的榜題爲"素食贍賓"和"如履薄冰"的兩幅相比,右側兩幅素綫勾勒的筆迹盡顯無遺,説明了此時圖畫的基本程式(圖十)。① 設色和勾綫缺一不可,主流繪畫觀仍然延續了早期"設色之工"的理念。

圖十　北魏　列女古賢漆畫屏風板(局部)(山西大同北魏司馬金龍夫婦墓出土)

　　可以看到,此時圖畫的核心技術是色彩狀物,有極强的裝飾性,而"寫"衹是圖畫中的一種工序,没有上色的白描人像一般不被當作完整的繪畫作品。祖珽"遇有紙筆,圖寫爲人"的行爲,在原本的繪畫觀中是不成立的。先秦以來,參與繪畫活動的主要群體是工匠,儘管技術或工期常常導致成品質量參差不齊,但是他們世世代代恪守這套標準。在絶大部分人的觀念裏,圖寫是不能獨立在整套工序之外的,或者説,它衹是輔助繪畫作品的技術,而不能作爲最終的呈現形式。在這樣的繪畫觀中,由於圖寫比較簡便,還有一種被視爲"末事"的功能,幫助畫稿快速的複製與傳播。韋昭注《漢書》時説:"摹者,如畫工未施采事摹之矣。"②顧愷之《摹拓妙法》説明了"未施采事"的摹寫,是學習基本功和複製樣稿的方法。敦煌藏經洞發現了唐代的刺孔畫稿,可以作爲繪畫中稿

① 山西省大同市博物館等:《山西大同石家寨北魏司馬金龍墓》,《文物》1972 年第 3 期,第 20—33 頁。
② 《漢書》卷一《高帝紀》引韋昭注,第 81 頁。

本摹寫的例證。這種刺孔畫稿一般用比較厚的紙製作而成,上面繪有形象。起稿的一種方法是用針沿着畫稿的綫條刺孔,然後將畫稿釘在牆面,用粉末拍打,根據牆面遺留的粉點,連綫形成輪廓。另一種則是在畫稿反面塗上粉末,用針釵粗細的器具,沿着正面輪廓輕描,再根據粉末勾綫。所以當時人也將這種畫稿稱爲"粉本"。① 譬如大英博物館藏"説法圖粉本刺孔"(S.72),左邊爲刺孔,右邊爲墨綫繪製;法國國家圖書館藏"金剛曼荼羅"(P.4518.33)畫稿上還有彩色標記,説明了對設色的重視(圖十一)。

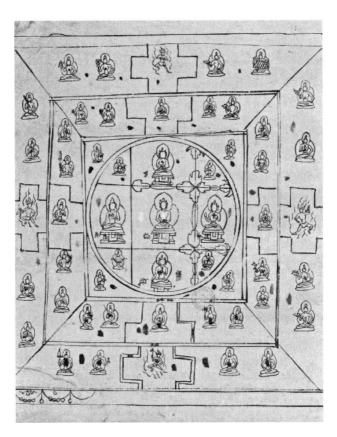

圖十一　十世紀　金剛曼荼羅(P.4518.33)墨色紙本
加彩色標記(法國國家圖書館藏)

與重視設色的"圖畫"不同,士族群體中所流行的圖寫,核心技術是綫條狀物,設色並非必要環節。除了地形、天文、術數圖外,此時還有以博物多識爲目的圖書,如《爾雅

① 胡素馨:《粉本——歷史、主題及風格問題》,中文譯本《視覺展演: 唐五代時期敦煌地區的繪畫與粉本》,北京大學出版社,待出版。

圖》《博物志》中的圖像部分,獸蟲草木等物象的色彩,有時需要被呈現,山川位象,則並不一定,因此有大量没有設色的圖像。在博物圖繪中,顏色是作爲形色知識被使用,是否設色是根據圖書内容而定的。因此,没有設色的白描,在抄撰與閱讀的人看來,並不影響圖書的完整性。

抄撰風氣也使得"未施采事"的圖寫,被士族視爲獨立的作品。顧愷之在撰寫《摹拓妙法》時,認爲圖寫是學習基本功和複製樣稿的方法。圖書抄寫也是如此,東漢以來"傭書"(即替人抄書爲業)流行,《後漢書·班超傳》稱"(超)家貧,常爲官傭書以供養"。[①] 這種職業的要求是不出差錯地繕寫原書。顧愷之"(繪畫)摹寫要法"也是此意,説一遍摹下來,發現有誤差,就再摹一次,"則一摹蹉積,蹉弥小矣。可令新迹掩本迹"。[②] 然而到了齊梁時期,搜集資料式的集抄,因爲加入了抄撰者的主觀編纂意圖,也被視爲"撰",一些精簡了原著的"要鈔""雜鈔",也被歸於抄撰者名下。[③] 其中所涵蓋的圖,也自然歸爲某人獨立的作品了。《隋書·經籍志》"相經要録二卷"處附有"蕭吉撰。相經三十卷,鍾武隸撰;相書十一卷,樊、許、唐氏《武王相書》一卷,雜相書九卷,相書圖七卷。亡。"[④]當圖書中帶有主觀編纂意圖的圖,能被視爲某位士人獨立的作品時,同樣帶有主觀圖寫意圖的人像,從視覺和心理上也具備了成爲一件繪畫作品的資質。

因此,祖珽這些日日沉浸圖書中的士族,拿起筆來圖寫人像時,並不會覺得有何怪異,反而覺得事出自然。

除了文獻的説明外,魏晉南北朝的考古出土物中,也出現了一個有意思的現象可作旁證。南朝王一級的墓室中,短暫流行了大型模印拼鑲畫像磚,如南京西善橋宫山墓[⑤]、丹陽胡橋鶴仙坳墓(齊景帝修安墓)[⑥]、胡橋吴家村墓(推測爲齊和帝恭安墓)[⑦]、建山金家村墓(推測爲齊明帝興安墓)[⑧]、南京獅子沖 M1 墓半幅(推測爲梁昭明太子蕭

---

① 《後漢書》卷四七《班超傳》,第 1571 頁。
② 《歷代名畫記校箋》卷五《顧愷之》,第 382 頁。
③ 蔡丹君:《南北朝"抄撰學士"考》,第 180 頁。
④ 《隋書》卷三四《經籍志》,第 1039 頁。
⑤ 關於宫山墓的時代,目前爭議不斷。早期認爲是晉宋之際,後來主要集中在南朝早期或晚期的討論上:早期持晉宋之際觀點的如考古報考《新中國考古收獲》、沈從文、長廣敏雄;認爲是劉宋時期的有蔣贊初、町田章、李若晴、鄭岩、林樹中、韋正;持"梁陳説"的學者有羅宗真、曾布川寬、馮普仁、王志高、李梅田、邵磊;王漢認爲可能是南齊蕭子良墓。見拙文:《南朝墓"七賢與榮啓期"磚畫研究》,四川大學美術學碩士學位論文,2016 年;王漢:《圖變今情——南朝"竹林七賢及榮啓期"磚印壁畫研究》,北京大學藝術學理論博士學位論文,2018 年。
⑥ 南京博物院:《江蘇丹陽胡橋南朝大墓及磚刻壁畫》,《文物》1974 年第 2 期,第 44—56 頁。
⑦ 南京博物院:《江蘇丹陽胡橋、建山兩座南朝墓葬》,《文物》1980 年第 2 期,第 1—17 頁。
⑧ 南京博物院:《江蘇丹陽胡橋、建山兩座南朝墓葬》,《文物》1980 年第 2 期,第 1—17 頁。

統墓)①出土的"七賢與榮啓期"磚畫,其中七人是三國魏正始年間的嵇康、阮籍、山濤、向秀、劉伶、王戎及阮咸,這是六朝新興的圖稿,之後的墓葬壁畫不再繪製"七賢"題材,而是變形爲"樹下人物"的樣式,因此"七賢與榮啟期"的出現、選擇,具有强烈的時代性。視覺上與以往的彩色壁畫或賦彩磚畫的效果不同,它們突出綫條狀物而非賦彩。從畫像磚的燒製技術來説,這是磚塊燒出來的原始模樣。其中,吴家村墓、金家村墓、獅子沖 M1"七賢與榮啓期"磚畫,它們有上色痕迹,主要是白彩。②

磚上模印的好處就在於,色彩脱落以後,仍然能完整且清晰地保留圖寫時綫條的模樣,這個痕迹提示我們,南京、丹陽出土的"七賢與榮啓期"畫像磚很可能與士族群體中流行的圖寫新風尚有關(圖十二)。因爲離開了士族聚集地,就很少再有這樣的現象。作爲相似主題的圖像,北齊崔芬墓、濟南東八里窪墓的屏風壁畫一般被認爲受到了南朝建康地區大型畫像磚的影響:從設色來看,人物幾乎不著色,衹在樹枝上略施綠色,上色程度遠不如一旁的四神、墓主人出行圖。仿佛流行的白描原稿雖然到了這裏,却並没有被當地實施的工匠所理解(圖十三、圖十四)。因此,既没有全然保持白描的特點,又和以設色爲核心的工藝不同。此外,同樣作爲畫像磚,河南鄧縣學莊墓券門外磚、内壁的磚上都施了彩繪,用了多種不同的顏色進行重點填塗(圖十五)。

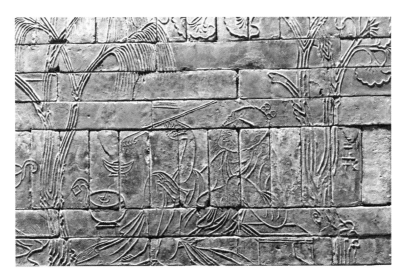

圖十二　南朝　竹林七賢與榮啓期磚畫(局部)(南京西善橋宮山墓出土)

①　南京市考古研究所:《南京棲霞獅子沖南朝大墓發掘簡報》,《東南文化》2015 年第 4 期,第 33—47 頁。
②　耿朔:《試論南京石子岡南朝墓出土模印拼鑲畫像磚的相關問題》,《考古》2019 年第 4 期,第 117 頁。

圖十三　北齊　樹下人物圖(局 　　　　圖十四　北齊　玄武(局部)(山東臨朐海浮山
　　　　部)(山東臨朐海浮山 　　　　　　　　　崔芬墓出土)
　　　　崔芬墓出土)

圖十五　南朝　郭巨埋兒畫像磚(河南鄧縣出土)

　　　從整個時代來看,南北朝圖寫風尚帶來的白描審美主要在精英群體中流行。《顏
氏家訓》中提到了會此法的人,如蕭繹、蕭方等、蕭賁、劉孝先、劉靈、顧士端、劉嶽等,都
來自沛郡劉氏、吳郡顧氏、蘭陵蕭氏等士族,他們可能自己圖寫,也可能請御用的工匠以
此風尚來繪製,輻射範圍並不廣。此法在唐代更爲流行,使用者範圍有所擴展。唐初,
吳道子墨綫起稿後,還有專門的工匠設色,而到唐代中後期張彥遠時,却爲此痛心疾首,
認爲吳道子墨綫本身就十分精美,畫工再設色,反而將吳道子的氣韻損害了:"大佛殿

東西二神,吳畫,工人成色,損。"這並非是張彥遠個人的看法,此時的寺院牆壁上白畫增多,"大殿東廊從北第一院,鄭虔、畢宏、王維等白畫"①。從考古證據來看,圖寫帶來的白描審美進入工匠的範圍,也是在唐代。目前發現比較早專門不著色的圖畫作業,是陝西富平呂村朱家道唐墓西壁的山水屏風(圖十六)。

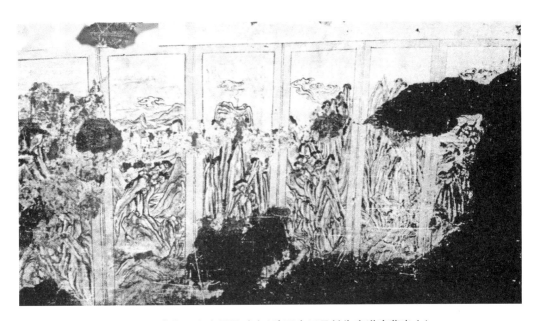

圖十六　唐代　山水屏風壁畫(陝西富平呂村朱家道唐墓出土)

可以说,在士族介入繪畫活動之前,"寫"只是繪畫中的一種工序,沒有上色的白描不能算是完整的繪畫作品,和圖書製作有極大的區別。在龐大的工匠群體面前,此時參與繪畫活動的士族是極少的,圖寫獨立使用在人像繪製中並帶來的白描審美,主要集中在少數的精英群體中。不過,由於記錄與總結時代風貌的《顏氏家訓》,出自顏之推這位士族之手,因此留下了圖寫興起的場景。

三、士體:南北朝士族繪畫審美的形成

圖畫的核心是設色狀物,圖寫則是綫條狀物。兩種方式在士族繪畫活動中並存,描述上常以"丹青""圖寫"進行區分。顧野王同時擅長丹青和圖寫,梁時揚州刺史、宣城王蕭大器令其畫人物:"野王又好丹青,善圖寫,王於東府起齋,乃令野王畫古賢,命王

---

① 《歷代名畫記校箋》卷三《記兩京外州寺觀畫壁》,第 204 頁。

褒書贊,時人稱爲二絶。"①稍晚一些的文獻中,即使都是人像的繪製,圖畫人物與寫真也是不同的,朱景玄《唐朝名畫録》提到陳閎"善寫真及畫人物士女"。②《顔氏家訓》説祖珽"圖寫爲人"、蕭方等"偏能寫真",從"寫"的角度看,比起工序複雜的圖畫,圖寫更適合在宴會上快速繪製眼前的人,達到"隨宜點染,即成數人"的效果。顯然,除了快速以外,"真"字提醒我們,士族所追求的不僅僅是丹青的那種華麗,而是另有所圖。

南齊末,劉勰《文心雕龍·情采》比較早地使用了"寫真"一詞,説:"故爲情者要約而寫真,爲文者淫麗而煩濫。"並且解釋爲:"故立文之道,其理有三:一曰形文,五色是也;二曰聲文,五音是也;三曰情文,五性是也。五色雜而成黼黻,五音比而成韶夏,五性發而爲辭章,神理之數也。"③在劉勰看來,文學的寫其真,與情有關,而不在五色,那些抒發感情的作品,語言簡練却能寫出真性,相反華麗的作品雖五彩却空洞。從内涵來説,這和士族追求圖寫的效果是一致的,比起反復塗色、勾綫的圖畫,圖寫是簡練的、接近神理的。所以蕭方等最後的行爲是"以問童孺,皆知姓名矣",强調的不是他畫得多華麗,而是以符合被畫之人的神采作爲標準。大約在南朝梁時,"寫真"用詞進入繪畫系統,指圖寫真容,慧皎《高僧傳》:"昔優填初刻栴檀,波斯始鑄金質。皆現寫真容,工圖妙相。故能流光動瑞,避席施虔。"④《洛陽伽藍記》:"丹素炫彩,金玉垂輝。摹寫真容,似丈六之見鹿苑;神光壯麗,若金剛之在雙林。"⑤

士族追求的圖寫,一方面,去除了原本圖畫作爲裝飾的主要功能。傳統繪畫除了教化功能以外,還具有很强的裝飾性。《後漢書》記載光武帝多次環顧列女屏風,被宋弘批評"未見好德如好色者"。⑥這個屏風的特點,不僅有《列女傳》的教化故事,且具有極强的裝飾效果,好看得令人流連。建築壁畫也是如此,《南史·齊本紀》記載永元三年(501)失火後重修宮殿壁畫,"其玉壽中作飛仙帳,四面繡綺,窗間盡畫神仙。又作七賢,皆以美女侍側"。⑦前面提及的北魏司馬金龍墓出土的列女主題的屏風、北齊崔芬墓屏風壁畫也可以作爲圖像説明。

① 《陳書》卷三〇《顧野王傳》,第304頁。

② (唐)朱景玄:《唐朝名畫録》,成都:四川美術出版社,1985年,第21頁。

③ (南朝梁)劉勰著,(清)黄叔琳等注:《增訂文心雕龍校注》卷七《情采第三十一》,北京:中華書局,2012年,第411頁。

④ (南朝梁)釋慧皎:《高僧傳》卷十三《釋法悦傳》,第495頁。

⑤ (北魏)楊衒之:《洛陽伽藍記》卷四《城西》,北京:中華書局,2010年,第138頁。

⑥ 《後漢書》卷二六《宋弘傳》,第904頁。

⑦ 《南史》卷五《齊本紀》,北京:中華書局,1975年,第153頁。

另一方面,反復塗色、勾綫的圖畫難以達到士族心目中對"真"的追求。陶弘景 (456—536)編撰《真誥》時,提到了"寫"與"真"之間重要的環節:

> 時人今知摹二王法書,而永不悟摹真經,經正起隱居手爾。亦不必皆須郭填, 但一筆就畫,勢力殆不異真。至於符無大小,故宜皆應郭填也。①

他認爲,書寫時一筆就成更接近"真"。他舉出的反例是"郭填",即先用細勁的綫條勾勒 文字的外輪廓,然後再在空心處填上顏色,程序和"圖畫"神似。陶弘景認爲用輕薄的紙, 覆蓋其上,一筆而成所形成的勢、力,更接近原本的感覺。一筆而成最大的特點就是氣脉 貫通,張彦遠在《論顧陸張吳用筆》中評價了王獻之的"一筆書":"一筆而成,氣脉通運,隔 行不斷。唯王子敬明其深旨。故行首之字,往往繼其前行,世上謂之'一筆書'。其後陸 探微亦作'一筆畫',連綿不斷。"②氣脉貫通,連綿不斷,對於士族來説非常重要。劉勰在 《養氣》中專門説需要氣,需要通暢,"是以吐納文藝,務在節宣;清和其心,調暢其氣"。③ 反復塗色、勾綫的圖畫,"斷"是常見的現象,很難能在綫條上做到氣脉貫通。

至此,我們看到,"圖寫"帶來的風尚,不僅在審美上區分了士族與畫工群體,更進 一步在繪畫技術掌握的難易程度上區分了善畫士族和一般士族。

文化士族介入繪畫活動之後,爲了顯示自己的博學,將自己和一般抄撰圖書時製圖 的士族區別開來,以突出自己"善畫"的能力。南朝崇尚家學,對於士人來説,這關係到 家族地位的延續。在"知識至上"的新時代,士族政治地位、社會地位的傳承已經不能 完全憑藉家族政治上的權力,還在很大程度上仰賴文化優勢。④ 在興盛的聚書風氣中, 圖寫五行、天文、地形不屬於繪畫,和圖書抄撰有所區別的人像(尤其是寫真)、山水、狗 馬、臺榭,纔能算作繪畫的內容。

不重視設色、以綫圖形的圖寫,又讓士族和當時的畫工有所區別。在當時的主流繪 畫中,這種後人稱之爲"白描"的方式,並不能算作是完整的繪畫作品,圖寫祇能作爲起 稿、摹稿的一個工序。但是,在長期圖書抄撰的涵養中,士族的審美已經形成,對他們而 言,白描成爲具有独立審美趣味的作品。相反,那些工序繁複、精於設色的繪畫群體,則

---

① (南朝梁)陶弘景:《真誥》卷二〇《翼真檢第二》,北京:中華書局,2011 年,第 346 頁。
② 《歷代名畫記校箋》卷二《論顧陸張吳用筆》,第 111 頁。
③ 《增訂文心雕龍校注》卷九《養氣第四十二》,第 508 頁。
④ 胡寶國:《將無同:中古史研究論文集》,北京:中華書局,2020 年,第 199 頁。

是身份低微的工匠。同時代的工匠,連高級士族的日常用品都觸摸不得:"騎士卒百工人,加不得服大絳紫襈、假結、真珠璫珥、犀、瑇瑁、越疊、以銀飾器物、張帳、乘犢車,履色無過綠、青、白。"①世代冠冕、累世簪纓的士族,面對身份極低的工匠時,即便技巧運用相似,也很難在心理上與之爲伍,《顔氏家訓》説善畫的顧士端被皇帝當作畫工使唤,是"每懷羞恨"的。他們很難説全然接受原本的繪畫標準,而是有意識地去强調士族的身份,或者從自身文化的角度介入繪畫。

南朝齊梁時期,謝赫看到了士族圖寫風尚與原本的工匠繪畫的區別,並將前者概括爲"士體"。他説士族劉紹祖②本應該具有士體,却因爲過於師法工匠而導致缺少了士體。張彦遠《歷代名畫記》卷六"劉紹祖"條引用了謝赫的品評:

> 謝云:"善於傳寫,不閑構思。鳩斂卷帙,近將兼兩。宜有草創,綜於衆本,筆迹調快,勁滑有餘。然傷于師工,乏其士體,其于模寫,特爲精密。"③

謝赫對劉紹祖的痛心,與陶弘景感歎"時人今知模二王法書,而永不悟模真經",異曲同工。劉紹祖極其擅長"模寫",時人號曰"移畫"④,這確實能讓畫面變得精美,但是根據別的稿本連綫形成輪廓,再勾綫,這個過程已經遠離了"一寫而成"的氣脉通運、連綿不斷了。

謝赫在總結繪畫的標準時,依照的是士族的圖寫風尚。在他心中,那位掌握"一筆畫"的陸探微是第一人,"非復激揚,所能稱贊,但價重之,極乎上上品之外,無他寄言,故屈標第一等"⑤。謝赫提出了品評的標準"畫有六法",分別爲:"一,氣韻生動是也;二,骨法用筆是也;三,應物象形是也;四,隨類賦彩是也;五,經營位置是也;六,傳移模寫是也。"⑥設色、構圖、模寫,這些主流繪畫的工序都被視爲比較低的法度,而在這之

---

① 《宋書》卷一八《禮志》,第 518 頁。
② 劉紹祖的生平,見拙文《"士體"考:從南朝畫家群體中的士族身份説起》,《美術大觀》2023 年第 3 期,第 108 頁。
③ 《歷代名畫記校箋》卷六《劉紹祖》,第 473 頁。
④ (南齊)謝赫:《古畫品録》,嚴可均編《全上古三代秦漢三國六朝文·全齊文》卷二五,北京:中華書局,1958 年,第 2932 頁 a。
⑤ 同上,第 2931 頁 a。
⑥ 關於六法斷句爭議圍繞着"氣韻生動是也"或者"氣韻,生動是也"展開。爭議在於,在謝赫時代及此前的文獻中,是單用使用的"氣韻""生動"二詞(亦可見於剩餘五法,如"傳移""模寫"),而無法確定他是否將兩個詞拼合在了一起。無論是否拼合,二詞都存在主次關係。對此,筆者認爲:在六法中,以氣韻爲主,生動是對氣韻的解釋;氣韻是"法",生動是解釋法度所對應的繪畫行爲。參見拙文《氣韻,生動是也:形神感應在南朝畫論中玄佛融合》,《中國美術研究》2021 年第 4 期,第 112 頁。

上,謝赫注重氣與形,尤其是一寫而成、氣脉貫通後所形成的精神感應,他將生動和用筆的兩種法度概括爲"氣韻"與"骨法"。

相反,唐代的僧人彥悰則站在主流繪畫的角度,側重設色裝飾。他批評了鄭法輪喜好模仿士體的情況。張彥遠《歷代名畫記》卷八"法士弟法輪"條引用了彥悰的品評:

> 僧悰云:"法輪精密有餘,不近師匠,全範士體。先圖寺壁,本效張公,爲步不成,諒非高雅。前賢品第,以此失之。"①

鄭法輪在圖畫寺院壁畫的時候,效仿了南朝梁吳郡的張僧繇。張僧繇在梁武帝天監(502—519)中爲武陵王國侍郎、在宮廷秘閣掌管畫事,歷任右軍將軍、吳興太守,創造了一種"筆纔一二,像已應焉"的畫法。這顯然是當時圖寫風尚影響下的畫法。然而,壁畫是有裝飾性效果的,倘若白描不是極其動人,很難在視覺上起到好的效果。因此,這位"全範士體"的鄭法輪,在彥悰看來,反而有些東施效顰。

張彥遠的審美更傾向於士族,他對彥悰的觀點感到不滿,説"僧悰之評,最爲謬誤,傳寫又復脱錯,殊不足看也"。他非常講究用筆,在《論顧陸張用筆》中提到了"疏體":"張、吳之妙,筆纔一二,像已應焉,離披點畫,時見缺落,此雖筆不周而意周也。若知畫有疏密二體,方可議乎畫。"這和宴會上,蕭方等"隨宜點染,即成數人"相似。而與"疏體"相對的是"密體",代表的是"筆迹周密"的顧愷之、陸探微。這也提示我們,圖寫本身的審美,從晉宋之際到齊梁時期還有變化,圖寫可能不僅是從內容區分圖書抄撰,還從技巧本身去區別追求精微的圖畫風格。

文化的高傲感,讓士族將圖寫的方式與精神帶入了繪畫的活動中,強調了原本工匠群體並不在意的白描,並在自己的文化圈中形成了新的風尚。從當時的數量和範圍來看,圖寫風尚僅僅集中在精英文化圈中,是非常小範圍的。祇是這樣新潮的形式,被當時的士人記錄在書中,又被唐代士人進一步發揮。這並不取決於士族群體的數量,而在於其文化的強勢程度。圖寫風尚爲"士體"的形成奠定了基礎。

小　　結

魏晉南北朝,被學界視爲繪畫"自覺"的時代。"自覺"是近代以來學者對六朝思想

---

① 《歷代名畫記校箋》卷八《鄭法論》,第564頁。

文化變化的概括。從歷史的結果來看,白描在唐代晚期成了獨立的藝術,是文化發展的必然結果。然而,風尚的興起却並非結果所能概括。

　　現在我們對這段歷史有了粗略的印象:圖寫,一種以綫圖形的白描方法,原是圖書製作的主要方式,在當時以設色爲主的繪畫觀中,並不能作爲完整的作品,祇能作爲一種工序或複製手段。隨着紙張的普及,抄寫數量的激增,快速且便利的單色的插圖本流行,士人們通過抄書獲取知識,同時掌握了圖寫的技巧,當他們參與繪畫活動時,將圖寫的審美趣味帶入其中。晉宋之際,一些善畫的士人認爲應該有所區分,指出圖書抄撰中圖寫五行、天文、地形圖,不應該屬於繪畫。隨着齊梁時期抄撰風氣的興盛,文化士族爲了顯示自己的博學,突出"善畫"的能力,將自己和一般抄撰圖書時製圖的士族區別開來,促使這樣的觀點成爲主流。同時,抄撰過程中,帶有主觀編纂意圖的圖書被視爲獨立的作品,也促使了白描審美的獨立。

　　需要説明的是,本文雖然主要從圖寫、圖畫技術與文化層面來討論士族的繪畫風尚,但是,時代風尚的形成往往並非來自某一個方面,文中少有涉及的文學、道教思想,以及没能提到的佛教思想,都在這一風尚轉移中發揮了作用。筆者一再提及,南北朝時期的圖寫風尚流行於非常小的士人群體中,意味着白描風格的確立有賴於後代士人的歸納總結。唐代中後期,在王維、張彥遠等人的努力下,以綫造型、黑白暈染的"水墨最爲上"的觀念被更多的人接納。他們所獲得文化觀念是在此時養成的。因此,要解釋一個醖釀了兩百多年的審美的起源,公元 6 世紀,也就是《顔氏家訓》提到的兩次"圖寫"的時期,值得關注。

《魏晉南北朝隋唐史資料》第四十九輯

2024 年 5 月，287—303 頁

重返歷史"現場"

——《鍾紹京告身》所見唐隆政争

姚魯元

唐隆元年(710)六月二十日庚子夜,李隆基率劉幽求、鍾紹京等人發動政變,誅殺韋后、安樂公主等人,史稱唐隆政變。四日後,唐少帝禪讓於李旦,是爲唐睿宗。與此同時,政變後中樞機構的人事格局變動劇烈,宰臣間矛盾迭生,可以將這一時期政局上的争奪稱爲唐隆政争。唐隆政争作爲睿宗朝的開始,歷來頗受重視,目前學界主流觀點認爲,唐睿宗朝政局的主綫是李旦、太平公主和李隆基矛盾的發展與演進。在此學術脉絡上,唐隆政争一般被定性爲雙方支持的宰相間的鬥法,也是雙方矛盾開始的標誌。[①] 然而,數通《鍾紹京告身》却顯示,支撑唐隆政争"玄睿矛盾説"定性的關鍵材料存有問題。[②]

鍾紹京是唐隆政變中李隆基集團的核心成員之一,在政變後曾短暫入相。其現存的五通告身,除《贈鍾紹京太子太傅告身》在建中元年(780)十一月授予外,《鍾紹京中書侍郎告身》《鍾紹京同中書門下三品告身》《鍾紹京中書令告身》《鍾紹京户部尚書告身》均在唐隆元年六月二十一至二十七日製作和下發。作爲存世 46 通唐代告身的一部分,《鍾紹京告身》在制度史研究的面向上具有較高的價值,[③]自卞孝萱先生於 1985 年首次發現以來,一直是學者討論的焦點所在。在前賢的努力下,目前五通告身的復原工

---

① 李錦繡:《讀陳寅恪〈讀史劄記新唐書之部〉》,《中國文化》第 5 期,北京:生活・讀書・新知三聯書店,1991 年,第 209—212 頁;李錦繡:《試論唐睿宗、玄宗地位的嬗代》,《原學》第 3 輯,北京:中國廣播電視出版社,1995 年,第 161—179 頁;唐雯:《新出葛福順墓誌疏證——兼論景雲、先天年間的禁軍争奪》,《中華文史論叢》2014 年第 4 期,第 99—139 頁。

② 此外,對於"玄睿矛盾説"其他問題的商榷,可參拙著《再論唐睿宗朝政局——以政事堂與御史臺爲中心》,《唐研究》第 28 卷,北京大學出版社,2023 年,第 621—645 頁。

③ 徐暢:《存世唐代告身及其相關研究述略》,《中國史研究動態》2012 年第 3 期。據徐暢整理今存唐告身41通,其中未計鍾紹京 5 通告身。

作已基本完成。① 但至於告身文書在以事件、過程爲中心的政治史研究中的潛力,學界似尚未予以置意。②

有鑒於此,本文嘗試以唐隆時期下發的四通《鍾紹京告身》(下文簡稱《告身》)爲中心,對唐隆政争進行考釋,以期復原當時中樞格局變動的具體過程。本文認爲,唐隆政争的性質並非是太平公主、睿宗與李隆基的派系之争,而是擁立睿宗即位功臣與唐隆政變功臣之争。

一、《鍾紹京告身》與"玄睿矛盾説"的解構

在展開具體史實的討論前,有必要對《告身》的性質及其可信度作簡單的説明。唐前期五品以上官制授,制授告身即聽受誥命後即時書寫的授官文書。告身的製作、下發須三省在短時間内完成,每一步驟均署有具體的時間與官員結銜,③因而有傳世文獻難以比擬的時效性、準確性,可謂政治史研究的第一手文獻。

現存的五通《告身》均出自紙質文本,實物僅存《鍾紹京受贈誥文碑》石刻。④ 後人雖對《告身》的文本有所改動,但從目前的情况看,改動僅局限於格式、避諱、增添天干地支等方面,並不涉及實質性内容。⑤ 也就是説,《告身》雖已非下發時的原貌,但仍然能夠直接反映被授予時的實際情况。

傳世文獻中,唐隆元年六月二十日夜李隆基誅殺韋武之後,很快將時任宰相蕭至忠、韋嗣立、趙彦昭、崔湜等人一併貶謫出京。然而,隨着二十四日睿宗的即位,這些人

---

① 關於《鍾紹京告身》的發現以及整理史可見劉安志:《關於唐代鍾紹京五通告身的初步研究》,《新資料與中古文史論稿》,上海古籍出版社,2014 年,第 193—194 頁。

② 謝文學業已注意到《告身》的記載與史書存在頗多齟齬,但其對於這一現象的探討集中於傳統金石學補史、證史的層面。見謝文學:《〈鍾氏族譜〉中的五篇唐代制書》,劉躍進主編《中華文學史料》第 2 輯,北京:學苑出版社,2007 年,第 153—161 頁。

③ 一般認爲告身的製作下發過程爲:中書舍人聽候皇帝御旨起卓詔書並上呈皇帝進畫,完畢後自中書令、中書侍郎、中書舍人連署宣、奉、行,並重寫轉送門下省;收到制書的門下省向皇帝覆奏,皇帝御畫可之後門下再次重寫制書並經侍中、門下侍郎、給事中署名,最終下尚書省施行並授予官員。關於制授告身的標準格式可參[日]中村裕一:《唐代制敕研究》,東京:汲古書院,1991 年,第 63 頁。大庭脩指出唐告身的日期署名之上需蓋印以防止修改,參[日]大庭脩:《唐告身と日本古代の位階制》,東京:皇學館,2003 年,第 191—207 頁。

④ 據考證,此碑爲唐德宗後鍾氏族人所刻,並非告身下發時原貌,但其内容與諸縣誌載《告身》内容基本一致。今藏江西興國縣革命歷史博物館,拓片可見張子明:《鍾紹京受贈誥文碑》,《南方文物》2001 年第 4 期。

⑤ 關於鍾紹京告身文本變動可見劉安志:《跋江西興國縣所出〈唐鍾紹京受贈誥文碑〉》,《法律文化研究》2017 年第 1 期。卞孝萱先生也指出了謝文學未注意到的《鍾氏族譜》對唐代制敕的修改,但這些修改也祇局限於名號、年號等,同樣肯定了其保存的制敕文本"優於《册府元龜》《唐大詔令集》",見卞孝萱:《揭示興國〈鍾氏族譜〉竄改唐制誥——兼評謝文學的誤導》,《中國文化與典籍》2008 年第 3 期。

却官復原職,並很快與李隆基手下的鍾紹京、劉幽求、崔日用等人發生了衝突。由於蕭至忠、崔湜等都是日後的太平公主黨羽,在後見之明的影響下,他們的貶而復起以及與李隆基陣營的衝突便被歸因於睿宗、太平公主集團與李隆基集團的鬥法:蕭至忠、韋嗣立、趙彥昭、崔湜等人是被政變後暫時掌權的李隆基貶謫出京的,而在其父李旦即位之後,太平公主與睿宗成功壓制了李隆基,最終召回了被貶的宰相,這一事件是“玄睿矛盾”的起點。

《告身》的核心内容恰好提供了唐隆政争白熱化時期——六月二十一至二十七日期間中樞機構官員的結銜,這些記錄正是唐隆政争現場的直接“物證”。由於五通告身篇幅較大,下面討論時將僅在必要時引用《告身》的關鍵部分。[①]

比對兩《唐書》、《通鑑》三種關於唐隆政争時期(唐隆元年六月二十一至二十七日)宰相任免的記載,可以發現《告身》與傳世文獻呈現出截然相反的樣貌。[②] 據《告身》,中書令蕭至忠、中書侍郎趙彥昭二十四至二十七日應爲宰相,吏部侍郎崔湜二十二至二十七日應爲宰相。而《通鑑》與《舊唐書》却記載三人在二十三日就已被貶,[③]直到二十八日纔被召回。可將上述差異呈現如下表(表一):[④]

表一　《告身》與三史出入對比表

人物/時間	蕭至忠		趙彥昭		崔　湜		鍾紹京	
	告身	史書	告身	史書	告身	史書	告身	史書
6月21日辛丑	闕	宰相		宰相		宰相	中書侍郎(非宰相)	宰相
6月22日壬寅	(闕)	宰相		宰相	宰相	宰相	宰相	宰相

① 五通告身全文見劉安志:《關於唐代鍾紹京五通告身的初步研究》,《新資料與中古文史論稿》,第193—210頁,下引《告身》皆見於此,不另注出處。

② 《舊唐書》卷七《睿宗紀》,北京:中華書局,1975年,第152—155頁;《新唐書》卷五《睿宗紀》,北京:中華書局,1975年,第115—118頁;《資治通鑑》卷二〇九景雲元年六月條,北京:中華書局,1956年,第6645—6650頁。

③ 《舊唐書》於變動後書“蕭、韋、趙特置位”,但以刺史行宰相職於史無例,且從《告身》來看蕭、趙二人的署名與政變前並無變化,並無以刺史代行中書令、中書侍郎之迹象,並且《舊唐書》後又記載六月二十八日蕭、趙自州刺史爲中書令、侍郎,可見“特置位”不太可能是指以州刺史代行原職。

④ 此外,鍾紹京的歷官記録與史書也多有差異,但在三史中尚能找到相對應的記載,故不單獨陳述。唯獨無對應記載的是告身中六月二十七日鍾紹京罷中書令,《舊唐書》記載二十三日鍾紹京爲中書令,二十五日罷;《新唐書》不載鍾紹京爲中書令,而載二十五日鍾紹京罷相,又《通鑑》記載二十六日“改除户部尚書,尋出爲蜀州刺史”。

續　表

人物/時間	蕭至忠		趙彥昭		崔　湜		鍾紹京	
	告身	史書	告身	史書	告身	史書	告身	史書
6月23日癸卯	闕	貶	闕	貶	(宰相)①	貶	宰相	宰相
6月24日甲辰	宰相	貶	宰相	貶	宰相	貶	宰相	宰相
6月25日乙巳	(宰相)	貶	(宰相)	貶	(宰相)	貶	宰相	待定
6月26日丙午	(宰相)	貶	(宰相)	貶	(宰相)	貶	宰相	貶
6月27日丁未	宰相	貶	宰相	貶	宰相	貶	貶	貶
6月28日戊申		宰相		宰相		宰相		貶

　　三種主幹內容源出官修史書的記載顯示,崔湜、蕭至忠、趙彥昭在唐隆元年六月二十三至二十八日不在朝中,蕭、趙二十一至二十二日尚在朝中,《告身》的記錄則完全相反。蕭、趙、崔三人官方記載與告身矛盾的重合始於二十四日,這一天正好是少帝禪讓於睿宗的日子。兩《唐書》、《通鑑》關於同一事件的時間往往會存在一兩日的出入,這種誤差大多是文書收發時間的差異造成的。② 但蕭、趙、崔的任免就發生在中央,且告身作爲一種實用文書,具有極強的時效性與準確性,這種情況下官方記載與告身的巨大出入顯然無法用誤差加以解釋。

　　關於蕭、趙、崔三人二十四日的在朝,《告身》之外,還存在着一條較爲特別的官方記載。睿宗在太極元年(712)曾下詔將李隆基等人的勸進文字付諸史館,詔書中回憶兩年前登基時事,列出了當時擁立功臣的名單(下簡稱《付史館詔》),就有蕭至忠、崔湜、趙彥昭。③ 如果唐隆元年六月二十三日三人確實被貶,那麼他們次日不可能出現在少帝禪讓睿宗的場合——三人要到二十九日方官復原職。屬於睿宗親身回憶的《付史館詔》與"現場記錄"《告身》相吻合,顯示出蕭、崔、趙二十四日的在朝,他們可謂睿宗登

---

　　① 據告身崔湜六月二十二日爲吏部侍郎同中書門下平章事,二十三日無崔湜記載,二十四日與二十二日同。由此,二十三日崔湜應仍爲宰相。蕭至忠、趙彥昭、崔湜二十五、二十六日任宰相,蕭至忠二十二日闕任同樣依此原理推定,標識爲"(宰相)""(闕)"。

　　② 謝貴安注意到唐代實録記事件時常常以奏到之日書寫事件發生的日期,見謝貴安:《中國已佚實録研究》,上海古籍出版社,2013年,第184—187頁。

　　③ 《宋本册府元龜》卷一三三《帝王部·襃功二》,北京:中華書局,1989年,第139頁。

基的擁立功臣。相比之下,三人被貶的記載顯然存在問題。

基於《告身》所反映的"現場記録",目前學界對蕭、趙、崔三人唐隆政爭時屬於太平公主黨羽的判定便存有問題。《告身》顯示,所謂"太平黨羽"的蕭、趙、崔三人唐隆元年六月二十四至二十八日之間一直在朝,並不存在一個從貶謫到召回的過程。如此一來,睿宗即位後聯合太平公主顛覆李隆基政治安排一說的依據便消解了,睿玄矛盾說也失去了一大主要證據。實際上,從傳世文獻的考察出發我們也可以發現,太平黨羽與公主的關係至早始於景雲二年二月。① 換言之,至少此後,纔真正意義上有了"太平公主集團"。

須注意的是,整個睿宗朝李隆基都還與所謂的"太平黨羽"有着密切的關係,雙方的關係遠非史家想象的那樣涇渭分明。崔湜在玄宗被立爲太子至登基前後都是東宮僚屬,②兩人私交匪淺,當時坊間有崔湜妻女並得幸於太子的傳聞。③ 甚至到先天政變前夜李隆基仍然試圖托崔湜爲心腹:"及帝將誅蕭至忠等,召將托爲腹心,湜弟滌謂湜曰:'主上若有所問,不得有所隱也。'湜不從,及見帝,對問失旨。"先天政變後,太平黨羽大多被殺,惟有崔湜"坐徙嶺外"。④ 崔湜弟崔滌亦是李隆基宴席上座次寧王的親密鄰居與藩邸舊識;⑤而關於另一位太平黨羽竇懷貞,景雲二年二月李隆基以太子監國後,曾征懷貞兄懷讓子思仁爲"兵揔萬人"的太子左衛率;⑥蕭至忠先天時也曾出任太子右諭德,⑦李隆基對其極爲賞識,稱"其人信美才",以至於開元時源乾曜入相就是因其儀形類至忠。⑧

二、政變功臣與睿宗即位前的中樞格局

證明唐隆政爭並非太平公主集團與李隆基集團之爭後,下面試圖復原政爭的過程,並考察其性質。在展開這些問題前,需要理清唐隆政變後中樞格局的變動。唐隆政變

---

① 由於篇幅所限,筆者將另撰文探討。

② 《册府元龜》卷七二《帝王部·命相二》,北京:中華書局,1960 年,第 825—826 頁。

③ 《舊唐書》卷七四《崔湜傳》,第 2623 頁;(唐)張鷟:《朝野僉載》卷五,北京:中華書局,1979 年,第 125 頁。

④ 《舊唐書》卷七四《崔湜傳》,第 2623 頁。

⑤ 《舊唐書》卷七四《崔滌傳》,第 2624 頁;《宋本册府元龜》卷一七二《帝王部·求舊》,第 397 頁。

⑥ 趙君平、趙文成編:《秦晉豫新出墓誌蒐佚》第 2 册《唐竇思仁墓誌》,北京:國家圖書館出版社,2011 年,第 493 頁。

⑦ 《舊唐書》卷七《睿宗紀》,第 161 頁。

⑧ (唐)劉肅:《大唐新語》卷六《舉賢》,北京:中華書局,1984 年,第 97 頁。

發生前三省宰相構成如下：中書令宗楚客、蕭至忠，侍中紀處訥、韋安石，中書侍郎同中書門下三品趙彥昭，中書侍郎同平章事岑羲，左僕射同中書門下三品韋巨源，右僕射同中書門下三品蘇瓌，兵部尚書同中書門下三品李嶠，守兵部尚書同中書門下三品韋嗣立，刑部尚書同中書門下三品裴談，吏部尚書同平章事張嘉福，吏部侍郎同平章事崔湜。① 政變後，韋、武羽翼韋温、宗楚客、韋巨源、紀處訥、張嘉福先後被殺，中樞的中書省、門下省變化如下：

首先在中書省，中書令宗楚客被殺，另一名中書令蕭至忠據六月二十一至二十三日的兩通《告身》來看，很可能一直處於闕位狀態，《鍾紹京中書侍郎告身》顯示：

> 唐隆元年六月二十一日
> 中書令闕
> 銀青光禄大夫、行中書侍郎、潁川郡開國公臣鍾紹京宣
> 中大夫、行中書舍人、修文館學士、上柱國臣李乂奉行

《鍾紹京同中書門下三品告身》顯示：

> 唐隆元年六月二十三日
> 中書令闕
> 中書侍郎闕
> 中書舍人、修文館學士、上柱國臣
> 蘇珽宣奉行

直到二十四日，中書令位上纔出現了變化，《鍾紹京中書令告身》：

> 唐隆元年六月二十四日
> 中書令、修文館學士、監修國史、上柱國公臣蕭至忠宣
> 中散大夫、守中書侍郎、同中書門下三品、著紫佩金魚、修文館學士、上柱

① 官職根據《通鑑》、兩《唐書》整理。這些人在政變前的官職與成書於景龍四年(710)四月十五日的《根本説一切有部尼陀那》署名大體一致。見《中華大藏經》編輯局：《根本説一切有部尼陀那》卷一，北京：中華書局，1990年，第395頁。

　　國臣趙彦昭奉

　　　　中散大夫、行中書舍人、修文館學士臣李乂行

　　根據以上三通告身,蕭至忠二十一至二十三日之間很可能並未履行中書令之職。有材料顯示李嶠可能在政變當夜臨時出任了中書令一職,①不過這一説法無法得到《告身》的支持。同時政變前的中書侍郎岑羲、趙彦昭也未出現在三通告身當中,直到二十四日趙彦昭纔出現在署名當中。

　　其次來看門下省,侍中紀處訥在政變中被殺,據告身侍中在六月二十一至二十三日也處於闕位狀態,《鍾紹京中書侍郎告身》記載:

　　　　侍中

　　　　銀青光录(禄)大夫、行黄門侍郎、上柱國、常山縣開國男臣從遠

　　　　朝議郎、守給事中、上柱國臣崇璧　　等言:……

　　　　制書如右,請奉

　　　　制附(付)外施行,謹言。

　　　　　　　　唐隆元年六月二十一日

《鍾紹京同中書門下三品告身》記載:

　　　　侍中闕

　　　　銀青光禄大夫、行黄門侍郎、上柱國、常山縣開國男臣從遠

　　　　朝議郎、守給事中、上騎都尉臣□□　　等言:

　　　　制書如右,請奉

　　　　制付外施行,謹言。

　　　　　　　　唐隆元年六月二十三日

同中書令一樣,侍中一職直到二十四日纔發生了一些變化:

────────────

　　① 《宋本册府元龜》卷五五一《詞臣部》,第1531頁。

　　　特進、侍中、監修國史、上柱國鄭國公臣安石

　　　中大夫、守黃門侍郎、上柱國臣日知

　　　朝議大夫、守給事中、上柱國臣顯　　　　　等言：

　　　制書如右，請奉

　　　制付外施行，謹言。

　　　　　　　　　　　唐隆元年六月二十四日

在中宗朝末期任侍中的韋安石、任黃門侍郎的李日知均官復原職。而除了兩員侍中外，政變前唯一的黃門侍郎李日知也直到二十四日纔出現在署名當中。①

　　既然唐隆政變後的六月二十一至二十三日期間中書省、門下省的長官或者被殺，或者闕位，那麼是誰代行了他們的職能呢？

　　在中書省，根據廣爲引用的一條《舊唐書》記載，政變當夜真正掌握中書省實權的是參與政變的"行中書侍郎"鍾紹京和"中書舍人"劉幽求："以紹京、幽求知政事，署詔敕"，"是夜所下制敕百餘道，皆出於幽求。以功擢拜中書舍人，令參知機務"。② 根據《告身》，鍾紹京在二十一至二十三日確實行使了中書侍郎的職責，並代行了中書令。但數通告身中並無劉幽求中書舍人的記錄，而據《新唐書》與《冊府》，政變當夜行使職能的當主要是在政變前的中書舍人蘇頲與李乂，③兩人似乎草定了大部分詔敕：

　　　韋氏之變，詔令嚴促，多乂草定。進吏部侍郎，仍知制誥。④

　　　蘇頲爲中書舍人，景龍四年，玄宗初定內難，屬機事填委，文誥萬計。頲在太極殿後，手操口對，無毫釐差誤。主書韓禮、談子陽轉書草詔，屢謂頲曰："乞明公稍遲，禮等書不及，恐手腕將廢。"中書令李嶠歎曰："舍人思如涌泉，嶠所不及也。"⑤

趙翼早已注意到這一矛盾，在《陔餘叢考》"新唐書多周旋"條指出"其有數人共一善事，

<hr>

① 李日知遷轉見《舊唐書》卷一八八《孝友傳》，第 4927 頁。根據六月二十四日鍾紹京告身，政變前黃門侍郎可能祇有李日知一人。

② 《舊唐書》卷一〇六《王毛仲傳》、卷九七《劉幽求傳》，第 3253、3039 頁。

③ 蘇、李二人政變前的任職見《根本説一切有部尼陀那》卷一，第 395 頁。兩人在《告身》中的官職與中宗末期《根本説一切有部尼陀那》署名的官職完全一致。

④ 《新唐書》卷一一九《李乂傳》，第 4296 頁。

⑤ 《宋本冊府元龜》卷五五一《詞臣部》，第 1531 頁。

而分隸數人,使各得專其功",認爲宋祁强以幽求草詔事隸之於蘇頲。① 然而從二十一、二十三、二十四、二十七日的告身來看,劉幽求並無履行中書舍人職能的記錄,見於告身、行使中書舍人職能的就是蘇頲和李乂。中書舍人宿直需要夜宿於供職機構,二十一日爲李乂入直未見蘇頲,二十三日據《鍾紹京同中書門下三品告身》整個制書的下發過程中的署名,蘇頲和李乂都在朝中,二十四日李乂、蘇頲均有草詔記錄。因此唐隆政變當夜至次日凌晨二人也有可能都宿直,故史書中同時留下蘇頲、李乂當夜草詔的記載。除此之外,見於告身的還有"知制誥"的馬懷素,②在政變前也是中書舍人(參表二)。

表二　唐隆元年六月二十一至二十九日中書舍人草制情況表③

時　間	制　　敕	中書舍人	備　注
政變前		盧藏用、李乂、韋元旦、馬懷素、蘇頲	
6 月 21 日	《唐隆元年六月鍾紹京中書侍郎告身》	李乂	
6 月 23 日	《唐隆元年六月鍾紹京同中書門下三品告身》	蘇頲	二十四日經尚書省簽署時有李乂(知制誥)
6 月 24 日	《唐隆元年六月鍾紹京中書令告身》	李乂	
	《睿宗受禪制》	蘇頲	
6 月 25 日	《宋王成器太子太師制》	蘇頲	
6 月 27 日	《唐隆元年六月鍾紹京户部尚書告身》	李乂	經尚書省簽署時馬懷素(知制誥)
6 月 29 日	《封衡陽郡王成義爲申王制》	蘇頲	

　　值得一提的是,正史之外中唐小説《劉幽求傳》中尚有唐隆政變夜晚中書舍人劉幽

　　① (清)趙翼:《陔餘叢考》卷一一《新唐書多周旋》,北京:中華書局,1963 年,第 202—203 頁。
　　② 劉萬川:《唐中書舍人六人考辨》,《河北師範大學學報(哲學社會科學版)》2005 年第 4 期。其中指出"中書舍人可以以他官知制誥補足缺員",因此知制誥者在此也可以視爲補足中書舍人員數。《馬公墓誌銘並序》:"轉授考功員外郎、修文館直學士,遷中書舍人。與李乂同掌黃畫。逾年,檢校吏部侍郎。"參見周紹良、趙超編:《唐代墓誌彙編》開元〇七四,上海古籍出版社,1992 年,第 1206 頁。
　　③ 制書有具體署名的時間以中書省下發所寫時間爲準。參考[日]池田温:《唐代詔敕目録》,西安:三秦出版社,1991 年。

求自爲拜相白麻一事:

> 其夜凡制誥百餘首,皆幽求作也。自爲拜相白麻云:"前朝邑尉劉幽求忠貞貫日,義勇橫秋,首建雄謀,果成大業,可中書舍人,參知機務。賜甲第一區,金銀器皿十牀,細婢十人,馬百匹,錦綵千段,仍給鐵券,特恕十死。"①

關於此事的真實性,周勛初曾指出"劉幽求自爲拜相白麻一事,史書一無記載,柳珵虛構此一情節",制書内容"大都有其依據,然是數事乃後數年陸續頒賜者"。② 從六月二十一日《鍾紹京中書侍郎告身》來看,《劉幽求傳》有其真實性,但小説對於劉幽求的描寫却源出自鍾紹京:一是所謂"自爲拜相白麻"的政治奇觀確實存在,鍾紹京於制書宣行過程中已經在行使中書侍郎的職能,但這封告身中的宰相和中書舍人都不是劉幽求;二是"拜相白麻"起首部分"前朝邑尉劉幽求忠貞貫日,義勇橫秋,首建雄謀,果成大業"與二十七日《鍾紹京户部尚書告身》中的"新除中書舍人入參知機務劉幽求,忠精貫日,義氣橫秋。首定高謀,遂安大業"内容基本一致,③但這段文字的起草人却是李乂,且此時的劉幽求據二十七日《告身》已被削權爲行尚書右丞。

結合《告身》與幾種記載,《舊唐書·劉幽求傳》所稱"是夜所下制敕百餘道,皆出於幽求"很可能篡奪的是李乂、蘇頲的記載,劉幽求也許掌握了政變當夜的大權,但似乎並未親自掌詔敕。

其次來看門下省,行使職權的是"銀青光禄大夫、行黄門侍郎、上柱國、常山縣開國男臣從遠""朝議郎、守給事中、上柱國臣崇璧"以及"朝議大夫、守給事中、上柱國臣顒"。"從遠",據《舊唐書》記載李至遠弟從遠"景雲中歷黄門侍郎、太府卿",又據《授李從遠守太府卿制》,其唐隆政變後自黄門侍郎拜太府卿。④ 可見此處"從遠"當指李從遠;給事中位上,"崇璧"同名見於郎官石柱題名,⑤《太平廣記》亦載"嶅屋縣尉田崇璧、新豐縣尉崔日用、後皆至大官"。⑥ 六月二十四日給事中署名有闕文:"朝議郎、守給事中、上騎都尉臣□□ 等言"。此署名與二十一日的給事中同職、散而不同勛。如果兩

---

① (宋)王讜著,周勛初校證:《唐語林校證》卷三《夙慧》,北京:中華書局,1987年,第321頁。
② 周勛初:《柳珵〈劉幽求傳〉鈎沉》,《中華文史論叢》第33輯,上海古籍出版社,1985年。
③ 此制除告身外不見於傳世文獻。
④ 《舊唐書》卷一八五《李畬傳》,第4787頁;《文苑英華》卷三九七,北京:中華書局,1966年,第2014頁。
⑤ (清)趙鉞、(清)勞格:《唐尚書省郎官石柱題名考》附録二,北京:中華書局,1992年,第998頁。
⑥ 《太平廣記》卷一八五《薛季昶》,北京:中華書局,1961年,第1386頁。

處題名同是田崇璧,那麼在三天之内田崇璧似乎被降勛。另一員給事中"顥"據《郎官石柱考》,應是曾任給事中的李顥。①

綜上所述,唐隆政變成功後六月二十一至二十三日期間,與玄宗一同平定韋氏的政變功臣鍾紹京、劉幽求共同占據了政務運行的中樞,並且取代了原任中書令蕭至忠,中書侍郎趙彦昭、岑義。鍾紹京被任命爲中書侍郎並參知機務,雖可入政事堂參與宰相議事,但並非真正的宰相,直到二十三日升同中書門下三品;門下省方面,李從遠、田崇璧代替了侍中韋安石、黄門侍郎李日知。正史中二十一至二十三日尚在原職的蕭至忠、韋安石、趙彦昭、李日知等人實際上在這一時段處於停職狀態。

三、擁立功臣的崛起與唐隆政争

從《告身》的記録來看,在經歷六月二十一至二十三日中樞格局相對穩定的狀態之後,中書、門下省的人員構成在二十四日發生了巨大的變化——先前與韋武有所聯繫,被停職的韋、蕭等人紛紛官復原職。

從當時的政治背景來看,韋、蕭等人的復職極爲蹊蹺。唐隆政變當夜,李隆基曾大肆捕殺韋氏家屬、親信,牽連範圍之廣、屠戮之殘酷,遠超之前歷次宮廷政變。韋后的屍首被置於市中示衆,諸媚韋后的韋巨源爲亂兵所殺。② 如果説韋巨源與韋后的聯繫還比較密切的話,太子洗馬韋璬的被殺就很能説明屠殺的範圍:"以韋庶人之微親□□見累,以唐元載六月廿一日遇害於布政坊西街。"韋璬直至天寶七載纔被招魂葬合袝,可知其本人屍骨無存。③ 又當時左金吾衛中郎將裴昭與其夫人永年縣主武氏也雙雙被殺。④ 事實上,受牽連的不僅僅祇有韋武家族成員和黨羽,還有散居鄰近各坊的居民:"崔日用將兵誅諸韋於杜曲,襁褓兒無免者,諸杜濫死非一。"⑤時人張鷟比之於冉閔殺胡、董卓誅宦,歎道:"此逆韋之罪,疏族何辜!"⑥

與以上遇難者相較,韋、蕭、趙三人與韋后關係之密切,有過之而無不及。中宗時韋

① (清)趙鉞、(清)勞格:《唐尚書省郎官石柱題名考》卷二,第59頁。
② 《舊唐書》卷九二《韋巨源傳》,第2966頁。
③ 周紹良、趙超編:《唐代墓誌彙編續集》天寶〇四五,上海古籍出版社,2001年,第613頁。屍骨不存乃用招魂,參見(唐)杜佑:《通典》卷一〇三《凶禮招魂葬議》,北京:中華書局,1988年,第2701—2705頁。此處受仇鹿鳴老師點撥,特表感謝。
④ 周紹良、趙超編:《唐代墓誌彙編》景雲〇一八,第1125頁。
⑤ 《資治通鑑》卷二〇九景雲元年六月庚子條,第6647頁。
⑥ (唐)張鷟:《朝野僉載》卷一,第17頁。

安石曾主動要求編入韋后家族屬籍,趙彦昭則趨附韋后親昵的巫嫗趙氏。① 蕭至忠一面背靠武三思,另一面嫁女韋后舅崔從禮之子崔無詖,又將另一亡女與韋后亡弟韋洵冥婚。② 了解了這一背景,我們就不得不思考這樣一個問題:蕭、韋、趙等人爲何没有如韋巨源等人一般被殺,而僅僅被停職查辦?

薛稷與韋、趙等人的關係可以作爲解釋問題的切入點,蕭、韋、趙三人與薛稷有着頗多聯繫。趙彦昭"與郭元振、薛稷、蕭至忠善",是薛稷、蕭至忠的太學同學。③ 並且趙彦昭又與郭元振好友韋安石、韋嗣立有密切關係,開元二年(714)玄宗同時貶此三人,詔稱三人"因緣幸會,久在廟堂,朋黨比周"。④ 此類材料頗多,在此不作贅述。

而薛稷正是睿宗的老心腹,李旦早在相王藩邸時就對其"特見招引",後又將女兒嫁與薛稷之子薛伯陽。⑤ 或許因有所助力,唐隆政變後薛稷由禮部郎中稍進位至諫議大夫。⑥ 僅從官職來看,薛稷當時應是無權參與中樞決策的,然而下文我們將看到,薛稷是擁立睿宗即位的主導者之一,所謂"以翊贊功,恩絶群臣",李旦"常召稷入宫參決庶政,恩遇莫與爲比"。⑦

應是由於蕭至忠、韋安石等人與薛稷密切的關係,他們在政變之後雖被排擠出中樞,但尚能保全性命。⑧ 然而六月二十四日原本處於停職待罪狀態的蕭至忠、韋安石等人却恢復了原職,又是出於什麼原因呢? 這些變化都發生於二十三至二十四日兩天之内,理清當時發生了什麼是解決問題的關鍵。

唐隆元年六月二十四日是少帝禪讓、睿宗正式登基之日,兩年後的太極元年四月睿宗下詔將李隆基等人的勸進文字付諸史館,詔書中回憶三年前登基前夜(六月二十三日)定策的過程:

---

① 《唐會要》卷六一《彈劾》,上海古籍出版社,2006 年,第 1249 頁;《宋本册府元龜》卷一五二《帝王部·明罰》,第 282 頁。

② 《舊唐書》卷九二《蕭至忠傳》,第 2968、2979 頁;韋洵墓誌已出土,可參王原茵、羅寧麗:《唐韋洵墓誌考》,《碑林集刊》2003 年第 1 期。

③ 《新唐書》卷一二三《趙彦昭傳》,第 4377 頁;《文苑英華》卷九七二《兵部尚書代國公贈少保郭公行狀》,第5111—5115 頁。

④ 《舊唐書》卷九二《韋安石傳》,第 2957 頁。

⑤ 《舊唐書》卷七三《薛稷傳》,第 2591 頁;(宋) 宋敏求:《唐大詔令集》卷四三《壽昌縣主適崔真制》,北京:中華書局,2008 年,第 212 頁。

⑥ 前職見《根本説一切有部尼陀那》卷一,第 395 頁;《舊唐書》卷七三《薛稷傳》,第 2591 頁。

⑦ (唐)武平一撰,陶敏輯校:《景龍文館記》卷四,北京:中華書局,2015 年,第 154 頁;《舊唐書》卷七三《薛稷傳》,第 2591 頁。

⑧ 同樣被編入韋后屬籍的韋嗣立則因寧王憲的關係被救下,見《舊唐書》卷八八《韋嗣立傳》,第 2873 頁。

皇大子隆基,忠孝天感,仗義行誅,一夕之間,戡定禍難。朕當宿夕,初不聞知,及見事平,且悲且慰,方與四海,同奉嗣君,而溫王幼沖,頻屬艱疚,因發驚悸,日夜啼號。固以先聖立朕爲太弟之意,令鎮國太平長公主、諫議大夫薛稷等奉成先旨。朕固誠請,至於再三,乃使中書舍人蘇頲奉表陳乞,襄王便不肯視事,①避於別宮,中外遑遑,莫知所向。隆基、鎮國太平長公主、成器、範、業、薛稷、劉幽求、麻嗣宗等以爲宗廟不可無主,萬機不可暫曠,且從人望,因定策禁中。朕又固辭,僉謀卿士,得蕭至忠、崔湜、韋嗣立、趙彥昭、麻嗣宗、薛儆、鄭萬均、唐晙等,同詞勸進,以爲幼主之心既不可奪,先聖之旨固不可違,事不獲已,乃順衆望,要盟之言,其文猶在。②

又《册府》同書卷十的記載也與李旦在王公卿士請乞下應允即位的回憶一致,並且同見於《舊唐書·睿宗紀》:

癸卯,王公卿士咸以王室多故,義擇長君,以帝衆望所歸,固請即尊位,是日,少帝讓于叔父。③

其日(癸卯),王公百僚上表,咸以國家多難,宜立長君,以帝衆望所歸,請即尊位。④

然而以上《册府》的兩段記載却與《通鑑》存在差異:

癸卯,太平公主傳少帝命,請讓位於相王,相王固辭。⑤

劉幽求言於宋王成器、平王隆基曰:"相王疇昔已居宸極,羣望所屬。今人心未安,家國事重,相王豈得尚守小節,不早即位以鎮天下乎!"隆基曰:"王性恬淡,不以代事嬰懷。雖有天下,猶讓於人,況親兄之子,安肯代之乎!"幽求曰:"衆心不可違,王雖欲高居獨善,其如社稷何!"成器、隆基入見相王,極言其事,相王乃許之。⑥

---

① 唐少帝景雲二年改封襄王。
② 《宋本册府元龜》卷一三三《帝王部·襃功二》,第 139 頁。
③ 《册府元龜》卷一〇《帝王部·繼統二》,第 113 頁。
④ 《舊唐書》卷七《睿宗紀》,第 153 頁。
⑤ 《資治通鑑》卷二〇九唐隆元年六月癸卯條,第 6648 頁。
⑥ 《資治通鑑》卷二〇九唐隆元年六月癸卯條,第 6649 頁。

相比於《册府》,《通鑑》通過一隱一顯凸顯出李隆基的決定性作用。所謂"隱",先是以"太平公主傳少帝命,請讓位於相王,相王固辭"省去了第一次勸進時薛稷的參與,接着略去了再勸進中太平公主、薛稷"定策禁中"的行爲,最後李旦在王公百僚的請乞下答應越過少帝即位一事也不見蹤迹;所謂"顯",在《通鑑》的叙事中,李隆基、李成器成了説服睿宗即位的關鍵,唯有在劉幽求勸説下,仰賴隆基、成器二人的入見,相王纔最終答應。

《告身》提供的現場記録與《册府》《舊紀》接近,支持《通鑑》中被隱没諸事的存在。首先,在上引《鍾紹京同中書門下三品告身》中中書令、中書侍郎、侍中的署名尚處於空缺狀態,這通告身在二十三日酉時(下午 5—7 點)經門下省審批皇帝制可後交付尚書省:

> 制可
>
> 六月二十三日酉時　　都事下直

而到了《鍾紹京中書令告身》,中書令、中書侍郎、侍中已依次爲蕭至忠、趙彦昭、韋安石。這通告身則在二十四日寅時(凌晨 3—4 點)下到尚書省:

> 制可
>
> 六月二十四日寅時　　都事元景

由此可見,蕭至忠、趙彦昭、韋安石是在二十三日酉時至次日寅時大致 10 個小時内官復原職的。二十三日當晚三人的復職意味着《册府》記載的,在蕭至忠、崔湜、韋嗣立、趙彦昭等王公百僚的勸進下相王應允即位確有其事,否則他們應無官復原職的可能;[①]其次,六月二十三日《唐隆元年六月鍾紹京同中書門下三品告身》在中書省的程式由蘇頲一人完成——"中書舍人、修文館學士、上柱國臣蘇頲宣奉行",與《付史館詔》中"乃使中書舍

[①] 《通鑑》也顯示李隆基對擁立其父登基一事本身也存在遲疑:"壬寅,劉幽求在太極殿有宫人與宦官令幽求作制書立太后,幽求曰:'國有大難,人情不安,山陵未畢,遽立太后,不可!'平王隆基曰:'此勿輕言。'"(《資治通鑑》卷二〇九景雲元年六月壬寅條,第 6765—6766 頁)唐雯將此事歸之爲玄睿二宗的矛盾,見《新出葛福順墓誌疏證——兼論景雲、先天年間的禁軍争奪》,《中華文史論叢》2014 年第 4 期;孟彦弘則認爲李隆基此舉源於相王當時並不具備合法的政治號召力,見孟彦弘:《唐前期的太子問題及其政治後果》,《出土文獻與漢唐典制研究》,北京大學出版社,2015 年,第 174—175 頁。

人蘇頲奉表陳乞"的回憶吻合。

《通鑑》與《册府》叙事的隱與顯或許可以從兩者的史源得到解釋。比對《册府》卷十、《舊唐書・睿宗紀》關於睿宗即位前的記載可以發現,兩處叙事基本一致,很可能根據同一文本删節改寫而成。《通鑑》之説不見於《册府》、兩《唐書》且未出《考異》,應出自司馬光當時所能見到的《睿宗實録》《太上皇實録》中的一種。《通鑑》很可能采納了玄宗先天政變後重修的《睿宗實録》,而《册府》《舊紀》則由睿宗在位時就已經在修的《太上皇實録》删節而成,前者强化了先天政變勝利者李隆基在睿宗登基過程中的決定性作用,又隱去了後來被殺的太平公主、薛稷的功勞。①

總言之,在擁立睿宗的過程中太平公主、薛稷實際上發揮了極其重要的作用。薛稷本屬睿宗親信又擁立有功,在李旦即位之後雖僅進位爲太常少卿,但實爲權位之首。與此同時,向來與薛稷關係親近的蕭至忠、韋安石、趙彦昭等人能够以待罪之人的身份參與到擁立睿宗這一改變他們命運的大事中來,最終官復原職。如果我們視劉幽求、鍾紹京、崔日用等爲政變功臣的話,那麽蕭、韋、趙等人無疑是李旦的擁立功臣。

二十四日睿宗正式即位後中書門下的格局發生了巨大變化,中宗朝舊人大多官復原職。政變功臣鍾紹京亦於當日進位中書令,②在權勢最重的中書令位上,出現了政變功臣鍾紹京與擁立功臣蕭至忠並立的情況。不過好景不長,在睿宗即位之後第二天,政變功臣與擁立功臣便産生了矛盾:

> 鍾紹京少爲司農録事,既典朝政,縱情賞罰,衆皆惡之。太常少卿薛稷勸其上表禮讓,紹京從之。稷入言於上曰:"紹京雖有勳勞,素無才德,出自胥徒,一旦超居元宰,恐失聖朝具瞻之美。"上以爲然。丙午,改除户部尚書,尋出爲蜀州刺史。③

據第三通《告身》,二十四日寅時(凌晨3—4點)門下批准同意以鍾紹京爲行中書令並於二十五日尚書省頒下實行,薛稷排擠鍾紹京一事應發生於二十五日以後。二十七日《告身》的正文即顯示朝廷以較三天前略多的賞賜就將鍾紹京與劉幽求一同打發出了

① 《舊紀》與《册府》卷一〇對李隆基稱謂存在細微不同,《舊紀》中稱"臨淄王諱"可知其後修入國史不早於先天元年玄宗即位,《册府》則徑稱"隆基",似乎更爲原始。據杜希德考證,《太上皇實録》撰寫於712年至716年6月的某一時間,《睿宗實録》則上呈於716年11月,《舊紀》所本的國史具有隨時修訂的特點,因此可能未受到後修《睿宗實録》的影響。參[英]杜希德:《唐代官修史籍考》,上海古籍出版社,2010年,第178頁。
② 劉安志:《新資料與中古文史論稿》,第202頁。
③ 《資治通鑑》卷二〇九,景雲二年六月甲辰條,第6649—6650頁。

中書省,①填補鍾紹京中書令之位的是另一位中宗朝舊人韋嗣立。② 七月十八日,中書省中又發生了薛稷與崔日用的争執:③

> 黄門侍郎、參知機務崔日用與中書侍郎、參知機務薛稷争於上前,稷曰:"日用傾側,黨附武三思,非忠臣;賣友邀功,非義士。"日用曰:"臣往雖有過,今立大功。稷外託國姻,内附張易之、宗楚客,非傾側而何!"上由是兩罷之,戊辰,以日用爲雍州長史,稷爲左散騎常侍。④

除圍繞薛稷發生的争執之外,與薛稷關係密切的崔湜、岑羲也與崔日用相惡。⑤ 或許是由於兩大功臣群體邀功争權,以及唐廷開始對韋后臨朝時中宗舊人的表現進行清算,到了七月中旬,兩方功臣大多被彈劾出朝廷。蕭至忠、韋嗣立、趙彦昭接連被貶外州刺史,⑥唯一未被嚴懲的是貶爲尚書左丞的崔湜與睿宗舊僚韋安石。⑦

填補左遷者真空的是睿宗藩邸時期的故吏。姚崇任中書令,張説遷中書侍郎,神龍年間曾出任相王府長史的韋安石留任侍中,魏知古"睿宗即位,以故吏召拜黄門侍郎"。⑧ 李旦的老心腹薛稷雖然已出相,但仍然掌握實權,前所謂"睿宗常召稷入宮中參決庶政,恩遇莫與爲比",在睿宗朝擔任機要的待詔之職。⑨

---

① 劉安志:《新資料與中古文史論稿》,第204—205頁。

② 《舊唐書》卷八八《韋嗣立傳》,第2873頁。

③ 兩人"於中書忿競",見《舊唐書》卷九九《崔日用傳》,第3088頁。

④ 《資治通鑑》卷二〇九景雲元年七月丁卯條,第6652頁;《册府》亦載此事,記言稍詳,但無干支,參《册府元龜》卷三三三《宰輔部·罷免二》,第3930頁。

⑤ 《新唐書》卷二〇二《李邕傳》,第5755頁。

⑥ 《資治通鑑》卷二〇九景雲元年七月壬戌條,第6652頁。

⑦ 《新唐書》卷九九《崔湜傳》,第3922頁;《舊唐書》卷五一《后妃傳》,第2175頁。據《告身》,崔湜未嘗出華州刺史,以吏部侍郎平遷尚書左丞,較同僚爲輕。崔湜甚至因先前開路之功封銀青光禄大夫,據六月二十七日告身崔湜尚無銀青光禄大夫之品位,可見褒獎崔湜在政變之後;韋安石雖然其在宗、韋纂改遺詔時表現不佳,但因故吏的身份没有被貶出朝廷。睿宗對藩邸舊臣多有包容,甚至是與韋后交往過密的張嘉福:"睿宗景雲二年三月,故吏部尚書張嘉福追復官爵。嘉福神龍初爲吏部尚書兼相府長史;唐隆元年,同中書門下三品、河北道宣勞使。嘉福昵宗楚客,附悖逆庶人,及楚客誅,有制斬之。使未至,嘉福次懷州,牒令禁錮,司法遽殺之。尋後勑放於嶺表,而嘉福已死。帝即位,以藩邸舊臣復官焉。"(《册府元龜》卷一七二《帝王部·求舊》,第2078頁)

⑧ 姚崇、韋安石、魏知古爲相王舊屬,見新舊《唐書》各本傳。張説據《新唐書》:"永昌中……授太子校書郎,遷左補闕。"(《新唐書》卷一二五《張説傳》,第4404頁)時李旦爲太子。

⑨ "睿宗時,薛稷、賈膺福、崔湜,又代其任",見《舊唐書》卷四三《職官二》"中書省翰林院"條下小注,第1853頁。

四、結　語

　　基於《告身》的現場記録,唐隆政争的過程可以被復原如下:唐隆政變成功後的六月二十一至二十三日期間,與玄宗一同平定韋氏的政變功臣鍾紹京、劉幽求占據了政務運行的中樞並驅逐了中宗朝原有的中書、門下省主要官員,獨掌中樞大權。被驅逐的中宗舊人雖然仰賴與薛稷的關係保全了性命,但實際上處於停職待罪的狀態。在二十三日晚至二十四日凌晨,以太平公主、薛稷爲代表的勸進群體最終取得睿宗的應允,並且迫使少帝同意讓位,次日在形式上完成了禪讓儀式。六月二十三日當晚,在薛稷的帶領下,中宗朝舊人憑藉翊贊之功成爲擁立功臣,得以官復原職。中書、門下兩省在短時間内出現了擁立功臣與政變功臣並立的狀態。但是不久之後擁立功臣與政變功臣便産生了摩擦,至七月,雙方均被罷出權力中樞,睿宗故吏取而代之。至此唐隆政變後近一個月内劇烈變動的中樞格局最終趨於穩定。

　　中古政治史研究往往面臨着歷史現場與證人闕如的問題,當下所能見到的祇有夾雜作者意志、經無數次流傳改寫的文本,即便是"一手史料",其與現場情況之間的距離仍然有如天塹。相對客觀的"現場記録"的缺失導致我們能够發現的大多是"主觀史料"中的細微矛盾與不合理之處,罕能重返事件發生的"現場"。幸運的是,《告身》的結銜與時間爲唐隆政變的過程提供了一份比較直接、客觀的"無意識證據",[1]是我們理解睿宗即位前後歷史的關鍵。正是受到現存史料的局限,目前對於唐隆政争乃至整個睿宗朝歷史"玄睿矛盾説"的詮釋仍有進一步思考的餘地。在利用《告身》完成史實重建與已有研究的"解構"之後,睿宗朝的歷史圖景應被更爲合理地"勾勒"出來。

　　附記:感謝黃壽成、仇鹿鳴、曾磊等師友對本文的批評指正。

---

① "無意識證據"的説法參［法］馬克·布洛赫:《歷史學家的技藝》,上海社會科學院出版社,1992年,第48—54頁。

《魏晉南北朝隋唐史資料》第四十九輯

2024 年 5 月,304—323 頁

巴蜀還是嶺南

——唐天寶荔枝貢來源獻疑

于賡哲　　王昊斐

天寶荔枝貢來自哪里? 這個問題在唐代並無異議,就是來自嶺南,《唐國史補》及與楊貴妃同時期人的杜甫、鮑防等詩句均可證明。但中國古代荔枝產地,除今兩廣外,還有四川和福建等地。① 衆所周知,荔枝保鮮期短,加之嶺南路遥,至宋代開始有人認爲天寶荔枝來自巴蜀,此説一直影響到現代史學界。持論者不乏一些名家,采信者衆多,且有成爲社會共識的趨勢。

然問題果真如此嗎? 目前持巴蜀論者都是以荔枝易腐、巴蜀路近、數日可達長安爲前提的。但是,翻檢史料却發現,唐代衆口一辭,都明指貴妃荔枝來自嶺南,再加上前有東漢由交趾向洛陽進貢鮮荔枝的先例,後有北宋、金朝長距離遞送鮮荔枝的史實。那麽,巴蜀論者是否忽略了古人可能擁有的荔枝保鮮技術和蜀道之難? 所以目前來看,很難下定結論説天寶荔枝貢尤其是鮮荔枝來自巴蜀。

一

有關天寶荔枝貢,最有名的記載當爲杜牧《過華清宮》:"長安迴望繡成堆,山頂千門次第開。一騎紅塵妃子笑,無人知是荔枝來。"②經此詩渲染,荔枝幾乎已"符號化",

---

① 張生:《中國古代荔枝的地理分布及其貢地變遷》,《中國歷史地理論叢》2019 年第 1 期,第 98—107 頁。

② (唐)杜牧撰,吳在慶校注:《杜牧集繫年校注》卷二《過華清宮絶句三首·其一》,北京:中華書局,2008 年,第 221 頁。陳寅恪對此詩曾有駁正:"據唐代可信之第一等資料,時間空間,皆不容明皇與貴妃有夏日同在驪山之事實。杜牧袁郊之説,皆承譌因俗而來,何可信從?"(陳寅恪:《長恨歌》,《元白詩箋證稿》,上海:古典文學出版社,1958 年,第 42 頁)然《新唐書·禮樂志》一段記載似乎爲陳寅恪所忽略:"帝幸驪山,楊貴妃生日,命小部張樂長生殿,因奏新曲,未有名,會南方進荔枝,因名曰《荔枝香》。"(《新唐書》卷二二《禮樂志》,北京:中華書局,1975 年,第 476 頁)按:此處記載有疑點,與白居易《長恨歌》一樣,都誤解了華清宮長生殿的用途。於大明宫和洛陽紫微宫而言,長生殿是寢殿,而華清宮長生殿爲齋殿。《長安志》卷一五:"長生殿,齋殿也,有事於朝元閣,即齋沐此殿。"[(宋)宋敏求撰,辛德勇、郎潔點校:《長安志》卷一五《臨潼》,西安:三秦出版社,2013 年,第 456 頁]　（轉下頁）

成爲唐玄宗、楊貴妃奢靡生活之象徵。然《過華清宮》一詩中並未指出荔枝産地,《唐國史補》則曰:"楊貴妃生於蜀,好食荔枝。南海所生,尤勝蜀者,故每歲飛馳以進。"①也就是説楊貴妃兒時經歷使得她愛上荔枝,後來發現嶺南荔枝滋味勝於蜀,所以自此由嶺南進貢。張九齡開元時期曾做《荔枝賦》,序言盛讚嶺南荔枝之美:"南海郡出荔枝焉,每至季夏,其實乃熟,狀甚瓌詭,味特甘滋,百果之中,無一可比。"②嚴耕望《天寶荔枝道》認爲可能是張九齡使得嶺南荔枝蜚聲京城,貴妃慕名。③而杜文玉《楊貴妃、高力士與荔枝的情結》則認爲是嶺南出身的高力士向楊貴妃建議的結果。④

　　一些當時人的記載也證明獻於南海荔枝並非虚事。杜甫《病橘》詩曰:"憶昔南海使,奔騰獻荔支。"⑤唐天寶末年進士鮑防《雜感詩》:"五月荔枝初破顔,朝離象郡夕函關。雁飛不到桂陽嶺,馬走先過林邑山。"⑥《新唐書》卷二二:"帝幸驪山,楊貴妃生日,命小部張樂長生殿,因奏新曲,未有名,會南方進荔枝,因名《荔枝香》。"⑦這一條在樂史所著《楊妃外傳》也有載:"明皇在驪山,命小部音聲於長生殿奏新曲,未有名。會南海進荔枝,因名《荔枝香》。"⑧内容雖大同小異,但"南海進荔枝"已明確了此處"南方"指的就是嶺南。

(接上頁)皇帝當不至於在此娛樂。且荔枝爲夏季水果,華清宫是冬宫,當不會進貢於此處。陳鴻《長恨傳》:"昔天寶十年,侍輦避暑驪山宫"(《太平廣記》卷四八六《雜傳記》引《長恨傳》,北京:中華書局,1961年,第4000頁),見白居易《長恨歌》亦有"七月七日長生殿"等,然查本紀及通鑑,無天寶十載(751)夏季幸華清宫的記載,除了《舊唐書·玄宗紀》記載天寶八載(749)"夏四月……幸華清宫觀風樓"(《舊唐書》卷九《玄宗本紀》,北京:中華書局,1975年,第223頁),皇帝一般不在夏季前往華清宫,所以皇帝與貴妃在長生殿偶逢荔枝進貢可能衹是傳聞。《雍録》卷四對此有自己的見解:"白居易追咎其事,作歌以爲後監,世喜傳誦,然詩多不得其實也。華清宫者,本太宗温泉宫也,天寶六載(747),始名華清,而楊妃入宫以太真初幸,已在三載(744),則華清未名,而妃已先幸。今曰'春寒賜浴華清池','始是初承恩幸時',此已誤矣。而又記其款昵,則曰'七月七日長生殿'。華清宫固有長生殿矣,而其地乃齋宿禮神之所,本非寢殿,帝又未嘗以七月至驪山,則白《歌》皆不審也。杜牧詩亦曰'一騎紅塵妃子笑,無人知道荔枝來'。元(玄)宗亦未嘗以六七月幸華清宫,則遞進荔枝亦不在幸山時也。……《唐志》記《荔枝香曲》所起曰:'貴妃生日燕長生殿,南方適進荔枝,因以《荔枝香》爲曲。'則荔枝熟時亦自可幸驪山也。故予謂不可執守故常云。"[(宋)程大昌撰,黄永年點校:《雍録》卷四《華清宫圖·温泉説》,北京:中華書局,2002年,第83—84頁]

① (唐)李肇撰,聶清風校注:《唐國史補校注》卷上《楊妃好荔枝》,北京:中華書局,2021年,第33頁。
② (唐)張九齡撰,熊飛校注:《張九齡集校注》卷五《荔枝賦并序》,北京:中華書局,2008年,第415頁。
③ 嚴耕望:《天寶荔枝道》,《唐代交通圖考》卷四《山劍滇黔區》,北京聯合出版公司,第1031頁。
④ 杜文玉:《楊貴妃、高力士與荔枝的情結》,《南方論刊》,2008年增刊一,第6—9頁。
⑤ (唐)杜甫著,(清)仇兆鰲注:《杜詩詳注》卷一〇《病橘》,北京:中華書局,1979年,第854頁。
⑥ (唐)鮑防:《雜感》,見《全唐詩》卷三〇七,北京:中華書局,1960年,第3485頁。
⑦ 《新唐書》卷二二《禮樂志》,第476頁。
⑧ (宋)王灼撰,鄭明寶整理:《碧雞漫志》卷四引《楊妃外傳》,見戴建國、傅璇琮主編《全宋筆記》第三九册,鄭州:大象出版社,2019年,第41頁。

　　杜修可在《杜詩詳注》中認爲杜甫所言的荔枝貢品來自"南海"是"借漢事以譏之",①嚴耕望在《天寶荔枝道》一文已經辯白,認爲"杜翁用字遣詞誠取漢事故實,然與四五十年後之史家記事相同,即不能視爲僅取漢故實"。②

　　在唐人眼裏,荔枝就是遠方化外之地的産物,《唐國史補》卷下:"李直方嘗第果實名如貢士之目者,以綠李爲首,楞梨爲二,櫻桃爲三,甘子爲四,蒲桃爲五。或薦荔枝,曰:'寄舉之首。'"③繆啓愉、繆桂龍在《農書譯注》注解道:"所謂'寄舉',也許是寄託的意思,就是外地來的,則是外來果品的首位。"④爲何荔枝與其他水果不同,是"外來"的?那是因爲唐人心目中荔枝來自嶺南等不開化之地。金瀅坤認爲唐代嶺南、閩地考生爲增加登第的機會,前往京兆、河南等地冒籍獲得解額的社會現象十分突出,故李直方將由"冒籍"途徑而考中的進士比作荔枝,稱爲"寄舉之首"。⑤ 值得注意的是,在李直方推崇的水果中,有蜀地産物"柑子",也就是柑橘,它與内地的李、梨、櫻桃並列,而荔枝則被視爲遠方來物。可見在時人眼中,荔枝來源地不是蜀,和寄舉考生一樣來自蜀之外的地方。李直方爲官時間爲唐德宗至憲宗元和時期,彼時天寶貢已經停止,而元和貢中巴蜀荔枝是荔枝製品而非鮮荔枝(見後文),故其觀念應該是來自對天寶荔枝貢的記憶,即荔枝是嶺南貢物。

　　晚唐鄭谷《荔枝》:"平昔誰相愛,驪山遇貴妃。枉教生處遠,愁見摘來稀。晚奪紅霞色,晴欺瘴日威。南荒何所戀,爲爾即忘歸。"⑥唐人語境中,"瘴日""南荒"等常代指嶺南,可見至晚唐,貴妃荔枝來自嶺南的認知並未改變。⑦

　　但這裏有一大問題令人困擾不解:荔枝容易腐爛,保鮮期短,而嶺南路途遙遠,如

---

①　(唐)杜甫:《杜詩詳注》卷一〇《病橘》,第854頁。

②　嚴耕望:《天寶荔枝道》,第1030頁。

③　(唐)李肇:《唐國史補校注》卷下《第果實進士》,第272頁。

④　(元)王禎撰,繆啓愉、繆桂龍譯注:《東魯王氏農書譯注·百穀譜》卷七《果屬·荔枝》,上海古籍出版社,2008年,第274頁。

⑤　張希清、毛佩琦、李世愉主編,金瀅坤著:《中國科舉制度通史·隋唐五代卷(上)》,上海人民出版社,2017年,第210頁。

⑥　(唐)鄭谷著,嚴壽澂、黄明、趙昌平注:《鄭谷詩集箋注》,上海古籍出版社,2009年,第129頁。

⑦　嚴壽澂、黄明、趙昌平注《鄭谷詩集箋注》認爲該詩寫於蜀中,該書第130頁。然而依據祇是鄭谷曾經來過蜀地,筆者認爲這樣的證據不足,該詩寫作年代不詳,無法證明寫於巴蜀。巴蜀地區在晚唐並不被視爲瘴癘之地(或者説不是主要的瘴癘之地),相反,此時的嶺南才被視爲瘴癘之地,相關問題可參看筆者《惡名之辨:對中古南方風土史研究的回顧與展望》,《南京大學學報(哲學·人文科學·社會科學版)》2012年第5期,第101—112頁。至於"南荒",更是自魏晉以來常成爲嶺南的代名詞,相關例證比比皆是,自不贅言。而巴蜀號稱揚一益二,並不被視爲南荒。更何況鄭谷有云"枉教生處遠",巴蜀並不被視爲遠處,否則天寶荔枝道的立論基礎就會喪失。

何做到按期到達？《舊唐書·白居易傳》就一再强調荔枝易變質的特性：“若離本枝，一日而色變，二日而香變，三日而味變，四五日外，色香味盡去矣。”① 這句話就是目前“巴蜀説”的立論依據。嶺南若以廣州爲起點，“去西京五千四百四十七里”，② 北上有三條路可選，距離最長的是“西北至東都取桂州路五千八十五里”，其他“西北至上都取郴州路四千二百一十里，取虔州大庾嶺路五千二百一十里”。③ 的確，嶺南路途遥遠，以至於朝廷爲之特設“南選”，而正常的行旅花費三數月都是常事，嬌貴的荔枝早已腐爛。

正因如此，自北宋以後，人們傾向於荔枝來自巴蜀。

有來自涪州説。宋人范成大《吴船録》卷下云：“自眉、嘉至此，皆産荔枝。唐以涪州任貢。楊太真所嗜，去州數里，有妃子園，然其品實不高。”④《輿地紀勝》卷一七四“涪州”條也稱：“妃子園，在州之西，去城十五里。百餘株顆肥内（肉）肥，唐楊妃所喜。”⑤《方輿勝覽》卷六八引《洋川志》載：“楊貴妃嗜生荔支，詔驛自涪陵……”⑥ 蘇軾《荔支歎》詩自注：“唐天寶中，蓋取涪州荔支，自子午谷路進入。”詩曰：

> 十里一置飛塵灰，五里一堠兵火催。顛阬仆谷相枕藉，知是荔支龍眼來。飛車跨山鶻横海，風枝露葉如新採。宫中美人一破顔，驚塵濺血流千載。永元荔支來交州，天寶歲貢取之涪。至今欲食林甫肉，無人舉觴酹伯游。⑦

這也被世人視之爲“荔枝道”上遞送荔枝的場景。實際上此詩中最有價值的祇有自序和正文中“天寶歲貢取之涪”闡明了蘇軾觀點，即楊貴妃荔枝來自涪州，至於“十里一置飛塵灰，五里一堠兵火催。顛阬仆谷相枕藉，知是荔枝龍眼來”等，實際上有出處。《後漢書》卷四描述漢代由嶺南向洛陽進貢鮮荔枝的場景：“舊南海獻龍眼、荔支，十里一

---

① 《舊唐書》卷一六六《白居易傳》，第 4352 頁。

② （唐）杜佑撰，王文錦等點校：《通典》卷一八四《州郡》，北京：中華書局，1988 年，第 4912 頁。

③ （唐）李吉甫撰，賀次君點校：《元和郡縣圖志》卷三四《嶺南道·廣州》，北京：中華書局，1983 年，第 886 頁。

④ （宋）范成大撰，孔凡禮點校：《吴船録》卷下，見《范成大筆記六種》，北京：中華書局，2002 年，第 215 頁。

⑤ （宋）王象之編著，趙一生點校：《輿地紀勝》卷一七四《夔州路·涪州》，杭州：浙江古籍出版社，2013 年，第 3589 頁。

⑥ （宋）祝穆撰，（宋）祝洙增訂，施和金點校：《方輿勝覽》卷六八《利州東路·洋州》引《洋川志》，北京：中華書局，2003 年，第 1194 頁。

⑦ （宋）蘇軾撰，（清）王文誥輯注，孔凡禮點校：《蘇軾詩集》卷三九《荔支歎》，北京：中華書局，1982 年，第 2126—2127 頁。

置，五里一候，奔騰阻險，死者繼路。”①可見，蘇軾不過是用漢代典故，辭彙多接近《後漢書》，不能將其視爲唐代實景描述。

蔡襄《荔枝譜·第一》在嶺南和川蜀二説中取中，曰：“唐天寶中，妃子尤愛嗜，涪州歲命驛致……洛陽取於嶺南，長安來於巴蜀。”②但此處蔡襄失查，楊氏入宮爲開元二十八年（740），天寶三載（744）立爲貴妃，而在此之前的開元二十四年（736），裴耀卿漕運改革成功，關中糧食危機緩解，唐玄宗終其一生再没去過洛陽，也無貴妃單獨前往的記録，故荔枝貢不可能前往洛陽。

此外，南宋吳曾曾經質疑巴蜀説，後來觀點又發生動摇。《能改齋漫録》卷三《曲名荔枝香》：“按：《唐志》以荔枝貢自南方，《外傳》以荔枝貢自南海，杜詩亦以爲南海及炎方，則明皇時進荔枝自嶺表，明矣。東坡詩乃以‘永元荔枝來交州，天寶歲貢取之涪’，張君房《脞説》亦以爲忠州，何耶？當有辨其非是者。”③此處他仍然延續唐人説法，堅持嶺南説。但是在同書《貢荔枝地》一文中觀點改變了：

> 余昔記唐世進荔枝于《辨誤門》云：“唐制以貢自南方，《楊妃外傳》以貢自南海。杜詩亦云南海及炎方。惟張君房以爲忠州，東坡以爲涪州，未得其實。”近見《涪州圖經》，及詢土人云：“涪州有妃子園荔枝。蓋妃嗜生荔枝，以驛騎傳遞，自涪至長安，有便路，不七日可到。”故杜牧之詩云：“一騎紅塵妃子笑。”東坡亦川人，故得其實。昔宋景文作《成都方物略記圖》，言荔枝生嘉、戎等州。此去長安差近，疑妃所取。蓋不知涪有妃子園，又自有便路也。④

可見宋代時，“貴妃荔枝巴蜀説”就已經蔚然成風，再加上受到當時民間傳説的影響，吳曾便改變固有看法，認爲貴妃荔枝來自涪州“妃子園”，又認爲涪州到長安路短，可以遞送新鮮荔枝。

有認爲是忠州的，《碧雞漫志》卷四：“《脞説》云：‘太真妃好食荔枝，每歲忠州置急

① 《後漢書》卷四《孝和孝殤帝紀》，北京：中華書局，1965 年，第 194 頁。
② （宋）蔡襄撰：《荔枝譜》第一，見曾棗莊、劉琳主編：《全宋文·第四七册》卷一〇九，上海辭書出版社，2006 年，第 213 頁。
③ （宋）吳曾撰，劉宇整理：《能改齋漫録》卷三《辨誤·曲名荔枝香》，見《全宋筆記》第三六册，第 131 頁。
④ （宋）吳曾撰，劉宇整理：《能改齋漫録》卷一五《方物·貢荔枝地》，見《全宋筆記》第三六册，第 187 頁。

遞上進，五日至都。'"①此事亦見於《能改齋漫録》卷三，《脞説》即北宋初期的張君房《緒紳脞説》。

也有根據杜詩認爲來自戎州的，杜甫《解悶十二首》："憶過瀘戎摘荔枝，青楓隱映石逶迤。京華應見無顔色，紅顆酸甜只自知。"②王嗣奭《杜臆》："今涪州有荔枝園，相傳貴妃所云'一騎紅塵'者出此。今讀公詩，乃知出瀘、戎者是。公年與相及，必不妄。然已'無顔色'，涪去京更遠，能神輸鬼運乎？"③實際上，杜甫《解悶十二首》中另有一闋："先帝貴妃今寂寞，荔枝還復入長安。炎方每續朱櫻獻，玉座應悲白露團。"④唐代以櫻桃爲太廟薦新，而櫻桃季節之後就是荔枝成熟的季節，所以稱荔枝進貢爲"炎方每續朱櫻獻"。"炎方"可作兩解：一是雅樂迎俎歌詞，"迎俎用《雍和》：昭昭丹陸，奕奕炎方"，⑤以此借喻太廟薦新之禮。二則可能是一語雙關，指嶺南地區。如李白《古風》之三四："怯卒非戰士，炎方難遠行。"⑥白居易《夏日與閑禪師林下避暑》："每因毒暑悲親故，多在炎方瘴海中。"⑦柳宗元《祭崔君敏文》："某咸以罪庆，謫兹炎方，公垂惠和，枯槁以光。"⑧吴曾《曲名荔枝香》就認爲此處"炎方"指的是嶺南。故可見杜甫並未否定嶺南進貢，衹是在瀘戎摘荔枝時睹物思情（杜甫在此之前應該是無緣吃過新鮮荔枝），由荔枝想起玄宗與貴妃之事，揮筆而成，並不是説荔枝來自於此。否則其《病橘》明確所説的荔枝來自南海就無法解釋了。

實際上天寶時期戎州的確有荔枝進貢，但並非鮮荔枝，而是荔枝煎。《通典》卷六"天寶貢"曾提到南溪郡（即戎州）的荔枝煎貢物："南溪郡，貢葛十疋，六月進荔枝煎。今戎州。"⑨《南部新書·辛》："户部式云：'安曲西偏桃仁一石，安州糟藏越瓜二百挺、瓜荳豉五斗，戎州荔枝煎五斗，兼皮蜜浸四斗……'余久主判户部，逐年所上貢，此物咸絶，但杭州進糟瓜耳。"⑩戎州荔枝煎可能是當地長期的貢物。而荔枝煎乃荔枝製品，類

① （宋）王灼撰，鄭明寶整理：《碧雞漫志》卷四，見《全宋筆記》第三九册，第41頁。
② （唐）杜甫：《杜詩詳注》卷一七《解悶十二首·其十》，第1517頁。
③ （明）王嗣奭撰：《杜臆》卷八《解悶十二首》，上海古籍出版社，1983年，第264頁。
④ （唐）杜甫：《杜詩詳注》卷一七《解悶十二首·其九》，第1516頁。
⑤ 《舊唐書》卷三〇《音樂志》，第1105頁。
⑥ （唐）李白著，（清）王琦注：《李太白全集》卷二《古風其三四》，北京：中華書局，1977年，第130頁。
⑦ （唐）白居易撰，謝思煒校注：《白居易詩集校注》卷三六《夏日與閑禪師林下避暑》，北京：中華書局，2006年，第2771頁。
⑧ （唐）柳宗元撰，尹占華、韓文奇校注：《柳宗元集校注》卷四〇《祭崔君敏文》，北京：中華書局，2013年，第2601頁。
⑨ （唐）杜佑：《通典》卷六《食貨》，第126頁。
⑩ （宋）錢易撰，黃壽成點校：《南部新書》辛，北京：中華書局，2002年，第132頁。

似蜜餞,非新鮮荔枝。

也有籠統説巴蜀的,曾鞏《福州擬貢荔枝狀》:

> 右,臣竊以《禹貢》揚州厥包橘柚錫貢,則百果之實列於土貢,所從來已久,二帝三王所未嘗易也。荔枝於百果爲殊絶,産閩粤者,比巴蜀南海又爲殊絶。閩粤官舍民廬,與僧道士所居,自堦庭場圃,至於山谷,無不列植。歲取其實,不可勝計。故閩粤荔枝食天下,其餘被於四夷。而其尤殊絶者,閩人著其名至三十餘種。然生荔枝留五七日輒壞,故雖歲貢,皆乾而致之。然貢概以常品,相沿已久。其尤殊絶者,未嘗以獻。蓋東漢交阯七郡,貢生荔枝,十里一置,五里一候,晝夜馳走,有毒蟲猛獸之害。而唐天寶之間,亦自巴蜀驛致,實開侈心。①

曾鞏認爲,閩粤兩地的荔枝優於巴蜀、南海,有日常進貢,但皆爲乾貨,他無法否認《後漢書》中交阯向洛陽的生荔枝進貢,但是强調了"唐天寶之間,亦自巴蜀驛致"。

《涪州志》稱自涪陵到長安的荔枝道需行七日。嚴耕望對此有所疑問,涪州至長安陸路多則二千二百餘里,若滿足貴妃所嗜,疾行五百里外,還要增加速度,如果按《涪州志》七日夜計算,一日需三百里,"人馬斃於路者甚衆"就比較誇張,但"或云七日者,正爲由嶺南驛貢之日數歟? 然七日驛到,荔枝已敗壞矣"。②

如前所揭,《通典》和《南部新書》都有巴蜀向長安進貢荔枝的史料,但都是"荔枝煎"。另有元稹《浙東論罷進海味狀》:"臣伏見元和十四年(819),先皇帝特詔荆南,令貢荔枝。"③但是這些史料所述年代距離楊貴妃時代已然過去了數十年。唐代貢籍大約有開元貢、天寶貢、元和貢、大中貢等體系,這期間還有各種修正、改變和零星的進貢,貢物産地也多有變化,宋人"巴蜀説"大概就是依據《元氏長慶集》啓發才有此斷言。唐代荆南指的是荆州、澧州、朗州、峽州、夔州、忠州、歸州、萬州一帶,而目前可見的宋代史料中,張君房《縉紳脞説》是最早説貴妃荔枝來自巴蜀的,而他所指正是隸屬於荆南的忠州。但同爲宋人的司馬光、宋祁等人在《資治通鑑》和《新唐書》中倒還堅持南海説,不過這並不妨礙"巴蜀説"逐漸開始流行。

---

① (宋)曾鞏撰,陳杏珍、晁繼周點校:《曾鞏集》卷三五《奏狀·福州擬貢荔枝狀并荔枝録》,北京:中華書局,1984年,第497頁。

② 嚴耕望:《天寶荔枝道》,第1032、1033頁。

③ (唐)元稹撰,冀勤點校:《元稹集》卷三九《狀·浙東論罷進海味狀》,北京:中華書局,2010年,第506頁。

現代的嚴耕望、馮漢鏞、藍勇等一些歷史學家明顯傾向於"巴蜀説"。① 嚴耕望《天寶荔枝道》雖已注意到漢代有從南海向洛陽進貢荔枝的記載,並且注意到了《唐國史補》以及杜甫等人關於荔枝來自嶺南的論述,但還是相信宋人的説法,支持巴蜀説,即荔枝來自涪州而非嶺南。其立論的基礎就是白居易所説的"一日而色變,二日而香變,三日而味變",認爲涪州可在期限内到長安,而嶺南萬萬不可。至於唐人衆口一辭指向嶺南,嚴先生做了這樣的推測:"唐人以此爲楊氏罪,故偏指遠地歟?"②以白居易所言作爲依據的衆多研究者中,嚴耕望可謂代表。張生也提出若依據氣候這個客觀因素,嶺南荔枝無論是在產量還是品質都應在巴蜀荔枝之上,但爲何還會是唐宋貢在四川? 其分析原因有二:一爲道路近便,二是唐代對四川荔枝的評價居於首位,對宋代有較大影響,故呈現出"荔枝貢"隋唐以前在嶺南、唐宋在四川、元明清在福建的現象。③ 對於該文結論的第二點筆者不敢苟同,唐人並不視巴蜀荔枝爲最佳,宋人心目中,荔枝以閩地爲最佳,詳見後。

生活經驗告訴我們,荔枝的確容易腐敗,難以長時間保存,所以這一點就成爲本文問題的節點。筆者認爲,這個問題似不可依據常識輕易下定論,嶺南説依舊不可輕易否定,關鍵點有三:

第一,荔枝有無辦法長時間保鮮?

第二,嶺南道遠,蜀道路短,可是蜀道運輸效率如何?

第三,唐代以前和以後,有無超遠路途進貢鮮荔枝的案例?

古今思維模式不同,"瞭解之同情"的原則甚爲有理,按照近現代思維模式對古人技術進行揣測可能就會與真正的古人技術之路大相徑庭。更何況現今技術思想是工業時代思維,是基於技術本身和社會成本的綜合考量。但是,假如爲所愛不計成本呢? 在不計成本的情況下,古人所做的事情可能是今人難以揣測的。

坦白地説,筆者還没有找到唐代荔枝保鮮的史料。但是這大概祇是史料闕如罷了。現在看來,那時荔枝保鮮期大概比"四五日"爲多,而且大約有特別的驛送制度。

其實前面所提的白居易那句話是有前提的,就是"若離本枝",即指單獨的荔枝顆果而言。事實也是如此,單獨的荔枝顆果容易變質,但若連枝摘下,保鮮期便會有效加長。古人的確也是這麼做的,甚至於"荔枝"一名的由來可能就是對這一行爲的描述。

---

① 見嚴耕望:《天寶荔枝道》。馮漢鏞:《貢楊妃荔枝路綫考》,《文史雜誌》2002 第 5 期,第 22—24 頁。藍勇:《近 2000 年來長江上游荔枝分布北界的推移與氣溫波動》,《第四紀研究》1998 年第 1 期,第 39—45 頁。

② 嚴耕望:《天寶荔枝道》,第 1029 頁。

③ 張生:《中國古代荔枝的地理分布及其貢地變遷》,第 102、107 頁。

荔枝最早在司馬相如《上林賦》中被稱爲"離支",錢偉《"荔枝"釋名》:"在上古漢語中'離'有割取之意,如'牛羊之肺,離而不提心'(《禮記·少儀》),句中的'離'就是'割取'。'支'通'枝'。……古人已經認識到這種水果的一個顯著特點:不能離開枝葉,假如連枝割下,保鮮期會加長。"①另外《扶南記》云:"南海郡多荔枝樹,荔枝爲名者,以其結實時,枝條弱而蒂牢,不可摘取,以刀斧劙取其枝,故以爲名。"②"劙"通"剺",即分割之意也,也就是説荔枝是"砍下來的枝子"的意思。

前文提到唐代荔枝保鮮史料闕如。但是宋代有多條史料,文同《謝任瀘州師中寄荔支》:"有客來山中,云附瀘南信。開門得君書,歡喜失鄙吝。筠奩包荔子,四角俱封印。……相前求拆觀,顆顆紅且潤。"③筠奩即竹製筒盒,這是一種用竹製容器密封保存的方式。范成大《吳船録》卷上記載:

> 乃知尋常用籃絡盛貯,徒欲透風,不知爲雨露沾灑,風日炙薄,經宿色香都變。試取數百顆,貯以大合,密封之,走介入成都,以遺高、宋二使者,亦兩夕到。二君回書云:"風露之氣如新。"記之以告好事者。④

這都是短途運輸,也許説明不了問題,但宋代還有別的方式保證鮮荔枝的長途運輸,衹是不考慮成本而已。宋代重閩地荔枝,宋徽宗時期太師蔡京自仙遊選荔枝栽瓦甕中,以海船運出湄洲灣直抵汴京。《三山志》卷三九《土俗類·土貢》:"宣和間,以小株結實者置瓦器中,航海至闕下,移植宣和殿。"還有詩云:"蜜移造化出閩山,禁禦新栽荔子丹。瓊液乍凝仙掌露,絳苞初綻水精丸。酒酣國豔非珠粉,風泛天香轉蕙蘭。何必紅塵飛一騎,芬芬數本座中看。"⑤這是整枝移植。自福建湄洲灣直抵汴京,路途也很不短,尚能保鮮。據此宋人還特地嘲笑唐人"何必紅塵飛一騎"。

明代也有多種方式,明初朱權《臞仙神隱》云:"收生荔枝,臨熟時……以新芭蕉截斷,

---

① 錢偉:《"荔枝"釋名》,《咬文嚼字》2015 年第 10 期,第 39—40 頁。
② 《太平廣記》卷四〇六《草木·荔枝木》引《扶南記》,第 3275 頁。
③ (宋)文同著,胡問濤、羅琴校注:《文同全集編年校注》卷五《謝任瀘州師中寄荔支》,成都:巴蜀書社,1999 年,第 191 頁。
④ (宋)范成大:《吳船録》卷上,第 194 頁。
⑤ (宋)梁克家修纂,福州市地方志編纂委員會整理:《三山志》卷三九《土俗類一·土貢》,福州:海風出版社,2000 年,第 632 頁。

連根插上亦可。"①即將將熟荔枝樹枝插在芭蕉上，可能是藉此吸取水分和營養，保證荔枝在連枝摘下後進一步成長、保鮮。徐𤊻《荔枝譜》："鄉人常選鮮紅者，於林中擇巨竹，鑿開一竅，置荔節中，仍以竹籜裹泥封固其隙，藉竹生氣滋潤，可藏至冬春，色香不變。"②有人不信，徐𤊻竭力辯白，還邀請對方來驗看，似乎對此法很有信心。這種辦法的原理應是借助鮮竹的水分實現保濕。而且密封有利於累積二氧化碳、降低氧含量，也有利於荔枝保存。③

清代荔枝保鮮的記載更多，例如屈大均曾提出"蜜水荔枝"保鮮法，就是"就樹摘完好者，留蒂寸許蠟封之，乃剪去蒂，復以蠟封剪口，以蜜水滿浸，經數月，味色不變。是予終歲皆有鮮荔支之飽。"④這可能就類似於現在的糖水罐頭，唐"口味貢"中的"蜜浸荔枝"可能就屬此類。還曾出現整枝甚至整樹運輸，乾隆帝《食荔枝有感》小注："閩中歲進荔支，多連樹本，鮮摘，色味絕佳。"但因爲成本昂貴，即使皇帝也不能飽啖。⑤

《新唐書·楊貴妃傳》強調："妃嗜荔支，必欲生致之，乃置騎傳送，走數千里，味未變已至京師。"⑥可見，唐代荔枝是能做到保鮮期抵達京城的。筆者雖然找不到唐代荔枝保鮮的具體史料，但那祇是史料佚失的結果，很難想象其他朝代能够想到的辦法而唐人完全想不到。

保鮮措施之外，毫無疑問最要緊的是傳遞速度。早在漢代即有飛郵荔枝之事。漢武帝破南越始得知荔枝美味，曾試圖移植，當然這種不顧環境條件的做法自然無果而終，"漢武帝元鼎六年（前111），破南越起扶荔宮。宮以荔枝得名。……荔枝自交趾移植百株於庭，無一生者，連年猶移植不息。後數歲，偶一株稍茂，終無華實，帝亦珍惜之。一旦萎死，守吏坐誅者數十人，遂不復蒔矣"。但他並不甘心，"其實則歲貢焉，郵傳者疲斃於道，極爲生民之患"。⑦東漢也有交州（越南）荔枝向洛陽進貢的先例，這個路程之長基本不亞於嶺南到長安，《後漢書》李賢注引《謝承書》：

唐羌字伯游，辟公府，補臨武長。縣接交州，舊獻龍眼、荔支及生鮮，獻之，驛馬

① 葉靜淵主編：《荔枝·明》引《臞仙神隱》，《常綠果樹（上編）》，北京：農業出版社，1991年，第81頁。
② （明）徐𤊻：《荔枝譜》卷二《之啖》，見彭世獎校注，黃淑美參校：《歷代荔枝譜校注》，北京：中國農業出版社，2007年，第47頁。
③ 莊虛之：《論我國古代荔枝保鮮技術的發展》，《四川果樹》1995年第1期，第34—36頁。
④ （清）屈大均撰：《廣東新語》卷二五《木語·荔枝》，北京：中華書局，1985年，第625頁。
⑤ （清）張廷玉撰：《皇清文穎》卷二三《食荔枝有感》，清文淵閣四庫全書本。
⑥ 《新唐書》卷七六《楊貴妃傳》，第3494頁。
⑦ 何清谷校注：《三輔黃圖校注》卷三《甘泉宮·扶荔宮》，西安：三秦出版社，2006年，第247頁。

晝夜傳送之，至有遭虎狼毒害，頓仆死亡不絶。道經臨武，羌乃上書諫曰："臣聞上不以滋味爲德，下不以貢膳爲功，故天子食太牢爲尊，不以果實爲珍。伏見交阯七郡獻生龍眼等，鳥驚風發。南州土地，惡蟲猛獸不絶於路，至於觸犯死亡之害。死者不可復生，來者猶可救也。此二物升殿，未必延年益壽。"帝從之。①

《太平御覽》卷九七一引晉《廣州記》云："每歲進荔支，郵傳者疲斃於道。漢朝下詔止之，今猶修事荔支煎進焉。"②以上史料，一則側面證明漢代進貢的的確是鮮荔枝，二則證明晉代進貢荔枝皆爲乾貨。

漢代由嶺南進貢荔枝的手段是設置專門的驛送制度，《後漢書》卷四："舊南海獻龍眼、荔支，十里一置，五里一候，奔騰阻險，死者繼路。"③置即驛站，候即堠，爲錐形里程碑，"十里""五里"的距離大大小於一般的驛站距離，雖然鋪費但好處就是可以頻繁換馬，保證衝刺速度，用這種速度來保證荔枝的新鮮。當然，和唐代一樣，推測可能也有保鮮技術，祇是細節缺乏記載。

杜文玉在《楊貴妃、高力士與荔枝的情結》④一文中計算，假如快馬加鞭，頻繁換馬，唐代由嶺南到長安時間可以縮短爲 11 天。11 天送達的荔枝，如果再加上合適的保鮮手段，縱然不算新鮮，也不能稱腐敗。

唐之後，除了前文提到的北宋由閩地進貢鮮荔枝外，金朝也有從南方遞送鮮荔枝到中都之事，《金史》卷八《世宗紀》：

> ［大定二十六年（1186）］十二月甲申，上退朝，御香閣，左諫議大夫黄久約言遞送荔支非是，上諭之曰："朕不知也，今令罷之。"丙戌，上謂宰臣曰："有司奉上，惟沽辦事之名，不問利害如何。朕嘗欲得新荔支，兵部遂於道路特設鋪遞。比因諫官黄久約言，朕方知之。大爲人無識，一旦臨事，便至顛沛。宫中事無大小，朕常親覽者，以不得人故也，如使得人，寧復他慮。"⑤

---

① 《後漢書》卷四《孝和孝殤帝紀》，第 194—195 頁。鄔國義認爲中華書局本標點有誤，應爲"縣接交州，舊獻龍眼、荔支，及生鮮獻之"，並認爲此處荔枝和龍眼均是鮮貨。見鄔國義：《〈後漢書〉標點一誤》，《古籍整理研究學刊》1992 年第 3 期，第 26 頁。

② 《太平御覽》卷九七一《果部·荔支》引《廣州志》，北京：中華書局，1960 年，第 4307 頁。

③ 《後漢書》卷四《孝和孝殤帝紀》，第 194 頁。

④ 杜文玉：《楊貴妃、高力士與荔枝的情結》，第 6—9 頁。

⑤ 《金史》卷八《世宗本紀》，北京：中華書局，1975 年，第 196 頁。

這裏被諫議大夫黃久約指摘的"新荔支",應該指的是鮮荔枝。金世宗口碑較好,體貼民力,於是代價高昂的荔枝貢被叫停。可是清趙翼對此持有疑問:"然荔枝出閩、粵、蜀三處,金時皆無其地,不知其設鋪馳遞者何地所出也?"①確實,金朝統治區域並不包含荔枝產地,那麼"新荔支"來自何處? 不能排除是金朝與南宋榷場貿易的產物。紹興和議(1141)後,金設置了十二個榷場與南宋進行交易,泗州場是最大的,《金史·食貨志》載:"所須雜物,泗州場歲供進新茶千胯、荔支五百斤、圓眼五百斤、金橘六千斤、橄欖五百斤、芭蕉乾三百個、蘇木千斤、温柑七千個、橘子八千個、沙糖三百斤、生薑六百斤、梔子九十稱,犀象丹砂之類不與焉。"②史料中明確記載的是"荔支五百斤",而不是像同樣保鮮困難的芭蕉爲"芭蕉乾",所以金世宗時期的"新荔支"也應該有過"奔騰險阻"的經歷。

這些荔枝的出發點很可能是南宋的蜀地、嶺南或福建,其中福建可能性更大,因爲宋人特別推崇閩地荔枝,金人大概率會受"供貨方"觀念影響。荔枝以水運或水陸聯運的方式到達淮河流域泗州,然後由金兵部主管再從泗州榷場以陸路運輸、快馬加鞭的方式遞送中都(今北京)。僅泗州到中都就超過了 1 600 華里,再加上從產地抵達泗州榷場以及榷場貿易耗費的時間,不論如何計算,鮮荔枝從采摘到遞送中都,耗時都遠超四五日,再考慮到初夏長江淮河流域的高温,如果荔枝依舊能保持風味,足以説明當時有特定的保鮮技術。

前有漢代南海獻荔枝,後有北宋閩地進貢、金朝榷場轉運,都側面印證鮮荔枝超遠距離運輸完全有可能,依據白居易的四五日之説所設的日程限制可破。

二

在懷疑嶺南道路迂遠而選擇荔枝"巴蜀説"的時候,需要面對一個很重要的問題:蜀道雖然短,但是蜀道險峻,能够保證短時間送達嗎?"蜀道難"絕非空論。狹義的蜀道有南綫、北綫之分。翻越巴山的道路,稱爲南綫,主要有三條,西至東分別是:一,由今陝西勉縣西南越七盤嶺經劍門關通往成都的金牛道;二,北自今陝西漢中南鄭,循漢水支流濂水谷道和嘉陵江支流巴江谷道而南,至四川巴中地區,因翻越米倉山而得名的米倉道;三,北端沿洋河谷出陝西漢中西鄉,向南經鎮巴,再沿巴江東翻越巴山經過萬

① (清)趙翼撰,欒保群點校:《陔餘叢考》卷二○《貢荔枝不始於楊貴妃》,北京:中華書局,2019 年,第 485 頁。

② 《金史》卷五○《食貨志》,第 1114—1115 頁。

源、宣漢、達州,南段至重慶涪陵的洋巴道。所謂北綫指的就是翻越秦嶺的道路,主要有四條,分別是:一陳倉道,其北出陳倉(今陝西寶雞東)經大散關沿故道水(嘉陵江東源)南行至陝西鳳縣,折東南入褒中至漢中;二褒斜道是利用了褒水(今褒河)和斜水(今石頭河)形成的道路,北起陝西眉縣斜谷口,南至漢中城北褒谷口;三爲儻駱道,因北取陝西周至的駱谷,南取陝西漢中洋縣的儻谷而得名;第四條即子午道,北起長安北子午鎮,南至西鄉南子午鎮。

前文已指出,北宋後貴妃荔枝來自涪州的主張漸據主流,甚至還有"妃子園"的傳説。《太平寰宇記》云涪州樂温縣"地頗産荔枝,其味尤勝諸嶺"①。聶順新也結合文獻與區域地理氣候指出:"唐代長江上游地區荔枝分布的實際北界是忠州(30°18′N)和涪州樂温縣(29°50′N),約在30°N;且……位於川江幹流沿岸的峽谷中。"②再加之蘇軾"天寶歲貢取之涪"的渲染,故將唐玄宗北運荔枝以涪州樂温爲起點的道路稱爲"荔枝道"。宋人曾將均州(今湖北丹江口)、房州(今湖北房縣)翻越達州(今四川達州)進入夔峽的山路稱爲"開元時涪州進荔枝路"。③

"荔枝道"這一專稱概念最早或見於吳燾的《川中雜識》:"今子午尚有荔枝道,蓋當時南海與涪州並進荔枝。"④關於"荔枝道"已有很多學者關注研究。⑤ 郭聲波、周航在

① (宋)樂史撰,王文楚等點校:《太平寰宇記》卷一二〇《江南西道》,北京:中華書局,2007年,第2392頁。

② 聶順新:《再論唐代長江上游地區的荔枝分布北界及其與氣温波動的關係》,《中國歷史地理論叢》2011年第1期,第139—144+158頁。

③ (宋)李心傳撰:《建炎以來繫年要錄》卷九四紹興五年(1135)冬十月條,北京:中華書局,1998年,第1561頁。

④ (清)吳燾:《川中雜識》,見《古籍珍本遊記叢刊》第6册,北京:綫裝書局,2003年,第2804頁。

⑤ 關於"荔枝道"相關論著有:黄盛璋:《川陝交通的歷史發展》,《地理學報》1957年第4期,第419—435頁。嚴耕望:《天寶荔枝道》。藍勇:《川陝交通路綫》,《四川交通路綫史》,重慶:西南師範大學出版社,1989年,第68—70頁。薛宗保:《唐代貢鮮荔徑途考辨》,《中國農學通報》2010年第7期,第351—353頁。鄒怡:《荔枝何處來》,《人生十六七》2016年第1期,第27頁。倪玲玲:《蜀道之荔枝道的歷史沿革》,《尋根》2016年第1期,第83—88頁。李久昌:《荔枝道早期歷史考述》,《重慶交通大學學報(社會科學版)》2017年第2期,第57—62頁。郭聲波、周航:《"荔枝道"研究三題》,《四川師範大學學報(社會科學版)》2018年第2期,第170—176頁。周航:《洋巴道發展的歷史脉絡》,《黑龍江社會科學》2018年第6期,第136—145頁。申蕾:《唐天寶荔枝道達州段綫路再考證》,《昆明冶金高等專科學校學報》2022年第2期,第104—110頁,等等。關於子午道:嚴耕望:《子午谷道附庫義錫三谷道》,《唐代交通圖考·秦嶺仇池區》,第669—686頁。李之勤:《歷史上的子午道》,《西北大學學報(哲學社會科學版)》1981年第2期,第38—41頁。王子今、周蘇平:《子午道秦嶺北段棧道遺迹調查簡報》,《文博》1987年第4期,第21—26+20頁。王開主編:《兩漢、三國、魏、晉時期驛路交通的拓展·王莽開闢"子午道"》,《陝西古代道路交通史》,北京:人民交通出版社,1989年,第106—116頁。李之勤:《再論子午道的路綫和改綫問題》,見西北大學西北歷史研究室:《西北歷史研究》,西安:三秦出版社,1987年,第150—180頁。李之勤:《〈讀史方輿紀要〉卷五六〈子午道〉條校釋》,《中國歷史地理論叢》2000年第3期,第29—40頁。李之勤:《南梁王神念"別開乾路"並非子午道新綫》,《中國歷史地理論叢》2017年第3期,第36—38+140頁,等等。

對"荔枝道"進行定義時指出,目前學界在使用"荔枝道"時爲避免與蜀道諸道路指代重複,"腰斬"了"荔枝道"該有的里程,與北段子午道並舉。顯然"荔枝道"是針對唐玄宗遞送鮮荔枝的事件而言,故不能僅包括涪州、達州越大巴山至洋州一段,而是應包括三段,即南段涪州至通州,中段通州至洋州,北段洋州至長安。[①]"荔枝道"應該是指從涪州至長安整一段道路,包括南段涪州至洋州西鄉的道路及洋州(今陝西漢中)西鄉以北的子午道。

整體"荔枝道"的起點在涪州樂溫。涪州爲武德元年(618)以渝州(今重慶渝中)涪陵縣置。《舊唐書·地理志》記"在京師西南二千七百四十八里",[②]《通典》記"去西京二千三百五十七里",[③]《元和郡縣圖志》載:"東取江陵路至上都水陸相兼三千三百二十五里,從萬州北開州通宣縣,及洋州路至上都二千三百四十里。"[④]可見,唐時從涪州通往長安有路徑兩條,一條水路相兼,一條爲陸路。水陸相兼距離較長且危險,元和三年(808)李吉甫也强調"途經三峽,風波没溺,頗極艱危"。[⑤]陸路方面,藍勇考證涪州至洋州的驛路"洋巴道",即由陝入川的東綫,有三條分別是洋萬涪道、洋渠道和荔枝道。荔枝道是在洋萬涪道和洋渠道之間縮短距離取直而行。[⑥]樂溫縣因樂溫山得名,在州東南一百一十里,樂溫山又在縣南治所三十里。"荔枝道"應是從今重慶市長壽區長壽湖畔出發,沿容溪水西岸東北行,經忠州(今重慶忠縣)墊江至萬州(今重慶萬縣)梁山。容溪水又稱溶溪、龍溪,源出梁平縣境内百里曹,西南流至墊江,在長壽縣城南注入長江,全長180公里。涪、忠、萬三州位於川東嶺谷,又稱川東平行嶺谷,是由30多條東北—西南走向的山脈與河流平行排列於四川盆地的東部,這三州正好處於明月山以東的平原、丘陵地帶,地理條件較好。由此,當時爲了實現快速郵遞"荔枝",這一段應都是沿容溪河谷行進。

《太平寰宇記》"涪州"條載:"自萬州取開州、通州、宣漢縣及洋州路至長安二千二百四十里。"[⑦]萬州梁山以北爲開州、通州,《洋川志》及《建炎以來繫年要録》都有荔枝

① 郭聲波、周航:《"荔枝道"研究三題》,第170—176頁。
② 《舊唐書》卷三九《地理志》,第1542頁。
③ (唐)杜佑:《通典》卷一七五《州郡·涪陵郡》,第4584頁。
④ (唐)李吉甫:《元和郡縣圖志》卷三〇《江南道·涪州》,第738頁。
⑤ (唐)李吉甫:《元和郡縣圖志》卷三〇《江南道·涪州》,第738頁。
⑥ 藍勇:《川陝交通路綫》,《四川交通路綫史》,第68—70頁。
⑦ (宋)樂史:《太平寰宇記》卷一二〇《江南西道·涪州》,第2390頁。

道"自涪陵由達州"①"由達州山路"的記載。"達州",唐爲"通州",宋乾德二年(964)改通州爲達州。② 通州在明月山西麓,故自梁平去往通州,就需翻越明月山,本有一條捷徑即直西北穿越明月山中的明月河連珠峽谷,直達州治。但現代歷史題材作家胡成曾對這條道路進行過考察,稱"公路深坑連續不斷","明月河急彎急轉。多外路段,崖下即是湍急河水","經此一行,即知此路舊時絶無快馬急驛之可能"。③ 道路如此艱難,所以當時的"荔枝道"可能爲縮短時間另尋他路,即向北繞過明月山達到通州新寧。通州新寧縣(今四川開江)距通州治所一百七十五里,位於明月山西麓北端。《方輿紀勝》稱:"高都山,距軍北一十五里。山中地黃壤而腴,其民以種姜爲業,衣食取給焉。高都驛路,乃天寶貢荔枝之路也。"④翻檢《梁山縣志》稱高都山"峰巒疊嶂,迤邐百餘里"。⑤高都驛一直到清代都是位於交通要衝上,清初四川有東、中、西、北四道,梁山驛道屬中大路,經過雍正朝重新整頓,全川又新辟東大道,梁山驛道又屬東路。⑥ 高都驛北可達通州往長安,西可經渠、果至成都,東可通荆、襄,處在四通八達便捷陸路的交匯之地上,作爲驛站應當早已有之,雖然設置未必就與進貢鮮荔枝有關,但"荔枝道"應該是通過此驛北上至通州新寧。正如《太平寰宇記》所載自涪州至長安須還經通州宣漢縣,宣漢即處於大巴山南麓的開口,據鄒怡《荔枝之路:一騎紅塵妃子笑,荔枝如何到長安》考證,新寧位於明月山西麓北端,宣漢位於銅鑼山北端,若要將荔枝運往宣漢,還就需穿越位於兩地之間的一段平行褶皺山脈——七里峽山。在七里峽山中有一條切開山脈的河道,名爲新寧河,胡成實地考察"翻越七里峽山至七里鄉。山路依然峻險,袛是比之明月山連珠峽谷,七里峽山谷較開闊,且路途爲短"。⑦ 順着新寧河便進入宣漢境内。《通典》"洋州"條稱"東南到通川郡宣漢縣界三百三十一里",⑧自今宣漢縣城,向南沿州河河谷,抵達羅江鎮便是舊時"荔枝道"進入大巴山南麓的開口。

關於"荔枝道"在大巴山中的走向,2015 年 3 月四川省組織了來自故宫博物院、國家博物館等研究所和高校考古學、建築學等方面的專家進行過考察,大致勾勒出了一條

---

① (宋)祝穆:《方輿勝覽》卷六八《利州東路·洋州》,第 1194 頁。
② 《資治通鑑》卷二七七《後唐紀》"後唐明宗長興二年(931)十月條",北京:中華書局,1956 年,第 9062 頁。
③ 胡成:《11.02 天寶荔枝道 明月河谷路考》,https://www.douban.com/note/181836538/。
④ (宋)王象之:《輿地紀勝》卷一七九《夔州路·梁山軍·景物下》,第 3666 頁。
⑤ (清)王慶熙撰修:《(乾隆)梁山縣志》,見中國地方志編委會編《中國地方志集成·重慶府縣志輯》,成都:巴蜀書社,2017 年,第 249 頁。
⑥ 梁平縣地方志編纂委員會編:《交通》,《梁山縣志》,北京:方志出版社,1995 年,第 294 頁。
⑦ 胡成:《天寶荔枝道之開江宣漢路考》,https://www.douban.com/note/182081579。
⑧ (唐)杜佑:《通典》卷一七五《州郡》,第 4578 頁。

路綫：宣漢（大成鄉瓦窰壩折入三橋、隘口、馬渡），過平昌縣、萬源市（鷹背鄉、廟埡鄉、秦河鄉、玉帶鄉、魏家鄉），進入通江縣，再入萬源市（竹峪鄉、虹橋鄉），抵達鎮巴縣，最後進入西鄉縣子午道。[①] 在這條道路上，至今還保存着一些遺存，如馬渡關的浪洋寺、萬源鷹背的古道及萬源化米梁古道的淺淺條形石槽等。據記者描述這些古道大多狹窄、陡峭，如宣漢聶家岩的一段古道部分路段傾斜到五六十度。

　　"荔枝道"出鎮巴翻越大巴山後當是循洋水河谷而上至西鄉入"子午道"。"子午道"有新舊之分，《元和郡縣圖志》"京兆府長安縣"條：

　　　　子午關，在縣南百里。王莽通子午道，因置此關。魏遣鍾會統十萬餘衆，分從斜谷、駱谷、子午谷趨漢中。晉桓温伐秦，命司馬勳出子午道。今洋州東二十里曰龍亭，此入子午谷之路，梁將軍王神念以舊道緣山避水，橋梁多壞，乃別開乾路，更名子午道，即此路是也。[②]

所謂"荔枝道"北段應爲子午新道。子午道因其通過子午峪而得名，《讀史方輿紀要》中提到道路里程"谷長六百六十里，或曰即古蝕中也"，[③]但真正子午谷祇有三十來里，故"子午道"入子午谷二十餘里後便轉入灃水河谷翻越秦嶺。據學界考證，子午新道北端在今長安縣附近的子午谷口，南端在近漢中西鄉縣子午鎮，大致路綫爲：進入子午谷口溯谷南向二十里，西南越山梁至喂子坪進入灃水河谷，向南二十里至石關（即子午關、石羊關），繼續南行翻越秦嶺主脊到寧陝縣沙溝街，循漢江支流洵河而下，經高關至江口鎮，折向西南溯冷水河谷至關帝廟，折南翻越雞公梁至七里溝口，進入月河河谷，沿谷過旬陽壩，翻平河梁，再沿長安河谷而下，經火地塘、西腰嶺關、寧陝老城、寧陝新城和石泉縣境，再經青草關、斬龍埡、堰平和兩河口到西鄉子午鎮。[④] 史籍明言，子午新道的主要特點是盡量避開河流，因爲夏秋正值秦嶺多雨季節，循河谷橋梁容易被沖毀，這點從對子午道的考察記錄就可看出，舊道的多處棧道孔遺迹都有上下雙重迹象，應該是原有棧道被大水沖毀後，再次抬高重修所致。故新道多行山路，但河谷路段依舊占據80%，

---

　　① 李曉東、陳國嶽：《貴妃荔枝蜀地來》，《光明日報》2016 年 4 月 7 日第 5 版。

　　② （唐）李吉甫：《元和郡縣圖志》卷一《京兆府》，第 6 頁。李之勤對梁王神念開子午新道提出質疑。

　　③ （清）顧祖禹撰，賀次君、施和金點校：《讀史方輿紀要》卷五六《漢中府·洋縣》，北京：中華書局，2005 年，第 2669 頁。

　　④ 參見西安市地方志編纂委員會編：《交通運輸志·子午道》，《西安市志 第 2 卷 城市基礎設施》，西安：西安出版社，2000 年，第 366 頁。

因此新道的直綫距離雖然較舊道縮短近四分之一,也並不好走。例如在子午峪和澧峪段,雖然川道較爲開闊,但拐儿崖一帶依舊狹仄難行,並在此地發現有三處棧道遺迹跨越山溪;喂子坪以南,黑溝口到石羊關一段峽谷險隘,棧道最多,光在喂子坪南北就發現棧道遺迹 12 處,甚至一處二重棧道和韓家崖棧道處的殘存石梁,可見水流量大且湍急,木質棧道根本無法承受,故用石質代替。《石門頌》曾描述"子午道"險狀:"上則縣(懸)竣,屈曲流顚(巔);下則人寅(冥),屓寫輸淵。平阿淖泥,常蔭鮮宴。木石相距,利磨確盤。臨危槍碭,履尾心寒。空輿輕騎,滯礙弗前……愁苦之難,焉可具言。"①這雖然是描寫舊道的,但是新綫繞雞公梁向南後的路況並不比舊綫好,《三省邊防備覽》稱:"數百里古木,叢篁茂密蒙蔽,狐狸所居,豺狼所嗥,人煙零星,荒凉特甚,官吏視爲畏途。"②雞公梁海拔 1 600~1 800 米,平河梁海拔 2 200~2 400 米,氣溫甚低,山高林密,自然條件非常艱苦,而且河谷比較狹窄,在文獻中也經常能見到"山勢陡峻""溪流湍激""路從老林行走,如過青楊巷"等詞語的描述。《三省邊防備覽·道路考》整體描述子午鎮到子午峪的路程:"(西鄉縣)東北,三十里。別家壩,三十里。岔河,三十里。官溝……至長安子午峪……險路六百六十里。"③這僅僅是這條道路的一部分,險路就達到了六百六十里之多。若單匹飛馬郵遞,難度可想而知。

"荔枝道"自涪州至長安"約兩千里,絕不踰二千一百里",④雖然一路遇到山脈和山地不作強行翻越,巧妙利用天然河谷突破障礙,但是路途並非一馬平川。據筆者統計,"荔枝道"整段,需翻越大巴山、秦嶺兩座大型山脈,還要通過川東平行褶皺山地,穿越七里山、明月山等,循河谷至少 9 條:包括容溪水、新寧水、州河、洋水、長安河、月河、泠水河、洵河、澧水,其間還要經過棧道、石橋、老林、石梯,可以説是險路與平路並存,險路如此之多,棧道寬度又僅容錯身,那在這條道路上快馬衝刺難度極大。

至開元二十七年(739),唐代已有一千六百三十九所驛站,三十里一驛,包括"二百六十所水驛,一千二百九十七所陸驛,八十六所水陸相兼。若地勢險阻及須依水草,不必三十里"。⑤ 對於驛傳速度,《唐六典》也有記載:"凡陸行之程:馬日七十里,步及驢

① (清)王昶輯:《金石萃編》卷八《故司隸校尉楊君頌》,北京:中國書店,1985 年。
② (清)嚴如熤撰,黃守紅標點、朱樹人校訂:《三省邊防備覽》卷六《險要》,長沙:岳麓書社,2013 年,第 997 頁。
③ (清)嚴如熤撰:《三省邊防備覽》卷二《道路考上》,第 886—887 頁。
④ 嚴耕望:《天寶荔枝道》,第 1037 頁。
⑤ (唐)李林甫等撰,陳仲夫點校:《唐六典》卷五《尚書兵部》,北京:中華書局,1992 年,第 163 頁。

五十里,車三十里……轉運、徵斂、送納,皆準程而節其遲速。"①如遇重要情況如軍報等,遞送更爲迅速,如唐制"叙(赦)日行五百里",②岑參在《初過隴山途中呈宇文判官》就描述過飛馳奏事的效率和速度如流星般"一驛過一驛,驛騎如星流。平明發咸陽,暮到隴山頭。……'前月發安西,路上無停留。都護猶未到,來時在西州。十日過沙磧,終朝風不休。馬走碎石中,四蹄皆血流'"。③ 安史之亂爆發時,玄宗在華清宮,也是在六日後即天寶十四載(755)十一月甲子至庚午得知軍報,范陽"去西京二千五百二十三里",④馳驛速度也就是一天500里左右。在不考慮蜀道難度的情況下,在"荔枝道"上運送鮮荔枝,初估需要四至五日的時間,但這樣的設定未免過於理想化。若按《洋川志》所説三日到達,則要日馳700里,遠超唐制最高速度。

馬種問題也值得考慮。"荔枝道"屬於蜀道"難於上青天"的性質,無論南北兩段路程都不平順,若要如漢代般使馬匹始終保持衝刺速度,就要縮短唐制所設定的距離,小於30里,但期間還要翻山越嶺,甚至有些路段可能實在難行,還得使用善於行走山地但是衝刺能力差的蜀馬,"有山阪險峻之處及江南、嶺南暑濕不宜大馬處,兼置蜀馬"。⑤蜀馬個頭矮小,善於爬坡但不善於急速奔馳。時速會進一步降低。無論是日馳500里還是日馳700里,在所謂"荔枝道"上均不可能。巴蜀荔枝同樣難以在所謂四五日保鮮期内到達長安。

唐中後期,荔枝作爲"口味貢"⑥並没有退出舞臺,如唐憲宗就曾在元和十四年(819)"特詔荆南,令貢荔枝",⑦但並没有説明是否是鮮荔枝。《南部新書》:"舊制,東川每歲進浸荔枝,以銀鉼貯之,蓋以鹽漬其新者,今吴越間謂之'鄞荔枝'是也。"⑧東川指的是劍南東川節度使轄區,劍南東川節度使爲至德二載(757)所設,所以這裏的"舊制"顯然不是天寶貢。劍南東川内有瀘州,所以東川所進,可能就是瀘州荔枝。這不是

---

① (唐)李林甫:《唐六典》卷三《尚書户部》,第80頁。

② (唐)張九齡:《開元十三年東封赦書》,見(宋)宋敏求編:《唐大詔令集》卷六六,北京:中華書局,2008年,第372頁。

③ (唐)岑參撰,廖立箋注:《岑嘉州詩箋注》卷一《初過隴山途中呈宇文判官》,北京:中華書局,2004年,第239頁。

④ (唐)杜佑:《通典》卷一七八《州郡·范陽》,第4709頁。

⑤ (唐)李林甫:《唐六典》卷五《尚書兵部》,第163頁。

⑥ 參見李錦繡:《唐長安大明宮西夾城内出土封泥研究——兼論唐後期的口味貢》,見錢伯城、李國章主編《中華文史論叢》第59輯,上海古籍出版社,1999年,第114—136頁。

⑦ (唐)元稹:《元稹集》卷三九《狀·浙東論罷進海味狀》,第506頁。

⑧ (宋)錢易:《南部新書》丙,第37頁。

鮮荔枝,而是所謂鹽漬荔枝,具體方法不詳。宋代蔡襄《荔枝譜》載有紅鹽法:"民間以鹽梅滷浸佛桑花爲紅漿,投荔枝漬之,暴乾,色紅,味甘酸,可三四年不蟲。"①唐代鹽漬法不知是否與此有相似處。

這些進貢終因道路狹遠,靡費甚廣而多次被叫停,如懿宗咸通八年(867)"道路遥遠,勞費至多。自今已後,宜令停進"。② 可見,自蜀入長安的道路確實艱險,不能常年平順郵驛。即便是運輸的不是鮮荔枝,而是鹽漬或者蜜漬荔枝也是一個極度艱難的事情,在遞送日程上並不占據絶對優勢。唐末期,曾有閩地荔枝進貢,韓偓入閩時,昭宗就曾宣索,"遐方不許貢珍奇,密詔唯教進荔枝",③不過此事記載寥寥,不得其詳。

既然路上耗時可能並没有天壤之别,又有保鮮技術,那麽能決定荔枝貢地的因素應該就是荔枝自身的品質。顯然,巴蜀荔枝品質不如嶺南,也不如閩地。《唐國史補》就說:"南海所生,尤勝蜀者。"④宋人亦以巴蜀荔枝爲下品,宋代曾鞏就曾暗諷白居易和杜甫衹知巴蜀荔枝味道,不知閩越荔枝:"白樂天詠荔枝詩云:'津液甘酸如醴酪。'杜工部詩云:'紅顆酸甜衹自知。'此皆知巴蜀荔枝而已,不知閩越荔枝不酸也。"⑤他最推崇閩地荔枝。宋代羅大經《鶴林玉露·丙編》卷四也曾説閩地荔枝"奇妙香味皆可僕視瀘戎。"⑥包括前揭宋徽宗運送鮮荔枝之事,所運也是閩地荔枝。

有張九齡《荔枝賦》渲染於前,又有高力士影響在側,荔枝品質又有差異,遞送難度又不存在本質區别,對於唐玄宗和楊貴妃來説,嶺南荔枝應是首選。

三

荔枝問題,看似事小,實際上涉及研究理念問題,一個原本在唐代有較爲明確答案的問題,唐以後却出現了不同的説法。蓋因出發點錯設在了"若離本枝,一日而色變,二日而香變,三日而味變,四五日外,色香味盡去矣"的前提上,這個前提本身就忽略了極有可能存在的保鮮技術,具有局限性。假如這個出發點不存在,那麽巴蜀説便就難以立足。

本文也許不是定論,但以下問題恐怕是相關研究者不可回避的:

① (宋)蔡襄:《荔枝譜》第六,見《全宋文》第四七册,第215頁。
② 《咸通八年五月德音》,見(宋)宋敏求:《唐大詔令集》卷八六《政事》,第492頁。
③ (唐)韓偓撰,吴在慶校注:《韓偓集繫年校注》卷一《荔枝三首》,北京:中華書局,2015年,第182頁。
④ (唐)李肇:《唐國史補》卷上,第165頁。
⑤ (宋)曾鞏:《曾鞏集》卷八《律詩·荔枝四首》,第132—133頁。
⑥ (宋)羅大經撰,王瑞來點校:《鶴林玉露》卷四《物産不常》,北京:中華書局,1983年,第300頁。

1.《唐國史補》以及杜甫等與楊貴妃同時代人都認爲荔枝來自南海,唐人指嶺南難道僅僅是爲了"罪貴妃"?

2. 從漢代和後世北宋、金朝事例來看,超遠距離驛送鮮荔枝技術上可行。

3. 唐代有巴蜀進貢荔枝的記録,但可能不是鮮荔枝,且多數爲唐後期。

4. 唐人有可能有保鮮技術,但是我們並不掌握其細節。但也不能斷言唐代毫無措施。從漢、宋、金史料來看,如果不考慮成本,實現荔枝長時間保鮮是可以做到的。

5. 路途遠近是問題,行路難易也是問題。而且是大問題,蜀道短,但蜀道難,照樣難以在四五日内到達長安,"巴蜀説"所依據的"優勢"可能並不存在或者説優勢甚小,這是必須考量的一個問題。

荔枝貢研究實際上牽涉到我們以何種視野看待古代的技術問題。我們經常用今天的科學思維和邏輯水準試圖去解釋古代所有的技術問題。其實未必然,很多時候,看待中國技術史的各種成就必須堅持"點、綫、面結合"的原則,既要明瞭傳統技術曾經達到過的高度(所謂各個"點"),又要顧及傳統技術"經驗科學"特色所塑造的繼承模式(所謂"綫"),還要考慮這項技術是否得到發揚光大,能否轉化成公共技術,從而對當代及未來產生重大影響(所謂"面")。其實,並非所有的技術成就都會經歷點—綫—面的歷程,有的"點"永遠是"點",未能産生深遠影響。但是不能就此否定這個"點"的存在。人類歷史上的"技術樹"很多枝杈是枯死了的,就如唐代荔枝保鮮,它本屬於鄉野技能之事,進入貢籍後也屬於伎術官員之事,在"百工之人,君子不齒"的思想環境中,當然不入掌握史料話語權的士大夫之法眼,在史料中留下印記的概率也就縮小了,但是種種側面證據顯示,它可能的確存在過。它在史料中的闕如,導致了今人研究視野的偏差。

《魏晉南北朝隋唐史資料》第四十九輯

2024 年 5 月,324—339 頁

新出王士良墓誌所見貞元年間唐廷、
成德與淄青之間的三角博弈[*]

馮金忠　　張　帥

2018 年,河北省石家莊市西三莊村出土一方唐代墓誌,現保存於石家莊市新華區毗盧寺碑林,墓主爲王士良。同墓出土的還有其夫人鄭氏墓誌。① 此兩方墓誌,志、蓋皆存。其中,王士良墓誌除有幾處磨泐缺損之外,大體保存完好,志蓋長、寬皆爲 101 厘米,厚 8.5 厘米,陰刻篆書 4 行 16 字:"唐故德州刺史兼御史大夫王府君墓誌";墓誌長、寬皆爲 103 厘米,厚 19.5 厘米,乃集王羲之字而成,凡 32 行,滿行 32 字,首行題曰:"唐故德州刺史御史大夫成德軍節度左廂步軍兵馬使和義郡王食實封五十户王公墓誌銘並叙"。墓主所謂王府君、王公即王士良。

此王士良墓誌迄今尚未刊布,故長期不爲學界所知。爲了研究方便,現按照墓誌的行款格式移録如下:

> 　　唐故德州刺史御史大夫成德軍節度左廂步軍兵馬使和義郡王食實封五十/户
> 王公墓誌銘並叙
> 　　　　宣義郎前試大理評事王全質撰
> 　　　　前成德軍節度掌書記朝議郎監察御史裏行王計書
> 　　嗚呼! 有唐前德州刺史御史大夫王公,以貞元十三年九月十八日,終於常山郡
> 中/城之東隅真定里之私第,享齡六十。惟曾巘邃壑,其植也森松;廣廈華堂,其用
> 也脩/棟。在枌橑猶不可去,而得析其榱棟乎? 即公之於成德左軍,其猶構廈之賴

---

　　* 本文係國家社會科學基金重大招標項目"中國古代基層治理方式的變遷及其近代化轉型研究"(20&ZD216)系列成果之一。

　　① 鄭氏墓誌誌蓋陰刻篆書 3 行 9 字:"大唐故鄭氏夫人墓銘",蓋長 78 厘米,寬 77 厘米,厚 8 厘米;墓誌計 28 行,滿行 28 字,長 78 厘米,寬 78.5 厘米,厚 17.5 厘米。

脩木，/漼然而圮，誠可惜哉！公諱士良，字彦朝，姓曰眭，氏曰王，本於武安，今爲瑯琊人也。/文武聞世，家於燕陲。擊劍學兵，克紹英德。曾王父諱守和，皇朝請大夫，易州司/馬；祖恪，皇莫州文安縣令；皇考諱嘉恩，皇太子左贊善大夫，贈太子僕。弈/葉承家，代襲軒蓋。褒存贈没，寔謂賞延。公結綬自寶應二年，歷官至大曆元祀已。/再列九棘，二爲將軍。封太原縣男，食邑三百户。挺瑰異之質，懷倜儻之才。時逢艱難，/自負機略。不居右職，其可得乎？未十年間，在信都則爲軍副，處横海則掌侯奄。爵貴/國男，階崇儀府。持權善守，人實威懷。及興元初，姧臣竊釁，輦輅南巡。俄而兩/河歸誠，王命復振，於是拜公爲冀州刺史、御史大夫。以連率司徒/公有社稷殊勛，帝思輔正。特制公改舊名爲新字，易眭姓爲王宗。/五進清階，累食駢邑。四崇亞相之秩，三剖方岳之符。洎移守德州，詔加五十户實/封。中遇郡城陷寇，矢石□衝，不勞兵戈，談笑自□。魯仲連之飛箭，兼而有焉，進封和/義郡王。其或世難立功，時危見節。備顯于豐頌，闕志於陰銘。及天步載安，績/成求退。願罷侯印，從容和門。元臣於是奏請，充節度左廂步軍兵馬使。峻立/鵾鶚，堂堂偉儀；貔貅之倫，嚮德而靡。哀哉，壽不及□，天其謂何？故夫人太原/王氏，三代名秩，亦附於曾□。皇邢州司兵椽諱幹，夫人之烈考。令德之女，爲/公好仇。方其和鳴，遽喪嘉偶。昔以權厝，今從合棺。嗣子六人，長曰從則，不幸短折，先/十季而亡。眷其祔塋，卜用同吉。次子從禮等，或長以知方，或幼未成器。鞠然在疚，殆/不勝喪。有女七人，咸聞淑譽。從夫叶德，處室脩儀。棘心夭夭，上泣荼茹。公平昔常/謂親故曰："哀樂相習，榮華不可以久處。業隴松柏，早爲生營。後之人唯備其凶車，脩/其藻薦而已。"稽前古葬義，皆刊懸棺之木，以紀來代遷移。今則劚石勒文，盖存不朽。/恭爲之銘，曰：

河山盤回，原隰邐迤。右隣通衢，左帶流水。高墳石急磷，前豐後起。今界恒陽，古封欒氏。地藏玉树，泉暗雄儀。冀遺歿愛，德感生思。左部軍人，涕泣漣洏。前功不銘，後代誰知？斵石中野，爲羊爲馬。風移俗變，貞掩松櫝。木有朽期，石無遷謝。隨棺永寘，玄堂之下。

貞元十三年十二月廿一日窆于石邑縣尚京鄉孝義之原

據上述墓誌所云，王士良墓位於石邑縣尚京鄉孝義之原，而現今石家莊市新華區毗盧寺所處之上京村即此尚京鄉之地。該墓誌由王全質撰，王計書丹。王全質，史籍無載，生平不詳。而王計乃唐貞元時人[①]，《全唐文》卷六三三收録有其所撰《代王僕射諫

① 《全唐文》卷六三三王計《代王僕射諫伐淮西表》作者小傳，北京：中華書局，1983年，第6390頁。

伐淮西表》一文。其人又見於王士真墓誌,亦爲書丹者。在書寫王士良墓誌時,王計題銜爲"前成德軍節度掌書記朝議郎監察御史裏行",而爲王士真墓誌書丹時已官至"恒冀深趙德棣等州觀察推官"①,元和末則升任萊州刺史。②

墓主王士良,兩《唐書》無傳,傳世文獻中僅有零星記載。唐德宗建中四年(783)正月,成德、幽州、魏博、淄青四鎮相王,史籍稱:"於是武俊與田悦等擅相王。武俊國號趙,以恒爲真定府,命士真留守兼元帥;以畢華、鄭儒爲左右内史,王士良司刑,王佑司文,士清司武,並爲尚書;士則司文侍郎,宋端給事中,王洽内史舍人,張士清執憲大夫,衛常寧内史監,皇甫祝尚書右僕射,餘以次封拜。"③其中,提及王士良任司刑,相當於唐之刑部尚書。此一記載僅見於《新唐書·王武俊傳》,而《舊唐書·王武俊傳》和《資治通鑑》卷二二八均未記載。除《新唐書·王武俊傳》外,現存文獻中能發現王士良身影的還有一處,即其曾爲恒州開元寺僧道源立發願碑一通,紀其發願禮大佛名及誦藏經之事。《僧道源發願文》於《寶刻叢編》《集古録目》《畿輔金石志》《京畿金石考》等書中皆有記載。諸書中以北宋歐陽棐《集古録目》成書最早,《寶刻叢編》中此條之記載即采自《集古録目》。《集古録目》原20卷,現僅存輯佚本10卷。今本《集古録目》卷八此條之内容已佚,係轉録自《寶刻叢編》。其云:"唐前恒冀等州觀察判官王洽撰,試金吾□□曹參軍王承規集王羲之書并篆額。道源,恒州開元寺僧也。常發願禮大佛名及誦藏經,成德軍步軍使王士良等爲立此碑。貞元十四年正月刻。"④上揭《畿輔金石志》《京畿金石考》等書之記載皆昉於此,其文字或略有差異,但對王士良身份的記述上却並無異辭,均言成德軍步軍使王士良。

從墓誌來看,王士良生於唐開元十一年(723),卒於唐德宗貞元十三年(782)九月,享年60歲。他本姓眭,武安人,後易歸王氏,瑯琊(又作"琅邪""琅琊")乃王氏郡望,故墓誌中所謂"今爲瑯琊人",顯係攀附。關於王士良改歸王氏之緣由,其墓誌云:"以連率司徒公有社稷殊勛,帝思輔正,特制公改舊名爲新字,易眭姓爲王宗。""連率司徒公",指王武俊。興元元年(784)五月,王武俊爲恒州大都督府長史,加檢校司徒,實封

① 馮金忠、趙生泉:《河北正定出土唐成德節度使王士真墓誌初探》,《中國國家博物館館刊》2013年第5期,第80—86頁。

② 《全唐文》卷六五七白居易《王計除萊州刺史吴暐除蓬州刺史制》,第6691頁。

③ 《新唐書》卷二一一《王武俊傳》,北京:中華書局,1975年,第5953頁。

④ (宋)陳思:《寶刻叢編》卷六《唐僧道源發願文》,載《石刻史料新編》第一輯,第24册,臺北:新文豐出版公司,1982年,第18177頁。此發願碑刻立於唐貞元十四年(798)正月,其時作爲功德主的王士良已去世四個月。

七百户。① 其夫人鄭氏合祔墓誌對此表述得更爲明確："公諱士良,字彦朝,本姓眭氏。洎建中壬戌歲,攝冀州刺史,歸附於連率太尉王公……忠誠克著,勛望累崇。趨於相庭,遂得其姓。"由於貞元十二年(796),王武俊加檢校太尉,兼中書令②,故所謂"連率太尉王公",即指王武俊,此材料更爲清晰地指出了王士良之王姓即源於王武俊。王武俊授爵琅邪郡王,王士良改姓後入籍琅邪,以琅邪爲郡望,亦屬合理之舉。另從"士良"這一名字來看,他與王武俊諸子士真、士清、士平等均爲"士"字輩,則王士良極有可能爲王武俊之假子。

關於王士良之仕歷,該墓誌云其得官自唐寶應二年(763),延至大曆元年(766),"未十年間,在信都則爲軍副,處橫海則掌侯奄"。此處之"信都",當指冀州。據《舊唐書·地理志二》,冀州,隋稱信都郡。武德四年(621)改爲冀州,天寶元年(742)改爲信都郡,乾元元年(758)又復爲冀州,信都縣爲其首縣及治所。③ 此處不稱冀州而仍稱信都,蓋沿襲舊稱。"橫海",當代指滄州,因唐玄宗時曾在滄州設立橫海軍,④而後又於貞元三年(787)設橫海節度使,領滄、景二州。⑤ 因此,王士良早年即於冀州和滄州任職,詳查兩州在此時期的行政歸屬可知,其遷轉一直在成德鎮轄內。易言之,自安史之亂結束後成德鎮肇始,王士良即任職於成德,與成德鎮關係淵源頗深。

值得注意的是,王士良曾任冀州刺史和德州刺史。自郁賢皓《唐刺史考》(後修訂改稱《唐刺史考全編》)一書20世紀80年代面世以來,深爲學界所重視,長期以來孜孜致力於爲其作補遺或糾謬者不絕,其中不乏運用新出碑刻墓誌資料者。但縱觀諸多補遺文章,鮮有涉及建中至貞元年間冀、德二州刺史的內容。其實不獨對於此二州,即使對於整個河北道諸州刺史的補正相比他道亦較爲少見。而王士良墓誌恰爲此時期冀、德兩州刺史的任職情況提供了新資料,填補了唐德宗時期河北道刺史的一些缺環,這也是其獨特價值之所在。

有關冀州刺史,據郁賢皓《唐刺史考全編》,建中二年(781)李惟岳叛亂時,其命妻父鄭詵爲冀州刺史⑥;之後,則是元和元年(806)由王武俊之子王士清任冀州刺史。⑦ 以

① 《舊唐書》卷一四二《王武俊傳》,北京:中華書局,1975年,第3875—3876頁。
② 《舊唐書》卷一四二《王武俊傳》,第3876頁。
③ 《舊唐書》卷三九《地理志二》,第1503—1504頁。
④ 《新唐書》卷六六《方鎮表三》,第1834頁。
⑤ 《新唐書》卷六六《方鎮表三》,第1846頁。
⑥ 郁賢皓:《唐刺史考全編》卷一〇七《冀州(魏州、信都郡)》,合肥:安徽大學出版社,2000年,第1500頁。
⑦ 郁賢皓:《唐刺史考全編》卷一〇七《冀州(魏州、信都郡)》,第1500頁。《冊府元龜》卷一二九《帝王部·封建》(北京:中華書局,1960年,第1554頁)載"貞元初,封士貞弟冀州刺史士清爲北海郡王"。其中,"貞元初"當爲"元和初"之訛。

一般情理揆之,由於李惟岳建中三年(782)閏正月兵敗被殺,其岳父鄭詵不可能在建中三年之後繼續擔任冀州刺史。由此,建中三年至元和初年,冀州刺史的人選存在着近15年的斷檔。對於王士良任冀州刺史的時間,其墓誌云:"及興元初,奸臣竊釁,輦輅南巡。俄而兩河歸誠,王命復振,於是拜公爲冀州刺史、御史大夫。"所謂"輦輅南巡",指唐德宗在李懷光逼迫下南逃梁州之事。"兩河歸誠",係指唐德宗興元元年(784)正月改元大赦,並下詔罪己,成德、魏博、淄青等叛鎮相繼款服唐廷。聯繫墓誌上下文,王士良任冀州刺史當於興元元年(784)之後。然其夫人鄭氏墓誌記載略有不同,云王士良攝冀州刺史之時間,乃在建中壬戌歲,即建中三年(782)。之所以出現這種差別,可能建中三年王士良祇是攝冀州刺史,乃由王武俊任命,尚未得到唐廷之正命。興元元年(784)正月,隨着王武俊歸款中央,作爲其部下的王士良才得以正授。

有關德州刺史,該墓誌記載王士良在冀州刺史任上又移守德州,雖無明確時間,但根據德州歸屬成德的時間,可以推知當在貞元初年。《唐刺史考全編》考證認爲王士真自興元元年(784)至貞元十七年(801)任德州刺史,[1]其證據爲《舊唐書·王士真傳》之記載:"德宗還京,進位檢校兵部尚書,充德州刺史、德棣觀察使,封清河郡王。"[2]《舊唐書·德宗紀》亦載,貞元元年(785)七月"辛亥,加檢校工部尚書王士真爲德棣都團練觀察使"[3]。然根據王士真墓誌可知,王士真雖因功拜德棣觀察使,但却固讓不受。[4] 故王士真實際並未莅任德棣觀察使。由於德棣觀察使兼任德州刺史,故王士真在辭讓德棣觀察使的背景下任德州刺史之事根本無從談起。因此,《唐刺史考全編》所云王士真在興元元年至貞元十七年任德州刺史的記述有誤。在成德獲取德州後,首任德州刺史實際上應爲王士良。換言之,貞元元年(785)在唐廷將德、棣二州劃給成德之時,德州刺史並非爲王士真,而應是王士良。

王士良墓誌内容較爲豐富,從墓誌來看,王士良的生平與仕歷縱貫唐玄宗、肅宗、代宗、德宗四朝,並經歷了建中之亂全程。他自寶應二年(763)入仕,長期於成德鎮任職,並以王武俊假子的身份,官至冀、德二州刺史和成德軍左厢步軍兵馬使,可以大大彌補傳統史籍及其他碑刻資料之缺略,具有較高的資料價值和學術研究價值。特別是貞元

---

① 郁賢皓:《唐刺史考全編》卷一一〇《德州(平原郡)》,第1531頁。

② 《舊唐書》卷一四二《王士真傳》,第3877頁。

③ 《舊唐書》卷一二《德宗紀上》,第349頁。

④ 馮金忠、趙生泉:《河北正定出土唐成德節度使王士真墓誌初探》,《中國國家博物館館刊》2013年第5期,第80—86頁。

年間,王士良在德州刺史任上與淄青之間紛爭的一些細節,更是反映彼時成德鎮、淄青鎮與唐廷之間三方博弈的重要史料,爲研究唐德宗貞元時期對藩鎮之態度提供了新的視角。

以下擬主要圍繞該墓誌所見貞元年間唐廷與成德、淄青三方博弈展開探討。

一、爲什麼是德州: 德、棣二州歸屬變化與地緣區位

王士良墓誌記載,王士良"洎移守德州,詔加五十户實封。中遇郡城陷寇,矢石□衝,不勞兵戈,談笑自□。魯仲連之飛箭,兼而有焉,進封和義郡王。"由此可知,王士良任德州刺史期間,曾在德州發生戰事,且並非小的邊界糾紛,其或爲藩鎮之間因屬地爭端而爆發的一場軍事衝突。至於戰事的另一方,墓誌記載含混,稱之曰"寇",而不詳所指。

德州隸屬河北道,由於與棣州地緣相接,在唐後期往往與棣州並舉,即德棣連稱。建中之亂中,德、棣二州在諸鎮間幾經易手,其戰略位置的重要性不言而喻。二州地勢狹長,恰似一道屏障將成德與淄青分隔開來。其中,德州"控三齊之肩背,爲河朔之咽喉",①淄青得之則扼河朔之要路,成德得之則進可制馭山東。同時,德州又可溝通魏博、横海,此由五代後梁時晉王李存勗"襲據德州,而滄、貝中斷",②即可知之。而棣州"消幽、燕之氛翳,静海、岱之風煙"③,左有平原,右環濱海,上通横海,下達淄青。故德、棣二州深處河朔要衝,從戰略上看爲兵家必爭之地。兼之德州糧産饒沃,棣州鹽利豐厚,對於成德與淄青二鎮而言皆是重要的經濟補給區。例如,興元元年(784)五月,李抱真、王武俊於貝州討朱滔時,朱滔部下有人向朱滔進言主張避王武俊之鋒芒,而使回紇斷其糧道,"我坐食德、棣之饟,依營而陳,利則進攻,否則入保,待其飢疲,然後可制也"。④ 這一戰略賴以實施的根基即是"坐食德、棣之饟"。而對於唐廷而言,德棣亦是平衡河北、河南諸藩鎮的重要砝碼。在建中之亂中,德棣未似滄州般上升爲節鎮,反而在戰後不時被捲入藩鎮之間爭奪的漩渦,在幾大藩鎮之間輾轉易手。

據《新唐書·方鎮表》載,德、棣二州初隸於肅宗上元二年(761)所置的淄沂節度使,廣德元年(763),德州一度歸屬魏博;大曆十年(775),以攻田承嗣叛亂之功又歸淄

① (清)顧祖禹:《讀史方輿紀要》卷三一《山東二》,北京:中華書局,2005年,第1492頁。
② (清)顧祖禹:《讀史方輿紀要》卷三一《山東二》,第1492頁。
③ (清)顧祖禹:《讀史方輿紀要》卷三一《山東二》,第1497頁。
④ 《資治通鑑》卷二三一德宗興元元年(784)五月乙亥條,北京:中華書局,1956年,第7431頁。

青平盧節度使。① 建中三年(782)在平定李惟岳之亂時,唐德宗爲安撫朱滔而將德棣劃歸於幽州鎮。② 自此,德、棣二州在行政歸屬上始作爲一體而出現。兩《唐書》、《資治通鑑》、《册府元龜》皆載李納初反時,德州都虞候李士真、棣州刺史李長卿以州降,③後李士真求救於幽州節度使朱滔,並在朱滔稱王時任執憲大夫。④ 然李士真求援之時朱滔已萌異志,故另派李濟時守德州,而調李士真前往深州議事,朱滔之幽州鎮始得據有德、棣二州。後朱滔叛,王武俊破朱滔於貝州,其棣州刺史趙鎬降於王武俊。《新唐書·方鎮表》"成德條"載,貞元元年(785)成德軍節度使增領德、棣二州,⑤即當指《舊唐書·德宗紀》所載"加檢校工部尚書王士真爲德棣都團練觀察使"之事。⑥ 此處前文已述,不贅言。由此,唐廷將德、棣二州歸於成德。但由於李納百般拖延,直至貞元六年(790)十二月,棣州方真正歸屬成德。⑦ 至此,德、棣二州歸屬始定。

對於德棣的爭奪,大致可以建中之亂爲界。其前爭奪並不明顯,主要表現爲按照唐廷的旨意將之劃歸不同節鎮,主動權在唐廷;而建中之亂後,圍繞德棣的爭奪則有愈發激烈之勢。雖然自貞元元年(785)起,成德鎮已名義上取得了德、棣二州的控制權,但諸鎮間對於二州的爭奪並未因此止歇。在此重新回到本節開頭所提出的問題上,包圍德州的所謂"寇"所指到底爲誰? 以情理揆之,與成德圍繞德棣而發生戰事的,當爲其周邊的藩鎮:橫海或淄青。橫海鎮在德棣之北,淄青在其南。橫海於貞元三年(787)方正式建節,轄有滄、景二州,⑧此時勢力尚弱,恐無力與成德爭奪德棣。而德、棣二州大曆十年(775)即屬淄青,且直至建中之亂,一直爲淄青所有。故似可揣言,貞元年間圍繞德、棣二州,爭奪的主角是成德與淄青。換言之,王士良墓誌中所謂的"寇",應指的爲淄青。

二、墓誌所見的德州之圍與貞元六年成德、淄青之争

王士良墓誌中所反映德州之圍的具體時間並不明確。但正如上文所云,由於貞元

---

① 《新唐書》卷六五《方鎮表二》,第 1803—1807 頁。

② 《新唐書》卷六六《方鎮表三》,第 1844 頁。另在《資治通鑑》卷二二七德宗建中三年(782)二月條中記載此事,即"以德、棣二州隸朱滔,令還鎮"。

③ 《舊唐書》卷一二《德宗紀上》,第 332 頁。另《新唐書》卷七《德宗紀》、《資治通鑑》卷二二七德宗建中三年(782)三月乙未條以及《册府元龜》卷一六五《帝王部·招懷第三》對此事皆有記載。

④ 《新唐書》卷二一二《朱滔傳》,第 5971 頁。

⑤ 《新唐書》卷六六《方鎮表三》,第 1845 頁。

⑥ 《舊唐書》卷一二《德宗紀上》,第 349 頁。

⑦ 《資治通鑑》卷二三三德宗貞元六年(790)十二月條,第 7522 頁。

⑧ 關於橫海鎮建鎮的時間説法不一,可參見殷慶雙:《橫海鎮與中晚唐河北政局》,山東大學碩士學位論文,2016 年,第 69—72 頁,其中有詳細考證。

元年(785)德州始歸成德,故可以推知當在貞元初年之後。史籍中對於德州之圍,也並非無迹可尋。例如,據《舊唐書》卷一二四《李師古傳》:"棣州之鹽池與蛤蜽歲出鹽數十萬斛,棣州之隸淄青也,其刺史李長卿以城入朱滔,而蛤蜽爲納所據,因城而戍之,以專鹽利。其後武俊以敗朱滔功,以德、棣二州隸之,蛤蜽猶爲納戍。納初於德州南跨河而城以守之,謂之三汊,交田緒以通魏博路,而侵掠德州,爲武俊患。"[1]其中,明確提到李納"侵掠德州,爲武俊患"。對於此事,《資治通鑑》卷二三三亦有記載,並繫之於貞元六年(790)。故王士良墓誌中所記載的德州"中遇郡城陷寇",其實所反映的正是貞元六年成德與淄青之間的戰事。揆諸史籍,雖然自貞元元年(785)朝廷將德棣劃歸成德,但淄青却故意拖延,陽奉陰違,並未遵從詔令,直至貞元六年(790)十二月,李納始以棣州歸王武俊。但矛盾至此仍並未完全解决,其焦點主要集中於蛤蜽鹽池與三汊口城。

有關蛤蜽鹽池的地望,目前學界主要有三種觀點:(1)田秋野、周維亮所著《中華鹽業史》中引何維凝所列唐代鹽産分布情形之簡表,以蛤蜽鹽池隸屬於棣州渤海下,即今濱縣(今山東濱州市濱城區),但並未明確指出其所據之資料來源,僅在簡表開頭注明所引爲《新唐書·地理志》《元和郡縣圖志》《太平寰宇記》等文獻;[2](2)王力平《"羈縻"背後的爭奪——唐安史之亂後的河北鹽業》一文猜測,其當在棣州滴河縣境内;[3](3)《中國鹽業史·古代編》則認爲,其在今山東惠民縣附近,即唐時棣州治所厭次。[4]但亦未列出資料依據。吕思勉《隋唐五代史》亦傾向於此觀點,認爲在山東惠民縣南。[5]關於三汊口城,嚴耕望《唐代交通圖考》參照史籍記載與後世方志資料推測,其在今陵縣東南,與古黄河道上之鹿角關故地相符。[6]吕思勉亦認同此説。[7]

淄青自建中德棣歸國之時,便一直派兵戍守蛤蜽鹽池,直至叛亂結束德棣歸於成德,但淄青依然實際控制着蛤蜽鹽池。當時圍繞德棣之紛争千頭萬緒,盤根錯節,所涉諸鎮並不止於成德和淄青,甚至魏博也牽扯其中,爲之推波助瀾,從而加劇了成德和淄青之間的矛盾。《資治通鑑》卷二二三德宗貞元六年二月條載:"初,朱滔敗於貝州,其

①　《舊唐書》卷一二四《李師古傳》,第 3537 頁。

②　田秋野、周維亮:《中華鹽業史》,臺北:臺灣商務印書館,1979 年,第 137 頁。

③　王力平:《"羈縻"背後的争奪——唐安史之亂後的河北鹽業》,《鹽業史研究》1993 年第 3 期,第 45—51 頁。

④　郭正忠:《中國鹽業史·古代編》,北京:人民出版社,1997 年,第 91 頁。

⑤　吕思勉:《隋唐五代史》(上册),上海古籍出版社,1959 年,第 297 頁。

⑥　嚴耕望:《唐代交通圖考》卷五《河東河北區》,臺北"中研院"歷史語言研究所專刊之八十三,1986 年,第 1582—1584 頁。

⑦　吕思勉:《隋唐五代史》(上册),第 297 頁。

棣州刺史趙鎬以州降於王武俊,既而得罪於武俊,召之不至。田緒殘忍,其兄朝,仕李納爲齊州刺史。或言納欲納朝於魏,緒懼;判官孫光佐等爲緒謀,厚賂納,且説納招趙鎬取棣州以悦之,因請送朝於京師;納從之。"①在棣州刺史趙鎬因與王武俊不睦而有分離傾向時,田緒趁機鼓動李納取棣州,李納亦欣然從之,"丁酉,鎬以棣州降於納"。②王武俊當然難以容忍趙鎬之背叛,"三月,武俊使其子士真擊之,不克";"五月,王武俊屯冀州,將擊趙鎬,鎬帥其屬奔鄆州;李納分兵據之。田緒使孫光佐如鄆州,矯詔以棣州隸納;武俊怒,遣其子士清伐貝州,取經城等四縣"。③正是由於田緒鼓唇搖舌,爲取悦李納勸其招引趙鎬取棣州,從而使王武俊遷怒於魏博,攻下與德州相鄰之貝州經城等四縣之地。

在此戰事進一步蔓延的情況下,唐廷開始介入。"上屢詔李納以棣州歸王武俊,納百方遷延,請以海州易之於朝廷;上不許。乃請詔武俊先歸田緒四縣;上從之。十二月,納始以棣州歸武俊。"④由於唐廷的積極介入,使得成德罷兵,歸還魏博經城等四縣,同時李納交出棣州,始以之歸屬成德。或許正是由於此事對淄青的刺激,導致李納於德州南建立三汊口城,以保持與魏博田緒的聯絡,並可威懾成德。此即兩《唐書·李師古傳》所記之事的由來。而王士良墓誌中所記載的工士良在德州刺史任上,"中遇郡城陷寇",正是上揭李納建立三汊口城侵掠德州的具體例證。由於傳統史籍中對此德州之役言之不詳,基本付諸闕如,而王士良墓誌中王士良作爲德州刺史以當事人和當地最高官員的身份正可一定程度上彌補這一缺環。

事實上,此貞元六年發生的局部戰事,並未從根本上化解成德和淄青之間圍繞德棣的糾紛。由於蛤蜥鹽池和三汊城的問題並未解決,二鎮之間仍蘊育着下一場衝突。由於三汊口城的存在,淄青有了盜掠德州的軍事基地,德州於成德已不堪其擾。貞元八年(792),李納去世,其子李師古繼立,王武俊以其年弱初立,舊將多死,趁機出兵,"乃率衆兵以取蛤蜥、三汊爲名,其實欲窺納之境"。李師古令棣州降將趙鎬拒之。王武俊令其子王士清將兵先濟於滴河,"會士清營中火起,軍驚,惡之,未進",⑤戰事陷入膠着。由於唐廷再次介入,最終以成德退兵而淄青毀三汊口城告終。至於蛤蜥鹽池的最後歸

---

① 《資治通鑑》卷二三三德宗貞元六年(790)二月條,第7520—7521頁。
② 《資治通鑑》卷二三三德宗貞元六年(790)二月丁酉條,第7521頁。
③ 《資治通鑑》卷二三三德宗貞元六年(790)三月、五月條,第7521頁。
④ 《資治通鑑》卷二三三德宗貞元六年(790)十一月、十二月條,第7522頁。
⑤ 《舊唐書》卷一二四《李師古傳》,第3537頁。

屬問題却因史籍缺載仍迷霧重重。有學者認爲,成德奪回了蛤蜊鹽池,河北鹽業從此發達①;但亦有學者認爲,棣州蛤蜊鹽池一直被淄青控制,成德並未達到奪回蛤蜊的目標。② 但無論鹽池是否爲成德所奪回,成德和淄青之間的爭端與博弈持續如此之久,不僅是出於對德棣的重視,更是體現了建中之亂後藩鎮爲自身未來所做出的謀劃。易言之,成德、淄青之間圍繞德棣所展開的爭奪並非僅僅爲了鹽利,棣州之鹽池與蛤蜊"歲出鹽數十萬斛"③,而是尚有更深層次的戰略考量。上揭《舊唐書·李師古傳》中即言,王武俊此次用兵,"其實欲窺納之境",即説明貞元八年這次成德用兵,並非祇緣於經濟糾紛這麼簡單。

建中之亂後王武俊任成德節度使,僅轄有恒、冀、深、趙四州,相比成德大曆十年(775)後全盛之時轄有七州之地已大爲縮小,易、定、滄三州被劃歸鄰鎮。爲了拓展生存空間謀求發展,王武俊乃將目光投向德、棣二州。前面已經談到,德、棣二州臨海,廣有錢貨魚鹽之利,漕運發達,且地處魏博與淄青之間,兼具地利。尤其值得注意的是,建中之亂後,唐德宗肢解成德的意圖雖未完全實現,但成德鎮已處於內陸,北有義武、幽州,東有橫海,南有魏博、淄青,原據滄州尚有東部出口,今已屬橫海。故而爲了打破地理上四面被封鎖的窘境,德、棣二州遂成爲王武俊的戰略突破口。棣州是成德唯一的東部出口,德州則是南向對抗魏博、淄青的要衝,扼守德州便可阻斷魏博、淄青交往之路。通過王士良墓誌即能看出王武俊對於德州的重視,他選派假子王士良出任德州刺史,使之處於對抗魏博、淄青之前沿。成德對德州的經營,還體現在德州黃河邊上築城一事上。據《太平寰宇記》記載,成德曾在德州黃河邊修築福城,"唐元和二年,橫海軍節度使鄭權奏:'德州安德縣渡黃河,南鄰齊州臨邑縣,有灌家口草市,頃者,成德軍于市北十里築城,名福城。城緣隔黃河,與齊州臨邑縣對岸,又居安德、平原、平昌三縣界,疆境闊遠,易動難安,請于此置縣,以歸化爲名。'詔從之,今廢爲鎮"。④ 福城修築的時間不詳,成德此舉實與李納築三汊口城類似。根據嚴耕望《唐代交通圖考》一書的推測與考

① 王力平:《"羈縻"背後的爭奪——唐安史之亂後的河北鹽業》,《鹽業史研究》1993 年第 3 期,第 45—51 頁。

② 鄭東岩:《唐代淄青鎮研究》,山東師範大學碩士學位論文,2010 年,第 27 頁。又如秦中亮:《地域空間與政治博弈:中晚唐河朔政區變遷芻議》一文亦認爲王武俊自始至終也未獲得蛤蜊。

③ 《舊唐書》卷一二四《李師古傳》,第 3537 頁。

④ (宋)樂史撰,王文楚等點校:《太平寰宇記》卷六四《河北道十三·德州》,北京:中華書局,2007 年,第 1311 頁。

證,福城的位置與鹿角故關十分接近。① 易言之,福城或在三汊口城之故地附近。由此更可看出,王士良墓誌所載之德州之圍,雖以成德勝利告終,但成德並未感到從此便可以高枕無憂,覺得還需要設立一個軍事前沿陣地以拱衛德州。所謂福城之築可能即在此背景之下的産物。

另外,德州之圍背後折射出的是唐貞元年間成德和淄青之間複雜的關係。作爲建中之亂時曾經的盟友,成德和淄青之間的爭端相比成德和幽州之間的關係有所不同。燕趙世仇由來已久,即使經歷建中之亂時短暫的結盟,但其關係仍未有實質性改變。王士良夫人鄭氏合祔墓誌中所言"厄幽燕羊犬之謀,通魏貝弟兄之好"一句,即可清晰地看出成德士人對幽州與魏博截然不同之態度。淄青鎮是以平盧餘部爲基幹而建立的,也向來被視爲河朔割據型藩鎮。② 成德與淄青之間本無宿怨,二鎮在領土上的爭釁更可體現出彼時藩鎮之間傾軋的特徵,即皆在爲本鎮的未來發展尋找出路,以拓展生存發展空間。對於淄青而言,李納固守鹽池和建城三汊之舉,固然有基於魚鹽之利的考慮,但更深的原因則在於其戰略地位,即可以溝通魏博,可以與之相互策應。在朝廷屢下詔命令其歸還棣州之時,李納仍百般拖延,甚至提出一個以海州交換的解決方案。但唐廷與成德皆不同意。爲此,王武俊怒而出兵攻取魏博轄下的貝州經城等四縣。可見,彼時淄青與魏博封壤相接,遞爲唇齒,關係密切,而導致成德危機感加劇,故借進攻魏博以打擊淄青。

由以上可以看出,鞏固德、棣二州,確保成德的未來發展,防止來自淄青、魏博的襲擾,儘量減少建中之亂以來成德的損失,並突破朝廷所設定的包圍圈,方是此次成德軍事行動的主要目標。如果聯繫唐貞元九年(793)王武俊與義武鎮張茂昭之間的邊界衝突,③對於此次成德與淄青之間軍事衝突的性質和緣由,便更可有清楚的認識了。

三、德宗之詔:中央的介入與三方博弈

近年來,唐後期河朔政區的演變所引發的歷史變遷漸漸成爲學界研究的熱點。相較之前對於河朔藩鎮橫切面的静態研究,從河朔政區演變的視角去認識把握河朔藩鎮在中晚唐的發展態勢,似乎更值得期待和關注。面對紛繁複雜,令人眼花繚亂的歷史表

---

① 嚴耕望:《唐代交通圖考》卷五《河東河北區》,第 1583 頁。
② 張國剛:《唐代藩鎮研究》(增訂版),北京:中國人民出版社,2010 年,第 44 頁。
③ 《資治通鑑》卷二三四德宗貞元九年(793)四月丁丑條,第 7543 頁云:"定州富庶,武俊常欲之,因是遣兵襲取義豐,掠安喜、無極萬餘口,徙之德、棣。昇雲閉城自守,屢遣使謝之,乃止。""昇雲",即張茂昭。

像,如果著眼於河朔藩鎮的政區調整變化,便不難窺視出其中些許端倪。例如,安史之亂期間,在叛軍壓力之下,加之"救援既絶,又爲奚所侵"①,平盧節度使侯希逸悉其軍二萬餘人,浮海而退至青州。侯希逸此舉被唐代宗視爲忠於朝廷的表現,令其領有棣州,遂使得淄青獲得了插入河朔的機會。但唐代宗又擔心淄青勢力過大,故祇予以棣州一地。不得不説,唐廷此舉隱含着對於諸藩鎮既拉攏利用,又防範遏制的雙重態度和策略。隨着侯希逸被逐,李氏控制淄青,該鎮與朝廷日趨游離,漸行漸遠,乃至建中之亂中,李納爲李惟岳請命,並與河朔三鎮合縱連橫,乃至僭號稱王。無疑,這預示着唐廷制衡政策的失敗。還如魏博之田承嗣,從安史之亂的邊緣降將一躍成爲河朔三鎮中最先嶄露頭角的一個節度使,亦是如此。因此,唐廷的藩鎮政策對於藩鎮的走向影響至爲關鍵。②

建中之亂對唐德宗打擊甚大,以至影響到了其後的藩鎮政策。向來,學界多秉承傳統典籍之觀點,認爲唐德宗後期對藩鎮務行"姑息之政"。例如,王仲犖先生即認爲唐德宗"姑息之政最爲嚴重"③,對藩鎮采取"一味姑息"的政策。有的學者更是利用量化手段統計指出,唐代在鎮十年以上之藩鎮共114任,而德宗時期就達45任(包括經歷代宗德宗、德宗順宗憲宗之藩鎮),占全部久任藩鎮的39.5%,可見德宗朝中央對藩鎮之姑息及莫可奈何之境況。④ 這些觀點影響甚大,流波所及,乃至近年來依然有人堅持認爲,唐德宗貞元時期對藩鎮所持爲姑息政策。⑤ 但隨着研究的深入和視角的轉換,也有一些學者對此提出不同意見。例如,劉玉峰在《唐德宗新論》中即指出,唐德宗姑息藩鎮這一説法在史實上便站不住脚,涇原之變後德宗務爲姑息的看法存有偏頗,並非德宗姑息一切藩鎮,而是遵從實際,量力而行,因時因地制宜。⑥ 在他看來,唐德宗實行姑息政策主要限於力不能制的河朔藩鎮。應該説,劉玉峰先生注意到了唐德宗貞元時期藩鎮政策的地域差異,其觀點有其合理性,但從王士良墓誌中所載信息來看,此一説法亦有值得商榷之處,即貞元年間唐德宗對於河朔藩鎮的政策亦不能籠統稱之爲姑息。

① 《資治通鑑》卷二二二肅宗上元二年十二月條,第7118頁。

② 參見秦中亮:《地域空間與政治博弈:中晚唐河朔政區變遷芻議》,《社會科學》2022年第5期,第42—51頁。

③ 王仲犖:《隋唐五代史》(上册),上海人民出版社,1988年,第184頁。

④ 王壽南:《唐代藩鎮與中央關係之研究》,臺灣:嘉新水泥公司文化基會,1969年,第55—65頁。

⑤ 楊晚波:《763—820年唐代河朔集團研究》,遼寧大學碩士學位論文,2022年,第50頁。

⑥ 劉玉峰:《隋唐史教研叢稿》,濟南:山東大學出版社,2013年,第132頁。又見其《評唐德宗"姑息"藩鎮説》,《學術月刊》1993年第7期,第71—75頁。

　　貞元六年（790），唐廷多次下詔令淄青還棣州於成德。針對李納欲以海州置換棣州的方案，唐廷亦明確拒絶，"先是成德王武俊隸（棣）州守將趙鎬以城降納，德宗累詔令歸。納乃請進海州以易之，帝不許"①。李納又詭奏以趙鎬在棣州，旋領將士赴上都，其後即以棣州歸還王武俊。李納之目的不外是借此拖延時間，以伺他變。而唐廷"堅意不可"，李納不得已又奏俟王武俊歸還田緒貝州之四縣，然後即以棣州付之。於是，唐廷詔令王武俊撤退四縣之師，至此李納始奉詔。由此可見，唐德宗爲首的唐廷在介入成德和淄青雙方爭端後，根本不是處於中立調停者的角色，而是對於事態發展和解決方案有着自己明晰的思路，並多次下詔成德和淄青敦促其貫徹執行。可以説，貞元六年（790）成德、淄青雙方爭端的解決，是在唐廷的主導下完成的，唐德宗並未完全接受李納的解決方案，最終仍是朝着唐廷所希望的方向發展。同時，對於令成德從魏博四縣退兵之事，王武俊也不得不服從，從而彰顯了朝廷的權威。唐德宗對於成德和淄青如此之態度和手段，恐不能以"姑息之政"名之。

　　由此可見，貞元年間成德、淄青圍繞德棣所發生的一系列爭端，皆有以唐德宗爲首的唐廷介入。可以説，這一系列爭端的最終解決，主要仰賴於唐廷的參與和調停。唐廷在這場衝突中所扮演的角色，在王士良墓誌中亦有所體現。該墓誌記載朝廷對王士良在德州刺史任上曾有兩次封贈，即詔加王士良五十户實封與進封和義郡王，這既凸顯出王士良在此次戰事中舉足輕重的領導作用，但更重要的是，從一個側面反映出唐廷在成德與淄青兩鎮衝突之中並非截然中立，而是具有某種傾向性。據墓誌記載，這幾件事的先後順序爲：王士良移守德州，詔加實封五十户，後郡城陷寇，王士良調度禦敵，受封和義郡王。關於詔加實封是否與進封郡王有關，墓誌中並無明確表述，且實封在前而授爵在後，故此處亦不便揣想，暫認爲此兩事並無關聯。值得注意的是，此段墓誌中使用了"魯仲連之飛箭"的典故。魯仲連，又名魯連，戰國末期齊國人。史載齊田單攻燕將據守的聊城，歲餘不下，魯仲連"乃爲書，約之矢以射城中，遺燕將"。燕將閲罷魯仲連的書信，哭泣三日，最後自殺，田單遂占領聊城。② 撰者引用此典故稱譽王士良德州之戰，除説明王士良具有高超的軍事力能之外，或也表明王士良退敵過程中與魯仲連很類似，即以智退敵，乃至不戰而屈人之兵。另則，王士良被進封和義郡王，"和義"二字，有使事物各得其宜、不相妨害之意，又尤指德義。"和義"二字作爲封爵之號本身似乎便代

---

① 《册府元龜》卷四三九《將帥部・違命》，第5212頁。
② 《史記》卷八三《魯仲連列傳》（修訂本），北京：中華書局，2014年，第2998—2992頁。

表了唐廷對於此事的態度,更是表明了對王士良在此次戰事中舉措的認可。顯然,唐廷介入雙方爭端,並非是截然中立不倚的,而是具有一定傾向性,其態度似乎更偏向於成德。王爲唐代最高封爵,貞觀十一年(637)後形成定制,凡皇帝的兄弟、皇子爲王,皆封國之親王,太子男封郡王。除了皇室成員爲郡王外,唐代還存在異姓王爵,"其庶姓卿士功業特盛者,亦封郡王"。① 關於王士良之身份,由上文可知其應爲王武俊之假子,而王武俊諸子先後得封郡王,如王士真受封清河郡王、王士清受封北海郡王、王士平襲父爵琅琊郡王,而唐廷在王武俊諸子之外以郡王之封爵賜其假子,更是一種恩賞與優寵之意。但這也同時增加了淄青對朝廷的怨憎和不滿,爲以後的反叛埋下了伏筆。②

唐廷積極介入成德、淄青二鎮關於德棣歸屬問題的爭端,使這場本發生在兩大藩鎮之間的對抗變爲三方的博弈。成德與淄青皆不願放棄德棣,而唐廷早在貞元元年(785)便下詔劃德棣於成德,而關於棣州的爭奪,可以説是整個德棣爭端的起點。棣州刺史趙鎬由於與王武俊的矛盾擅自率衆以州歸降李納,田緒使孫光佐鄆州矯詔,這不僅對成德構成威脅,更是對唐廷詔旨的蔑視和踐踏。李納企圖以既成事實來換取唐廷的退讓,使其與成德達成和解。李納對於唐廷的調停是抱有期待的,衹不過事實上却未能如其所願。唐德宗一系列比較强硬的舉措使得李納最後的幻想破滅,衹好退而求其次,令成德從魏博貝州四縣退兵,而留三汊口城於德州,雖以棣州歸成德,然仍占據蛤蜊鹽池不還。至貞元八年(792)李納去世,其子李師古繼立,王武俊認爲去除心腹之患的時機已到,遂出兵德棣,欲破三汊口城進而奪回蛤蜊鹽池。不料戰事並不順利,又陷入膠著。不得已之下,最後雙方奉詔,李師古毀棄三汊口城,王武俊也撤軍還鎮。此爭端至此才真正告一段落。在三方博弈中,這個結果應是唐廷所樂見的。

顯然,唐德宗貞元年間對於藩鎮,即使是割據型的河朔藩鎮,亦並非一味姑息。在德棣之爭中,成德因按照朝廷的詔令是德棣二州真正的擁有者,故不會在彼時選擇與唐廷對立,而淄青最終也被迫選擇了接受朝廷之調解。至於其中緣由,吕思勉先生指出:"蓋時諸鎮地醜德齊,且知構兵則唐將乘機征討,故不敢輕啓釁端也。"③由於建中之亂甫息,無論是成德還是淄青都需要休養生息,都不願再與唐廷輕啓戰端,故唐德宗抓住

---

① (唐)杜佑撰,王文錦等點校:《通典》卷三一《職官十三・歷代王侯封爵》,北京:中華書局,1988年,第869頁。

② 《資治通鑑》卷二三四德宗貞元九年(793)三月條,第7543頁。其中提及:"上命李師古毀三汊城,師古奉詔;然常招聚亡命,有得罪於朝廷者,皆撫而用之。"

③ 吕思勉:《隋唐五代史》(上册),第297頁。

了這個機會,以最高仲裁者的身份出現,使中央權威一定程度上得以伸張。

安史之亂後,唐德宗建中年間欲以武力解決"河朔故事"而導致其對藩鎮態度與代宗不同,但自肅代以來中央對藩鎮的核心立場"中央利益最大化"却一直没有改變。因此,即使唐德宗貞元以來對河朔藩鎮采取了妥協退讓態度,由軍事强攻轉爲政治懷柔,但這祇是手段發生變化而已,其核心立場並未根本改變。當奉行"河朔故事"的藩鎮之間圍繞地盤發生衝突時,此局面抑或是中央所樂見的。因此,正如秦中亮所指出的,此一屬地争端,中央乃是在成德、淄青戰事已陷入膠著難解之時才諭止,孰知是否爲中央之策,否則貞元初年已將德棣劃給成德,爲何淄青占據一部拖延多年却無説法,直至爆發屬地争端,唐廷才出面調解,此抑或是中央運用鹽池與三汊口城使得成德與淄青矛盾激化的手段。[1]

衆所周知,建中年間李惟岳叛亂平定之後,唐德宗致力於三分成德,由此激反了王武俊,導致其後的"四王二帝"之亂。但最終成德鎮還是被壓縮至四個州,反倒是淄青鎮勢力得到了很大擴充,興元年間領十三州之地,轄域之廣,遠較其他藩鎮爲勝。其後李納雖降,但仍有相當資本,故李納死,其子李師古繼立,朝廷亦無力阻止"河朔故事"在淄青的繼續。實際上,早在李正己支持田悦繼領節度之時,淄青便已與河朔三鎮幾乎一般無二。因此,以德宗爲首的唐廷對於淄青勢力的擴展更加憂慮,此抑或是前文所言在貞元初將德棣二州劃歸成德時,雖然李納百般拖延,但朝廷始終未允之緣由,即不願再坐視淄青進一步壯大。故在成德與淄青圍繞德、棣二州發生衝突時,唐廷並非中立不倚,而更傾向於偏袒成德,其目的不僅是使兩方罷手停戰,而是在一定條件下達到平衡成德和淄青防止其再叛的戰略意圖,從而實現對於藩鎮勢力的再調整。

四、餘　論

貞元年間成德與淄青之間圍繞德、棣二州所展開的衝突,實則是成德與淄青之間對於唐廷疆界安排的一次博弈。建中之亂後的成德鎮急於拓展新的戰略空間,在奉行唐王朝之正朔的基礎上,對於自身所受到的損失尋求盡可能的彌補是其孜孜以求的首要問題。而彼時的唐德宗,雖默認了"河朔故事",但並未完全欲棄河北於不顧。故在成德與淄青發生衝突時,其作爲調停者參與了此次博弈。但這種調停並非中立無倚的,而是具有一定的傾向性,旨在保證中央利益的最大化。建中之亂後,無論是中央還是河北

---

[1]　秦中亮:《地域空間與政治博弈:中晚唐河朔政區變遷芻議》,《社會科學》2022 年第 5 期,第 42—51 頁。

藩鎮,都在努力構建一種新的平衡:唐廷需要得到河北藩鎮形式上的尊奉,並時刻不忘限制、平衡河北藩鎮及其周邊奉行"河朔故事"的藩鎮勢力;同樣這些藩鎮也需要中央對其訴求的認可或是默認。從王士良墓誌中,足可以看出彼時以成德爲代表的河朔藩鎮對於朝廷的恭順態度。對比史籍亦可從德棣戰事中看出中央對於河朔藩鎮此舉的回應,此亦是唐廷與成德、淄青博弈結果的一次重要體現。但隨着這種默契或者説平衡條件被打破,那麼藩鎮之間及藩鎮與中央之間又極易回到曾經互相攻殺的狀態中。

《魏晉南北朝隋唐史資料》第四十九輯

2024 年 5 月，340—363 頁

本色出身與本司遷轉：論唐代伎術官的形成

鄧雯玥

漢代的官制體系中，中朝官·外朝官、文官·武官等是常見的職官分類方式。魏晉南朝以降，雖然舊的職官分類仍然存在，但清·濁官已經成爲最爲判然的官職類別，其特徵在於官以人分。[①] 進入唐代，以人爲中心的品位性分官不再具有那麽高的優越性，重新統合職官體系勢在必行，一些新的職官分類出現了，伎術官就是其中之一。

以往的制度史研究僅將伎術官視爲邊緣化、地位低下的文官，較少將其作爲專門的職官類別與序列加以措意。因此早先的論述散見於直官、待詔和官職研究的通論中，近年來才陸續有學者對伎術官做出整體性的研究。[②] 由於史料並沒有明確指出伎術官的內涵與外延，討論中對伎術官、伎術直、伎術待詔等概念也常是模糊混同的。這反映出在既往的認識裏，我們將伎術官視爲基於伎術性職守的官員。在某種意義上，概念邊界的擴大掩蓋了伎術官的本質。

問題的關鍵在於，唐代爲什麽要新建立這樣一個職官分類？ 它與既往的伎術類職官有着怎樣的區別？ 伎術官的形成，在唐代的職官體系乃至中古官制的變遷中，又占據怎樣的意義？

一、伎術官的概念

（一）伎術官的本色與本司

伎術官是唐代新建立的一種職官分類，它不是泛指那些被稱爲“執技以事上

---

① 參看［日］中村圭爾：《六朝貴族制研究》，東京：風間書房，1987 年，第 349—354 頁；施淳益：《唐代的清官》，臺灣清華大學碩士學位論文，2009 年，第 28—45 頁。

② 關於伎術直、伎術待詔與伎術官的具體學術史見本文第一部分，此處不再一一列出。本文從制度本身的角度討論伎術官的形成，伎術官的形成另有其政治文化背景，這方面論述參見張鋭：《唐朝伎術官研究》，首都師範大學博士學位論文，2020 年。

者"的、①古已有之的從事伎術工作的官員,而是國家律令詔敕中的一種官員分類,包含多種官職,分佈在中央多種官司。從職掌各異的具體官職變爲一種官員類別與官制序列,這是伎術官在唐代發生的新變化。

唐代史料對伎術官的集中記載見於《唐會要》卷六七《伎術官》、《唐六典》卷二《吏部尚書》,但其中並沒有直接給出伎術官的定義。涉及伎術官概念的最早材料見於武則天神功元年(697)《厘革伎術官制》,其中關涉伎術官的本色(伎術類別)及本司(伎術機構):

> 神功元年十月三日敕:自今以後,本色出身,解天文者,進官不得過太史令;音樂者,不得過太樂、鼓吹署令;醫術者,不得過尚藥奉御;陰陽卜筮者,不得過太卜令;解造食者,不得過司膳署令。②

此制《通典》《唐會要》《唐大詔令集》均見載,文字略同,但《唐大詔令集》最後一句作"陰陽卜筮者不得過司膳寺諸署令",顯然脱誤。伎術"本色出身"者,制書所見涵蓋了天文、音樂、醫術、陰陽卜筮、造食五個門類,對應的伎術官"本司",解天文者本司太史局,解音樂者本司太樂署、鼓吹署,解醫術者本司尚藥局,解陰陽卜筮者本司太卜署。制稱"解造食者,不得過司膳署令",唐無司膳署,《通典》《唐會要》所謂"司膳署令"是"司膳寺諸署令"之訛,此句當以《唐大詔令集》爲是。武周光宅元年(684)改光禄寺(高宗時稱司宰寺)爲司膳寺,神龍元年(705)乃復稱光禄。《厘革伎術官制》發布于神功元年,"司膳寺諸署"是隸屬光禄寺的太官、珍羞、良醖、掌醢四署,是解造食者的本司。

不過伎術官的"本色"與"本司"是多於《厘革伎術官制》所載的。首先,王怡然指出,伎術官的"本司"不僅是其所在機構,還"包含了相同伎術門類的所有部門"。③ 醫術既屬伎術,則尚藥局以外的太子藥藏局、太醫署亦爲醫術本司;造食既屬伎術,則光禄寺四署以外的尚食局、太子典膳局、太子食官署同屬造食本司;太史局爲伎術局署,太子率

---

① 從事伎術的人供職宫廷成爲官員,這樣的伎術職官古已有之。漢代以來的典籍將他們稱爲"執技以事上者",並解釋説"凡執技以事上者,祝、史、射、御、醫、卜及百工",見《禮記·王制》(《十三經注疏》,北京:中華書局,1980年,第1343頁中)。

② (宋)王溥:《唐會要》卷六七《伎術官》,上海古籍出版社,2006年,第1399頁。另見(唐)杜佑撰,王文錦等點校:《通典》卷一五《選舉門·歷代制下》,北京:中華書局,1988年,第364頁;(宋)宋敏求編:《唐大詔令集》卷一〇〇《厘革伎術官制》,北京:商務印書館,1959年,第505頁。制名據《唐大詔令集》。

③ 王怡然:《唐代的伎術官吏》,北京大學博士學位論文,2018年,第120頁。

更寺亦不會例外。其次,伎術官的外延在唐代可能經歷了發展。上制所列太史、尚藥二局與太樂、鼓吹、太卜、太官、珍羞、良醞、掌醢七署統屬於秘書、殿中二省與太常寺,但《唐會要》卷六七《伎術官》提到伎術官所在的機構"謂秘書、殿中、太常、左春坊、太僕等伎術之官",①較前見一寺二省已經多出太僕寺與左春坊。《唐會要》此條叙以"故事",並未明確記載時間,但此條又見《唐六典》卷二《尚書吏部》:"凡伎術之官,皆本司銓注訖,吏部承以附甲焉。"本注曰:"謂秘書、殿中、太僕寺等伎術之官,唯得本司遷轉,不得外叙。若本司無闕者,聽授散官,有闕先授。若再經考滿者,亦聽外叙。"②可知至少開元二十五年時太僕寺下已有伎術職司,應即乘黃、典廐、典牧三署,相應地,東宮"局擬太僕"的太子廐牧署必同屬廐牧本司。

伎術官的本司與本色種類有所變化,《新唐書》的材料也提供了旁證。《新唐書》卷四五《選舉下》:"凡醫術,不過尚藥奉御。陰陽卜筮、圖畫、工巧、造食、音聲及天文,不過本色局、署令。鴻臚譯語,不過典客署令。"③文字與神功元年《厘革伎術官制》略同,但多出圖畫、工巧、譯語三個門類。《新唐書》此條所據不詳,但鴻臚寺在武周一朝改稱司賓寺,神龍元年乃復舊名,可知《新唐書》所多出者不會是神功元年制書原文,很可能是歐陽修據後來發展、擴大了的伎術官本司與本色合併而成。

這樣的合併、擴大不是沒有問題。解譯語者,本司典客署;歐史雖未記述工巧的本司,但《唐六典》少府監下的三尚、織染、掌冶五署,將作監下的三校、甄官四署皆是"百工伎巧""土木工匠"之司,④或可推爲工巧的本司。但解圖畫者的本司却無可索解。⑤

以上從伎術範疇的角度,將唐代的伎術本色與本司做了一些推斷,總結如表一。

表一　唐代伎術局署一覽表

伎術本色	伎　術　本　司
天文	太史局,太子率更寺
音樂	太樂署,鼓吹署

① 《唐會要》卷六七《伎術官》,第 1399 頁。
② (唐)李林甫等撰,陳仲夫點校:《唐六典》卷二《尚書吏部》,北京:中華書局,1992 年,第 27—28 頁。
③ 《新唐書》卷四五《選舉下》,北京:中華書局,1975 年,第 1174 頁。
④ 分見《唐六典》卷二二《少府監》、卷二三《將作監》,第 571、594 頁。
⑤ 唐代圖畫類職官僅中書省置有畫直,但不能與這裏的伎術官等同起來,更不能將中書省視爲其本司。詳見下文。

續　表

伎術本色	伎　術　本　司
醫術	尚藥局,太醫署,太子藥藏局
陰陽卜筮	太卜署
造食	太官署,珍羞署,良醞署,掌醢署,尚食局,太子典膳局、食官署
圖畫	無
工巧	左尚署,中尚署,右尚署,織染署,掌冶署,左校署,中校署,右校署,甄官署
譯語	典客署
廐牧	乘黃署,典牧署,典廐署,太子廐牧署

　　不難發現,上表總結的伎術本司皆是局署一級,無省部寺監者在列。這是因爲伎術本司具有鮮明的局署特徵。前引《新唐書》卷四五《選舉下》,歐陽修在叙述《厘革伎術官制》時將諸多職司簡化爲“本色局、署令”,[1]這雖然是歐史的概述,但伎術官隸本色局署這一概念不是宋人始有,唐格中已有這樣的表述。《唐會要》卷六七《伎術官》:“天寶十三載五月,吏部奏:‘准格,伎術官各於當色本局署員外置,不得同正員之數。’從之。”[2]

　　伎術官皆局署官,這是它遷轉上的一個特性(詳下)。據此就可以排除協律郎、軍器監、都水使者等職官屬於伎術官的可能性,省部寺監下的某些官員,雖然工作内容同屬於伎術門類,但他們並不是伎術官。傳統認識傾向於從伎術範疇的角度定義伎術官,如有些學者認爲某些管理伎術工作的寺監一級職官也屬於伎術官,或將内官、内侍諸局亦作伎術官處理,[3]這是不準確的。伎術官不是一個單純基於伎術工作内容而制定的職官類别,更不是所有涉及伎術工作的職官都是伎術官,唐代的伎術範疇祇爲伎術官的成立框定了一個大致的職官範圍,真正使其得以形成的關鍵是根據出身限制遷轉的厘革制度,這是一個基於出身和遷轉的職官序列。

---

　　① 《新唐書》卷四五《選舉下》,第 1174 頁。
　　② 《唐會要》卷六七《伎術官》,第 1399 頁。
　　③ 王怡然《唐代的伎術官吏》附表 1《唐代中央各部門伎術官吏》;樓勁:《魏晉南北朝隋唐時期的知識階層》,蘭州大學出版社,2017 年,第 471—472 頁;王壽南:《唐代文官任用制度》,收入氏著《唐代政治史論集(增訂本)》,臺北: 臺灣商務印書館,2004 年,第 213 頁。

（二）伎術官、伎術直、伎術待詔

以上考述了唐代的伎術本色與本司，那麽是否舉凡這些伎術本司的官員都是伎術官？唐代官制是職事官、散官、直官、使職等要素相結合的一個系統，伎術官怎樣分布在這個系統中呢？

早先的制度史研究没有將伎術官作爲一個專門職官類别與序列展開討論，論述散見於直官、待詔和官職研究的通論中，代表性研究如李錦繡最早注意到直官的職務專業性，提出了"伎術直"的概念，①直到近年來才先後有王怡然、張鋭兩位學者對伎術官做出整體性的研究。② 由於學術史既往切入角度的特殊，討論伎術官的定義時需要與前人關注的伎術直官相辨析。

王怡然徑將伎術直目爲伎術官，進而認爲中書省伎術官有番書譯語、能書等職，門下有能書、裝潢等職。③ 這就掩蓋了三省無伎術官的特徵，與上文所論伎術官皆局署官不符。張鋭引用《元和三年殿中省敕後起請》，正確地指出伎術官是不包括伎術直而專指伎術職事官的；但他又將這種用法列爲狹義的伎術官概念，另舉《文宗即位詔》認爲唐代還有一層廣義的伎術官包含伎術直在内，④則是欠準確的。今見唐人明確指稱"伎術官""伎術之官"的材料有八條，這裏不避繁冗，引如表二：

表二　明確指稱"伎術官""伎術之官"的唐代材料一覽表

	標　題	内　　容	出　　處
1	開元七年（719）八月十五日敕	出身非伎術，而以能任伎術官者，聽量與員外官。其選叙勞考，不須拘伎術例	《唐會要》卷六七《伎術官》
2	開元選舉令	應入五品者……皆限十六考已上、本階正六品上；伎術官本司無六品官，頻任三政七品者，仍限二十考已上	《唐六典》卷二《吏部尚書》

---

① 參看李錦繡：《唐代直官制初探》，《國學研究》第 3 卷，北京大學出版社，1995 年，第 383—424 頁；修訂稿收入氏著《唐代制度史略論稿》，北京：中國政法大學出版社，1998 年。作者另有三篇討論直官的文章：《唐代直官補考（上）——以墓誌爲中心》，黃正建主編《隋唐遼宋金元史論叢》第 4 輯，上海古籍出版社，2014 年，第 125—137 頁；《唐代直官補考（下）——以墓誌爲中心》，黃正建主編《隋唐遼宋金元史論叢》第 5 輯，上海古籍出版社，2015 年，第 52—72 頁；《唐代的翻書譯語直官：從史訶耽墓誌談起》，《晉陽學刊》2016 年第 5 期，第 35—57 頁。

② 王怡然：《唐代伎術官研究》，北京師範大學碩士學位論文，2012 年；同氏《唐代的伎術官吏》。張鋭：《唐朝伎術官研究》。

③ 王怡然：《唐代的伎術官吏》，第 152 頁。

④ 張鋭：《唐朝伎術官研究》，第 15 頁。

	標　題	内　　容	出　處
3	《唐六典》卷二《尚書吏部》"凡伎術之官"條	凡伎術之官，皆本司銓注訖，吏部承以附甲焉（謂秘書、殿中、太僕寺等伎術之官，唯得本司遷轉，不得外叙。若本司無闕者，聽授散官，有闕先授。若再經考滿者，亦聽外叙）	《唐六典》卷二《尚書吏部》
4	天寶十三載（754）五月吏部奏	准格，伎術官各於當色本局署員外置，不得同正員之數	《唐會要》卷六七《伎術官》
5	元和三年（808）殿中省敕後起請	敕：當司尚食、尚衣、尚舍、尚藥、尚輦等，共五局伎術直官，聽在外州府官來直本司。伏以五局所置官，不請課料，若不授伎術官，即多逃散。伏請宣付吏部，准舊例處分	《唐會要》卷六五《殿中省》
6	元和十二年司封奏	文武官五品以上，請准式叙母、妻邑號，乖濫稍多……其流外官，諸司諸吏職務並伎術官等，迹涉雜類，並請不在封限	《唐會要》卷五八《司封員外郎》
7	長慶四年（824）七月敕	吏部所注太常寺伎術官直殿中，既准格，未爲乖越，宜並待考滿日停	《唐會要》卷六五《太常寺》
8	大和元年（827）文宗即位詔	教坊樂官、翰林待詔、伎術官並總監諸色職掌，内冗員者共一千二百七十人，並宜停廢	《舊唐書》卷一七《文宗紀》上

其中第一條、第四條與員外官對舉，第二條具有職事品，第五條與伎術直官對舉，顯然都爲伎術職事官。第八條爲張銳所引《文宗即位詔》，他認爲這裏"伎術官"包含直官在内的理由是二者職能、性質相近，因此裁撤伎術性冗員不會僅裁撤伎術職事官。然而《文宗即位詔》以教坊樂官、翰林待詔與伎術官並舉，[①]而其時翰林學士已與翰林待詔分流，翰林待詔專指伎術待詔，既然同屬伎術性官職的翰林待詔已經單獨列出，無理由認爲這裏的伎術官是可以涵蓋一切伎術性官職在内的統稱。餘下三條材料並不涉及伎術官的概念。因此，就今存唐人明確指稱"伎術官"的材料而論，唐代的伎術官是不包括伎術直在内的。

　　這裏需要單獨討論一條材料。前文引《新唐書》卷四五《選舉下》的材料時已提到，

---

　　①　案，文宗即位詔書全文在《舊唐書》卷一七《文宗紀》、《文苑英華》卷四三九《誅逆人蘇佐明德音》、《全唐文》卷七〇《文宗即位詔》中有留存，又打散編入《册府元龜》《唐會要》各相關部分，而文字略有小異。"伎術官"，《文苑英華》作"醫術官"，他本皆作"伎術官"，蓋《文苑英華》因音近致誤。

歐史此條所稱引的伎術官本司較神功元年《厘革伎術官制》多出圖畫、工巧、譯語三個門類,而圖畫官之本司無可索解。唐代繪畫類職官置有畫直,是一種伎術直,是否由此可以推論唐代的伎術官是包括伎術直官的呢? 我認爲不然。《新唐書·百官志》的材料確有逸出《唐六典》《通典》《舊唐書》等唐代材料的現象,李錦繡曾指出,《新唐書》部分逸出文本的史料來源或爲開元二十五年編纂的《格式律令事類》,而這部書具有"以類相從"綜編各種法律文本的特徵。① 據此,歐史將圖畫列入伎術官,是存在誤將其他材料雜入的可能性的。在没有其他證據的情况下,似不應據此認爲伎術直亦屬於伎術官。

此外,唐代的伎術官也不包括伎術待詔在内。張鋭指出伎術待詔的實質是開元以後興起的伎術使職,②但認爲由於伎術類使職與伎術官在身份、工作性質和仕宦境遇上基本相當,也可以界定爲最廣義的伎術官。③ 的確,伎術待詔作爲一種伎術使職,它在與文官系統的分化進程上、術數工藝的執掌上都與伎術官存在一定的相似性,在唐中後期也存在以伎術待詔的使職補充原有的伎術官體系的情况,④但如屈直敏、王溪等學者所指出的,二者在選任與遷轉上有着本質區别,⑤不能混爲一談。從上引《文宗即位詔》可以看出,唐代的伎術官並不包括伎術待詔在内。《唐會要》卷六七《伎術官》的材料取向也説明了這一點,敕令奏狀凡稱"伎術官"者言事重點皆在其遷轉叙官,而翰林待詔本身在某種意義上説則不存在遷轉叙官的問題(其升遷僅在所帶職事官的遷轉上體現出來)。⑥ 唐代的伎術官是職事官的體系,與其他伎術性官職的界限是涇渭分明的。

二、從"方伎爲官"到"同流外叙":伎術出身的確立

以上辨析了唐代伎術官的概念,指出伎術範疇祇爲伎術官的確立框定了大致的職

① 李錦繡:《俄藏Дх3558唐〈格式律令事類·祠部〉殘卷試考》,《文史》2002年第3輯,第150—165頁。
② 張鋭:《唐朝伎術官研究》,第71頁。
③ 張鋭:《唐朝伎術官研究》,第17頁。
④ 關於唐中後期各門類伎術待詔與伎術官的關係,參看賴瑞和:《唐代待詔考釋》,《中國文化研究所學報》新12期,2003年,第70—104頁;陳昊:《晚唐翰林醫官家族的社會生活與知識傳遞——兼談墓誌對翰林世醫的書寫》,《中華文史論叢》2008年第3輯,第345—392頁;程錦:《唐代醫官選任制度探微——以唐〈醫疾令〉爲基礎》,《唐研究》第十四卷,北京大學出版社,2008年,第291—305頁;趙貞:《唐宋天文星占與帝王政治》,北京師範大學出版社,2016年。
⑤ 屈直敏:《敦煌文獻與中古教育》,蘭州:甘肅教育出版社,2013年,第197—228頁;王溪:《唐五代翰林待詔考論》,北京師範大學博士學位論文,2016年,第47頁。
⑥ 賴瑞和:《唐代待詔考釋》。

官範圍,而非其本質定義,這也是它與既往"伎術類職官"的區別所在。討論伎術官在唐代的形成,更應當考諸伎術出身與遷轉的特殊化。這背後體現的是唐代基於出身釐定任官序列的思路。唐代伎術官的形成與伎術出身作爲"諸色"雜途的確立是分不開的,本節即討論這一問題。

(一)"方伎爲官"：漢晉以來的一種伎術仕途

伎術類職位往往需要特殊的專業知識,具有這些知識的人以伎術得進,出任伎術類職官,這樣的任官途徑不管是在唐代伎術官形成以前還是以後,都是再普遍不過的。在中古時代的正史《方伎(藝術/術藝)傳》中,他們構成了一種類型的傳主,如東漢郭玉以醫學知識出任太醫丞,魏杜夔以音樂知識出任雅樂郎、軍謀祭酒參太樂事、太樂令、協律都尉等等。

不過,唐代以前,以伎術仕進和出任伎術類職官是兩件不能一一對應的事。除了上述以伎術仕進並出任伎術類職官的實例以外,史料中更多則是以伎術仕進但所任超出伎術類職官的。魏晉南北朝正史《方伎(藝術/術藝)傳》中,這一類傳主占據了絕大多數。舉例言之,北魏劉靈助,善陰陽卜筮,"以所占屢中,遂被親待,爲爾朱榮府功曹參軍";①徐謇善醫藥,"慕容白曜平東陽,獲之,表送京師……遂被寵遇",②授爲中散;永安年間,"詔以恒州民高崇祖善天文,每占吉凶有驗,特除中散大夫"。③ 進入北周,來和善相術,"宇文護引之左右",後任爲夏官府下士。④ 北齊,信都芳善算,"爲州里所稱……以術數干高祖爲館客,授參軍";⑤許遵善陰陽,"高祖引爲館客",清河王岳以爲開府田曹記室;⑥趙輔和"少以明易善筮爲館客",爲顯祖卜而多中,授通直常侍;⑦解法選善相術,"頻爲和士開相中,士開牒爲府參軍"。⑧ 南朝亦有,如姚僧垣以善醫藥而被"梁武帝召入禁中,面加討試",解褐臨川嗣王國左常侍。⑨ 他們的任用模式是近似的,皆遵循着這樣的路徑：擅長某一伎術而有聲名,通過或自薦或被薦或被召的方式得到皇帝(割據者、地方長官等)的賞識,進而授以職官,所授官多爲侍從類而非伎術類

① 《魏書》卷九一《術藝列傳》,北京：中華書局,2017年,第2122頁。
② 《魏書》卷九一《術藝列傳》,第2131頁
③ 《魏書》卷九一《術藝列傳》,第2118頁。
④ 《隋書》卷七八《藝術列傳》,北京：中華書局,1973年,第1773頁。
⑤ 《北齊書》卷四九《方伎列傳》,北京：中華書局,1972年,第675頁。
⑥ 《北齊書》卷四九《方伎列傳》,第676頁。
⑦ 《北齊書》卷四九《方伎列傳》,第677頁。
⑧ 《北齊書》卷四九《方伎列傳》,第678—679頁。
⑨ 《周書》卷四六《藝術列傳》,北京：中華書局,1971年,第840頁。

職官。

這一任官路徑有時被概括爲“方伎爲官”,①它的特點是以伎術因素入仕,但授官未必局限於伎術類職官。這可以溯源到西漢的官員儲備制度。《文獻通考·選舉門》有方伎一類,列舉了兩漢伎術出仕的實例,②但究其實質不外乎以某一伎術爲待詔或爲郎。以馬端臨所舉爲例,授待詔者如吾丘壽王“以善格五召待詔”,③東郭先生“以方士待詔公車”,④趙定、龔德以“知音善鼓雅琴者”而“召見待詔”,⑤伍宏“以醫待詔”。⑥周仁“以醫見,景帝爲太子時,拜爲舍人,積功稍遷”,⑦荀彘“以御見,侍中,爲校尉”,⑧雖未明言待詔,但漢代被徵召拜官,拜見皇帝是一個必不可少的環節,不管是“以醫見”還是“以御見”,都應當視爲以方伎被徵召。然而如應劭所言,“諸以材技徵召,未有正官,故曰待詔”,⑨待詔並不能視爲正式官職,也不領俸禄。以伎術待詔者,其實質是被徵召爲候補官員等待入仕授官,是從屬於徵召制度的仕途。

以伎術補郎也十分常見,如衛綰“以戲車爲郎”,⑩鄧通“以濯船爲黄頭郎”,⑪虞初“以方士侍郎”,⑫甚至形成了“博開藝能之路,悉延百端之學,通一伎之士咸得自效”的局面。⑬郎官雖然有所職掌,但亦無印綬,武帝以後郎官逐漸脱離近侍,成爲儲備官員的性質,學者目之爲漢代特殊的選官制度。⑭以伎術補郎顯示出的是郎官作爲入仕途徑的巨大包容性。

無論是以伎術待詔還是伎術補郎,伎術都祇扮演了敲門磚的角色,它是個人之所以被授官的原因所在,而非普遍性的出仕制度。在唐代以前,伎術很多時候並不是一種單獨的出仕途徑,而是附著在其他任官途徑中的一個因素。在這樣的背景下,“方伎爲官”者的遷轉當然也没有什麽限制。也就是説,因爲伎術並没有作爲專門的出身確立

---

① 黄留珠:《秦漢仕進制度》,西安:西北大學出版社,1985 年,第 227—231 頁。
② 《文獻通考》卷三五《選舉門·方伎》,北京:中華書局,1986 年,第 336 頁中—336 頁下。
③ 《漢書》卷六四上《吾丘壽王傳》,北京:中華書局,1962 年,第 2794 頁。
④ 《史記》卷一二六《滑稽列傳》,北京:中華書局,2014 年,第 3897 頁。
⑤ 《漢書》卷六四下《王褒傳》,第 2821 頁。
⑥ 《漢書》卷九三《董賢傳》,第 3735 頁。
⑦ 《史記》卷一〇三《周仁傳》,第 3354 頁。
⑧ 《史記》卷一一一《荀彘傳》,第 3562 頁。
⑨ 《漢書》卷一一《哀帝紀》顔注引“應劭曰”,第 340 頁。
⑩ 《史記》卷一〇三《衛綰傳》,第 3351 頁。
⑪ 《史記》卷一二五《佞幸列傳》,第 3878 頁。
⑫ 《漢書》卷三〇《藝文志》,第 1745 頁。《文獻通考》引爲“以方士侍祠”。
⑬ 《史記》卷一二八《龜策列傳》,第 3918 頁。
⑭ 李孔懷:《漢代郎官述論》,《秦漢史論叢》第 2 輯,西安:陝西人民出版社,1983 年,第 158—172 頁。

下來，它和伎術類官職的對應在漢晉南北朝間都是不明確的。

（二）"同流外叙"：唐代伎術出身的確立

入唐以後，前述以方伎爲官的仕進之途仍然存在，《舊唐書·方伎傳》中仍能見到這種以伎術聲名任官，但因屬薦舉、辟署等非伎術出身，任官得以不限於伎術官的例子。① 隨着開元以來伎術待詔的形成與定型，這種仕進之途更多地與伎術待詔而不是伎術官發生關聯。② 在伎術官的體系中，主流的伎術出身已經是另一種色彩。

唐代史料没有將伎術出身的構成明確歸納出來。如果對史籍與墓誌中的實例加以概括，唐代的伎術出身可以分爲四種：流外伎術官、伎術諸色人、無品伎術直和伎術舉。如所周知，唐代職官有流内流外之分，流外官衹有通過積累勞考的方式獲得出身，才能進入流内授官，獲得官員身份。唐代的四種伎術出身中，流外伎術官自身帶有流外品，他們解褐入仕的方式自然與其他流外入流者別無二樣；而具有色役特徵的伎術諸色人和無品伎術直自身雖不帶有流外品，但其獲取出身的方式往往是"同流外叙"。所謂"同流外叙"，即比照流外官積累勞考授散的方式叙官入流。以下首先檢視這三種伎術出身。

流外伎術官是伎術局署中除流外文書胥吏以外的那些流外官。與流外胥吏不同，"流外伎術官"在唐代並不是現成的概念，③史料也極爲缺乏。但從來源、職掌和遷轉上看，它們的選任可能有一定伎術要求，執掌皆與伎術相關，遷轉上亦與前輩學者所揭文書胥吏不同，④授散入流可能更爲困難，入流後可能也衹擔任伎術局署的有品直或低品伎術官，因此不妨將這些帶有流外品的伎術出身定義爲流外伎術官（見表三，不詳者未列入），它是一種低微的仕途。安金藏以醫工出身，⑤授散以後直太醫，爲伎術有品直。他有着"剖腹救主"的特殊功勛，而遷轉尚且僅僅如此，對於更多無特殊功勛、衹是積累

---

① 崔善爲、孫思邈、明崇儼、李嗣真、嚴善思、金梁鳳，見《舊唐書》卷一四一《方伎傳》，第5087—5114頁。需要注意的是，《舊唐書·方伎傳》的傳主中，"方伎爲官"的類型並非少數，但傳主類型的數量比例是不能實際反映現實的官員類型結構的。這一方面是因爲正史類傳選材的慣性，另一方面則是相比"同流外叙"的伎術出身，這一類人聲名更爲顯著、宦迹也更爲亮麗，更利於文官對伎術的塑造，因此更受到史官偏愛。

② 王溪《唐五代翰林待詔考論》第二章中搜考了各類伎術待詔的出身與宦迹，可以參看。

③ 直接稱"流外伎術官"的材料衹有《新唐書》卷四六《百官志》"司封郎中"條叙外命婦之制，中華書局點校本作："流外技術官，不封母、妻"（第1188頁），然而參《唐會要》卷五八《司封員外郎》"元和十二年十月司封奏"可知點斷有誤，應作"流外、技術官不封母妻"。

④ 葉煒指出，文書胥吏的職責在於處理文書工作，遷轉依據府史轉令史、後行到前行的次序自成一體，入流後例任諸司主事、都事、主書、録事這樣的流内文書吏。參看氏著《南北朝隋唐官吏分途研究》，北京大學出版社，2009年，第177—189頁。

⑤ 《舊唐書》本傳明載其爲"太常工人"，或認爲是樂工，李錦繡已考證應爲醫工，當從。參看氏著《樂工還是醫匠——安金藏研究》，《晉陽學刊》2015年第3期，第37—44頁。

勞考的人,授官之難更是可想而知。玄宗朝的曆生潘智昭,"掌曆生事,習業日久,勤事酬功,授文林郎轉史部選,時載五十有六",①任流外伎術官多年,最終僅僅授散,終身未獲一官。

表三　唐代伎術局署所置流外伎術官一覽表

伎術局署	流外伎術官	員　額②	品　級	備　　注
太史局	曆生	36	流外七品	《通典》卷四〇
	裝書曆生	5	流外七品	《通典》卷四〇
	天文觀生	90	流外七品	《通典》卷四〇
	漏刻博士	9	流外二品	《通典》卷四〇記爲流外二品,《新唐書》卷四七記爲從九品下
尚藥局	按摩師	4	流外三品	《通典》卷四〇
	咒禁師	4	流外三品	《通典》卷四〇
尚食局	主食	16	流外三品	《通典》卷四〇
太醫署	主藥	8	流外四品	《通典》卷四〇
	藥園師	2	流外六品	《通典》卷四〇
	醫師	20	流外勳品	《通典》卷四〇
	醫工	100	流外三品	《通典》卷四〇
	針師	10	流外勳品	《通典》卷四〇記爲流外勳品,《新唐書》記爲從九品下
	針工	20	流外三品	《通典》卷四〇
	按摩師	4	流外三品	《通典》卷四〇記爲流外勳品,《新唐書》記爲從九品下
	按摩工	16	流外四品	《通典》卷四〇
	咒禁師	2	流外三品	《通典》卷四〇
	咒禁工	8	流外四品	《通典》卷四〇

① 《唐代墓誌彙編》天寶 122,上海古籍出版社,1992 年,第 1617—1618 頁。
② 員額據《唐六典》,《舊唐書》《新唐書》中不同之處不再注出。以下表四同。

續　表

伎術局署	流外伎術官	員　額	品　級	備　　注
太卜署	卜師	20	流外三品	《通典》卷四〇
	卜助教	2	流外二品	《通典》卷四〇
太官署	監膳史	15	流外五品	《通典》卷四〇
良醞署	掌醞	20	流外五品	《通典》卷四〇
掌醢署	主醢	10	流外五品	《通典》卷四〇
典客署	典客	13	流外二品	《通典》卷四〇
太子典膳局	主食	6	流外四品	《通典》卷四〇
太子率更寺	掌漏	6	流外四品	《通典》卷四〇
	漏刻博士	2	流外三品	《通典》卷四〇

　　第二種伎術出身是無品伎術直。《通典》卷一五《選舉門·歷代制下》列舉了唐代數十種"合入官者"，[1]其中所謂"藝術百司雜直"即是無品伎術直。李錦繡指出，無品直中除尚書省直官、明法直、書直、學直、太常寺禮直、內侍省內直以外，其餘均屬伎術直。[2] 從大類上來看，這個判斷是正確的，不過由於無品伎術直沒有《職員令》一類的文獻流傳下來，具體建制今天已不可知。

　　李錦繡指出唐代無品直積累勞考授散，授散以後一般任有品直。[3] 對無品伎術直來說，其進路往往就是授散充任本司有品伎術直。如《唐會要》卷六五《殿中省》所述："（開元）二十八年四月十三日，殿中監奏：'尚食局無品直司六人，並是巧兒，曹司要籍，一任直司，主食十年，考滿同流外授官，仍補額內直驅使。比來有闕多被諸色人請射，此輩遂無進路。今後有闕望請先授，妄來請射，不在補限。'敕旨：'從之。'"[4]所謂考滿"補額內直"，即是授有品直，尚食局無品直司的最終出路即爲《唐六典》卷二《尚書吏部》條所記載的額內十員有品直，其他本司的無品伎術直當然也是這樣，《唐六典》卷一四《太常寺》注"太樂博士"云："諸無品博士隨番少者，爲中第；經十五年，有五上考者，

---

①　《通典》卷一五《選舉門·歷代制下》，第 362 頁。
②　李錦繡：《唐代直官制》，《唐代制度史略論稿》，第 9 頁。
③　李錦繡：《唐代直官制》，《唐代制度史略論稿》，第 49 頁。
④　《唐會要》卷六五《殿中省》，第 1332 頁。

授散官直本司。"①無品伎術直雖然同流外叙考,但其遷轉渠道大都是積勞考授散,補有品直,仕途與流外胥吏是不同的。有學者認爲無品直入流須先取得掌故、亭長、府、史、令史這樣的"門户官"資格,②從現存無品伎術直墓誌來看,這可能是不準確的。無品伎術直出身者,雖然理論上授散後有轉爲伎術官的可能,但從實例看則多終老於有品伎術直。如唐朝初年的賈德,入仕授從九品上的文林郎,至四十五歲去世仍然祇是太史局從九品上的直官;③再如王方大,五十九歲去世之時僅是正九品下的登仕郎秘閣直司,④可見是很艱難的仕途。

第三類伎術出身是伎術諸色人。唐代的官府建置中,在流内九品官、流外官以外有一類"在官供事,無流外品"者。⑤這一部分人在唐前期多具有色役的性質,因而圍繞着色役、雜任、職掌諸概念,前輩學者對他們的身份有着具體細微的討論,且迄未形成一致看法。⑥本文對這些概念不做討論,姑將有伎術職掌而無流内流外品者全部稱爲伎術諸色人。

《通典》卷四〇《職官門》載"大唐秩品",在排列了流内、流外品的官職後,又列出"内職掌:齋郎、府史、亭長、掌固、主膳、幕士、習馭、駕士、門僕、陵户、樂工、供膳、獸醫、學生、執御、門事、學生、後上、魚師、監門校尉、直屯、備身、土仗、典食、監門直長、親事、帳内等",⑦其中主膳、習馭、駕士、樂工、供膳、獸醫、典食供職伎術局署,屬於伎術諸色人。不過這裏所列並非唐代職掌的全部,黃正建已據《通典》和《天聖令·雜令》唐1條、唐2條、唐8條、唐15條、《天聖令·賦役令》唐15條、唐18條等資料考據出更爲豐富的諸色人名目。⑧以下將伎術諸色人整理見表四。⑨

---

① 《唐六典》卷一四《太常寺》,第406頁。
② 楊亞瓊:《試述唐代直官制度》,《西部學刊》2014年第4期,第60—63頁。
③ 《大唐西市博物館藏墓誌》38,北京大學出版社,2012年,第82—83頁。
④ 《唐代墓誌彙編續集》龍朔027,上海古籍出版社,2001年,第134—135頁。
⑤ (唐)長孫無忌等撰,劉俊文點校:《唐律疏議》卷一一《職制》"役使所監臨"條疏議,北京:中華書局,1983年,第225頁。
⑥ 關於前人辨析這類概念的學術史,参看張琰琰:《近三十餘年唐代胥吏問題研究述論》,《中國史研究動態》2016年第1期,第23—30頁;李强:《20世紀以來的唐代色役研究述評》,《中國史研究動態》2021年第3期,第16—25頁。
⑦ 《通典》卷四〇《職官門》,第1106頁。
⑧ 黃正建:《〈天聖令(附唐雜令)〉所涉唐前期諸色人雜考》,《唐研究》第十二卷,北京大學出版社,2006年,第203—220頁。但他所依據的材料還包括唐中後期的《會昌五年正月三日南郊赦文》,這其中一些名目爲唐前期所無,亦無法對應到《唐六典》的國家機構中。唐前後期伎術人的種類發生了變化,這與唐王朝整體行政體制變革下國家職務的調整息息相關。因伎術官形成于唐前期,本表不再列入唐後期的伎術諸色人。
⑨ 曆生在《通典》卷四〇所記爲流外七品,《唐六典》記爲"八考入流",《天聖令·雜令》卻列入了無流外品的名目之中,不知何故。本表姑將其列爲流外伎術官。

表四　唐代伎術局署所置伎術諸色人一覽表

伎術局署	伎術諸色人	員　　額	史　料　來　源
太史局	天文生	60	《天聖令·雜令》唐 8 條
	漏刻生	360	《天聖令·雜令》唐 8 條
	典鐘	280	《天聖令·雜令》唐 8 條
	典鼓	160	《天聖令·雜令》唐 8 條
尚食局	主膳	700	《通典》所記內職掌
尚乘局	習馭	500	《通典》所記內職掌
	獸醫	7 000	《通典》所記內職掌
尚藥局	藥童	30	《天聖令·雜令》唐 8 條
太樂署	樂工		《通典》所記內職掌
	舞郎	140	《天聖令·雜令》唐 1 條
太醫署	按摩生	15	《天聖令·雜令》唐 8 條
	咒禁生	10	《天聖令·雜令》唐 8 條
	藥童	24	《天聖令·雜令》唐 8 條
	藥園生	8	《天聖令·雜令》唐 8 條
太卜署	巫師	15	《天聖令·雜令》唐 8 條
	卜筮生	45	《天聖令·雜令》唐 8 條
太官署	供膳	2 400	《通典》所記內職掌
良醞署	奉觶	120	《天聖令·雜令》唐 8 條
乘黃署	駕士	140	《通典》所記內職掌
	羊車小史	8	《天聖令·雜令》唐 8 條
典廄署	駕士	800	《通典》所記內職掌
	執馭	100	《天聖令·雜令》唐 8 條
典牧署	駕士	160	《通典》所記內職掌

續　表

伎術局署	伎術諸色人	員　額	史料來源
	主酪	75	《天聖令·雜令》唐 8 條
太子典膳局	典食	200	《通典》所記內職掌
太子藥藏局	藥童	18	《天聖令·雜令》唐 8 條
太子食官署	供膳	400	《通典》所記內職掌
	奉觶	30	《天聖令·雜令》唐 8 條
太子率更寺	漏童	60	《天聖令·雜令》唐 8 條
	典鼓	24	《天聖令·雜令》唐 8 條
太子廄牧署	駕士	30	《通典》所記內職掌
	獸醫	20	《通典》所記內職掌
	翼馭	15	《天聖令·雜令》唐 8 條

　　在唐代的貢舉中,諸色出身者是受到限制的。《通典》卷十五《選舉三》:"其餘復有平射之科,不拘色役,高第者授以官,其次以類升。"①特地指出色役出身者可應武舉,可見武舉以外的常舉是限制他們的。雖然如此,諸色人仍有其授官進路。

　　伎術諸色人的仕途,首先是在伎術諸色人內部的遷轉,比如太史局漏刻生可補典鐘、典鼓。其次,一些諸色人年月既久則轉授無品伎術直,著名的醫工安金藏正是以此途進身,他"初爲太常工人",此後任太常寺的直官,在則天朝以剖腹護主(睿宗)知名,授武散官、衛官後仍直太常,至玄宗開元初年的結銜爲"游騎將軍、行右武衛翊府中郎將員外置同正員、直太常寺安藏"。② 實際上,伎術諸色人是無品伎術直的主要來源,不僅"尚食局無品直司六人,並是巧兒",③甚至唐廷還下詔將這一進途制度化了。《唐會要》卷六六《將作監》:"天寶四載四月敕:將作監所置,且合取當司本色人充直者,宜即簡擇發遣。內作使典,亦不得輒取外司人充。其諸司非本色直,及額外直者,亦一切

----

① 《通典》卷一五《選舉門》,第 355 頁。
② (唐)蘇頲:《授安金藏右驍衛將軍制》,《文苑英華》卷四○二,北京:中華書局,1966 年,第 2039 頁下。並參《舊唐書》卷一八七《忠義列傳》。
③ 《唐會要》卷六五《殿中省》,第 1332 頁。

並停，自今以後更不得補置。"①再次，伎術諸色人可補流外伎術官，大足元年（701）九月十九日敕："在史局曆生、天文觀生等，取當色子弟充，如不足，任于諸色人內簡擇。"②

更爲重要的是，伎術諸色人在制度上是可以入流授官的，儘管這一道路實際往往艱辛阻絕。這也是本文將其視爲一種獨立出身的依據。武德四年（621）九月二十九日詔："（因罪没官的太樂、鼓吹樂人放免後）仍令依舊本司上下。若已經仕宦，先入班流，勿更追補，各從品秩。"條下注稱："樂工之雜士流，自兹始也。……於後箏簧琵琶人白明達，術踊等夷，積勞計考，並至大官。自是聲伎入流品者蓋以百數。"③伎術諸色人入流的規定應當不止於某一伎術門類或者某一職務，而是普遍性的。天寶二年，玄宗下敕："諸州醫學生等，宜隨貢舉人例，申省補署，十年與散官。恐年歲深久，檢勘無憑，仍同流外例附甲。"④《天聖令·賦役令》唐15條列舉免課役的條件，其中提到"諸色人年勞已滿，應合入流"，⑤可知諸色人在制度上有入流授官的進路，而且這一出身體現出積累勞考、同流外叙的特點。

以上三種伎術出身各有其自身發展，不是齊頭並進的，也並非在各個伎術局署中都平均設置。比如太樂署、太子藥藏局、太子食官署、乘黃署、典牧署、典廄署、太子廄牧署等司似皆不置流外伎術官，而掌醢署、典客署等司則可能沒有伎術諸色人。限於史料，這些現象本文暫時無法解釋。但無論如何，如果從入流的視角考察，可以發現這三種伎術出身具有"同流外叙"的共同特徵。與此對照的是，第四種伎術出身——伎術舉則顯示出唐代曾有將伎術向上拉入科舉的嘗試。

醫藥舉和明算科是唐代新置的兩門伎術舉。醫藥舉人是制舉的一種，至少在高宗年間已經設置這一科目，吳本立即以此途出身："永徽元年（650），醫舉及第，尋授太醫監，俄轉令，又任太子藥藏監。……萬歲通天元年（696），授朝散大夫。……又加朝議大夫。神龍二年，制授殿中尚藥奉御。"⑥但自此以後的八十餘年中，醫舉在史籍中再無影蹤，直到開元二十二年，玄宗再度開此科，⑦肅宗時又對醫舉叙品加以制度規定，⑧乾元三年（760）以前同明經入仕"上上第，從八品下；上中第，從九品上"之例，⑨以後再降

① 《唐會要》卷六六《將作監》，第1367頁。
② 《唐會要》卷四四《太史局》，第932—933頁。
③ 《唐會要》卷三四《論樂》，第728頁。
④ 《唐會要》卷七五《附甲》，第1625頁。
⑤ 《天一閣藏明鈔本天聖令校證》，第272頁。
⑥ 《唐代墓誌彙編續集》神龍018，第419頁。
⑦ 《册府元龜》卷六三九《貢舉部·條制》，南京：鳳凰出版社，2007年，第7390頁。
⑧ 《唐會要》卷八二《醫術》"乾元元年二月五日制""乾元三年正月十日王淑奏"，第1805—1806頁。
⑨ 《舊唐書》卷四二《職官志》，第1806頁。

爲明法"甲第,從九品上;乙第,從九品下"的叙例。①

明算是常舉中的伎術舉。應明算者多爲算學生,②屬六館生之一,具有不具品級、等待科舉出身的特徵,與其他屬於流外伎術官或伎術諸色人的伎術學生本是不同的。但"彼曆生稱明算法理",③算術是太史局主曆法者的必備知識,明算科與太史局的伎術出身緊密相關。此外,玄宗開元年間書判拔萃科曾出一道判題《對觀生束脩判》:"庚補觀生,所學未就,其師同算生例征束脩。訴云:蓋伎術不可爲例,必其抑納,遣出幾何。師曰:算之伎術。生終不伏。"④束脩之例是與學生身份關聯的,⑤觀生作爲伎術學生能否適用針對算生的制度,其實質是算生在唐人觀念中能否同於伎術。今存判文五道,可以看出既有維持算生非伎術的觀念存在("稱算不同伎術……甲令明懸"),也已有人開始認爲"以算非伎,斯爲妄矣",顯示出算生在唐人眼中伎術性的一面。⑥

將伎術拉入科舉的嘗試似乎並不太成功。有唐一代,典籍録名的醫官無一從醫舉出仕,把墓誌材料算入也僅有吳本立一例。明算一途則更是在史籍和墓誌都找不到蹤迹。這説明經伎術舉入仕者,不是寥寥無幾,就是無從顯赫。伎術舉無法打破主流伎術出身積累勞考、同流外叙的特徵。

高宗顯慶年間劉祥道上疏謂"雜色人請與明經、進士通充入流之數,以三分論,每二分取明經、進士,一分取雜色人",⑦杜佑將之編入《通典》時已將伎術作爲雜色的一端理解:"雜色解文:三衞、内外行署、内外番官、親事、帳内、品子任雜掌、伎術、直司、書手、兵部品子、兵部散官、勛官、記室及功曹、參軍、檢校官、屯副、驛長、校尉、牧長。"⑧根據這種明經、進士等科舉出身與雜色出身的判然二分,樓勁、李華揭示出唐代仕途中出現的圍繞科舉和吏道兩端的分化,⑨伎術出身正占據了吏道的一端,其特點就是積累勞考、同流外叙。

① 《舊唐書》卷四二《職官志》,第 1806 頁。
② 盛奇秀:《唐代明算科》,《齊魯學刊》1987 年第 2 期,第 41—42 頁。
③ (唐)王泠然撰:《對曆生失度判》,《文苑英華》卷五〇三,第 2585 頁上。
④ 《文苑英華》卷五一二《觀生束脩判》,第 2621 頁下。
⑤ 樓勁:《釋唐令"女醫"條及其所藴之社會性別觀》,《魏晉南北朝隋唐史資料》第三十七輯,上海古籍出版社,2018 年,第 98 頁。
⑥ 這五篇判文具見《文苑英華》,作者分別爲張大吉、張瑗、李子珣、張子琳、李仲雍(第 2621—2622 頁)。按,張大吉,《文苑英華》作張太古,《全唐文》同,陳尚君《再續勞格讀〈全唐文〉札記》(載復旦大學中文系編《選堂文史論苑》,上海古籍出版社,1994 年,第 118—161 頁)已指出其與《全唐文》卷四〇二玄宗朝的張大吉是同一人。
⑦ 《通典》卷一七《選舉五》"吏部比來取人"條,第 404 頁。
⑧ 《通典》卷一七《選舉五》"吏部比來取人"條下注,第 403 頁。
⑨ 樓勁、李華:《唐仕途結構述要》,《蘭州大學學報(社會科學版)》1997 年第 2 期,第 117—127 頁;另參樓勁:《魏晉南北朝隋唐時期的知識階層》,第 304 頁。

本文第一節所引《唐會要》卷五八《尚書省諸司中》"元和十二年十月司封奏"將伎術官與流外、流内諸司吏職並提，可見在唐人自己看來，伎術與吏道也是極爲接近的。

三、伎術官的形成：根據出身限制遷轉

（一）神功以前的伎術官遷轉與厘革伎術官的背景

上節指出，真正意義上的伎術出身是在唐代確立下來的，具有"同流外叙"的特點。學者已注意到唐代伎術出身的確立對於伎術官的形成具有重要意義。如張銳所論述的，唐代厘定伎術官以後，伎術官的職位色彩淡化了，出身因素却突出起來；[①]陳昊更是鮮明地提出，在唐代伎術官身份發生的變化中，有兩點較爲關鍵：第一是對出身的强調，第二是對遷轉的限制，二者的關係在於前者使伎術成爲一種身份，而後者則是對這種身份的限制。[②] 將伎術出身與伎術官的身分性特徵聯繫起來無疑是正確的，但更爲重要的或許在於對伎術官職與伎術出身關係的厘清。

出身是唐代授官的重要參考，官員每次參與銓選時須在解狀中注明自己的出身。[③]伎術出身的低落勢必對伎術職官的遷轉有所影響。作爲一種職官類別與選官序列，伎術官的本質在於根據出身限制遷轉，不過這並不單純是對於伎術身分的限制，更是理順出身與授官關係的一次複雜嘗試。

入唐以後，雖然伎術逐漸成爲獨立的出身，但在神功元年以前，伎術官尚屬於正常的遷轉序列。爬梳墓誌所見神功以前 51 例伎術官，[④]可以發現這一時期伎術官的授官有兩個特點：第一，遷轉同於正常的局署官，仕途遵循局署諸官的相互遷轉的常例。南玄暕自武器署丞（正九品下）釋褐，歷遷準署丞（從八品下）、中校署令（從八品下）、太官署令（從七品下），最後遷出鄧州穰縣令（從六品上）。[⑤] 在遷出州縣官以前，他的仕宦全部在中央局署，按品級高低依次遷轉，作爲伎術官的中校署令、太官署令祇是他局署官經歷中的一步而已。趙進"解褐任家令寺直司，秩滿徙尚方右尚署丞。……尋改營繕

① 張鋭：《唐朝伎術官研究》，第 35 頁。
② 陳昊：《身分叙事與知識表述之間的醫者之意》，上海古籍出版社，2019 年，第 147—151 頁。
③ 史睿：《唐代前期銓選制度的演進》，《歷史研究》2003 年第 2 期，第 32—42 頁。
④ 神功以前伎術官 51 例，所出墓誌範圍包括氣賀澤保規《新編唐代墓誌所在總合目録》（東京：汲古書院，2017 年）所列 12 523 例及《西安新獲墓誌集萃》（北京：文物出版社，2016 年）、《長安高陽原新出土隋唐墓誌》（北京：文物出版社，2016 年），其中僅有中間一任官名可考、不能體現遷轉信息的不列入統計。這 51 例伎術官的姓名、任官及遷轉情況、史料來源等詳見拙文《唐代伎術官的成立》表 3－1《神功以前伎術官遷轉一覽》，上海師範大學碩士學位論文，2020 年，第 38—39 頁；表中劉仁叡、張諒、孟普三人所任官無明確證據屬於伎術官，本次統計已剔除不計。
⑤ 《唐代墓誌彙編》聖曆 040，第 956—957 頁。

左校署令,又改司府平準署令",①李智"解褐任將作監右校署丞……尋遷太府寺左藏署丞",②他們的遷轉也同樣顯示出這一點。

如所周知,唐代省部寺監高官的遷轉有其固定的路徑,無有以局署官授官者。③ 伎術官皆局署官,這就使得即便在神功元年厘定伎術官遷轉序列以前,也幾乎没有局署遷寺監的實例發生。④ 即使是伎術化程度最高的光禄寺(一寺四署皆伎術職司),寺一級官員亦無一例自局署升入者。這反映出唐代官職分層的思路所在,同時,也説明在這種設官分職的思路下,不管是否對伎術官的遷轉路徑加以特殊限制,他們都很難升任中央重要文官。神功《厘定伎術官制》所謂的"器用紕繆,職務乖違",並非唐前期伎術官遷轉中的主要矛盾。不過,伎術官是可以遷出治民官的。南玄暕、趙進、李智、董璧、王禮、王屢貞等人的仕宦經歷皆是曾任伎術官、而以州縣官爲終任官,其中董璧、南玄暕、王禮、王屢貞諸人更是徑以伎術官遷出州縣官。

第二,存在着大量其他職官遷入伎術官的現象,伎術官與其他職官是既有遷入、也有遷出的關係。墓誌所見神功以前曾任伎術官的實例中,除去僅出任"六尚"者尚有34例,其中以他官遷入伎術官的有6例,⑤相比伎術官遷出他官的8例,⑥數字上大體是平衡的。遷入伎術官的職官除普通局署官以外,還包含了東宫官、王府官、州縣治民官等多個中低層職官序列。可以説,伎術官與這些職官之間尚不構成完全凝固的、高低有别

---

① 《唐代墓誌彙編》大足 004,第 987 頁。

② 《唐代墓誌彙編》景雲 003,第 1117—1118 頁。

③ 參看孫國棟:《唐代中央重要文官遷轉途徑研究》,上海古籍出版社,2009 年,第 181—197 頁。

④ 僅有的幾例發生在尚食、尚藥、尚乘局,而這三局職官在唐初屬於清選官,不能一概而論。參看黄正建:《唐六尚長官考》,《魏晉南北朝隋唐史資料》第二十一輯,武漢大學文科學報編輯部,2004 年,第 223—245 頁。

⑤ 袁神以直秦王府文學授太史丞,出身不詳(《全唐文補遺》第八輯,西安:三秦出版社,2005 年,第 263 頁);陸敬道明經出身,以郊社署令遷太醫令(《全唐文補遺》第九輯,西安:三秦出版社,2007 年,第 430 頁);暢昉以門下省主事遷太樂署令,出身不詳(《唐代墓誌彙編》弘道 001,第 708 頁);王定以齊王府直文學館授中尚署令,非伎術出身(《唐代墓誌彙編》萬歲登封 004,第 886 頁);張金才辟舉出身,以右藏署丞遷尚藥醫佐(《唐代墓誌彙編》萬歲通天 011,第 895 頁);趙進以太子家令寺直司授右尚署丞,出身不詳(《唐代墓誌彙編》大足 004,第 987 頁)。

⑥ 王禮以左校署丞遷玄武縣丞(《唐代墓誌彙編》永徽 140,第 223 頁);南玄暕乙太官署令遷穰縣令(《唐代墓誌彙編》聖曆 040,第 957 頁);趙進以左校署令遷出平準署(《唐代墓誌彙編》大足 004,第 987 頁);李智以右校署丞遷左藏署丞(《唐代墓誌彙編》景雲 003,第 1117—1118 頁);董璧以右校署令遷鉅野縣令(《全唐文補遺》千唐志齋新藏專輯,西安:三秦出版社,2006 年,第 119—120 頁);張取以典牧署丞遷京總監東面監丞(《唐代墓誌彙編續集》開元 171,第 569 頁);李□以太醫丞遷尚藥奉御遷出王府司馬(《唐代墓誌彙編續集》開元 060,第 495—496 頁);王客以廐牧署典乘署遷禮部典事(《全唐文補遺》千唐志齋新藏專輯,第 102 頁);王屢貞以鼓吹署丞遷衢州司功(《全唐文補遺》千唐志齋新藏專輯,第 110 頁);方元瑾以典牧署丞遷雍州廉平府左果毅(《全唐文補遺》第五輯,西安:三秦出版社,1998 年,第 370 頁)。以上 8 人出身皆不詳,其中王禮墓誌稱其"以明罰之藝"授官,疑非伎術。

的序列。①

要之，神功以前的伎術官屬於常規局署官，遵循着與非伎術職司相互遷轉的常例。它祇是中、低品職官遷轉中的一站，與局署官遷轉常例相比，未必有太多特殊性。

回過頭來看神功元年的《厘革伎術官制》。制書將改制背景概括爲"比來諸色伎術，因榮得官，及其升遷，改從餘任，遂使器用紕繆，職務乖違"，强調伎術官遷出他官導致制度乖違。然而，如前所論，一方面，伎術官因其局署特性，縱然遷出他官也不會升任重要文官；另一方面，由伎術官與其他職官遷入、遷出的相對平衡也可知制書所言的情況在神功以前實在稱不上什麼突出矛盾，祇是改制所託名的一個由頭罷了。

那麼這一次厘革伎術官的真正背景是什麼呢？張鋭注意到，這一次伎術官改革"在緩解選人多官缺少問題的同時，還蘊含着要伎術官、流外入流者給士人精英的仕途讓路之意"，實質上是"精英意識下的清濁之分"，目的就是要限制非正途出身者的遷轉。② 這是完全正確的。更進一步説，唐廷對伎術官的改革應當是理順雜途出身與選官序列關係的一次嘗試。在高、武兩朝選官員多闕少矛盾的背景下，士人不得不擠占傳統上認爲是"非士職"的職官，因此高宗時已經出現了根據出身劃定選官的苗頭。顯慶二年（657），劉祥道知吏部選事，上書陳説銓選得失："今之選司取士，傷多且濫。每年入流，數過一千四百，傷多也。雜色入流，不加銓簡，是傷濫也。"③他所説的銓選傷濫，指的是選官並未基於出身加以篩選，換言之，即没有形成基於出身的遷轉序列。劉祥道的建議尚且限於減少雜色出身入流的人數，到了武則天時，改革就更加深入，終於轉向對選官序列的厘定。對伎術官遷轉的限制，應放在這一選官改革的整體背景下理解。

（二）唐廷厘革伎術官的進程

張鋭將唐廷厘革伎術官的進程梳理爲這幾個階段：首先，武后神功以前已對伎術官職的遷轉加以限制；其次，神功年間厘革伎術官，將受到遷轉限制的對象從伎術官職轉向伎術出身；最後，玄宗時對伎術出身的遷轉限制有所放鬆，又建立起非伎術出身擔任員外伎術官的制度，伎術官制度成熟。④ 這一概括是從伎術官制度具有職位和身分

---

① 對於某些重要伎術部門（如太史局），甚至還存在以清官遷伎術官的特例。太史丞、太史令皆有乙太常博士授官者，如姚玄辨、李淳風等人即是其例。太史局伎術官選自太常博士的成例也顯示出，神功以前伎術官的遷轉是開放的，重要伎術職官的地位並未低落。

② 張鋭：《唐朝伎術官研究》，第 44 頁。

③ 《舊唐書》卷八一《劉祥道傳》，第 2550—2751 頁。

④ 張鋭：《唐朝伎術官研究》，第 33—41 頁。

兩個維度出發的,與本文從"基於出身厘定選官序列"出發形成的認識有很多一致之處。以下僅將不同之處舉出,以供討論。

《唐會要》卷六七"伎術官"第一條:"故事,伎術官皆本司定,送吏部附申,謂秘書、殿中、太常、左春坊、太僕等伎術之官,唯得本司選轉,不得外叙。若本司無缺,聽授散官,有缺先授。若再經考滿者,聽外叙。"①關於這條材料的時限,張鋭認爲是神功以前之制,②理由爲《唐會要》中的排列順序此條在神功元年敕之前。但這與墓誌所見神功以前的伎術官遷轉實例是不符合的。如上節所指出,神功以前伎術官的遷轉並看不出受到了什麽限制,完全同於普通局署官。這一規定既稱"故事",按理推斷應當屬於實際施行了的政策,不應與實際情況有如此大的差别。案此條"故事"亦見於《唐六典》:

> 五品已上以名聞,送中書門下,聽制授焉。六品已下常參之官,量資注定;其才識頗高,可擢爲拾遺、補闕、監察御史者,亦以名送中書門下,聽敕授焉。其餘則各量資注擬。……凡伎術之官,皆本司銓注訖,吏部承以附甲焉。

條下小注:

> 謂秘書、殿中、太僕寺等伎術之官,唯得本司遷轉,不得外叙。若本司無闕者,聽授散官,有闕先授。若再經考滿者,亦聽外叙。③

可知初始文本是屬於兩個部分的,正文所稱引的"凡伎術之官,皆本司銓注訖,吏部承以附甲焉"與小注所稱引的"秘書、殿中、太僕寺等伎術之官,唯得本司遷轉,不得外叙。若本司無闕者,聽授散官,有闕先授。若再經考滿者,亦聽外叙"未必是同一時期制度,《唐會要》在編纂時才將《唐六典》中正文與小注部分混編,籠統以"故事"名之。因此不能以《唐會要》的編纂順序爲由,認爲此條"故事"即神功以前制度。

那麽這條制度應當是什麽時限的呢? 首先,依《唐六典》正文,五品以上"送中書門下",可知事在開元十一年張説奏改政事堂爲中書門下以後。雖然《唐六典》存在着拼接令式的特點,但在没有其他證據的前提下,將緊接其後的伎術官相關制度認爲同屬開

① 《唐會要》卷六七《伎術官》,第 1399 頁。
② 張鋭:《唐朝伎術官研究》,第 33—34 頁。
③ 《唐六典》卷二《尚書吏部》,第 27—28 頁。

元十一年以後的制度似乎未嘗不可。其次，它與神功元年《厘革伎術官制》的不同在於，神功新制雖然限制了本色出身伎術官的遷轉，但尚不聞選任權力的變化，到了這一條制度才將伎術官的選任由吏部授權給了伎術本司。張守珍的墓誌告訴我們，他先是"預仙曹選"，才得以"解褐授將作監左校署丞"，①仙曹即尚書省部曹，伎術官仍屬吏部選授。到了開元二年，玄宗下敕"諸色出身人銓試訖應常選者，當年當色各爲一甲，團奏給告牒"，②仍然是以出身爲單位送吏部團奏授官，並不聞伎術出身有什麼特殊。將這條制度排列在開元十一年以後，與這一趨勢也是符合的。

其實伎術官的選任權由吏部轉歸伎術本司也是發生在玄宗朝的重要變化，張鋭未及這一問題；王怡然雖已注意到伎術官的選官權歸屬本司，但並未展開申論。③ 本司長官選任本司職官是伎術官的一大特色，終唐代一朝未聞其他職司有這樣的例子。唐代後期，沈既濟提出《請改革選舉事條》，建議將内外各司官員的任命都授予本司長官："京官六品以下（應合選司注擬者），右請各委本司長官自選用，初補稱攝，然後申吏部、兵部，吏部、兵部奏成，乃下敕牒，並符告于本司，是爲正官。"④並未得到實施。如果對照唐廷加強法官、禮官專業性的手段，伎術官的這個特色就更加明顯了："（開元）十四年十一月二十五日敕：比來所擬注官多不慎擇，或以資授，或未适才。宜令吏部每年先於選人内精加簡試，灼然明閑理法者留擬。其評事已上仍令大理長官相加簡擇，並不授非其人。"⑤建中元年再度重申，也祇是"宜委吏部每至選時簡擇才識相當者，與本司商量注擬"。⑥ 法官、禮官雖有專業要求，但唐廷加強其專業性的手段是吏部簡試選人，"與本司商量注擬"，從未使其本司自置。法官、禮官出身多經貢舉，選由吏部，因此未能成爲一類特殊的官員門類。而伎術官本司自置且不得外遷，這就意味着伎術官遷轉趨於低落。

綜而論之，唐廷厘革伎術官的改革焦點從一開始就在於厘定伎術出身者的選任序列，並不存在單純對伎術官職的遷轉限制，目的在於使伎術出身者僅能出任伎術官、不得外叙他司，從而在選官員多闕少的矛盾愈發突出的背景下，緩解整個官僚集團的矛盾。

---

① 《唐代墓誌彙編》開元 521，第 1514 頁。
② 《唐會要》卷七五《選部下》，第 1625 頁。
③ 王怡然：《唐代的伎術官吏》，第 119—120 頁。
④ 《通典》卷一八《選舉門·請改革選舉事條》，第 451 頁。
⑤ 《唐會要》卷七五《選部下》，第 1612 頁。
⑥ 《唐會要》卷七五《選部下》，第 1614 頁。

厘革進程的首要舉措是限制伎術出身者的外叙,這在神功《厘革伎術官制》中首次提出。統計墓誌及史書所見神功以後的 20 例伎術官實例,[1]可以發現:第一,其中大部分明確可知爲伎術出身者最後都以伎術官終官,可知《厘革伎術官制》的確是得到了執行的;第二,出身非伎術而擔任伎術官的人不僅不在少數,而且數量竟然超過了伎術出身者,可知此制的執行造成了伎術官授官中一度出現非伎術出身擠壓伎術出身的情况。不過,神功新制也未能完全限制住伎術官的外叙。伎術官本司有時存在職官品級不連續的情况,如太史局、太樂、鼓吹署無六品官,太卜署無六品、七品官。桓執珪和南宫説的宦迹提示出,這時可能就要通過升遷散官或外叙他司的方式解決。而到了開元年間,唐廷試圖進一步對外叙的現象加以規範,規定"應入五品者……伎術官本司無六品官,頻任三政七品者,仍限二十考已上。並所司勘責訖,上中書門下重勘訖,然後奏聞,別制以授焉"。[2] 再及上文已考爲開元十一年以後之制的"秘書、殿中、太僕寺等伎術之官,唯得本司遷轉,不得外叙。若本司無闕者,聽授散官,有闕先授。若再經考滿者,亦聽外叙",制度已不得不正視成例,在一定條件下放寬伎術官的外叙限制。

限制外叙之外,厘革的第二舉措則是將伎術官的選官權從吏部轉授伎術本司,如前所述,這使得伎術官的遷轉趨於低落。其後,又在開元以後設置員外伎術官,通過將非伎術出身者授予員外官的方式,將正員伎術官留授伎術出身者,在制度上最終理順了伎術出身與伎術職官的關係。

結　語

唐代新建立的"伎術官"是一個基於出身限制遷轉的職官序列,它不單純是一個基於特殊工作內容而制定的職務序列,不是所有涉及伎術工作的職官都是伎術官,比如掖庭局就不屬於伎術官,工部水部顯然也不屬於伎術官。唐代的伎術範疇祇爲伎術官的建立框定了一個大致的職官範圍,真正使其得以形成的關鍵是根據出身限制遷轉的厘革制度。傳統認識中,多以伎術官爲從事伎術工作的官員,這是不準確的。

神功以前,伎術出身與伎術職官一直都是不能完全對應的,伎術官屬於普通局署官,其出身和遷轉遵循局署官的常例,並無特殊之處。但隨着伎術在唐代逐漸成爲專門

---

① 這 20 例伎術官的姓名、任官及遷轉情况、史料來源等詳見拙文《唐代伎術官的成立》表 3-2《神功以後伎術官遷轉一覽》,第 40—41 頁。

② 《唐六典》卷二《尚書吏部》條下注,第 32—33 頁。仁井田陞比照《日本養老選叙令》將此條定爲開元七年選舉令,參見氏著《唐令拾遺》,長春出版社,1989 年,第 201 頁。

的出身，並顯示出低落的趨勢，它與授官的脱離就逐漸被朝廷注意到。

在這樣的背景下，厘革伎術官提上了日程。伎術官的形成是唐廷試圖理順出身與職官關係的一次嘗試，厘革的進程分爲三步：第一，神功元年制旨在限制伎術出身者的外叙，確保伎術出身者固定充任伎術官。第二，將伎術官的選官權從吏部轉授伎術本司，進一步壓抑了伎術出身。但這樣的政策對非伎術出身者出任伎術官並没有什麽限制，這就造成非伎術出身者對伎術官的大量侵占。因此又進行了第三步，即員外伎術官的設置，通過將非伎術出身者授予員外官的方式，將正員伎術官留授伎術出身者，在制度上最終理順了伎術出身與伎術職官的關係。這樣，伎術職官與伎術出身的結合緊密起來了，伎術官真正成爲一個相對閉合、自成體系的職官系統。伎術官在唐代的形成也體現出唐廷基於出身調整職官序列的一次嘗試。

附記：本文寫作中得到導師游自勇教授的悉心指導，撰成後提交河南大學"西園研史"第二届唐宋史青年學者論壇，與會師友提出了許多很有價值的建議，謹致謝忱。

《魏晉南北朝隋唐史資料》第四十九輯
2024 年 5 月,364—379 頁

論唐代魅疾危害、僧道治魅技法與民間療疾風俗

——基於宗教醫學視域下的考察*

劉　儒

　　隨着唐代佛道世俗化、生活化趨勢的發展及推進,其宗教療疾之術依然存活於民間信仰和習俗規範之中。唐代墓誌、筆記、敦煌醫籍文獻遺存了大量的民間宗教醫療信息,底層群體自發表現出對僧道藥物、符咒治病之術的信奉與尊重,演變成爲民衆的一種内在精神信仰方式。魅病是由鬼魅、精魅、魑魅三類魅物侵擾或附體所引發的生理性疾病,本文以唐代墓誌和唐人筆記爲考察中心,通過佛道經典所描述的魅物類型深入研究魅疾形成之宗教文化淵源,透過隋唐專業醫籍真實再現魅病具體生成機制、病態表現及醫方組合,於魅物致病觀念的流變過程中反映唐人内部精神世界的宗教信仰因素。同時,結合唐代敦煌醫籍文獻所記載的治魅醫療民俗探溯道醫、僧醫信仰形成之技能緣由,全面展現藥物治療、符咒技能相交織的宗教醫療民間習俗,尋繹道僧醫療活動、醫療方法與民衆疾病觀念、信仰行爲之間的文化關聯。總之,筆者利用唐人碎片化的歷史記憶挖掘佛道治魅醫學元素,使魅疾背後被遮蔽的唐代宗教醫療文化、民俗形態、民間信仰三者關係得以重新審視。

一、佛道經典宣揚魅病危害及唐代
民間魅物致病觀念之流行

　　在底層百姓民間信仰建構的"鬼神世界"中,除了衆所周知的"天神""地祇""人鬼"之外,其實還有"鬼魅""精魅""魑魅"三類魅物,林富士在《釋"魅"》一文中已對上述三類魅物有專門論述,鬼魅爲"無形或隱形之物";精魅千變萬化,萬物皆可變精魅,"主要以物化爲人形爲主";魑魅則爲特定形體的"生物","其形大體爲動物(獸形)或

---

　　* 本文係國家社科基金一般項目"宋遼金元墓誌道教文獻整理與研究"(22BZJ042)成果。

人獸合體"。① 魅物如同惡鬼邪神是給世間衆生的日常生活帶來威脅的根源之一,佛道經典皆記載邪精魅物作祟,侵害損傷病者身心健康,"爲諸邪惡魅鬼嬈人因衰作害,或有惡魔吐種種雜毒之氣以害汝等,復有鬼神吸汝五脉,又有鬼神噉汝精髓",②"生身遭魅……顔色萎黄,處處疼痛,常吐涎沫,或復洪腫,水土惡氣,百節酸痛,風疰入心,恍惚迷忘,救氣不暇"。③

鬼魅是最爲常見的魅物之一,其害人多使人致病或是取人性命,成了各種疾病的重要病因。鬼魅爲冥界邪物,没有特定形體,是無形或隱形之物,其對人危害極大,"交通鬼魅,耗玩元陽,常使人喜怒不常……常生顛迷,造作病源",④"所謂愛熱肺病,上氣吐逆,膚體瘤瘤,其心悶亂,下痢噦噎,小便淋瀝,眼耳疼痛,背滿腹脹,顛狂乾消,鬼魅所著"。⑤ 在唐代特定的歷史環境下,民衆對疾病的認識是本能和經驗的,習慣地從鬼魅的迷信角度對疾病成因展開解釋,這一文化現象在唐人筆記描述中比比皆是,如張鷟《朝野僉載》卷二記載惡鬼引弓射大周司禮卿張希望致其罹疾而卒,"鬼引弓射中肩膊間。望覺背痛,以手撫之,其日卒"。⑥ 張讀《宣室志》卷二記述厲鬼作祟於中唐民間,遂使熱病瘟疫廣泛傳播,"有厲鬼在君邑中爲祟,故人多此疾"。⑦

精魅指百物歲積成精的魅怪,《靈寶無量度人上經大法》卷三十五謂:"蓋精炁爲物,歲久作害。"⑧動物、植物、人類等一切自然物體吸收日月精華皆能變化爲精魅,但佛道二教最初將精魅統屬於鬼類,其中《道要靈祇神鬼品經》將精魅分爲山精、樹精、石精之鬼等十四類:"山精之鬼,長一尺,名濯肉。樹精之鬼,名群夭(一名式)。石精之鬼,名礫肉子。……氣精之鬼,名矯乾。"⑨佛經將精魅分爲四十九種山精鬼和魅鬼兩類,《佛說灌頂摩尼羅亶大神呪經》卷八記:"佛言是爲四十九山精之鬼","四山河海有二精

---

① 林富士:《釋"魅"》,收録於蒲慕州編《鬼魅神魔:中國通俗文化側寫》,臺北:麥田出版社,2005年,第109—134頁。

② (東晉)帛尸梨蜜多羅譯:《佛說灌頂十二萬神王護比丘尼經》卷二,[日]高楠順次郎編《大正新修大藏經》第21冊,東京:日本大藏出版株式會社,1970年,第501頁。

③ 約出於唐代,撰人不詳:《太上大道玉清經》卷一○,張繼禹編《中華道藏》第四冊,北京:華夏出版社,2004年,第649頁。

④ (宋)路時中編:《無上玄元三天玉堂大法》卷三,《中華道藏》第三十冊,第394頁。

⑤ (宋)慧嚴等編:《大般涅槃經》卷十一,《大正新修大藏經》第十二冊,第428頁。

⑥ (唐)張鷟:《朝野僉載》卷二,陶敏主編《全唐五代筆記》第一冊,西安:三秦出版社,2012年,第87頁。

⑦ (唐)張讀:《宣室志》卷二,《全唐五代筆記》第三冊,第2031頁。

⑧ (明)天真皇人:《靈寶無量度人上經大法》卷三五,《中華道藏》第三十五冊,第193頁。

⑨ 約出於南北朝末或隋唐之際,撰人不詳:《道要靈祇神鬼品經》,《中華道藏》第二十八冊,第379頁。

魅鬼".① 據佛道經書所載可知,精魅皆乃萬物成精之後所形成的魅物,道佛二教文獻中雖將鬼魅和精魅並稱,但兩者有着實質區別。《太清金闕玉華仙書八極神章三皇内秘文》卷上曰:"五方天鬼之外,一切小靈並屬精魅之宗。"②此處中對精魅含義做出更爲精確的界定,其所提及的精魅皆屬物魅,即百物化成的精靈,而非人鬼一類。《大佛頂如來密因修證了義諸菩薩萬行首楞嚴經》卷十亦有與上述道經類似的表述,精魅泛指歲久不死之物怪或是精靈,"或壽終仙再活爲魅,或仙期終計年應死其形不化他怪所附"。③

精魅作爲物魅,可以隨意改變形狀,幻化爲人形,伺機作惡,"能變化作種種形色,或作少男女相,或作老宿之形"。④ 魅怪附身於人,在世間遊走,播散疾病或致人狂癲,唐孫思邈《備急千金要方》卷四述:"精魅作種種惡怪,令人恐怖,狂癲風邪。"⑤《太清金闕玉華仙書八極神章三皇内秘文》卷上"精宗章第四"詳細記叙了"七十二精"的原形、化形及危害,血屍神"多著婦人身中……其鬼却化本形復入别人體中,今之男女以傳襲癆病是也",絛了精鬼"今人言天行病者,乃是此鬼也",霍公孫"其怪亦能呼吸人之精神,漸令人死矣",夏佳毒精"多藏婦人腹中,令婦人面黄發脱者是也"。⑥ 由上觀之,山間精怪變化萬狀,隱現百端,依附於人身,興妖作孽,侵擾人體之後使病者或突發癲狂,或遭受各種疾病的折磨與煎熬。狐魅是物魅最難以辨識和應付之精類。狐精善於蠱魅,千變萬化,生性狡黠,成精之後幻化依附於人形遊走人間,伺機迷惑病者失智,致人惡病纏綿而最後身亡。由於陰森可怖的魅物遊蕩肆虐,引發原因未明的疾病,普通民衆根本没有途徑分辨和應對,一旦發現狐魅禍害則圍殲擊殺,因此唐代民間經常發生將正常人群判定爲狐魅附身者而誤殺或誤傷事件。張鷟《朝野僉載》卷七記載國子監助教張簡受狐魅蒙蔽誤殺其妹,"(張)簡遂持棒,見真妹從廁上出來,遂擊之。妹號叫曰:'是兒。'簡不信,因擊殺之。問絡絲者,化爲野狐而走"。⑦ 牛肅《紀聞》卷下亦記述田氏子僕人老豎買酒途中畏懼狐魅作祟,誤傷夜行婦人,"(老)豎曰:'吾恐魅之爲怪,强

---

① 《佛説灌頂摩尼羅亶大神呪經》卷八,《大正新修大藏經》第十二册,第519—520頁。
② 約出於宋代,撰人不詳:《太清金闕玉華仙書八極神章三皇内秘文》卷上,《中華道藏》第四册,第462頁。
③ (唐)般剌蜜帝譯:《大佛頂如來密因修證了義諸菩薩萬行首楞嚴經》,《大正新修大藏經》第十九册,第151頁。
④ (唐)元曉:《起信論疏》卷下,《大正新修大藏經》第四十四册,第223頁。
⑤ (唐)孫思邈:《備急千金要方》卷四,北京:中醫古籍出版社,1999年,第444頁。
⑥ 《太清金闕玉華仙書八極神章三皇内秘文》卷上,第462—463頁。
⑦ 《朝野僉載》卷二,第232頁。

起擊之。……'田氏子曰：'汝必誤損他人。'"①唐人憎恨、畏懼狐魅之疾患，其所産生的極端自衛行爲表象上反映的是人與狐之間的對立，實質上可理解爲民間群體面對起因不明的疾病集體激發出的一種惶怖狂躁情緒，這從側面亦充分説明了魅物致病觀念已廣爲唐代底層民衆所接受。

魑魅乃聚山林異氣所生的具有特定人獸結合形體的魅物，唐天台沙門湛然在《法華文句記》卷六中描述其爲："魑魅者，物之精也。……山澤之怪謂之魑也。……山神虎形曰魑，宅神豬頭人形曰魅。"②魑魅通常以獸物異形示人，與狐魅相伴潛伏於荒僻野外，殺人奪命，靠吸血爲生，"生熟狐狸，魍魎魑魅，依草附木等類。……作過良多，犯罪不一"，"野狐地魑，魑魅妖精……侵擾良民，殺人性命"③。另外，魑魅亦可化作人形，利用美女之幻狀迷惑世間男性散布疾病，孫思邈《備急千金要方》卷二十七記："又路行及衆中見殊妙美女，慎勿熟視而愛之，此當魑魅之物。"④魑魅因是陰邪之物，一旦觸犯故作祟而致人遂生魅疾，"魑魅魍魎……妄生疫癘，妖孽病民"⑤，"山魑鬼怪，魑魅伏屍……侵害生人……久病不瘥連年……將後起疫，不能除却"⑥，"必作魑病，黃瘦，骨立發熱，發落"⑦。

二、隋唐醫籍記載魅病病症表現及 醫學治魅方法多樣化

佛道二教認爲魅病是由鬼魅、精魅、魑魅三類魅物侵犯人的軀體而呈現出病因不明的病態反應，而專業醫者無法從醫學角度認知，則將魅病認定並歸入鬼神病的範疇。隋代巢元方《諸病源候論·鬼邪候》卷二對魅病的發病機制、病症表現等均做出翔實記載，"凡邪氣鬼物所爲病者……或言語錯謬，或啼哭驚走，或癲狂惛亂"，其在"鬼魅候"條又記曰："或與鬼神交通，病苦乍寒乍熱，心腹滿，短氣，不能飲食，此魅之所持也。"⑧卷二十四"邪注候"亦云："魅魑魍魎，皆謂爲邪也。……留滯腑髒，令人神志不定，或悲

---

① （唐）牛肅：《紀聞》卷下，《全唐五代筆記》第一冊，第401頁。
② （唐）湛然：《法華文句記》卷六，《大正新修大藏經》第三十四冊，第271頁。
③ 約出於明初，撰人不詳：《道法會元》卷一六四，《中華道藏》第三十七冊，第478頁。
④ 《備急千金要方》卷二七，第851頁。
⑤ 《道法會元》卷五七，《中華道藏》第三十六冊，第358頁。
⑥ 朝代不詳，撰人不詳：《太上説朝天謝雷真經》，《中華道藏》第三十一冊，第331頁。
⑦ （元）李鵬飛：《三元延壽參贊書》卷一，《中華道藏》第二十三冊，第739頁。
⑧ （隋）巢元方撰，南京中醫學院校釋：《諸病源候論校注》上冊卷二，北京：人民衛生出版社，1980年，第66—68頁。

或恐。"①由上可見,隋代醫籍詳細記録了受魅物侵害之魅病患者不僅神志迷亂,而且百病纏綿、厄運隨身。孫思邈《備急千金要方》對魅病症狀的載録與巢元方有着相同的描述:"凡諸百邪之病,源起多途,其有種種形相示表癲邪之端。"②魅病病者真實存在於唐代世俗生活之中,唐人筆記中對魅疾患者精神錯亂症狀的描繪更顯形象,陳劭《通幽記》真實記録了楚州村婦魅疾發作失控的場面:"其女患魅發狂,或毁壞形體,蹈火赴水,而腹漸大,若人之妊者。"③杜光庭《道教靈驗記》卷十五記述樊令言被狐妖所魅成疾,出現身體虛弱、精神恍惚的病理反應:"體弱氣衰,唯荒誕是務,不接賓友,惡見於人,時多恚怒,心神恍惚。"④最令人悚然不安的是,魅病呈現出烈性傳播的病理特性。段成式《酉陽雜俎·續集》卷二記載契宗兄患魅病致舉家蒙難的慘劇:"兄樊竟因病熱,乃狂言虛笑……契宗疑其狐魅,復禁桃枝擊之。……病者飲起牽其母,母遂中惡。援其妻,妻亦卒。"⑤

突如其來的魅病帶來巨大的生理和心理傷害,驚惶失措的唐人祇能尋求醫學的救治和宗教的庇護。孫思邈明確提出魅病發作受外部的"鬼神"風邪入侵,認爲藥物和針灸在治療過程中可以發揮一定功效,"如斯種類癲狂之人,今針灸與方藥並主治之"。⑥《備急千金要方》記録治療魅疾的散劑、湯藥、藥丸,如卷十四"風癲第五"的"十黄散""别離散""四物鴛頭散""五邪湯""茯神湯""虎睛湯"等,卷二十四"蠱毒第四"的"太上五蠱丸",主治"狀如鬼祟,身體浮腫,心悶煩疼,寒戰,夢與鬼交,狐狸作魅"。⑦ 後在《千金翼方》卷二十《雜病下》詳細記述"太一神明丸"内服和外塗的用法:"夜夢寤驚恐,問病臨喪,服一丸,潰一丸塗之止惡","卒中鬼魅,狂言妄語,一丸塗其脉上,一丸塗人中,即愈"。⑧ 其中《千金翼方》還創造了以針灸和艾灸結合的獨特灸法來醫治魅病,卷二十七"治卒中邪魅恍惚振噤法"條記:"鼻下人中及兩手足大指爪甲,令艾炷半在爪上……狂鬼語,針其足大拇指爪甲下,入少許即止。"⑨"治鬼魅"條述:"灸入髮際一寸,

① 《諸病源候論校注》上册卷二四,第 698 頁。
② 《備急千金要方》卷一四,第 445 頁。
③ (唐)陳劭:《通幽記》,《全唐五代筆記》第一册,第 599 頁。
④ (唐)杜光庭:《道教靈驗記》卷一五,《全唐五代筆記》第四册,第 2715 頁。
⑤ (唐)段成式:《酉陽雜俎·續集》卷二,《全唐五代筆記》第二册,第 1689 頁。
⑥ 《備急千金要方》卷四,第 445 頁。
⑦ 《備急千金要方》卷二四,第 753 頁。
⑧ (唐)孫思邈撰,朱邦賢、陳文國等校注:《千金翼方校注》卷二〇,上海古籍出版社,1999 年,第 555 頁。
⑨ 《千金翼方校注》卷二七,第 773 頁。

百壯。""野狐魅"條謂:"手大指,急縛大指,灸合間二七壯,當狐鳴而愈。"①馬繼興《敦煌醫藥文獻輯校》收録 S. 1467《不知名醫方第二種殘卷》共存十八方,其中記載了初唐民間采用了道醫艾灸法治療魅疾的醫方:"凡欲發狂,即欲走,或自高貴,稱神聖,皆須備諸火灸,必乃得永瘥耳。"②顯然,此則初唐敦煌醫方襲用了孫思邈治魅灸法,反映了寫本醫方與傳世刻本醫方之間的源流及互動關係,亦可證實道醫治魅醫術在唐代民間醫療市場的影響力。

王燾於天寶十一載撰成的《外臺秘要方》搜集治療精魅邪氣的藥物,彙集了唐代魅病醫方精華,其中卷十三"鬼魅精魅方八首"專門記載藥物類的治魅方,其中輯録唐孟詵《必效方》中的"辟鬼魅方":"虎爪、赤朱、雄黄、蟹爪。上四味,搗令碎,以松脂融,及暖和爲丸,不然硬。正朝旦及有狐鬼處焚之,甚效。"③又收録唐李諫議《近效方》中的"大麝香丸":"精鬼狐狸之屬拋磚瓦,或如兵馬行,夜發者是鬼魅,無早晚每日服前藥兩丸。……仍每日燒一丸熏身體及衣裳,宅中燒之亦好。無患人以三五丸緋絹袋盛繫左臂上,辟虎毒蛇諸精鬼魅等。"④S. 1467《不知名醫方第二種殘卷》另記有初唐敦煌治魅藥方"九物牛黄丸"療魅之功效:"治男子得鬼魅欲死,所見驚怖欲走,時有忤止,皆邪氣所爲,不自□,九物牛黄丸方。"⑤"九物牛黄丸"原爲隋朝名醫姚僧垣之治魅藥方,此則敦煌治魅藥方與《外臺秘要方》引姚僧垣《集驗方》内容完全一致,其後亦被孫思邈《備急千金要方》《千金翼方》同時收録,《備急千金要方》記:"治男子得鬼魅欲死……皆邪氣所爲,不能自絶,九物牛黄丸方:牛黄(土精,一云火精)、荆實(人精)、曾青(蒼龍精)、玉屑(白虎精)……玄參(玄武精)……赤石脂(朱雀精)……上九味名曰九精,上通九天,下通九地……日三服。"⑥由上可見,九物牛黄丸藥方出現了道教四靈神君,顯示出道醫治魅的宗教屬性,"'九物牛黄丸'又名'九精丸',結合'天地人水火四靈'九精,此方治療男子爲鬼魅所侵,驚怖慾走"。⑦

日本丹波康賴撰寫的《醫心方》整理彙編唐代以來中醫學文獻資料,卷廿六"避邪魅方第十三"引述道教醫方《西王母玉壺丸方》,采用了焚燒和佩帶藥丸以辟邪祛魅的

① 《千金翼方校注》卷二七,第 776 頁。
② 馬繼興等主編:《敦煌醫藥文獻輯校》,南京:江蘇古籍出版社,1998 年,第 272 頁。
③ (唐)王燾:《外臺秘要方》卷一三,北京:華夏出版社,2009 年,第 272 頁。
④ 《外臺秘要方》卷一三,第 273 頁。
⑤ 《敦煌醫藥文獻輯校》,第 272 頁。
⑥ 《備急千金要方》卷一四,第 442 頁。
⑦ 范家偉:《中古時期的醫者與病者》,上海:復旦大學出版社,2010 年,第 273 頁。

醫治之法,"若獨宿林澤中,若塚墓間,燒一丸,百鬼走去。又,一丸著緋囊中,懸臂,男左女右,山精鬼魅皆畏之"。① 唐代醫籍認爲吞服或熏燒道教祛魅方藥皆能逼迫魅物顯現原形,同時也具有防治魅病的功效。此法在唐杜光庭所記的《毛仙翁傳》中得以印證,此則仙傳故事記述了大中年間進士張爲被幻化妾身的木偶精魅所迷,道士毛仙翁令其焚燒"鮑南海丸"辟邪驅魅,使精魅顯出原形。"毛翁自海陵來……顧見張(爲),潛之曰:'子妖氣邪光……殞於旦夕也。吾有鮑南海丸。'……於香爐焚之……張之魅妾,長號一聲,蹶然而斃。因共視之,即木偶人也!"② 綜上,隋唐醫籍内容記述魅疾病因緣由、病症表現及其診斷方法,並強調道教藥物處方以及針灸艾柱救療方法的適用性與有效性,凸顯出唐代傳統醫學治療魅病的進步和成果。

符咒是宗教治魅術重要的技法手段。道教禁咒治魅術在唐代醫籍中同樣有着詳盡的記録:"黄帝掌訣,别是術家秘要,縛鬼禁劾五嶽四瀆,山精鬼魅,並悉禁之。"③ 范家偉先生在《漢唐時期瘧疾與瘧鬼》一文中亦明確指出:"古人所謂醫學知識,禁咒、符印也包含在内,是一整套的體系。"④ 孫思邈《千金翼方·禁經下》卷三十中的"禁蠱毒第十三""禁遁注第十四""禁邪病第十五"條載録了大量道教祛魅咒語,其"咒魘蠱及解"曰:"太山昂昂,逐殺魅光,魅翁死,魅母亡。……急急如律令。"⑤ 其"禁唾飛屍入腹急切痛法"曰:"天上飛龍,窮奇白虎……主食惡鬼,入食飛屍,出食殃魅。……急急如律令。"⑥ 其"咒水噴病人法"曰:"咒曰:……攝録邪精,神祇所怒,玉石皆化,何病不愈。……急急如律令。"⑦ 而王燾《外臺秘要方》卷十三載録了唐玄宗親制頒示的《廣濟方》中所留存的道教符術治魅法,其中記曰:"療精魅病方:水銀一兩,上取水銀納漿水一升,炭火上煎三分減二,即去火取水銀如熟豆大,取當日神符裹水銀空腹吞之。"⑧ 丹波康賴《醫心方》卷廿四"相子生命屬十二星法第十五"條亦記載了祝禱屬星除魅消災的道教咒語:"若卒有患亡命,疾病有厄,輒披發左袒禹步,三仰呼所屬星名,曰:……勿

---

① 〔日〕丹波康賴:《醫心方》卷二六,北京:華夏出版社,2011年,第561頁。
② (清)董誥等編:《全唐文》卷九四四,北京:中華書局,1983年,第9813頁。
③ 《千金翼方校注》卷一四,第445頁。
④ 范家偉:《漢唐時期瘧疾與瘧鬼》,收録於林富士主編《疾病的歷史》,臺北:聯經出版事業股份有限公司,2011年,第243頁。
⑤ 《千金翼方校注》卷三〇,第848頁。
⑥ 《千金翼方校注》卷三〇,第851頁。
⑦ 《千金翼方校注》卷三〇,第854頁。
⑧ 《外臺秘要方》卷一三,第272頁。

令邪鬼魅鬼來病我。"[1]魅物是産生或引發魅病的主要因素,面對身體羸弱、精神恍惚、語言行爲失常的魅疾患者,道教符咒被唐代民間視爲治療魅病的常用方法,薛用弱《集異記》卷下記載晚唐道士楊景霄持符咒助鄩濤避邪驅魅,消災袪疾。"道士楊景霄至館訪之,見(鄩)濤色有異,曰:'公爲鬼魅所惑,宜斷之。不然死矣。'……乃與符二道,一施衣帶,一置門上。……女子是夕至,見符門上,大罵而去。……(鄩)濤乃以景霄咒水灑之,於是遂絶。"[2]杜光庭《道教靈驗記》卷十一"高相三皇内文驗"條亦記晚唐道士何彝範用《三皇内文》《洞神經》符文制服狐魅:"丞相高燕公駢初鎮成都也,樂營之内有狸魅焉……(何彝範)請訪《三皇内文》試爲行之。公素有《洞神經》,彝範書數字。……是夕有老狸,毛已秃落,死於盆下,其魅遂絶。"[3]上述唐代筆記小説反映出唐代民間群體崇信道教符咒治療魅疾的習俗信仰,通過唐人筆記所描摹的歷史空間持續挖掘無法碰觸的道法神迹,體會道教符咒中難以描述的奇異法術效力。

三、唐代道派中高道除魅的療疾現象與晚唐治魅天蓬咒法術信仰

唐代符籙道派興起後,異常重視符咒治病功效,兼具醫者身份的道士亦提倡符咒技法克魅治病,因此用符咒治病驅邪縛魅的高道能人在唐代風靡一時。高道葉法善施用法術醫治魅病事迹多爲唐代史籍與唐人筆記所載,杜光庭《道教靈驗記》卷十四"葉法善醮靈驗"條記:"法善於凌空觀作火壇,設大醮。……俄有數十人,奔投火中。……法善曰:'此人皆有魅病,爲吾法所攝。'及問之,果然盡爲劾之,其病皆愈。"[4]葉法善活動於初盛唐之際,其道法高深,精於符咒,善於鑒識魅病,憑藉道法"攝魅"使病者痊癒,當時轟動一時,此則文獻材料後爲新舊《唐書》所引。葉法善不但擁有治魅的符咒本領,其隨身佩帶的法劍亦成爲斬妖除魅的專用利器。唐鄭綮《開天傳信録》述及葉法善以法劍制服化身"麴秀才"之魅物:"(葉)法善密以小劍擊之,隨手失墜於階下,化爲瓶榼……乃盈瓶醲醞也。"[5]正因爲葉法善禁咒神通,醫治魅疾立見奇效,深受道教徒信服。《廣異記》卷六記:"玄宗時,洛陽婦人患魔魅,前後術者治之不愈。婦人子詣葉法

① 《醫心方》卷二四,第492頁。
② (唐)薛用弱:《集異記》卷下,《全唐五代筆記》第二册,第884頁。
③ 《道教靈驗記》卷一一,《全唐五代筆記》第四册,第2686頁。
④ 《道教靈驗記》卷一四,《全唐五代筆記》第四册,第2703頁。
⑤ (唐)鄭綮:《開天傳信録》,《全唐五代筆記》第三册,第2254頁。

善道士,求爲法遣。……乃携人深入陽翟山中絶嶺,有池水,善於池邊行禁。"①而在唐代魅病類型中,狐魅之病最難根治,葉法善亦存在治魅失敗的醫案。戴孚《廣異記》卷九記録了開元初京兆少尹楊伯成女爲狐魅所惑,"(楊)伯成知是狐魅,令家人十餘輩擊之,反被料理,多遇泥塗兩耳者。……詔令學葉道士術者十餘輩至其家,悉被泥耳及縛,無能屈伏"。②

葉静能同樣亦是初唐擅長符咒治魅術的道門傳奇人物之一,據《舊唐書·後妃列傳上》記:"時國子祭酒葉静能善符禁小術……皆出入宫掖。"③葉静能善於診斷並利用符術治療狐魅病症,《廣異記》卷十記其以符術救治王苞狐魅之病:"(葉)静能謂曰:'汝身何得有野狐氣?'……臨别,書一符與(王)苞。……苞還至舍,如静能言。婦人得符,變爲老狐,銜符而走,至静能所拜謝。"④道士葉静能法力神威,唐代民間道教俗信將其醫治狐魅病一事改編爲敦煌變文《葉静能詩》,其中詳細記叙其爲策賢坊康太清女醫治狐魅病症的法術最爲神通詭異:"(葉)净能見女子,便知是野狐之病,净能當時左手持劍,右手捉女子,斬爲三斷,血流遍地,一院之人,無不驚愕。……告玄都觀道士把劍殺人。……捕賊官及捉事所出等,齊到净能院内。……净能語官人曰:'何不揭氈看驗之?'……揭氈驗之,曰:'康太清女子與野狐並卧,女子宛然無損,野狐斬爲三段。'……其女魅病當時便除。"⑤

鄧延康作爲晚唐道教北帝派的重要人物,爲北帝教派開創者鄧紫陽的侄孫,其修習法術以交通神靈,治魅拯人,成爲唐代晚期有名的大德高真,鄭畋撰有碑文《唐故上都龍興觀三洞經籙賜紫法師鄧先生(延康)墓誌銘》,稱:"葆神茹氣,澹然與天倪元合。三景五牙二星八道之秘,雲章龍篆齋元醮會之法,神悟靈契,悉臻宗極。屢爲廉使郡守請敬師受,排邪救旱,顯應非一。"⑥北帝派由唐玄宗時道士鄧紫陽創立,兼上清之道和正一之法,講究静思服氣、劾鬼、符水療病等,以江西撫州南城縣的麻姑山爲活動中心,子孫世代傳承《天蓬經》和北帝授劍法。在本土道教神明體系之中,真武、天蓬、天猷、翊聖各掌一方,號爲北極四聖真君,而天蓬則爲道教第一大護法。《太上三洞神咒》卷五

---

① (唐)戴孚:《廣異記》卷六,《全唐五代筆記》第一册,第507頁。
② 《廣異記》卷九,《全唐五代筆記》第一册,第549頁。
③ (後晉)劉昫等撰:《舊唐書》卷五一,北京:中華書局,2007年,第2173頁。
④ 《廣異記》卷一〇,《全唐五代筆記》第一册,第555頁。
⑤ 周紹良主編:《全唐文新編》卷九〇二,長春:吉林文史出版社,1999年,第12097—2098頁。
⑥ 《全唐文》卷七六七,第7982頁。

述："天蓬紫微大帥萬神祖宗、天猷副元帥遊行太空、黑煞將軍堯火斬凶、真武角將乞水玄酆。"①《無上九霄玉清大梵紫微玄都雷霆玉經》曰："北極紫微大帝統臨三界,掌握五雷,天蓬君、天猷君、翊聖君、玄武君分司領治。"②"天蓬"一名,本爲星宿神之稱,《道法會元》卷一七二"贊皇猷篇"條述："北斗九宸,應化分精,而爲九神也。九神者,天蓬、天任、天衡、天輔、天英、天内、天柱、天心、天禽也。"③卷一五六"上清天蓬伏魔大法"條又云："天蓬大將,姓駱名芮。即北斗第一貪狼星也。"④由上可知,天蓬星宿神名爲駱芮,爲北斗九宸之首輔,其後天蓬由星宿神又演變成爲道教存思之身神。《上清大洞真經》卷二謂："次思赤炁從兆泥丸中入……結作三神。一神狀如天蓬大將。"⑤《道法會元》卷一七一曰："北斗七晨,一曰九星。泥丸九宮中有帝席,魂神魄靈,分化列位,隱名曰天蓬,亦曰太微神。"⑥天蓬作爲道教神系中的第一護法嬗變爲北斗星神、泥丸身神,不僅可怡養守護身心,而且亦是辟鬼驅邪、祛魅禳災的天神猛將,故而默念天蓬神咒即會產生禁邪劾魅、祛病療疾的醫療救治效果,《太上元始天尊說北帝伏魔神咒妙經》卷五謂："存吾形及天蓬大將,專志專心,念此神咒一遍。自然魂魄歸身,萬邪攝伏,衆惡消亡。"⑦《道法會元》卷一七一云："念天蓬安神咒……邪鬼魔精凶惡妖怪,聞名即去,萬病千殃,傳言即愈……半天五酉、山魈妖狐,隨咒絕其影響矣。"⑧

北帝派天蓬神咒除魅祛疾,剛猛神威,遂爲唐代民間道教信徒廣泛傳布的禁劾魅物之法術,杜光庭《道教靈驗記》卷十條記載僖宗時期王道珂以天蓬咒祛除夜行擔蒜村人狐魅之病："忽隨擔蒜村人趁市,夜行至廟門,忽然倒地。倉惶之間,見野狐數頭,眼如火炬,銜拽入廟堂階之下……(王)道珂心中默持《天蓬神咒》,逡巡却蘇。"⑨天蓬咒爲狐魅之剋星,誦咒者以召喚鷹犬二使者伏服狐妖魅物,"都統大元帥天蓬真君……元帥側有從童……飛鷹走犬二使者"。⑩《道教靈驗記》卷十五亦記錄道士杜太明誦天蓬咒

① 朝代不詳,撰人不詳:《太上三洞神咒》卷五,《中華道藏》第三十二册,第726頁。
② 朝代不詳,撰人不詳:《無上九霄玉清大梵紫微玄都雷霆玉經》卷五,《中華道藏》第三十一册,第295頁。
③ 約出於明初,撰人不詳:《道法會元》卷一七二,《中華道藏》第三十七册,第541頁。
④ 《道法會元》卷一五六,《中華道藏》第三十七册,第407頁。
⑤ (東晉)楊羲:《上清大洞真經》卷二,《中華道藏》第一册,第35頁。
⑥ 《道法會元》卷一七一,《中華道藏》第三十七册,第536頁。
⑦ 約出於唐末至宋初,歐陽雯:《太上元始天尊說北帝伏魔神咒妙經》卷五,《中華道藏》第三十册,第186頁。
⑧ 《道法會元》卷一七一,《中華道藏》第三十七册,第537頁。
⑨ 《道教靈驗記》卷一○,《全唐五代筆記》第四册,第2681頁。
⑩ 《道法會元》卷一五六,《中華道藏》第三十七册,第407頁。

驅遣鷹犬二使救治樊令言狐魅之疾："（杜太明）作北帝道場……備香火案幾。……洎晚，有十餘人，將鷹犬弋獵之具，從空中而下，徑入堂內，殺其婦及女僕凡七八人。既死，皆化爲狐矣。……自此（樊）令言所疾日瘳。"①操持天蓬咒祛除狐魅一直是晚唐北帝派道士最爲衆生熟知的治病法術，而北帝天師鄧延康符針治魅的醫療技法在其墓誌銘中亦有留存："開成初，鴻臚少卿屈突謙妻李氏魅狐得孕，厥害濱死。先生以神篆針砭，既服而誕，則妖雛數首皆斃矣。"鄧延康繼承北帝教派法脈，采用符咒法術與針灸醫學並施的"神篆針砭"祛魅治療方案，直接延續了鄧紫陽的治魅技法，而鄧紫陽天蓬治魅符咒之法在宋陳葆光《三洞群仙録》卷四中得以具體記載："鄧紫陽入麻姑山，日夜誦天蓬神咒，感金甲神人與語曰：吾是北方天使者。……遂令降墨篆神符真文。上有神仙之術，中有役使鬼神，下有救療疾病。"②

四、唐代僧醫香藥治魅藥物療法及陀羅尼咒治魅技能的展現

僧人通曉醫術在古代是較爲普遍的現象，因爲佛教教義中對於醫學不但不排斥，還大力提倡。在佛教的知識與技能體系中有所謂"五明"的説法，即聲明、因明、醫方明、工巧明、內明五門學科，其中的醫方明便包括了醫藥知識。唐玄奘在《大唐西域記》用"禁咒閑邪，藥石針艾"概括佛教"醫方明"的內容。佛教醫學體系實際上隱含了傳統醫學與宗教醫學的知識背景，因爲"針艾"是相對典型的傳統醫學內容，同時亦囊括了宗教的治病禁咒成分。在唐代歷史上，僧人援佛入醫，以醫弘教，佛學與傳統醫學知識相結合，形成了後世所稱的佛教醫學，並產生了一批僧人醫家，而這些具有獨特身份的僧醫群體，是古代醫療人員的重要組成部分。唐人佛教僧人與醫療活動有着較密切的聯繫，例如段成式《酉陽雜俎·前集》卷三記曰："寧王憲寢疾，上命中使送醫藥，相望於道。僧崇一療憲稍瘳，上悦，持賜崇一緋袍魚袋。"③權德輿《代盧相公謝賜方藥並陳乞表》記："臣自染偏風……伏蒙特令供奉僧智昌醫療並每日令中使存問，及賜柳湯煎驢頭方，仍便令服餌者。"④元和二年（807）《大唐荷恩寺故大德法津禪師塔銘並序》述："代宗皇帝以萬方爲心，憂勞興疾，夢寐之際，遂見吾師、奉獻神膏，未踰翌日，厥疾乃

---

① 《道教靈驗記》卷一五，《全唐五代筆記》第四册，第 2686 頁。
② （宋）陳葆光：《三洞群仙録》卷四，《中華道藏》第四十五册，第 295 頁。
③ 《酉陽雜俎·前集》卷三，《全唐五代筆記》第二册，第 1558 頁。
④ 《全唐文》卷四八五，第 4954 頁。

瘵,遂賜院額號醫王寺。"①據上可見,唐代僧醫爲皇帝以及王公大臣服務,爲其醫治疾病,獲得皇室器重與封賞,因此成爲各級官員極力羅致的座上賓。這在唐人墓誌中亦有真實反映,開元二年(714)《□故大□思穀禪師□□銘並序》云:"師諱□□,字思穀,□竺姓宋氏,洛陽人也。……尤善醫活人……精通醫道。故聲□遐邇,當時士大林文忠公□□師楹聯云:采藥活人心是佛,對花臨帖筆如神。夢韶李太尊贈師□婆心國手之稱。淳甫馬明府贈師堂額以旆檀橘茂。余香居士贈師以藥師,闔邑紳民贈師屏幛。"②此方墓誌所載天竺僧醫墓主的名字雖磨泐未清,但從志文內容可知墓主因擅長醫術受到士族、鄉民的禮遇和尊崇。年份不詳《唐故河西節度都頭知玉門軍事銀青光禄大夫檢校國子祭酒兼御史中丞上柱國清河張府君(明德)邈真贊並序》云:"(墓主張明德)忽遭懸蛇之疾。尋師進餌,鶌鶴瘳而難旋;累月針醫,耆婆到而不免。"③此方墓誌墓主張明德身份爲河西軍事長官,因患"懸蛇"心疾延請天竺僧醫"耆婆"治療。分析上述墓誌材料可知,唐代僧人在行醫的過程中,遊走於政治高層或社會底層,僧醫群體以顯著的醫術療效在民間醫療市場占據重要席位。

因宗教內涵和醫療模式不同,唐代僧醫與道醫在魅病治療的方藥組成、藥物用量和服法上有着較大差別,宗教治魅藥方在流傳及集結中表現出多樣性與複雜性。唐代醫僧群體以本土漢僧和外來胡僧爲主體,其醫學知識基本從古印度傳來,僧醫皆遵照佛經所載添加植物香藥作爲主要的治魅藥物。香藥既是自然界極爲稀少、珍貴的香料物質,亦是佛教禮佛供佛的一種聖物,還是利用燒熏之法治療魅疾的重要名貴中藥材。《摩醯首羅大自在天王神通化生伎藝天女念誦法》云:"又法若有患神病者,取阿魏藥、安悉香、雄黃、白芥子、青木香、若練葉等。並搗篩相和作四十九丸,一誦明一投火中,其病即差","又法若患狐魅病者,取雄黃、白芥子、芎藭、獨頭菝、犀角、殺羊尿、白馬懸蹄、驢馬夜眼並搗篩爲丸,加持一百八遍,燒熏鼻孔之中,並塗身上狐魅消滅其病即差。"④而《敦煌醫藥文獻輯校》收錄P.3230《佛家方第三種》甲本,此則文獻材料記載了僧醫采用香藥洗浴之法爲醫治魅疾提供全新的療法,《佛家方第三種》甲本雖未交代撰人撰年,但清晰記錄了民間百姓依據《金光明最勝王經·大辯才天女品第十五》內容合制香藥洗

① 周紹良主編:《唐代墓誌彙編》,上海古籍出版社,1992年,第1957頁。
② 吳鋼主編:《全唐文補遺》第五輯,西安:三秦出版社,1998年,第3頁。
③ 吳鋼主編:《全唐文補遺》第九輯,西安:三秦出版社,2007年,第309頁。
④ 朝代不詳,撰人不詳:《摩醯首羅大自在天王神通化生伎藝天女念誦法》,《大正新修大藏經》第二十一冊,第341頁。

浴藥方，“洗浴之法，彼人所有惡星災變與初生時星屬相違，疫病之苦，聞靜戰陣，惡夢鬼神、蠱毒、厭魅，咒術起死……應作如是洗浴之法，當取香藥三十二味，所謂：菖蒲、牛黄、苜蓿香、麝香、雄黄……茅根香、安息香、芥子……青木”。① 中國古代佛教治療魅疾的療法深受天竺印度影響，慣用安息香、青木、芥子、香茅等香藥配製成藥丸服用，或碾製成香粉佩戴、燒熏、洗浴。香藥藥材芳香化濕，開竅寧神，具有治病養生、調息净心的藥用功效，乃魅病神昏痰厥症狀之急救藥方。同時，唐代僧醫香藥祛魅藥方在傳世醫籍中完整保留，王燾《外臺秘要方》卷十三“鬼神交通方四首”載録初唐醫家崔知悌運用天竺之阿魏藥特有藥材配製治魅燒熏方：“崔氏療夢與鬼神交通及狐狸精魅等方。野狐鼻、豹鼻、狐頭骨……阿魏藥、驢、馬、狗、駝、牛等毛上十五味……和爲丸，如彈丸，以熏患者。”②其後崔氏在“鬼氣方三首”又記内服阿魏藥、安息香治鬼氣方：“崔氏療鬼氣，辟邪惡，阿魏藥安息香方。阿魏藥，即《涅盤經》云央匱是也。……以餘乳蕩盞飲之取盡；至暮又取安息香亦如棗許大，分如梧子，還以熟牛乳服之令盡。……七八日即效。”③崔氏醫方所用藥材皆爲香藥一類，帶有濃重的異域色彩，阿魏藥、安息香皆源於天竺、波斯，常作通神辟邪之用。段成式《酉陽雜俎·前集》卷十八記述：“阿魏，出伽闍那國，即北天竺也。……樹長八九丈……斷其枝，汁出如飴，久乃堅凝，名阿魏”，“安息香樹，出波斯國……刻其樹皮，其膠如飴，名安息香。……燒之通神明，辟衆惡”。④ 此外，唐朝政府通過各種途徑和方式面向民間群體宣傳佛教除魅藥方，唐玄宗御制並頒示天下的《廣濟方》十分重視僧醫香藥在魅疾治療中的作用，其中《外臺秘要方》引《廣濟方》治“疰忤鬼氣，卒心痛，霍亂吐痢，時氣鬼魅瘴瘧……吃力迦丸方。吃力迦，光明砂，麝香，訶黎勒皮，香附子，沉香，青木香，丁子香，安息香，白檀香……上十五味……於净器中研破服，老小每碎一丸服之，仍取一丸如彈丸，蠟紙裹，緋袋盛，當心帶之，一切邪鬼不敢近”⑤。此外，唐人敦煌醫方寫本亦遺存了大量佛教香藥治魅醫方，普通民衆成了佛醫信仰在民間傳承的重要載體和推力，P. 2565《唐人選方第一種》甲卷記載武周時期以青木香成分“療鬼魅等病方”：“上好蜀升麻十兩，著一兩青木香和搗爲末，每服一方寸匕。”⑥由上可見，隨着魅物致病觀念日益深入人心，僧醫香藥治魅方在唐代民間群體中

---

① 《敦煌醫藥文獻輯校》，第 757 頁。
② 《外臺秘要方》卷一三，第 273 頁。
③ 《外臺秘要方》卷一三，第 271 頁。
④ 《酉陽雜俎·前集》卷一八，《全唐五代筆記》第二册，第 1666 頁。
⑤ 《外臺秘要方》卷一三，第 272 頁。
⑥ 《敦煌醫藥文獻輯校》，第 221 頁。

得以廣泛使用。

唐代佛教雖標榜修持清净法身,但既然它是宗教,就不能衹有吸引知識精英的玄學義理,還須有面向普通信徒習練的神通法術,而佛教法術包含着大量保留在原始宗教或民間信仰中的符咒技能因子,"佛教使用咒術治療疾病,是漢唐間常用的方式"。① 唐代僧醫群體除常規的藥物治療之外,尤以禁咒療疾治病見長,雲遊四方的僧人施行咒水治病的靈驗事迹亦不斷在民間傳播,比如唐閭邱允在《寒山子詩集序》自述:"(閭邱)允頃受丹邱薄宦,臨途之日,乃縈頭痛……遇一禪師……特此相訪乃命救疾。……乃持净水上師,師乃噀之,須臾祛疹。"②《宋高僧傳》卷十八《唐齊州靈岩寺道鑒傳九》亦記:"唐先天二年,陸魯公子疾……門遇一僧分衛,屈入,遂索水器含噀之,即時病間。"③爲了傳教弘道、廣納信衆,佛教對解除大衆疾苦的咒術甚爲重視,再加上自身修煉的需要,咒術成了佛教救世、救人、救己的一種必備的技能,"若學咒除毒,爲自護,不以爲活命,無犯"。④ 唐代佛教密宗盛行,密宗陀羅尼經咒廣布於民間,陀羅尼信仰在世俗教徒中得到積極回應。密教信奉者認爲陀羅尼經咒具有驅邪除魅、祛病禳災的法力。但陀羅尼咒需配合佛教香藥才發揮祛魅效力,"若狐魅病山精鬼魅壓蠱病等,呪白芥子二十一遍,以打病人頭面胸心,燒安悉香,繞身熏鼻及噙取香煙二十一咽。……其病即差。"⑤不難發現,唐代佛教治魅法術其實隱含了藥療,密咒似乎對病者心理安慰起到了助治效果,香藥仍在咒術行術過程中發揮作用。僧醫持咒者一邊施行香藥,一邊誦念咒語的治魅療法在唐代胡僧所譯的陀羅尼佛經中隨處可見,比如初唐菩提流志譯《廣大寶樓閣善住秘密陀羅尼經》卷上曰:"取白芥子呪千八遍燒之……亦能治一切鬼氣。"⑥盛唐不空法師譯《七俱胝佛母所説准提陀羅尼經》卷上記:"若人患鬼魅病,取楊柳枝,或茅草,誦真言,拂患者身,即得除愈。……以呪呪茅拂病人,得香茅第一。不得,直茅亦得","又法,先加持白芥子……然後取芥子誦真言,一遍一擲打彼鬼魅者……其鬼魅馳走,病者除愈。"⑦中唐天竺僧阿質達霰譯《穢迹金剛説神通大滿陀羅尼法術靈要門》述:"若

① 范家偉:《大醫精誠:唐代國家、信仰與醫學》,臺北:東大圖書公司,2007 年,第 177 頁。
② 《全唐文》卷一六二,第 1662 頁。
③ (宋)贊寧:《宋高僧傳》卷一八,上海古籍出版社,2007 年,第 419 頁。
④ (後秦)佛陀耶舍、竺佛念等譯:《四分律》卷三〇,《大正新修大藏經》第二十二册,第 774 頁。
⑤ (唐)阿地瞿多譯:《陀羅尼集經·佛頂縛鬼印呪第二十四》,《大正新修大藏經》第十八册,第 792 頁。
⑥ (唐)菩提流志譯:《廣大寶樓閣善住秘密陀羅尼經》卷上,《大正新修大藏經》第十九册,第 641 頁。
⑦ (唐)不空譯:《七俱胝佛母所説准提陀羅尼經》卷上,《大正新修大藏經》第二十册,第 179 頁。

治邪病者,但於病患人頭邊,燒安悉香誦之,呪立除之。……治精魅病者亦如法。"①毫無疑問,唐代僧人翻譯佛經文獻爲達到宣揚佛法的目的,自然存在誇大咒力神迹的成分,而佛家咒語符號性的儀式掩蓋了病者接受香藥治療的客觀事實。

唐朝時期僧醫大量涌現,成爲古代醫療隊伍中的一支重要力量,僧醫精於藥理和咒術,專治各種疑難病例,特別是爲魅病的治療提供了極可貴的醫療經驗。佚名《會昌解頤録》保存晚唐僧人法舟以丹方治魅的珍貴醫案:"(法)舟乃與(張)立本兩粒丹,令其女服之,不旬日而疾自愈。某女説云:'後有竹叢……其中有野狐窟穴,因被其魅。'服丹之後,不聞其疾再發矣。"②法舟治魅丹藥的醫方内容雖無法考證,但按照僧醫治魅方的用藥習慣,其配方中必有香藥類的藥材成分。段成式《酉陽雜俎·續集》卷二中則記録中唐高僧僧瞻持咒降服魅物的另一則醫案:"(僧)瞻善鬼神部,持念治魅,病者多著效。瞻至其家,摽紅界繩,印手敕劍召之。……中夜,有物如牛,鼻於酒上。瞻乃匿劍,躍步大言,極力刺之。……一女即愈……次女猶病,瞻因立於前,舉伐折羅叱之,女恐怖泚額。……浹旬,其女臂上腫起如漚,大如瓜。瞻針刺之,出血數合,竟差。"③唐人筆記小説所見僧瞻以紅繩誦咒結界之治魅術乃密宗法術,此種治魅咒術技能即在唐代佛經《摩訶吠室嚕末那野提婆喝囉闍陀羅尼儀軌》中亦有具體提及:"若有人患鬼病者,呪五色綫三七遍作三七結,繫病人項上其病即除差。……若患野狐病者,呪五色綫教童女合繩,呪一百八遍,繫其項上更呪,楊枝打病人即得差。"④

結　語

唐代墓誌、唐人筆記保存了一幅幅粗獷原始、繽紛異彩的宗教醫療風俗畫卷,而道士和僧人利用藥物與符咒技能優勢活躍於民間醫療市場,特別是爲魅疾治療積累了大量的醫療經驗。在唐人建構的鬼神世界中,魅病乃鬼魅、精魅、魑魅三類至邪魅物侵擾或附體所引發的原因不明之惡疾。本文通過以唐代墓誌和唐人筆記爲考察中心,結合佛道經典、傳統醫籍、敦煌醫籍所載道醫和僧醫魅疾治療方法的考述,從宗教神鬼觀念、

① (唐)阿質達霰譯:《穢迹金剛説神通大滿陀羅尼法術靈要門》,《大正新修大藏經》第二十一册,第159頁。

② (唐)佚名:《會昌解頤録》,《全唐五代筆記》第二册,第1273頁。

③ 《酉陽雜俎·續集》卷二,《全唐五代筆記》第二册,第1693頁。

④ (唐)般若斫羯囉譯:《摩訶吠室嚕末那野提婆喝囉闍陀羅尼儀軌》,《大正新修大藏經》第二十一册,第223頁。

專業醫者認知、醫療民俗文化三個關聯視角切入，圍繞魅病的生成機制、病理危害及治療效果對佛道宗教醫學進行探究，旨在呈現道醫、僧醫兩者醫學模式和療疾法術存在的根本差異。唐代道醫或僧醫信仰主體的形成，離不開以傳統醫學知識爲背景的醫術手段，亦離不開法術技能的有力催發和干預，而佛道宗教醫學中藥物和禁咒交織並用的魅疾治療方式暗含豐富的民俗價值、宗教意義，透過唐代道醫、僧醫群體治魅醫療行爲勾勒出佛道宗教醫學療疾技能之歷史原貌，凸顯宗教醫學包羅宏富、多元複雜的總體特徵，促使隱蔽在唐代民間群體疾病背後的民俗文化形態、宗教信仰行爲得以重新審視與全面觀照。

《魏晉南北朝隋唐史資料》第四十九輯

2024 年 5 月,380—392 頁

中華書局點校本《晉書》職官問題考辨

賀 偉

在中國古典學研究領域,魏晉南朝(或曰"六朝")通常被視爲一個整體的時段。20世紀 70 年代,中華書局陸續出版了《晉書》和"南朝五史"(《宋書》《南齊書》《梁書》《陳書》《南史》)的點校整理本,其中的《晉書》由吳則虞先生點校、楊伯峻先生編輯整理,訂正了此前流傳文本的不少訛誤,取得很高的學術成就。筆者近來閱讀此書,發現其中頗有職官混誤的情形。鑒於"點校本二十四史"系列中的《宋書》《南齊書》《梁書》《陳書》《南史》已有新修訂本面世,《晉書》的修訂工作尚在進行,故不揣淺陋,在參考相關成果的基礎上,綜合採用他校、本校等傳統校勘學方法,就是書的職官抵牾問題略加考辨,希望能够爲修訂工作提供些許幫助。

一、本 紀 部 分

1. 卷四《惠帝紀》:"[永興元年]秋七月丙申朔,右衛將軍陳眕以詔召百僚入殿中,因勒兵討成都王穎。"①

《晉書·天文志》三處言及此事,例作"左衛將軍陳眕",如卷一二《天文中·月奄犯五緯》"[太安三年]七月,左衛將軍陳眕等率衆奉帝伐成都王",②《宋書》卷二四《天文二》同樣作"[太安三年]七月,左衛將軍陳眕率衆奉帝伐成都"。③ 此外,《晉書》卷五九《成都王穎傳》"永興初,左衛將軍陳眕,殿中中郎逯苞、成輔及長沙故將上官已等,奉大

---

① (唐)房玄齡:《晉書》,北京:中華書局,1974 年,第 102 頁。

② 《晉書》,第 347 頁。

③ (梁)沈約:《宋書》,北京:中華書局,1974 年,第 702 頁。引文"永興元年""太安三年"應作"永安元年"。"太安"係晉惠帝年號,前後共兩年,太安三年正月改元永安,七月改元建武,十一月復改元爲永安,十二月改元永興,"左衛將軍陳眕等率衆奉帝伐成都王"發生在改元建武前。

駕討穎”，①同卷《河間王顒傳》亦作“左衛將軍陳眕奉天子伐穎”，②可證引文“右衛將軍陳眕”爲“左衛將軍”之誤，應出校説明，並據以改正。

2. 卷四《惠帝紀》：“［永興二年］八月辛丑，大赦。……<u>車騎大將軍劉弘</u>逐平南將軍、彭城王釋於宛。”③

按《晉書·惠帝紀》，永興元年（304）十二月丁亥詔書云“鎮南大將軍劉弘領荆州，以鎮南土”，④永興二年（305）冬十月丙子詔書亦稱“鎮南大將軍、荆州刺史劉弘”，⑤《資治通鑑》卷八六《晉紀八》所錄晉惠帝永興二年十月丙子詔書同樣作“鎮南大將軍劉弘”。據《晉書》卷六六《劉弘傳》，直至永興三年（306），劉弘才“進號車騎將軍，開府及餘官如故”。⑥ 引文“車騎大將軍劉弘”應作“鎮南大將軍”。

3. 卷七《成帝紀》：“［咸和元年冬十月］己巳，封皇弟岳爲吳王。<u>車騎將軍</u>、南頓王宗有罪，伏誅，貶其族爲馬氏。”⑦

按《晉書·成帝紀》，太寧三年（325）秋九月，“皇太后臨朝稱制。……以撫軍將軍、南頓王宗爲驃騎將軍”。⑧《晉書》卷五九《汝南王亮傳》：“［南頓王］宗與王導、庾亮志趣不同，連結輕俠。……［明］帝以宗戚屬，每容之。及帝疾篤，宗、［虞］胤密謀爲亂，亮排闥入，升御牀，流涕言之，帝始悟。轉爲驃騎將軍。胤爲大宗正。宗遂怨望形於辭色。”⑨《資治通鑑》卷九三《晉紀十五·明帝太寧三年》亦作“以南頓王宗爲驃騎將軍，虞胤爲大宗正”。⑩ 引文“車騎將軍”實爲“驃騎將軍”之誤，據《晉書·成帝紀》，此時車騎將軍由郗鑒擔任。⑪

---

① 《晉書》，第 1618 頁。
② 《晉書》，第 1621 頁。
③ 《晉書》，第 105 頁。
④ 《晉書》，第 104 頁。
⑤ 《晉書》，第 105 頁。
⑥ 《晉書》，第 1767 頁。
⑦ 《晉書》，第 170 頁。
⑧ 《晉書》，第 169 頁。
⑨ 《晉書》，第 1595 頁。
⑩ （宋）司馬光編，（元）胡三省音注：《資治通鑑》，北京：中華書局，1956 年，第 2988 頁。
⑪ 《晉書·成帝紀》“［咸和元年六月］癸酉，以車騎將軍郗鑒領徐州刺史”，“［咸和二年十二月］辛未，車騎將軍郗鑒遣廣陵相劉矩率衆赴京師”。

4. 卷八《穆帝紀》:"[升平四年]十一月,封太尉桓温爲南郡公,温弟沖爲豐城縣公,子濟爲臨賀郡公。"①

《晉書》卷九八《桓温傳》:"升平中,改封南郡公,降臨賀爲縣公,以封其次子濟。"②據《宋書·州郡三·湘州》"臨慶内史"可知,臨賀在東吴屬廣州轄郡,晉成帝改屬荆州。③永和四年(348),荆州刺史桓温執李勢,平定蜀亂,朝廷封其爲臨賀郡公;升平四年(360),改封桓温爲南郡公(南郡爲荆州首郡,是州府所在地,相較臨賀郡公自屬榮升),同時降臨賀爲縣公,封其子桓濟。引文"臨賀郡公"應作"臨賀縣公",《資治通鑑》卷一〇一《晉紀二十三·穆帝升平四年》亦作"十一月,封桓温爲南郡公,温弟沖爲豐城縣公,子濟爲臨賀縣公"。④此處應出校説明,並據以改正。

5. 卷八《哀帝紀》:"[興寧三年二月]乙未,以右將軍桓豁監荆州揚州之義城雍州之京兆諸軍事、領南蠻校尉、荆州刺史;桓沖監江州荆州之江夏隨郡豫州之汝南西陽新蔡潁川六郡諸軍事、南中郎將、江州刺史,領南蠻校尉,并假節。"⑤

晉哀帝興寧三年(365)二月,桓豁爲荆州刺史,領南蠻校尉;桓沖爲江州刺史,亦領南蠻校尉。兩者必有一誤。《晉書》卷七四《桓豁傳》"[桓]温既内鎮,以豁監荆揚雍州軍事、領護南蠻校尉、荆州刺史、假節",⑥同卷《桓沖傳》"尋遷振威將軍、江州刺史、領鎮蠻護軍、西陽譙二郡太守",⑦同卷《桓石秀傳》"尋代叔父沖爲寧遠將軍、江州刺史、領鎮蠻護軍、西陽太守"。⑧可見,領南蠻校尉的是桓豁,桓沖領鎮蠻護軍。東晉一朝,慣以荆州刺史兼領南蠻校尉,《晉書》中案例甚多,不再贅舉。此處應出校説明,並據以改正。

---

① 《晉書》,第204頁。
② 《晉書》,第2572頁。
③ 《宋書》卷三七,第1134頁。宋明帝改"臨賀郡"爲"臨慶郡"。
④ 《資治通鑑》,第3233頁。
⑤ 《晉書》,第209頁。
⑥ 《晉書》,第1941—1942頁。"以豁監荆揚雍州軍事",桓豁爲荆州刺史,監荆州軍事,同時監揚州之義城、雍州之京兆二郡軍事,並非監揚雍二州軍事,引文乃省略而誤。
⑦ 《晉書》,第1948頁。
⑧ 《晉書》,第1945頁。

6. 卷九《孝武帝紀》:"［太元十四年］六月壬寅,使持節、都督荆益寧三州諸軍事、荆州刺史桓石虔卒。"①

《晉書》卷七四《桓石虔傳》"［桓］沖卒,石虔以冠軍將軍監豫州揚州五郡軍事、豫州刺史。尋以母憂去職。服闋,復本位。久之,命移鎮馬頭,石虔求停歷陽,許之。太元十三年卒,追贈右將軍",②同卷《桓石民傳》"［桓］沖薨,詔以石民監荆州軍事、西中郎將、荆州刺史",③卷七九《謝安傳》"是時桓沖既卒,荆、江二州并缺,物論以［謝］玄勳望,宜以授之。安以父子皆著大勛,恐爲朝廷所疑,又懼桓氏失職,桓石虔復有沔陽之功,慮其驍猛,在形勝之地,終或難制,乃以桓石民爲荆州,改桓伊於中流,石虔爲豫州"。④ 太元九年(384)二月,車騎將軍、荆州刺史桓沖卒,朝廷以桓石虔爲豫州刺史,桓石民爲荆州刺史。直至太元十三年(388)卒世,桓石虔也未曾任荆州刺史。錢大昕說"以列傳考之,石虔但爲豫州刺史,其爲荆州刺史者,桓石民也",⑤甚是。《資治通鑑》卷一〇七《晉紀二十九·孝武帝太元十四年》"秋,七月,以驃騎長史王忱爲荆州刺史、都督荆益寧三州諸軍",⑥《晉書·五行中·詩妖》"桓石民爲荆州,鎮上明,百姓忽歌曰'黄曇子'。曲中又曰:'黄曇英,揚州大佛來上明。'頃之而桓石民死,王忱爲荆州。黄曇子乃是王忱字也。忱小字佛大,是'大佛來上明'也",⑦可見,以荆州刺史身份卒於太元十四年的是桓石民。

桓石虔卒年,《晉書》本傳作"太元十三年",《建康實錄》卷九《烈宗孝武皇帝》作"［太元］十一年春正月辛未,僞後燕慕容垂僭皇帝位於中山。是月,冠軍將軍、豫州刺史桓石虔卒"。⑧ 按《宋書·州郡二·南豫州》"太元十年,刺史朱序戍馬頭。十二年,刺史桓石虔戍歷陽",⑨桓石虔於太元十二年(387)移鎮歷陽,之後才去世,其卒年當以"太元十三年"爲是,《建康實錄》誤記。

---

① 《晉書》,第 237 頁。
② 《晉書》,第 1944 頁。
③ 《晉書》,第 1946 頁。
④ 《晉書》,第 2075 頁。
⑤ (清)錢大昕撰,陳文和等校點:《廿二史考異》卷一八《晉書一·孝武帝紀》,南京:鳳凰出版社,2018 年,第 254 頁。
⑥ 《資治通鑑》,第 3441 頁。
⑦ 《晉書》卷二八,第 847 頁。
⑧ (唐)許嵩撰,張忱石點校:《建康實錄》,北京:中華書局,1986 年,第 282 頁。
⑨ 《宋書》卷三六,第 1071 頁。

二、列傳部分

7. 卷三六《張華傳》:"初,趙王倫爲<u>鎮西將軍</u>,撓亂關中,氐羌反叛,乃以梁王肜代之。"①

《晉書》卷五九《趙王倫傳》"元康初,遷征西將軍、開府儀同三司,鎮關中。倫刑賞失中,氐羌反叛,徵還京師",②卷六〇《解系傳》"會氐羌叛,與征西將軍趙王倫討之。倫信用佞人孫秀,與系爭軍事,更相表奏。朝廷知系守正不撓,而召倫還"。③《世説新語·仇隙》"孫秀既恨石崇"條,劉孝標注引《晉陽秋》曰:"初,[歐陽]建爲馮翊太守,趙王倫爲征西將軍,孫秀爲腹心,撓亂關中,建每匡正,由是有隙。"④按《晉書·惠帝紀》,元康元年(291)九月,"辛丑,徵征西大將軍、梁王肜爲衛將軍、録尚書事,以趙王倫爲征西大將軍、都督雍梁二州諸軍事";⑤元康六年(296)五月,"匈奴郝散弟度元帥馮翊、北地馬蘭羌、盧水胡反,攻北地,太守張損死之。……徵征西大將軍、趙王倫爲車騎將軍,以太子太保、梁王肜爲征西大將軍、都督雍梁二州諸軍事,鎮關中"。⑥ 趙王倫代梁王司馬肜爲征西大將軍,鎮關中,因綏撫失方,氐羌反叛,被徵還京師,朝廷復派梁王肜鎮關中。引文"鎮西將軍"應作"征西大將軍"。《趙王倫傳》《解系傳》作"征西將軍",係"征西大將軍"之簡寫。《晉書》中多有四征、四鎮、四安將軍混用的情形,此即一例。

8. 卷五三《愍懷太子傳》:"太子既廢非其罪,眾情憤怨。<u>右衛督司馬雅</u>,宗室之疏屬也,與常從督許超并有寵於太子,二人深傷之,説趙王倫謀臣孫秀曰:'國無適嗣,社稷將危,大臣之禍必起。而公奉事中宫,與賈后親密,太子之廢,皆云豫知,一旦事起,禍必及矣。何不先謀之!'秀言於趙王倫,倫深納焉。"⑦

引文"右衛督司馬雅"應作"左衛督司馬雅"。《晉書》卷五九《趙王倫傳》:"愍懷太

---

① 《晉書》,第1073頁。
② 《晉書》,第1598頁。
③ 《晉書》,第1631—1632頁。
④ (南朝宋)劉義慶撰,(南朝梁)劉孝標注,楊勇校箋:《世説新語校箋》,北京:中華書局,2006年,第829頁。
⑤ 《晉書》,第91頁。
⑥ 《晉書》卷四,第94頁。
⑦ 《晉書》,第1461頁。

子廢,使倫領右軍將軍。時左衛司馬督司馬雅及常從督許超,并嘗給事東宫,二人傷太子無罪,與殿中中郎士猗等謀廢賈后,復太子,以[張]華、[裴]頠不可移,難與圖權,倫執兵之要,性貪冒,可假以濟事,乃説倫嬖人孫秀。……秀許諾,言於倫,倫納焉。遂告通事令史張林及省事張衡、殿中侍御史殷渾、右衛司馬督路始,使爲内應。"①時右衛司馬督爲路始,司馬雅爲左衛司馬督。《太平御覽》卷九七《皇王部二十二·趙王倫》亦引作"左衛司馬督司馬雅"。②

9. 卷五八《周玘傳》:"陳敏反於揚州,以玘爲安豐太守,加四品將軍。玘稱疾不行,密遣使告鎮東將軍劉準,令發兵臨江,己爲内應,翦髮爲信。準在壽春,遣督護衡彦率衆而東。"③

《晉書》卷六一《周馥傳》"[惠]帝還宫,出爲平東將軍、都督揚州諸軍事,代劉準爲鎮東將軍,與周玘等討陳敏,滅之",④同卷《劉喬傳》"河間王顒得喬所上,乃宣詔使鎮南將軍劉弘、征東大將軍劉準、平南將軍彭城王釋與喬并力攻虓於許昌",⑤卷六二《劉輿傳》録此詔書同樣作"鎮南大將軍弘,平南將軍、彭城王釋,征東大將軍準,各勒所領,徑會許昌,與喬并力"。⑥ 據《晉書·惠帝紀》,詔書頒於永興元年(304)十月,兩個月後,"右將軍陳敏舉兵反,自號楚公,矯稱被中詔,從沔漢奉迎天子",⑦可見,陳敏反於揚州前,劉準已轉征東大將軍,周馥代其爲鎮東將軍。《晉書》卷九五《藝術·陳訓傳》"及陳敏作亂,遣弟宏爲歷陽太守,訓謂邑人曰:'陳家無王氣,不久當滅。'宏聞,將斬之。……時宏攻征東參軍衡彦於歷陽",⑧卷一百《陳敏傳》:"敏凡才無遠略,一旦據有江東,刑政無章,不爲英俊所服。……[周]玘、[顧]榮遣使密報征東大將軍劉準遣兵臨江,己爲内應。準遣揚州刺史劉機、寧遠將軍衡彦等出歷陽",⑨可證劉準時爲征東大將軍,衡彦爲其參軍(同時兼寧遠將軍)。引文"鎮東將軍劉準"應作"征東大將軍劉準",此亦征、鎮將軍混誤的案例。

---

① 《晉書》,第 1598 頁。
② (宋)李昉:《太平御覽》,北京:中華書局,1960 年,第 464 頁。
③ 《晉書》,第 1572 頁。
④ 《晉書》,第 1663 頁。
⑤ 《晉書》,第 1673 頁。
⑥ 《晉書》,第 1692 頁。
⑦ 《晉書》,第 106 頁。
⑧ 《晉書》,第 2468 頁。
⑨ 《晉書》,第 2617 頁。

10. 卷五八《周訪傳》:"訪以功遷南中郎將、督梁州諸軍、梁州刺史,屯襄陽。……訪部將蘇溫收[杜]曾詣軍,并獲第五猗、胡混、摯瞻等,送於王敦。又白敦,説猗逼於曾,不宜殺。敦不從而斬之。<u>進位安南將軍、持節,都督、刺史如故</u>。"①

"進位安南將軍、持節,都督、刺史如故"標點有誤,應斷作"進位安南將軍、持節、都督,刺史如故"。周訪先任龍驤將軍,因平定漢沔之亂,轉梁州刺史、南中郎將,督梁州諸軍。後又生擒杜曾、第五猗、胡混、摯瞻等叛賊首領,以軍功進位安南將軍、持節、都督,梁州刺史如故。《晉書·職官志》:"四征、鎮、安、平加大將軍不開府、持節都督者,品秩第二。……及晉受禪,都督諸軍爲上,監諸軍次之,督諸軍爲下;使持節爲上,持節次之,假節爲下。"②周訪先督梁州諸軍,後進"督"爲"都督",並加持節。因此,引文"都督、刺史如故"誤,衹有"刺史"如故,"都督"和"安南將軍""持節"一樣,均屬新加。

11. 卷五八《周楚傳》:"楚字元孫。起家參征西軍事,從父入蜀,拜鷹揚將軍、犍爲太守。<u>父卒,以楚監梁益二州</u>、假節,襲爵建城公。世在梁益,甚得物情。時梁州刺史司馬勳作逆,楚與朱序討平之,進冠軍將軍。"③

《晉書·海西公紀》"[興寧三年]夏六月戊子,使持節、都督益寧二州諸軍事、鎮西將軍、益州刺史、建城公周撫卒。……冬十月,梁州刺史司馬勳反,自稱成都王。……[十一月]乙卯,圍益州刺史周楚於成都,桓温遣江夏相朱序救之",④同卷後文曰"[太和六年]三月壬辰,<u>監益寧二州諸軍事</u>、冠軍將軍、益州刺史、建城公周楚卒"。⑤ 周撫爲益州刺史、都督益寧二州,興寧三年(365)六月卒世,由其子周楚接任益州刺史,監益寧二州;同年十月,梁州刺史司馬勳反,此前梁州一直由其督之。《晉書·桓祕傳》:"祕字穆子。少有才氣,不倫於俗。……時梁州刺史司馬勳叛入蜀,祕以本官<u>監梁益二州征討軍事</u>、假節。"⑥司馬勳叛亂後,桓祕監梁益二州征討軍事,可證周撫卒後,周楚監的是益寧二州。引文"監梁益二州"當作"益寧二州",此處或是涉下文"世在梁益,甚得物情"而致誤。

---

① 《晉書》,第 1581 頁。
② 《晉書》卷二四,第 729 頁。
③ 《晉書》,第 1583 頁。
④ 《晉書》卷八,第 210 頁。
⑤ 《晉書》卷八,第 213 頁。
⑥ 《晉書》,第 1947 頁。

12. 卷六七《溫嶠傳》:"帝下册書曰:'朕以眇身,纂承洪緒,不能光闡大道,化洽時雍,至乃狂狡滔天,社稷危逼。⋯⋯夫襃德銘勛,先王之明典,<u>今追贈公侍中、大將軍、持節、都督、刺史,公如故</u>,賜錢百萬,布千匹,謚曰忠武,祠以太牢。'"①

按《晉書·溫嶠傳》,東晉朝廷爲防備歷陽太守蘇峻、征西將軍陶侃,咸和初,命溫嶠代應詹任江州刺史、持節、都督、平南將軍,鎮武昌;等蘇峻叛軍攻破石頭、威逼京師,庾亮投奔溫嶠,並宣太后詔令,進溫嶠爲驃騎將軍,嶠固辭不受;平定蘇峻之亂後,溫嶠以軍功擢拜驃騎將軍、開府儀同三司,加散騎常侍,封始安郡公。隨即還藩,途經牛渚磯,中風,至鎮未旬而卒,成帝追加策命如上。"今追贈公侍中、大將軍、持節、都督、刺史,公如故"標點有誤,應斷作"今追贈公侍中、大將軍,持節、都督、刺史、公如故","持節、都督、刺史"乃咸和初年接替應詹鎮武昌時就有的,"始安郡公"是平定蘇峻之亂後進封的,朝廷在溫嶠卒後新追贈的僅"侍中、大將軍"二職。張彦遠《歷代名畫記》卷五《叙歷代能畫人名·晉》作"溫嶠字太真,太原祁人。秀朗有才鑒,善畫。明帝時,官至平南將軍、江州刺史。年四十二,贈侍中、大將軍",②甚是。

13. 卷七〇《應詹傳》:"<u>鎮南將軍山簡</u>復假詹督五郡軍事。會蜀賊杜疇作亂,來攻詹郡,力戰摧之。尋與陶侃破杜弢於長沙,賊中金寶溢目,詹一無所取,唯收圖書,莫不歎之。"③

按《晉書·孝懷帝紀》,永嘉三年(309)三月,"以尚書左僕射山簡爲征南將軍、都督荆湘交廣等四州諸軍事";④永嘉六年(312)四月,"征南將軍山簡卒"。⑤《晉書·卞敦傳》:"征南將軍山簡以爲司馬。尋而王如、杜曾相繼爲亂,簡乃使敦監沔北七郡軍事、振威將軍、領江夏相,戍夏口。敦攻討沔中皆平。既而杜弢寇湘中,加敦征討大都督。"⑥杜疇、杜弢作亂期間,山簡時任征南將軍,《晉書·王如傳》亦曰"征南將軍山簡"。引文"鎮南將軍山簡"應作"征南將軍山簡",此亦征、鎮將軍混誤之案例。

---

① 《晉書》,第1795頁。
② (唐)張彦遠撰,許逸民校箋:《歷代名畫記校箋》,北京:中華書局,2021年,第406頁。
③ 《晉書》,第1858頁。
④ 《晉書》卷五,第118頁。
⑤ 《晉書》卷五,第124頁。
⑥ 《晉書》卷七〇,第1874頁。

14. 卷七〇《卞壼傳》：“永嘉中，除著作郎，襲父爵。征東將軍周馥請爲從事中郎，不就。”①

《晉書》卷六八《賀循傳》“及[陳]敏破，征東將軍周馥上[賀]循領會稽相，尋除吳國内史，公車徵賢良，皆不就”，②亦作“征東將軍”。然《晉書》卷六一《周馥傳》云“[惠]帝還宫，出爲平東將軍、都督揚州諸軍事，代劉準爲鎮東將軍，與周玘等討陳敏，滅之，以功封永寧伯”，③“先是，[東海王司馬]越召馥及淮南太守裴碩，馥不肯行，而令碩率兵先進。碩貳於馥，乃舉兵稱馥擅命，已奉越密旨圖馥，遂襲之，爲馥所敗。碩退保東城，求救於元帝。帝遣揚威將軍甘卓、建威將軍郭逸攻馥於壽春”。④周馥先爲平東將軍，後接替劉準任鎮東將軍，直至卒世，也不曾爲征東將軍。按《晉書·孝懷帝紀》，永嘉四年(310)十一月，“鎮東將軍周馥表迎大駕遷都壽陽，越使裴碩討馥，爲馥所敗，走保東城，請救於琅邪王睿”；⑤五年(311)正月，“安東將軍、琅邪王睿使將軍甘卓攻鎮東將軍周馥於壽春，馥衆潰”，⑥與《晉書·周馥傳》記載一致（“琅邪王睿”即“晉元帝司馬睿”）。因此，引文“征東將軍周馥”實“鎮東將軍”之誤，此時征東將軍爲劉準（詳參第 9 條札記）。《晉書·元帝紀》“永嘉初，用王導計，始鎮建鄴。……受越命，討征東將軍周馥，走之”，⑦“征東將軍”亦當作“鎮東將軍”，此亦征、鎮將軍混誤的案例。

15. 《晉書》卷七八《張茂傳》：“張茂字偉康，少單貧，有志行，爲鄉里所敬信。初起義兵，討賊陳斌，一郡用全。元帝辟爲掾屬。……遷太子右衛率，出補吳興内史。沈充之反也，茂與三子並遇害。”⑧

按，《晉書》卷六《元帝紀》“[永昌元年]四月，[王]敦前鋒攻石頭，周札開城門應之，奮威將軍侯禮死之。……敦將沈充陷吳國，魏乂陷湘州，吳國内史張茂，湘州刺史、譙王承並遇害”，⑨卷二八《五行中·犬禍》“元帝太興中，吳郡太守張懋（即‘張茂’）聞

---

① 《晉書》，第 1867 頁。
② 《晉書》，第 1825—1826 頁。
③ 《晉書》，第 1663 頁。
④ 《晉書》，第 1664 頁。
⑤ 《晉書》卷五，第 121 頁。
⑥ 《晉書》卷五，第 122 頁。
⑦ 《晉書》卷六，第 144 頁。
⑧ 《晉書》，第 2064—2065 頁。
⑨ 《晉書》，第 155—156 頁。

齋内牀下犬聲,求而不得。既而地自坼,見有二犬子,取而養之,皆死。尋而戀爲沈充所害",①卷九六《列女傳》"張茂妻陸氏,吳郡人也。茂爲吳郡太守,被沈充所害,陸氏傾家産,率茂部曲爲先登以討充"。②《資治通鑑》卷九二《晉紀十四・元帝永昌元年》亦作"沈充拔吳國,殺内史張茂"。③ "晉制,以郡爲國,内史治民事,若郡太守。國除爲郡,復稱太守。然二名往往混淆,史家亦互稱之",④《晉書》中多有"内史""太守"混用的案例,吳國内史即吳郡太守之別稱。永昌元年(322)正月,王敦起兵反叛朝廷,吳郡太守張茂被王敦將領沈充殺害。

《晉書》卷七八《孔愉傳》:"帝爲晉王,使長兼中書郎。於時刁協、劉隗用事,王導頗見疏遠。愉陳導忠賢,有佐命之勳,謂事無大小皆宜諮訪。由是不合旨,出爲司徒左長史,累遷吳興太守。沈充反,愉棄官還京師,拜御史中丞,遷侍中、太常。"⑤晉元帝信任刁協、劉隗,疏遠王導,孔愉進言忤旨,出爲司徒左長史,後轉爲吳興太守。王敦、沈充之亂,孔愉從吳興太守任上離去,逃回京師。可見,永昌元年,王敦作亂時,擔任吳興太守者爲孔愉,此又可證引文"吳興内史張茂"實爲"吳郡太守張茂"之誤。

16. 卷九五《藝術・杜不愆傳》:"高平郗超年二十餘,得重疾,試令筮之。……超歎息曰:'雖管郭之奇,何以尚此!'超病彌年乃起,至四十,卒於中書郎。"⑥

《晉書》卷六七《郗超傳》:"遷中書侍郎。……轉司徒左長史,母喪去職。……服闋,除散騎常侍,不起。以爲臨海太守,加宣威將軍,不拜。年四十二,先[郗]愔卒。"⑦可見,郗超並非卒於中書郎任上,且享年四十二歲,此處當是采録陶潛《搜神後記》的記載,⑧故而致誤。

---

① 《晉書》,第852頁。
② 《晉書》,第2515頁。
③ 《資治通鑑》,第2954頁。
④ 《晉書》卷四(卷末校勘記第27條),第111—112頁。
⑤ 《晉書》,第2052頁。
⑥ 《晉書》,第2479—2480頁。
⑦ 《晉書》,第1804頁。
⑧ 陶潛《搜神後記》卷二云:"高平郗超,字嘉賓,年二十餘,得重病。廬江杜不愆,少就外祖郭璞學《易》卜,頗有經驗。超令試占之。……超病逾年乃起。至四十,卒於中書郎。"

17. 卷九六《列女傳》："苟崧小女灌,幼有奇節。崧爲襄城太守,爲杜曾所圍,力弱食盡,欲求救於故吏平南將軍石覽,計無從出。灌時年十三,乃率勇士數十人,踰城突圍夜出。賊追甚急,灌督屬將士,且戰且前,得入魯陽山獲免。自詣覽乞師,又爲崧書與南中郎將周訪請援,仍結爲兄弟,訪即遣子撫率三千人會石覽俱救崧。賊聞兵至,散走,灌之力也。"①

《晉書》卷七五《苟崧傳》："服闋,族父藩承制,以崧監江北軍事、南中郎將、後將軍、假節、襄城太守。時山陵發掘,崧遣主簿石覽將兵入洛,修復山陵。以勛進爵舞陽縣公,遷都督荊州江北諸軍事、平南將軍,鎮宛,改封曲陵公。爲賊杜曾所圍。石覽時爲襄城太守,崧力弱食盡,使其小女灌求救於覽及南中郎將周訪。訪即遣子撫率兵三千人會石覽,俱救崧。賊聞兵至,散走。"②晉懷帝永嘉末年,劉曜攻破洛陽,京師淪陷,司空苟藩承制,在密縣建立行臺,以族子苟崧爲襄城太守。值山陵多被發掘,苟崧命主簿石覽將兵修復。此後,苟崧以功遷平南將軍,鎮宛,石覽代之爲襄城太守。苟崧遭杜曾圍困,兵弱糧絕,遂派小女灌向故吏石覽及南中郎將周訪求救。可見,引文"崧爲襄城太守……欲求救於故吏平南將軍石覽"的記載有誤,其時苟崧任平南將軍,石覽任襄城太守,《晉書·列女傳》顛倒混淆了二人的職位,應出校説明。

《晉書》卷五八《周訪傳》"時梁州刺史張光卒,愍帝以侍中第五猗爲征南大將軍,監荊、梁、益、寧四州,出自武關。賊率杜曾、摰瞻、胡混等並迎猗,奉之,聚兵數萬,破陶侃於石城,攻平南將軍苟崧於宛,不克,引兵向江陵",③卷一○○《杜曾傳》"時曾軍多騎,而[陶]侃兵無馬,曾密開門,突侃陣,出其後,反擊其背,侃師遂敗,投水死者數百人。曾將趨順陽,下馬拜侃,告辭而去。既而致箋於平南將軍苟崧,求討丹水賊以自效,崧納之"④,凡此均可證杜曾破陶侃、圍宛時,苟崧爲平南將軍。

18. 卷一○○《王彌傳》："永嘉初,寇上黨,圍壺關,東海王越遣淮南內史王曠、安豐太守衛乾等討之。……與劉曜、石勒等攻魏郡、汲郡、頓丘,陷五十餘壁,皆調爲軍士。又與勒攻鄴,安北將軍和郁棄城而走。"⑤

按《晉書·孝懷帝紀》,永嘉元年(307)十一月,"以尚書右僕射和郁爲征北將軍,鎮

① 《晉書》,第2515頁。
② 《晉書》,第1976頁。
③ 《晉書》,第1580頁。
④ 《晉書》,第2620頁。
⑤ 《晉書》,第2610頁。

鄴";①永嘉二年(308)九月,"石勒寇趙郡,征北將軍和郁自鄴奔於衛國"。②《晉書·天文下·星流隕》亦載晉懷帝永嘉元年十一月,"始遣和郁爲征北將軍,鎮鄴西"。③ 可見,王彌、石勒寇鄴時,和郁任征北將軍。引文"安北將軍和郁"應作"征北將軍",此乃征、安將軍混誤之例。

結　語

上文通過例證形式,簡要説明了中華書局點校本《晉書》的職官抵牾問題,所舉案例大致可分爲以下幾種類型:

(1) 因四征、四鎮、四安將軍號混用而致誤,如"征西大將軍趙王倫"誤作"鎮西將軍","征東大將軍劉準"誤作"鎮東將軍","征南將軍山簡"誤作"鎮南將軍","鎮東將軍周馥"誤作"征東將軍","征北將軍和郁"誤作"安北將軍"。

(2) 因承襲六朝小説而致誤,如采用陶潛《搜神後記》的記載,認爲"郗超年四十,卒於中書郎"。

(3) 因點校者斷句不當而致誤,如《周訪傳》"進位安南將軍、持節,都督、刺史如故"應斷作"進位安南將軍、持節,都督、刺史如故",《温嶠傳》"追贈公侍中、大將軍、持節、都督、刺史,公如故"應斷作"追贈公侍中、大將軍,持節、都督、刺史,公如故"。

(4) 因字形、官職相近而致誤,如"左衛將軍陳眕"誤作"右衛將軍","左衛督司馬雅"誤作"右衛督","桓濟爲臨賀縣公"誤作"臨賀郡公","驃騎將軍、南頓王宗"誤作"車騎將軍","周楚監益寧二州"誤作"梁益二州","吳國内史張茂"誤作"吳興内史"。

(5) 因姓名相近而致誤,如"桓豁領南蠻校尉"誤作"桓沖領南蠻校尉","桓石民爲荆州刺史"誤作"桓石虔爲荆州刺史"。

(6) 因張冠李戴而致誤,如"平南將軍荀崧、襄城太守石覽"誤作"平南將軍石覽、襄城太守荀崧"。

《晉書》各部分記載的出入之處,尤其是本紀、列傳的歧異,有一部分是史源的多樣性導致,不妨略舉一例説明,作爲本文的收束。

《晉書》卷八《穆帝紀》:"[永和十年]六月,苻健將苻雄悉衆及桓温戰於白鹿原,王

---

① 《晉書》卷五,第 117 頁。
② 《晉書》卷五,第 118 頁。
③ 《晉書》卷一三,第 397 頁。

師敗績。"①《晉書》卷九八《桓溫傳》"〔苻〕健又遣子生、弟雄衆數萬屯嶢柳、愁思堆以距溫,遂大戰,生親自陷陣,殺溫將應誕、劉泓,死傷千數。溫軍力戰,生衆乃散。雄又與將軍桓沖戰白鹿原,又爲沖所破",②卷一一二《苻健載記》"三輔郡縣多降於溫。健別使雄領騎七千,與桓沖戰於白鹿原,王師敗績",③可見,與苻雄交戰於白鹿原的是桓沖,而非桓溫。僅看《晉書·穆帝紀》的叙述,讀者會本能地將"王師"當作"桓溫率領的東晉軍隊",但與《桓溫傳》《苻健載記》對校,才驚奇地發現"王師"原來指稱"苻氏率領的前秦軍隊"。《穆帝紀》此處的記述顯然源自北朝典籍,房玄齡等《晉書》編撰者引録時,未能充分考慮到南北史臣叙事立場的差異,由此導致上述"錯位"現象。④ 透過此例,不難窺見唐修《晉書》史源的複雜性。

---

① 《晉書》,第 200 頁。
② 《晉書》,第 2571 頁。
③ 《晉書》,第 2871 頁。
④ 胡鴻《能夏則大與漸慕華風——政治體視角下的華夏與華夏化》第三章第二節《星空中的華夷秩序:兩漢至南北朝時期有關華夷的星占言説》,將《晉書》《宋書》之《天文志》中關於同一歷史事件的"星象占辭""事後徵驗"對校,指出"《晉》《宋》兩志的不同處可能是不同的史源造成","兩志所據的原始資料中,混入了北方政權的星占占辭"(北京師範大學出版社,2017 年,第 100—101 頁),從而導致叙事立場的差異,可取以參考。

《魏晉南北朝隋唐史資料》第四十九輯

2024 年 5 月,393—408 頁

王劭《舍利感應記》考

——隋文帝分舍利事件的感應記録與文本生成

聶　靖

隋仁壽元年(601)六月乙丑,隋文帝下詔廢天下公學,唯留國子學生七十二人,[1]同日選派高僧大德三十名,各配帶二名侍者及散官一人,熏香一百二十斤,分往天下三十州起塔供養舍利,興隆佛法。[2] 仁壽二年,分送舍利到五十一州建塔,四年又送舍利三十州。前後三次分送舍利,立塔百十一處。[3] 從皇帝到百姓、從中央到地方、從俗界到教界,不同身份的人們競相投入這場舍利狂熱,爲今人觀察隋代的歷史世界提供了極佳的視角。

隋文帝分舍利建塔的相關史事向來爲學界所重視,相較於早期研究對該事件起因、經過、結果的討論,近年在歷史背景以及個案分析等方面取得了豐碩成果。[4] 這些研究具有視角新穎、材料多元等優勢,但對史料本身的挖掘仍有不足。關於分舍利建塔的記

---

[1] 《隋書》卷二《高祖紀下》,北京:中華書局,1973 年,第 47 頁。本紀作"七十人",誤,參韓昇《隋文帝傳》,北京:人民出版社,1998 年,第 413 頁。

[2] 《隋國立舍利塔詔》,(唐)道宣《廣弘明集》卷一七,[日] 高楠順次郎等編《大正新修大藏經》(以下簡稱《大正藏》)卷五二,臺北:財團法人佛陀教育基金會出版部,1990 年,第 213 頁中。

[3] (唐)道宣撰,郭紹林點校:《續高僧傳》卷一二《義解篇八·童真傳》,北京:中華書局,2014 年,第 411 頁。統合不同文獻記載與出土石刻,實際情況或百十三處爲多。

[4] 相關研究中,較早開展的是向達先生,見向達《攝山佛教石刻小紀》,《東方雜誌》23 卷第 8 號(1926);向達《攝山佛教石刻補紀》,《東方雜誌》26 卷第 6 號(1929),此二文收入氏著《唐代長安與西域文明》,石家莊:河北教育出版社,2001 年,第 434—482 頁。史事勾陳最爲出色的研究是朱東潤先生的遺作《〈續高僧傳〉所見隋代佛教與政治》,《世界宗教研究》2015 年第 1 期,第 3—19 頁。結合出土材料的研究,如楊效俊《隋唐舍利塔銘的内容與風格研究》,《唐史論叢》2012 年第 1 期,第 26—37 頁;冉萬里《中國古代舍利瘞埋制度研究》,北京:文物出版社,2013 年;王承文《越南新出隋朝〈舍利塔銘〉及相關問題考釋》,《學術研究》2014 年第 6 期,第 95—102 頁。關於分舍利建塔事件中的僧人與僧團,可參考 Jinhua, Chen(陳金華), *Monks and Monarchs*, *Kinship and Kingship: Tanqian in Sui Buddhism and Politics*, Italian School of East Asian Studies, 2002;孫英剛《從"衆"到"寺"——隋唐長安佛教中心的成立》,《唐研究》第 19 卷,北京大學出版社,2013 年,第 5—39 頁;拙著《隋仁壽年間大興城的寺院與僧團》,《佛學研究》2017 年第 2 期,第 123—145 頁。

載絕非從道宣的《廣弘明集》或《續高僧傳》開始,研究者們對這些史料的生成過程缺乏關注。同時,目前學界對分舍利事件的解釋大體仍延續皇帝與佛教互相利用的二元框架,尚未充分認識到中央與地方官員、普通百姓在"共謀"這場舍利狂熱中發揮的作用。這些未被論及的人們恰是舍利狂熱主要的參與者、見證者與記錄者。通過還原隋文帝分舍利事件相關史料層累造成的過程,可以更好地理解上述問題,并重新反思這些史料的價值與局限。

一、《續高僧傳》《廣弘明集》《集神州三寶感通録》與《法苑珠林》記載的異同

現存文獻中,較完整記載分舍利事件的有《續高僧傳》《廣弘明集》《集神州三寶感通録》(以下簡稱《感通録》)與《法苑珠林》,前三部是道宣的著作,《法苑珠林》爲道宣弟道世所撰。四部書性質不同,《續高僧傳》是僧人傳記,重點在於記録高僧;《廣弘明集》屬於文獻彙編,收録文章來源不一;《感通録》是佛教神異故事集;《法苑珠林》則是佛教百科全書。它們的史源各異,即便使用同一史料,表達側重亦不盡相同。過往研究利用上述材料時,著重與對分送舍利時間、地點的比對,忽視了不同文本的差異,遑論討論形成差異的原因。

四部著作中,《法苑珠林》成書最晚,完成于道宣去世後,所利用的資料主要是道宣《大唐内典録》《續高僧傳》等。書中有關分舍利事件的記載在卷四〇《舍利篇·感福部第五》"感應緣"條目下。該條目裏的故事,包括分舍利事件以前的内容,基本照搬自《感通録》。分舍利事件的記載稍有不同,《法苑珠林》大體保留了隋文帝《隋國立舍利塔詔》、王劭《舍利感應記》、百官《慶舍利感應表(并答)》等官方文書的文體格式及主要内容,這些文書見於《廣弘明集》,《感通録》未記。單從記録各州舍利感應事跡的角度來説,《法苑珠林》是完全繼承《感通録》的。以仁壽二年分舍利的記載爲例,兩者都是對各州《慶舍利感應表》的略寫,即祇記録州名而以短句的方式小字夾注各州感應,兩書小注的關鍵詞完全一致,可以確定承繼關係。[①] 稍不同處是仁壽二年分舍利於秦

---

① 以所列第一則恒州爲例,《感通録》作"無雲雨天花遍城寺如此者二",見(唐)道宣:《集神州三寶感通録》卷上,《大正藏》第52册,第412頁下。《法苑珠林》作"無雲雨下,天降瑞華,遍城如此",見(唐)道世著,周叔迦、蘇晉仁校注:《法苑珠林校注》卷四〇《舍利篇》,北京:中華書局,2003年,第1281頁。此例中,"無雲雨下"是對"無雲雨天花"的誤讀,明顯地反映出兩者的承繼關係。

州,《感通録》作"重得舍利",《法苑珠林》作"重得舍利,函變瑪瑙"。① 據《廣弘明集》,
"函變瑪瑙"是兗州感應,今本《感通録》無兗州條,應有脱文。

道宣自撰的《感通録》和《廣弘明集》祇記録了前兩次分舍利事件的情況,詳略雖有
不同,大體可以判定是依據相同的史料寫成。《廣弘明集》對仁壽元年分舍利事的記載
由兩部分組成,一是隋文帝頒《隋國立舍利塔詔》,上載建塔州名三十;二是王劭《舍利
感應記》節録,上載舍利感應凡二十八州,交、瓜二州有州名無事迹,另有虢州不奉舍利
而請僧行道現感應事,兩文所列各州的排序不同。《感通録》祇記載了各州事迹,排序
與内容同《感應記》,未載虢州事。仁壽二年分舍利事的記載,《廣弘明集》中雖都記在
《慶舍利感應表》下,實際仍存在兩套州名序列:一是總列州名的序列,應附在隋文帝第
二次頒舍利的詔書後,云"復分布五十一州建立靈塔",實際列州名五十二,其中秦州邊
小字注"重得舍利",不在五十一之數;二是《慶舍利感應表》各州感應的序列,感應者凡
四十四州,其中明州記載分舍利事而州名不見於文帝詔書,廉州、雍州未得舍利而現感
應,其他州名闕載。《感通録》合併全建塔州名與感應事迹於一表,州名排列順序很大
程度上與《廣弘明集》中詔書順序重疊,記載感應事迹凡四十州,排除詔書中未載之明
州及未分舍利之廉、雍,又脱兗州之記録。另外,《感通録》與《法苑珠林》都出現了《廣
弘明集》中没有的沈州州名,州名總表前云"復分布舍利五十三州",即包括了沈州以及
重得舍利的秦州。此沈州究竟是衍文還是明州的訛誤抑或另有所據,已不可考。

目前學界對仁壽年間分舍利建塔事件的研究在描述史實時主要運用《續高僧傳》,
兼以《廣弘明集》補前者之不足,這樣的處理方法并非最佳。儘管《續高僧傳》中記有沙
門使的個人信息,爲《廣弘明集》所無,但從前兩次分舍利各州感應現象的記録情況來
看,兩種文獻互有詳略,甚至多數情況是《廣弘明集》更爲詳盡。後者節録的詔書、王劭
《舍利感應記》、各州慶表,更接近於道宣著作《續高僧傳》時所參考二手資料的原貌,而
《續高僧傳》本身的記載祇能視作三手資料。

《續高僧傳》的價值在於使用資料的多樣性,用道宣自己的話説,"今余所撰,恐墜
接前緒,故不獲已而陳。或博諮先達,或取訊行人。或即目舒之,或討讎集傳。南北國
史附見徽音,郊郭碑碣旌其懿德,皆撮其志行,舉其器略"。② 反映到分舍利建塔事件

---

① (唐)道宣:《集神州三寶感通録》卷上,《大正藏》第 52 册,第 412 頁下。(唐)道世:《法苑珠林校注》卷
四〇《舍利篇》,第 1282 頁。

② (唐)道宣:《續高僧傳》序,第 1 頁。

中,如仁壽元年的沙門使净辯"欣斯瑞迹,合集前後見聞之事,爲《感應傳》一部十卷",①
仁壽二年的沙門使道生"覩斯瑞,與諸僚屬具表以聞,并銘斯事在於塔所"。② 這些記録
揭示出私人撰述、地方碑銘等文獻的存在,它們正是導致《續高僧傳》與《廣弘明集》等
文獻記載出現偏差的主要原因。

《續高僧傳》與《廣弘明集》的不同主要體現在以下三個方面:第一,《續高僧傳》中
記有瓜州、滄州(祇有沙門使名)、循州、貝州、齊州的奉送信息與感應情況,《廣弘明集》
有州名無事迹。第二,《續高僧傳》中襄州、杞州、秦州的記載與《廣弘明集》等有衝突,
可知史源非一。第三,同時也是最重要的區別,《續高僧傳》詳盡記載了仁壽四年分舍
利,建塔三十州見於傳記者有二十七,爲《廣弘明集》等所無。這些不同應理解爲道宣
自己所搜集到的材料與《舍利感應記》《慶舍利感應表》等官方文獻的差異,同時反映出
道宣對不同材料的采納程度。

二、《舍利感應記》的内容與年代

《隋書·經籍志》云:"《舍利感應記》三卷,王劭撰。"③王劭在隋文帝時爲著作郎近
二十年,"經營符瑞,雜以妖訛",④受到隋文帝看重。編撰《舍利感應記》之前,王劭曾集
結本朝祥瑞感應,作《皇隋靈感志》三十卷呈獻文帝。此書"采民間歌謡,引圖書讖緯,
依約符命,捃摭佛經",頗能反映王劭的知識構成。⑤《皇隋靈感志》完成後,文帝令宣示
天下,王劭"集諸州朝集使,洗手焚香,閉目而讀之,曲折其聲,有如歌詠。經涉旬朔,遍
而後罷",⑥諂媚做作的形狀躍然紙上。與《皇隋靈感志》一樣,《舍利感應記》也是出於
討隋文帝歡心的目的寫成的。

《舍利感應記》無論是《隋志》所説的三卷,抑或《法苑珠林》所説的二十卷,⑦現存
最完整的内容即《廣弘明集》的版本。如果按照《廣弘明集》的篇目,《舍利感應記》應即
是仁壽元年第一次分送舍利時的記録彙編。實際上,《廣弘明集》卷十七其他部分,即

---

① （唐）道宣:《續高僧傳》卷二八《感通篇下·净辯傳》,第1131頁。
② （唐）道宣:《續高僧傳》卷二八《感通篇下·道生傳》,第1120頁。
③ 《隋書》卷三三《經籍二》,第981頁。
④ 《隋書》卷六九《王劭傳》,第1613頁。
⑤ 《隋書》卷六九《王劭傳》,第1607頁。王劭曾在上表中稱隋文帝開皇年號合於《靈寶經》,知其對道教知
識亦有所涉獵。
⑥ 《隋書》卷六九《王劭傳》,第1608頁。
⑦ （唐）道世:《法苑珠林校注》卷四〇《舍利篇》,第1275頁。

隋文帝《隋國立舍利塔詔》、楊雄與百官《慶舍利感應表》,也出自《舍利感應記》。首先來看標明王劭《舍利感應記》的部分:

> 岐州於鳳泉寺起塔。……明年岐州大寶昌寺寫得《陜州瑞相圖》,置於佛堂,以供養當户。①

> 相州於大慈寺起塔。……建塔之明年八月,光天尼寺寫得《陜州瑞相圖》,置於佛堂,神光屢發如電。……明年正月寺内又雨天華。②

《陜州瑞相圖》描繪的是仁壽二年分舍利時陜州感應的情況,又云"明年正月寺内又雨天華",説明仁壽元年分舍利記録的寫作時間不早于三年正月。再看《慶舍利感應表》,安德王雄以及各州賀表外還有一段記事的文字,述高麗、新羅、百濟使者事,串聯前後文,説明這部分文字整體轉引自他書。恒州賀表後記"皇帝開華,於寶屑内復得舍利三個,甚大歡欣",③證實材料經過史官編輯。將《隋國立舍利塔詔》和王劭仁壽元年分舍利事件的記録連起來看,文本結構與《慶舍利感應表》相同,可以確認三篇文獻皆出自《舍利感應記》。

仁壽四年舍利感應《廣弘明集》失載,過去的研究一般認爲《續高僧傳》中仁壽四年分舍利事件的記載亦取材於《舍利感應記》,祇是在《廣弘明集》中亡佚了。證據如《法彦傳》載忻州刺史鄭善果上表,"帝悦之,著於别記";④《靈璨傳》稱"更有諸相,具如别傳";⑤《覺朗傳》稱"朗具表聞,廣如别傳";⑥《道密傳》稱"廣如王劭所紀"等。⑦ 然而,這些"别記""别傳""王劭所紀"未必即指《舍利感應記》。上文關於《陜州瑞相圖》的史料記載了仁壽三年的神奇感應,却未將仁壽四年的種種神奇現象一併列入。反觀《續高僧傳》中仁壽四年分舍利的記載,涉及分送三十州中的二十七州,完整度非常高,如果是來自《舍利感應記》,很難解釋何以不見於《廣弘明集》。

---

① (隋)王劭:《舍利感應記》,(唐)道宣《廣弘明集》卷一七《佛德篇三》,《大正藏》第52册,第214頁中。

② (隋)王劭:《舍利感應記》,(唐)道宣《廣弘明集》卷一七《佛德篇三》,《大正藏》第52册,第215頁中。

③ (隋)安德王雄百官等:《慶舍利感應表(并答)》,(唐)道宣《廣弘明集》卷一七《佛德篇三》,《大正藏》第52册,第217頁中。

④ (唐)道宣:《續高僧傳》卷一〇《義解篇六·法彦傳》,第355頁。

⑤ (唐)道宣:《續高僧傳》卷一〇《義解篇六·靈璨傳》,第360頁。

⑥ (唐)道宣:《續高僧傳》卷二二《明律上·覺朗傳》,第843頁。

⑦ (唐)道宣:《續高僧傳》卷二八《感通篇下·道密傳》,第1085頁。

　　對比《續高僧傳》三次分舍利的記載,仁壽四年的記録多次描繪了隋文帝聽到感應事迹時的表現,僧蓋表奏,"帝驚訝其瑞";①僧粲感瑞,"文帝歎重,更加敬仰";②僧世上圖表,"帝大悦也";③彦琮奏聞,"帝大悦,録以爲記,藏諸秘閣";④忻州表聞,"帝悦之,著於别記"等。⑤ 相比之下,前兩次奉送則少有關於皇帝反應的描寫,唯仁壽元年曇遷以事上聞,"帝大悦",⑥以及仁壽二年净願以瑞上聞,"帝大嗟賞"。⑦ "帝大悦"這樣的記録,并不太適合出現于進獻給皇帝的著作中,《廣弘明集》中僅有一例,即"皇帝開華,於寶屑内復得舍利三個,甚大歡欣",⑧這裏并不是對奏表感應或是僧人德行的歡欣,而是表現文帝自己又一次獲得舍利感應的神奇。與此相反,史書中常常會以陳述的口吻記録皇帝的表現,僧人視角的傳記、碑銘也會强調皇帝的表現來襯托傳主形象。以上種種,正説明史源不同。

　　從寫作時間的角度看,隋文帝下詔討論第三次分送舍利沙門使的人選問題是在仁壽四年,⑨計劃起塔日期是四月八日佛誕,與仁壽二年相同。以二年分舍利的日程安排推算,四年下詔準備以及沙門使啓程大致在當年一、二月,沙門使回京覆命、皇帝慰勞接見,仁壽二年是在六月八日,仁壽四年大概也在此前後。關於是年隋文帝的情況,《隋書·高祖紀》云:

　　　　四年春正月丙辰,大赦。甲子,幸仁壽宫。乙丑,詔賞罰支度,事無巨細,并付皇太子。夏四月乙卯,上不豫。六月庚申,大赦天下。有星入月中,數日而退。長人見於雁門。秋七月乙未,日青無光,八日乃復。……甲辰,上以疾甚,卧于仁壽宫,與百僚辭訣,并握手歔欷。丁未,崩於大寶殿,時年六十四。⑩

仁壽四年初,文帝身體已十分衰弱,大赦,將朝廷事務交付太子廣,第三次分舍利建塔。

① (唐)道宣:《續高僧傳》卷二八《感通篇下·僧蓋傳》,第1095頁。
② (唐)道宣:《續高僧傳》卷九《義解篇五·僧粲傳》,第331頁。
③ (唐)道宣:《續高僧傳》卷二八《感通篇下·僧世傳》,第1101頁。
④ (唐)道宣:《續高僧傳》卷二《譯經篇二·彦琮傳》,第51頁。
⑤ (唐)道宣:《續高僧傳》卷一〇《義解篇六·法彦傳》,第355頁。
⑥ (唐)道宣:《續高僧傳》卷一八《習禪三·曇遷傳》,第666頁。
⑦ (唐)道宣:《續高僧傳》卷一〇《義解篇六·净願傳》,第351頁。
⑧ (隋)王劭:《舍利感應記》,(唐)道宣《廣弘明集》卷一七《佛德篇三》,《大正藏》第52册,第217頁中。
⑨ (唐)道宣:《續高僧傳》卷二二《明律上·洪遵傳》,第840—841頁。
⑩ 《隋書》卷二《高祖下》,第52頁。按點校本第58頁注,四月無乙卯,日干誤,六月庚申應作庚午。

四月建塔之時皇帝不豫,祥瑞奏表與病痛挣扎形成了頗具諷刺意味的反差。六月六日再次大赦,是文帝最後向上天祈求續命的努力,此時回朝的諸沙門使恐怕没機會當面禀告盛况了,包括十三日文帝壽誕例行之法會可能也没有舉行。七月十三日,文帝逝世,王劭不可能不合時宜地進獻《舍利感應記》給新帝。

根據文帝朝三頒舍利推斷《舍利感應記》亦記録了三次事迹,祇是想當然。仁壽元年下詔到二年再詔時隔僅半年,期間"每因食於齒下得舍利,皇后亦然。……未過二旬,宫内凡得十九,多放光明。自是遠近道俗,所有舍利率奉獻焉",①在這種情况下,仁壽二年的奉送是可以預見的。仁壽三年元月距二年下詔一年有餘,期間又無皇帝新獲舍利的迹象,王劭何以預知四年還會再頒舍利? 是故,《舍利感應記》的斷代可以確定即仁壽三年。

《續高僧傳》"廣如王劭所記"的具體所指,不排除後人填補僞作的可能,即《法苑珠林》所記二十卷本《舍利感應記》。此外,最有可能的來源是王劭所撰《隋書》,亦即魏徵《隋書》中常常提及之"國史"。《王劭傳》云:

> 劭在著作將二十年,專典國史,撰《隋書》八十卷。多録口敕,又采迂怪不經之語及委巷之言,以類相從,爲其題目,辭義繁雜,無足稱者,遂使隋代文武名臣列將善惡之迹,埋没無聞。②

"多録口敕""迂怪不經"正與《續高僧傳》仁壽四年分舍利的記載相符。又,《王劭傳》作《隋書》八十卷而《經籍志》作"六十卷,未成。秘書監王劭撰"。③ 王劭在煬帝登基後獻媚不成轉遷秘書監,幾年後死去,《隋書》即其死前最後之工作。作爲分舍利事件主要參與者,王劭編撰國史時對此事詳加記述并不意外。道宣將這些記載抄入《續高僧傳》符合自序所言"南北國史附見徵音"。④

三、《舍利感應記》的史料來源

王劭作爲著作郎負責編纂國史,所撰《舍利感應記》以及所記仁壽四年事有着相比

---

① (隋)王劭《舍利感應記》,(唐)道宣《廣弘明集》卷一七《佛德篇三》,《大正藏》第 52 册,第 216 頁中。
② 《隋書》卷六九《王劭傳》,第 1609 頁。
③ 《隋書》卷三三《經籍二》,第 962 頁。這兩種説法後世并存,參見[日]興膳宏、川合康三:《隋書經籍志詳考》,東京:汲古書院,1995 年,第 304 頁。
④ (唐)道宣:《續高僧傳》序,第 1 頁。

於其他佛教史料更爲特殊的文獻價值。那麽,王劭具體的史料來源爲何,他又做了哪些加工?

仁壽元年的各州記録,皆以"某州於某寺起塔"開頭,其下叙述感應的具體内容。在分述各州記録之前,以隋文帝關於舍利的預言總領後文:"舍利之將行也,皇帝曰:'今佛法重興必有感應。'其後處處表奏皆如所言。"①説明後面的記載都是源自"處處表奏"之言。更明顯的特徵體現在仁壽二年《慶舍利感應表》中,各州感應皆以"某州表云"爲開頭,大量保留了當時奏表的原貌,如"趙州表云:舍利以三月四日到州,臣等於治下文際寺安置起塔";②"恒州表云:舍利詣州,建立靈塔。三月四日到州,即共州府官人巡曆檢行安置處所。……謹表聞之";③幽州奏表云"……今畫圖奉進"。④ 像這樣位於公文末了的套話格式還出現在毛州、許州。瑞相最多的陝州被單獨列出,記載篇幅也最巨。這些記載都帶有當事人視角,書寫者大概是州官。

《續高僧傳》爲我們提供了關於感應事迹的另一源頭。在道宣的記載中,明確記載僧人奏表上聞的情況有十餘處,其中毛州、陝州與官人奏表重合:毛州沙門使"(僧)昕慶斯衆瑞,即具表聞",⑤陝州沙門使"(法)朗慶斯神瑞,登即奏聞"。⑥ 非由僧人表奏的記載有兩例:仁壽二年鄧州感應,《續高僧傳》云"儒與官人圖以表奏",⑦"儒"指的是跟隨沙門使到州的散官,"官人"即州府官人;仁壽四年忻州感應,道宣大段引用了刺史鄭善果上呈文帝文辭華美而阿諛的奏表。⑧

結合《續高僧傳》和王劭的説法,各州感應進呈皇帝的奏表至少可分爲兩種,一種是州官系統,一種是敕使系統。後一種奏表中,也可能出現鄧州那樣沙門使由儒人代筆的情況。仁壽四年,沙門使智隱報告莘州感應,"隱以事聞,帝大悦,付於著作"。⑨ "著作"即著作郎王劭,兩種立場的奏表他都能見到。史料來源不同導致《續高僧傳》與《廣

---

① (隋)王劭:《舍利感應記》,(唐)道宣《廣弘明集》卷一七《佛德篇三》,《大正藏》第 52 册,第 214 頁中。
② (隋)安德王雄百官等:《慶舍利感應表(并答)》,(唐)道宣《廣弘明集》卷一七《佛德篇三》,《大正藏》第 52 册,第 218 頁中。
③ (隋)安德王雄百官等:《慶舍利感應表(并答)》,(唐)道宣《廣弘明集》卷一七《佛德篇三》,《大正藏》第 52 册,第 217 頁中。
④ (隋)安德王雄百官等:《慶舍利感應表(并答)》,(唐)道宣《廣弘明集》卷一七《佛德篇三》,《大正藏》第 52 册,第 219 頁中。
⑤ (唐)道宣:《續高僧傳》卷二八《感通篇下·僧昕傳》,第 1113 頁。
⑥ (唐)道宣:《續高僧傳》卷二八《感通篇下·法朗傳》,第 1109 頁。
⑦ (唐)道宣:《續高僧傳》卷一〇《義解篇六·寶儒傳》,第 362 頁。
⑧ (唐)道宣:《續高僧傳》卷一〇《義解篇六·法彦傳》,第 355 頁。
⑨ (唐)道宣:《續高僧傳》卷二八《感通篇下·智隱傳》,第 1086 頁。

弘明集》等文獻同州感應記載相異,以下將對此類情況逐一説明。

首先看仁壽二年秦州感應:

《智教傳》:仁壽中年,起塔秦州之永寧寺,下勅令送。既至塔所,夜逢布薩,異香如霧,屯結入門。合衆同怪,欣所聞見。又於塔上布柱之前,見大人迹,長尺二寸,蹈深二分,十指螺文,圓相周備,推無蹤緒,蓋神瑞也。又降異雲,屯聚塔上。又雨天花,狀如金寶。又聞空中讚歎佛聲。官民道俗,相慶騰踴。①

《慶舍利感應表》:秦州表云:欲下舍利時,七日地微動,至八日大動。②

《集神州三寶感通録》:秦州(重得舍利)③

《法苑珠林》:秦州(重得舍利,函變瑪瑙)④

前文已叙《法苑珠林》"函變瑪瑙"是抄寫中竄入的兗州感應。將《續高僧傳》與《廣弘明集》相較,兩者幾無可比性,無論是《智教傳》聲稱的種種瑞相抑或《慶舍利感應表》舉出的地動,都是大事件,不太可能漏記。基本照抄《廣弘明集》的《感通録》在這一問題上沒有表態,祇説"重得舍利"。造成互異的原因不明。

仁壽元年襄州感應反映出明顯的編撰痕迹:

《明誕傳》:……及誕之至彼安厝塔基,寺之東院鑿地數尺,獲琉璃瓶,内有舍利八枚,聚散呈祥,形質不定,或現全碎,顯發神奇,即與今送同處起塔。又下穿掘得石,銘云:"大同三十六年已後,開仁壽之化。"依檢梁曆,有號大同,至今歲紀,髣髴符會。誕欣感嘉瑞,乃表奏聞。寺有金像一軀,舉高丈六,面部圓滿,相儀充備,峙於堂内,衆鳥無敢踐足。庭前樹碑,庾信文,蕭雲書,世稱冠絶。⑤

《舍利感應記》:襄州于大興國寺起塔。天時陰晦,舍利將下,日便朗照,始入函,雲復合。⑥

① (唐)道宣:《續高僧傳》卷二八《感通篇下·智教傳》,第1104—1105頁。
② (隋)安德王雄百官等:《慶舍利感應表(并答)》,(唐)道宣《廣弘明集》卷一七《佛德篇三》,《大正藏》第52册,第217頁下。
③ (唐)道宣:《集神州三寶感通録》卷上,《大正藏》第52册,第412頁下。
④ (唐)道世:《法苑珠林校注》卷四〇《舍利篇》,第1282頁。
⑤ (唐)道宣:《續高僧傳》卷二八《感通篇下·明誕傳》,第1088—1089頁。
⑥ (隋)王劭:《舍利感應記》,(唐)道宣《廣弘明集》卷一七《佛德篇三》,《大正藏》第52册,第216頁上。

　　《集神州三寶感通録》：襄州大興國寺立塔。初天陰，將下日朗，入函雲合。①
　　《法苑珠林》：襄州大興國寺立塔。初天陰，將下日朗，入函雲合。②

　　《續高僧傳》中襄州感應非常多，比如得石銘曰“大同三十六年已後，開仁壽之化”，這是非常能討皇帝歡欣的内容，《廣弘明集》隻字未提，《感通録》和《法苑珠林》照抄《廣弘明集》，三種文獻記述相同。後三種文獻所記“初天陰，將下日朗，入函雲合”類似記載在仁壽元年特别多，三十個分送州裏出現“陰/雨/霧/雪—將下日朗—入函雲合”模式的感應有十四州。③ 之後的兩次分送中，此種感應再未出現，顯得疑點重重。

　　早上陰雨霧雪天、正午太陽露出一會兒的天氣，在農曆十月中旬并不稀奇。《續高僧傳》看到了王劭的記載，却也祇在雍、并、華、嵩四州沿用了這一説法，相比於《廣弘明集》的十四州大打折扣，可見道宣并不覺得這一天象特别神奇。同理，沙門使或者州官也不會格外看重。反觀《廣弘明集》裏的相關叙述，用詞非常統一，“日朗”“朗照”“雲合”“雲復合”等，表述近乎模式化。出現這種情況，有兩種可能：一是有預謀，但出現神奇氣象的州分散在各地，他們之間事先串通的概率極低；二是事後的書寫，即王劭的加工。然此氣象并不特别神奇，亦非傳統祥瑞，反復記録的原因何在？

　　這樣的氣象，有一州是無法杜撰的，就是皇帝所在的雍州。“雍州于仙遊寺起塔。天時陰雪，舍利將下，日便朗照，始入函，雲復合。”④仙遊寺在終南山，離大興城不遠，氣象較爲接近。在大興城，“皇帝以起塔之旦，在大興宮之大興殿庭，西面執珽而立。迎請佛像及沙門三百六十七人，旛蓋香華，贊唄音樂，自大興善寺來居殿堂。皇帝燒香禮拜，降禦東廊，親率武百僚，素食齋戒”。⑤ 文帝的法會可能也遇上了陰雪天氣，對於盛大的國家活動與神聖儀式，天公不作美顯然有損威儀。這時中午出了一會兒太陽，對皇帝和在場的衆人來説都是非常及時的，順勢將其附會爲舍利感應必能使得龍顏大悅。仁壽二年初，安德王楊雄上慶表，言及各州感應，舉了兩州爲例。一是蒲州棲岩寺種種

---

　　① （唐）道宣：《集神州三寶感通録》卷上，《大正藏》第52册，第412頁上。
　　② （唐）道世：《法苑珠林校注》卷四〇《舍利篇》，第1278頁。
　　③ 山崎宏曾試圖用這十幾組氣象資料還原當時中國的天氣情況，并比對了現今的天氣，認爲王劭所舉的陰、雨、霧、雪符合實際情況。山崎的説法遭到田中敬信的批判，田中認爲靈異感應這樣不可思議的事件不能從科學的角度去理解。[日]田中敬信：《道宣の神異観——仁壽造塔より》，《印度學仏教學研究》第21卷第1號，1972年，第142—143頁。
　　④ （隋）王劭：《舍利感應記》，（唐）道宣《廣弘明集》卷一七《佛德篇三》，《大正藏》第52册，第214頁中。
　　⑤ （隋）王劭：《舍利感應記》，（唐）道宣《廣弘明集》卷一七《佛德篇三》，《大正藏》第52册，第214頁中。

感應,因其爲太祖武元皇帝所造;一是華州感應,"于時雲霧大雪,忽即開朗,正當塔上有五色相輪,舍利下訖,還起雲霧"。[①] 楊雄特別提及華州的氣象或與他親歷大興法會有關,然其若知不僅雍、華二州,更有十餘州同此異相,想必會在描述中補充介紹各州亦復如是,可知仁壽元年十餘州撥雲見日的感應叙事是仁壽二年以後形成的。

縱觀三次分送舍利所現感應,第一次記載最爲簡略,出現了氣象變化這樣多州雷同的情况;第二次各州感應皆不相同,形式上出新很多,其中曹、陝二州感應神異尤多且繁;第三次感應,各州皆向仁壽二年之曹、陝看齊,雖然感應現象上沒有更多創新,但在各種感應的組合呈現上最爲繁複。蓋因第一次分送舍利時,州官與沙門使并不知道"應該"産生何種舍利感應,導致奏表記錄簡單,王劭不得不從中拼凑,畢竟隋文帝曾預言説"今佛法重興必有感應",最終呈現的文本也必須按照"其後處處表奏皆如所言"的框架展開。

又,仁壽二年杞州感應:

《静凝傳》:仁壽二年,下勅送舍利於杞州。初至,頻放白光,狀如皎月,流轉通照。及下塔日,白鳥空中旋繞基上,瘞訖遠逝。更有餘相,凝爲藏隱,示出一二,知大聖之通瑞也,餘則隱之不書。及至京師,又被責及,方便解免,不久而終世矣。[②]

《慶舍利感應表》:杞州表云:舍利以三月四日到州。十四日辰時,瑠璃瓶裏色白如月,須臾之間即變爲赤色。至四月二日後變作紫光,或現青色,瓶内流轉,一來一去,回圈不止。道俗瞻仰。咸共歸依實相容儀,良久乃散。七日午時,神影復出,變動輝焕,於前無異。[③]

《集神州三寶感通録》:杞州(放光)[④]

《法苑珠林》:杞州(放光五色)[⑤]

在杞州的案例裏,《静凝傳》的説法也和《廣弘明集》不同,前者舍利頻放白光,後者光色多有變化。頗耐人尋味的一處細節是《續高僧傳》稱杞州感應還有別的瑞相,但是静凝

① (隋)安德王雄百官等:《慶舍利感應表(并答)》,(唐)道宣《廣弘明集》卷一七《佛德篇三》,《大正藏》第52冊,第216頁下—217頁上。

② (唐)道宣:《續高僧傳》卷二八《感通篇下·静凝傳》,第1123頁。

③ (隋)安德王雄百官等:《慶舍利感應表(并答)》,(唐)道宣《廣弘明集》卷一七《佛德篇三》,《大正藏》第52冊,第218頁上。

④ (唐)道宣:《集神州三寶感通録》卷上,《大正藏》第52冊,第412頁下。

⑤ (唐)道世:《法苑珠林校注》卷四〇《舍利篇》,第1282頁。

并没有全部出示,不欲過分强調佛教神迹。從前後文看,這更像是静凝"及至京師,又被責及"時的托詞。對比《廣弘明集》,大概是州官奏表中對杞州感應的誇張描述導致主事者懷疑静凝故意隱瞞。

沙門使、州官奏表不能匹配的情況僅是個案,除了上述秦、襄、杞三州,凡可供比對的感應記録都呈現出相當高的一致性,這意味着道宣從其他地方獲取的材料也和《感應記》中所録官方記載相合。如果我們站在自然科學的立場認爲仁壽舍利感應包含大量想象、誇張的成分,那麽這些神異記述者之所以能够統一口徑,必定是州官與沙門使"共謀"的結果。祇有少數特例如静凝,隱約透露出在大量的"共謀"關係背後還有一些不同聲音。

四、對舍利感應文本生成過程的還原

至此我們可以梳理出仁壽感應的文本生成史。首先是隋文帝發起分舍利建塔的運動,奉送舍利至州的高僧與當地官員見證舍利感應并分别記録,這些記録以圖、表的形式上呈給文帝,同時又以地方石刻、個人著述等更具地方本位或個人色彩的形式在民間流傳。隋文帝將地方感應的報告在朝堂上與群臣分享,并將這些材料交付著作郎王劭保存爲國家檔案。仁壽三年,王劭彙編仁壽元年及二年的兩次分舍利感應事迹爲《舍利感應記》,這些文字部分保留在唐人道宣編纂的《廣弘明集》中,并被拆分爲《隋國立舍利塔詔》《舍利感應記》《慶舍利感應表(并答)》三篇。《廣弘明集》中的記録被縮編後收入道宣《集神州三寶感通録》中,又被道宣的繼承者道世吸收到佛教百科著作《法苑珠林》。關於仁壽四年分舍利建塔的感應,由於隋文帝隨即逝世、新帝對舍利感應失去興趣而不見於史傳,保留在王劭所撰《隋書》或其他著作中,進而被道宣《續高僧傳》吸收。後者兼采王劭《舍利感應記》以及來自石刻、文集、訪談等資料,保留了關於仁壽感應最豐富的信息。經過上述歷程,最終形成了我們現在可見史料之面貌。

仁壽感應文本的生成過程可分爲三個階段:第一階段是各州感應被記録的原始時期,第二階段是朝廷的彙總,第三階段是唐初佛教界的再整理。這三個階段中史料的書寫者又可細分爲四:沙門使,皇帝在佛教界的代表,僧人兼敕使;州官,皇帝權力在地方的行使者,同時代表地方的利益與訴求;中央的官員,如王劭、楊雄等皇帝身邊的近臣,策劃、參與皇帝"降迹人王,護持世界"[①]的事業,同時充當儀式的觀衆;唐初的

---

① (隋)安德王雄百官等:《慶舍利感應表(并答)》,(唐)道宣《廣弘明集》卷一七《佛德篇三》,《大正藏》第52册,第216頁下。

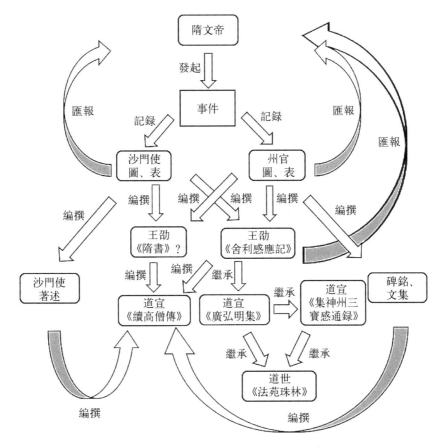

圖一　隋文帝分舍利事件的文本生成示意圖

道宣、道世與前三者不同,他們的讀者不再是皇帝,寫作目的在於傳道。最原始的記錄經過王劭和道宣的轉述成爲現今的文本,轉述過程中,不同作者的意圖摻雜其中在所難免。

首先看王劭的記載:

隋州于智門寺起塔。十月六日掘基得神龜。七日甘露降于石橋旁之楊樹,有黑蜂無算來繞之。八日旦大霧,舍利將之寺,天便開朗,歷光化縣,忽見門内木連理,過楊樹之下,甘露五道懸流沾灑輿上。既而沈陰,舍利將下,日便朗照,始入函,雲復合。神龜色狀特異,有文在其腹曰:“王興”。州使參軍獻之,日日開匣,欲視其頭,而縮藏不可見。勑使著作郎王邵審檢,龜便長引頸足,恣人反轉,連日如之,乃見有文在其頭曰:“上大王八八七千萬年”。皇帝親撫視之,入於懷袖,自然馴狎,放諸宮沼及草內,還來直至御前,每放輒如之。①

有關仁壽元年的氣象感應上節已有討論,仔細體味上述史料,天陰—朗照—雲合的記録與前後文都頗不協調,有後來造作之感。更引人注意的是,身處京師的王劭也作爲地方獻瑞見證者的身份參與到舍利感應的事件中。隋州獻神龜,每日縮頭不見,王劭一來便"長引頸足,恣人反轉",在這一過程中,王劭被暗示具有某種神秘的因緣,他也因此看到了神龜腦袋上有關"大王",亦即指涉文帝的預言。對於地方獻瑞資源的進一步利用,使王劭的角色由仁壽感應的轉録者轉化爲親歷者,賦予所撰《舍利感應記》特殊的意義。

關於道宣對於王劭記録的轉寫情況,可以通過對《續高僧傳》與《廣弘明集》轉引史料的比較來獲得。以《廣弘明集》中保留原始資料最爲完整的陝州感應爲例:

表一　陝州感應記録對比一覽表②

《法朗傳》	《慶舍利感應表》
仁壽二年,勅召送舍利於陝州大興國寺,寺即皇考武元本生處也,故置寺建塔,仰謝昔緣。	
初達州境,大通、善法、演業三寺夜各放光,不知何來,而通照寺内,朗徹無障。善法寺中見三華樹,形色分明。	舍利在陝州城。三月二十三日夜二更裏,大通寺、善法寺、闡業寺并見光明。唯善法寺所見光,内有兩個華樹,形色分明,久而方滅。其色初赤,尋即變白,後散如水銀,滿屋之内,物皆照徹。
四月二日,靈勝寺中夜忽放光。	舍利在大興國寺,四月二日夜二更裏,靈勝寺見光明,洞了庭前,果樹及北坡草木,光照處見其形。
五色彩雲合成一蓋,通變爲紫,比靈與入城,雲蓋方散。又有五色彩雲從乾巽二處纏糺而來,至於塔上相合而住。	三月十五日申時,舍利到陝州城南三里澗,即有五色雲,從東南鬱起,俄爾總成一蓋,即變如紫羅色,舍利入城方始散滅,當時道俗并見。至二十八日未時,在大興國寺,復有五色雲,從西北南二處而來,舍利塔上相合,共成一段。時有<u>文林郎韋範、大都督楊旻及官民等</u>,并同觀矚,其雲少時即散者也。

① (隋) 王劭:《舍利感應記》,(唐) 道宣《廣弘明集》卷一七《佛德篇三》,《大正藏》第52册,第215頁下。
② 左側是《法朗傳》原文,筆者根據其感應内容將其分層,(唐) 道宣《續高僧傳》卷二八《感通篇下·法朗傳》,第1108—1109頁。右側爲《廣弘明集》中所保留陝州感應奏表,其原文内容都予以保留,但出於對比方便的考慮,在順序上稍作調整,如《廣弘明集》中五色雲再現記載於掘基得鳥事件之後,又兩度出聲事僧傳闕載,(隋) 安德王雄百官等《慶舍利感應表(并答)》,(唐) 道宣《廣弘明集》卷一七《佛德篇三》,《大正藏》第52册,第220頁上一下。

《法朗傳》	《慶舍利感應表》
及掘塔基，下深五尺獲一異鳥，狀如鸜鵒，色甚青黄，巡行基趾，人捉無畏，唯食黄花，三日而死。	塔基下掘地得鳥。舍利來向大興國寺，三月二十八日卯時，司馬張備共大都督侯進檢校築基，掘地已深五尺。有閿鄉縣玉山鄉民杜化雲，鑷下忽出一鳥，青黄色大如鶉，馴行塔内，安然自處，執之不恐，未及奉送，其鳥致死。今營福事，於舍利塔内獲非常之鳥，既以出處爲異，謂合嘉祥。今别畫鳥形，謹附聞奏。
	兩度出聲。舍利在州，三月二十三日夜，從寶座出聲，如人間打靜聲，至三乃止。後在大興國寺，四月五日酉時，復出一聲，大於前者，道俗并聞。
又青石爲函，忽生光影，表裏洞徹，現諸靈異。東西兩面，俱現雙樹，樹下悉有水文生焉。函内西面現二菩薩，南邊金色，北邊銀色，相對而立。又二菩薩坐花臺上，各長一尺，并放紅紫光明。函内南面現神尼像，合掌向西。函脣西面又見臥佛，右脅而偃，首北面西。函外東面雙樹間，現前死鳥傾臥，須臾起立，鳥上有三金花。其鳥西南而行，至臥佛下住立不動。凡此光相，從已至未，形狀儼然。命人圖寫，上紙素訖，方漸歇滅。	石函内外四面見佛菩薩神尼娑羅樹光明等。四月七日已時，欲遣使人送放光等四種瑞表，未發之間，司馬張備共崤縣令鄭乾意、閿鄉縣丞趙懷坦、大都督侯進、當作人民侯謙等，至舍利塔基内石函所檢校，同見函外東面石文亂起，其張備等怪異。更向北面，虔意以衫袖拂拭，隨手向上，即見娑羅樹一雙，東西相對，枝葉宛具，作深青色。俄頃道俗奔集，復於西面外，以水澆洗，即見兩樹葉有五色。次南面外復有兩樹，枝條稍直，其葉色黄白。次東面外復有兩樹，色青葉長。其四面樹下并有水文，於此兩樹之間，使人文林郎韋範初見一鳥仰臥，司馬張備次後看時，其鳥已立，鳥前有金華三枝，鳥形大小毛色與前掘地得者不異。其鳥須臾向西南行，至佛下停住函内。西南近角復有一菩薩，坐華臺上面向東。有一立尼，面向菩薩合掌，相去二寸。西面内復有二菩薩并立，一金色面向南，一銀色面向北，相去可有三寸。西脣上有一臥佛，側身頭向北面向西。其三菩薩于石函内并放紅紫光，高一尺許，從已至未，形狀不移。圖畫已後，色漸微滅，道俗觀者其數不少。此函本是青石色基黑闇，見瑞之時變爲明白，表裏瑩徹，周回四面，俱遣人坐，并相照見，無所翳障。其函内外四面，總見一佛三菩薩一尼一鳥三枝華八株樹，今别畫圖狀，謹附聞奏。
及將下日，忽然雲起，如煙如霧，團圓翳日，又如車輪，雲色條别，又如車輻，輪輻雲色，皆如紅紫。人皆仰視其相，歎怪希遇。藏瘞既了，天還明净，失雲所在。當斯時也，寺院牆外咸見幡蓋圍遶，謂言他處助來供養，事了追問，一無蹤緒。	下時四方雲起變成輪相，復有自然幡蓋，及塔上香雲二度光見。四月八日午時欲下舍利，于時道俗悲號，四方忽然一時雲起，如煙如霧，漸次向上，至於日所，即遶日變成一暈，猶如車輪，内别有白雲，團圓翳日，日光漸即微，闇如小盞許，在輪外周匝，次第以雲爲輻，其輪及輻并作紅紫色。至下舍利訖，其雲散滅，日光還即明净。復於塔院西北牆外，大有自然幡蓋，亦有見幡蓋圍遶舍利者。當時謂有人捉幡供養，至下舍利訖，其幡蓋等忽即不見，于時道俗見者不少。至戌時司馬張備等見塔上有青雲氣從塔内而出，其雲甚香，即唤使人文林郎韋範、大興寺僧曇暢入裏就看，備共韋範等并見流光向西北、東南二處流行，須臾即滅。
朗慶斯神瑞，登即奏聞。	

　　單看《續高僧傳》的記載，道宣在描述陝州感應的種種事迹後，以"（法）朗慶斯神瑞，登即奏聞"結束，由於見證神奇本身是對見證者德行、信仰的肯定，這些感應以傳主

個人經歷的形式出現在其傳記中,强化了感應現象與高僧個人品德之間的聯繫。《慶舍利感應表》提供了相反的證據,不僅一句未提法朗在感應中的參與或見證,上表黑綫標識的地方更進一步向我們揭示了究竟是誰在製造神奇。他們可以是在寺廟工地上幹活的村民,縣級的縣令、縣丞,州府官員司馬、大都督,或是本地寺廟的僧人。這些人雖然并不是書寫者本身,但他們參與舍利事件的過程也被記載下來,折射出仁壽舍利感應事件中全民狂熱的歷史面貌。

《續高僧傳》《廣弘明集》等佛教著作内容多涉感應神異,往往不被視作"信史"而與正史或者教外文獻區别對待,有關仁壽感應的記載亦是如此。經過上文還原可以發現,這些看似離奇的記載恰是原原本本地取自隋仁壽年間地方上奏皇帝的官方文書以及王劭以此編著的隋代正史之中。因此也就不能僅以教内文獻的角度認識它們,而應從官方文獻以及官方文獻向教内文獻轉化的過程中認識。這些文本所顯現的宗教性,與其説是宗教本身的特性,不如説是隋代政治行爲或意識形態中體現的宗教性。唯此我們才可以理解這種宗教性不僅是佛教的,而是以佛教舍利感應爲外衣,夾雜着大量中國自有的祥瑞、符命傳統的混合形態,①信仰的對象與其説是佛,不如説是皇帝與權力。

經過後人的解構與重構,這些文本最終以聖傳、文集、故事彙編、百科全書等形式呈現在我們面前。不同的語境賦予了相同材料不同的指向,《續高僧傳》由於文章體例,舍利感應的神奇和高僧個人的德行與體驗聯繫起來;《廣弘明集》中分舍利事件屬《佛德篇》,道宣序中用很大篇幅來論證"人王"與"法王"的關係,將隋文帝當作帝王奉佛而多現祥瑞的實例;在《感通錄》與《法苑珠林》中,分舍利事件則是意在證明舍利的真實存在及其神秘力量。這些新的指向與歷史最初的面貌大相徑庭,通過考察其生成過程,并意識到王劭、道宣在轉寫中可能施加的影響,就有機會再次解構這些叙事,還原仁壽年間隋文帝分舍利建塔事件的歷史場景。

這種還原的目的,并非坐實種種感應的真實性,而是提醒我們思考中古時期的人們何以相信這些神異爲真。當舍利感應成爲一種可供利用的公共資源,不同社會身份的人對此有着不同的理解,賦予不同的期待,全國範圍的舍利狂熱得以同時在皇帝、大臣、僧人和普通民衆身上發生。最終,在不斷地記録與傳抄中,這些神迹成了某種史實。

---

① 仁壽年間舍利感應的記録者主要是地方官員,對比《高僧傳》等六朝時期佛教文獻中關於舍利的記載可知,文帝時期的這些感應現象與前者相去甚遠,更直接地來源於東漢以降的祥瑞系統。傳統的吉祥符號被熟練地嫁接在新的舍利神奇中。

《魏晉南北朝隋唐史資料》第四十九輯

2024 年 5 月,409—422 頁

《天聖令·關市令》宋 3 條復原唐令發覆[*]

李兆宇

自天一閣藏明鈔本《天聖令》發現以來,唐令復原研究不斷走向深入。但是,目前復原工作中仍存在一些尚待解決的問題。比如,學界對於如何復原《天聖令·關市令》宋 3 條爲唐令就存在一定爭議。復原唐令的一個重要原則,就是將日本《養老令》與《天聖令》進行比勘。^① 而《天聖令·關市令》宋 3 條與相對應的日本《養老令·關市令》同條之間存在諸多差異之處。《天聖令·關市令》宋 3 條:

> 諸行人齎過所及乘遞馬出入關者,關司勘過所,案記。其過所、驛券、遞牒並付行人自隨。^②

《養老令·關市令》第 4 條:

> 凡行人齎過所及乘驛傳馬出入關者(注:謂驛子、傳子並無曆名,直記人數勘過,即雖有冒度,關司不坐也),關司勘過,録白案記(注:謂凡行人及乘驛傳度關者,關司皆寫其過所,若官符以立案記。直於白紙録之,不點朱印,故云録白也)。其正過所及驛鈴、傳符並付行人自隨。仍驛傳符,年終録目,申太政官(注:謂附朝集使申送)總勘。^③

---

* 本文係國家社科基金重大招標項目"吐魯番出土文書再整理與研究"(17ZDA183)階段性成果。

① 趙晶:《〈天聖令〉與唐宋法制考論》,上海古籍出版社,2014 年,第 172 頁。

② 天一閣博物館等:《天一閣藏明鈔本〈天聖令〉校證(附唐令復原研究)》下冊,北京:中華書局,2006 年,第 530 頁。

③ 《令義解》(新訂增補國史大系普及版)卷九《關市令》,東京:吉川弘文館,1983 年,第 298 頁。

在兩令的這些差異中,爭議最大的是《養老令》"録白案記"的復原。① 學者們爭論的焦點就在於,其中的"録白案記"是什麽意思? 唐令的原令文,到底是《天聖令》中的"案記"還是《養老令》中的"録白案記"? 另外,《養老令》中有:"仍驛傳符,年終録目,申太政官總勘。"該句是否能够復原爲唐令? 整理者因缺乏史料,并未復原此句。亦有學者認爲該句所反映的制度屬于唐制,但未及詳論。② 筆者擬在前人基礎上,對這些問題進行探討,希望能爲復原該條令文提供一些不成熟的參考。

一、"案記"與"録白"

《唐律疏議·衛禁律》"關津留難"條疏議稱關"謂判過所之處"。③ 核查往來行人携帶的通行憑證,是關司行使職能的核心手段。《天聖令·關市令》宋 3 條及日本《養老令·關市令》第 4 條中都記載,關司勘驗通行憑證時需要"勘過"④和"案記"。據此可知,二者爲唐代關司勘驗程序中的兩個環節。

"勘過"是指關司等機構據過所查驗行人,并在過所上留下勘過記録。⑤ 目前存世的多件唐代過所文書可佐證這一制度環節的存在。吐魯番所出《唐開元十九年(731)唐榮買婢市券》前粘連有某過所的殘尾,其上書寫"檢""牒檢行前沙州""勘過"等内容,並鈐有三處"玉門關之印"的印文。該過所遺留的殘尾,當爲玉門關關司所作的勘過記録。⑥《唐開元二十年(732)瓜州都督府給西州百姓遊擊將軍石染典過所》和《唐天寶七載(748)敦煌郡給某人殘過所》兩件文中,都保留有瓜州與沙州之間各個鎮戍守

---

① 參孟彦弘:《唐代"副過所"及過所的"副白""録白案記"辨釋——兼論過所的意義》,《文史》2008 年第 4 輯,第 89—114 頁;孟彦弘:《再談唐代過所的申請、勘驗過程中的"副白"與"録白案記"——與李全德先生商討》,中國社會科學院歷史所隋唐宋遼金元研究室編:《隋唐遼宋金元史論叢》第 1 輯,北京:紫禁城出版社,2011 年,第 176—188 頁;李全德:《〈天聖令〉所見唐代過所的申請與勘驗——以"副白"與"録白"爲中心》,劉後濱、榮新江主編:《唐研究》第 14 卷,北京大學出版社,2008 年,第 205—220 頁;李全德:《再談天一閣藏明鈔本〈天聖令·關市令〉之"副白"與"案記"》,《西域研究》2012 年第 3 期,第 36—43 頁。
② 李全德:《〈天聖令〉所見唐代過所的申請與勘驗——以"副白"與"録白"爲中心》,第 217 頁。
③ 劉俊文:《唐律疏議箋解》卷八《衛禁》,北京:中華書局,1996 年,第 658 頁。
④ 牛來穎先生通過考察《天聖令》唐令部分的用詞,認爲唐令原文應作"勘過",宋 3 條的"所"字爲衍文,該句令文的復原當從《養老令》,意爲行人持過所或乘驛、傳馬過關時都應由關司勘過。參氏著:《關司勘過與〈天聖令關市令〉唐令復原——以宋 2、宋 3、宋 6 條爲例》,中國社會科學院歷史所隋唐宋遼金元史研究室編《隋唐遼宋金元史論叢》第 4 輯,上海古籍出版社,2014 年,第 96—97、102 頁。
⑤ 程喜霖先生認爲除關外,具有勘過職能的還有都護府、都督府、州、縣、鎮、戍、市、都遊弈所、烽燧、鋪。參氏著《唐代過所研究》,北京:中華書局,2000 年,第 117—130 頁。
⑥ 王蕾:《吐魯番出土鈐"玉門關之印"的過所文書考》,《吐魯番學研究》2017 年第 2 期,第 74—81 頁。

捉的勘過記録。① 日本所藏入唐僧人圓珍携帶回國的公驗和過所上,亦有勘過記録。
其中福州都督府發給的公驗上,有福建海口鎮的勘過記録;越州都督府發給的過所上,
有潼關關司的勘過記録;尚書省司門發給的過所上,有蒲關關司的勘過記録。②

在《天聖令》中,"案記"一詞還見於《田令》所附唐令第 25 條、③《廄牧令》所附唐令
第 15 條、④《捕亡令》復原唐令第 5 條、⑤《醫疾令》所附唐令第 16 條、⑥《雜令》所附唐令
第 23 條。⑦ 細審這些令文中的"案記",其形式分爲兩種。一種,如《天聖令·廄牧令》
附唐 15 條記載:"其馬,具録毛色、齒歲、印記,爲簿兩道,一道在監案記,一道長、尉自
收,以擬校勘。"其中"案記"與"自收"對舉,乃是"案記"其簿,作動詞例。《令集解·考
課令》"家令條""朱云":"申省案記,謂申式部省也。是以得長上考人,知有不申官色
耳。案記,未知志何。答,或云,案記,謂收置也。"⑧吐魯番文書中見有"記案"一詞。例
如《唐典高信貞申報供使人食料帳曆牒》⑨和《唐貞觀十八年(644)鎮兵董君生等牒爲
給抄及送納等事》⑩兩件文書由多件牒組成,每件牒上都有長官所作的"記案""記"的
批示。批示後的牒,會按照日期依次黏連,製作爲案卷"收置"存檔。《天聖令·廄牧
令》附唐 15 條"案記"其簿,當指這種文書處理程式。

另一種,例如《天圣令·医疾令》附唐 16 条記載:"諸醫針師等巡患之處,所療損與
不損,患處官司録醫人姓名案記,仍録牒太常寺,據爲黜陟。諸州醫師準此。"⑪此處"案
記"指官司在文書上記録醫者姓名。《唐六典·内官宫官内侍省》"司寶"條注文記載:
"凡神寶、受命寶、銅魚符及契、四方傳符,皆識其行用之別安置,具立文簿。外司請用,
執狀奏聞,同檢出付,仍録案記;符還朱書記之。"⑫"司寶"出給寶、符、契時,須録"案

① 陳國燦:《唐瓜沙途程與懸泉鎮》,收入氏著《敦煌學史事新證》,蘭州:甘肅教育出版社,2002 年,第 408—
420 頁。
② [日]礪波護:《唐代的過所與公驗》,收入氏著《隋唐佛教文化》,上海古籍出版社,2004 年,第 177、190、
193 頁。
③ 天一閣博物館等:《天一閣藏明鈔本〈天聖令〉校證(附唐令復原研究)》下册,第 258 頁。
④ 天一閣博物館等:《天一閣藏明鈔本〈天聖令〉校證(附唐令復原研究)》下册,第 299 頁。
⑤ 天一閣博物館等:《天一閣藏明鈔本〈天聖令〉校證(附唐令復原研究)》下册,第 550 頁。
⑥ 天一閣博物館等:《天一閣藏明鈔本〈天聖令〉校證(附唐令復原研究)》下册,第 320 頁。
⑦ 天一閣博物館等:《天一閣藏明鈔本〈天聖令〉校證(附唐令復原研究)》下册,第 379 頁。
⑧ 《令集解》(新訂增補國史大系普及版)卷二二《考課令》,東京:吉川弘文館,1981 年,第 641 頁。
⑨ 唐長孺主編:《吐魯番出土文書》(圖文本)第三册,第 95 頁。
⑩ 唐長孺主編:《吐魯番出土文書》(圖文本)第三册,第 67 頁。
⑪ 天一閣博物館等:《天一閣藏明抄本〈天聖令〉校證(附唐令復原研究)》下册,第 320 頁。
⑫ 《唐六典》卷一二《内官宫官内侍省》,北京:中華書局,2014 年,第 352 頁。

記",符還後還要以朱書在"案記"上記録。這種文書形式又見于敦煌吐魯番所出抄目類文書。① 如在敦煌所出《開元年間瀚海軍抄目》中,抄目按照時間順序依次排列,並以墨筆書寫,而每條抄目下又有朱筆書寫的該條抄目的判案時間和處理結果。② 這種"案記"文書,其内容爲獨立的事項條目或記録。

　　唐《關市令》中的"案記"應屬哪一種形式呢?《養老令·關市令》"録白案記"中,"録白"一詞在傳世文獻中含義比較明確,指文書被謄録的抄件或副本。③ 如果"案記"的詞義是指"收置"這一程序,則"録白案記"就應理解爲關司在抄録過所副本後,將副本連接起來形成案卷存檔。但此"案記"祇是附屬於"録白"的一種官府内部文書的處理方式,與勘驗制度本身的關係並不大。而且,照此理解,既無"録白"也就不會有"案記"。但與之相悖的是,《天聖令》宋3條中有"案記",而無"録白"。"案記"在没有"録白"時依然可被執行。況且,若將宋3條中的"案記"解釋爲"收置",則令文意爲關司會將勘過后的過所原件存檔。然而,行人在通關后會帶走過所原件。因此,第一種"案記"方式并不適用於《關市令》。《關市令》中的"案記"應釋作記録在案,即關司對出入關人員所作的出入記録。官府機構製作這類文書的目的,是爲了留檔本司備查,而非向上級機構匯報。"案記"與"録白"是各自獨立的兩個勘驗環節。《養老令》"録白案記"之間應用頓號隔開,讀爲"關司勘過,録白、案記"。

　　目前還未見到這種"案記"的實物文書。李全德先生推測,吐魯番所出《唐天寶十載(751)交河郡客使文卷》所見客館登記客人信息的方式,就是"案記"。因客館出入與關津的出入有一定的相似性,或可據之推測《關市令》"案記"的面貌。④ 以關令"禁末遊,伺奸匿"⑤的職能來看,《關市令》中的"案記"應至少包含以下要素:度關人姓名、年齡、身份、籍貫等信息;隨從人員信息;携帶的牲畜(牝牡、毛色、齒歲)和物品信息;度關時間和出入方向。實際上,這種"案記"是對行人所持通行憑證的摘要。《唐天寶十載交河郡客使文卷》的内容或過於簡略,比如,其中並未記録行人所携牲畜及物品信息,而這恰是關司查驗工作的重中之重。

　　漢簡中有一類被稱爲"出入名籍"的文書,形式與"案記"最爲接近。⑥ 這種"出入

① 方誠峰:《敦煌吐魯番所出事目文書再探》,《中國史研究》2018年第2期,第130—131頁。
② 孫繼民:《唐代瀚海軍文書研究》,蘭州:甘肅文化出版社,2002年,第24—28頁。
③ 李全德:《再談天一閣藏明鈔本〈天聖令·關市令〉之"副白"與"案記"》,第38—41頁。
④ 李全德:《再談天一閣藏明鈔本〈天聖令·關市令〉之"副白"與"案記"》,第42—43頁。
⑤ 《唐六典》卷三〇《三府督護州縣官吏》,第757頁。
⑥ 李均明:《秦漢簡牘文書分類輯解》,北京:文物出版社,2009年,第387—388頁。

名籍"多出土于肩水金關等西北關塞,是當時關司記録出入本關吏民情況的登記簿。
"出入名籍"中包含了上述諸要素,隨舉一例"河南郡雒陽樂崴里公乘蘇之、年廿六、長
七尺二寸、黑色 弓一、失十二 乘方相一乘、馬騧牡、齒十歲 九月甲辰出"。① "出入
名籍"的書寫載體爲簡札,亦稱爲牒。這些簡札雖然是編連成册的,但每枚簡札衹書
寫一位行人的信息,可將之視作一條條獨立的記録。冨谷至先生在研究西北漢簡時曾
指出,在這類"出入名籍"中,"出""入"是有具體所指的。前往各關卡所屬都尉府的方
向爲"入",反之則爲"出"②。《入唐求法巡禮行記》中記載,圓仁於開成五年(840)八月
四日"齋後,傍汾河西南行十里,到靈石縣。過縣傍河南行廿里,到陰地關。關司勘
出"。第二天"平明,南行十里,到長寧驛汾水關。關司勘入"。③ 日本圓珍的《越州都督
府過所》和《尚書省司門過所》中亦分別有潼關"勘入"和蒲關"勘出"的記録。而《唐天
寶十載交河郡客使文卷》中却以東、西、北等方位表述客使往來方向。唐代關司的"案
記"應與"出入名籍"相同,以"出""入"記録行人去往的方向,而非東西南北方位。

　　《養老令·關市令》中的"録白",指行人度關時,關司謄録並存檔於本司的過所抄
件。唐代關司在勘驗過所時是否也會"録白"?《周禮注疏·地官》"司關"條中有一段
疏文對於我們認識唐代過所的勘驗方式非常重要:

> 別有過所文書,若下文節傳,當載人年幾及物多少,至關至門,皆別寫一通,入
> 關家門家,乃案勘而過,其自内出者,義亦然。④

賈公彦在疏中描述了過所的内容和勘驗方式。"當載人年幾及物多少"指過所包含的
信息内容。"至關至門,皆別寫一通"與"入關家門家,乃案勘而過"分別是過所勘驗時
的兩道環節。賈公彦作爲唐人,所述當爲唐代真實運行的制度。⑤ 其中"入關家門家,
乃案勘而過",即指唐代的"勘過"環節。那"至關至門,皆別寫一通"呢?《養老令·關

---

① 甘肅簡牘博物館等編:《肩水金關漢簡(三)》上册,上海:中西書局,2013 年,第 207 頁。
② [日]冨谷至著,劉恒武、孔李波譯:《文書行政的漢帝國》,南京:江蘇人民出版社,2013 年,第 267—
268 頁。
③ [日]小野勝年:《入唐求法巡礼行記の研究》卷三,京都:法藏館,1989 年,第 210—213 頁。
④ 《周禮注疏》卷一五《地關》,阮元校刻《十三經注疏》(清嘉慶刻本),北京:中華書局,2009 年影印本,第
1593 頁。
⑤ 賈《疏》中常引唐制来解釋古制。參楊學東:《賈公彦周禮注疏所見唐制考》,《内蒙古大學學報(哲學社會
科學版)》2014 年第 4 期,第 68—73 頁。

市令》"録白"下注文云"關司皆寫其過所",與疏文相合。因此,"別寫一通"顯指"録白"環節。賈疏與日令中同有關司謄録過所抄件的記載,則"録白"確爲唐代制度,應復原爲唐令。

謄寫抄件作爲關司勘驗通行憑證的制度環節,有着悠久的淵源。傳是秦漢時期廣泛行用的通行憑證。肩水金關等漢代關塞遺址出土了大量的傳。冨谷至先生指出:"旅行證件,並非出自接受申請的機關,而是在旅行者所經關卡或候官遺址被發現的……最爲合理的解釋是,該機關查驗了旅行者携帶證件之後謄寫了副本,出土的實物實際上是證件的副本,此類證件正是所謂的傳。"[1]金關簡出土有内容爲:"元始三年十二月吏民出入關傳副券"(73EJT35∶2)的楬,表明關司謄録的抄件會作爲副本按月存檔。《太平御覽·文部》"過所"條引"晉令"記載:"諸渡過及乘舡筏上下經津者,皆有過所,寫一通,付關吏。"[2]儘管此時的通行憑證已由傳變爲了過所,然按晉令,行人持過所渡津時,仍需要另抄録一份過所交予關吏。令文雖云"經津者",但陸路關隘也應是相同的。據此來看,唐代的"録白"環節當遠承於漢晉制度。

《養老令》"録白案記"的注文,先總説"關司勘過,録白案記"的施用對象爲"行人及乘驛傳度關者"。接着,注文又對過所和"驛傳符"的勘驗方式分别進行了解釋。注文稱"關司皆寫其過所,若官符以立案記。"該句清楚表明,關司處理過所和"驛傳符"的方式並不一致。在處理過所時,關司會照之謄録抄件。而對於"驛傳符",關司才會立"案記"。過所對應"録白","驛傳符"對應"案記"。换言之,過所不"案記","驛傳符"亦不"録白"。前引《周禮注疏》所載過所的勘驗環節中,有"録白"和"勘過",而唯獨没有"案記"。此點亦可與《養老令》注文互相佐證。那麼,關司在勘驗過所時,爲何衹"録白",不"案記"?

關司"案記",主要是爲了記録行人信息、到達本關時間以及出入方向。如果僅"録白",關司還能留下行人到達本關時間和出入方向的記録嗎? 敦煌莫高窟考古發現的《唐天寶七載(748)敦煌郡給某人殘過所》殘存 7 行文字,其中後 3 行爲某人途徑瓜沙二州間各鎮戍留下的勘過記録。[3] 整件文書前後筆迹一致,當爲關司"録白"的抄件。[4]值得注意的是,關司在"録白"時,不僅會謄録過所的内容,亦會謄寫過所後的勘過記

① [日]冨谷至著,劉恒武、孔李波譯:《簡牘資料中的"傳"——以漢代邊地木簡爲中心》,第 241—242 頁。
② 《太平御覽》卷五九八《文部》,北京:中華書局,1960 年,第 2695 頁。
③ 敦煌文物研究所考古組:《莫高窟發現的唐代絲織物及其他》,《文物》1972 年第 12 期,第 58 頁。
④ 《唐天寶七載敦煌郡給某人殘過所》的性質問題,筆者已另文探討。

録。這樣做的目的或是爲了核查和掌握行人的行蹤。而與"録白"同屬勘驗程序的還有"勘過"。關司在勘驗過所時,很可能先"勘過",並在過所上留下本司的勘過記録。而後,關司才會"録白"。此時,謄録的過所抄件中,不僅有原過所的内容,同時也包括了本司的勘過記録。"録白"中的勘過記録,實際作用就相當於"案記"。關司保存了"録白",也就變相保存了"案記"。如此,"案記"環節在勘驗程序的實際運作中是多餘的。

又怎樣理解"驛傳符"衹"案記",不"録白"呢?《養老令》中的"驛傳符"是"驛鈴"和"傳符"的省稱。要之,日本的"驛鈴"相當於唐代驛政的"傳符",而日本的"傳符"則相當於唐代傳制的憑證。[1]《唐律疏議・職制律》"驛使稽程"條疏議引《公式令》記載:"給驛者給銅龍傳符,無傳符處爲紙券。"[2]《唐律疏議・賊盗律》"盗符節門鑰"條疏議所引《公式令》中更爲詳細地記載了"傳符"的形制:

> "傳符"謂給將乘驛者,依《公式令》:"下諸方傳符,兩京及北都留守爲麟符,東方青龍,西方白虎,南方朱雀,北方玄武。兩京留守二十,左十九,右一;餘皆四,左三,右一。左者進内,右者付外州、府、監應執符人。其兩京及北都留守符,並進内。須遣使向四方,皆給所詣處左符,書於骨帖上,内著符,裹用泥封,以門下省印之。所至之處,以右符勘合,然後承用。"[3]

從《公式令》來看,一方面,"傳符"的形態是實物而非文書,存在銅龍符、麟符、四方符等形制;另一方面,"傳符"在路程中實際是被封緘的,使者至目的地後才打開封檢,合符完成使命。因此,可以推測,關司無法對傳符内容"録白",衹能對往來的乘驛者進行登記,製作"案記"留檔。隨着通過驛制傳遞的人員越來越多,"傳符"數量太少已無法滿足需要。於是,一些地方開始給使者發給"紙券"作爲乘驛的憑證。而後,"紙券"逐漸取代了"傳符",《唐律疏議・職制律》"用符節稽留不輸"條疏議記載:"其傳符,通用紙作。"[4]儘管在理論上,"紙券"作爲紙質文書,關司可以對其"録白",但它很可能仍沿襲

---

① 宋家鈺:《唐〈廐牧令〉驛傳條文的復原及與日本〈令〉〈式〉的比較》,劉後濱、榮新江主編:《唐研究》第 14 卷,北京大學出版社,2008 年,第 189 頁。
② 《唐律疏議箋解》卷一〇《職制律》,第 814 頁。
③ 《唐律疏議箋解》卷一九《賊盗律》,第 1353 頁。
④ 《唐律疏議箋解》卷一〇《職制律》,第 833 頁。

了傳符衹被"案記"的制度軌迹。

在《養老令》"録白、案記"注文中,"官符以立案記"一句,與前後語句的關係令人十分困惑。該句的前一句云"關司皆寫其過所",後一句又云"直於白紙録之,不點朱印,故云録白也"。這一叙述順序似表明,前面的"寫過所"一語,與後面的"録白"并無關系。而"案記"與"録白"的關係纔更爲緊密。學者可能就是受此影響,認爲"録白"是指將過關的記録直接記在過所後面的空白處,"案記"即指這些記録。① 如此,則把勘過記録當作了"録白案記"。我們注意到,注文中特别提到"直於白紙録之"。然而,日藏圓珍越州都督府過所末尾的潼關勘過記録並未另紙書寫,與注文中的"白紙"一詞不符。注文中又有"不點朱印"一語。而前引與《唐開元十九年唐榮買婢市券》相連的過所勘過記録殘片上,就有"玉門關之印"的朱印痕迹。《唐開元二十年瓜州都督府給西州百姓遊擊將軍石染典過所》後沙州、伊州刺史押過記録上亦有鈐印。這兩個例證都與注文"不點朱印"的記載不符。

前揭,"勘過""録白""案記"是勘驗制度中三種不同的制度環節。"關司皆寫其過所"其實就是指"録白","案記"與"録白"並無關係。但是,《養老令》注文"直於白紙録之"云云的叙述,不但語意不通順,而且確實很容易讓人產生誤解。因此,這段注文内容很可能存在錯簡。注文在闡明"關司皆寫其過所"後,從行文邏輯來講,應進一步交代怎樣寫其過所? 按照這種遞進關係,"直於白紙録之,不點朱印,故云録白也"一語,當在"關司皆寫其過所"之後,"若官符以立案記"之前。該句注文或作:"謂凡行人及乘驛傳度關者,關司皆寫其過所,直於白紙録之,不點朱印,故云録白也。若官符以立案記。"

二、"年終録目,申太政官總勘"是否能復原爲唐令?

《養老令·關市令》第 4 條末尾云:"其驛傳符,年終録目,申太政官(注:謂附朝集使申送)總勘。"日本"太政官"大約相當於唐代的尚書省。那麼,該句令義是否能够還原爲唐令?《天聖令》整理者在復原該句唐令時認爲:"因未見相關史料可供對比,故無法復原。但從上引吐魯番所出申請過所案卷來看,這些案卷可能就是供'年終録目,申尚書省'者。"②吐魯番所出過所案卷末尾的確有署目,但它們衹不過是公文案卷處理程

① 孟彦弘:《唐代"副過所"及過所的"副白""録白案記"辨釋——兼論過所的意義》,第 99 頁。
② 天一閣博物館等:《天一閣藏明鈔本〈天聖令〉校證(附唐令復原研究)》下册,第 530 頁。

序中的一個環節。①《養老令‧公式令》中記載"凡案成者,具條納目",②署目是爲了方便管理和保存案卷,而不是用於向上級彙報。況且,在《養老令》該句中,由朝集使上報太政官審核的是"驛傳符",而非過所。故而,"年終録目,申太政官"中的"録目"并非指案卷的署目。

《養老令》第 4 條中,"勘過""録白""案記"的主語都是關司,因而"其驛傳符"云云的主語也應當爲關司。該句意爲:關司將一年的"驛傳符"録目交於朝集使,由朝集使報送太政官進行審核。按《唐六典‧尚書省刑部》"司門郎中員外郎"條記載:

> 凡關二十有六,而爲上、中、下之差。京城四面關有驛道者爲上關。上關六:京兆府藍田關,華州潼關,同州蒲津關,岐州散關,隴州大震關,原州隴山關。餘關有驛道及四面關無驛道者爲中關。中關一十三:京兆府子午、駱谷、庫谷,同州龍門,會州會寧,原州木峽,石州孟門,嵐州合河,雅州邛崍,彭州蠶崖,安西鐵門,興州興城,華州渭津也。他皆爲下關焉。下關七:梁州甘亭、百牢,河州鳳林,利州石門,延州永和,綿州松嶺,龍州涪水。③

唐制,關分上、中、下三等:位於京城四面且有驛道者爲上關;京城四面無驛道及其他地方有驛道者爲中關;無驛道且不位於京城四面者爲下關。學者認爲,兩京地區關津由中央直管,其餘地方的關津一般都歸屬所在州府管轄。④ 京城四面關本可以直接將本關"録目"上報中央,無須經州府及朝集使傳遞至京。《養老令》"其驛傳符,年終録目"一句,顯然是僅針對地方下轄諸關所作的規定。而二十六關中,京城四面關的數量接近一半,且都爲中上關。則唐《關市令》中理應不會忽略它們的存在。因此,《養老令‧關市令》第 4 條中對中央和地方所轄關隘的管理方式未作區分,一律"附朝集使申送"的制度設定,並不符合唐代的實際情況。

《養老令‧公式令》規定:"凡京官以公事出使,皆由太政官發遣。"⑤"凡在京諸司,

---

① 盧向前:《唐代政治經濟史綜論——甘露之變研究及其他》,北京:商務印書館,2012 年,第 353—356 頁。
② 《令集解》(新訂增補國史大系)卷三六《公式令》,第 903 頁。
③ 《唐六典》卷六《尚書省刑部》,第 195—196 頁。
④ 張鄰、周殿傑:《唐代的關津制度》,《文史》第 35 輯,第 188—189 頁。
⑤ 《令集解》卷三六《公式令》,第 901 頁。

有事須乘驛馬者,皆本司申太政官奏給。"①在京諸司出使所用"驛鈴"和"傳符"都由太政官發給。"其驛鈴、傳符還到二日之内送納。"②無論中央還是地方,"驛鈴"和"傳符"使用完畢後,都須送納至太政官處。《延喜式·太政官》中載有"辦官牒少納言式"詳細記錄了還納"驛鈴"與"傳符"的文書程式:

> (前略)
> 某國正税帳使官位姓名所進若干剋驛鈴一口
> 某國守位姓名赴任日所給若干剋傳符一枚
> 右驛鈴一口傳符一枚請進
> ……
> 牒件入奏文書並請進驛鈴傳符及請印文書具件如前故牒
> 年月日　左史位姓名牒
> 左辨位姓名③

《養老令·公式令》又記載:"凡國有急速大事,遣使馳驛向諸處相報告者。每年朝集使,具録使人位姓名,並注發時日月,給馬匹數,告事由狀,送太政官。承告之處亦準此。太政官堪當,有不應發驛者,隨事推科。"④朝集使將該國所遣乘驛者的姓名、發遣時間、馬匹數量、事由等內容,上呈太政官審查。朝集使報送的文書內容,或與《延喜式·主税下》所載"某國某年正税帳"中的條目相似:"當國某使官位姓名,費若干剋驛鈴若干口,經若干日單若干人。"⑤結合《養老令·關市令》第4條可知,各國朝集使須向太政官上呈兩種與驛傳有關的文書:一是各國當年使用驛傳系統發遣人員的信息,二是各國所轄關隘登記的乘驛傳出入本關的人員信息。由此來看,太政官不但掌握着發驛、傳的權力,而且還監察全國驛傳系統的使用情況,是日本驛、傳的最高管理機構。

前揭,日本的"驛傳符",對應唐代驛政的"傳符"和傳制"傳牒"之類的憑證。然而,唐代驛政和傳制的管理機構並不相同。《唐律疏議·職制律》"用符節稽留不輸"條疏

---

① 《令集解》卷三四《公式令》,第863頁。
② 《令集解》卷三四《公式令》,第855頁。
③ 《延喜式》卷一一《太政官》(新訂增補國史大系),東京:吉川弘文館,1972年,第324頁。
④ 《令集解》卷三四《公式令》,第861頁。
⑤ 《延喜式》卷二七《主税下》,第680頁。

議曰："依令：'用符節，並由門下省。'"①傳符屬於諸多符節中的一種，故而由門下省發給。《唐六典・門下省》"侍中"條亦記載："若發驛遣使，則給其傳符，以通天下之信。"②而後，"傳符"逐漸被"紙券"替代。《唐六典・尚書省兵部》"駕部郎中員外郎"條云："凡乘驛者，在京於門下給券，在外於留守及諸軍、州給券。"③無論乘驛憑證是實物還是文書，門下省都一直負責着這項工作。

前引《養老令・公式令》："其驛鈴傳符還到二日之内送納"下注云："還到於京送納日限。其案唐令：'使事未畢之間，便納所在官司'今於此令，既除其文，故知使人在國之間，仍合隨身也。"④《養老令》注文中提到的"唐令"其内容與《唐律疏議・職制律》"諸用符節"條疏議的内容基本一致："其傳符通用紙作，乘驛使人所至之處，事雖未訖，且納所司，事了欲還，然後更請，至門下送輸。"⑤按照《養老令》規定，若乘驛者携帶太政官發給的"驛鈴"或"傳符"外出公辦，事畢後可携"驛鈴""傳符"返回後再交納。乘驛者往返路程中使用同一個"驛鈴"或"傳符"。而按照唐令的規定，乘驛者持"傳符"或"紙券"到達目的地後，應立即將它們交予地方官府，由當地官府報門下省審核。換言之，"傳符"或"紙券"只能在單程使用，使者返程時則須在當地重新申請。貞元年間，門下省所奏的"郵驛條式"中重申了該令，但又有所變化：

（貞元）八年，門下省奏："郵驛條式，應給紙券，除門下外，諸使諸州，不得給往還券，至所詣州府納之，別給令還。其常參官府外除授，及分司假寧往來，並給券。"從之。⑥

上引"郵驛條式"中云："除門下外，諸使諸州，不得給往還券"，則門下省可以發給乘驛者往還"紙券"，而地方州府仍衹能發給單程"紙券"。這一規定，相較《公式令》中一律衹准給單程而言，有所放寬。對比日唐制度，唐制更爲嚴格。唐代一直存在着地方州府擅發、亂發驛傳，以及官吏隨意增乘驛傳馬等問題。⑦ 這些亂象會浪費官府的交通資

① 《唐律疏議箋解》卷一〇《職制律》，第833頁。
② 《唐六典》卷八《門下省》，第243頁。
③ 《唐六典》卷五《尚書省兵部》，第163頁。
④ 《令集解》卷三四《公式令》，第855頁。
⑤ 《唐律疏議箋解》卷一〇《職制律》，第833頁。
⑥ 《唐會要》卷六一《御史臺中》，第1250頁。
⑦ 《唐會要》卷六一《御史臺中》，第1247頁。

源,降低驛政系統運轉的效率。因此,爲了減少使者持有"傳符"或"紙券"的時間,嚴格控制驛制的使用,唐令規定,"傳符"或"紙券"衹能單程使用,且用完必須及時交納。

此外,前引《唐會要·御史臺中》"館驛使"條貞元二年六月二十二日敕規定,門下省須將發給傳牒的情況,比照"給券例"處理。"給券例"即指門下省會將發驛的詳細情況每月匯總並上奏皇帝。以此來看,"驛券"的發放,不但日常會由門下省嚴密管控,而且還受到皇帝親自監督。針對地方濫發"驛券"的情況,"館驛使"條還記載:"元和四年正月敕,準元和三年諸道濫給券道敕文,總一百二十七道已上者,州府長官宜奪一季俸禄。"①前引《養老令·公式令》中記載,朝集使會將本國發驛情況上呈太政官審查。而參照該敕文可知,唐代地方官府每年也會將本司發驛情況匯總上報至中央,由門下省審核。則唐《公式令》中可能亦存在與《養老令》相似的令文。而敕文相比令文增加了,濫發驛券達一百二十七道以上的州府長官會被削俸的處罰。

關於傳制,《天聖令·廄牧令》附唐令 39 條規定:"諸傳送馬,諸州《令》《式》外不得輒差……其從京出使應須給者,皆尚書省量事差給,其馬令主自飼。"②傳制與驛政不同。在中央層面,乘傳憑證是由尚書省發給的。具體由尚書省哪個部門負責此事?我們注意到,這一令文載於唐《廄牧令》當中。而《廄牧令》中主要規定了諸種官畜的飼養與管理制度,以及驛傳系統的組織運作方式。③《唐六典·尚書省兵部》"駕部郎中、員外郎"條記載:"掌邦國之輿輦、車乘,及天下之傳、驛、廄、牧官私馬·牛·雜畜之簿籍,辨其出入闌逸之政令,司其名數。"④駕部的執掌,與《廄牧令》的内容是基本一致的。⑤其中"天下之傳、驛"一項,是指駕部負責驛傳系統的財政供給、馬匹配備、館驛設施的建造與維修,以及人員徵集等工作。駕部與地方州府一道,共同維護着驛傳系統的日常運轉。

照此來看,既然駕部負責驛傳系統運轉的幾乎一切事宜,則理應掌握驛制"傳符""紙券",以及傳制憑證的發給。在《唐六典》"駕部郎中員外郎"條下也記載:"凡乘驛者,在京於門下給券,在外於留守及諸軍、州給券。"實際上,駕部並不掌握"傳符"和"紙券"的發給和監管,這項權力一直由門下省掌管。孟彦弘先生就指出,爲了保證驛政的

① 《唐會要》卷六一《御史臺中》,第 1250 頁。
② 天一閣博物館等校證:《天一閣藏明鈔本〈天聖令〉校證(附唐令復原研究)》,第 304 頁
③ 天一閣博物館等校證:《天一閣藏明鈔本〈天聖令〉校證(附唐令復原研究)》,第 501—502 頁。
④ 《唐六典》卷五《尚書兵部》,第 162—163 頁。
⑤ 關於《唐六典》對《廄牧令》的徵引情況,參侯振兵:《〈廄牧令〉與唐代驛傳廄牧制度論稿》,北京:社會科學文獻出版社,2021 年,第 73—99 頁。

通暢,朝廷對驛的使用控制要比傳更爲嚴格。① 從輸送速度、馬匹配備、人員待遇等方面來看,驛政系統的規格和組織的規模、完善程度都遠高於傳制。可以説,驛政是當時王朝國家日常統治的重要制度保障。而傳的作用在於對驛進行一些補充,分擔其壓力。因此,在唐代的制度設計中,由門下省這一在尚書省之外的機構直接掌握發驛權,顯然是爲了發揮了不同部門間的制衡與監督作用,在最大程度上保證驛政的高效運轉。門下省收管了原本應當屬於尚書省駕部的發驛權,並將相關制度寫入了《公式令》中。而發傳權則留在駕部,寫入了《廄牧令》當中。

明晰了唐制,再來看《養老令·關市令》第 4 條的記載。在《養老令》中,由於太政官是日本驛傳的最高管理機構,無論是驛的"驛鈴",還是傳的"傳符",在關司處的案記都會統一上報太政官核查。而在唐制中,驛的"傳符"和"紙券"由門下省監管,傳的憑證則由尚書省駕部監管。因此,唐代關司的"案記",在分別録目後,應向門下省和尚書省同時呈報,而不能祇向其中一個部門呈報。

《養老令》該條注文稱,"年終録目"是由朝集使遞送至太政官處的。而在唐代,各州朝集使抵京後,也會將本州的一些帳簿文書呈報中央審核。比如,在規定時間內,朝集使須將本州考薄送至尚書省吏部,接受考功郎中及員外郎的考校;②地方政府收取的贓贖及雜附物中,金銀、鍮石等貴重物品,由朝集使輸送至尚書省;③各地官畜及私馬帳簿,由朝集使報送尚書省勘校;④太常寺每年所需的藥材,由尚書省分配給各地采集,朝集使將收集的藥材交至太常寺,而相關帳簿則遞交尚書省;⑤諸州案件審理時,因犯若供出他人爲共犯,被供者經審無罪釋放,因犯又再次妄供,或因犯在押期間死亡的案件,匯總後由朝集使申尚書省案覆;⑥諸州審理的犯盜發罪及徒刑以上因犯,每年匯總後由朝集使申報刑部;⑦各州官船的詳細信息由朝集使呈報尚書省。⑧ 朝集使將各類帳簿文書和物品最終全部都遞交到了尚書省。因此,在當時的制度設計上,朝集使祇能向尚書省呈報本州諸類帳簿。尚書省內各部門會對帳簿進行審核,並協調其他機構進行處理。

① 孟彦弘:《唐代的驛、傳送與轉運——以交通與運輸之關係爲中心》,第 33 頁。
② 《唐六典》卷二《尚書省吏部》,第 42 頁。
③ 天一閣博物館等校證:《天一閣藏明鈔本〈天聖令〉校證(附唐令復原研究)》下册,第 496 頁。
④ 天一閣博物館等校證:《天一閣藏明鈔本〈天聖令〉校證(附唐令復原研究)》下册,第 520 頁。
⑤ 天一閣博物館等校證:《天一閣藏明鈔本〈天聖令〉校證(附唐令復原研究)》下册,第 579 頁。
⑥ 天一閣博物館等校證:《天一閣藏明鈔本〈天聖令〉校證(附唐令復原研究)》下册,第 647 頁。
⑦ 《天聖令·獄官令》復原唐令 50:"諸盜發及徒以上囚,斷決訖,各依本犯,具發處日月,年別總作一帳,附朝集使申刑部。"天一閣博物館等校證:《天一閣藏明鈔本〈天聖令〉校證(附唐令復原研究)》,第 648 頁。
⑧ 天一閣博物館等校證:《天一閣藏明鈔本〈天聖令〉校證(附唐令復原研究)》下册,第 673 頁。

按此,關司的年終"録目",交予朝集使後,朝集使祇會將之轉呈於尚書省,由駕部審核。然而,實際上,"傳符"和"紙券"是由門下省監管的。若將"録目"都"附朝集使申送","符券"部分的録目祇會被送到尚書省,而非門下省。因此,在這點上,《養老令》所體現的制度安排,與唐代實際情況也是不符的。

綜上,從關的管轄方式、驛政和傳制的管理制度,以及朝集使申省方式來看,《養老令》第4條"其驛傳符,年終録目,申太政官(注:謂附朝集使申送)總勘"一句,都與唐制不符,不能復原爲唐令。①

結　語

"案記"是指關司對出入本關人員進行記録的行政程序。其文書形式近似於漢簡中的"出入名籍"。而"録白"和"案記"爲兩個獨立的通行憑證勘驗環節。對照《周禮注疏》的記載可知,唐代過所勘驗程序中存在"録白"環節。"録白"雖然是唐制,但却遠承自漢晉制度,應予以復原爲唐令。關司處理過所和傳符的方式並不一致。在勘驗過所時,關司會"録白",但不"案記"。而對於"傳符",關司則會"案記",但不"録白"。關司的這種做法背後有着其特殊的制度邏輯。《養老令》注文中"官符以立案記"一句比較突兀,容易使人誤解。這段注文内容很可能存在錯簡。其中"直於白紙録之,不點朱印,故云録白也"一語,當在"關司皆寫其過所"之後,"若官符以立案記"之前。

而關於《養老令·關市令》第4條末尾一句是否應該還原爲唐令的問題。"年終録目,申太政官"中的"録目",並非案卷的署目。《養老令》該句對中央和地方所轄關隘的管理方式未作區分,一律"附朝集使申送"的制度設定,並不符合唐代的實際情況。日本太政官是驛傳的最高管理機構。唐代,驛政的"傳符"或"紙券"則由門下省監管發放,傳制的憑證則由尚書省駕部發放。關司的"案記",應向門下省和尚書省同時呈報,而不能祇向其中一個部門呈報。另外,唐代朝集使祇能向尚書省呈報本州諸類帳簿。因此,關司録目交予朝集使後,朝集使祇會將之轉呈於尚書省。"傳符"和"紙券"部分的"録目"也會被一同送往尚書省,而非門下省。《養老令》所體現的制度安排,與唐制不符。該句因此不能被復原爲唐令。

---

① 雖然《養老令》該句不能被復原,但這並不代表我們認爲唐代關司的"録目"不需要上報中央。這一問題的解決,尚須更多的證據。

《魏晉南北朝隋唐史資料》第四十九輯

2024 年 5 月,423—438 頁

《唐兩京城坊考》若干建築方位、
名稱及變化訂誤

賈鴻源

　　清代學者徐松所著《唐兩京城坊考》(以下簡稱《城坊考》),是現今研治唐代長安、洛陽都城歷史與地理諸問題時的重要參考著作,書中不但對此前隋唐兩京相應著作,如唐人杜寶《大業雜記》、韋述《兩京新記》,宋人宋敏求《長安志》《河南志》等有所引述,而且也新添入其本人的大量考據成果,因此徐松之功績應被充分肯定。然徐松近乎以一己之力,很難兼顧書中所涉唐代兩京諸多問題,所以對《城坊考》內容之駁正糾謬,亦爲今日學界所關注。① 筆者不敏,於研習《城坊考》之過程中,也發現其中數處微瑕,其中不乏爲學者未加詳考而直接引用的情況,似有未妥。以下試對此類內容予以駁正,以期爲學界徵引是書相關記載時供一二參考,悖謬之處,尚祈方家斧正。

一、《城坊考》卷一《西京·大明宮》
“天福殿、文明殿”

　　徐松注:天福二年,御史臺奏云:文武百寮每五日一度內殿起居。在京城時,百官於朝堂幕次,自文明殿門入,穿文明殿庭,入東上閣門,至天福殿序班。疑文明殿即宣政殿之更名,天福殿即紫宸殿之更名。②

　　按徐松所述,文明與天福二殿當位於唐時之長安大明宮。今日學者在徵引此二殿

---

　　① 對唐兩京的集中性考訂,尤以辛德勇《隋唐兩京叢考》(西安:三秦出版社,1991 年)、李健超《增訂唐兩京城坊考》(西安:三秦出版社,2006 年)、楊鴻年《隋唐宮廷建築考》(西安:陝西人民出版社,1992 年)爲代表。此外,關於唐兩京的零星考訂成果數量衆多,因與拙文具體所涉關係較遠,此處暫不予詳列。與拙文主題相關者,後文將隨具體考訂過程,給予必要的說明與介紹。

　　② (清)徐松撰、張穆校補,方嚴點校:《唐兩京城坊考》卷一《西京·大明宮》,北京:中華書局,1985 年,第 24 頁。

的同時,也將徐松此處所作注文一併引用,①而核諸文獻可知,此段注文所涉及的事件發生於五代後晉之汴州,而相應殿宇皆乃御史臺官員轉述洛陽城內之建築,以故徐松此注顯然有誤。

徐松所引後晉天福二年(937)御史臺之奏疏,《册府元龜》即有相應記載,其文曰:

> (天福二年)四月丙午,御史臺奏:"文武百僚每五日一度内殿起居,在京城時百官於朝堂幕次,自文明殿門入穿文明殿庭,入東上閤門至天福殿序班,今隨駕百官自到行朝,每遇起居日於幕次,東出升龍門,與諸色人排肩雜進,自外繚繞,方入内門。……起今後,每遇百官赴内殿起居日,請依在京事體,百官於幕次自正衙門入,東出橫門,既協京國常儀,兼在行朝便穩。"從之。②

據此奏疏,可初步判斷,此時晉高祖出都巡幸在外,並不在"京城",所以内殿起居制度的儀式場所需要在"行朝"依照"在京事體"重新規劃,而文明殿、天福殿等作爲往日"京城"起居活動的主要殿宇,此時被御史臺作爲典故著重引述。如此,祇要厘清天福二年前後晉高祖的行幸活動路綫,便可釋讀出奏疏中"京城"與"行朝"所指,進而驗證"京城"内文明、天福二殿的真實位置。

此一時期正值後唐、後晉政權更迭之際,晉高祖駐蹕地點也因局勢變化而屢次改易。據《舊五代史・晉高祖本紀》,晉高祖石敬瑭初以晉陽爲北京,及至聯合契丹攻滅後唐,於天福元年閏十一月辛巳,仍選擇以後唐都城洛陽爲都。次年三月丙寅,晉高祖已謀劃遷都汴州,以"念京城擾之後,屬舟船焚爇之餘,饋運頓虧,支費殊缺"爲由,決定於本月行幸汴州,十五日之後,"庚辰,車駕離京";四月癸未朔"至鄭州",甲申"駕入汴州",而上文御史臺呈遞奏摺事在本月丙午,即二十四日,可知奏摺中"行朝"即汴州,"京城"乃洛陽。同年五月,晉高祖敕改汴州行闕爲大寧宫。③ 天福三年十月,後晉正式定都汴州,升之爲東京。④

---

① 唐亦工、王天航:《唐代長安木構建築概述》,《三門峽職業技術學院學報》2007 年第 3 期,第 29、32 頁。又見肖愛玲等著:《古都西安 隋唐長安城》,西安出版社,2008 年,第 170 頁。

② (宋)王欽若等編纂,周勛初等校訂:《册府元龜》卷一〇八《帝王部・朝會第二》,南京:鳳凰出版社,2006 年,第 1180 頁。

③ (宋)薛居正等:《舊五代史》卷七六《晉書二・高祖紀第二》,北京:中華書局,1976 年,第 999、1001 頁。

④ (宋)薛居正等:《舊五代史》卷七七《晉書三・高祖紀第三》,第 1020 頁。

如此,則後晉洛陽城内,當有文明、天福二殿,此點文獻可徵。天福元年閏十一月辛巳,高祖車駕入洛,四日之後,"甲申,車駕入内,御文明殿受朝賀,用唐禮樂"。① 關於天福殿,《宋會要輯稿》洛陽天福殿"唐曰崇勋,後唐曰中興,晉改今名",② 又據《舊五代史·晉高祖本紀》後晉"改中興殿爲天福殿"時爲天福二年正月丙寅,③前已證實,此時後晉仍以洛陽爲都。至此,已經徹底排除了御史臺奏疏所云"京城"舊制,乃前朝李唐大明宫制度之可能。

徐松爲何此處誤引後晉洛陽宫城史料,或許與其著眼於唐代入閣制度有關。唐代至玄宗朝,大明宫已出現朔望宣政殿不視朝、紫宸殿内廷唤仗的入閣儀注,而五代時期後梁、後唐乃至後晉亦有入閣儀注,此點徐松殆未詳加考察,以致將後晉洛陽用於施行入閣禮儀的文明、天福二殿誤視作大明宫内的宣政殿、紫宸殿,因文獻無徵,遂又提出唐之二殿改名之推測。此外,天福三年後晉遷都汴州後,已然形成西京洛陽、東京汴州的兩京制,以故徐松也極有可能是將後晉之西京誤定於唐長安。

稍值得提及的是,徐松《唐兩京城坊考》所記大明宫内文明、天福二殿,並未見諸其他文獻。如《歷代宫殿名》此二殿唐時未見而五代有之,④《全唐詩》雖收録有翁承贊《文明殿受册封閩王》詩一首,⑤但實際背景乃後梁開平四年(910)梁太祖朱温册封福建節度使王審知爲閩王,翁承贊作爲册禮副使,⑥於京都受册,奔赴閩地,故翁承贊所撰《大唐故扶天匡國翊佐功臣威武軍節度觀察處置三司發運等使開府儀同三司守太師兼中書令福州大都督府長史食邑一萬五千户食實封一千户閩王墓誌》云,開平四年"敕封閩王,天子御正殿,親降簡册,自東上閣門,宣車輅冠劍,太常鼓吹,詔名卿乘輅,直抵南閩",⑦因是時後梁都洛,故翁承贊另在《奉使封閩王歸京洛》詩中追憶道"泥緘紫誥御恩

---

① (宋)薛居正等:《舊五代史》卷七六《晉書二·高祖紀第二》,第993頁。

② (清)徐松輯,劉琳等校點:《宋會要輯稿》方域三《殿》,上海古籍出版社,2014年,第9299頁。

③ (宋)薛居正等:《舊五代史》卷七六《晉書二·高祖紀第二》,第995—996頁。

④ (宋)李昉等:《歷代宫殿名》,《續修四庫全書》編纂委員會編:《續修四庫全書》七一八《史部·地理類》,上海古籍出版社,2002年,第217頁。

⑤ (清)彭定求等編:《全唐詩》卷七〇三《翁承贊》,北京:中華書局,1960年,第8088—8089頁。

⑥ (清)彭定求等編:《全唐詩》卷七〇三《翁承贊》,第8087頁。

⑦ 吳鋼主編:《全唐文補遺》第七輯《翁承贊》,西安:三秦出版社,2000年,第182—183頁。按:《舊五代史·梁太祖本紀》以《册府元龜》爲據,將册封閩王事定於開平三年(909)四月甲寅,然從《舊五代史》本卷所記可知,此時太祖駕幸河中,至同年五月己卯,車駕方返回洛陽,顯然不可能有翁承贊文明殿受册事。所以翁承贊文明殿受册之時間,當從翁氏所撰王審知墓誌,以開平四年爲是。詳參(宋)薛居正等:《舊五代史》卷四《梁書四·太祖紀第四》,第68頁。

光,信馬嘶風出洛陽",①皆可證此文明殿是在洛陽,非長安大明宮内。有鑒於此,徐松在輯錄文明、天福二殿時,是否存在對原始文獻内容誤讀的情況,或亦可存疑。

二、《城坊考》卷一《西京·大明宮》"大明宮……
北面三門,中元武門"

徐松注:德宗造門樓,外設兩廊,持兵宿衛,謂之北衙。按本紀大中二年修左銀臺門及南面城牆,至睿武樓,則元武改睿武矣。②

徐松此條注文中,"德宗造門樓,外設兩廊,持兵宿衛,謂之北衙",與《長安志》所記完全相同,應係移錄後書。另外,徐松注文中所引《本紀》乃《舊唐書·宣宗本紀》大中二年(848)修城事,③從其記載來看,工程涉及左銀臺門及南面的城牆,並因此整修"至睿武樓",説明睿武樓當在左銀臺門之南,而左銀臺門是大明宮宮城東面的城門,玄武門爲宮城北面城門,以故徐松"元武改睿武"的推測顯然經不住推敲。

此外,經進一步梳理文獻,可知唐宣宗大中二年所修銀臺門,並非左銀臺門,而是右銀臺門,且睿武樓亦當在右銀臺門以南位置,④所以徐松所引《舊唐書·宣宗本紀》以及自身推測,既未合史實,且内容亦與大明宮玄武門無涉。以下試對此二點予以證明。

關於唐宣宗大中二年修城所涉銀臺門,上已述及,《舊唐書·宣宗本紀》記作左銀臺門。然而《唐會要》却云大中二年正月"敕修右銀臺門樓屋宇,及南面城牆至睿武樓",⑤與之相同之記載,又見諸《玉海》⑥《册府元龜》⑦以及《類編長安志》⑧。雖然至此文獻已有左、右銀臺門之分歧,但對於睿武樓是在此"銀臺門"之南,諸書之表述仍然是一致的。如此,睿武樓的位置,當可成爲判斷大中二年所修具體爲何處銀臺門之重要參考。

---

① (清)彭定求等編:《全唐詩》卷七〇三《翁承贊》,第8089頁。
② (清)徐松撰、張穆校補,方嚴點校:《唐兩京城坊考》卷一《西京·大明宮》,第19頁。
③ (後晉)劉昫等撰:《舊唐書》卷一八下《宣宗本紀》,北京:中華書局,1975年,第619頁。
④ 按:學界已注意到文獻所記唐宣宗大中二年大明宮修城工程中所涉之銀臺門,存在左銀臺門、右銀臺門之異文,但尚未對此以及睿武樓的位置等進行進一步的辨析。詳參杜文玉:《大明宮研究》,北京:中國社會科學出版社,2015年。
⑤ (宋)王溥:《唐會要》卷三〇《雜記》,北京:中華書局,1955年,第564頁。
⑥ 按:《玉海》此條王應麟附有出處,即依據《唐會要》。詳參(宋)王應麟:《(合璧本)玉海》卷一六四《宮室·樓》,京都:中文出版社,1977年,第3121頁。
⑦ (宋)王欽若等編纂,周勛初等校訂:《册府元龜》卷一四《帝王部十四·都邑第二》,第150頁。
⑧ (元)駱天驤撰,黃永年點校:《類編長安志》卷三《館閣樓觀·樓》,西安:三秦出版社,2006年,第98頁。

　　值得注意的是,上所引諸書中,駱天驤《類編長安志》除記載大中二年修右銀臺門至睿武樓外,又另於睿武樓後附有一則補釋材料:"宣宗詔修右銀臺門樓、屋宇及南面城牆,至睿武樓。翰林學士赴宴歸院,過睿武樓。"①雖據"翰林學士赴宴歸院,過睿武樓"仍然無法準確判斷睿武樓之位置,但經爬梳文獻可知,駱氏此處實際祇是部分節引了《蔡寬夫詩話》中的相應記載,而睿武樓的位置,即可據後書作出較精確的判斷。

　　核諸《蔡寬夫詩話》,其原文作:"唐學士院在右銀臺內,含光殿宴罷歸院,多經睿武樓,故鄭畋《酬通義劉相瞻詩》曰'劉剛暗借飆輪便,睿武樓中似去年',蓋以嘗與瞻同為學士侍宴故也。故事,凡禁中有燕設,則學士院備食以延從官。"②此段文字,使對睿武樓的方位判定,又增加了含光殿、右銀臺門內的學士院這兩處參考。唐長安共有兩處含光殿,一在禁苑,一在西內苑。前者李好文圖將之標於禁苑魚藻宮西,魚藻宮《玉海》記其"在大明宮北",③而前已言及大中二年之睿武樓位於"銀臺門"之南,則由此含光殿回歸右銀臺門內的學士院,不會途經左右任一銀臺門以南的宮城牆垣部分,故其非《蔡寬夫詩話》所云之含光殿。另一處含光殿,根據考古發現的"含光殿石志",位於西內苑的南部,位置距大明宮西城牆 210 餘米,④方位在右銀臺門的西南方向,與右銀臺門較為臨近。依照《蔡寬夫詩話》,由此含光殿回歸右銀臺門內的學士院時,途經睿武樓,則此樓在右銀臺門以南。如此,亦與文獻所記大中二年修"銀臺門"及城牆,南至睿武樓的記載相契合,且此"銀臺門"當從《唐會要》諸書,以右銀臺門為是。

　　另外,對於《蔡寬夫詩話》所引詩句以及內中典故,或也稍值得探討。關於詩句的意旨,蔡寬夫認為此乃鄭畋為學士侍宴時與劉瞻的酬唱之作,這一推斷應屬精準。鄭畋所云"劉剛暗借飆輪便",係化用神仙道教典故,且亦與宴飲主題有所關聯,如三國曹植《公宴詩》"神飆接丹轂,輕輦隨風移",⑤又梁陶弘景《真誥》秦時姜叔茂隱居句曲山得道,自作詩云"時乘飆輪,宴我句曲",⑥意為姜叔茂自作主人,神仙乘飆輪前來與之宴樂。鄭畋巧以傳說中的神仙劉剛比喻同姓的宰相劉瞻,於是劉瞻赴宴也就成了神仙

　　① (元)駱天驤編撰,黃永年點校:《類編長安志》卷三《館閣樓觀·樓》,第98頁。
　　② (宋)胡仔纂集,廖德明校點:《苕溪漁隱叢話後集》卷三五《本朝雜記上》,北京:人民文學出版社,1962年,第267頁。按:正文文句,出自《苕溪漁隱叢話後集》所引《蔡寬夫詩話》。
　　③ (宋)王應麟:《(合璧本)玉海》卷一五八《宮室·宮四》,第2993頁。
　　④ 中國科學院考古研究所編著:《中國田野考古報告集·唐長安大明宮》,北京:科學出版社,1959年,第51頁。
　　⑤ (魏)曹植著,趙幼文校注:《曹植集校注》卷一《公宴》,北京:人民文學出版社,1984年,第48—49頁。
　　⑥ (南朝梁)陶弘景:《真誥》卷一三《稽神樞第三》,北京:中華書局,1985年,第165—166頁。

"暗借飆輪"。依據《舊唐書·劉瞻傳》,劉瞻、鄭畋二人交好,唐懿宗咸通十一年(870)同昌公主薨,懿宗令收捕醫官下獄,宰相劉瞻因上疏極諫忤懿宗意而被貶黜,而"坐瞻親善貶逐"之列中,即有翰林學士戶部侍郎鄭畋。[①]

三、《城坊考》卷四《西京·外郭城》興化坊
"晉國公裴度池亭"

徐松注:《白氏長慶集》有《宿裴相興化池亭兼借船舫遊泛》詩。按《獨異志》:裴晉公寢疾,暮春之月,忽遇遊南園,令家僮舁至藥欄。蓋即此池亭,自永樂里視之在南,故曰南園。[②]

此處且先不論裴度池亭是否即《獨異志》之南園,單就徐松對於興化坊、永樂坊二者的方位描述而言,其中已顯然有誤。

按唐長安城皇城以南直至外郭城牆,有九行、四列凡三十六坊之地,中以朱雀大街爲軸綫,所以各坊間的東西與南北方位均甚明確。依《城坊考》所記,永樂坊位居朱雀街東第二街由北向南第四坊,興化坊位於朱雀街西第二街由北向南第三坊,而裴度池亭無論規模大小,其在興化坊內無疑,根據徐松"自永樂里視之"這一空間參照點來審視,顯然裴度池亭並不在永樂里之南,而是在後者的西北方,若從徐松之推斷,池亭恐或當稱"北園"更切實際。並且,根據徐松注文可知,其中的裴度池亭又稱南園,祇是其本人的主觀推測,並非輯錄自他書或持有確鑿之證據。然而徐松這一注說,却被學界未作甄別即直接徵引,以致不僅《獨異志》裴度所遊南園被坐實爲興化坊裴氏池亭,[③]且唐詩中所出現之南園,亦多被定位於長安的興化坊。[④]

徐松所引《獨異志》僅爲節錄,茲轉引其書原文於此:"唐裴晉公度寢疾永樂里,暮春之月,忽遇遊南園,令家僕僮舁至藥欄,語曰:'我不見此花而死,可悲也。'悵然而返。

---

① (後晉)劉昫等:《舊唐書》卷一七七《劉瞻傳》,第4605—4606頁。

② (清)徐松撰、張穆校補,方嚴點校:《唐兩京城坊考》卷四《西京·外郭城》,第99頁。

③ 白茹冰:《唐代牡丹文化初探》,《農業考古》2009年第4期,第278頁。魏娜:《中唐詩歌新變研究》,浙江大學中國古代文學專業博士學位論文,2011年,第156頁。按:魏娜先生文中將徐松注所引《獨異志》以及南園推測云云,誤視爲乃李建超先生所增訂,恐有未妥。

④ (唐)白居易著,朱金城箋校:《白居易集箋校》卷二六《律詩·宿裴相公興化池亭》,上海古籍出版社,1988年,第1793頁;又見同書卷三〇《格詩·和裴侍中南園靜興見示》,第2062—2063頁,按此詩朱先生已考訂其作於洛陽,但箋注仍從徐松之說,釋"南園"在長安興化坊,顯然不妥。謝思煒:《白居易詩集校注》卷三〇《格詩·和裴侍中南園靜興見示》,北京:中華書局,2006年,第2313頁。

明早報牡丹一叢先發,公視之,三日乃薨。"①文中地點僅涉及裴度永樂里宅、南園,且並未點明裴氏爲遊南園出永樂里,所以徐松以南園爲興化坊裴氏池亭的推斷,過於主觀。

徵諸文獻,唐人宅第中之小園,時已多以"南園"稱之。《玉泉子》唐時有狀元牛庶錫"偶經少保蕭昕宅前,值昕策杖,獨遊南園",②蕭昕宅在永崇坊,其南園即在自家宅前;白居易《自題新昌居止因招楊郎中小飲》詩云"地偏坊遠巷仍斜,最近東頭是白家。宿雨長齊鄰舍柳,晴光照出夾城花。……能到南園同醉否,笙歌遂分有些些",③既然在新昌坊居所内待友人小飲,南園顯然在白氏宅内;張説《藥園宴武洛沙將軍洛字》詩云"東第乘餘興,南園宴清洛。文學引王枚,歌鐘陳衛霍",④宴飲乃張説自作主人,可知南園亦在張氏宅第内。

南園之内多種植花草以供賞玩。白居易《南園試小樂》云"小園斑駁花初發,新樂錚從教欲成。紅萼紫房皆手植,蒼頭碧玉盡家生"。⑤ 上引《獨異志》亦載裴度宅内南園植有牡丹,裴氏前一日"令家僕僮昇至藥欄",然未見花開,"昇"此處用作動詞,即抬之意;至於"藥欄",實際就是小園的圍欄,如王維《春過賀遂員外藥園》詩云"前年槿籬故,新作藥欄成;香草爲君子,名花是長卿",⑥而藥園,按前所引張説宴沙將軍詩,已知"藥園"實際即"南園",由此可知,南園實際就是帶有圍欄的宅中小花園。

因此,結合文獻所記唐時之南園且揆諸情理,《獨異志》裴度在"寢疾永樂里"的情況下所遊之南園,應當就是其永樂里自家宅第内之園圃,這也可以看出唐人宅第中留置南園,實際是一種較普遍的現象。

四、《城坊考》卷五《東京·宮城》"宮之正牙曰含元殿"

此條文獻未見諸《河南志》,無法斷定是否乃徐松從《永樂大典》等書照實輯出,但洛陽宮城内"正牙曰含元殿"的説法其實並不準確。徐松此處雖作有大段注文,但主要是梳理唐代含元殿名稱之前後變遷,⑦並未對含元殿就功能而言是否具有"正牙"地位

---

① (唐)李冗:《獨異志》卷上,北京:中華書局,1985年,第14頁。
② (唐)佚名:《玉泉子》,上海古籍出版社,2012年,第72—73頁。
③ (唐)白居易:《白居易集》卷二六《律詩》,北京:中華書局,1979年,第589頁。
④ (唐)張説:《張燕公集》卷二《詩》,北京:中華書局,1985年,第19頁。
⑤ (唐)白居易:《白居易集》卷二六《律詩》,第589頁。
⑥ (唐)王維撰,(清)趙殿成箋注:《王右丞集箋注》卷一二《近體詩十六首》,上海古籍出版社,1961年,第217頁。
⑦ (清)徐松撰、張穆校補,方嚴點校:《唐兩京城坊考》卷五《東京·宮城》,第133頁。

作出任何評判。

唐代洛陽宮城内含元殿乃正殿,正衙應當爲武成殿。據《舊唐書・地理志》,洛陽宮城"正門曰應天,正殿曰明堂。明堂之西有武成殿,即正衙聽政之所也",①這裏的明堂就是含元殿,唐玄宗開元間改明堂爲含元殿。《河南志》亦載北宋洛陽正衙乃文明殿,此殿即"唐之武成、宣政,又改貞觀",②亦可作唐洛陽正衙爲武成殿之旁證。及至唐末,洛陽宮城内的正衙殿,依然是武成殿,不過是時已改名爲貞觀殿,以下對此予以詳細説明。

唐時武成殿后又依次改名曰宣政殿、貞觀殿,如《河南志》宣政殿"常聽朝内殿,本名武成,後改宣政,天祐二年改貞觀殿"。③ 對於這兩次更名,《舊唐書・哀帝本紀》天祐二年(905)敕令保留有重要信息,此年五月壬戌,哀帝敕令曰:

> 法駕遷都之日,洛京再建之初,慮懷土有類於新豐,權更名以變於舊制。妖星既出於雍分,高閣難效於秦餘,宜改舊門之名,以壯卜年之永。延喜門改爲宣仁門,重明門改爲興教門,長樂門改爲光政門,光範門曰應天門,乾化門曰乾元門,宣政門曰敷政門,宣政殿曰貞觀殿,日華門曰左延福門,月華門曰右延福門,萬壽門曰萬春門,積慶門曰興善門,含章門曰膺福門,含清門曰延義門,金鑾門曰千秋門,延和門曰章善門,保寧殿曰文思殿。其見在門名,有與西京門同名者,並宜復洛京舊門名。付所司。④

不難看出,敕令所舉改名之殿、門,都是洛陽宮城中的主要建築,因名稱與長安城内相應建築相同,所以被添入改名行列。洛陽城内之所以有大量的建築名稱與長安重名,據敕令,是因昭宗遷洛之初懷戀長安故都,故把原洛陽建築的名稱改爲長安時所熟知者,之後鑒於天變謫見,"妖星既出於雍分",這指的應該是同年四月"甲辰夜,彗起北河,貫文昌,其長三丈,在西北方",⑤又敕令將洛陽城内使用的長安殿、門名全部罷廢。雖然詔令最後提及要恢復洛京原本的舊門名,但是宣政殿是時已被明令改作貞觀殿,所

---

① (後晉)劉昫等:《舊唐書》卷三八《地理志一・河南道》,第1421頁。
② (清)徐松輯,高敏點校:《河南志》卷五《宋城闕古迹》,北京:中華書局,1994年,第147頁。
③ (清)徐松輯,高敏點校:《河南志》卷四《唐城闕古迹》,第121頁。
④ (後晉)劉昫等:《舊唐書》卷二〇下《哀帝本紀》,第793—794頁。
⑤ (後晉)劉昫等:《舊唐書》卷二〇下《哀帝本紀》,第792頁。

以並未再次恢復武成殿這一舊稱。

如此，武成殿名稱之變遷過程已經比較清楚，應當是在昭宗遷洛之初改名宣政殿，至哀帝天祐二年又改名貞觀殿。依此順序，則由原武成殿改名而來的貞觀殿，亦當如《舊唐書》所云，屬於洛陽宮城内之正衙殿，而此點在《舊唐書·哀帝本紀》中即有明確記載：天祐三年六月，唐哀帝敕令云，“文武百僚每月一度入閣於貞觀殿。貞觀大殿，朝廷正衙，遇正至之辰，受群臣朝賀。比來視朔，未正規儀，今後於崇勳殿入閣。付所司”。① 貞觀殿爲正衙殿，既然出自唐哀帝之敕令，較諸《唐兩京城坊考》以含元殿爲正衙，無疑更爲可信。

值得注意的是，楊鴻年先生曾根據上文所引唐哀帝天祐二年敕令，提出昭宗遷洛以後，爲紀念長安，先將洛陽之原貞觀殿改名爲宣政殿，後又因星變複改宣政殿爲貞觀殿。② 楊先生關於昭宗先改洛陽貞觀殿爲宣政殿的説法，似可商榷，因爲此説未見諸文獻，而且據前所引《河南志》，宣政殿實際是由原洛陽武成殿改名而來，這一因襲關係却是十分明確的。

所以，由上述分析可見，唐洛陽武成殿雖然名稱先後多次改易，但是其在洛陽宮城殿宇中的“正衙殿”的性質與地位，却是相當穩定與持久的，並一直延續至唐代末期。

此外，既然昭宗遷洛時，是將長安大明宮宣政殿之名賦予洛陽武成殿，則此二殿宇的性質亦當相似。《玉海》引《兩京記》“大明宮含元殿后有宣政殿，即正衙殿也”，③ 又元駱天驤《類編長安志》大明宮宣政殿“東有東上閣門，西有西上閣門，即正衙殿也”。④ 這也可以反證洛陽宮城内以宣政殿爲名之宮殿，同樣應當具有正衙殿性質。

五、《城坊考》卷五《東京·宫城》“含元殿北曰貞觀殿，又北徽猷殿”

徐松注：殿前有石池，東西五十步，南北四十步，池中有金花草，紫莖碧葉，丹花綠實，味酸可食。《通鑑》帝宴朱全忠及百官於崇勳殿。胡注：時以洛陽宮前殿爲貞觀殿，内朝爲崇勳殿。則貞觀殿北當有崇勳殿。⑤

---

① （後晉）劉昫等：《舊唐書》卷二〇下《哀帝本紀》，第 807 頁。
② 楊鴻年：《隋唐宮廷建築考》，西安：陝西人民出版社，1992 年，第 128—129 頁。
③ （宋）王應麟：《（合璧本）玉海》卷一五九《宫室·殿上·唐宣政殿》，第 3023 頁。
④ （元）駱天驤撰，黃永年點校：《類編長安志》卷二《東内宮殿》，第 63 頁。
⑤ （清）徐松撰，張穆校補，方嚴點校：《唐兩京城坊考》卷五《東京·宫城》，第 133—134 頁。

徐松注"殿前有石池……味酸可食",與《河南志》所記相同,①應係移録後書,暫不予深究。隨後徐松又援引《資治通鑑》胡三省注所云貞觀殿與崇勛殿,提出自己"貞觀殿北當有崇勛殿"的推測,這段文字,單純就注文而言,並不完全算錯。然而問題在於,胡三省與徐松所云之貞觀殿,與《唐兩京城坊考》正文"含元殿北曰貞觀殿",此二殿名雖同,但並非同一殿,徐松尚未察覺此點,以故其將胡注以及自己的推斷置於此處,皆明顯失當。

唐代洛陽宮城内,在不同時期分別有兩處貞觀殿:前者根據文獻記載來看主要出現在唐太宗與高宗時期,應係《唐兩京城坊考》正文所記之貞觀殿,方位在含元殿之北;後者直至唐末哀帝天祐二年方出現,係以唐洛陽的原武成殿改名而來,方位在含元殿之西。以下分而述之:

(一) 含元殿北之貞觀殿

徐松所輯"含元殿北曰貞觀殿,又北徽猷殿",應當有其相關依據。《河南志》曾載唐洛陽"宮内有貞觀殿,在含元殿北","徽猷殿,在貞觀殿北",②可見《唐兩京城坊考》或即據此而來。關於唐前期洛陽之貞觀殿,文獻曾記唐太宗貞觀十一年(637)、十五年、十八年,分別於此殿宴請百官蕃夷、洛陽高年③以及舉行冬至朝賀,④另外唐高宗李治也崩於此殿,⑤此後及至唐哀帝天祐二年以前,貞觀殿幾乎再未見諸文獻記載。

對於此貞觀殿的來歷與去向,學界一般認爲其即隋之大業殿。⑥ 據《河南志》唐乾元殿之北有殿閣,"其地即隋之大業,唐之天堂",⑦若按此説,則唐之貞觀殿與天堂,實際在同一位置。武則天垂拱四年(688)始,先後營建明堂、天堂,《舊唐書·薛懷義傳》"垂拱四年,拆乾元殿,於其地造明堂。……又於明堂北起天堂,廣袤亞於明堂"。武則天證聖元年(695)明堂、天堂並爲火所焚,《舊唐書·禮儀二》"時則天又於明堂後造天堂,以安佛像。……證聖元年正月丙申夜,佛堂災,延燒明堂,至曙,二堂並盡"。此後,

---

① (清)徐松輯,高敏點校:《河南志》卷四《唐城闕古迹》,第121頁。

② (清)徐松輯,高敏點校:《河南志》卷四《唐城闕古迹》,第121頁。

③ (宋)王欽若等編纂,周勛初等校訂:《册府元龜》卷一〇九《帝王部·宴享第一》,第1191—1192頁。

④ (宋)王欽若等編纂,周勛初等校訂:《册府元龜》卷一四八《帝王部·知子》,第1649頁。

⑤ (宋)歐陽修、宋祁:《新唐書》卷三《高宗皇帝本紀》,北京:中華書局,1975年,第79頁。

⑥ 楊焕新:《試談唐東都洛陽宮的幾座主要殿址》,中國社會科學院考古研究所《漢唐與邊疆考古研究》編委會編《漢唐與邊疆考古研究》第一輯,北京:科學出版社,1994年,第157頁。傅熹年主編:《中國古代建築史》第二卷《三國、兩晉、南北朝、隋唐、五代建築》,北京:中國建築工業出版社,2009年,第439頁。王貴祥:《古都洛陽》,北京:清華大學出版社,2012年,第110頁。

⑦ (清)徐松輯,高敏點校:《河南志》卷五《宋城闕古迹》,第146頁。

天堂被廢爲佛光寺,《河南志》云"不復造天堂,其所爲佛光寺"。① 唐玄宗開元二十八年(740)十月,佛光寺又遭火災,《舊唐書·玄宗下》"乙酉夜,東都新殿后佛光寺災"。②

佛光寺最終亦遭火焚,而文獻再未見此地殿宇重建之記載。可見,若依照學界唐貞觀殿即隋大業殿之論斷,則《唐兩京城坊考》所載含元殿北之貞觀殿,自武則天朝垂拱四年始,已因改建天堂等而不復存在,此雖屬推測,但結合文獻所記貞觀殿自唐太宗與高宗之後即付闕如的特點,不難發現,武則天時期也是關鍵的轉折點。

(二) 含元殿西之貞觀殿

前文已在論述唐洛陽宮城正衙問題時,論及唐末哀帝時期洛陽宮城內另有一處貞觀殿,這一處貞觀殿的來歷,考諸文獻,並不複雜。其前身即宮城中的原武成殿,後改宣政殿,唐哀帝天祐二年正式改名貞觀殿。此殿位置並不在含元殿之北,而是在含元殿的西側。

關於此貞觀殿,即原武成殿的具體位置,《舊唐書·地理志》載,武成殿在"明堂之西",③也就是後來含元殿的西側。《唐六典》"尚書工部"更有詳細記載,"皇宮在皇城之北,南面三門:中曰應天,左曰興教,右曰光政。其內曰乾元門。興教之內曰會昌,其北曰章善。光政之內曰廣運,其北曰明福。乾元之左曰萬春,右曰千秋,其內曰乾元殿",④又"明福之東曰武成門,其內曰武成殿;明福之西曰崇賢門,其內曰集賢殿",⑤武成殿因位於宮城正門應天門西側城門的裏側,則相對於應天門內的乾元殿,亦在其西側。

如此可知,唐哀帝天祐二年敕令中之貞觀殿,因即舊日武成、宣政殿,所以方位仍在含元殿西,而《唐兩京城坊考》所記貞觀殿雖然存廢、去向無得詳知,但位置是在含元殿北,所以僅從殿宇位置已可判定,二者並非同一建築。值得注意的是,徐松雖然也在《城坊考》東京"宮城"部分對宣政殿之沿革加以注釋,"在含元殿西,初名武成,後改宣政",⑥但明顯遺漏天祐二年再度改宣政爲貞觀這一關鍵史實,所以對於這一貞觀殿的實際位置以及其與含元殿北的貞觀殿的差別,徐松皆未能察覺。

---

① (清) 徐松輯,高敏點校:《河南志》卷四《唐城闕古迹》,第 120 頁。
② (後晉) 劉昫等:《舊唐書》卷九《玄宗本紀下》,第 213 頁。
③ (後晉) 劉昫等:《舊唐書》卷三八《地理志一·河南道》,第 1421 頁。
④ (唐) 李林甫等撰,陳仲夫點校:《唐六典》卷七《尚書工部》,北京: 中華書局,1992 年,第 220—221 頁。
⑤ (唐) 李林甫等撰,陳仲夫點校:《唐六典》卷七《尚書工部》,第 221 頁。
⑥ (清) 徐松撰、張穆校補,方嚴點校:《唐兩京城坊考》卷五《東京·宮城》,第 134 頁。

　　因徐松此處轉引《資治通鑑》胡注以論證貞觀殿之方位,那麼何以見得胡三省所云貞觀殿並非含元殿北之貞觀殿,而是指含元殿西之貞觀殿? 這一點胡注中實際已有相應綫索,但問題在於,此點甚至胡三省自身也並未注意到。

　　必須指出,胡注看似是因被徐松轉引,置於此處而失當,但事實上胡注本身的説法也是頗有問題的,因其已經顛倒相關史實之順序,實際仍然是未明唐末貞觀殿的來歷與實際所指。

　　核諸《資治通鑑》,帝宴朱全忠等於崇勛殿事,發生在唐昭宗天祐元年五月,所以"帝"乃唐昭宗,胡注曰"時以洛陽宮前殿爲貞觀殿,内朝爲崇勛殿",[①]上文已證,貞觀殿之名至唐哀帝天祐二年敕令時方重新出現,而胡注此時已云洛陽有貞觀殿,並且又未作相關補釋,顯然不妥。

　　如果此處仍認定胡氏知曉天祐二年貞觀殿之來歷原委,衹是行文不謹的話,那麼胡注甚至早在天祐元年四月昭宗入洛之初"御正殿"之下,亦但注曰"時以貞觀殿爲正殿,崇勛殿爲入閣",[②]同樣未有補釋,這已然暴露出胡氏不明此貞觀殿來歷的破綻,而視貞觀殿爲昭宗遷洛時宫城内之既有建築。[③]

　　胡氏對貞觀殿、崇勛殿的這兩處性質把握,經爬梳文獻,不難發現,實際是依據《舊唐書·哀帝本紀》唐哀帝天祐三年將入閣地點由之前的貞觀殿改至崇勛殿的敕令而來,"文武百僚每月一度入閣於貞觀殿。貞觀大殿,朝廷正衙,遇正至之辰,受群臣朝賀。比來視朔,未正規儀,今後於崇勛殿入閣。付所司",[④]胡氏注文稱崇勛殿爲"入閣"亦爲明證,結合詔令内容,以崇勛殿爲入閣之所衹能是天祐三年以後才出現的新情況,而胡注却云天祐元年昭宗入洛之初,便"以貞觀殿爲正殿,崇勛殿爲入閣",這個注解顯然存在很大的謬誤,既誤記貞觀殿的出現時間,也誤讀崇勛殿是時的實際禮儀功能,且所涉及的貞觀殿無意間都是以後來天祐三年爲準。

　　既然已澄清胡注所云貞觀殿實際本自哀帝天祐三年敕令,那麼稍作回溯,不難發現

---

　　① (宋)司馬光編著,(元)胡三省音注:《資治通鑑》卷二六五,唐昭宗天祐元年(904)五月丙寅條,北京:中華書局,1976年,第8633頁。

　　② (宋)司馬光編著,(元)胡三省音注:《資治通鑑》卷二六四,唐昭宗天祐元年(904)四月甲辰條,第8631頁。

　　③ 按:劉慶柱等先生也認爲,天祐元年四月,唐昭宗入洛,"御正殿受朝賀",此正殿非含元殿,而是貞觀殿,按其注釋,同樣僅因循《資治通鑑》胡三省之注説,亦未對相應史實作深入考辨。詳參劉慶柱主編:《中國古代都城考古發現與研究》上,北京:社會科學文獻出版社,2016年,第380頁。

　　④ (後晉)劉昫等:《舊唐書》卷二〇下《哀帝本紀》,第807頁。

此殿實際就是天祐二年由原武成、宣政殿改名而來的貞觀殿，因其方位在含元殿西，則以之作爲《城坊考》含元殿北的貞觀殿的注解，顯然有誤。

另外，徐松又據胡注提出"貞觀殿北當有崇勛殿"的論斷，單就此二殿的實際位置來看，這一推測是很有見地的，但徐松議論的前提是將其中貞觀殿定於含元殿之北，却並不符合史實。經文獻爬梳，確實可以證明，天祐二年貞觀殿與崇勛殿，二者布局大致即南北相直，但二者相對於含元殿，都在含元殿的西側，並非北側。

令人稍感惋惜的是，這些證明材料，徐松在輯録《宋會要》《河南志》的過程中，都曾親自經手，如《宋會要輯稿》北宋洛陽明福門"其次北廊接通天門，南對文明殿，明福門内曰天福殿門，門内天福殿，唐曰崇勛，後唐曰中興，晉改今名"，①可知北宋洛陽宮城内以明福門爲參照，此門向南正對文明殿，而門内向北正對天福殿，天福殿實際就是昔日唐之崇勛殿。關於文明殿，據徐松另一輯録著作《河南志》，北宋洛陽文明殿乃"正衙殿也，唐之武成、宣政，又改貞觀"，②可知北宋洛陽文明殿即往時唐貞觀殿。如此，由北宋洛陽文明殿、天福殿"換算"所得到的唐貞觀殿、崇勛殿二者的布局，顯然也是南北相直的，再參酌以《舊唐書·地理志》《唐六典》等武成殿在明堂西的方位提示，顯然貞觀、崇勛二殿亦當在含元殿西，並非含元殿之正北。

若結合徐松上述著作的成書特徵，《唐兩京城坊考》中的東京部分，很大程度上取材於《河南志》，但後者仍有一些重要信息未被采納，如關於宣政殿，《唐兩京城坊考》相較於《河南志》，顯然遺漏更名貞觀之事，以致在明確記載此殿位置"在含元殿西"的條件下，一睹貞觀殿之名，仍然將之與含元殿北之貞觀殿混爲一談。

六、《城坊考》卷五《東京·宮城》"其天子常朝之所曰宣政殿，殿門曰光範門"

徐松注：《河南志》云：宣政殿南有武成門，又南千福門，又南敷政門，千福後改乾化，敷政後改光範。殿之東門曰東明門。③

此段文字或有兩處可值商兌。其一，徐松云其注文係據《河南志》，④核對原書，兩者意思基本相同，而徐松注文末"殿之東門曰東明門"，却並非出自《河南志》，未知徐松

①（清）徐松輯，劉琳等校點：《宋會要輯稿》方域一《西京》，第9270頁。
②（清）徐松輯，高敏點校：《河南志》卷五《宋城闕古迹》，第147頁。
③（清）徐松撰、張穆校補，方嚴點校：《唐兩京城坊考》卷五《東京·宮城》，第134頁。
④（清）徐松輯，高敏點校：《河南志》卷四《唐城闕古迹》，第120、121頁。

所據爲何。檢諸文獻,東明門爲唐洛陽皇城東面二門偏北之門,則此門顯非宣政殿之東門。

其二,徐松以光範門爲宣政殿之殿門,這一説法其實並不準確。從徐松注所引《河南志》來看,不難發現,宣政殿以南,由近而遠,依次爲武成門、千福門、敷政門,而徐松《城坊考》却將位置最靠南、後改名光範門的敷政門作爲宣政殿之殿門,顯然並不合理。

雖然文獻並未明確記載宣政殿殿門之名,但宣政殿實際是在武成門内,所以位置更在武成門之南的光範門,顯然不是宣政殿之殿門。如《唐六典》"明福之東曰武成門,其内曰武成殿;明福之西曰崇賢門,其内曰集賢殿",①可知明福門東西兩側,當與武成門、崇賢門東西相直。

另外,武成殿以南之所以設置多重門制,應該與此殿作爲正衙的特殊政治地位有關,據《職官分紀》所引《集賢記注》,武成殿實際並非單純殿宇結構,而是以武成殿爲中心的建築群,所以韋述亦稱之爲武成宮:

東京集賢院在明福門外大街之西,院東隔街對武成宮。②

集賢院東之隔街,顯然就是明福門外大街,而武成殿位於武成門内,此門與明福門東西相直。如若韋述所云武成宮即武成殿,那麼集賢院無論如何也不能與之隔街相對,這也就從側面説明,除武成門内的武成殿外,武成門外的千福門、敷政門,實際也當屬武成宮之範圍,這也可證由敷政門改名而來的光範門,不是武成殿之殿門。

七、《城坊考》卷五《東京·宮城》"明福之西爲集賢門,門内集賢殿在焉。自此而北,有仙居殿,其東有億歲殿、集仙殿、同明殿"③

核諸《河南志》,這一部分對應的原始文字爲:"明福之西曰崇賢門,其内曰集賢殿","集賢之北曰仙居殿,其東曰億歲殿,又東曰同明殿"。④ 若再向上回溯,《河南志》

---

① (唐)李林甫等撰,陳仲夫點校:《唐六典》卷七《尚書工部》,第221頁。
② (宋)孫逢吉:《職官分紀》卷一五《集賢院》,北京:中華書局,1988年,第377頁。
③ (清)徐松撰、張穆校補,方嚴點校:《唐兩京城坊考》卷五《東京·宮城》,第135頁。
④ (清)徐松輯,高敏點校:《河南志》卷四《唐城闕古迹》,第126頁。

其實是完全照録《唐六典》，①因二者文字完全一致。經此初步核對，可知徐松《城坊考》將原《唐六典》《河南志》"崇賢門"改曰"集賢門"，又於億歲殿附近新添入"集仙殿"，這兩處改動，都存在問題，②以下試逐一駁正。

（一）集賢、崇賢之辨

關於"集賢門"，首先須承認，這一名稱誠然可見諸文獻，如《新唐書·百官志》集賢殿書院，唐代宗"永泰時，勛臣罷節制，無職事，皆待制於集賢門，凡十三人"，③此記載又被《玉海》諸書所陸續徵引，④但值得注意的是，唐時之"集賢門"，文獻亦僅見此一例。然而，這一唯一證據，其實也頗值商兑，代宗朝勛臣待詔之事，又見諸《新唐書·嗣吴王祇傳》，時祇以太子賓客爲集賢院待制，"是時，勛望大臣無職事者皆得待詔於院，給餐錢署舍以厚其禮，自左僕射裴冕等十三人爲之"。⑤ 從後者所記來看，勛臣待詔於院，且又被分配以署舍，顯然待詔地點是在集賢院，並非集賢門，《新唐書·百官志》不可信從。

另外，唐洛陽明福門西爲崇賢門，此門内有集賢殿，前所引《唐六典》《河南志》皆已證之，而徐松在集賢門下也未補注其改崇賢爲集賢的相關論據，所以很明顯乃徐松誤將崇賢門書作集賢門。

不僅如此，徐松也誤將洛陽集賢殿與集賢院視爲一事，所以這一由誤記崇賢門而來的集賢門，也就轉而被看作是集賢院的院門，如徐松於集賢殿下所作按語云："按集賢殿既在集賢門内，而在明福門外，則集賢門當在明福門之西南，但言西，似未確。"⑥徐松所謂"在明福門外"者，依據其本處其他注文之提示，實際説的是集賢院，因爲誤將集賢殿視爲集賢院，爲了迎合"在明福門外""明福之西爲集賢門"的方位條件，所以這一集賢門也就被誤定於明福門之西南。

據《職官分紀》所引《集賢記注》，唐洛陽集賢院至開元十三年（725）改名前夕，名曰麗正書院，開元十三年玄宗在改洛陽原集仙殿爲集賢殿的同時，也詔改明福門外的麗正書院爲集賢書院。此事又見諸《舊唐書·玄宗本紀》同年"夏四月丁巳，改集仙殿爲集

---

① （唐）李林甫等撰，陳仲夫點校：《唐六典》卷七《尚書工部》，第 221 頁。
② 按：學界先賢已初步提出徐松此二説有誤，然尚未予以詳細分析。詳參趙永東：《唐代集賢殿書院考論》，《南開學報》1986 年第 4 期，第 15 頁。
③ （宋）歐陽修、宋祁：《新唐書》卷四七《百官志二·中書省》，第 1213 頁。
④ （宋）王應麟：《（合璧本）玉海》卷一六七《宮室·院上》，第 3160 頁。
⑤ （宋）歐陽修、宋祁：《新唐書》卷八〇《太宗諸子傳》，第 3569 頁。
⑥ （清）徐松撰、張穆校補，方嚴點校：《唐兩京城坊考》卷五《東京·宮城》，第 135 頁。

賢殿,麗正殿書院改集賢殿書院"。① 至此,已然可知洛陽集賢殿、集賢書院乃二事,不可混淆,所以徐松所謂"集賢門"實際即崇賢門,此門内有集賢殿,門外的集賢書院,根據之前對集賢院方位的分析,實際是在崇賢門與明福門之間的宫城牆垣的南側,處於前者之東南、後者之西南。

(二) 集仙殿、集賢殿之因襲關係

上文之分析,已經對集仙殿與集賢殿之關係有所涉及,開元十三年,玄宗令改洛陽原集仙殿爲集賢殿。值得注意的是,這一材料徐松已在注文中列出,説明其本人應已注意到這一事實。然而徐松却在《唐六典》《河南志》集賢殿原文的基礎上,新補充道該殿的大致東北方位另有一集仙殿,顯然未符史實。

根據徐松《城坊考》對此"集仙殿"所作注"在宣政殿西北,武后造,前有迎仙門"云云,②可知其係以《河南志》爲據,唯將原文"武成殿"替換爲"宣政殿",此二者因乃同一殿之前後不同名稱,所以徐松如此措置尚無不可。另外,《河南志》注云此記載本自《唐六典》,然今本《唐六典》實未有此條目,並且《河南志》記此集仙殿時乃單獨列爲一條,所以徐松雖移録《河南志》集仙殿之記載,但對於此殿與集賢殿的方位關係,完全出自其自身的另行考訂。然而,徐松事實上也並未舉出切實之證據,所以,既已知徐松關於集賢殿相關記載所據原始史料乃《唐六典》,則當從原書,而徐松新補入的集仙殿暫難以信從。

---

① (後晉)劉昫等:《舊唐書》卷八《玄宗本紀上》,第 188 頁。
② (清)徐松輯,高敏點校:《河南志》卷四《唐城闕古迹》,第 123 頁。

《魏晉南北朝隋唐史資料》第四十九輯

2024 年 5 月,439—475 頁

中古禮議書籍考述[*]

范雲飛

引論:"禮議"與"禮議書籍"

中古時代議禮活動之盛、議禮文章之精且多,是這一時代禮學發達的重要表徵。朱熹説:

> 後世禮樂全不足録。但諸儒議禮頗有好處,此不可廢,當別類作一書,方好看。六朝人多是精於此。畢竟當時此學自專門名家,朝廷有禮事,便用此等人議之。①

又説:"《通典》中間數卷,議亦好。"②可見朱熹特重六朝禮議,有意將其"別類作一書"。其實唐以前已有此類結集,王應麟認爲劉宋何承天《禮論》等一系列大型書籍,即朱熹所謂"別類作一書"的實例。這一編集禮議的學術傳統,隋唐之際仍存,至宋則不傳,以至王氏有"禮學之廢久矣"之歎。③ 近代以來,學者亦强調六朝禮議這一突出現象。曹元弼認爲六朝儒者"議禮之文,亦根據經注,酌理準情,足爲典要"。④ 章太炎認爲魏晉以來"議禮之文亦獨至。陳壽、賀循、孫毓、范宣、范汪、蔡謨、徐野人、雷次宗者,蓋二

---

* 本文係教育部人文社科青年項目"中古禮議與政務運作研究"(23YJC770006)階段性成果。

① (宋)黎靖德編,王星賢點校:《朱子語類》卷八七《禮四》,北京:中華書局,1986 年,第 2226—2227 頁。

② (宋)黎靖德編,王星賢點校:《朱子語類》卷八四《禮一》,第 2182 頁。

③ (宋)王應麟著,(清)翁元圻輯注,孫通海點校:《困學紀聞注》卷五《儀禮》"六朝人多通禮學"條,北京:中華書局,2016 年,第 638—639 頁。

④ (清)曹元弼:《復禮堂文集》卷四《禮經纂疏序》,《中華文史叢書》之四十六據民國六年(1917)刊本影印,臺北:華文書局,1968 年,第 442—443 頁。

戴、聞人所不能上”,此見其學理之精;①錢穆指出六朝經學最重《禮》,“唐杜佑《通典》引晉宋以下人禮議,多達二百餘篇”,此見其卷帙之夥。②

我們把結集禮議而成的書籍稱爲“禮議書籍”,作爲本文的研究對象。所謂“禮議”,可定義爲針對現實禮制問題而進行的議論,以區別於圍繞經典而進行的純學術辯論。禮議離不開朝議機制,中外學者的相關研究十分豐富。概言之,漢唐之間的朝廷禮議是尚書機構、太常禮官以及其他官署既相互合作又彼此制衡的複雜機制。③ 除此之外,還有不少禮制議論以官員、學者之間書信往還、私相問對的形式進行。

關於中古禮議書籍,清代以來學者在輯佚、目録研究方面積累了豐碩成果。嚴可均輯録禮家單篇禮議甚多,④馬國翰據史志目録博采漢唐間之禮議,也在一定程度上復原了禮議書籍的部分面貌。馬氏所輯各書之解題亦頗多卓見。⑤ 柯金虎輯考魏晉南北朝禮學佚籍,也涉及數種禮議書籍。⑥ 孫啓治、陳建華詳細列舉了禮議佚籍的各種輯録版本,極便參考。⑦ 然而禮議書籍至宋代已大多不存,清人所輯僅九牛一毛。所幸《隋書·經籍志》等目録尚存其目,姚振宗對《隋志》所載禮議書籍作過詳盡考證。⑧ 上述工作爲全面考察中古禮議書籍之産生與結集過程提供了可能。

---

① 章太炎撰,龐俊、郭誠永疏證:《國故論衡疏證》,北京:中華書局,2008 年,第 391—395 頁。

② 錢穆:《略論魏晉南北朝學術文化與當時門第之關係》,《中國學術思想史論叢(三)》,北京:九州出版社,2011 年,第 230 頁。

③ 參見[日]野田俊昭:《東晉南朝における天子の支配權力と尚書省》,《九州大學東洋史論集》1977 年 3 月 3 日,第 77—96 頁;[日]金子修一:《南朝期の上奏文の一形態について——『宋書』禮儀志を史料として》,《東洋文化》第 60 卷,1980 年 2 月,第 43—59 頁;[日]中村圭爾:《南朝における議について——宋·齊代を中心に》,大阪市立大學文學部:《人文研究》第四〇卷,第十分册(1988);[日]渡邊信一郎:《天空の玉座——中國古代帝國の朝政と儀禮》,東京:柏書房,1996 年,第 18—104 頁;葉煒:《唐代集議述論》,王晴佳、李隆國主編《斷裂與轉型:帝國之後的歐亞歷史和史學》,上海古籍出版社,2017 年,第 165—189 頁。

④ (清)嚴可均輯:《全上古三代秦漢三國六朝文》,北京:中華書局,1958 年。

⑤ 馬氏所輯有杜預《喪服要集》《石渠禮論》《後養議》、范甯《禮雜問》、吳商《雜議》、徐廣《禮論答問》、何承天《禮論》、任預《禮論條牒》、荀萬秋《禮論鈔略》、王儉《禮義答問》、周捨《禮疑義》、范宣《禮論難》、顏延之《逆降議》等。(清)馬國翰輯:《玉函山房輯佚書》經編“儀禮”類、“通禮”類,揚州:廣陵書社,2004 年。

⑥ 柯金虎輯考的禮議書籍包括杜預《喪服要集》、吳商《雜議》、干寶《後養議》、范宣《禮論難》、范甯《禮雜問》、徐廣《禮論答問》、何承天《禮論》、任預《禮論條牒》、顏延之《逆降議》、周捨《禮疑義》。柯金虎:《魏晉南北朝禮學書考佚》,臺灣政治大學中國文學研究所博士學位論文,1984 年。

⑦ 孫啓治、陳建華:《中國古佚書輯本目録解題》,上海古籍出版社,2017 年,第 72—73、74、83—85、290、292 頁。

⑧ (清)姚振宗撰,劉克東、董建國、尹承整理:《隋書經籍志考證》,《二十五史藝文經籍志考補萃編》第十五卷,北京:清華大學出版社,2014 年。其中見於《日本國見在書目》的,孫猛在姚氏基礎上亦考訂頗細。參見孫猛:《日本國見在書目詳考(上)》,上海古籍出版社,2015 年。另外,王鍔匯集了各種目録對漢唐禮議書籍的著録情況。參見王鍔:《三禮研究論著提要》,蘭州:甘肅人民出版社,2001 年。

以往研究主要關注單篇禮議、單書條目,對作爲整體概念的"禮議書籍"尚無明確自覺。當代學者對此漸有涉及。吳羽將晉唐間禮學書籍分爲三類:三《禮》注疏之書、儀注之書及禮議之書,所謂禮議之書即"討論、解釋公私禮儀和禮制的著述","訓解名物、闡發内涵、解釋疑難、清理沿革,集而成書"。① 閆寧認爲《隋志》經部禮類收錄了若干種"禮論""禮問"之書,以何承天《禮論》爲核心,這是因爲禮官有機會接觸大量議禮奏疏而編成。將"禮論""禮問"之書的史源推爲禮官奏議,洵爲卓識。② 下倉涉考察《通典》凶禮議的時代分布與史源,注意到東晉南朝多有禮學問答集,應是《通典》史源之一。③ 吳麗娛考察中古經學發展脉絡中的何承天《禮論》及其他東晉南朝同類書籍,認爲這些書籍突破義疏體裁和經學家法,吸收衆家議論,以實用爲目的,已啓隋唐之際經學新思潮之先聲。④ 總的來説,當今學界對"禮議書籍"的研究尚在起步階段,禮議書籍所賴以産生的制度過程、文化背景、結集過程等問題,尚有較大探索空間。基於前人時賢的研究,本文將繼續探索中古禮議書籍的産生、結集、興衰過程。

在開始正式討論之前,需要明確兩個問題:第一,在《隋志》等唐宋目錄中,"禮議書籍"往往集中出現於經部禮類,但在古代書籍分類中並没有明確的"禮議書籍"的類别,本文在綜考史志目錄及其他史料的基礎上,根據此類書籍的内容與體裁重新作出歸納,並對古代目錄中没有"禮議書籍"這一類别的原因略作解釋。第二,本文重點討論魏晉南朝的禮議書籍,尤其關注其與北朝及唐的區别,但爲了論述方便,還會上溯漢魏,下探唐以後,以便儘量完整地呈現禮議書籍的學術史脉絡。

一、禮議書籍的結集與類别

禮議的機制與過程很大程度上決定了禮議書籍的體裁與内容。根據禮議書籍的産

---

① 吳羽:《今佚唐〈開元禮義鑒〉的學術淵源與影響》,《魏晉南北朝隋唐史資料》第 26 輯(2010 年),第 187—202 頁。吳羽認爲禮議之書的代表作有摰虞《決疑注》、何承天《禮論》、隋朝《江都集禮》、唐朝《開元禮義鑒》。但《決疑注》以"注"名書,是對晉朝《新禮》儀注的修訂,體例應該更接近儀注;《開元禮義鑒》如吳羽所考證,内容主要是對《開元禮》相關儀節的訓解注釋,也非議、論之體。漢唐間禮議書籍除《禮論》《江都集禮》之外,還有很大探索空間。

② 閆寧:《〈宋書・禮志〉編纂體例初探》,《古代禮學禮制文獻研究叢稿》,北京:商務印書館,2018 年,第153—176 頁。

③ 〔日〕下倉涉:《〈通典〉凶禮議初探》,楊華、薛夢瀟主編:《經國序民:禮學與中國傳統文化國際學術研討會論文集》,上海古籍出版社,2021 年,第 166—191 頁。

④ 吳麗娛:《〈禮論〉的興起與經學變異——關於中古前期經學發展的思考》,《文史》2021 年第 1 輯,第 93—124 頁。

生途徑和結集過程,我們將其粗略分爲三類:第一,專項禮議書籍,此類或爲針對某一專題的禮議,或爲某一禮家個人的禮議集;第二,綜合禮議書籍,表現爲卷帙浩繁的通代禮議合集;第三,禮典所附之禮議,一般爲制定或修訂禮典過程中産生的禮議,因其較少單書別行,所以情況頗爲複雜。今嘗試分別論述之。

(一) 專項禮議書籍

先説針對某一專題的禮議書籍,即針對特定禮制問題舉行朝議或其他形式的議論、將相關奏議或問答匯集而成之書。此類書籍最早可追溯到西漢。武帝時有《封禪議對》。① 漢武帝得寶鼎之後,"與公卿諸生議封禪",史載丁公等人之議,群儒"牽拘於《詩》《書》古文而不能騁",武帝盡罷之,行以己意。② 從書名"議對"可知,此爲群臣關於封禪所上奏議的合集。

東漢末年,應劭有《汝南君諱議》。③ 據《三國志》裴松之注可知,④ 應劭在汝南主簿任上立議,應爲本郡歷任太守避諱。則此次禮議顯然不是朝廷集議,而是郡議。兩漢的郡、縣都有議曹,爲門下之職,負責謀議。東漢郡主簿地位甚高,爲親近之吏,相當於中央朝廷的尚書令。⑤ 由此看來,郡主簿應該負責主持郡廷的議論,就像尚書令主持朝議一樣。兩漢行政注重議論,集思廣益,此舉不僅見於中央,也見於郡、縣。⑥

魏晉以來,專項禮議書集尤多,比如蔣濟《郊丘議》、⑦王肅《明堂議》、⑧傅玄《五祀議》、⑨

① 《漢書》卷三〇《藝文志》小注"武帝時也",北京:中華書局,1962年,第1709頁。

② 《史記》卷二八《封禪書》,北京:中華書局,1982年,第1397—1398頁。

③ 《隋書》卷三三《經籍志二》史部儀注類録《汝南君諱議》二卷,不題撰人名氏,北京:中華書局,1973年,第970頁。

④ 《三國志》卷五二《吳書·張昭傳》,北京:中華書局,1982年,第1219—1220頁;又見於(唐)馬總編纂,王天海、王朝輯校釋:《意林校釋》,北京:中華書局,2014年,第419頁;(唐)孔穎達等撰:《春秋左傳正義》卷二六,(清)阮元校刻:清嘉慶刊本《十三經注疏》,北京:中華書局,2009年,第4138頁。

⑤ 嚴耕望:《中國地方行政制度史——秦漢地方行政制度史》,上海古籍出版社,2007年,第124—126、129、229頁。

⑥ 另外,駁議者王朗、張昭等人並不任職於汝南郡,大概是因爲應劭此議影響較大,在士人群體中廣爲流傳。但歸根結底,此議還是起源於漢代郡廷的議論制度。

⑦ 《隋書》卷三二《經籍志一》經部禮類有《郊丘議》三卷,魏太尉蔣濟撰,第924頁;《舊唐書》卷四六《經籍志上》史部儀注類有《魏氏郊丘》三卷,不題撰人名氏,北京:中華書局,1975年,第2008頁;《新唐書》卷五八《藝文志二》同,北京:中華書局,1975年,第1489頁。

⑧ 《隋書》卷三二《經籍志一》,第924頁。

⑨ 《太平御覽·經史圖書綱目》,臺北:臺灣商務印書館,1967年,第13頁。秦榮光輯作"《五禮議》",不知所據何本。(清)秦榮光撰,朱新林整理:《補晉書藝文志》,《二十五史藝文經籍志考補萃編》第十一卷,北京:清華大學出版社,2012年,第74頁。

庾亮《雜鄉射等議》、①蔡謨《七廟議》、②何妥《樂懸》，③等等。蔣濟、高堂隆兩人關於曹魏郊丘禮配天之位有過爭論。高堂隆議以舜配天，蔣濟議以武皇帝曹操配天。④ 高堂隆、蔣濟等人之議匯集成此書，《隋志》雖題蔣濟之名，高堂隆的奏議應該也在其中。至於王肅《明堂議》，王肅參與曹魏禮議甚多，本傳載"其所論駁朝廷典制、郊祀、宗廟、喪紀、輕重，凡百餘篇"，⑤《明堂議》應該是其關於明堂禮制之議論的匯編。

　　諡議是專項禮議書集的一個特殊門類。史志目錄所見有何晏《魏明帝諡議》《晉諡議》《晉簡文諡議》三種。⑥ 諡議產生於議諡制度。漢代以來，皇帝死後都有禮官議諡的環節，由禮官一人據《諡法》、經典以及皇帝功業事迹，上諡議一篇，討論通過後即可爲皇帝定諡。唐以前諡議可知者有東漢崔駰《章帝諡議》、東晉謝安《簡文帝諡議》、北魏元緦《高祖諡議》、梁朝蕭繹《高祖諡議》等。⑦ 一般説來，禮官議一帝之諡，先作諡議一篇，如果無異議，則直接通過；如果有爭議，則會奏議往復。《魏明帝諡議》有二卷之多，應該不止何晏一篇，而是當時禮官奏議的合集，特冠以何晏之名而已。

---

　　① 《隋書》卷三二《經籍志一》，第 924 頁。史載庾亮鎮武昌之時，開置學官，興起教化，"又繕造禮器俎豆之屬，將行大射之禮"，又爲朝廷修雅樂，《雜鄉射等議》蓋其於武昌幕府中召集諸儒制定鄉射等禮儀時所作議論的合集。《宋書》卷一四《禮志一》，第 363—364 頁；卷一九《樂志一》，第 540 頁。《通典》多載庾亮征西將軍府之禮議，或許就來自《雜鄉射等議》。按庾亮征西將軍府之禮議，亦爲地方政府機構之議，而非中央朝議。關於漢魏六朝地方之議，將有另文詳考，此處從略。

　　② 《隋書》卷三二《經籍志一》經部禮類有《七廟議》一卷，不題撰人名氏，第 924 頁；《舊唐書》卷四六《經籍志上》史部儀注類有蔡謨《晉七廟議》三卷，第 2008 頁；《新唐書》卷五八《藝文志二》同，第 1490 頁。姚振宗認爲《隋志》一卷本即三卷本之佚存者，或然。參見（清）姚振宗：《隋書經籍志考證》，第 212—213 頁。《晉書》卷七七《蔡謨傳》載："謨博學，於禮儀宗廟制度多所議定。文筆論議，有集行於世。"北京：中華書局，1974 年，第 2041 頁。其《晉七廟議》應該就其關於晉七廟制度之奏議匯編而成。

　　③ 《隋書》卷三二《經籍志一》經部樂類有《樂懸》一卷，"何晏等撰議"，第 927 頁。姚振宗認爲何晏爲曹魏時人，其撰此書無可考，應該是隋朝何妥之誤，《隋書·樂志》頗載何妥等人議論樂懸制度之事。且隋朝一代之樂制，多何妥所定。參見（清）姚振宗：《隋書經籍志考證》，第 232 頁。其説可從，"晏"或當爲"妥"形近而訛。又《隋志》稱"撰議"，蓋即撰集衆人之議。與何妥共同議論樂律制度者有蘇威、鄭譯、牛弘、辛彦之、盧賁、蕭吉等人，何妥大概撰集衆人關於樂懸的議論，加以己議，編成此書。參見《隋書》卷一四《音樂志中》，第 345 頁；卷一六《律曆志上》，第 407 頁；卷四一《蘇夔傳》，第 1190 頁；卷七八《萬寶常傳》，第 1785 頁。

　　④ 《三國志》卷一四《魏書·蔣濟傳》，第 455—456 頁；《南齊書》卷九《禮志一》，北京：中華書局，1972 年，第 118—119 頁。

　　⑤ 《三國志》卷一三《魏書·王肅傳》，第 419 頁。

　　⑥ 《隋書》卷三二《經籍志二》史部儀注類有《魏晉諡議》十三卷，何晏撰，第 970 頁；《舊唐書》卷四六《經籍志上》史部儀注類有《晉諡議》八卷、何晏《魏明帝諡議》二卷、《晉簡文諡議》四卷，第 2008 頁；《新唐書》卷五八《藝文志二》同，第 1489—1490 頁。姚振宗認爲《隋志》將三家之書誤合爲一，何晏死於曹爽之難，不可能有晉代諡議。《唐志》三書共十四卷，《隋志》則録十三卷，缺其一卷。此説可從。參見（清）姚振宗：《隋書經籍志考證》，第 751 頁。

　　⑦ 汪受寬：《諡法研究》，上海古籍出版社，1995 年，第 44—45 頁；戴衛紅：《魏晉南北朝帝王諡法研究（上）》，《許昌學院學報》2015 年第 6 期，第 12—21 頁。

　　《晉簡文謚議》有四卷,肯定不止一篇。據《晉紀》,謝安曾爲簡文帝作謚議:"謹按《謚法》:'一德不懈曰簡,道德博聞曰文。'易簡而天下之理得,觀乎人文,化成天下,儀之景行,猶有仿佛。宜尊號曰太宗,謚曰簡文。"桓温稱此議爲"安石碎金"。① 簡文帝崩時,謝安已拜侍中,遷吏部尚書、中護軍,②地位甚高,非尋常議謚之禮官。帝王身後之議謚,反映了新君及當時群臣對他的評價,而這種評價又往往與帝位交替之際的政治局勢息息相關。或許禮官之謚議不爲高層所認可,於是産生了多篇奏議,最終謝安之議獲得桓温承認,遂定其謚。這些謚議後被匯集成四卷本的《晉簡文謚議》。

　　至於《晉謚議》,大概是匯集晉朝各帝之謚議以成書。以後世之事例之,唐朝有崔樞、歸融撰順宗謚議,李建、歸融撰憲宗謚議,③楊敬之撰文宗謚議,陳商撰武宗謚議,鄭穎撰宣宗謚議,崔沆撰懿宗謚議,柳玭撰僖宗謚議,王溥撰昭宗謚議,等等。④ 如果把這些謚議匯集起來,也可以編成一部《唐謚議》。蓋南朝禮官編成《晉謚議》一書爲議謚提供參考。

　　六朝禮學之中,喪服學最爲發達,故關於喪服之專項禮議書集也最多。其中史料較詳的是干寶《後養議》與顔延之《逆降議》。先説干寶《後養議》,《隋志》録五卷。⑤《晉書·禮志》載西晉太康元年(280)王毖更娶、其子王昌是否應爲前母服喪之議,先載東平王司馬楙上言其事,請求議論;隨後是謝衡等二十餘人的議論(還特別説明太尉陳騫不議);隨後是尚書八座裁定的結果,認爲王昌應該爲前母服喪,"輒正定爲文,章下太常報楙施行",此蓋即所謂尚書"參議";但皇帝制書則裁決王昌不應爲前母服。最後"太興初(318),著作郎干寶論之曰"云云,則是附上東晉初年干寶的議論,對先前諸人議論作出總結,並闡明自己的觀點。⑥ 值得注意的是,干寶此議並非當時現場所作的奏議,而是時隔將近四十年之後對前人奏議的反思。

　　《晉志》所載王昌爲前母服議,首尾完備,程序完整,内容充實。如果不考慮最後干寶的評論,衹看司馬楙上言請議、群官集議、尚書八座參議、皇帝制書裁決,正符合禮議的一般程序。如果《晉志》(或者其所因襲的前史)直接依據奏議案牘或《晉起居注》修成,則此議當止於皇帝制書,但又附有干寶的總結評論,有理由認爲《晉志》此

---

　　① (南朝宋) 劉義慶著,(南朝梁) 劉孝標注,余嘉錫箋疏,周祖謨、余淑宜、周士琦整理:《世説新語箋疏》卷上之下《文學第四》,北京: 中華書局,2007 年,第 316 頁。又見《晉書》卷七九《謝安傳》,第 2073 頁。

　　② 《晉書》卷七九《謝安傳》,第 2073 頁。

　　③ (宋) 王溥撰:《唐會要》卷一《帝號上》,北京: 中華書局,1960 年,第 10—11 頁。

　　④ (宋) 王溥撰:《唐會要》卷二《帝號下》,第 13—17 頁。

　　⑤ 《隋書》卷三二《經籍志一》,第 924 頁。

　　⑥ 《晉書》卷二〇《禮志中》,第 635—639 頁。

處史源應該是干寶的某種著作。馬國翰認爲干寶《後養議》"論列爲人後者養親、喪祭之禮,曰議者,集諸儒之議以成書也",《晉志》載王昌爲前母服議,即此五卷中的一部分。① 馬氏此説頗爲有識。不過,干寶任著作郎期間還曾受命撰《晉紀》,編次西晉史事,②無法確定《晉志》此議是出自《晉紀》抑或《後養議》。但不管怎麼説,干寶《後養議》有五卷之多,説明東晉初年學者已經有意把關於某一禮儀問題的議論匯集起來。這樣做一方面是爲了從理論上解決某些禮制難題,另一方面也是爲今後遇到類似問題提供切實的參考。這也從一個側面説明了東晉禮議之盛,以及學者對前代禮議的重視。

再説顔延之《逆降議》。③ 鄭玄認爲,如果家中女兒成年(二十歲)未嫁,對於本家之服要降等,此所謂"逆降旁親"。④ 魏晉南北朝時期,"逆降旁親"常見討論,⑤顔延之《逆降議》大概即是收集前人相關議論而成。另外,田僧紹也有《逆降議》。⑥ 漢唐間其他喪服類專項禮議集頗多,不再列舉。⑦

除此之外,一些重要禮家參與禮議甚多,其禮議會被有意纂輯成書,由此在專題禮議書籍之外,還有不少專人禮議書籍。此類書籍之産生也與彼時的禮議機制關係密切。以高堂隆《魏臺雜訪議》爲例,該書共三卷,⑧久佚,僅見他書所引片斷。《宋書·禮志》徐道娛、荀萬秋等人議季夏是否變幘色,有司奏曰:

---

① (清)馬國翰輯:《玉函山房輯佚書·經編通禮類》,第 1110 頁。

② 《晉書》卷八二《干寶傳》,第 2150 頁。

③ 《隋書》卷三二《經籍志一》經部禮類有《逆降義》三卷,宋特進顔延之撰,第 924 頁;《舊唐書》卷四六《經籍志上》作《禮論降議》,"論"當爲"逆"之誤,第 1974 頁;《新唐書》卷五七《藝文志一》作《禮逆降議》,第 1432 頁。馬國翰認爲"逆降"是"禮制升降"之意,胡玉縉反駁之,認爲是女子子成人未嫁、逆降旁親之例。當以胡氏爲是。參見(清)馬國翰輯:《玉函山房輯佚書·經編通禮類》,第 1177 頁;胡玉縉撰,王欣夫輯:《許廎學林》,北京:中華書局,1958 年,第 407 頁。

④ 《喪服傳》:"未嫁者,成人而未嫁者也。何以大功也? 妾爲君之黨服,得與女君同。"鄭注:"女子子成人者,有出道,降旁親,及將出者,明當及時也。"是女子成人,雖未嫁也要降旁親。(清)阮元校刻:《儀禮注疏》卷三二《喪服》,清嘉慶刊本《十三經注疏》,第 2414 頁。

⑤ 《通典》卷六〇《禮二十》,北京:中華書局,2016 年,第 1673—1675 頁;《隋書》卷八《禮儀志三》,第 154—155 頁;《魏書》卷八四《儒林李業興傳》,第 1862—1863 頁。

⑥ 《隋書》卷三二《經籍志一》,第 927 頁。根據顔延之《逆降議》在《隋志》中誤作《逆降義》可知,此"義"亦當爲"議"之誤,蓋亦搜集關於喪服逆降之禮議所成之書。

⑦ 杜預《喪服要集議》二卷,見《隋書》卷三二《經籍志一》,第 920 頁;《舊唐書》卷四六《經籍志上》,第 1972 頁;《新唐書》卷五七《藝文志一》,第 1431 頁。費沈《喪服集議》十卷,見《隋書》卷三二《經籍志一》,第 921 頁。商價《喪禮極議》一卷,見《新唐書》卷五八《藝文志二》,第 1492 頁;(宋)鄭樵撰,王樹民點校:《通志二十略·藝文略》,北京:中華書局,1995 年,第 1493 頁。《隋書》卷三二《經籍志一》有《喪服祥禫雜議》二十九卷、《喪服雜議故事》二十一卷,第 921 頁。

⑧ 《隋書》卷三三《經籍志二》史部律令類有《魏臺雜訪議》三卷,高堂隆撰,第 973 頁;《舊唐書》卷四六《經籍志上》史部儀注類同,第 2008 頁;《新唐書》卷五八《藝文志二》史部故事類有《魏臺訪議》三卷,不題撰人名氏,無疑即高堂隆之書,第 1489 頁。

《魏臺訪議》曰:"前後但見讀春、夏、秋、冬四時令,至於服黃之時,獨闕不讀。今不解其故。"魏明帝景初元年(237)十二月二十一日,散騎常侍領太史令高堂隆上言曰:"黃於五行,中央土也。王四季各十八日。土生於火,故於火用事之末服黃,三季則否。其令則隨四時,不以五行爲分也。是以服黃無令。"①

《初學記》又引:

《魏臺訪議》曰:詔問何以用未祖丑臘?臣崇②對曰:按《月令》,孟冬十月臘先祖五祀,謂薦田獵所得禽獸,謂之"臘"。《左傳》曰:"虞不臘矣。"唯見此二者,而皆不書日。聞先師説曰,王者各以其行之盛祖,以其終臘。水始生於申,盛於子,終於辰,故水行之君,以子祖辰臘。火始生於寅,盛於午,終於戌,火行之君,以午祖戌臘。木始生於亥,盛於卯,終於未,故木行之君,以卯祖未臘。金始生於巳,盛於酉,終於丑,故金行之君,以酉祖丑臘。土始生於未,盛於戌,終於辰,故土行之君,以戌祖辰臘。今魏據土德,宜以戌祖辰臘。③

以上兩則較爲完整。另外,《御覽》又引:"華歆常以臘日宴子弟,王朗慕之,蓋其家法由來漸矣。"④《初學記》又引:"《周禮》:弁師掌王之皮弁,會五采玉璂象邸玉笄。《魏臺訪議》曰:五采玉,一玉有五色者也。"⑤又《文選》李善注引:"《魏臺訪議》曰:以玉爲笄也。古曰笄,今曰簪。"⑥後兩則應該連文,前者解《周禮》"五采玉",後者解"玉笄"。《後漢書》李賢注又引:"《魏臺訪[議]》問物故之義,高堂隆答曰:聞之先師,物,無也,故,事也。言死者無復所能於事也。"⑦從上述佚文不難看出,《魏臺雜訪議》(諸書

---

①　《宋書》卷一五《禮志二》,第 385 頁;又見《晉書》卷一九《禮志上》,第 588 頁。

②　"崇"當作"隆",避唐玄宗之諱而改,《太平御覽》正引作"隆"。

③　(唐)徐堅:《初學記》卷四《歲時部·臘》,北京:中華書局,2004 年,第 84—85 頁。案該書同卷又引作"《魏臺訪議》曰:王者各以其行盛日爲祖,衰日爲臘。漢火德,火衰於戌,故以戌日爲臘",是對《魏臺訪議》同一條的節略引用。第 84 頁。又引《魏名臣奏》大司農董遇議,第 84 頁。又見(唐)虞世南:《北堂書鈔》卷一五五《歲時部·祖》,北京:學苑出版社,2003 年,第 551 頁下欄、第 552 頁上欄;《太平御覽》卷三三《時序部十八》,第 285 頁。

④　《太平御覽》卷三三《時序部十八》,第 285 頁。

⑤　(唐)徐堅:《初學記》卷二六《器物部·弁》,第 623 頁。

⑥　(梁)蕭統撰,(唐)李善注:《文選》卷三〇《詩己》,上海古籍出版社,1986 年,第 1395 頁。

⑦　《後漢書》卷七九上《儒林牟長傳》,北京:中華書局,1965 年,第 2557 頁。又,《史記索隱》引此條作"高堂隆對曰"。參見《史記》卷一一〇《匈奴列傳》,第 2911 頁。

皆引作《魏臺訪議》）的内容基本都是高堂隆回復有司對於禮制疑難的咨詢。

《魏臺雜訪議》産生於曹魏時代針對禮制問題的咨訪機制。上述佚文部分保留了這些咨訪與答復的原初文書格式，比如發問的格式有"今不解其故""問""詔問"；回答的格式則有"散騎常侍領太史令高堂隆上言曰""臣（崇）［隆］對曰""高堂隆答曰""高堂隆對曰"，等等。書名中的"魏臺"，指的當然是魏朝尚書臺。尚書臺議事，遇到疑難不决的禮制問題，於是向作爲禮學專家的高堂隆咨詢，高堂隆回復尚書臺之咨詢，則具銜呈上文書，不稱臣。也有皇帝直接下詔咨詢的"詔問"，對此，高堂隆稱臣表上文書，起首爲"臣（崇）［隆］"云云。當然，很多書籍往往刊落了上行、下行文書的首尾格式，或直接以"高堂隆答曰"代替。

魏晉以來，尚書在處理日常政務的過程中，有權向專家學者移送文書、咨詢問題。野田俊昭、金子修一指出東晉南朝尚書在尚書案奏的作成過程中，以符、刺文書向尚書該當曹之外的官吏，或者尚書機構以外的其他官署的官吏以及有識者徵取意見，這就是所謂"衆官命議"。[1] 這是南朝尚書議禮的一般程序，曹魏尚書議禮程序與此出入不遠，但文書形式與兩晉南朝有所不同。曹魏尚書議禮咨詢禮官，文書曰"訪"。比如景初中魏明帝崩，尚書咨詢王肅葬禮儀節，史筆曰"尚書訪曰""又訪"等。[2] 魏明帝神主祔廟，遷高皇神主，尚書問是否應爲高皇諱，王肅作答文書曰"尚書來訪，宜復諱不"云云。[3] 可見曹魏尚書咨詢文書格式曰"訪"。晉以後的尚書咨詢文書則曰"問"，其例遍布史籍，無煩再舉。高堂隆回答尚書訪問，或詔書垂詢，這些一來一往的文書被匯集起來，就形成了三卷本的《魏臺雜訪議》，作爲可供議禮、行政參考的禮議書籍。

與《魏臺雜訪議》形成機制類似，晉宋之際還有任預《禮論條牒》。[4] 據姚振宗考證，任預於東晉義熙年間爲劉裕太尉參軍，與何承天同官。[5] 所謂"條牒"，孫猛認爲是咨詢文書。[6]

---

① ［日］野田俊昭：《東晉南朝における天子の支配權力と尚書省》，第 81 頁；［日］金子修一：《南朝期の上奏文の一形態について—〈宋書〉禮儀志を史料として—》，第 51—52 頁。祝總斌指出西晉以來的尚書有權獨立頒下"尚書符"文書，指揮政務。按尚書符有咨詢問題、指揮政務兩種，本文主要關注前者。就咨詢文書而言，曹魏尚書已可下達"訪"問文書，此爲祝氏所未及。參見祝總斌：《兩漢魏晉南北朝宰相制度研究》，北京大學出版社，2017 年，第 152—154 頁。

② 《通典》卷七九《禮三十九 凶禮一》，第 2125 頁。

③ 《通典》卷一〇四《禮六十四 凶禮二十六》，第 2724 頁。

④ 《隋書》卷三二《經籍志一》經部禮類有《禮論條牒》十卷，宋太尉參軍任預撰。《禮論帖》三卷，任預撰。梁四卷。又有《答問雜儀》二卷，任預撰，第 923、924 頁；《舊唐書》卷四六《經籍志上》無《答問雜儀》，其他同，第 1974 頁；《新唐書》卷五八《藝文志一》亦無《答問雜儀》，第 1432 頁。

⑤ （清）姚振宗：《隋書經籍志考證》，第 199 頁。

⑥ 孫猛：《日本國見在書目録詳考（上）》，第 147 頁。

胡玉縉認爲是"條上議禮之件",以"條"爲動詞,"牒"是議禮文書。[①] 當以胡玉縉説爲是。"牒"是一種咨詢文書,《文心雕龍》説:"牒者,葉也。短簡編牒,如葉在枝。……議政未定,故短牒咨謀。"[②]可見議政有疑,以短牒向專家官員咨詢。東晉南朝還有其他"條牒"的用例,比如僧肇將其所作之論上奏後秦姚興,稱:"論有九折十演……條牒如左,謹以仰呈。"[③]此處"條牒"爲羅列之意。東晉後期,桓温與郗超議戔夷朝臣,"條牒既定",也是羅列朝臣名單之意。[④] 宋元嘉三年(426)裴松之奏:"奉二十四條,謹隨事爲牒。"即逐條爲牒以奏之。[⑤] 元嘉年間,徐佩之謀反,"條牒時人,並相署置",即羅列同黨之名。[⑥] 陳朝時,世祖陳蒨對高宗陳頊説:"我諸子皆以'伯'爲名,汝諸兒宜用'叔'爲稱。"陳頊訪問毛喜,"喜即條牒自古明賢杜叔英、虞叔卿等二十餘人以啓世祖"。[⑦] 此處的"條牒"也是羅列古今以"叔"爲名之人。由此推知,任預此書應該是將其所條上之議禮文牒編集成書,就形成了十卷本的《禮論條牒》。

《北堂書鈔》録有任預《禮論條牒》一則佚文:"問:'外親服(緦)[緦],而從母子功,何也?'以爲二女同情同車同母席,故母之情而親之,類母,所以加也。"[⑧]其文舛誤難讀,但仍可知是對從母喪服問題的回答。此即任預所"條"之一"牒"。

《禮論條牒》是中古時代禮議咨詢機制催生出的禮議書籍的明確例證。已知臺省官員處理日常政務,如果有疑,可以文書向禮官咨詢。據《文心雕龍》可知尚書所下之文書又可稱爲"牒",禮官回復亦可稱爲"牒",而上呈文書的動作,則可稱爲"條牒"。更明顯的例證來自梁武帝時期徐勉《上五禮表》所謂"各言異同,條牒啓聞"(詳見下文)。另外,任預還有《禮論帖》三卷,馬國翰認爲可能是《條牒》的删略版。[⑨] 其兩卷本的《答問雜儀》或許是另一種更簡略的鈔本。

南朝著名禮家如徐廣、庾蔚之、臧燾、王儉、何胤、何佟之等人皆有禮議書籍。徐廣

① 胡玉縉撰,王欣夫輯:《許廎學林》,第 410 頁。
② (梁)劉勰著,(清)黄叔琳注,李詳補注,楊明照校注拾遺:《增訂文心雕龍校注》,北京:中華書局,2012年,第 344—345 頁。
③ (晉)僧肇著,張春波校釋:《肇論校釋》,北京:中華書局,2010 年,第 174 頁。
④ (南朝宋)劉義慶著,(南朝梁)劉孝標注,余嘉錫箋疏,周祖謨、余淑宜、周士琦整理:《世説新語箋疏》卷中之上《雅量第六》,第 436 頁。
⑤ 《宋書》卷六四《裴松之傳》,第 1701 頁。
⑥ 《宋書》卷四三《徐羨之傳》,第 1335 頁。
⑦ 《陳書》卷二九《毛喜傳》,第 389 頁。
⑧ (唐)虞世南:《北堂書鈔》卷一三九《車部·總載》,第 422 頁下欄。"總"當爲"緦"之訛。
⑨ (清)馬國翰輯:《玉函山房輯佚書·經編通禮類》,第 1128 頁。

爲宋初禮家，本傳載其有《答禮問》百餘條，在南朝有不同卷數的多種鈔本流傳。① 據本傳可知，徐廣在晉朝擔任尚書祠部郎，是主管禮儀的官員，對禮制論議、禮典制定參與甚多。② 每朝廷有疑義，就會向其咨詢。這種尚書牒下咨詢、徐廣回答上奏的文書，就是所謂“答問”。徐廣大概回答了一百多個這樣的問題，於是就形成了《答禮問》“百餘條”。以“條”爲單位，應該是最原始的狀態，也就是牒下咨詢、條奏上報之文書的匯集（任預《禮論條牒》亦以“條”爲名，一篇答問爲一條，“條”又有條奏之意）。後來傳抄成書，形成八卷、十三卷、兩卷等不同的鈔本。

對南齊一代之議禮、制禮活動最重要的禮家，當推王儉。王儉著有《禮答問》《禮義答問》等書。③ 馬國翰認爲王儉《答問》之書是在制定南齊《新禮》的過程中，“當時有司奏下，通關八座，答問之義取此”，④頗爲有識。⑤ 南朝議禮之制，尚書各曹主持議論，若有疑難，除了可牒下專家禮官咨詢之外，還要通關尚書八座會議。王儉爲尚書令，對各曹、禮官的議論有參議裁決之責，這是其《答問》等書所得以産生的機制。當然，王儉《答問》中的禮議不限於主持修撰《新禮》之時，王儉在此之前也因任尚書省領導職務，經常主持各種禮議，所作答問不在少數。⑥ 齊梁之際的著名禮學家何胤，以及對梁朝修

---

① 《宋書》卷五五《徐廣傳》：“《答禮問》百餘條，用於今世。”第 1549 頁。《隋書》卷三二《經籍志一》經部禮類：“《禮論答問》八卷，宋中散大夫徐廣撰。《禮論答問》十三卷，徐廣撰。《禮問》六卷，徐廣撰，殘缺，梁十一卷。”第 923 頁。馬國翰認爲諸書“傳本不同，標題或異，實一書也”，所言當是。（清）馬國翰輯：《玉函山房輯佚書·經編通禮類》，第 1120 頁。另外，馬國翰何承天《禮論》解題説：“承天母爲徐廣之姊，聰明博學，史謂承天幼染馴義。則此與廣所著《禮論答問》，固一家之學云。”認爲徐廣《禮論答問》與何承天《禮論》相關。參見（清）馬國翰輯：《玉函山房輯佚書·經編通禮類》，第 1123 頁。姚振宗認爲徐廣之書與何承天《禮論》不相涉，“論”字誤衍，反駁馬氏之説。參見（清）姚振宗：《隋書經籍志考證》，第 202 頁。今按：姚氏所駁甚是，何承天《禮論》是通代禮議合集，與徐廣《禮論答問》不同。但説“論”誤衍，則不必，任預《禮論條牒》，其他書或引作《條牒論》。參見孫猛：《日本國見在書目録詳考（上）》，第 147 頁。可見答問體禮議集也具有“論”的性質，故也可名爲“禮論”。
② 《宋書》卷五五《徐廣傳》，第 1547—1548 頁。
③ 《隋書》卷三二《經籍志一》有《禮答問》三卷，王儉撰，又有《禮義答問》八卷，王儉撰，第 923、924 頁；《舊唐書》卷四六《經籍志上》有《禮儀問答》十卷，王儉撰，又有《禮儀答問》十卷，王儉撰，第 1974 頁；《新唐書》卷五七《藝文志一》有王儉《禮儀答問》十卷，又《禮雜答問》十卷，第 1432 頁。蓋王儉問答體禮議集的不同鈔本，所以卷數、書名各不同。
④ （清）馬國翰輯：《玉函山房輯佚書·經編通禮類》，第 1131 頁。原書“八”誤作“人”，徑改。
⑤ 但馬國翰輯出《南齊書·禮志》《輿服志》中王儉的禮議，以作爲其《禮義答問》的佚文，則誤。胡玉縉指出《南齊書·禮志》《輿服志》所載王儉禮議在其制定《新禮》之前。而且這些禮議“既非與人答問，亦非設爲答問，斷非《隋志》之《禮義答問》”。王儉《答問》是在“通關八座”的制度過程中産生的，馬氏對産生《答問》的制度過程理解很敏鋭，但所輯非其書之内容。參見胡玉縉撰，王欣夫輯：《許廎學林》，第 411 頁。
⑥ 王儉禮議詳見范雲飛：《南朝禮制因革中的王儉“故事學”》，《中國典籍與文化》2020 年第 2 期，第 120—130 頁。

撰《五禮儀注》最重要的禮學家何佟之,①兩人都有《禮答問》之書。②

　　除了朝議機制所產生的問答,禮家與同志師友之間圍繞現實禮制所進行的私相問答,亦大量見載於《通典》等書,且多反映於史志目録中。③ 另外,不少禮書雖不以"問答"爲名,但其内容仍爲關於現實禮制問題的問答禮議集。比如西晉劉智著《喪服釋疑論》,④《隋志》作《喪服釋疑》二十卷,注曰"亡"。⑤《通典》引作《釋問》《釋疑》《釋疑答問》等,共十餘條,皆爲關於魏晉時人行禮所遇各種喪服疑難之問答。⑥ 南朝周續之,史

---

①　顧濤:《重新發掘六朝禮學——論何佟之的經學地位》,《國學研究》第三十九卷,第237—264頁。

②　《梁書》卷五一《處士何胤傳》載何胤有《禮答問》五十五卷,第739頁。《隋書》卷三二《經籍志一》有《禮答問》十卷,何佟之撰,梁二十卷;又有《禮雜答問鈔》一卷,何佟之撰。第923、924頁。後者蓋前者之節略本。

③　《晉書》卷九一《儒林范宣傳》:"宣雖閒居屢空,常以講誦爲業,譙國戴逵等皆聞風宗仰,自遠而至,諷誦之聲,有若齊魯。……著《禮、易論難》,皆行於世。"第2360頁。馬國翰從《禮記正義》《晉志》《通典》等書中輯得范宣問答二十篇,爲《禮論難》一卷。(清)馬國翰輯:《玉函山房輯佚書·經編通禮類》,第1172頁。《隋書》卷三二《經籍志一》經部禮類有《禮雜問》十卷,范甯撰,第923頁;《舊唐書》卷四六《經籍志上》經部禮類作《禮問》九卷,范甯撰,《禮論答問》九卷,范甯撰,第1974頁;《新唐書》卷五七《藝文志一》同,第1432頁。(清)馬國翰輯:《玉函山房輯佚書·經編通禮類》認爲此書爲"記其與當代名流問答禮制之語",第1114頁。《通典》卷七三《禮三十三 嘉禮十八》引王羲《答問》,第1978—1979頁;卷九四《禮五十四 凶禮十六》引范堅《答問》,第2531頁;又《太平御覽》卷五四八《禮儀部二十七·重(凶門附)》引范堅《答凶門問》,蓋亦其《答問》之内容,第2481頁上欄。《通典》卷九七《禮五十七 凶禮十九》引荀訥《答問》,第2586頁。《隋書》卷三二《經籍志一》經部禮類有董勛《問禮俗》十卷及董子弘《問禮俗》九卷,第924頁;《舊唐書》卷四六《經籍志上》有董勛《問禮俗》十卷,第1974頁;《新唐書》卷五七《藝文志一》同,第1432頁。《北齊書》卷三七《魏收傳》引作"晉議郎董勛《答問禮俗》",北京:中華書局,1972年,第485—486頁。《通典》卷九四《禮五十四 凶禮十六》引作董勛《答問》,第2530—2531頁。《隋書》卷三二《經籍志一》經部禮類有《禮答問》六卷,庾蔚之撰,第923頁;《通典》卷一〇三《禮六十三 凶禮二十五》有庾蔚之《問答》,蓋即《隋志》之《禮答問》,第2687—2688頁。《舊唐書》卷四六《經籍志上》經部禮類有《雜禮儀問答》四卷,戚壽撰,第1974頁;《新唐書》卷五七《藝文志一》同,第1433頁。"戚壽"不見於史書所載,疑當爲"臧燾"之形訛。臧燾爲劉宋著名禮家,曾任國學助教、尚書祠部、太常等禮職,見《宋書》卷五五《臧燾傳》,第1543—1546頁。《隋書》卷三二《經籍志一》經部禮類還有不著撰人名氏的《禮答問》十二卷、《禮答問》十卷、《禮雜答問》八卷、《禮雜答問》六卷,第923頁。唐朝王方慶有《禮雜答問》十卷,見《舊唐書》卷八九《王方慶傳》,第2901頁;《新唐書》卷五七《藝文志一》經部禮類,第1434頁。

④　《晉書》卷四一《劉寔附弟劉智傳》,第1198頁。

⑤　《隋書》卷三二《經籍志一》,第920頁。

⑥　《通典》卷五一,第1420頁;劉智《釋疑》,《通典》卷八 ,第2188頁;卷八一,第2196頁;卷八八,第2406頁;卷八八,第2412—2413頁;卷八九,第2425—2426頁;卷八九,第2431頁;卷九四,第2534頁;卷九四,第2542頁;卷九五,第2552頁;卷九六,第2577—2578頁;卷九八,第2608頁;卷九八,第2611頁;卷九八,第2614頁;卷一百一,第2657頁;卷一百一,第2659頁;卷一百三,第2691頁。史志所載的同類書籍,還有劉德明《喪服要問》、張燿《喪服要問》、崔凱《喪服難問》、袁祈《喪服答要難》、樊氏《喪服問》、佚名《喪服要問》、皇侃《喪服問答目》等。參見《隋志》卷三二《經籍志一》,第920—921頁。其中《通典》引録崔凱禮論頗多,明確標舉出處者有《喪服駁》《喪制駁》等,不知是否即《隋志》所載之崔凱《喪服難問》。參見《通典》卷六九,第1897頁;卷九六,第2577頁。按《隋志》經部所載問答體之書頗多,諸經皆有問答,然而圍繞某一部經典的問答,大概以辯經爲主,而非針對實際禮制問題的問難辯論。喪服類的問答之書則比較特殊,許多問答是針對當時實際遇到的禮儀問題,觀《通典》所引劉智《喪服釋疑論》之佚文即可知。所以別經之問答不宜認爲是"禮議書籍",而喪服類的問答書籍似乎可認爲有一部分是"禮議書籍",需據其書具體内容而定,因文獻不足,衹好存而不論。

載其通《禮論》，"傳於世"。①《通典》引其《釋禮》一則，亦爲禮制問答。②

概言之，高堂隆《魏臺雜訪議》、任預《禮論條牒》等書充分説明了許多禮家的禮議書籍産生於中古各朝的禮議機制，其原初形態是條牒奏上的文書，後被抄撮纂類，以供後世尚書、禮官議禮時參考。除此之外，魏晉時代已有編輯名臣奏事的知識傳統，③一些著名禮家的奏議也會被編集成書，比如王肅《議禮》、④吳商《禮難》《雜議》⑤、干寶《雜議》等。⑥《太平御覽》引東晉徐邈《奏議》、王彪之《議》等書，内容亦爲禮議。⑦ 上述所舉各書，應該是諸人禮議之集。

值得注意的是，本文所論列的禮議書籍多以問答爲名。古代的問答體著述性質不一，除了禮議書籍之外，還有許多經學問答。比如《公羊傳》《穀梁傳》等儒家經典以及大量佛經都是問答體，佛經義疏、儒經義疏乃至辭賦等皆有問答體的成分。一般認爲佛經、儒經義疏中的問答是講經之問答的記録。另外，除了禮議書籍，漢唐之間還有其他以"議"爲名的經學著述體裁，比如《隋志》有荀勖《集議孝經》、袁宏《集議孝經》等。學者認爲"集解""集議"等經學著述是講經之記録，是義疏體的前身。⑧ 大概講經時也會有問答往復、衆人議論，所以可名之爲"問答/答問"或"集議"。本文所謂問答與集議，大多産生於朝議機制中的文書往返，即使是私相問對，也是針對現實禮制問題而發，與純粹的講經之問答或集議、虚設之問答、釋經之集解性質不同。因講經而産生的問答、集議等經學著述已爲學界所熟知，因朝議機制所産生的問答等禮議書籍還鮮爲人知，故本文特表出之。

總的來説，專項禮議書籍與議論機制關係密切，比如朝議、郡議、議諡機制等。這些禮議之相當部分原本是奏議文書，匯集起來的文書作爲檔案，應該會有鈔本保存在尚書、太常等官署中。其中尤爲切要精當者，或者名家議論，就會被尚書有司或禮官抄撮

---

① 《宋書》卷九三《隱逸周續之傳》，第 2281 頁。王鍔：《三禮研究論著提要》引徐崇《補南北史藝文志》卷一載周續之《禮論》，注曰"今佚"，第 429 頁。蓋即據《宋書》《南史》本傳而補。

② 《通典》卷八七《禮四十七 凶禮九》，第 2382 頁。

③ 《隋書》卷三三《經籍志二》載録《南臺奏事》《漢名臣奏事》《魏王奏事》《魏名臣奏事》等書，第 973 頁。

④ 《太平御覽·經史圖書綱目》，第 13 頁；又卷三三《時序部十八》，第 286 頁。

⑤ 《隋書》卷三二《經籍志一》，第 923 頁；《舊唐書》卷四六《經籍志上》，第 1974 頁；《新唐書》卷五七《藝文志一》，第 1432、1433 頁。

⑥ 《舊唐書》卷四六《經籍志上》，第 2008 頁；《新唐志》卷五八《藝文志二》，第 1490 頁。

⑦ 《太平御覽》卷六八一《儀式部二·班劍》，第 3038 頁下欄；卷六八二《儀式部三·璽》，第 3045 頁上欄。

⑧ 牟潤孫：《論儒釋兩家之講經與義疏》，《注史齋叢稿》，北京：中華書局，2009 年，第 96、110—114、147—151 頁。

別行,作爲行政或研治經學的參考書。當然,衆官奏議、尚書案奏也會按照時間順序,被抄録在各朝起居注中。起居注或許是各種專項禮議書籍比較直接、且方便獲取的史源。① 從禮議文獻結集成書的制度過程與學術過程來説,將奏議檔案編纂爲專項禮議書籍別行,應該是禮議書籍結集過程的第一步。干寶《後養議》、顏延之《逆降議》等書證明東晉學者已經有意地搜集、整理針對某一禮制難題的議論,加以自己的論斷,這不再祇是奏議文書的類編,已經具有了個人著述的性質。

另外,重要禮家的個人禮議集應是從官方所藏衆多奏議案牘中專門抄撮而出(當然也不排除從禮家的個人文集中將其與禮制有關的奏議輯出別行的可能性)。相比於直接編次單場(或多場同類的)議禮活動的奏議檔案,這種以禮家個人爲中心的結集成書的方式更爲複雜,也更能體現某一禮家的學術風貌,在中古時代頗爲盛行。

表一 專項禮議書籍簡表②

時代	作者	書 名	出 處	存 佚
漢	佚名	封禪議對	漢志	
	應劭	汝南君諱議二卷	隋志,春秋左傳正義	
魏	蔣濟	郊丘議三卷	隋志,舊唐志,新唐志	
	高堂隆	魏臺雜訪議三卷	隋志,舊唐志,新唐志	佚
	王肅	明堂議三卷	隋志	
		議禮	御覽	
	何晏	魏明帝謚議二卷	舊唐志,新唐志	
	佚名	四孤論③	通典	《通典》引録

① 黄楨認爲《宋書・禮志》所録劉宋禮議的史源應該就是《宋起居注》。參見黄楨:《〈宋書〉"百官志""禮志"的編纂及特質——從中古正史相關志書的演變説起》,《首都師範大學學報(社會科學版)》2018 年第 6 期,第 42 頁。

② 説明:史籍所載專場、單篇之禮議甚多,但並無證據表明這些禮議曾被纂輯爲專項禮議書籍,本表祇列舉史志目録明確記載或《通典》《御覽》等書明確引録的、足以稱之爲"書籍"的著述形式。

③ 《通典》所引魏《四孤論》,載有博士田瓊、大理王朗、王修、軍謀史于達叔等人關於異姓不相爲後還本姓之議,可知此亦爲一種專項禮議集。《通典》卷六九《禮二十九 嘉禮十四》,第 1896—1897 頁。

續表

時代	作者	書　名	出　處	存　佚
晉	杜預	喪服要集議二(三)卷	隋志,舊唐志,新唐志	馬國翰輯一卷
	孔晁等	晉明堂郊社議三卷	舊唐志,新唐志	佚
	傅玄	五祀議	御覽	《御覽》引錄
	吳商	禮難十二卷	隋志	佚
		雜議十二卷	隋志	
	劉智	喪服釋疑論二十卷	晉書,隋志,通典	《通典》引錄
	董勛	問禮俗	隋志,北齊書,通典,舊唐志,新唐志	黄奭輯一卷,馬國翰輯一卷
	范甯	禮雜問十卷	隋志	馬國翰輯一卷
		禮問九卷	舊唐志,新唐志	
		禮論答問九卷	舊唐志,新唐志	
	范宣	禮論難	晉書	
	賀循	爲後服議	通典	《通典》引錄
		祭議		
	范甯	祭殤議		
	吳商	異姓爲後議①		
	何琦	前母黨議		
	陳仲欣	拜時婦奔喪議		
	胡濟	改葬前母服議		
	荀組	非招魂葬議		
	孔衍	禁招魂葬議		

① 按吳商晉人,《隋志》有"梁有晉益陽令吳商《禮難》十二卷,《雜議》十二卷"(詳下文)。而《通典》謂後漢吳商,蓋誤也。《通典》卷六九《禮二十九 嘉禮十四》,第 1896 頁。

續　表

時代	作者	書　名	出　處	存　佚
晉	李瑋	宜招魂葬論	通典	《通典》引録
	公沙歆	宜招魂論		
	陳舒	武陵王招魂葬議		
	張憑	新蔡王招魂葬議		
	干寶	駁招魂葬議		馬國翰輯一卷
		後養議五卷	隋志	
		雜議五卷	舊唐志,新唐志	佚
	庾亮	雜鄉射等議三卷	隋志	
	蔡謨	晉七廟議三卷	隋志,舊唐志,新唐志	
	束晢	高禖壇石議	御覽	
	王愆期	降幕祠議	御覽	
	江統祚	謁拜議	御覽	
	王冀	答問	通典	
	范堅	答問	通典,御覽	
	荀訥	答問	通典	
	王彪之	議	御覽	
	徐邈	奏議	御覽	
	佚名	晉謚議八卷	舊唐志,新唐志	
		晉簡文謚議四卷	舊唐志,新唐志	
宋	費沈	喪服集議十卷	隋志	
	顏延之	逆降議三卷	隋志,舊唐志,新唐志	馬國翰輯一卷
	周續之	釋禮	南史,通典	佚

時代	作者	書　　名	出　　處	存　佚
宋	任預	禮論條牒十卷	隋志,舊唐志,新唐志	馬國翰輯一卷
		禮論帖三卷	隋志,舊唐志,新唐志	佚
		答問雜儀二卷	隋志	
	徐廣	禮論答問八卷	隋志	馬國翰輯一卷
		禮論答問十三卷	隋志	
		禮答問二卷	隋志	
		禮論問答九卷	舊唐志	
	庾蔚之	禮答問六卷	隋志,通典	佚
	臧燾	雜禮義答問四卷	舊唐志,新唐志	
齊	田僑之	逆降義(議)一卷	隋志	佚
	王儉	禮答問三卷	隋志	馬國翰輯一卷
		禮雜問十二卷	隋志	
		禮義答問八卷	隋志	
		禮儀問答十卷	舊唐志,新唐志	
		禮儀答問十卷	舊唐志,新唐志	
梁	何胤	禮答問	《梁書》本傳	佚
	何佟之	禮答問十卷	隋志,舊唐志,新唐志	
		禮雜問十卷	隋志	
		禮雜答問八卷	隋志	
		禮雜答問六卷	隋志	
		禮雜答問鈔一卷	隋志	
隋	何妥	樂懸一卷	隋志	

續　表

時代	作者	書　　名	出　　處	存　佚
唐	王方慶	禮雜答問十卷	新唐志	
不詳	商價	喪禮極議一卷	新唐志,通志	佚
	佚名	喪服祥禫雜議二十九卷	隋志	
		喪服雜議故事二十一卷	隋志	

(二) 綜合禮議書籍

除了以專題、禮家爲主軸而纂輯的專項禮議書籍之外,還有突破專場、個人、朝代界限而匯編古今各朝議禮之文的通代禮議合集。相對於專項禮議書籍,本文姑且稱之爲綜合禮議書籍。這種著述體裁最早可追溯到東漢末年應劭的《漢朝議駁》,其來源有《漢書》、《東觀漢記》、博采古今之士、自造等,所議内容多與禮法相關。本傳舉應劭與陳忠奏議刑律之例,也是采用上奏議文、互相辯難的形式,"凡爲《駁議》三十篇,皆此類也"。① 如此看來,應劭《漢朝議駁》是一部貫通古今的奏議合集。

在漢唐之間的一系列綜合禮議書籍中,何承天《禮論》無疑居於核心地位。《禮論》原有八百卷,何承天"删減并合,以類相從",定爲三百卷。② 其書雖以"論"爲名,但所收其實多爲歷代關於禮制的奏議。魏晉時代,上至國家制度,下至士族家庭生活,相關禮學問題叢脞並出,繁難無已。東晉初年的葛洪形容此種情況曰:"今五禮混撓,雜飾紛錯,枝分葉散,重出互見,更相貫涉。舊儒尋案,猶多所滯,駁難漸廣,異同無已,殊理兼説,歲增月長,自非至精,莫不惑悶。"③由此亟須條貫編輯諸多禮學論難,以供省覽參考之用。這是《禮論》得以産生的時代背景。

《禮論》應以收録漢末魏晉之禮議爲其主體内容。唐人王方慶、辟閭仁谞爭議天子是否要行明堂告朔之禮。辟閭仁谞認爲不需要,理由是何承天《禮論》等一系列禮書、禮典、律令都不載此禮。王方慶則認爲漢朝因承秦焚書滅學,故無天子明堂告朔之禮,

---

① 《後漢書》卷四八《應劭傳》,第 1610—1613 頁。
② 《宋書》卷六四《何承天傳》,第 1711 頁。《隋書》卷三二《經籍志一》經部禮類有《禮論》三百卷,宋御史中丞何承天撰,第 923 頁;《舊唐書》卷四六《經籍志上》作三百七卷,第 1974 頁;《新唐書》卷五七《藝文志一》同,第 1432 頁。馬國翰認爲三百七卷大概是並目録言之。(清) 馬國翰輯:《玉函山房輯佚書·經編通禮類》,第 1123 頁。
③ (晉) 葛洪著,楊明照撰:《抱朴子外篇校箋(下册)》卷三一《省煩》,北京:中華書局,1991 年,第 86 頁。

王莽據周禮復古,才加以恢復,並爲東漢所繼承。但因東漢末年之亂,此禮遂亡,經由魏晉,皆無此禮。隨後晉室南渡,典禮散亡,更没有關於天子明堂告朔的禮典。何承天"纂集其文,以爲《禮論》",自然也就没有相關内容。① 不難看出,何承天所纂集的並非自作之文,而是漢末魏晉以來,尤其是東晉以來"臨事議之"所産生的禮議。《宋書·禮志》引《禮論》有《輿駕議》之篇,可爲《禮論》以"議"爲主體增添一條佐證。② 據王方慶所言,從王莽至漢末猶有天子明堂告朔之禮,《禮論》不載,則其所收文章的上限大概在漢魏之際。而東晉因爲典禮散亡,各種禮儀之舉行須"臨事議之",所以禮議特多。由此不難推知,《禮論》也應以東晉禮議爲主。王方慶是唐初人,親見其書,其言可信。中村圭爾指出,東晉以正統王朝自任,所以特重禮制,禮議數量亦極多。③ 不過據王方慶所言,東晉禮議之所以多,主要是南渡之後,軍國草創,各種禮儀之舉行往往需要"臨事議之"導致的。到了何承天的時代,這些禮議已經積攢了八百卷之多,卷帙浩繁,不便使用,何承天删減分類,形成了三百卷本的《禮論》。

除了何承天《禮論》,梁朝周捨還有《禮疑義》五十二卷。④ 關於其書的内容體例,史載:

> 時太子詹事周捨撰《禮疑義》,自漢魏至於齊梁,並皆搜採,(孔)休源所有奏議,咸預編録。⑤

孔休源是梁朝禮家,"有學藝解朝儀","諳練故實"。梁武帝時期,禮制多改作,每當尚書議禮,經常向他咨詢,吏部郎任昉稱之爲"孔獨誦"。⑥ 不難想見,孔休源應該作有不少禮議,且全部被周捨采入《禮疑義》中。可見其書由漢魏至齊梁關於禮制的奏議組

---

① 《舊唐書》卷二二《禮志二》,第 871—872 頁;又見《册府元龜》卷五八七《掌禮部·奏議第十五》,南京:鳳凰出版社,2006 年,第 6731—6732 頁;《舊唐書》卷八九《王方慶傳》有此奏議之删略版,第 2898—2899 頁。馬國翰認爲《禮論》爲何承天的個人著述,又認爲此書與徐廣《禮論答問》爲"一家之學",兩個觀點皆誤。參見(清)馬國翰輯:《玉函山房輯佚書·經編通禮類》,第 1123 頁。關於後者,姚振宗已有反駁,見前注。前一個觀點,韓傑亦指其謬。參見韓傑:《何承天行年及著述考》,《歷史文獻研究》2015 年第 1 期(總第 35 輯),第 203—216 頁。

② 《宋書》卷一八《禮志五》,第 494 頁。

③ [日]中村圭爾:《南朝國家論》,[日]樺山紘一編:《岩波講座世界歷史9——中華の分裂と再生:3—13世紀》,東京:岩波書店,1999 年,第 221—223 頁。

④ 《隋書》卷三二《經籍志一》,第 924 頁;《舊唐書》卷四六《經籍志上》作五十卷,第 1974 頁;《新唐書》卷五七《藝文志一》亦作五十卷,第 1432 頁。

⑤ 《梁書》卷三六《孔休源傳》,第 520 頁。

⑥ 《梁書》卷三六《孔休源傳》,第 520 頁。

成,與何承天《禮論》性質相同。① 何氏《禮論》已經收録了從漢魏之際到東晉的大量禮議,所以《禮疑義》可能更詳於宋、齊、梁之議。隋朝宇文愷議明堂之制,述及梁武帝所造明堂,引《禮疑義》説:"祭用純漆俎瓦樽,文於郊,質於廟。止一獻,用清酒。"②蓋即采自梁朝君臣的明堂禮議。

中古時代纂集綜合禮議書籍的學術傳統之結穴,當推隋煬帝主持修撰的《江都集禮》。關於此書的内容與性質,自王應麟以來,高明士、史睿、吳羽、白石將人等人已有論述。③ 一般認爲《江都集禮》並非禮典,而是禮議集,是在何承天《禮論》等禮議集的基礎上修撰而成,繼承了東晉南朝的禮學傳統。至於其資料來源,除了何承天《禮論》之外,按照潘徽《序》稱"鄭、王、徐、賀之《答》,崔、譙、何、庾之《論》",④史睿認爲是"徐廣《禮論答問》《禮答問》、賀瑒《禮論要抄》、崔靈恩《三禮義宗》、何承天《禮論》、庾蔚之《禮答問》等書",對於其中的鄭、王、譙三書未有解釋,似乎應該包括鄭玄《鄭志》(鄭玄與弟子的問答)、前揭王肅《議禮》(如上文所述,許多個人禮議集都是問答體)。⑤ 不難看出,《江都集禮》基本上是以漢唐之間的各種禮議書籍爲基礎而編纂成書的。

表二 綜合禮議書籍簡表

時代	作　者	書　　名	出　　處	存　佚
漢	應劭	漢朝議駁三十卷	後漢書,隋志,舊唐志,新唐志	佚
宋	何承天	禮論三百卷	隋志,舊唐志,新唐志	馬國翰輯一卷
	庾蔚之	禮論鈔二十卷	隋志,舊唐志,新唐志	佚
	任預	禮論鈔六十九卷	隋志,舊唐志,新唐志	
齊	王儉	禮論要鈔十卷	隋志	

① 馬國翰、胡玉縉認爲《禮疑義》爲周捨自己的禮議集,根據《梁書·孔休源傳》可知,這種看法是錯誤的。(清)馬國翰輯:《玉函山房輯佚書·經編通禮類》,第 1139 頁;胡玉縉撰,王欣夫輯:《許廎學林》,第 412 頁。

② 《隋書》卷六八《宇文愷傳》,第 1593 頁。

③ 高明士:《中國中古禮律綜論:法文化的定型》,北京:商務印書館,2017 年,第 272—273 頁;史睿:《北周後期至唐初禮制的變遷與學術文化的統一》,《唐研究》第 3 卷,北京大學出版社,1997 年,第 165—184 頁;吳羽:《今佚唐〈開元禮義鑒〉的學術淵源與影響》,第 196—197 頁;[日]白石將人:《〈江都集禮〉與隋代的制禮》,《中國古代法律文獻研究》第十三輯,2019 年,第 138—156 頁。

④ 《隋書》卷七六《文學潘徽傳》,第 1746 頁。

⑤ 吳羽、白石將人以"賀"爲賀循,不確。賀循並無"答"(問答體)之類的禮書。

時　代	作　者	書　　名	出　　處	存　佚
齊	荀萬秋	鈔略二卷	隋志,舊唐志,新唐志	馬國翰輯一卷
	丘季彬	論五十八卷	隋志	佚
		議一百三十卷	隋志	
梁	賀瑒	禮論要鈔一百卷	隋志,舊唐志,新唐志	
	周捨	禮疑議五十二卷	隋志,舊唐志,新唐志	馬國翰輯一卷
	孔子袪	續何承天禮論一百五十卷	《梁書》本傳,《南史》本傳	
隋	潘徽等	江都集禮一百二十六卷	隋志,舊唐志,新唐志	
不詳		禮論要鈔十卷	隋志	佚
		禮論要抄十三卷	舊唐志,新唐志	
		禮(記)[論]區分十卷	舊唐志,新唐志	
		禮論抄略十三卷	舊唐志,新唐志	

　　總而言之,中古禮議書籍可考知者近百種,千卷以上,①其産生過程與禮議機制密不可分。綜合禮議書籍又以專項禮議書籍爲基礎,是對後者的匯編、纂類。至少從西漢開始,某些重要的專場禮議之奏文已經被官員、學者從官府所藏奏議案牘中單獨整理成書,以便後世參考。東晉干寶《後養議》、顏延之《逆降議》等書的出現,説明禮家有意搜集此前關於某些特定禮學議題的奏議,並加以整理、按斷,這類專項禮議集已頗具學術深度。晉宋之際,何承天把八百卷的《禮論》删略、纂類爲三百卷本,更是成了後世禮官不可或缺的參考書。因爲有何承天的分門別類和精審按斷,所以頗便使用。禮官議論時遇到疑難,從《禮論》的相應類別中找出前人針對相同問題的奏議,即可快速掌握這一問題的來龍去脈和經史典據,爲禮官議禮提供了極大便利。

---

　　①　需要强調的是,統計漢唐禮議書籍精確的種類和總卷數是没有意義的,因史料不足,許多禮議書籍不爲我們所知。比如何承天之前《禮論》有八百卷,但不見於任何著録。表中書籍也有不少重複,比如許多《禮論鈔》《要鈔》《抄略》其實是對何承天《禮論》的摘抄。也不排除同一書的不同傳本被史志目録分別著録,導致書名、卷數小有區別。但不管怎麽説,表中書籍也足以證明漢唐禮議書籍種類之豐富、總量之巨大。

(三) 禮典所附之禮議

上文所考專項與綜合禮議書籍是中古禮議書籍的主體部分。但除此之外,中古各朝還屢次修撰國家禮典,以西晉《新禮》與梁《五禮儀注》最爲重要。在修撰、修訂禮典的過程中,也會啓動禮議機制,產生禮議。這些禮議文獻也會被纂類成書,但往往附於禮典之中,較少別行,故罕爲各種目錄所著録,因此湮晦不彰,亟待考詳。因這類禮議文獻也與禮議書籍關係密切,故鉤沉史料,略作稽考,附於本節之後。

魏晉之際,司馬氏集團曾集中修定禮典。魏咸熙元年(264),荀顗與羊祜、任愷、庾峻、應貞、孔顥等人撰成《新禮》一百六十五篇。①《新禮》修成之後的第二年就已有訂正,據《御覽》所引《晉起居注》:

> 武帝(太)[泰]始元年(265)十二月,太常諸葛緒上言:"(知)[博]士祭酒劉喜等議:'帝王各尊其祖所自出。《大晉禮》,天郊當以宣皇帝配,地郊宣皇后配,明堂以景皇帝、文皇帝配。'博士孔晁議……今晉郊天宜以宣皇帝配,明堂宜以文皇帝配。"有司奏:"大晉初建,庶事未定,且如魏。"詔:"郊祀大事,速議爲定。"②

劉喜所引《大晉禮》即剛剛修撰完成的《新禮》。孔晁、諸葛緒對《新禮》天地郊祀配饗之制都有疑義,武帝詔使議定。

西晉孫毓有專門駁正《新禮》的《五禮駁》。③ 據《通典》所引,孫毓首先說"魏氏天子一加,三加嫌同諸侯",又說"今嫌《士禮》之文,因從魏氏一加之制"。所謂"今",即西晉初年荀顗等人所撰的《新禮》。孫毓認爲晉朝《新禮》因循魏禮,與《儀禮》《禮記》不合,應該改正。④ 魏晉之際,作爲國家禮典的"五禮"體系建立,晉朝《新禮》即按照吉、凶、軍、賓、嘉五禮進行編撰,⑤故《新禮》又可通稱爲"五禮",摯虞即把《新禮》稱作"故太尉(荀)顗所撰《五禮》"。⑥ 孫毓的《五禮駁》即是對《新禮》作出的駁難辯議。

---

① 《晉書》卷二《文帝紀》,第 44 頁;卷一九《禮志上》,第 581 頁;卷三五《裴秀傳》,第 1038 頁;卷三九《荀顗傳》,第 1151 頁。

② 《太平御覽》卷五二七《禮儀部六·郊丘》引《晉起居注》,第 2394 頁上欄。

③ 《隋志》不載,王謨《漢魏逸書鈔》輯録九條。參見王鍔:《三禮研究論著提要》,第 428 頁。

④ 《通典》卷五六《禮十六》,第 1574 頁。

⑤ 梁滿倉:《魏晉南北朝五禮制度考論》,北京:社會科學文獻出版社,2009 年。湯勤福:《秦晉之間:五禮制度的誕生研究》,《學術月刊》2019 年第 1 期,第 150—163 頁。

⑥ 《晉書》卷一九《禮志上》,第 581 頁。

東晉摯虞又有《新禮議》。① 此書不見於唐宋以前各目録,但頗見於其他文獻所引。比如《宋書·禮志》:

> 摯虞《新禮議》曰:"魏氏無巡狩故事,《新禮》則巡狩方嶽,柴望告至,設壝宫,如諸侯之覲者。擴及執贄皆如朝儀,而不建其旗。臣虞案《覲禮》,諸侯覲天子,各建其旗章,所以殊爵命,示威等。《詩》稱:'君子至止,言觀其旂。'宜定《新禮》建旗如舊禮。"然終晉世,巡狩廢矣。②

《北堂書鈔》又引:

> 摯虞《新禮儀》云:故事,祀皋陶於廷尉,祭先聖于太學也。③
> 摯虞《新禮儀》云:散騎常侍邵以爲萬物負陰而抱陽,其氣冲和。六宗者,太極冲和之氣,六氣之宗也。④

"新禮儀"爲"新禮議"之訛。前一條又見於《藝文類聚》所引摯虞《新禮儀》、《御覽》所引摯虞《雜祀議》;⑤兩條又都見於《晉書·禮志》與《通典》。⑥ 另外,《御覽》又引:

> 摯虞《新禮議》曰:虞謹案:古者諸侯臨君其國,臣諸父兄[,今]之諸侯,未同於古。未同於古,則其尊未全,不宜使絶期之制,而令傍親服斬衰之重也。諸侯既然,則公孫之爵亦宜如舊。
> 又曰:喪無弟子爲師服之制。《新禮》:弟子爲師衰。臣虞謹案:自古無服師

---

① (清)文廷式著,汪叔子編:《文廷式集》卷五《史志上·補晉書藝文志·乙部上·儀注類》有摯虞《雜禮議》,北京:中華書局,2018 年,第 553 頁。(清)秦榮光撰,朱新林整理:《補晉書藝文志》所録摯虞的著作有《新禮儀志》《決議要注》《雜祀議》等,第 74 頁。所謂《雜禮議》《雜祀議》等書,應作《新禮議》。

② 《宋書》卷一五《禮志二》,第 380 頁。

③ (唐)虞世南:《北堂書鈔》卷八八《禮儀部·祭祀惣上》,第 52 頁。該條兩見,文辭略有不同。

④ (唐)虞世南:《北堂書鈔》卷九〇《禮儀部·六宗》,第 64 頁下欄。

⑤ (唐)歐陽詢:《藝文類聚》卷四九《職官部·廷尉》,上海古籍出版社,2013 年,第 1346 頁;《太平御覽》卷五二六《禮儀部五》,第 2389 頁。按皋陶之祀屬於雜祀,《御覽》所引摯虞《雜祀議》應該是其《新禮議》中的一個門類。

⑥ 《晉書》卷一九《禮志上》,第 596、600 頁;《通典》卷四四《禮四》,第 1222 頁;卷五三《禮十三》,第 1466 頁。

之禮。……宜定親《新禮》,無服如舊。①

《宋志》《晉志》《通典》等書所載摯虞駁正西晉《新禮》之例甚多。另又見於《南齊書·禮志》《酉陽雜俎》等書,不備舉。② 其體例頗爲一致,首先説明漢魏“故事”、晉朝《新禮》的內容,再根據經典糾正其過失,提出修改意見(“宜定《新禮》”云云),體例與孫毓《五禮駁》幾乎一致。

史書明確記載摯虞曾討論《新禮》得失,有明堂五帝、二社六宗及吉凶王公制度等十五篇奏議。至於摯虞《決疑注》,則是其討論《新禮》之“遺事”。③ 案《決疑注》著録於各種目録,亦多有佚文可稽。其書以“注”爲名,應該側重於儀注。摯虞先指摘《新禮》之失,以奏議的形式表上之,是爲《新禮議》;又修訂《新禮》的具體儀注,是爲《決疑注》。④ 摯虞身後,《新禮議》屢見引用,卻從無著録,或是附於《新禮》而行,並未單獨成書。另外,《御覽》引書目録中又有摯虞《新禮》一書,大概即《新禮議》之誤。⑤

如上所述,西晉《新禮》修成之後有孫毓、摯虞等人的訂禮之議,這些禮議與禮典本身,共同構成了豐富的文本層次,集中反映在《通典》中:

按禮,天子七月葬。《新議》曰:“禮無吉駕象生之飾,四海遏密八音,豈有釋其縗絰以服玄黃黼黻歟!雖於神明,哀素之心已不稱矣。輒除鼓吹吉駕鹵簿。”**孫毓**《駁》:“……今之吉駕,亦象生之義,凶服可除。鼓吹吉服,可設而不作。”**摯虞**曰:“按漢魏故事,將葬,設吉凶鹵簿,皆有鼓吹。《新禮》無吉駕導從之文。虞按……既有吉駕,則宜有導從。宜定《新禮》設吉服導從,其凶服鼓吹宜除。”⑥

其中《新議》認爲天子葬禮,無鼓吹、吉駕鹵簿,孫毓、摯虞都認爲應有。《新議》應即修

---

① 《太平御覽》卷五四七《禮儀部二六·喪服》,第2476頁下欄。“臣之父兄”後脱“今”字,據《晉書》卷二〇《志第十·禮中》、《通典》卷九三《禮五十三》補。
② 《南齊書》卷九《禮志上》,第125頁;(唐)段成式撰,許逸民校箋:《酉陽雜俎校箋·續集》卷四《貶誤》,北京:中華書局,2015年。
③ 《晉書》卷五一《摯虞傳》,第1426頁;《晉書》卷一九《禮志上》,第582頁。
④ 《太平御覽》卷六九七《服章部十四》引徐乾《古履儀》:“摯虞中朝宿臣,多識往行,親睹其禮,退而書之,即是晉之故典令。《決疑》言舄者,書時事也。《儀注》言履者,舉總名也。”第3111頁。按徐乾爲晉末人,其言摯虞《決疑》乃親見並記録的西晉“故典令”,乃西晉之“時事”。可見此書應該以摯虞所修訂的西晉禮典儀注爲主。
⑤ 《太平御覽·經史圖書綱目》,第12、13頁。
⑥ 《通典》卷七九《禮三十九 凶禮一》,第2126頁。

訂《新禮》之議；孫毓《駁》即其《五禮駁》之簡稱。至於摯虞駁正《新禮》之議，《晉書·禮志》所載稍詳，①《御覽》又引作：

> 摯虞《新禮儀志》曰：漢魏故事，將葬，設吉凶鹵簿，皆鼓吹。《新禮》以禮吉事無（？）凶事無樂，宜除吉鹵簿凶服鼓吹。虞按：《禮》，葬有（客）［容］車（郎），吉駕之明文也。②

其文節略，又頗舛錯。摯虞所引《禮記·曲禮上》"祥車曠左"，乃葬禮中以吉車爲魂車，③相當於漢代以來的"容車"。④《御覽》"客車"當爲"容車"之誤，"郎"誤衍。書名《新禮儀志》，應爲《新禮議》之訛。如此看來，《通典》將《新議》與孫毓《五禮駁》、摯虞《新禮議》合併共參，頗爲方便。或許此前已有禮書將這些不同層次的禮典、禮議文本合編爲一帙，使其同條共貫，無煩左右披檢，這使得我們對中古禮典之文本面貌，或許能有更爲貼近歷史現場的認識。

繼晉朝《新禮》之後，漢唐之間另一禮典巨著就是梁武帝時期修成的《五禮儀注》。徐勉的《上五禮表》說：

> 若有疑義，所掌學士當職先立議，通咨五禮舊學士及參知，各言異同，條牒啓聞，決之制旨。疑事既多，歲時又積，制旨裁斷，其數不少，莫不網羅經誥，玉振金聲，義貫幽微，理入神契，前儒所不釋，後學所未聞。凡諸奏決，皆載篇首，具列聖旨，爲不刊之則。⑤

徐勉叙述梁朝修撰《五禮儀注》過程中的議禮程序比較清楚。首先，編撰禮典時如果遇到疑義，負責這一門類的學士要先"立議"提出問題，再通知五禮"舊學士"及參知各抒己見。衆人意見當然也會被寫成書面的奏議文書。把各人奏議匯集起來，條列各人之

---

① 《晉書》卷二〇《禮志中》，第 626 頁。

② 《太平御覽》卷五六七《樂部五·鼓吹樂》，第 2563 頁。中華書局影宋本《太平御覽》作"禮吉事無凶事無樂"，每行 22 字，其中"禮吉事無"正當一葉最後一行底部，其後似有脱文；"凶事無樂"當下一葉首行頂部。《晉書·禮志》引作"禮無吉駕導從之文，臣子不宜釋其衰麻以服玄黄，除吉駕鹵簿。又，凶事無樂"。自"駕導"至"簿又"，共 23 字。疑影宋本《御覽》有脱行，"禮無吉"訛作"禮吉事無"。

③ （漢）鄭玄注，（唐）孔穎達正義，吕友仁整理：《禮記正義》卷五《曲禮上》："祥猶吉也。吉車，謂乎生時所乘也，死葬時用魂車。鬼神尚吉，故葬魂乘吉車也。"上海古籍出版社，2008 年，第 130 頁。

④ 《後漢書》卷二〇《祭遵傳》李賢注："容車，容飾之車，象生時也。"第 744 頁。

⑤ 《梁書》卷二五《徐勉傳》，第 381—382 頁。

牒("條牒"),上奏皇帝裁決。皇帝以制書下達裁決意見,這些制旨也會編於《五禮儀注》,冠於各篇之首。

制禮過程中所謂"條牒啓聞"的禮議程序,文獻中還保存若干證據:

> (天監)五年(506),祠部郎司馬褧牒:貴嬪母車亡,應有服制,謂宜准公子爲母麻衣之制,既葬而除。帝從之。①

> 七年(508),安成王慈太妃喪,周捨牒:使安成、始興諸王以成服日一日爲位受弔。帝曰:"喪無二主。二王既在遠,嗣子宜祭攝事。"周捨牒:嗣子著細布衣、絹領帶、單衣用十五升葛。凡有事及歲時節朔望,並於靈所朝夕哭。三年不聽樂。②

> 十一年(512),太祝牒:北郊止有一海,及二郊相承用漆俎盛牲,素案承玉。又制以白茅。詔下詳議。八座奏:"……郊有俎義。"於是改用素俎,並北郊置四海座。五帝以下,悉用蒲席藁薦,並以素俎。③

以上司馬褧、周捨、太祝等人之四牒,前三牒由梁武帝直接裁決;後一牒詔下詳議,由尚書八座擬定意見,八座之奏當然也需皇帝裁可,這與徐勉所説"條牒啓聞,決之制旨"正相符合。史書收采奏議,往往刪削文書格式,祇保留關鍵內容,所以今日很難復原漢唐之間大量禮議本來所具有的行政文書的面貌。所幸這些材料還保留了"牒"這種文書名稱,讓我們能够對當時議禮的歷史現場略窺一二。

《五禮儀注》夾帶制禮過程中的禮議,仍有不少文獻證據。已知梁朝吉、凶、賓、軍、嘉五禮分別由明山賓、嚴植之、賀瑒、陸璉、司馬褧五人負責,④《通典·禮典》叙述各項禮制之歷代沿革,於梁朝之制,多夾注五人之議。比如吉禮北郊、社稷之制,夾叙明山賓之議;⑤軍禮類祭之制,叙陸璉、嚴植之之議;⑥凶禮喪遇閏月之制,叙嚴植之之議;⑦賓禮東宮宴會之制,叙賀瑒之議。⑧ 如此等等,皆由五禮之掌禮學士立議,其他五禮學士亦

---

① 《隋書》卷八《禮儀志三》,第 153 頁。
② 《隋書》卷八《禮儀志三》,第 154 頁。
③ 《隋書》卷六《禮儀志一》,第 110 頁。
④ 《梁書》卷二五《徐勉傳》,第 381 頁。
⑤ 《通典》卷四五《禮五 吉禮四》,第 1247—1248、1257 頁。
⑥ 《通典》卷七六《禮三十六 軍禮一》,第 2046 頁。
⑦ 《通典》卷一〇〇《禮六十 凶禮二十二》,第 2649 頁。
⑧ 《通典》卷一四七《樂七》,第 3749 頁。

可參加,最後由梁武帝制斷,正符合徐勉所謂"所掌學士當職先立議,通咨五禮舊學士及參知,各言異同,條牒啓聞,決之制旨"的程序。

徐勉上表及上述牒書、禮議確鑿地證明,在修撰《五禮儀注》時舊學士、參知會撰寫大量禮議,但各種目録書中却不見這些禮議結集成書,最可能的原因是,這些禮議附於《五禮儀注》共同流傳,又於梁末太清之亂毀於戰火。梁《五禮儀注》有1 176卷,①與之相較,《後魏儀注》僅50卷,《後齊儀注》290卷,牛弘撰《隋朝儀禮》100卷,②唐《貞觀禮》100卷,《永徽禮》130卷,《開元禮》150卷。③這些禮典的卷數都遠遠少於《五禮儀注》。一個合理的解釋是,《五禮儀注》除了儀注之外,還附有修禮過程中產生的大量禮議,所以才會篇幅如此巨大。《通典》叙梁制,與禮議相雜,正是此種文本面貌的反應。如《開元禮》等禮典僅有儀注,並無禮議,所以篇幅大大縮小。

《五禮儀注》雖佚,但其修訂過程中所産生的禮議,在史料中並非毫無痕迹。賀瑒負責其中的《賓禮儀注》,《梁書》本傳載其著述甚多,其中有"《朝廷博議》數百篇",④這大概就是賀瑒主持修撰《賓禮儀注》過程中産生的禮議。另外,梁初修撰《五禮儀注》,何佟之總參其事,史載何氏"所著文章、《禮議》百許篇"。⑤當然,賀瑒所集《朝廷博議》未必限於修撰《五禮儀注》過程中"各言異同,條牒啓聞"的禮議,何佟之在齊、梁兩朝議禮甚多,其禮議也不限於修撰《五禮儀注》之時,但兩人都是《五禮儀注》的主要修撰官,上述兩書中應有相當部分的禮議是伴隨《五禮儀注》之修撰而産生的。除此之外,明山賓負責《五禮儀注》之吉禮,除了《吉禮儀注》224卷之外,明氏還著有《禮儀》20卷。⑥頗疑《禮儀》是其《吉禮儀注》之"儀"的部分,計有20卷;其餘204卷或當爲"議"的部分。若此推測不誤,則其儀注、禮議大致呈1∶10的比例。《五禮儀注》共1 176卷,按此比例推之,其中禮議約有千卷,儀注約有百卷。上文所列北朝、隋、唐遞修之禮典,篇幅亦多在百卷上下。可見一朝之禮典,如果僅就儀注部分而言,一般出入百卷不遠。梁朝《五禮儀注》上千卷,其中絶大部分應是制禮之議。

---

① 《梁書》卷二五《徐勉傳》,第382頁。

② 《隋書》卷三三《經籍志二》,第970頁。

③ 《新唐書》卷五八《藝文志二》,第1491頁。

④ 《梁書》卷四八《儒林賀瑒傳》,第672頁。《南史》本傳作"《朝廷博士議》",見《南史》卷六二《賀瑒傳》,第1508頁。中村圭爾認爲史書中常見的"内外博議""公卿博議"等,指的是内朝、外朝之官都參與的議論,"博議"以全體官員都可廣泛參與爲特色。見[日]中村圭爾:《南朝における議について——宋·齊代を中心に》,第681頁。徐勉所説的議禮者有五禮舊學士、參知等人,當然不僅限於博士,我們認爲當以"朝廷博議"爲是。

⑤ 《梁書》卷四八《儒林何佟之傳》,第664頁。

⑥ 《梁書》卷二七《明山賓傳》,第407頁。

梁朝之後,南朝的另一部大型禮典就是陳朝五禮。一般認爲陳禮基本因循梁禮,①梁末喪亂,《五禮儀注》大多散亡,②陳朝重新編修五禮,準之梁朝修禮制度,應該也會有不少疑難需要議論,因此也會産生相當數量的牒文奏議。陳朝四禮共 344 卷,③雖不及梁朝《五禮儀注》之規模浩大,但也遠超魏、齊、隋、唐禮典之卷帙。以陳祚之短,且未聞有較大規模的制禮活動,但禮典卷帙如此之重,應該跟梁禮一樣,其中有不少制禮過程中産生的禮議。

總而言之,中古各朝制定國家禮典的過程伴隨着禮議機制的運作,由此産生禮議文本。孫毓《五禮駁》、摯虞《新禮議》、賀瑒《朝廷博議》、何佟之《禮議》即其成果。梁、陳禮典卷帙浩大,其中應收載了大量制禮過程中所産生的禮議。這些禮議較少單書別行,主要附於禮典流傳,所以不見著録,或許難以被稱作是"禮議書籍"。但這些禮議是中古禮議文獻的重要一類,也是此時國家禮典的有機組成部分,對我們窺測中古各朝禮典、禮議之文本形態與知識組成極有幫助,故不嫌繁冗,附贅於此。

二、禮議書籍的使用

禮議之所以會被編纂成書,很大程度上是爲了便於議禮之使用,也在被使用的過程中發揮其價值。把前人奏議當作經史證據的寶庫,從中擷取論據用於自己的議論,這在中國古代議論機制中素有傳統。前人奏議祇有被後人閱讀、引證才有生命力。誠如侯旭東所言:"刊刻在典册中的文字,今人看來不過是些史料,没有生命,但在當時,意義却並非如此,相當於操作手册。一旦被援引,便枯木逢春,立即再現生機。"④前人禮議被不斷纂類、閱讀、作爲論據使用,這是禮議書籍的主要編纂目的之一。

中古時代卷帙浩繁的禮議書籍編纂出來之後,經常被禮家誦習並在議禮中使用。以《禮論》爲例,南朝周續之"通《毛詩》六義及《禮論》《公羊傳》";⑤何佟之"讀《禮論》三百篇,略皆上口",⑥他能在齊、梁議禮中發揮這麼大的作用,應受益於《禮論》不少;明山賓之子明克讓"三《禮》、《禮論》,尤所精研",入隋後與牛弘一起修禮議樂,對隋禮之

---

① 《隋書》卷六《禮儀志一》:"陳武克平建業,多準梁舊,仍詔尚書左丞江德藻、員外散騎常侍沈洙、博士沈文阿、中書舍人劉師知等,或因行事,隨時取捨。"第 107 頁。

② 閆寧:《齊梁〈五禮儀注〉修撰考》,《古代禮學禮制文獻研究叢稿》,第 208 頁。

③ 《隋書》卷三三《禮儀志二》史部儀注類有《陳吉禮》一百七十一卷、《陳賓禮》六十五卷、《陳軍禮》六卷、《陳嘉禮》一百二卷,第 970 頁。

④ 侯旭東:《什麼是日常統治史》,北京:生活·讀書·新知三聯書店,2020 年,第 62 頁。

⑤ 《宋書》卷九三《隱逸周續之傳》,第 2281 頁。

⑥ 《梁書》卷四八《儒林何佟之傳》,第 663 頁。

制定起了很大作用。① 何承天之後，出現了許多對《禮論》進行鈔略、續編的書籍。鈔略之書，有任預《禮論鈔》六十六卷；②庾蔚之《禮論鈔》二十卷；③王儉曾將何承天《禮論》抄爲八帙，又別抄《條目》十三卷，④另外還有《禮論要鈔》十卷；⑤荀萬秋《鈔略》二卷；⑥丘季彬《論》五十八卷、《議》一百三十卷；⑦賀瑒《禮論要鈔》一百卷；⑧還有撰人、時代不明的《禮論要鈔》十三卷、《禮論區分》十（三）卷、《禮論鈔略》十三卷等。⑨ 續編之書，有梁朝孔子袪所續何承天《禮論》一百五十卷。⑩ 何氏爲宋初人，所撰集者爲東晉及以前的禮議，孔氏所續，大概就是宋、齊、梁三朝之禮議。⑪《隋志》經部禮類有"禮論"小類，在書目編排上凸顯何承天《禮論》的核心地位。姚振宗説："任預以下，大抵皆因何承天之書而輾轉抄録者，別爲一類。"⑫頗爲有識。

　　庾蔚之、王儉、賀瑒、孔子袪等人都是議論南朝禮制的重要人物。以何承天《禮論》爲

----

① 《隋書》卷五八《明克讓傳》，第1415—1416頁。

② 《舊唐書》卷四六《經籍志上》，第1974頁；《新唐書》卷五八《藝文志一》，第1432頁；另外，《隋書》卷三二《經籍志一》有《禮論鈔》六十九卷，不著撰人名氏，第923頁。姚振宗認爲六十九卷本的《禮論鈔》或有《禮論帖》三卷在内。參見（清）姚振宗：《隋書經籍志考證》，第200頁。任預與何承天同時，若此六十六卷本《禮論鈔》爲任預所撰，則有可能是任預據八百卷本《禮論》所作的另一種精簡本，或者是對何承天三百卷本《禮論》的進一步精簡。

③ 《隋書》卷三二《經籍志一》，第923頁；《舊唐書》卷四六《經籍志上》，第1974頁；《新唐書》卷五七《藝文志一》，第1432頁。

④ 《南史》卷二二《王儉傳》，第595頁。

⑤ 《隋書》卷三二《經籍志一》，小注："梁三卷。"第923頁。另外，《舊唐書》卷四六《經籍志上》有《禮論要抄》十三卷，不題撰人名氏，第1974頁；《新唐書》卷五七《藝文志一》同，第1433頁。姚振宗認爲《隋志》"十卷"當爲十三卷之誤，即舊、新《唐志》十三卷本《禮論要鈔》，亦即《南史》所謂《條目》十三卷。參見（清）姚振宗：《隋書經籍志考證》，第200頁。

⑥ 《隋書》卷三二《經籍志一》有《禮論要鈔》十卷，小注："梁有齊御史中丞荀萬秋《鈔略》二卷。"第923頁。荀氏此書既附在《禮論要鈔》之下，顯然是《禮論鈔略》。《舊唐書》卷四六《經籍志上》有荀萬秋《禮雜抄略》二卷，第1974頁；《新唐書》卷五七《藝文志一》同，第1432頁。應爲同一書。

⑦ 《隋書》卷三二《經籍志一》有《禮論要鈔》十卷，小注："尚書儀曹郎丘季彬《論》五十八卷，《議》一百三十卷，《統》六卷，亡。"第923頁。丘氏之書附在《禮論要鈔》之後，且篇幅巨大，應該是對前代論、議的纂類，而非其個人之著述，與何承天《禮論》性質相同。

⑧ 《隋書》卷三二《經籍志一》，第923頁；《舊唐書》卷四六《經籍志上》，第1975頁；《新唐書》卷五七《藝文志一》，第1433頁。

⑨ 《舊唐書》卷四六《經籍志上》，第1974頁；《新唐書》卷五七《藝文志一》，第1433頁。

⑩ 《梁書》卷四八《儒林孔子袪傳》："（孔）子袪凡著《尚書義》二十卷，《集注尚書》三十卷，續朱异《集注周易》一百卷，續何承天《集禮論》一百五十卷。"第680頁。《南史》卷七一《儒林孔子袪傳》同，第1744頁。"《集禮論》"之"集"蓋涉前文而衍。

⑪ 另外，六朝隋唐也有其他以《禮論》爲題名之書，比如范岫《禮論》、關康之《禮論》、李敬玄《禮論》等，分別見《梁書》卷二六《范岫傳》，第392頁；《南史》卷七五《隱逸關康之傳》，第1871頁；《舊唐書》卷八一《李敬玄傳》，第2756頁。根據史傳所載，這些似乎是個人著述、一家之學，而非對前人禮議的纂集。

⑫ （清）姚振宗：《隋書經籍志考證》，第201頁。

基礎,南朝累代禮家或濃縮鈔略,或遞修增補,一方面是爲了減省篇幅、方便查閱,一方面也是爲了不斷補充新的禮議資料,經常更新内容,以維持其在議禮過程中的實用性。

不難想象,東晉南朝以來積累了如此之多的禮議書籍,在議禮機制的運作過程中,參與者也應該經常引用前人禮議。尤其是在何承天《禮論》編成之後的南朝隋唐禮議中,前人議論被引證的頻率應該更高。僅以《宋書》之《禮志》《樂志》所載劉宋一朝的禮議爲對象,其中引證前人禮議的就有如下之多:

表三　劉宋禮議引用前人禮議簡表

時　　間	議　題	議　主	所引時間	所引議主
元嘉六年(429)六月辛酉朔	讀令議	徐道娛	晉	曹弘之
		有司	魏	高堂隆
孝建元年(454)六月	湘東國太妃喪議	丘邁之	晉	吳商
十二月戊子	殷祠議	朱膺之	魏	王肅
		周景遠	宋永初三年(422)九月十日	傅亮
二年(455)九月甲午	祭天用樂議	劉宏	晉	諸儒
		顏峻	東漢	東平王劉蒼
			魏	王肅
				韓袛
三年(456)三月	皇后心喪議	王膺之	晉泰始三年(267)	朝議
三年(456)五月丁巳	皇子出後告廟議	朱膺之	晉	賀循
大明二年(458)正月丙午朔	南郊議	有司	魏	高堂隆
			晉	顧和
				徐禪
		王燮之	晉	徐禪
		朱膺之	晉	徐禪
			魏	高堂隆

續　表

時　間	議　題	議　主	所引時間	所引議主
二月庚寅	章太后廟殷祭議	有司、孫武、王燮之、孫緬、朱膺之	魏	高堂隆
			晉	徐邈
三年（459）十一月乙丑朔	四時廟祠遷日議	陸澄	晉	顧和
		殷淡	晉	顧和
五年（461）四月庚子	明堂議	有司	晉	裴頠
十月甲申	廟祭有太子妃服議	司馬興之	魏	高堂隆
七年（463）二月辛亥	孟秋殷祠議	周景遠	晉義熙初	孔安國
				徐幹
泰始二年（466）正月	昭太后祔廟禮議	有司	晉	徐邈
五年（469）十一月	太子昏禮議	裴昭明	晉太元中	孫詵
泰豫元年（472）七月庚申	越紼行事議	有司	晉	范宣
				譙周
元徽二年（474）十月壬寅	昭后廟毀置議	殷匪子	宋元嘉十六年（439）	殷靈祚
			晉	虞喜

　　可見劉宋人議禮經常引用魏晉人的議論。其中如高堂隆、王肅、徐邈、徐禪等著名禮家更是常被引用的對象。如果這些人的禮議沒有被整理、纂類、結集成書，後人議禮時參考起來會非常困難。如果沒有禮議書籍，祇有收藏在特定官署的奏議檔案，或内容相對龐雜的起居注，不僅流傳有限，也會難於披檢。高堂隆《魏臺雜訪議》、王肅《禮議》、徐邈《奏議》、何承天《禮論》等禮議書籍的存在，爲南朝人頻頻引用魏晉禮家之議提供了直接的便利。至於南朝隋唐禮議中對前代禮議的引證頻繁見於史料，不煩贅述。

　　朱熹就曾對前代奏議之於後世議禮的影響作過深刻揭示。在宋代關於太祖正東向之位的禮議中，①朱熹批評議者並未真正理解"東向"的含義：

---

①　關於這次議論的具體經過，可參看華喆：《父子彝倫：北宋元豐昭穆之議再評價》，《中國哲學史》2017年第3期，第18—29頁。

其説不過但欲太祖正東向之位,別更無説。他所謂"東向",又那曾考得古時是如何? 東向都不曾識,只從少時讀書時,見奏議中有説甚"東向",依稀聽得。①

此處實際上是批評趙汝愚(字子直),朱熹又説:

先生言:"前輩諸賢,多只是略綽見個道理便休,少有苦心理會者。須專心致意,一切從原頭理會過。……"因言:"趙丞相論廟制,不取荆公之説,編奏議時,已編作細注。不知荆公所論,深得三代之制。又不曾講究毀廟之禮,當是時除拆,已甚不應《儀禮》,可笑! 子直一生工夫只是編奏議。今則諸人之學,又只是做奏議以下工夫。一種稍勝者,又只做得西漢以下工夫,無人就堯舜三代源頭處理會來。"②

朱熹指出議禮時許多人並未深考經義,祇是從奏議中參考前人針對類似問題的議論而立論。而奏議則是宋代士大夫"少時讀書時"所必讀的爲政參考書。其實不僅宋代,漢魏名臣奏議已經被匯編成書,爲官必讀歷代奏議。朱熹雖然出於回向"三代"的政治理想,③對趙汝愚等官僚"只是做奏議以下工夫"表示不滿,但也從側面揭示了宋代"士大夫政治"形成之前,奏議在中國古代政治傳統中具有强韌的生命力。

如朱熹所譏趙汝愚"一生工夫只是編奏議",中古禮議書籍也是出於方便參考的實用目的,編纂議禮之奏議案牘、問答而成。中古禮議書籍之多,也從一個側面證明了這個時段議禮活動之盛。當然,禮議書籍除了便於在議禮時檢閲和引證之外,對於經學發展亦有很大影響。唐初編修《五經正義》,即頗多引用漢魏以來的議禮文本以辨析經義。杜佑《通典・禮典》收納匯纂了大量中古禮議文本,堪稱漢唐經義淵藪,成爲後世經學家研治禮學取之不盡的寶庫。關於中古禮議書籍與經學之間的深入互動關係,尚有待進一步探索。

三、出經入史——禮議書籍的興衰過程

綜觀漢唐之間的禮議書籍,可見其主要集中於魏晉南朝。没有證據表明北朝也産

---

① (宋)黎靖德編,王星賢點校:《朱子語類》卷一〇七《朱子四・内任・寧宗朝》,第 2661 頁。
② (宋)黎靖德編,王星賢點校:《朱子語類》卷一一三《朱子十・訓門人一》,第 2741 頁。
③ 余英時把回向"三代"作爲宋代政治文化的起點和基礎。參見余英時:《朱熹的歷史世界:宋代士大夫政治文化的研究》,北京:生活・讀書・新知三聯書店,2011 年,第 184—197 頁。

生過類似的禮議書籍。隋朝唯一一部通代禮議合集《江都集禮》也是深受南朝文化浸染的煬帝在江都徵集南士編成。唐朝雖偶見禮議書籍,但並無持續產生。實際上,唐朝以來何承天《禮論》、王儉所鈔、孔子袪所續、隋朝《江都集禮》等書逐漸殘缺,乃至不傳,以至於出現了本文開頭所引王應麟的慨歎"禮學之廢久矣",暗示禮議書籍之盛衰應與禮學觀念有關。

我們嘗試用"出經入史"的過程來解釋禮議書籍甚少見於北朝及唐以來的原因。魏晉南朝與北朝隋唐以來的議禮機制並無大異,議禮文獻也大量累積,爲何編纂禮議書籍的學術傳統見於前者而非後者呢? 這或許與古人的經史觀念有關,進言之,匯編案牘、結集成書的禮議書籍被認爲是經部的解經之書,抑或史部的禮典、儀注、奏議之書,魏晉南朝與北朝及唐以來之人對此的觀念似乎並不相同。相比於魏晉南朝,北朝及唐朝議禮逐步強調"正經"這一要素。① 在北朝及唐人的觀念中,似乎對"經"采取更爲嚴格的態度。如果不把禮議文獻視作解經之文,僅僅當成史部案牘,自然缺乏將其結集成書、遞相增補的動力。此即所謂"出經入史"。

經史觀念最爲直觀的表現,即書籍在目錄中的分類。以本文所考的禮議書籍爲例,上述蔣濟《郊丘議》、蔡謨《晉七廟議》在《隋志》附於經部禮類,在舊、新《唐志》則皆入史部儀注類;王肅《明堂議》在《隋志》附經部禮類,而孔晁《晉明堂郊社議》則在舊、新《唐志》入史部儀注類。《隋志》編定於唐初貞觀年間;《舊唐志》以《開元四部錄》爲本,反映盛唐時期的目錄觀念;《新唐志》反映北宋之目錄觀念。三種目錄編定之時,蔣濟、王肅、蔡謨所議魏晉禮制皆已成前代陳迹,但反映於三種目錄中,却有經、史之別,這説明禮議書籍從初唐到盛唐、北宋,有"出經入史"的過程。

禮議書籍中另一"出經入史"的典型案例是《江都集禮》。該書在《隋志》入經部論語類,在《舊唐志》入經部禮類,在《新唐志》入史部儀注類。關於《隋志》的分類,清代錢大昕早有質疑:"且此書本爲議禮而作,乃不入禮家,又不入儀注,而附於論語之末,亦失其倫。"②姚振宗對此作出了精當的解釋:《隋志》二級分類之下,其實隱含三級分類,經部論語類下又有論語、孔叢、家語、爾雅、五經總義等小類,《江都集禮》即屬於其中的"五經總義"小類。③ 議禮往往引用大量經典證據,禮議書籍也是經義淵藪,故可歸入五

① 參見范雲飛:《唐代東都廟議的經義邏輯》,《文史》2021 年第 1 輯,第 125—150 頁。

② (清)錢大昕:《廿二史考異》卷三四《隋書二·經籍志一》,陳文和主編:《嘉定錢大昕全集》,南京:鳳凰出版社,2016 年,第 655 頁。

③ (清)姚振宗:《隋書經籍志考證》,第 401 頁。

經總義類，《隋志》的分類自有其理由。《舊唐志》將其改入經部禮類，也無不可。但《新唐志》將其歸入史部儀注類，①這表明從盛唐到北宋，“經”的概念被進一步純化，經、史之間的界限越發明晰，越來越多的禮典、禮議書籍被動地經歷了“出經入史”的過程。②

嚴格經、史界限的觀念至宋儒而集其大成。尤其在理學的影響下，經、史之別與天理、人事之別聯繫起來，原本相隔不甚懸遠且頗可互相轉化的經與史，至此則具有了形而上、形而下的本質區別。以朱熹爲例，他説：“《六經》是三代以上之書，曾經聖人手，全是天理。三代以下文字有得失，然而天理却在這邊自若也。”③其論讀書次第，須先讀四書，再讀史，否則“胸中無一個權衡，多爲所惑”。④又用水和陂塘比喻經、史關繫：“今人讀書未多，義理未至融匯處，若便去看史書，考古今治亂，理會制度典章，譬如作陂塘以溉田，須是陂塘中水已滿，然後決之，則可以流往滋殖田中禾稼。若是陂塘中水有一勺之多，遽決之以溉田，則非徒無益於田，而一勺之水亦復無有矣。”⑤在朱熹看來，經、史之間有形上、形下的鴻溝。這在一定程度上代表宋代以來的通見。

嚴格經、史之間的界限，意味着抬高經相對於史的地位，強調經典的權威意義。前揭朱熹批評時人議禮不深考經義，衹從奏議中找論據。奏議是史書、案牘，在朱熹看來，當然不能與蘊含三代理想制度的經義相比，這也是對經典權威性的強調。有趣的是，朱熹、王應麟等宋儒一邊欽羨六朝禮學之精、哀歎唐以來禮學之廢，一邊又維護經典的權威、批評據奏議以議禮。他們或許未曾意識到，正是經典權威性之凸顯、經史界限之嚴苛，才導致唐以前的禮議書籍被“出經入史”，進而導致禮議書籍編纂傳統的衰歇。這正是歷史的吊詭之處。

在經、史之別的影響下，中古禮議書籍乃匯編奏議案牘而成，不得入經部。《新唐志》中的禮議書籍之所以大多仍入經部，主要因爲其書多數亡佚，宋人不明其性質，故仍《隋志》之舊；對於能確定其性質的，如蔣濟《郊丘議》、蔡謨《七廟議》、孔晁《晉明堂郊社議》、隋《江都集禮》等，則歸入史部。後世學者考證辨明中古若干禮議書籍的性質

① 《新唐書》卷五八《藝文志二》，第1489—1491頁。

② 吳麗娛指出《江都集禮》、房玄齡《大唐新禮》、武則天《紫宸禮要》在《舊唐志》中入經部禮類，而非史部儀注類，説明在唐人觀念中這三部禮書實具有“經”的地位，不同於一般的儀注。吳麗娛：《唐禮摭遺——中古書儀研究》，北京：商務印書館，2002年，第474—477頁。這三書在《新唐志》中皆被歸入史部儀注類，可進一步佐證本文觀點。

③ （宋）黎靖德編，王星賢點校：《朱子語類》卷一一《學五》，第190頁。

④ （宋）黎靖德編，王星賢點校：《朱子語類》卷一一《學五》，第195頁。

⑤ （宋）黎靖德編，王星賢點校：《朱子語類》卷一一《學五》，第195頁。

之後,也往往認爲不應入經部。比如胡玉縉嚴經、史之別,對議禮之文頗致譏貶,對於能確定性質的禮議書籍,如任預《禮論條牒》、王儉《禮義答問》、周捨《禮疑義》等,都逐出經部禮類,改入史部政書類。① 與今人的經史觀念對比,更能看出中古時代的説經、議禮並無本質區別,説經之書入經部,議禮之書也可入經部。這對理解彼時的經史觀念深有啓發。

中古禮議書籍雖然經歷了"出經入史"的過程,但唐以後的議禮活動仍在舉行,禮議書籍並未絶迹,衹不過數量大大降低。目前可見年代較早的禮議書籍有北宋《政和五禮新儀》,卷首備列大觀、政和年間議禮局群臣在修禮期間隨時所上的奏議以及皇帝裁斷。該禮典又以大觀二年(1108)十卷《政和御制冠禮》冠首,其中前兩卷爲冠禮議。② 現存宋以來之禮典如《大金集禮》《明集禮》也往往沿革、禮議與儀注雜糅。③ 這些可視爲制禮之議的孑遺。

較爲典型的禮議書籍當推《大金德運圖説》,該書是金朝宣宗貞祐二年(1214)正月群臣集議金朝德運問題的奏議匯編。四庫館臣稱此書爲"金尚書省官集議德運,所存案牘之文也",④可在很大程度上看出尚書省召集官員議論的議禮程序,以及官員所上議禮文書的原貌。該書由四部分構成,分別是"省判""省札""議""省奏"。其中"省"爲金朝尚書省。"省判"説明召集此次禮議的緣由,回顧金朝此前關於德運的四次禮議。前四次禮議文書皆已無存,其中第四次禮議被編爲六册之書,可惜亡佚,今所見者衹有這第五次禮議。"省札"爲禮部承尚書省之札,點定各部門官員共二十二人參與議論。"議"收録了二十二人的議狀,每篇議狀都保留了原有文書格式的起首與落款。⑤ "省奏"已佚。⑥《大金德運圖説》所見的議禮程序和文書格式可印證本文的觀點:禮議

---

① 胡玉縉撰,王欣夫輯:《許廎學林》,第408—412頁。

② 四庫館臣曰:"前列禮局隨時酌議科條,及逐事御筆指揮。次列《御制冠禮》,蓋當時頒此十卷爲格式,故以冠諸篇。"(清)永瑢等:《四庫全書總目》卷八二《史部·政書類·典禮》,北京:中華書局,1965年,第702頁。

③ 四庫館臣評價《開元禮》《政和五禮新儀》《大金集禮》《明集禮》曰:"大抵意求詳悉,轉涉繁蕪。以備掌故有餘,不能盡見諸施行也。"對於《大清通禮》,則説:"事求其合宜,不拘泥於成迹;法求其可守,不誇飾以浮文。與前代禮書鋪陳掌故、不切實用者迥殊。"(清)永瑢等撰:《四庫全書總目》卷八二《史部·政書類·典禮》,第706頁。館臣之所以説前代禮書"鋪陳掌故,不切實用",是因爲其中多記載歷代沿革及當時禮議,非純爲行禮儀注。清代修禮,則以沿革、禮議歸之於會典類書籍,禮典僅記儀注。

④ (清)永瑢等:《四庫全書總目》卷八二《史部·政書類》,第703頁。

⑤ 《大金德運圖説》,《景印文淵閣四庫全書》第648册,臺北:臺灣商務印書館,1984年。

⑥ 據劉浦江考訂,這份"省奏"應是作於海陵王天德三年(1151)至貞元元年(1153)間的另一份文書,非該書原有,被四庫館臣誤輯入《大金德運圖説》。至於貞祐二年禮議的"省奏"已湮没無存,不得而知。劉浦江:《德運之爭與遼金王朝的正統性問題》,《中國社會科學》2004年第2期,第193—194頁。

書籍在一定程度上是朝議機制的産物,將某次禮議所産生的一系列文書匯集成書別行,即爲專項禮議書籍。

除上述諸例之外,宋以來的禮議書籍還可舉出幾例:明代嘉靖初年"大禮議"事件中,席書因迎合世宗之意被任命爲禮部尚書,事後編成《大禮集議》五卷,包括"奏議""會議""續議""廟議""諸臣私議"各一卷。① 又嘉靖十三年(1534)南京太廟災,群臣集議是否應重修,夏言認爲"國不當有二廟",不應重修,世宗從之。夏言將此次禮議的敕旨及議狀編爲《太廟敕議》一卷。② 又清康熙二十四年(1685)議北郊祖宗配位,毛奇齡將其所上議狀編爲《北郊配位議》一卷。③ 清末禮學館籌備編修禮典,曹元忠與其事。④ 清亡後曹元忠將其修禮時所上禮議25篇、律議4篇匯刻爲《禮議》上下卷,可看作帝制時代禮議書籍之絶響。沈曾植將此書與何承天、王儉、任預、庾蔚之等人的《禮論》等書的學術傳統接續起來,誠爲卓識。⑤ 1943年,爲編撰《中華民國禮制》,又有《北泉議禮録》。其中金朝德運議、明朝大禮議因爲具有特殊的政治意義而被編集成書;嘉靖南京廟議、康熙北郊配位議、曹元忠《禮議》則由參與者親自編集,側重個人學術觀點及精神寄托。至於北朝及唐以來尚書、禮部官署所藏大量議禮奏狀等案牘,因未被整理成書而湮没無聞。

所謂北朝及唐以來禮議書籍之衰,指的是議禮活動仍在不斷舉行、相關案牘大量累積的情況下,這些議禮文書極少被整理成書、單獨流傳,没有被進一步匯編、分類,形成斷代或通代的大型禮議書籍。綜觀書籍史,如《禮論》《禮疑義》《江都集禮》動輒上百卷乃至數百卷,而且累世遞修增補的綜合禮議書籍,可以説是僅見於魏晉南朝的特殊的文化現象,王應麟所謂"禮學之廢久矣",也主要是就這一點而言的。

總而言之,北朝、唐人議禮以"正經"爲最高準據,相比於魏晉南朝,更爲强調經典的權威性,對於作爲經義淵藪與舊制寶庫的前人禮議並不十分重視,因此缺乏整理、匯編前人禮議的動力。唐以來隨着經、史界限越發明晰,經、史地位更加懸絶,匯編案牘而成的禮議書籍再難比肩經學注疏。禮議書籍不僅在議禮活動中的作用漸趨失落,在書籍體系中的地位也逐步下降,中古時代編集禮議書籍的學術傳統難以爲繼,以至於式微。

---

① (清)永瑢等:《四庫全書總目》卷八三《史部·政書類存目》,第715頁。
② (清)永瑢等:《四庫全書總目》卷八三《史部·政書類存目》,第716頁。
③ (清)永瑢等:《四庫全書總目》卷八二《史部·政書類》,第708頁。
④ 參見李俊領:《禮治與憲政:清末禮學館的設立及其時局因應》,《近代史研究》2017年第3期,第28—45頁。
⑤ 沈曾植:《禮議序》,曹元忠:《禮議》,求恕齋1916年刊本。

結　論

綜上所述，中古時代禮學之盛除了表現於三《禮》經文的訓釋注疏之外，更體現在國家禮制、家門禮法方面。制禮、訂禮、行禮過程中，通過各種形式的議禮機制，會産生大量禮議。禮家將這些禮議按照實際需要纂類結集成書，由此形成了卷帙浩繁的禮議書籍。這些禮議書籍按照産生過程的不同，大致可分爲專項與綜合禮議書籍，以及制定或修訂國家禮典過程中所産生的禮議，往往附於禮典而行。前代禮議是後人議禮的參考範本和證據淵藪。這些禮議書籍平時被誦習、議禮時被參考，並且累代遞修、濃縮鈔略，形成突出的學術史、書籍史傳統。這一傳統在魏晉南朝最爲强勁，北朝、唐人議禮强調經典的權威性，禮議書籍在議禮活動中的作用、在學術體系中的地位都大大降低，缺乏匯編前人禮議的動力。總之，中古時代禮學與典章法律、公私生活密切相關，並非純粹的書齋學問。具有官方性質的朝議機制以及學者們針對現實禮制問題的問答，是這個時代頗爲强勁的知識生産機制。

值得一提的是，中古禮議書籍雖幾乎全部亡佚（如表一、表二所示，漢唐之間總數千卷以上的禮議書籍，清人所輯僅有 13 卷，誠可謂九牛一毛），但今所見載録於正史禮志及《通典》等政書的中古禮議，其史源應主要是禮議書籍。《通典》尤爲六朝禮議之淵藪。章太炎認爲《禮論》800 卷、《五禮儀注》1 176 卷，共接近兩千卷，但《通典·禮典》僅有 100 卷，約爲上述兩書之總和的二十分之一，以此説明東晉南朝禮學文獻失散之多。① 如上文所述，《禮論》系列是綜合禮議書籍的代表，《五禮儀注》亦因填充大量禮議而卷帙浩繁。這些禮議文獻的精華部分被采入《通典》。《通典》所載禮議，小部分見於歷代史志，其不見於史志者，或許如章太炎所暗示，應是杜佑據《禮論》等禮議書籍删潤而成。② 若説《通典》保存了中古禮議文獻的精華，或非過當之言。

總而言之，中古禮議文獻經過禮議書籍的删潤整理之後，又被史志、政書吸納，成爲留存至今的禮議材料。今日研究中古禮議，應該了解禮議材料從原初奏議案牘或師友問答到禮議書籍、再從禮議書籍到歷代史志及政書的文本遷轉過程，更應該意識到這一歷史過程造成的禮議材料的不同層次。明確了禮議材料的産生機制及史料層次，將會對材料的複雜性及各種問題有更清晰的認識。

---

① 章太炎：《五朝學》，《章太炎全集（四）》，上海人民出版社，1985 年，第 75 頁。
② 史志之外，《通典》禮議文獻應主要取材於庾蔚之《禮論鈔》等六朝禮議書籍。將有另文詳考，此處不贅。

《魏晉南北朝隋唐史資料》第四十九輯

2024 年 5 月,476—486 頁

唐人墓誌所見唐人著述新輯

馮　雷

　　陳寅恪先生《陳垣〈燉煌劫餘録〉序》開篇即云:"一時代之學術,必有其新材料與新問題。取用此材料,以研求問題,則爲此時代學術之新潮流。治學之士,得預於此潮流者,謂之預流(借用佛教初果之名)。其未得預者,謂之未入流。此古今學術史之通義。"①於唐史研究而言的兩大新材料,除了上述令陳先生有感而發的敦煌文書外,另一個便是唐人墓誌。"隋唐五代時期,中華民族在物質文化和精神文化的許多方面,都創造出了超越前代的輝煌成果。墓誌作爲一種喪葬風俗文化現象,在這一階段也出現了第一個發展高峰。當時,在喪葬中使用墓誌,已成爲一種社會風尚。皇室貴戚,官宦之家,平民百姓,乃至僧尼道士,皆可撰文刻石,葬入墓中,這就爲後世遺存下來數量龐大的墓誌。"②唐人墓誌的基數本就龐大,加之千禧年以來的猖狂盜掘及熱火朝天的基建,致使唐人墓誌如雨後春筍般大量出土。據筆者統計,截至 2020 年底,已經刊布的唐人墓誌有一萬兩千餘方。這一萬兩千餘方已經刊布的唐人墓誌,其中不少記載了誌主的著述。前賢對唐人墓誌中的唐人著述進行了輯考,取得了一系列頗具分量的研究成果。③ 前賢雖然爲唐人墓誌所見唐人著述的輯考做了大量卓有成效的工作,但是唐人

---

① 陳寅恪:《金明館叢稿二編》,北京:生活·讀書·新知三聯書店,2009 年,第 266 頁。

② 陳長安主編:《隋唐五代墓誌彙編·洛陽卷》第 1 册,天津古籍出版社,1991 年,"出版説明"第 1 頁。

③ (1) 程章燦:《唐代墓誌中所見隋唐經籍輯考》,《文獻》1996 年第 1 期,第 139—157 頁。(2) 張固也:《〈唐代墓誌中所見隋唐經籍輯考〉補正》,《文獻》1996 年第 4 期,第 151 頁。(3) 陳尚君:《石刻所見唐人著述輯考》,中國文物研究所編:《出土文獻研究》第 4 輯,北京:中華書局,1998 年,第 126—138 頁。(4) 潘明福:《唐代墓誌中新見唐人著述輯考》,《文獻》2006 年第 2 期,第 95—100 頁。(5) 韓震軍:《唐代墓誌中新見隋唐人著述輯考》,《中國典籍與文化》2008 年第 3 期,第 46—51 頁。(6) 程章燦:《唐代墓誌中所見隋唐經籍續考》,程章燦:《古刻新詮》,北京:中華書局,2009 年,第 109—114 頁。(7) 韓震軍:《新見唐代墓誌中隋唐人經籍輯考》,中國唐代文學學會、西北大學文學院、廣西師範大學出版社主編:《唐代文學研究》第 13 輯,桂林:廣西師範大學出版社,2010 年,第 1072—1081 頁。(8) 牛紅廣:《新出土唐代墓誌所見唐人著述輯考》,《圖書館雜誌》2011 年第 10 期,第 87—90、112 頁。(9) 黃清發:《石刻新見唐人著述輯補》,虞萬里主編:《傳統中國研究集刊》第 9、10 合輯,上海人民出版社,2012 年,第 319—330 頁。(10) 劉本才:《隋唐墓誌新見隋唐經籍輯考》,《圖書館雜誌》2013 (轉下頁)

墓誌中迄今仍有不少未曾著録的唐人著述,本文即就此進行輯考,以就教於方家。

陰弘道:"書論、筭術、詩賦"百餘卷

貞觀十四年《大唐故奉義郎行太常博士騎都尉陰府君(弘道)墓誌銘并序》:"公天才奇偉,命世挺生,一見不遺,五行俱覽,九流七略,莫不窮其妙賾,盡其精微。年十七舉秀才,隨蜀王號曰神童。留而不遣,雅相期遇,敬之若賓。及大唐龍興,公親率義兵,歸誠聖化,蒙授正議大夫、臨溪縣令。貞觀元年,詔賜束徵,令定曆,除國子助教。七年,又徵授太常博士,制《大唐新禮》,又加奉義郎,奉敕爲大學士,於弘文館修書。……公著書論、筭術、詩賦凡百餘卷,盛行於世。"①

按:陰弘道,兩《唐書》無傳,生平事迹散見於《元和姓纂》卷五、《舊唐書》卷七九《傅仁均傳》等相關記載中,然均爲隻言片語,不如墓誌詳盡。《舊唐書·經籍志》及《新唐書·藝文志》撰者題陰弘道的著述有《周易新論》②、《周易新傳疏》③、《春秋左氏傳序》④。《大唐新禮》,《舊唐書·經籍志》有載:"《大唐新禮》一百卷,房玄齡等撰。"⑤據上揭所引陰弘道墓誌誌文可知,陰氏亦是《大唐新禮》的撰者。陰氏所著"書論、筭術、詩賦",《舊唐書·經籍志》及《新唐書·藝文志》未著録,今已佚。

王守真:集十卷

天授三年《大周故使持節都督洪袁等七州諸軍事洪州刺史輕車都尉臨沂縣開國男王府君(守真)墓誌銘并序》:"公所著文藻,有集十卷,鬱爲麗則,貽諸後昆。"⑥

按:王守真,兩《唐書》無傳,生平仕歷僅見於此誌。據是誌可知:王守真,字元政,琅耶臨沂人。貞觀十八年(644)明經及第,解褐太子右虞侯率府兵曹參軍。此後歷任左監門衛兵曹參軍及洪州刺史等官。天授二年(691)七月七日薨於州館,享年七十,次

(接上頁)年第 7 期,第 96—100 頁。(11) 高慎濤:《新出墓誌所見唐人著述輯考》,《圖書館雜誌》2014 年第 8 期,第 95—101 頁。(12) 霍志軍:《石刻文獻中新見的唐人著述輯考》,杜文玉主編:《唐史論叢》第 19 輯,西安:三秦出版社,2014 年,第 178—182 頁。(13) 黄清發:《石刻新見唐人著述再補》,虞萬里主編《經學文獻研究集刊》第 14 輯,上海書店出版社,2015 年,第 220—230 頁。(14) 李建華:《洛陽新出唐代墓誌所見唐人經籍輯考》,《圖書館雜誌》2018 年第 10 期,第 116—121 頁。(15) 胡可先:《出土墓誌所載唐詩考述》,《文獻》2019 年第 5 期,第 120—135 頁。(16) 霍志軍:《唐代墓誌中新見的唐人著述輯考》,陳尚君主編:《中國文學研究》第 33 輯,上海:復旦大學出版社,2020 年,第 62—66 頁。

① 李明、劉呆運、李舉綱主編:《長安高陽原新出土隋唐墓誌》,北京:文物出版社,2016 年,第 52 頁。
② 《舊唐書》卷四六《經籍上》,北京:中華書局,1975 年,第 1968 頁。
③ 《新唐書》卷五七《藝文一》,北京:中華書局,1975 年,第 1426 頁。
④ 《新唐書》卷五七《藝文一》,第 1441 頁。
⑤ 《舊唐書》卷四六《經籍上》,第 1975 頁。
⑥ 胡戟:《珍稀墓誌百品》,西安:陝西師範大學出版總社,2016 年,第 88 頁。

年三月一日與夫人盧氏合葬於雍州明堂縣神禾鄉興盛里。王氏文集，《舊唐書·經籍志》及《新唐書·藝文志》未收，今已佚。

薛君妻張氏：《女則》

萬歲登封元年《唐故使持節泉州諸軍事泉州刺史上柱國河東薛府君夫人張氏墓誌銘并序》：“先妣武城夫人……誠諸孫曰：‘《女儀》《女誡》及《列女傳》雖不可不讀，要於時事未周。吾別令於《曲禮》中撰出數篇，目爲《女則》，其於言行，靡有不舉，汝等若能行之，子婦之道備矣！’”①

按：張氏，兩《唐書》無傳，生平僅見此誌。據是誌可知：張氏十六歲嫁於薛君，七十四歲卒，萬歲登封元年（696）一月十八日厝於合宮縣邙山南原昭覺寺東三里。《舊唐書》卷四七《經籍下》及《新唐書》卷五八《藝文二》所收唐人所撰女訓之書無《女則》，《新唐書藝文志補》卷二《史部》所録唐人所撰女訓之書亦無《女則》，可補其闕。

孫尚客：遺集二十卷

長安二年《大周故雍州萬年縣令孫公（尚客）墓誌銘并序》：“神功元年，授著作佐郎，申前杜也。於時主上知名，公卿籍甚，推章奏之殊健，嘉藻思之遒逸。靡不造門請益，置驛相邀。亦猶曹洪之假陳琳，賈謐之資潘岳矣。觀其甄綜流略，商較古今，雖蔡邕之文翰，陸機之著述，無以過也。……公砥礪名行，清白志節，孝敬爲立身之本，詩書是得性之場。至如左琴右樽，花朝月夜，詞聯綺縠，韻叶宮商。清新形似之奇，澹雅縱橫之體，莫不雲蔚飆豎，鬼出神入。足使擯徐庾於後塵，致何劉於散地。其所著述，浩若無津，屬降黜流離，篇章散逸。今捃其遺集，有廿卷，行之於世。”②

按：孫尚客，兩《唐書》無傳，生平事迹散見於《元和姓纂》卷四及《太平廣記》卷一二六等相關記載中，然均爲隻言片語。考孫氏之生平，墓誌記之最詳，據此可知：孫尚客，字鼎，太原人。起家成均進士。歷官麟臺正字及萬年縣令等。長安二年（702）七月二十二日卒於京師勝業官寺，春秋六十五，其年十一月二十九日權厝於洛城南費村之原。孫氏“遺集”，《舊唐書·經籍志》及《新唐書·藝文志》未收録，今已佚。其著述今可得見者惟有“1997 年 10 月，河南省洛陽市孟津縣權嶺村出土”③的垂拱四年《胡貞範墓誌》。

張戩：《左傳》《禮記》等音義，《史記》《漢書》等論；張益：《廣字林》兩卷，《小學辯

① 齊運通編：《洛陽新獲七朝墓誌》，北京：中華書局，2012 年，第 119 頁。
② 毛陽光、余扶危主編：《洛陽流散唐代墓誌彙編》上冊，北京：國家圖書館出版社，2013 年，第 116 頁。
③ 趙君平、趙文成編：《河洛墓刻拾零》上冊，北京圖書館出版社，2007 年，第 129 頁。

《疑》一卷

天寶二年《唐故朝議大夫北海郡别駕張府君（益）墓誌銘并序》："父戩，皇江州刺史。……自歸林壑，長謝囂塵，期煉藥以蠲疾，且著書以娱老，所謂遁世無悶，斯之謂歟。初，江州府君撰《左傳》《禮記》等音義，兼修《喪儀纂要》《史記》《漢書》等論，其未絶筆，公皆纂就。班固續前史，崔鴻之成舊業，復見於今矣。公又撰《廣字林》兩卷，《小學辯疑》一卷，時皆行用焉。"①

按：張戩，兩《唐書》無傳，生平事迹散見於《舊唐書》卷八五《張文琮傳》及《新唐書》卷七二下《宰相世系二下》等。《喪儀纂要》，《新唐書·藝文志》②有載。"《左傳》《禮記》等音義"及"《史記》《漢書》等論"，《舊唐書·經籍志》及《新唐書·藝文志》皆未見。張戩著述，還有《新唐書藝文志補》所收的《古今正字》《集訓》《文字典説》《文字釋要》及《考聲切韻》③。張益，兩《唐書》無傳，生平具此誌，據此可知：張益，字守謙，清河人。累遷襄州參軍及北海郡别駕等職。天寶二年（743）正月二十四日終於東京陶化里第，其年十月二十日遷窆於河陽縣溴梁鄉北岡。《字林》，西晉吕忱撰，"尋其况趣，附托許慎《説文》，而案偶章句，隱别古籀奇惑之字，文得正隸，不差篆意也"，④"不但在歷代被廣泛徵引，在唐代還曾與《説文》一起列於學官，用於明書科的考試，盛極一時"。⑤張益《廣字林》當是《字林》的補注之作。我國古代的文字、音韻、訓詁之學總稱小學。小學應是張氏父子的專長領域，因爲上揭張氏父子的著述主要集中在小學方面。

韓子儀：集十卷

天寶四載《大唐故朝議大夫犍爲郡長史韓公（子儀）墓誌銘并序》："凡所著述，纂成十卷。"⑥

按：韓子儀，兩《唐書》無傳，生平僅見此誌。據是誌可知：韓子儀，字子儀，臨汝人。歷仕莫州清苑令及犍爲郡長史等。天寶四載（745）九月十四日殁，春秋七十一，其年十一月七日葬。韓氏著述，《舊唐書·經籍志》及《新唐書·藝文志》未著録，今已佚。

裴系：詩賦二十卷

天寶六載《唐故大中大夫河南少尹上柱國裴府君（系）墓誌銘并序》："公藻身浴德，

---

① 孟州市政協文史資料研究委員會編著：《孟州文物》，2004 年，第 177—178 頁。按：此書未公開發行。
② 《新唐書》卷五八《藝文二》，第 1492 頁。
③ 張固也：《新唐書藝文志補》，長春：吉林大學出版社，1996 年，第 51、57 頁。
④ 《魏書》卷九一《江式傳》，北京：中華書局，1974 年，第 1963 頁。
⑤ 苑學正：《〈字林〉亡佚時間考——兼論〈字林考逸〉尚需重輯》，《文史》2016 年第 1 輯，第 69 頁。
⑥ 趙文成、趙君平編：《秦晉豫新出墓誌蒐佚續編》第 3 册，北京：國家圖書館出版社，2015 年，第 747 頁。

遊藝依仁。有王夷甫之風,不言財利;有阮嗣宗之器,不言人非。屬思風騷,研尋魯史,著詩賦廿卷,以行於代。美績與星漢同懸,芳塵共江河競遠,立言不朽,其在兹乎?"①

按:裴系,兩《唐書》無傳。《新唐書·宰相世系表》記其祖爲"琰之"、父爲"緬",題衔"諫議大夫",②唐尚書省郎官石柱題名"司封郎中""户部員外郎"③有其名,這些在誌文中都可得到證實。據是誌可詳知裴氏生平:裴系,字系,河東聞喜人。秀才高第又拔萃及第。歷官秘書省校書郎及河南少尹等。天寶六載(747)五月八日,卒於西京延壽之里第,春秋五十有九。是年十一月十日與夫人李氏合葬於緱氏西原先塋之左。裴氏"詩賦",《舊唐書·經籍志》及《新唐書·藝文志》不載,今已佚。近年出土於洛陽的開元六年《馮泰墓誌》④及開元二十三年《裴教墓誌》⑤爲其所撰,可補其著述之闕。

蕭諒:注《老子》兩卷

天寶七載《唐故臨汝郡太守桂陽郡司馬蘭陵蕭府君(諒)墓誌銘并序》:"從政之暇,注《老子》兩卷,不尚浮詞,務存道意,開後學之未悟,契前聖之先覺。"⑥

按:蕭諒,兩《唐書》無傳,《新唐書》卷七一下《宰相世系一下》有載。其墓誌詳記其生平事迹,據此可知:蕭諒,字子信,蘭陵人。累官濮陽主簿及桂陽郡司馬等。天寶六載(747)二月終於長沙傳舍,春秋五十八,天寶七載三月二十六日與夫人韋氏合葬於河南畢圭原舊塋。蕭諒"注《老子》"不見於《舊唐書·經籍志》及《新唐書·藝文志》,今已佚。上述墓誌云蕭諒,"文章末藝,翰墨小能,咸擅當世之名"。⑦《唐文拾遺》卷二一收其文一篇。蕭諒與其兄蕭誠"皆名能書",⑧并稱"誠真諒草",⑨其父蕭元祚的墓誌即由其書丹。⑩

趙有孚:《王政殷鑒》一部,集三十卷

天寶九載《大唐故弋陽郡司馬趙府君(有孚)墓誌銘并序》:"選授太子通事舍人,以

---

① 王木鐸:《史惟則書〈裴系墓誌〉略説》,《書法》2021 年第 3 期,第 150—151 頁。
② 《新唐書》卷七一上《宰相世系一上》,第 2204 頁。
③ (清)勞格、趙鉞著,徐敏霞、王桂珍點校:《唐尚書省郎官石柱題名考》卷五《司封郎中》、卷一二《户部員外郎》,北京:中華書局,1992 年,第 268、599 頁。
④ 趙君平編:《邙洛碑誌三百種》,北京:中華書局,2004 年,第 130 頁。
⑤ 洛陽市第二文物工作隊等編:《洛陽新獲墓誌續編》,北京:科學出版社,2008 年,第 120 頁。
⑥ 毛陽光、余扶危主編:《洛陽流散唐代墓誌彙編》下册,第 346 頁。
⑦ 毛陽光、余扶危主編:《洛陽流散唐代墓誌彙編》下册,第 346 頁。
⑧ (清)陸心源編:《唐文拾遺》卷二一"蕭諒"條"蕭諒小傳",北京:中華書局,1983 年,第 10600 頁。
⑨ (宋)陳思撰:《書小史》卷一〇《傳九·唐》,(清)永瑢、紀昀等纂修:《文淵閣四庫全書》,臺北:臺灣商務印書館,1986 年影印版,第 814 册,第 273 頁。
⑩ 毛遠明、李海峰編著:《西南大學新藏石刻拓本匯釋》圖版卷,北京:中華書局,2019 年,第 199 頁。

夷甫之名望,繼仲冶之著述。撰《王政殷鑒》一部。豈逞辯於非白,將契理夫又玄。上以輔聖君,下以昭令德,真可謂言立於世,殁而不朽者矣。……公幼事繼親,孝聞中表。專精傳易,博究群藝。凡在經史,無不通悟。有集卅卷,行於時也。"①

按:趙有孚,兩《唐書》無傳,生平事迹具此誌,據此可知:趙有孚,字全誠,天水西縣人,"弱冠孝廉甲科,起家廣都主簿"。此後累遷右武衛倉曹及弋陽司馬等官。天寶八載(749)九月二十四日終於弋陽官舍,春秋六十六,翌年八月十日與夫人皇甫氏合葬於京兆少陵原先塋。趙氏上揭著述,《舊唐書·經籍志》及《新唐書·藝文志》皆未録,今已佚。

史好直:《惟新政典》五卷,《道規》五篇

貞元十八年《□□萬州刺史史府君(好直)墓誌銘并序》:"公以爲士生於世,有以居業,三德之用忠爲先,皇極之道政爲本。始於大曆四年,進《惟新政典》五卷,皇帝曰俞,恩奬加等,編付史册,以儆於位。免褐拜美原縣尉,公連表牢讓,自徙閑逸。至十三年,上在穆清,垂衣思治,公又獻《道規》五篇,極三微六宗之要。聖上賞歎前席,詔拜右拾遺,將俟大用。"②

按:史好直,兩《唐書》無傳,生平具此誌。據是誌可知:史好直,京兆杜陵人。因進《惟新政典》,拜美原縣尉;獻《道規》,拜右拾遺。此後歷任成都府新繁令,河南府伊闕令,萬州刺史。貞元十七年(801)八月二十一日薨於江陵里私第,春秋七十四,翌年正月二十五日與夫人崔氏、韋氏合祔於長安高陽原。《惟新政典》及《道規》,《舊唐書·經籍志》及《新唐書·藝文志》未收録,今已佚。

韓汯:文集十卷

貞元二十一年《唐故諫議大夫韓公(汯)墓誌銘并序》:"公受天元和,與運而出。聰明穎悟,日覽千言。宗族甚器異之。以爲必紹先烈矣。及長,以通經工文爲業。未弱冠,詩禮墳籍,古今之訓,無不該綜。其於春秋易象而最深焉。故聖人之大略,可得而言也;先儒之奥旨,可得而明也。……文集十卷行於代。"③

按:韓汯,兩《唐書》無傳,生平事迹散見於《元和姓纂》卷四、《新唐書》卷七三上《宰相世系三上》及《舊唐書》卷九八、《新唐書》卷一二六其父韓休的傳記之後,然皆言之甚略。考韓氏之生平,其墓誌所記最詳,據此可知:韓汯,字汯,其先潁川人。開元中

① 胡戟:《珍稀墓誌百品》,第142頁。

② 趙力光主編:《西安碑林博物館新藏墓誌續編》下册,西安:陝西師範大學出版總社,2014年,第436頁。

③ 齊運通、楊建鋒編:《洛陽新獲墓誌二〇一五》,北京:中華書局,2017年,第257頁。

以門蔭補弘文生,釋褐左金吾衛兵曹。此後歷仕左拾遺及諫議大夫等。六十六歲遘疾而終,貞元二十一年(805)四月十日與夫人李氏合祔於京兆少陵原先塋。韓泌之文集,《舊唐書·經籍志》及《新唐書·藝文志》未收録,今已佚。其著述今可見者,惟2013年春陝西耀州出土的天寶元年《柳正勛妻崔氏墓誌》。①

温邈:《周官參略》六篇

開成二年《唐故徵君左補闕温先生(邈)墓誌銘并序》:"年十五,丁諫議君憂,勺漿絶口,加人數等,始以至孝知名。服闋,從師授六經,覽百氏史,鑽研涉獵,俾夜如晝。故能於學無所不通,於人無所不容,卓犖絶倫,爲時儒雄。……先生容貌尊嚴,身長七尺,廣眉闊額,方口疎齒,博達有智略,於經精《易》、《傳》、三《禮》,於史熟司馬遷、班固書,澀文難義,剖析無滯。天與至性,孝於親友,於弟信,於朋友,亦全人也。竟不試於時,命矣! 夫嘗著《周官參略》六篇,序天地四時。述作之能,俾於古人。"②

按:温邈,兩《唐書》無傳,生平事迹散見於《新唐書》卷七二中《宰相世系二中》及《新唐書》卷九一《温大雅傳》後,然皆爲隻言片語。考温氏之生平,墓誌載之最詳,據此可知:温邈,字順之,初唐名臣温大雅六世孫。大和初,朝廷以左補闕徵召,不應。開成元年(836)卒,享年七十四,次年二月十五日歸祔於河南府清河縣金娥里其父温佶塋地。《周官》是《尚書》中的一篇,"言周家設官分職用人之法"。③《周官參略》當是《周官》的注解闡發之作,《舊唐書·經籍志》及《新唐書·藝文志》未著録,今已佚。

李潛:《師門盛事述》

大中九年《唐故西川觀察推官監察御史裏行江夏李君(潛)墓誌銘并序》:"昭肅皇帝二年,黜春官於郴江,朝庭難是柄。以我師門相國王公在長慶中用公鑒取士,能枳橈莌。遂自太常加僕射,再視貢籍,有奇文潛學者,争跳出進士科。故君果在會昌癸亥選中。君嘗著《師門盛事述》,爲文人所稱。"④

按:李潛,兩《唐書》無傳,《新唐書》卷七二上《宰相世系二上》有載。生平事迹詳見此誌,據誌可知:李潛,字德隱,江夏人。會昌三年(843)盧肇榜進士。歷仕秘書省校書郎,華原尉,西川觀察推官、監察御史裏行等。大中九年(855)正月五日終於長安

---

① 張永華、趙文成、趙君平編:《秦晉豫新出墓誌蒐佚三編》第2冊,北京:國家圖書館出版社,2020年,第605頁。

② 譚淑琴主編:《琬琰流芳:河南博物院藏碑誌集粹》,鄭州:中州古籍出版社,2015年,第200—201頁。

③ (漢)孔安國傳,(唐)孔穎達等正義:《尚書正義》卷一八《周官》,臺北:藝文印書館,2001年影印版,第269頁。

④ 毛陽光、余扶危主編:《洛陽流散唐代墓誌彙編》下册,第612頁。

新昌里第,春秋四十六,其年五月十三日歸祔於河南府河南縣金谷鄉北邙原先塋。會昌三年知貢舉者爲王起。《唐摭言》卷三:"周墀任華州刺史,武宗會昌三年,王起僕射再主文柄,墀以詩寄賀,并序曰:'僕射十一叔以文學德行,當代推高。在長慶之間,春闈主貢,采摭孤進,至今稱之。近者,朝廷以文柄重難,將抑浮華,詳明典實,由是復委前務。三領貢籍,迄今二十二年於兹,亦縉紳儒林罕有如此之盛。'"①《舊唐書》卷一六四《王起傳》:"長慶元年,遷禮部侍郎。其年,錢徽掌貢士,爲朝臣請托,人以爲濫。詔起與同職白居易覆試,覆落者多。徽貶官,起遂代徽爲禮部侍郎,掌貢二年,得士尤精。……會昌元年,徵拜吏部尚書,判太常卿事。三年,權知禮部貢舉。明年,正拜左僕射,復知貢舉。起前後四典貢部,所選皆當代辭藝之士,有名於時,人皆賞其精鑒徇公也。"②自開元二十四年(736)由禮部侍郎掌貢舉後,主司與舉子之間逐漸形成了座主、門生的關係。王起分別於長慶二年、長慶三年、會昌三年、會昌四年四知貢舉,取士公允,門生衆多。《師門盛事述》的内容應是記述王起四典貢舉之盛况。《師門盛事述》,不見於《舊唐書·經籍志》及《新唐書·藝文志》,當已佚。《全唐詩》卷五五二存其詩一首,《唐文續拾》卷五載其文一篇。

裴岩: 撰有數量不詳的"歌詩"

大中十二年《唐故秀才河東裴府君(岩)墓誌銘并序》:"性聰明,弱冠嗜學爲文,不捨晝夜,數年之間,遂博通群籍。能傚古爲歌詩,迴出時輩,多誦於人口。前輩有李白、李賀,皆名工文,時人以此方之。"③

按:裴岩,兩《唐書》無傳,生平僅見此誌。據此誌可知:裴岩,字夢得,河東聞喜人。一生未仕,英年早逝。會昌六年(846)九月十六日捐館於餘杭逆旅,享年三十一,大中十二年(858)八月二日遷窆於偃師縣亳邑鄉先塋。裴氏歌詩,《舊唐書·經籍志》及《新唐書·藝文志》未著録,《全唐詩》及其補遺之作亦未收録,當已佚。

皇甫煒: 八韻詩數百篇

咸通六年《唐故朝議郎使持節撫州諸軍事守撫州刺史柱國皇甫公(煒)墓誌銘并序》:"爰在童卯,即耽典墳。下帷而園囿不窺,嗜學而螢雪助照。窮經暇日,工爲八韻。

---

① (五代)王定保撰,黃壽成點校:《唐摭言》卷三,西安:三秦出版社,2011年,第44頁。
② 《舊唐書》卷一六四《王起傳》,第4278、4280頁。
③ 中國文物研究所、千唐誌齋博物館編:《新中國出土墓誌·河南〔叁〕》上册,北京:文物出版社,2008年,第328頁。

前後所綴,踰數百篇。體物清新,屬詞雅正,雖士衡稱其瀏亮,玄晏爲之麗則,不是過也。"①

按:皇甫煒,兩《唐書》無傳,生平事迹具此誌。據是誌可知:皇甫煒,字重光,安定朝那人。大中二年(848)進士及第。累官秘書省校書郎及撫州刺史等。誌文云其咸通六年(865)卒於撫州官舍,其年七月三十日歸窆河南縣伊汭鄉黃花原先塋。卒期在葬期之前,二者必有一誤,姑且存疑。皇甫氏著述,不見載於《舊唐書·經籍志》及《新唐書·藝文志》,今已佚。其著述今可得見者惟有爲其妻白氏所撰墓誌。②

李轂:《粃句》;文兩通,歌詩百首

咸通七年《唐故鄉貢進士隴西李府君(轂)墓誌銘》:"吾季德用諱轂等伯仲,業班、馬、韓、柳文,時時緣事剪刻,四六五七之言,皆不爲人下,故第襲科名,又不默默於代。獨德用人文高古,不必大手筆,愈出兄長。僻意風雅,常纇百層紙,隨錄所賦,名曰《粃句》,自爲之序。思苦,讀之令人怨世。設縱飲一斗,愁飲一聯,彈碁永日,呼盧百戰,不暫忘《粃句》於膝間也。咸通五年,貢文兩通,歌詩百首,舉進士,爀爲名人。"③

按:李轂,兩《唐書》無傳。誌文未交代其仕歷情況,據《文苑英華》卷四〇〇《授李轂河南府參軍充集賢校理制》④可知,其曾被授予河南府參軍充集賢校理。據誌文可知,其卒於咸通七年(866)四月六日,葬期不詳,歸葬於河南府壽安縣甘泉鄉宋店村先塋。李轂著述,《舊唐書·經籍志》及《新唐書·藝文志》未收錄,今已佚。

馮涯:《遺功錄》一篇

咸通八年《唐前德州刺史陸公(逵)逆修墓誌銘并序》:"前進士馮涯素與公睦,因□邊客□熟其善,著《遺功錄》一篇行於朝,頗爲人之知,事備其錄。"⑤

按:馮涯,兩《唐書》無傳。上揭馮涯題銜"前進士",考之《登科記考補正》⑥,可知馮涯爲開成三年(838)年裴思謙榜進士。檢《雲溪友議》卷下《去山泰》:"宋言端公,近十舉而名未播。大中十一年,將取府解。言本名獄,因晝寢,似有人報云:'宋二郎秀才,若頭上戴"山",無因成名。但去其"山",自當通泰。'覺來便思去之,不可名'獄',

① 張乃翥輯:《龍門區系石刻文萃》,北京:國家圖書館出版社,2011年,第359頁。
② 洛陽市第二文物工作隊等編著:《洛陽新獲墓誌續編》,第251頁。
③ 毛陽光、余扶危主編:《洛陽流散唐代墓誌彙編》下冊,第628頁。
④ (宋)李昉等編:《文苑英華》卷四〇〇《授李轂河南府參軍充集賢校理制》,北京:中華書局,1966年,第2029頁。
⑤ 李明、劉呆運、李舉綱主編:《長安高陽原新出土隋唐墓誌》,第274頁。
⑥ (清)徐松撰,孟二冬補正:《登科記考補正》中冊,北京燕山出版社,2003年,第869頁。

遂去二'犬',乃改爲'言'。及就府試,馮涯侍郎作攡而爲試官,以解首送言也。時京兆尹張大夫毅夫,以馮參軍解送舉人有私,奏譴澧州司户。再試,退解頭宋言爲第六十五人。知聞來喑,宋曰:'來春之事,甘已參差。'李潘舍人放牓,以言爲第四人及第,言感恩最深,而爲望外也。乃服馮涯知人,尋亦獲雪。"①據此可知,馮涯曾任某部侍郎、澧州司户,主持過鄉試。《遺功録》,《舊唐書·經籍志》及《新唐書·藝文志》未見載,《全唐文》及其補遺之作亦未得見,當已佚。《全唐詩》卷五四二"馮涯"條《太學創置石經詩》詩題注曰:"《盧氏雜説》云:'開成中,高鍇知舉,内出《霓裳羽衣曲賦》及此詩題。'"②由此可知,馮涯及第的開成三年進士科考題爲《霓裳羽衣曲賦》及《太學創置石經詩》。除應試詩《太學創置石經詩》,馮涯應還撰有應試文《霓裳羽衣曲賦》。據《寶刻叢編》卷一九《忠州》③,馮氏著述還有存目的《唐仙都觀老君石像記》。

薛崇:《續儒行篇》

乾符四年《唐故天平軍節度鄆曹濮等州觀察處置等使中大夫檢校户部尚書兼鄆州刺史御史大夫河東縣開國男食邑三百户賜紫金魚袋贈吏部尚書薛公(崇)墓銘并序》:"舉進士,史官杜牧以文己任。一見公《續儒行篇》,大稱於時。明年升上第。"④

按:薛崇,兩《唐書》無傳。其墓誌兩千五百多字,對其生平事迹記載較詳。據誌文可知:薛崇,字愚山,河東汾陰人。十五明經及第,二十四進士及第,後又參選制舉,高中博學宏詞科,釋褐秘書正字。後累遷四門博士及天平軍節度使兼鄆州刺史等。乾符四年(877)八月十五日薨於鄆州官舍,享年五十二,其年十二月十九日葬於萬年縣神禾鄉神禾原。從上引誌文來看,《續儒行篇》乃行卷之作。"所謂行卷,就是應試的舉子將自己的文學創作加以編輯,寫成卷軸,在考試以前送呈當時在社會上、政治上和文壇上有地位的人,請求他們向主司即主持考試的禮部侍郎推薦,從而增加自己及第的希望的一種手段。"⑤薛崇行卷杜牧時在杜牧晚年,此時杜牧文名已隆,文壇地位舉足輕重,"一見公《續儒行篇》,大稱於時。明年升上第"。薛崇能夠進士及第,杜牧應起到了至關重要的作用。"《儒行》篇"記載了孔子對"儒者之行"的系統界定與闡釋,薛崇行卷杜牧之作既以《續儒行篇》爲名,顧名思義,當是在"《儒行》篇"的基礎上,結合時代環境,就

---

① (唐)范攄撰,唐雯校箋:《雲溪友議校箋》卷下《去山泰》,北京:中華書局,2017年,第146頁。

② (清)彭定求等編:《全唐詩》卷五四二《太學創置石經》,北京:中華書局,1960年,第6267頁。

③ (宋)陳思纂次:《寶刻叢編》卷一九《忠州》,北京:中華書局,1985年,第455頁。

④ 趙水静:《新出〈唐天平節度使薛崇墓誌銘〉考釋》,杜文玉主編《唐史論叢》第30輯,西安:三秦出版社,2020年,第318頁。

⑤ 程千帆:《唐代進士行卷與文學》,上海古籍出版社,1980年,第3頁。

"儒者之行"提出自己的看法與見解。《續儒行篇》,既不見於《舊唐書·經籍志》及《新唐書·藝文志》,亦未載於《全唐文》及其相關補遺之作,當已"名存實亡"。

《舊唐書·經籍志》及《新唐書·藝文志》所登録的唐人著述頗有缺漏,本文旨在爲其查漏補缺。本文依據唐人墓誌,新輯唐人著述二十五種,并對每種唐人著述及其撰者進行了初步考證。本文雖然爲《舊唐書·經籍志》及《新唐書·藝文志》的完善做了一點工作,但距其完善的目標還相差甚遠。祇就唐人墓誌所見唐人著述的輯考來説,其就不可能"一勞永逸",因爲今後新出唐人墓誌還會以各種途徑面世,隨之,未見著録的唐人著述也還會不斷出現。筆者將會持續關注新出唐人墓誌的信息,爭做唐人墓誌所見唐人著述輯考工作的"預流",爭取爲《舊唐書·經籍志》及《新唐書·藝文志》的完善做一點力所能及的工作。

本輯作者工作和學習單位

劉安志　　　武漢大學歷史學院暨中國三至九世紀研究所

裴成國　　　西北大學歷史學院

王詩雨　　　浙江大學歷史學院博士研究生

孫英剛　　　浙江大學歷史學院

杜　海　　　蘭州大學敦煌學研究所

蔣候甫　　　蘭州大學敦煌學研究所碩士研究生

陳愛峰　　　吐魯番學研究院

徐　偉　　　長江大學歷史系

趙　貞　　　北京師範大學歷史學院

徐　暢　　　北京師範大學歷史學院

董永强　　　西安電子科技大學人文學院

劉子凡　　　中國社會科學院古代史研究所、敦煌學研究中心

黄正建　　　中國社會科學院古代史研究所、敦煌學研究中心

張小豔　　　復旦大學出土文獻與古文字研究中心

白玉冬　　　蘭州大學敦煌學研究所

張鐵山　　　中央民族大學中國少數民族語言文學學院

白炳權　　　中山大學歷史學系博士研究生

峰雪幸人　　日本學術振興會特別研究員(PD)

于福祥　　　武漢大學歷史學院暨中國三至九世紀研究所博士研究生

汪珂欣　　　北京大學人文社會科學研究院博士後

姚魯元　　　復旦大學文史研究院博士研究生

于賡哲　　　陝西師範大學歷史文化學院

王昊斐　　　陝西師範大學歷史文化學院博士研究生,西安體育學院馬克思
　　　　　　主義學院

馮金忠　　　河北省社會科學院《河北學刊》雜誌社

張　　帥　　首都師範大學歷史學院博士研究生

鄧雯玥　　首都師範大學歷史學院博士研究生

劉　　儒　　南寧師範大學文學院

賀　　偉　　鄭州大學文學院

聶　　靖　　武漢大學歷史學院暨中國三至九世紀研究所博士研究生

李兆宇　　武漢大學歷史學院暨中國三至九世紀研究所博士研究生

賈鴻源　　魯東大學歷史文化學院

范雲飛　　武漢大學中國傳統文化研究中心

馮　　雷　　泰山學院歷史學院,安徽大學歷史學院博士後

稿　　約

　　《魏晉南北朝隋唐史資料》是武漢大學中國三至九世紀研究所主辦的學術集刊，1979 年由著名歷史學家唐長孺先生創辦。本刊注重實證研究，主要刊載有關中國中古史研究的學術論文，適當譯載國外學者相關研究的重要成果，也刊載與本段歷史密切相關的資料整理成果。

　　本刊實行匿名審稿制。來稿請附上中文摘要、關鍵詞、英文題目，及作者姓名、單位、職稱、通訊地址和電子郵箱。自收到稿件起三個月内，無論采用與否，均將告知作者。

　　本刊每年出版二輯，出版時間分别爲 5 月和 11 月，截稿時間爲上年 3 月和 9 月。

　　編輯部通訊地址：

　　(430072)湖北省武漢市武昌珞珈山武漢大學中國三至九世紀研究所，《魏晉南北朝隋唐史資料》編輯部 收

　　編輯部電子郵箱：wjnbcstszl@ whu. edu. cn

撰 寫 規 範

一、標題序號

文內各章節標題序號,依一、(一)、1、(1)等順序表示。

二、注釋位置

注釋采用頁下注(脚注),序號用①、②、③……標識,每頁單獨排序。正文中的注釋序號統一置於包含引文的句子(詞或片語)或段落標點符號之後。

三、古籍引用

首次引用時須注明作者、整理者、書名、卷次、篇名、部類(選項)、出版地點、出版者、出版時間和頁碼。"二十四史"、《資治通鑑》、《太平御覽》等常用文獻,可省去作者。如:

《梁書》卷二五《徐勉傳》,北京:中華書局,1973 年,第 377 頁。

《太平御覽》卷七五《地部四〇》引《江夏記》,北京:中華書局,1960 年,第 351 頁。

(梁)蕭繹撰,許逸民校箋:《金樓子校箋》卷二《聚書篇第六》,北京:中華書局,2011 年,第 515 頁。

四、今人論著

首次引用時須注明作者、篇名、書名、出版者、出版時間和頁碼。如:

唐長孺:《跋唐天寶七載封北嶽恒山安天王銘》,《山居存稿》,北京:中華書局,1989 年,第 273—292 頁。

五、期刊論文

首次引用時須注明作者、文章題目、期刊名、刊期、頁碼。如:

田餘慶:《〈代歌〉、〈代記〉和北魏國史》,《歷史研究》2001 年第 1 期,第 51—64 頁。

六、西文文獻

可參照中文論著順序標引,文章題目用引號注明,書名、期刊名使用斜體。如:

Stephen F. Teiser, *The Ghost Festival in Medieval China*, Princeton University Press, 1988, pp. 58‑62.

Dennis Grafflin, "Reinventing China: Pseudobureaucracy in the Early Southern Dynasties", in Albert E. Dien, eds., *State and Society in Early Medieval China*, Stanford University Press, 1990, pp. 49－72.

Patricia Ebrey, "Tang Guide to Verbal Etiquette", *HJAS*, Vol. 45, No. 2(1985), pp. 581－613.

七、數字使用

年號、古籍卷數等采用中文數字,序數用簡式。公元紀年請用括號內阿拉伯數字標注。如:

《舊唐書》卷一六八《韋温傳》。

唐貞觀十四年(640)。

八、稿件統一使用繁體字,正文用宋體五號,單獨引文用仿宋體五號,注釋用宋體小五號。

圖書在版編目(CIP)數據

魏晉南北朝隋唐史資料. 第四十九輯／武漢大學中國三至九世紀研究所編. —上海：上海古籍出版社，2024.5

ISBN 978-7-5732-1103-3

Ⅰ.①魏… Ⅱ.①武… Ⅲ.①史評—中國—魏晉南北朝時代②史評—中國—隋唐時代 Ⅳ.①K235.07 ②K241.07

中國國家版本館 CIP 數據核字(2024)第 076379 號

魏晉南北朝隋唐史資料(第四十九輯)

武漢大學中國三至九世紀研究所　編

上海古籍出版社出版發行

(上海市閔行區號景路 159 弄 1-5 號 A 座 5F　郵政編碼 201101)

(1)網址：www.guji.com.cn

(2)E-mail：guji1@guji.com.cn

(3)易文網網址：www.ewen.co

啓東市人民印刷有限公司印刷

開本 787×1092　1/16　印張 31　插頁 3　字數 551,000

2024 年 5 月第 1 版　2024 年 5 月第 1 次印刷

ISBN 978-7-5732-1103-3

K·3573　定價：118.00 元

如有質量問題，請與承印公司聯繫